# Kanu Kompass

# Bayern

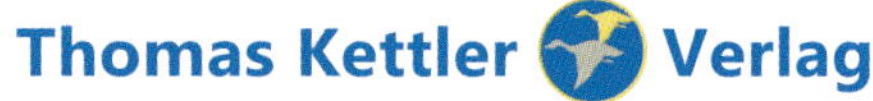

## Impressum

**2. aktualisierte Auflage 2022**


Von-Hutten-Str. 15
D-22761 Hamburg
Tel. +49 (40) 39 10 99 10
Fax +49 (40) 390 68 20
www.thomas-kettler-verlag.de
www.kanu-buch.de

**Text:** Michael Hennemann
**Titelfoto**: *Auf der Naab bei Kallmünz,* Michael Hennemann
**Fotos:** Michael Hennemann

**Lektorat & Textergänzung:** Thomas Kettler
**Satz & Layout:** Carola Hillmann
**Illustrationen:** Carola Hillmann
**Karten:** StepMap, Heide Schwinn & Carola Hillmann
**Kartensymbole & Icons:** Carola Hillmann
**Kanufahrschule:** Michael Hennemann, Falk Bruder
**Illustrationen Kanufahrschule:** Ann-Sophie Ränger, Carola Hillmann
**Druck & Gesamtherstellung:** The art of printing / KOPA

**Weitere Bildnachweise** (o. = oben, u. = unten, m. = mitte )**:**
**Thomas Kettler:** Seite 14, 31 u., 61 u., 62 u., 74 u. 78, 125, 145, 153, 158, 170 u., 171 o., 183, 265, 266 m., 272, 282, 283 u., 285, 311
**Aqua Hema:** Seite 152 o.
**Archiv Tourismusverband Fränkisches Seenland / Andreas Hub:** Seite 171 m.
**(M) Hennemann & Wikimedia Commons/Aconcagua:** Seite 232
**gwt Starnberg GmbH:** Seite 292 o.

**Bildnachweise Wikimedia Commons** (o. = oben, u. = unten):
Seite 87: *Reinhold Möller;* Seite 88: *Unbekannt / gemeinfrei;* Seite 89 u.: *Global Fish;* Seite 94 o.: *Corradox;* Seite 94 u. & 97 o.: *Derzno;* Seite 99: *Ermell;* Seite 110: *Belladonna2;* Seite 186: *Wolkenkratzer;* Seite 187 o.: *Rikiwiki2;* Seite 204: *unbekannt (Public domain);* Seite 273: *Richard Bartz;* Seite 278 o.: *Bbb at wikivoyage;* Seite 296: *Fünfrosen;* Seite 304 o.: *Helmlechner;* Seite 304 u.: *Crashbiker;* Seite 318 u.: *Horst Gutmann from Austria*

Die Deutsche Nationalbibliothek verzeichnet diese Publikation in der Deutschen Nationalbibliografie; detaillierte bibliografische Daten sind im Internet über *http://dnb.d-nb.de* abrufbar.



**ISBN 978-3-98513-106-8**

Kanu Kompass

# Bayern

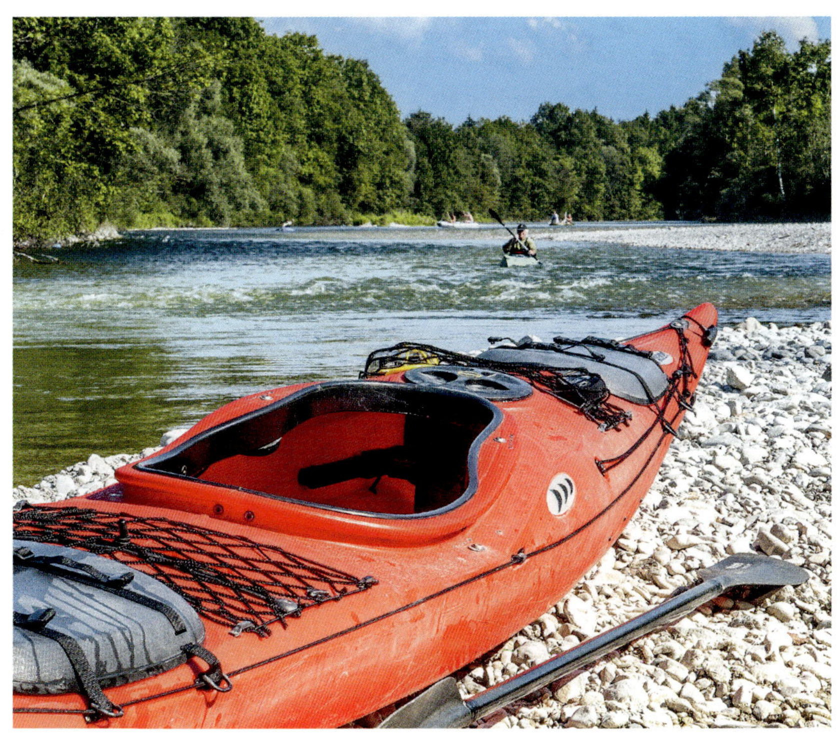

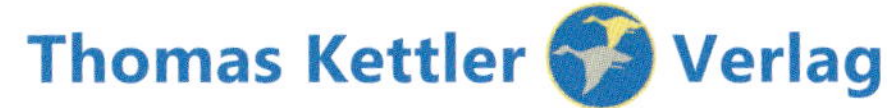

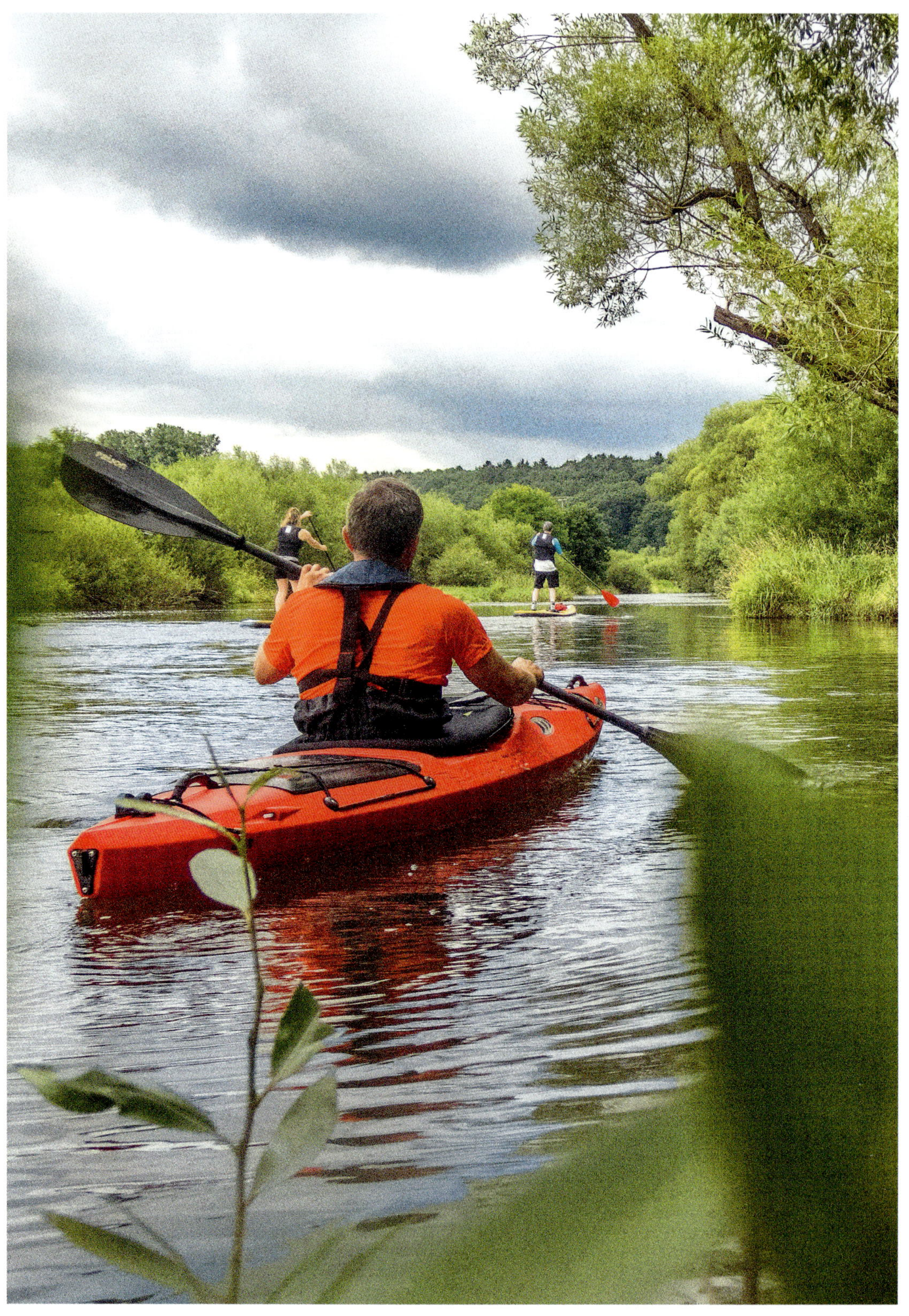

## Alles rund ums Paddeln



## Natur- & Kulturhistorisches



## Stadtrundgänge & Wanderungen



## Die Kanutouren

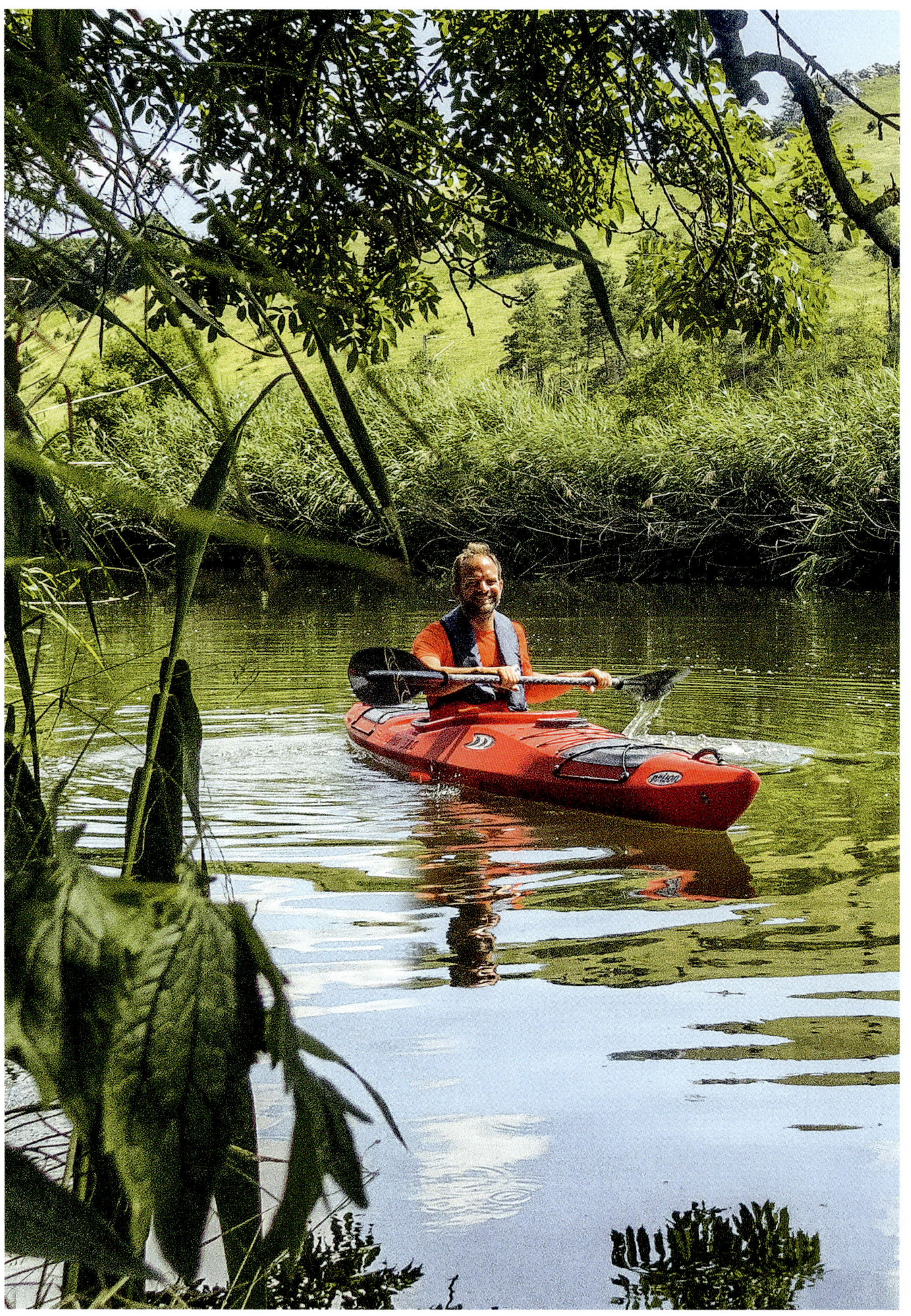

# Vorweg

Der Freistaat Bayern bietet Wasser in allen Variationen von der ruhigen, idyllischen Auenlandschaft entlang der Wörnitz bis hin zu rasanten Gebirgsbächen am Fuß der Alpen. Das nördliche Bayern lockt mit gemütlichen Biergärten, deftiger Hausmannskost und viel Natur. Hier erwarten Sie spritziges, leichtes Wildwasser auf der Wiesent in der Fränkischen Schweiz ebenso wie ruhige Wanderfahrten auf der Fränkischen Saale, dem Oberen Main, der Regnitz oder der romantischen Altmühl.

Der Süden Bayerns fordert nicht nur Wildwasserpaddler heraus, sondern bietet auf Loisach, Isar, Salzach und Amper auch tolle Touren für geübte Wanderpaddler vor der beeindrukkenden Kulisse der majestätischaufragenden Alpengipfel.

Die Auswahl der besten Paddelgewässer für ein Bundesland der Größe Bayerns, muss zwangsläufig subjektiv ausfallen und sicherlich wird es den ein oder anderen ortskundigen Paddler geben, der sein Lieblingsgewässer vermisst.

Für die Zusammenstellung der Touren in diesem Handbuch zum Kanuwandern habe ich sowohl die Infrastruktur für Kanusportler als auch den landschaftlichen Reiz und die kulturellen Sehenswürdigkeiten entlang der Flüsse berücksichtigt und daraus die 21 meiner Meinung nach lohnenswertesten Kanutouren auf Bächen, Flüssen und Seen in Bayern ausgewählt. Das Spektrum sollte dabei möglichst breit sein und sowohl Tagestouren für den spontanen Kurztrip, als auch 2-3-Tages-Touren für das Wochenende und ausgedehnte Kanuwanderungen für einen kompletten Urlaub umfassen.

Ob Sie nun die Gewässer vor Ihrer Haustür mit dem Kanu entdecken wollen oder für einen Paddelurlaub aus den anderen Bundesländern, aus Österreich oder der Schweiz nach Süddeutschland kommen – die bayerischen Flüsse und Seen sind immer eine Reise wert.

Ich wünsche Ihnen viel Spaß beim Lesen der Gewässerbeschreibungen, eine gute Tourenvorbereitung und eine erlebnisreiche Kanutour sowie immer eine Handbreit Wasser unter dem Kiel!

*Michael Hennemann*

**In eigener Sache:**

Immer wieder hören wir von Lesern, dass wir unsere Bücher doch auf wasserfestes Papier drucken sollen. Das lehnen wir ab! Es ist aus unserer Sicht ökologisch nicht zu vertreten ein Buch auf Kunststoff zu drucken.

Im Handel gibt es wasserdichte Kartentaschen, in denen die Bücher aus unseren Reihen KANU KOMPAKT und SUP-GUIDE Platz finden. Die größeren Bücher gehören unterwegs in die wasserdichte Tonne oder den Packsack, um sie vor Regen oder Spritzwasser zu schützen.

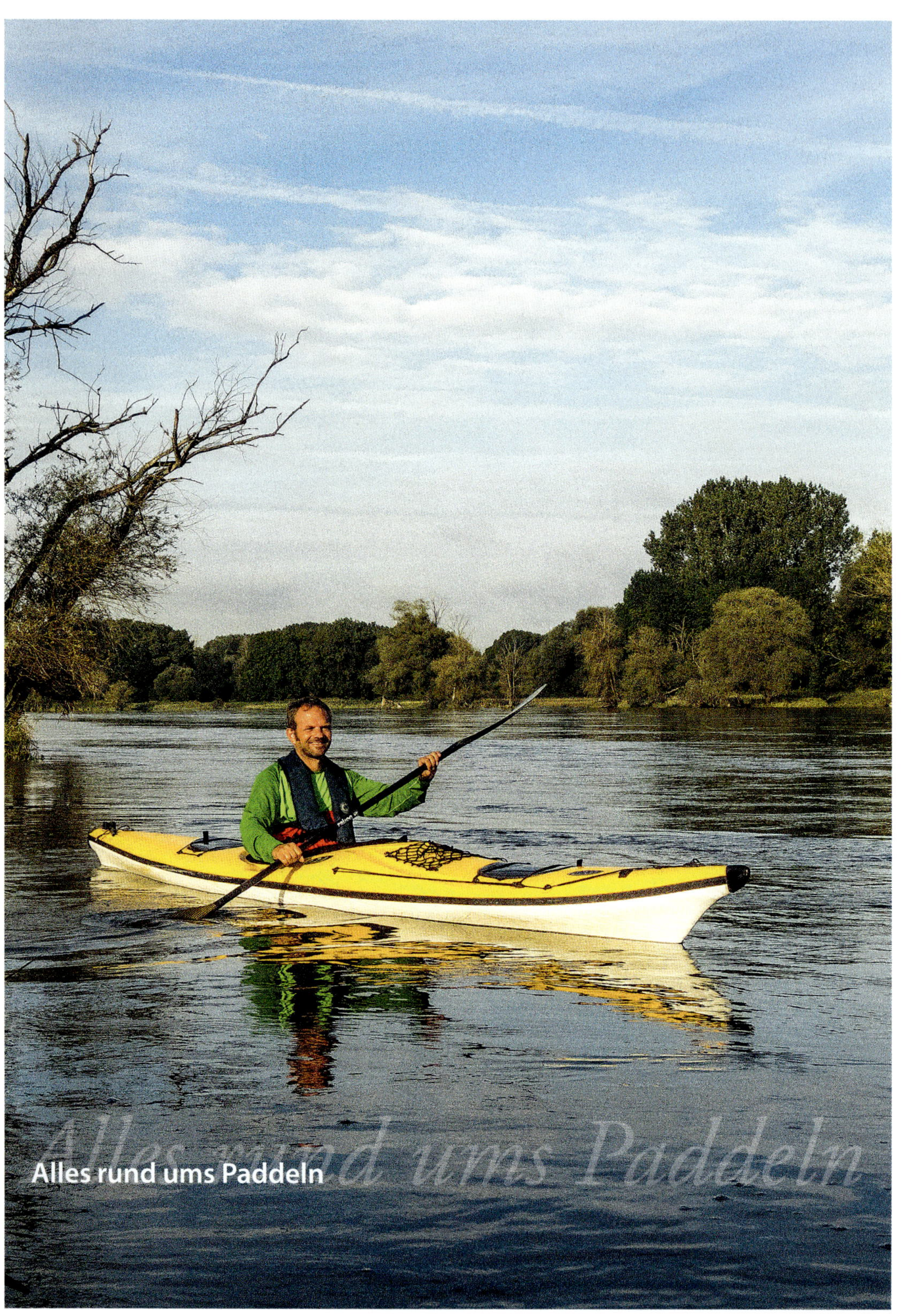

# Alles rund ums Paddeln

## Verhalten und Sicherheit

Kanuwandern ist kein gefährlicher Extremsport. Wehre, die in den verschiedensten Bauformen auf praktisch jedem deutschen Fluss anzutreffen sind, stellen mit die größte Gefahr bei einer Kanuwanderung dar. Auf naturnahen, weniger häufig befahrenen Kleinflüssen müssen Sie außerdem stets mit umgestürzten Bäumen rechnen, die eine natürliche Barriere bilden. Ob nun Wehr oder Treibholzverhau: das Hindernis vorher genau (am besten vom Land aus) anschauen und im Zweifel lieber umtragen.

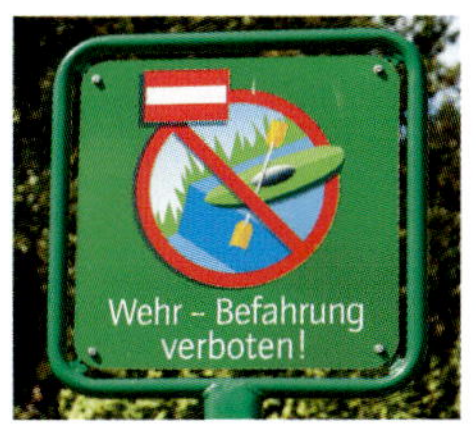


Einige Kanutouren, wie auf der Donau oder dem Main, verlaufen abschnittsweise oder komplett auf Wasserstraßen, auf denen auch Motorboote, z.T. auch Frachtschiffe oder Flußkreuzfahrer unterwegs sind. Als Grundregel gilt in diesen Fällen immer: **Halten Sie sich möglichst weit rechts und paddeln Sie vorausschauend.**

**Kennzeichnung:** Kanus sind auf Binnenschifffahrtsstraßen zwar von der Führung eines amtlichen Kennzeichens befreit, müssen aber dennoch gekennzeichnet sein. Dazu muss der **Bootsname** von außen deutlich lesbar sein (in mindestens 10 cm große Buchstaben), zusätzlich sind **Name & Anschrift des Eigentümers** an einer erkennbaren Stelle im Bootsinneren fest anzubringen (entweder mit einem wasserfesten Stift oder mit einem angeschraubten Schild).

Weitere Informationen zu den **Regelungen auf Schifffahrtstraßen** finden Sie in der Broschüre ***»Sicherheit auf dem Wasser. Wichtige Regeln & Tipps für Wassersportler«,*** herausgegeben vom Bundesministerium für Digitales und Verkehr (www.bmvi.de >Suchbegriff *„Tipps für Wassersportler“* eingeben) sowie im Elektronischen Wasserstraßen-Informationsservice der Wasserstraßen- und Schifffahrtsverwaltung des Bundes (ELWIS, www.elwis.de).

**Beachten Sie beim Paddeln folgende grundlegenden Regeln:**

- *Tragen Sie immer eine auf das Körpergewicht abgestimmte Schwimmweste und achten Sie darauf, dass auch Ihre Mitpaddler dies tun.*
- *Machen Sie einen weiten Bogen um in den Fluss ragende Bäume, um bei einer Kenterung nicht zwischen Boot und Baum eingeklemmt zu werden.*
- *Weichen Sie Motorbooten aus und behalten Sie im Hinterkopf, dass oft Freizeitskipper unterwegs sind, die ihr Boot nicht immer souverän zu steuern vermögen.*
- *Paddeln Sie nur alleine, wenn Sie Ihr Kanu gut beherrschen. Auf der anderen Seite sollten Sie darauf achten, dass Ihre Paddelgruppe nicht zu groß wird.*
- *Wehre müssen vor der Befahrung besichtigt werden, Umtragen ist keine Schande.*
- *Bei Gewitter gilt: runter vom Wasser!*

## Paddeln und Naturschutz

Eine Kanutour soll in erster Linie Spaß machen und eine lange Liste mit Ge- und Verboten für das umweltverträgliche Paddeln scheint auf den ersten Blick „typisch deutsch“. Mit den folgenden Verhaltens- und Umwelt-Tipps macht das Paddeln aber allen Beteiligten mehr Freude und die herrliche Natur bleibt auch nachfolgenden Paddlergenerationen erhalten:

- *Starten und beenden Sie eine Kanutour nur an den ausgewiesenen Ein- und Ausstiegsstellen. Wollen Sie ein eigenes Kanu auf dem Gelände*

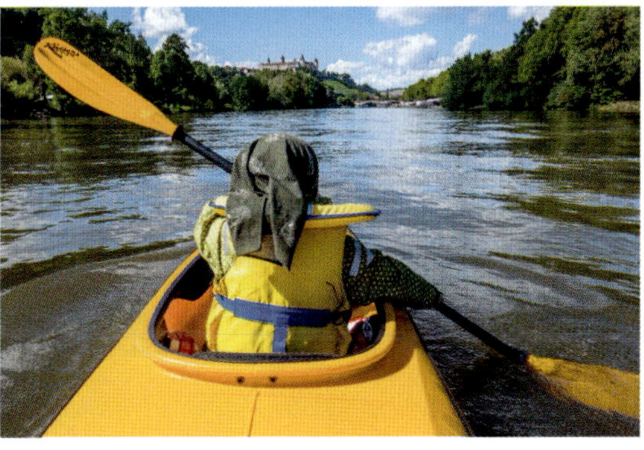

*eines Bootsvermieters oder Campingplatzes zu Wasser lassen, so gehört es zum guten Ton, vorher um Erlaubnis zu fragen.*

- *Nutzen Sie zum Anlegen und Rasten nur die dafür vorgesehenen Plätze wie Bootsrastplätze, die Anleger der Gasthäuser oder Wehre und andere befestigte Ausstiege, die nicht im Privatbesitz sind, um unnötige Beschädigungen der empfindlichen Ufer zu vermeiden.*
- *Müll (so er sich denn nicht ganz vermeiden lässt) wird selbstverständlich wieder mitgenommen und zu Hause / im Mülleimer entsorgt.*
- *Meiden Sie Schilfgürtel und Kiesbänke – es sind wichtige Lebensräume für Wasservögel. Fahren Sie nach Möglichkeit mit den Booten hintereinander und in Flussmitte bzw. dort, wo das Wasser am tiefsten ist.*
- *Vermeiden Sie die Befahrung von flachen Gewässerabschnitten und achten Sie stets auf eine ausreichende Wassertiefe (Faustregel: Mindestwassertiefe von 30 cm). Muscheln am Gewässergrund, die die Filterung des Wassers übernehmen, leiden unter Berührung von Bootsrumpf und Paddel, bzw. der aufgewühlte Grund stört deren Wachstum.*
- *Verhalten Sie sich möglichst ruhig und beobachten Sie Tiere nur aus der Ferne. Für Naturbeobachtungen empfiehlt sich daher die Mitnahme eines Fernglases.*
- *Respektieren Sie die „Nachtruhe“ der Tiere. Legen Sie bis spätestens eine Stunde nach Sonnenuntergang an, um nachtaktive Tiere wie Abendsegler und Eulen nicht zu stören.*
- *Wildzelten ist nicht zu verantworten – zu groß ist die damit verbundene Belastung für die Natur. Entlang der Gewässer finden sich oft einfache Zeltwiesen bei Kanuvereinen, Campingplätze, Gasthöfe und Hotels, so dass die Übernachtung in Wassernähe kein Problem darstellt.*

Wenn Sie sich an die oben genannten Punkte halten und beim Paddeln den natürlichen Respekt vor der Natur walten lassen, sind die ersten Schritte für ein naturverträgliches Paddeln getan. Doch leider reicht die Bemühung des Einzelnen für einen weitreichenden und nachhaltigen Schutz der Fließgewässer nicht aus. Wenn Sie schon etwas Kanuerfahrung gesammelt haben und die ein oder andere Tour in Deutschland gepaddelt sind, werden Sie wissen,

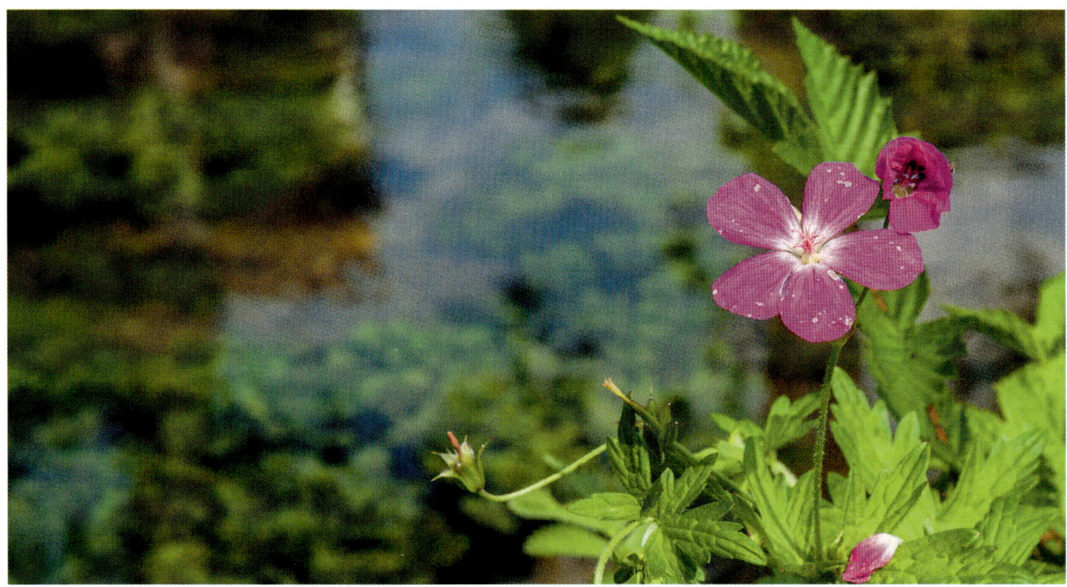

*Wasserpflanzen haben nicht nur einen positiven Effekt auf die Wasserqualität, sondern sind auch Lebensraum vieler Fische, Wirbelloser und Schnecken*

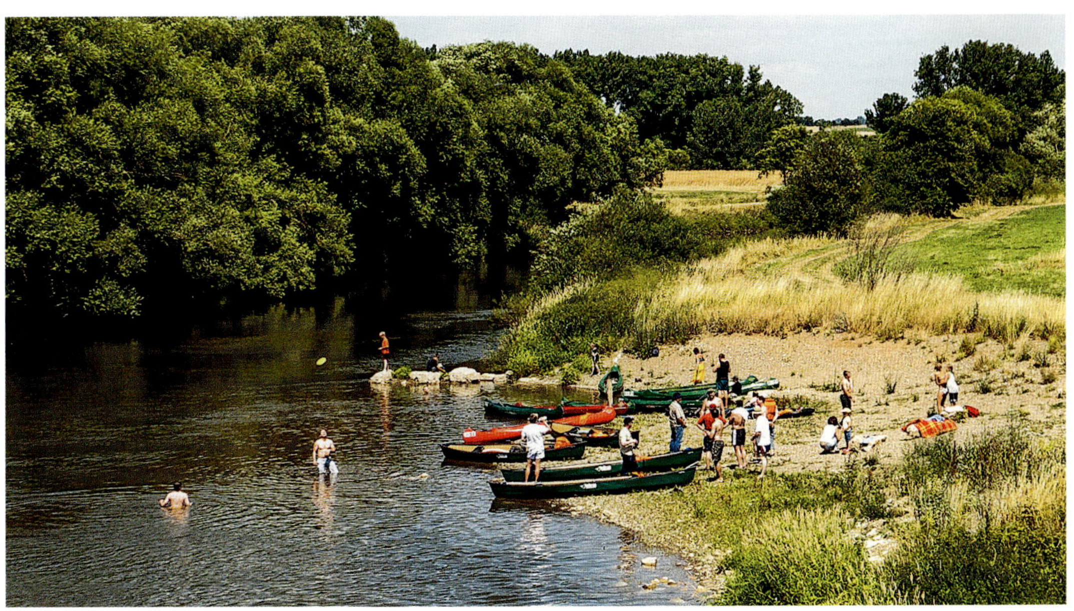

*An einem heißen Paddeltag freut man sich auf eine Abkühlung. Viele der bayerischen Gewässer haben sehr gute Wasserqualität.*

dass nur noch wenige Flüsse naturbelassen oder naturnah durch die Landschaft fließen dürfen.

Zusammen mit dem Naturschutz versucht der Deutsche Kanuverband (DKV) die wenigen noch verbleibenden naturnahen Flüsse zu erhalten und sie vor einer schädlichen Übernutzung zu bewahren. Um dieses Ziel zu erreichen, versucht man eine Vielzahl von Steuerungsinstrumenten einzusetzen. Freiwillige Selbstbeschränkungen und verbindliche Befahrensregelungen werden erlassen, um Vollsperrungen zu verhindern. Dies erfolgt u.a. indem die Befahrung zu sensiblen Zeiten, wie der Brut- und Laichzeit oder von besonders gefährdeten Bereichen, z.B. der Oberläufe von Flüssen, unterlassen wird.

Das Ganze funktioniert natürlich nur, wenn alle Wassersportler mitmachen und sich an die Regeln halten: in Ihrem eigenen Interesse, in dem der Natur und dem der nachfolgenden Paddlergenerationen! In den Tourenbeschreibungen sind die Befahrensregelungen aufgeführt. Aktuelle Änderungen finden Sie auf der Homepage des DKVs (siehe „Wichtige Adressen für Paddler").

## Wahl des Kanus

**Kanu** ist der Oberbegriff für alle Boote ohne befestigtes Ruder, also sowohl **Canadier** als auch **Kajaks**. Der mit dem ***Stechpaddel*** angetriebene und offene **Canadier** eignet sich vor allen Dingen für Wandertouren und bietet mehreren Personen mit viel Gepäck Platz. Er ist erste Wahl für den Familienurlaub, weil reichlich Ausrüstung transportiert und Kinder, die noch nicht selbst paddeln, gut mitgenommen werden können.

Das **Kajak** ist ein geschlossenes Boot mit einer Sitzluke, wird mit einem ***Doppelpaddel*** gefahren und ist insbesondere für kleine, schnelle Flüsse geeignet. Sicher ist man mit dem Kajak schneller unterwegs. Der Nachteil: die Zuladung ist beschränkt, das Ein- und Aussteigen umständlich und die Sitzposition, durch die Bauweise vorgegeben. Kajaks gibt es generell für ein oder zwei Personen.

Der **Canadier** besticht durch sein großzügiges Raumangebot, das einfache Beladen, Ein- und Aussteigen; Kinder können sich in ihm freier bewegen. Auch für den, der das Kanu durch ein Stechpaddel antreibt, bieten sich im Sitzen mit angewinkelten oder gestreckten Beinen oder kniend variantenreiche Sitzpositionen, die ein ermüdungsfreieres Paddeln ermöglichen. Die größere Kippstabilität wird vom Anfänger als angenehm empfunden. Sein Nachteil liegt eindeutig in der größeren Windanfälligkeit, dies kann aber durch eine Persenning (wasserfeste Abdeckung) vermindert werden.

Eine Sonderform sind **Faltboote (Canadier oder Kajak).** Sie können für das gleiche Tourenspektrum eingesetzt werden wie feste Boote, lassen sich durch das kompakte Packmaß im unaufgebauten Zustand aber leichter transportieren (z.B. mit der Bahn) und nehmen zu Hause viel weniger Stauraum weg.

Für mittelschweres Wildwasser konzipiert sind **Schlauch-Canadier**. Diese sehr kurzen und wendigen Boote sind relativ langsam und laufen nur mäßig geradeaus, sodass sie für längere Touren auf Wanderflüssen nur bedingt geeignet sind.

## Packraft

Das Wandern mit dem Paddeln verbinden? Kein Problem. Schauen Sie sich mal ein sogenanntes Packraft an. Im wald- und hügelreichen Bayern mit seinen teils zügig strömenden Flüssen lohnt das insbesondere auf der Isar, dem Schwarzen Regen, der Wiesent, der Pegnitz und teils auf dem Inn.

## Kanutransport auf dem Pkw

Bringen Sie Ihre Dachgepäckträger so weit wie möglich voneinander entfernt an und polstern Sie die Träger auf denen das Boot (mit dem Kiel nach oben) aufliegt mit Rohrisolierung aus Schaumstoff. Noch besser geeignet sind spezielle Kanutransportbügel, die auf die Dachgepäckträger montiert werden. Ein empfehlenswerter Anbieter ist zum Beispiel die Firma „Zölzer“.

Ovalbügel oder senkrechte Stützen sind für den Transport von Einerkajaks, flache, konkave Träger für den von Zweier-Kajaks oder Canadiern gedacht. Mit diesen Trägern sind die Boote

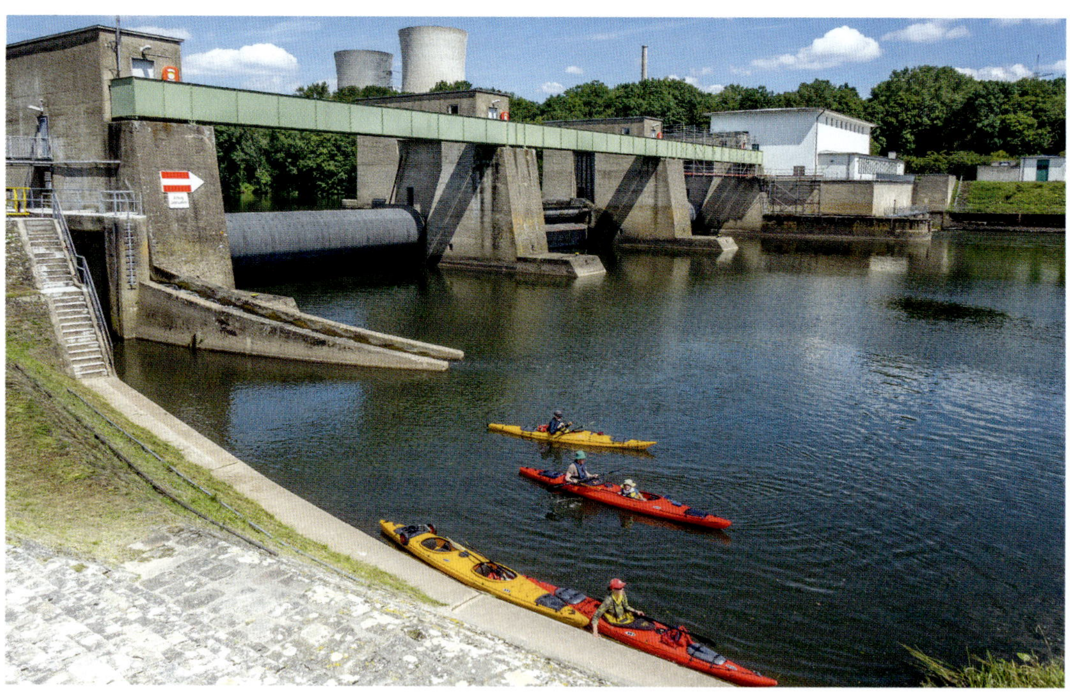

*Meist können Wehranlagen bequem umtragen werden*

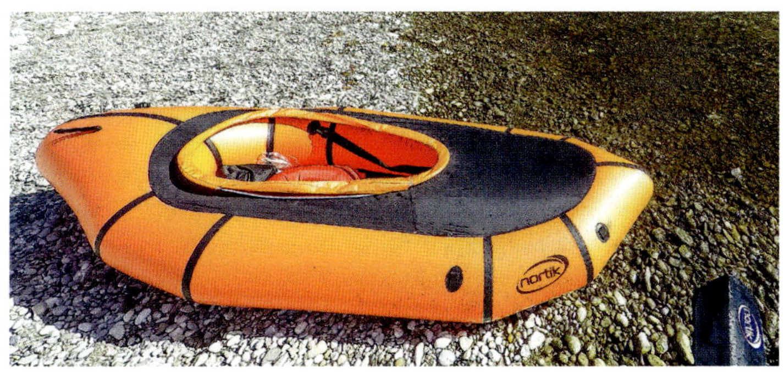


*Packrafts haben ein besonders kleines Packmaß und geringes Gewicht*

schnell und sicher auf dem Dach verstaut. Um Benzin zu sparen, sollten Sie die Sitzluken von Kajaks mit einem Lukendeckel verschließen.

Beim Dachtransport nicht vergessen: In den meisten Fällen ragen Kajaks oder Canadier nach hinten weiter als 1 Meter über die Rückstrahler des Fahrzeugs hinaus und müssen (§22 der Straßenverkehrsordnung) mit einer ***roten Fahne gekennzeichnet*** werden (gibt es im Baumarkt).

## Kanu mieten

Um die Faszination des Kanuwanderns kennenzulernen, brauchen Sie nicht zwangsläufig ein eigenes Boot. Entlang der vorgestellten Touren finden Sie in der Regel (mindestens) einen Kanuvermieter und/oder Tourenveranstalter.

Neben den Booten erhalten Sie dort die nötige Ausrüstung, wie z.B. wasserdichte Gepäcktonnen und Schwimmwesten sowie eine Einweisung in die richtige Paddeltechnik und wichtige Tipps zum jeweiligen Gewässer.

Idealerweise ist bei der Auswahl eines Kanuvermieters / Veranstalters darauf zu achten, dass er Mitglied im ***Bundesverband Kanu e. V.*** (BVKanu) ist. Die Mitglieder garantieren Qualität und qualifizierte Mitarbeiter, Sicherheit und fachkundige Einweisung sowie einen Einsatz für den Naturschutz im Kanutourismus. Zusätzlich haben viele BVKanu-Mitglieder das ***Qualitätssiegel QMW Kanu*** für besonders gute Qualität und Sicherheit. Viele Vermieter bieten einen Abholservice vom Endpunkt der Tour an, was Sie vor allem in den weniger besiedelten Regionen vom oft recht mühsamen „Zurück zum Pkw" befreit.

Canadier bekommen Sie bei fast allen Vermietern. Wollen Sie dagegen ein Kajak mieten, so sollten Sie auf jeden Fall im Vorfeld Rücksprache mit dem Kanuvermieter halten, denn nicht alle Anbieter haben Kajaks im Programm. An besonders beliebten Paddelgewässern werden in der Hauptsaison die Boote knapp, so dass es sich empfiehlt rechtzeitig zu reservieren.

Die Preise variieren je nach Gewässer, Wochentag und Saison. Als Richtwert können Sie sich für die Hauptsaison oder am Wochenende an folgenden Tagespreisen orientieren: Canadier für zwei Personen gibt es ab 35 €, ein Einer-Wanderkajak kostet zwischen 25 € und 40 €. Bei einer längeren Mietdauer gibt es oft deutliche Rabatte.

Kanufahren zeichnet sich zwar durch Individualität aus, aber nicht immer fühlt man sich alleine auf dem Wasser wohl. Die Mitgliedschaft im ***Deutschen Kanu-Verband*** (DKV), auch als nicht vereinsgebundenes Einzelmitglied, bietet über die Teilnahme an gemeinsamen Fahrten, dem Austausch persönlicher Erfahrungen zu Booten und Ausrüstung hinaus auch den Vorteil der preisgünstigen Übernachtung in den ***DKV-Stationen***.

## Camping & „Paddeln macht Spass"

In Kooperation mit Sponsoren zeigt das Team um Lars Thierling die Vielfalt von Camping und Kanusport. Sein Team von „Kanu & SUP on Tour – Paddeln macht Spass" ist jedes Jahr 3 Wochen deutschlandweit unterwegs und besucht dabei insgesamt 8 Campingplätze, die in den schönsten Orten Deutschlands am Wasser gelegen sind, informiert die Probepaddler über den Wassersport, Kleidung, Zubehör und Destinationen und bietet dabei kostenloses Kanu-, Kajakfahren und Stand Up Paddling an.

**Termine & Info:**
www.paddeln-macht-spass.de

## Zurück zum Auto

Wenn Sie mit dem eigenen Boot auf Tour gehen und nicht auf den Service eines Kanuvermieters zurückgreifen, ist als erstes die Frage zu klären, wie Sie das Boot mit dem Auto zum Wasser transportieren und wie Sie nach der Tour zurück zum Auto an der Einsetzstelle kommen.

Alle in diesem Buch vorgestellten Kanutouren verlaufen auf Flüssen – somit sind naturgemäß Start- und Endpunkt nicht identisch. Bei Paddlergruppen sehr beliebt ist das Umsetzen mit mindestens zwei Autos. Dabei werden die Boote an der Einsetzstelle abgeladen und anschließend fahren zwei Autos zum Endpunkt. Dort wird eines der Autos geparkt und man fährt gemeinsam im zweiten Auto zum Einstieg zurück. Diese Variante ist zwar relativ komfortabel, allerdings gibt es ökologisch sinnvollere Alternativen.

Allen voran bieten sich natürlich öffentliche Verkehrsmittel für das Nachholen des Autos an. Besonders gut und problemlos funktioniert das, wenn sowohl am Start- als auch am Endpunkt ein Bahnhof in der Nähe ist. Schwieriger wird es in abgelegen Regionen, in denen man auf die meist nur selten verkehrenden Busse angewiesen ist. Um lange Wartezeiten zu vermeiden, ist vorab eine gute Planung erforderlich. Hinweise zum ÖPNV finden Sie in den Tourenbeschreibungen. Bei kurzen Tagestouren lässt sich die Rückkehr zum Startpunkt auch gut mit dem Fahrrad realisieren, wenn ein Radweg oder eine Straße den Flusslauf begleiten.

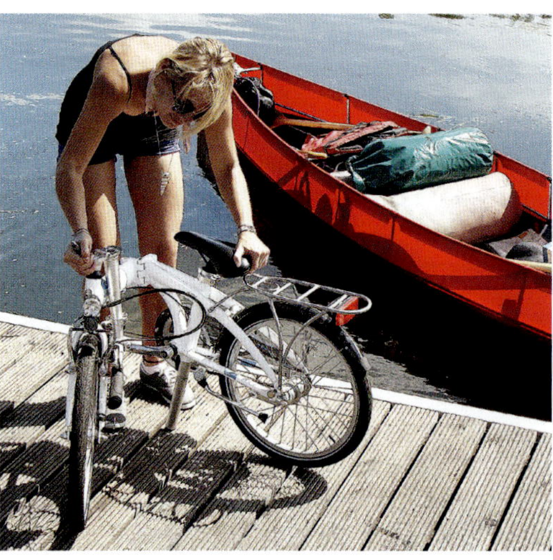

## Tipp: Faltrad

Wer mit dem Canadier unterwegs ist und auch an Land mobil sein möchte, z.B. um die Gegend zu erkunden oder zum Auto zurückzugelangen, sollte in Erwägung ziehen, ein Faltrad mitzunehmen. Durch optimierte Falt-Scharniere wird aus dem Fahrrad innerhalb weniger Sekunden ein kleines, handliches Paket.

## Notwendiges Kanuzubehör

- ***Paddel. Doppelpaddel** sollten eine Länge von ca. 220-240 cm haben, während das im Canadier verwendete **Stechpaddel** beim Stehen idealerweise bis unters Kinn reicht. Für Kinder darf es ruhig etwas länger sein. Kunststoffpaddel sind zwar pflegeleichter als Holzpaddel, die aber sind vom Material her sympathischer.*
- ***Tipp: Paddel**- oder einfache **Radhandschuhe** schützen empfindliche Hände vor Blasen.*
- ***Reservepaddel.** Muss in jedem Kanu griffbereit, aber sicher befestigt vorhanden sein. Besonders wichtig ist dies bei Solopaddlern, da sie ohne Paddel manövrierunfähig sind.*
- ***Rettungsweste.** Kein Kind darf ohne ohnmachtssichere Rettungsweste ins Boot. Sie hat einen Kragen, der den Kopf über Wasser hält und so wirklich vor dem Ertrinken schützt.*
- ***Schwimmweste.** Jeder Erwachsene sollte sie tragen (auch als Vorbildfunktion). Wie die Rettungsweste auch, muss sie dem Körpergewicht des Trägers angepasst sein.*

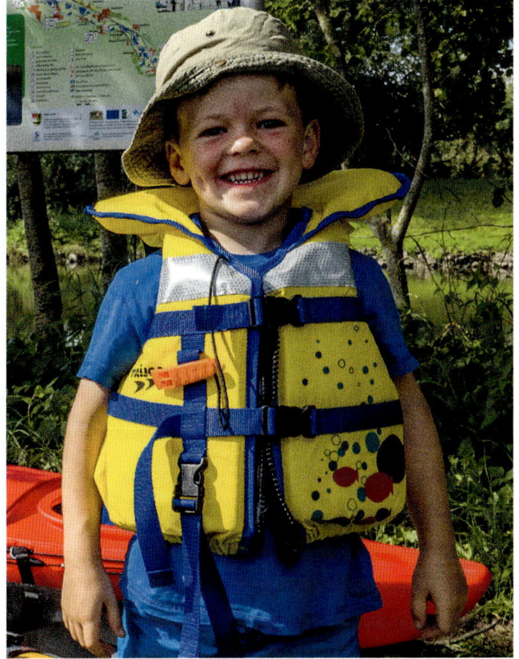

- ***Wurfsack****. Zum Retten eines Schwimmers vom Ufer aus. Der Nylonbeutel mit einem Auftriebselement und etwa 20 Meter Seil ist immer dabei, egal ob Wildwasser oder Wanderfahrt.*
- ***Bootswagen.** Ist für längere Landtransporte unverzichtbar. Wer sich einen zulegt, sollte gleich auf gute Verarbeitung achten. Er muss stabil, das Rohrgestell verschweißt statt genietet und zusammenklappbar sein, breite Räder und eine Stütze haben, so dass er auch von nur einer Person beladen werden kann.*
- *Praktisches: **Leinen** zum Festmachen und Halten des Kanus. **Spanngurte** zum Sichern der Säcke und Tonnen. **Schwamm** zum Säubern und „Entwässern" des Kanus.*
- ***Kette mit Schloss** oder ein **Spiralschloss** zum Sichern des Kanus am Ufer bei Besichtigungen oder festen Unterkünften.*

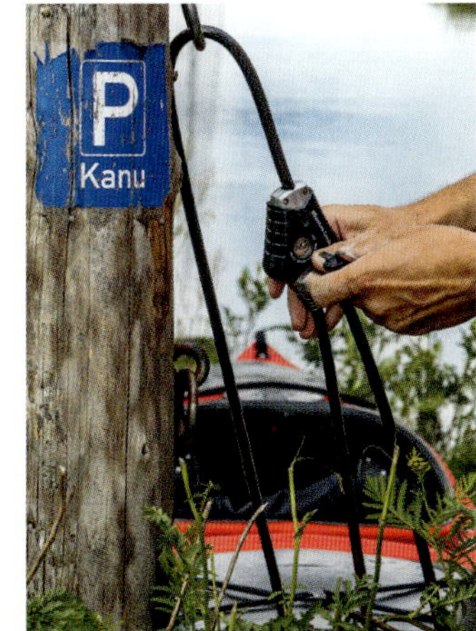


# Ausrüstung

## Kleidung

Für die in diesem Buch beschriebenen Touren wird keine teure High-Tech-Kleidung benötigt, aber eine gute ***Regenjacke und -hose*** muss ins Gepäck. Ansonsten sollte nach dem „Zwiebelprinzip" verfahren werden – mehrere leichte Kleidungsstücke übereinanderziehen. ***Fleecepullis*** mit hervorragender Isolationseigenschaft, geringem Gewicht und der Tatsache, dass sie im nassen Zustand noch wärmen, aber auch schnell trocknen, sind ideal.

Eine ***lange Hose*** aus schnell trocknendem ***Synthetic-Baumwollgemisch*** ist sicher besser als eine Jeans.

Als Schuhe am besten leichte ***Schnür-, Sport- oder spezielle Paddlerschuhe.***

Für kleine und große Ausflüge haben wir immer ***Wanderschuhe*** dabei.

***Badekleidung, Sonnenhut*** & ***-brille*** in der warmen Jahreszeit sind genauso selbstverständlich, wie eine wärmende ***Mütze*** und evtl. ***Handschuhe*** im kühlen Herbst.

## Schlafen

Zwar lassen sich viele der beschriebenen Streckenabschnitte so planen, dass mit wenig Gepäck von Gasthof zu Gasthof gepaddelt werden kann. Für mich gehört es aber mit zu den schönsten und eindrucksvollsten Erlebnissen am Ende des Paddeltages das Zelt direkt neben dem Fluss aufzubauen und unter freiem Himmel zu schlafen.

Wenn Sie draußen übernachten wollen, benötigen Sie eine komplette **Campingausrüstung**. Zur Grundausstattung gehören **Zelt, Isomatte** und **Schlafsack**. Eine **Taschen-** oder besser **Stirnlampe** leistet wertvolle Dienste, wenn eine Tagesetappe länger als geplant ausfällt und Sie im Dunkeln das Zelt aufbauen müssen.

Als **Zelttyp** kommen grundsätzlich **Kuppel-** oder **Tunnelzelte** infrage und beide leisten für eine Kanutour in Bayern gute Dienste.

Der Hauptunterschied: Ein **Kuppelzelt** ist freistehend, d.h. Sie benötigen zum Aufstellen nicht zwangsläufig Heringe. Da allerdings auf keinem der Zeltplätze entlang der vorgestellten Touren harter Steinboden anzutreffen ist, lassen sich auch **Tunnelzelte** gut mit Leinen und Heringen abspannen.

Der Vorteil eines **Tunnelzeltes**: Es ist schnell aufgebaut und meistens werden Innen- und Außenzelt zusammen aufgebaut, sodass das Innenzelt selbst beim Aufbau im strömenden Regen trocken bleibt.

## Kocher & Küche

Eine Zeltübernachtung ist erst komplett, wenn beim Sonnenuntergang vor dem Zelt der Campingkocher faucht. In Internetforen und beim Gespräch am Lagerfeuer entsteht schnell ein „Glaubenskrieg“, wenn die Frage nach dem richtigen Kochertyp gestellt wird.

**Die Vor- & Nachteile der einzelnen Kochermodelle zusammengefasst:**

**Benzinkocher** haben einen hohen Heizwert und Benzin ist praktisch überall zu bekommen. Ihr Nachteil: Sie sind wartungsintensiv und nicht immer leicht zu bedienen.

**Gaskocher** sind einfach zu handhaben und bestechen mit einer sauberen Verbrennung. Allerdings sind die Kartuschen teuer.

**Spirituskocher** sind unproblematisch zu handhaben, allerdings ist der Heizwert von Spiritus gering, d.h. Sie müssen bei längeren Touren eine große Menge Spiritus mitführen.

Ein **Multifuel-Kocher** kann mit fast jedem Flüssigbrennstoff betrieben werden, und besitzt dann die jeweiligen Vor- und Nachteile des verwendeten Brennstoffs. z.B. Petroleum hat einen hohen Heizwert, verströmt beim Kochen allerdings einen nicht gerade schönen, intensiven Geruch.

Ich bin seit vielen Jahren ein echter Fan der ***Trangia-Spiritus-Kocher***. Diese Sturmkocher sind einfach, zuverlässig und praktisch. Das

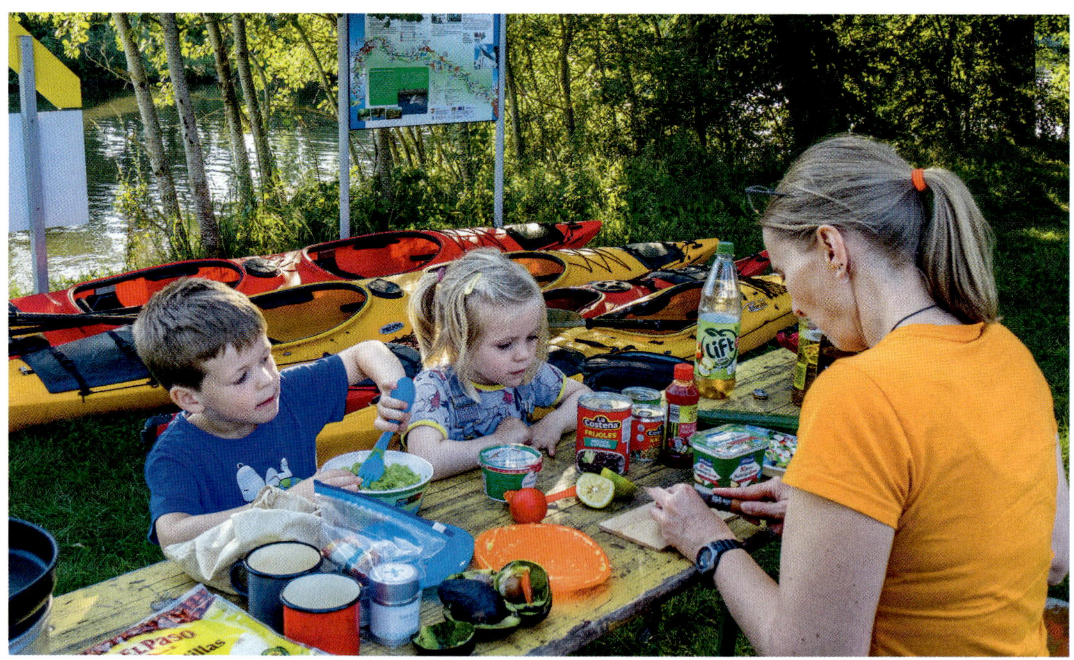

*Ein Abendessen mit Blick auf den Fluss – was gibt es Schöneres?*

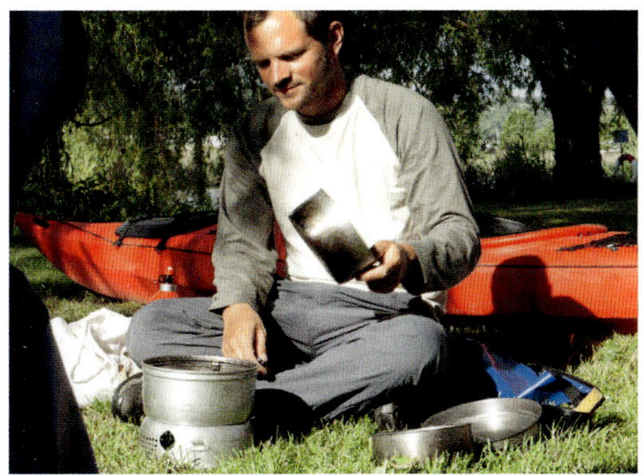

System besteht aus einem kompletten, platzsparenden ***Set*** aus ***Kocher, Windschutz, Töpfen*** und ***Pfanne***. Seit ein paar Jahren betreibe ich den Kocher nicht mehr mit dem Spiritusbrenner, sondern mit einem ***Gaseinsatz***. In Verbindung mit einem Adapter können sowohl ***Schraub-*** und ***Stechkartuschen*** verwendet werden, die weltweit zu beschaffen sind. Der große Vorteil zum originalen Spirituseinsatz: die Flammengröße lässt sich stufenlos regulieren und zusammen mit einer beschichteten Non-Stick-Pfanne gelingen auch draußen Pfannkuchen oder Pizza. Ein wahrer Genuß!

**Weitere wichtige Küchenutensilien:**
Eine **Espressokanne** ist für den morgendlichen Kaffee ideal, **tiefe** und **flache Teller** (oder Schalen), **Besteck**, **Thermoskanne** & **-becher**, kleines **Schälmesser**, **Schneidebrettchen**, **Alufolie**, **Geschirrtuch**, **Spülmittel**, eine **Faltschüssel** sowie ein **Wassersack** für den Wasservorrat.

Wer möchte, kann bei den meisten der vorgestellten Touren die Campingküche aber auch getrost zu Hause lassen, denn entlang der Strecke finden sich oft Gasthöfe mit lauschigen Biergärten. Dort wird eine bodenständige, lekkere und preiswerte Küche angeboten, die sich durch deftige Fleisch- und Bratengerichte, verschiedenste Knödelvariationen und Mehlspeisen auszeichnet. Eine besondere Stellung hat die bayerische Brotzeit. Als Zwischenmahlzeit, die sich aus dem Alltag der Bauern entwickelt hat, gehört sie zum bayerischen Lebensgefühl und ist ein Stück bayerische Kultur.

**Auch wichtig: Toilettenpapier, Waschzeug, Insektenschutz, Taschenmesser, Fernglas, Schreibutensilien** und eine **wasserdichte Kartentasche**, die sicher auf dem Bootsdeck festgebunden wird.

Abgerundet wird die Ausrüstungspalette durch ein **Erste-Hilfe-Set**, das in einem kleinen wasserdichten Packsack, leicht zu erreichen (z.B. hinter dem Sitz), untergebracht wird.

Zur Minimalausstattung gehören ***Heftpflaster***, ***Dreiecktuch***, ***Mullbinden***, ***Kompressen*** und ***Desinfektionslösung***.

Last but not least – DER **Ausrüstungstipp:**
Immer mit an Bord auf meinen Touren ist eine Rolle **wasserfestes Klebeband** („Duck Tape“), mit dem sich so ziemlich jeder Defekt an Boot oder Ausrüstung (zumindest provisorisch) reparieren lässt, sowie ein **Mehrzwecktaschenmesser** oder **Multitool** mit **Schraubenzieher** und **Kombizange**.

## *Verstauen:*

Die hier beschriebene Ausrüstung findet Platz in **wasserdichten Weithals-Tonnen** mit Schraubdeckel sowie optimalerweise transparenten **Packsäcken**, die durch ein „Roll-/Steckverschluss-System“ wasserdicht verschlossen werden.

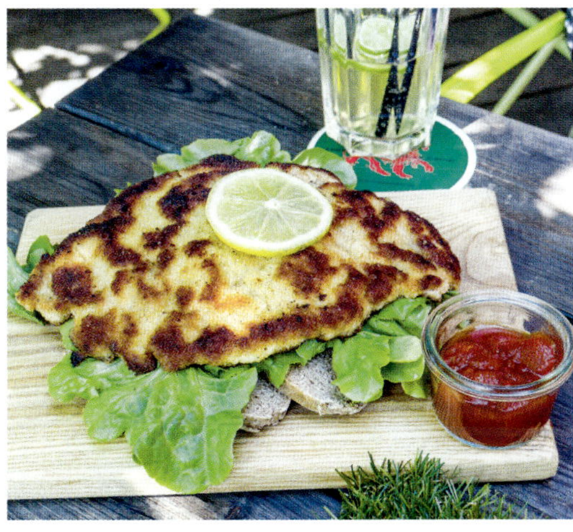

# Checklisten

## Lebensmittel

- ☐ Kartoffeln
- ☐ Zwiebeln / Knoblauch
- ☐ Kräuter / Gemüse
- ☐ Obst *(vorzugsweise Äpfel)*
- ☐ Nudeln
- ☐ Reis
- ☐ Kartoffelpüree
- ☐ Mehl
- ☐ Salz
- ☐ Zucker
- ☐ Backpulver/Trockenhefe
- ☐ Gewürze
- ☐ Eier
- ☐ Speck
- ☐ Ketchup
- ☐ Tomatenkonzentrat
- ☐ Parmesankäse in Beuteln
- ☐ Gemüsebrühe
- ☐ Instantsuppen
- ☐ Olivenöl
- ☐ Essig
- ☐ frisches Brot
- ☐ Knäckebrot
- ☐ Margarine
- ☐ Salami
- ☐ Hartkäse
- ☐ Marmelade
- ☐ Honig
- ☐ Kaffee / Tee
- ☐ Milchpulver
- ☐ Puddingpulver
- ☐ Kakao
- ☐ Müsli
- ☐ Nüsse / Trockenfrüchte
- ☐ Kekse / Schokolade
- ☐ Müsliriegel
- ☐ ____________________
- ☐ ____________________
- ☐ ____________________
- ☐ ____________________

## Kleidung & Körperpflege

- ☐ lange Hosen
- ☐ Fleecehose
- ☐ kurze Hose
- ☐ T-Shirts
- ☐ einmal Klamotten stadtfein
- ☐ Pullover aus Fleece 100
- ☐ Pullover aus Fleece 200
- ☐ Unterwäsche
- ☐ lange Sportunterwäsche
- ☐ Socken
- ☐ Fleecesocken
- ☐ Regenjacke, Regenhut
- ☐ Regenhose
- ☐ Sonnenbrille mit Band
- ☐ Kopfbedeckung (Sonne)
- ☐ Badesachen, Badeschuhe
- ☐ Outdoor-Handtuch
- ☐ Waschbeutel *(Shampoo, Seife, Fettcreme/Hautcreme, Zahnbürste/-pasta, Haarbürste, Sonnencreme, Spiegel, Rasierzeug/Tampons/Binden)*
- ☐ Wanderschuhe
- ☐ leichte Sport-/Leinenschuhe
- ☐ evtl. Neoprenschuhe
- ☐ evtl. Neoprenhandschuhe
- ☐ evtl. Fleecemütze
- ☐ evtl. Halstuch/Schal
- ☐ Reisewaschmittel
- ☐ ____________________
- ☐ ____________________
- ☐ ____________________
- ☐ ____________________

## Küche

- ☐ Kocher, Brennerersatzteile
- ☐ Brennstoff für Kocher
- ☐ Anzünder
- ☐ Streichhölzer / Feuerzeug
- ☐ Kochtopfset mit Deckel
- ☐ Grillrost
- ☐ Espressokanne / Wasserkessel
- ☐ Wassersack für Wasservorrat
- ☐ Thermoskanne & Trinkflasche
- ☐ Thermobecher / Tassen
- ☐ Teller (tief / flach) & Besteck
- ☐ Kochlöffel, Sparschäler
- ☐ große Schere
- ☐ kleines scharfes Messer
- ☐ kleines Holzbrett
- ☐ evtl. Alufolie
- ☐ Faltschüssel
- ☐ Spülmittel
- ☐ Topfreiniger/Spülschwamm
- ☐ evtl. Stahlschwamm
- ☐ Geschirrtuch
- ☐ ____________________
- ☐ ____________________
- ☐ ____________________
- ☐ ____________________

## Werkzeug & Zubehör

- ☐ Reparatur-Set für Kanu
- ☐ Duck Tape-Klebeband
- ☐ Seam-Grip-Kleber
- ☐ Reparatur-Sets Kanu & Zelt
- ☐ Ersatz-Blitzverschlüsse
- ☐ Holzleim
- ☐ Tool *(mit Schraubenzieher und Kombizange)*
- ☐ Gummihammer (Ally)
- ☐ Taschen- / Einhandmesser
- ☐ evtl. Schleifstein
- ☐ Klappsäge
- ☐ Klappspaten
- ☐ Arbeitshandschuhe
- ☐ Schraubhaken
- ☐ Karabinerhaken
- ☐ Spanngurte
- ☐ Spiralschloss
- ☐ Taschenlampe/Stirnlampe
- ☐ Batterien oder Akkus
- ☐ Ladegerät für Akkus
- ☐ ____________________

- ☐ Kerzen
- ☐ Plastiktüten
- ☐ Plastiknetz / Kartoffelnetz
- ☐ Toilettenpapier
- ☐ Papiertaschentücher
- ☐ Schnüre / Seile
- ☐ Wäscheklammern
- ☐ Gummis, Draht
- ☐ Nähzeug
- ☐ ____________
- ☐ ____________
- ☐ ____________
- ☐ ____________
- ☐ ____________

## *Erste-Hilfe-Set*

- ☐ Wundpflaster, Blasenpflaster
- ☐ Mullbinden
- ☐ sterile Wundauflagen
- ☐ elastische Binden
- ☐ Dreieckstücher
- ☐ Verbandspäckchen
- ☐ kl. Brandwundenverbandtuch
- ☐ Leukoplast
- ☐ Desinfektionsmittel / Antiseptikum
- ☐ Wundsalbe
- ☐ Kopfschmerztabletten
- ☐ Schmerztabletten
- ☐ Salbe für Sportverletzungen
- ☐ Brandsalbe
- ☐ Erkältungsmittel
- ☐ Antihistamingel
- ☐ Antihistamintropfen
- ☐ Mücken- & Insektenabwehr
- ☐ Zeckenzange
- ☐ Pinzette
- ☐ Augensalbe
- ☐ ____________
- ☐ ____________
- ☐ ____________
- ☐ ____________

## *Freizeit & Kinder*

- ☐ Bücher
- ☐ Vorlesebuch
- ☐ Bestimmungsbücher
- ☐ Malzeug, -block
- ☐ Schreibstifte, Anspitzer
- ☐ evtl. Edding wasserfest
- ☐ Blumenpresse
- ☐ Lupe / Becherlupe
- ☐ kleines Brett-Steckspiel
- ☐ Schnorchel, Tauchermaske
- ☐ Frisbee, Ball
- ☐ Angelrute
- ☐ Angelköder
- ☐ Klappkescher
- ☐ evtl. Hängematte
- ☐ evtl. Moskitonetz
- ☐ Fotokamera (evtl. Stativ)
- ☐ Speicherkarten
- ☐ Fotobatterien, Objektive
- ☐ ____________
- ☐ ____________

## *Unterwegs*

- ☐ Topografische Karten
- ☐ wasserdichte Kartentasche
- ☐ Kompass, Bootskompass
- ☐ evtl. GPS - Gerät
- ☐ Reiseführer
- ☐ Handy
- ☐ Ladegerät für´s Handy
- ☐ Autoladegerät für´s Handy
- ☐ Powerbank / Solar Powerbank
- ☐ Uhr / Wecker
- ☐ Fernglas
- ☐ Tagesrucksack / Hip-Pack
- ☐ evtl. Trekkingstöcke
- ☐ ____________
- ☐ ____________
- ☐ ____________
- ☐ ____________

## *Wichtige Dokumente*

- ☐ Krankenkassenkarte
- ☐ Personalausweis, Pass
- ☐ Führerschein, Fahrzeugschein
- ☐ Campingkarte (Rabatt)
- ☐ DKV-Ausweis
- ☐ Bahncard, evtl. Bahnticket
- ☐ Bargeld, EC-Karte, Kreditkarte
- ☐ Schlüssel
- ☐ Adressbuch
- ☐ ____________

## *Kanu & Ausrüstung*

- ☐ Kanu
- ☐ Paddel, Reservepaddel
- ☐ Spritzdecke, Persenning
- ☐ Schwimmweste
- ☐ Kanuwagen, Luftpumpe
- ☐ Leinen, Ersatzleine
- ☐ Spanngurte *(lange & kurze)*
- ☐ Sitzunterlage, Kniepolster
- ☐ Paddeljacke, Trockenanzug
- ☐ evtl. Paddelhandschuhe
- ☐ Schwamm zum Entwässern
- ☐ Wasserdichte Säcke
- ☐ Wasserdichte Tonne
- ☐ Wasserd. Tasche f. Kleinkram

## *Campingausrüstung*

- ☐ Zelt, Zeltstangen & -heringe
- ☐ Sand- und Stahlheringe
- ☐ Zeltunterlage, Zeltlampe
- ☐ Therm-a-Rest-Matte, Isomatte
- ☐ Schlafsack
- ☐ Fleece- / Baumwollinlett
- ☐ Kopfkissen & -bezug / Kopfkissen-Fleecehülle zum Befüllen
- ☐ Faltsitz, Campingsitz
- ☐ Tarp *(Regen-/Sonnenschutz)* mit Leinen & evtl. Karabiner
- ☐ ____________

# „Kleine Kajak- & Canadier-Fahrschule“

## Kajak-Fahrschule

### Allgemeines

In der Regel sind die beiden Blätter eines Doppelpaddels gegeneinander verdreht. Beim üblichen rechtsgedrehten Paddel umfasst die rechte Hand den Schaft so, dass das rechte Paddelblatt senkrecht ins Wasser eingetaucht werden kann. Die linke Hand umfasst den Paddelschaft nur locker und nach jedem Paddelschlag wird das Paddel mit der rechten Hand so gedreht, dass das aktive Blatt senkrecht ins Wasser gesetzt werden kann (beim linksgedrehten Paddel gelten die Hinweise entsprechend seitenvertauscht). Stellen Sie die Fußstützen des Kajaks so ein, dass Sie bequem sitzen und gleichzeitig einen guten Bootskontakt mit den Oberschenkeln haben. Bei Kajaks mit Fußsteuerung den Abstand der Pedale so wählen, dass Sie mit angewickelten Beinen im Boot sitzen und genügend Spielraum nach vorne haben, um das Pedal durchzutreten und das Steuer bewegen zu können.

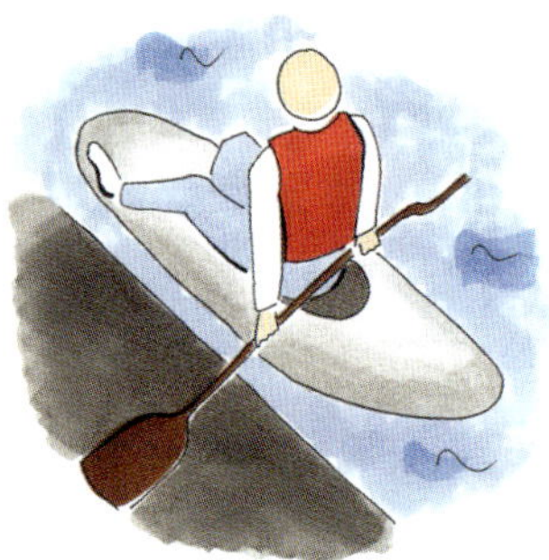

### Einsteigen

**Kanu parallel zum Ufer ausrichten, bei starker Strömung mit dem Bug (=** Bootsspitze) gegen die Strömungsrichtung. Zum Einsteigen das Boot mit der sogenannten „Paddelbrücke“ stabilisieren: Paddel im rechten Winkel zum Boot über Süllrand (= Bootsrand) und Ufer oder Steg legen; mit einer Hand Süllrand und Paddel fassen und mit der anderen Hand das Paddel aufs Ufer drücken. Zum Einsteigen das Gewicht über das Paddel verlagern und mit dem bootsseitigen Fuß zuerst einsteigen. Anschließend möglichst rasch hinsetzen, d. h. im Kajak gleich auf den Sitz rutschen, um einen tiefen Schwerpunkt zu erzielen und die Stabilität des Kanus zu erhöhen.

### Spritzdecke

Spritzdecke zunächst hinter dem Körper um den Süllrand legen und von hinten nach vorne schließen; abschließend vorne über den Süllrand ziehen. Dabei unbedingt darauf achten, dass die Lasche vorne herausguckt, um die Spritzdecke im Falle einer Kenterung schnell öffnen zu können.

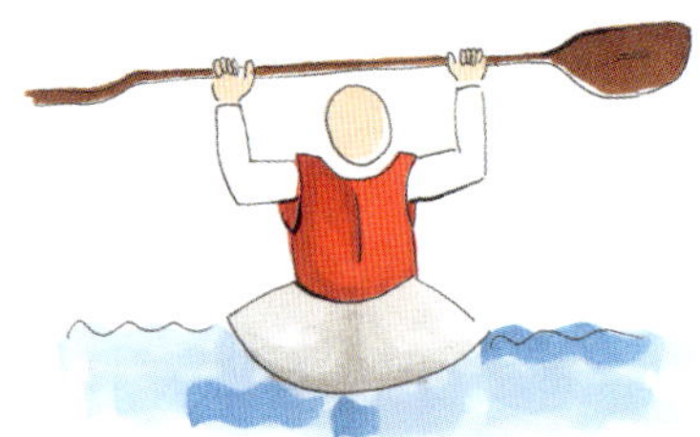

### Paddelhaltung

Das Paddel in beide Hände nehmen und auf den Kopf legen. Die optimale Griffweite ist erreicht, wenn der Winkel zwischen Ober- und Unterarm ein wenig kleiner als 90 Grad ist.

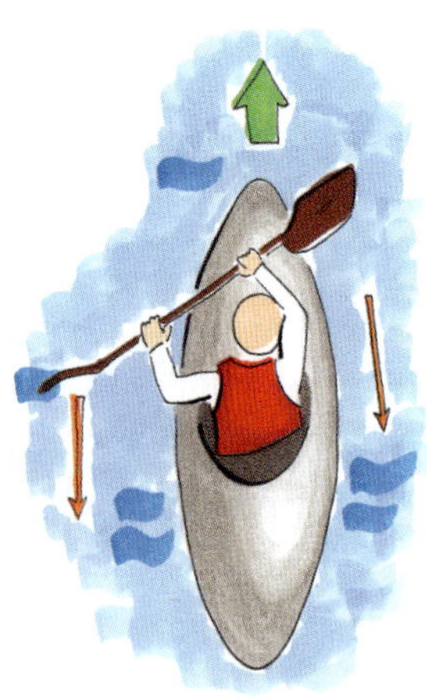

### Grund- und Treibschlag

Mit leicht nach vorne gebeugtem Oberkörper Paddel vorne, dicht neben der Bootswand, einsetzen. Die „Zughand“ zieht das Paddel parallel am Boot entlang nach hinten, während die „Druckhand“ das sich in der Luft befindliche Blatt nach vorne drückt. Die Bewegung nicht allein mit den Unterarmen ausführen, sondern zur Unterstützung bei gestrecktem Arm den Oberkörper mitdrehen. Ist das aktive Paddelblatt knapp hinter der Sitzposition, den Zug stoppen und die Seite wechseln.

## Kajak-Fahrschule

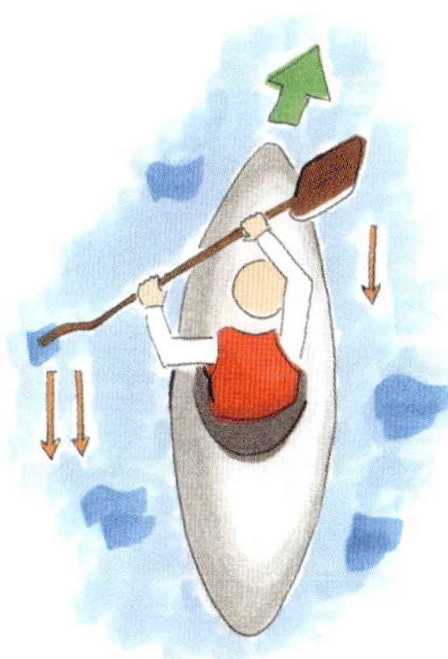

### Steuern

Wird der Paddelschlag auf der linken Seite stärker ausgeführt, dreht der Bug nach rechts – und umgekehrt. So können Sie das Boot – ganz ohne eventuell vorhandene Fußsteueranlage – auf Kurs halten. Sind starke Kursänderungen erforderlich, erreichen Sie diese mit dem Bogenschlag. Beim Ab- und Anlegen mit Kajaks, die über eine Steueranlage verfügen, unbedingt daran denken, das Steuer rechtzeitig einzuklappen, um es nicht zu verbiegen.

### Ziehschlag

Steuerschlag, um das Boot seitlich zu versetzen; dazu das Paddelblatt möglichst weit entfernt senkrecht zur Längsachse und parallel zum Boot ins Wasser tauchen und nicht zu dicht, an die Bootswand heranziehen und nach oben aus dem Wasser nehmen. Dabei darauf achten, dass das Paddelblatt nicht unter den Bootskörper gezogen wird, da dies zum Kentern führen kann.

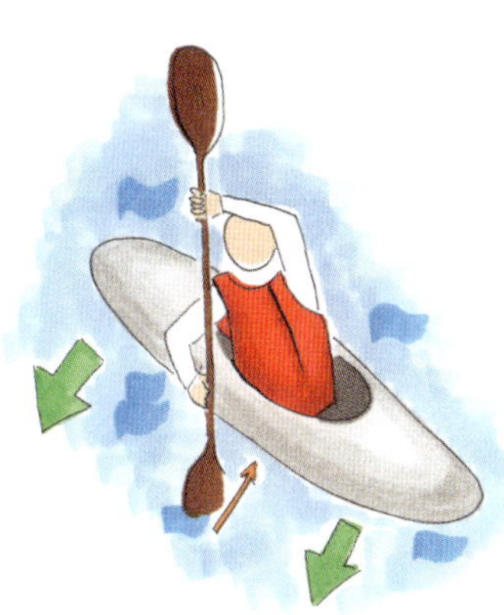

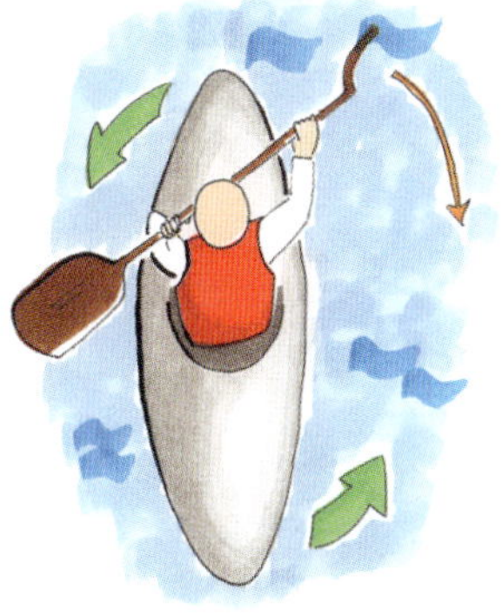

*vorwärts*

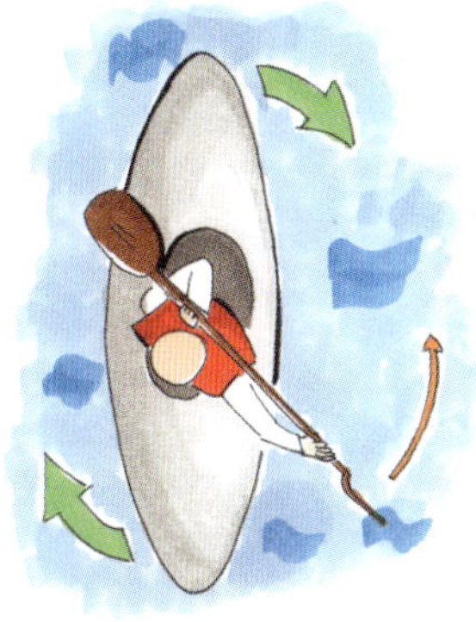

*rückwärts*

### Bogenschlag

Steuerschlag, um das Boot zu drehen: vorwärts ausgeführt, dreht er das Boot weg von der Schlagseite. Dazu das Paddel möglichst weit vorne und dicht am Boot eintauchen und das Paddelblatt flach unter der Wasseroberfläche in einem weiten Halbkreis um das Boot bis nahe ans Heck führen. Je größer der Radius, desto stärker die Steuerwirkung. Um das Kanu abzubremsen und gleichzeitig eine Kurskorrektur zur Paddelseite hin durchzuführen, können Sie den Bogenschlag rückwärts ausführen.

### Paddelstütze

Stabilisierungsschlag, bei dem das Paddel als Ausleger genutzt wird, um das Kentern zu verhindern; dazu einfach das Paddel auf der Seite, zu der das Boot zu kippen droht, soweit wie möglich nach außen flach auf das Wasser drücken.

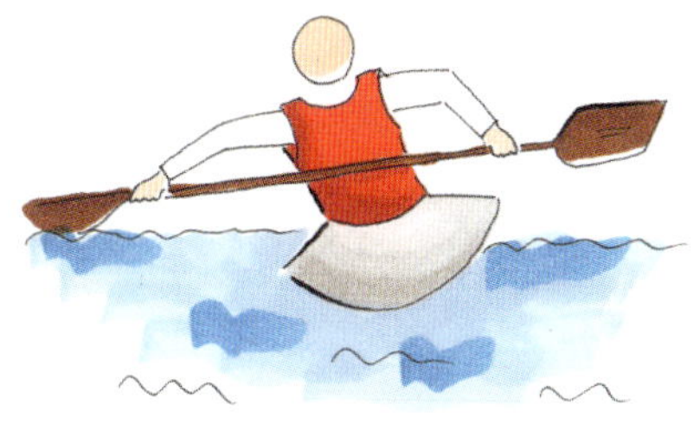

*Schlagrichtung des Paddlers* 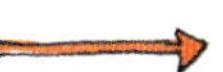

*Bewegungsrichtung des Kanus* 

## Canadier-Fahrschule

### Allgemeines

Auf dem hinteren Sitz nimmt in der Regel der erfahrenere oder kräftigere Paddler Platz. Er gibt im Flachwasser die grobe Richtung vor, der Vordermann versucht ihn zu unterstützen. Der Vordermann gibt die Schlagzahl vor; achten Sie darauf, einen möglichst gleichmäßigen Schlagrhythmus einzuhalten, um ein „Aus-dem-Ruder-laufen" zu vermeiden. Je nach Ausdauer kann ein gelegentlicher Wechsel der Paddelseiten stattfinden, der von beiden nach Absprache gleichzeitig durchgeführt wird. Der Vordermann hat stets die Aufgabe auf Hindernisse, die direkt vor dem Canadier auftauchen, aufmerksam zu machen.

Buch-Tipp zur Vertiefung : „Stechpaddel Fahrschule", Thomas Kettler Verlag.

### Einsteigen

Kanu parallel zum Ufer ausrichten, bei starker Strömung mit dem Bug (= Bootsspitze) gegen die Strömungsrichtung. Zum Einsteigen das Boot mit der sogenannten „Paddelbrücke" stabilisieren: Paddel im rechten Winkel zum Boot über Süllrand (=Bootsrand) und Ufer oder Steg legen; mit einer Hand Süllrand und Paddel fassen und mit der anderen Hand das Paddel aufs Ufer drücken. Zum Einsteigen das Gewicht über das Paddel verlagern und mit dem bootsseitigen Fuß zuerst einsteigen. Anschließend möglichst rasch hinsetzen oder beim Canadier auch möglich, eventuell hinknien, um einen tiefen Schwerpunkt zu erzielen und die Stabilität des Kanus zu erhöhen.

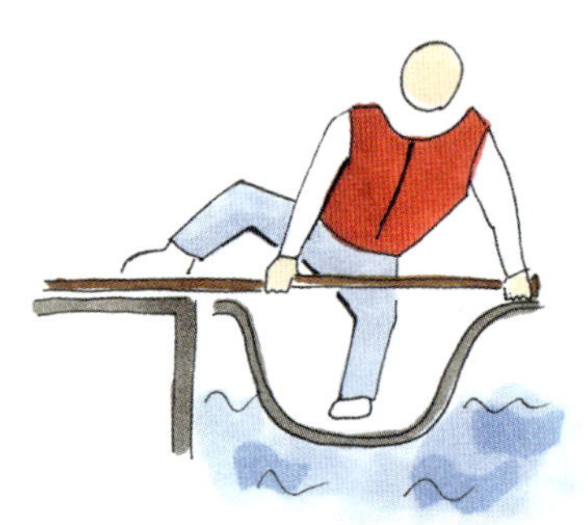

### Aussteigen

Wie Einsteigen, nur in umgekehrter Reihenfolge.

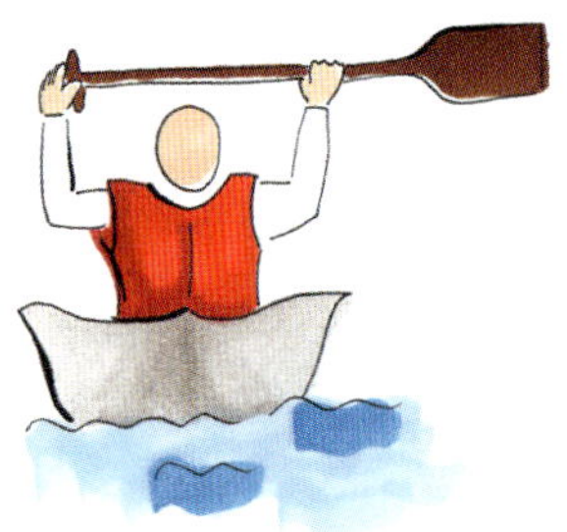

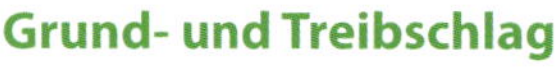

### Paddelhaltung

Eine Hand fasst den Paddelknauf, hierbei wird der Griff von oben wie beim Spaten umfasst. Die andere Hand umgreift den Paddelschaft, so dass Ober- und Unterarm einen Winkel von 90 Grad bilden.

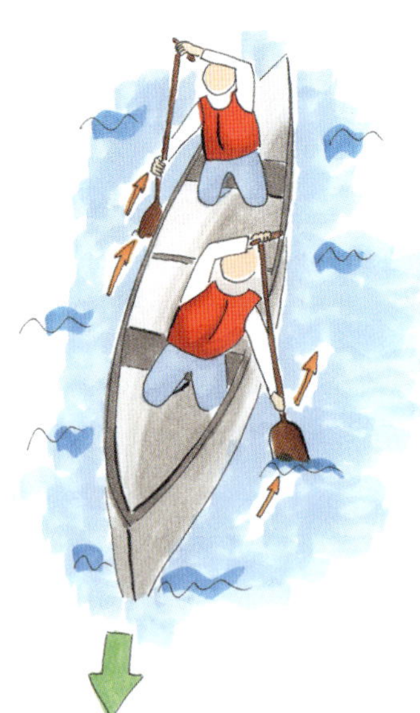

### Grund- und Treibschlag

Das ganze Paddelblatt wird senkrecht ins Wasser getaucht und parallel zum Boot (in Bootslängsachse) bis etwa auf Körperhöhe durchs Wasser gezogen. Dabei wird mit dem unteren Arm gezogen, während der obere Arm drückt; gleichzeitig wird der Oberkörper etwas nach vorne geneigt und mitgedreht. Stimmen Vorder- und Hintermann ihren Grundschlag aufeinander ab, bewegt sich der Canadier kursstabil geradeaus. Paddelt nur einer, bewegt sich das Kanu der paddelabgewandten Seite zu.

## Canadier-Fahrschule

### Steuern oder J-Schlag (nur Hintermann)

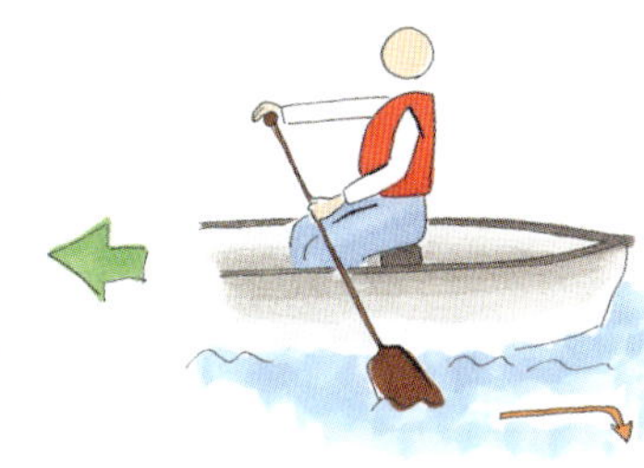

Dabei wird das Paddel zuerst wie beim Grundschlag geführt, am Körper vorbei in einer Bogenbewegung mit der wasserverdrängenden Paddelseite vom Boot weggedrückt. Dabei zeigt der Daumen der Hand am Paddelknauf nach unten und der Handrücken nach außen. Der Vordermann kann weiterhin den Grundschlag ausführen oder die Drehbewegung mit einem Bogenschlag verstärken. Der J-Schlag ist besonders vorteilhaft für Solo-Canadier, da er das „Aus-dem-Ruder-laufen" bei der normalen Geradeausfahrt verhindert.

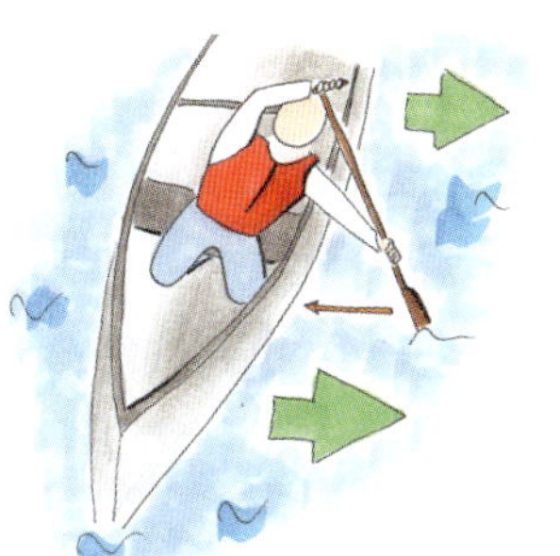

### Ziehschlag

Steuerschlag, um das Boot seitlich zu versetzen; dazu das Paddelblatt möglichst weit entfernt senkrecht zur Längsachse und parallel zum Boot ins Wasser tauchen und, nicht zu dicht, an die Bootswand heranziehen und nach oben aus dem Wasser nehmen. Dabei darauf achten, dass das Paddelblatt nicht unter den Bootskörper gezogen wird, da dies zum Kentern führen kann.

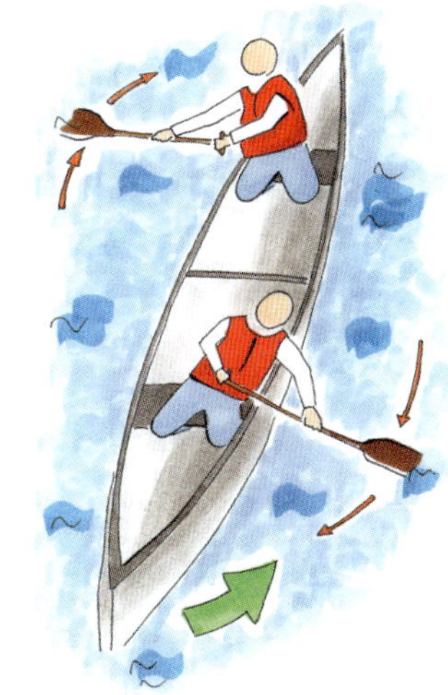

### Bogenschlag

Steuerschlag, um das Boot zu drehen. Um einen Zweiercanadier auf der Stelle zu drehen, führt der Vordermann den Bogenschlag vorwärts und der Hintermann den Bogenschlag rückwärts aus (oder umgekehrt, aber immer gegenläufig). Vorne vorwärts: das Paddel möglichst weit vorne und dicht am Boot eintauchen und das Paddelblatt flach unter der Wasseroberfläche in einem Viertelskreis bis auf Körperhöhe führen. Hinten rückwärts: Beginn nahe am Heck des Bootes und das Paddelblatt von hinten nach vorne im Viertelskreis bis auf Körperhöhe führen. Dies dreht das Boot weg von der Paddelseite des Vordermanns. Zum Drehen zur anderen Seite werden die Schläge genau gegenläufig durchgeführt: vorne rückwärts, hinten vorwärts. Jeweils gilt, je größer der Radius, desto stärker die Steuerwirkung.

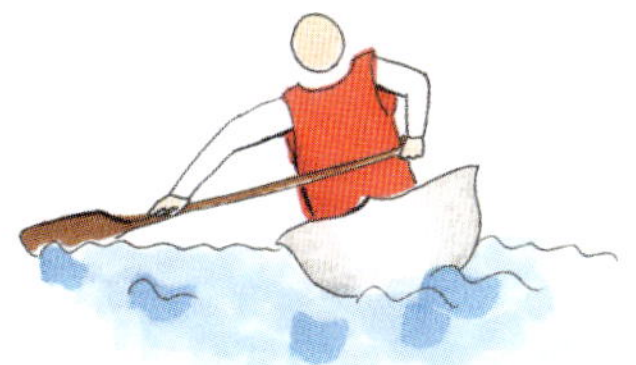

### Paddelstütze

Stabilisierungsschlag, bei dem das Paddel als Ausleger genutzt wird, um das Kentern zu verhindern; dazu einfach das Paddel auf der Seite, zu der das Boot zu kippen droht, soweit wie möglich nach außen flach auf das Wasser drücken.

Die beschriebenen Paddelschläge sowohl für Kajak als auch für Paddler im Canadier können und sollen miteinander kombiniert werden. Einige Beispiele haben wir gegeben. Zur korrekten Ausführung der Paddelschläge wird das Paddel im Prinzip nicht durch das Wasser „gezogen", sondern soll annähernd stationär bleiben und das Kanu über das Wasser bewegt werden. Hierbei wird eine optimale Kraftausbeute angestrebt. Bei einem sehr gut ausgeführten Paddelschlag gibt es keine Verwirbelungen und kaum Wellen am Paddelblatt.

**Text: Michael Hennemann, Lektorat: Falk Bruder**

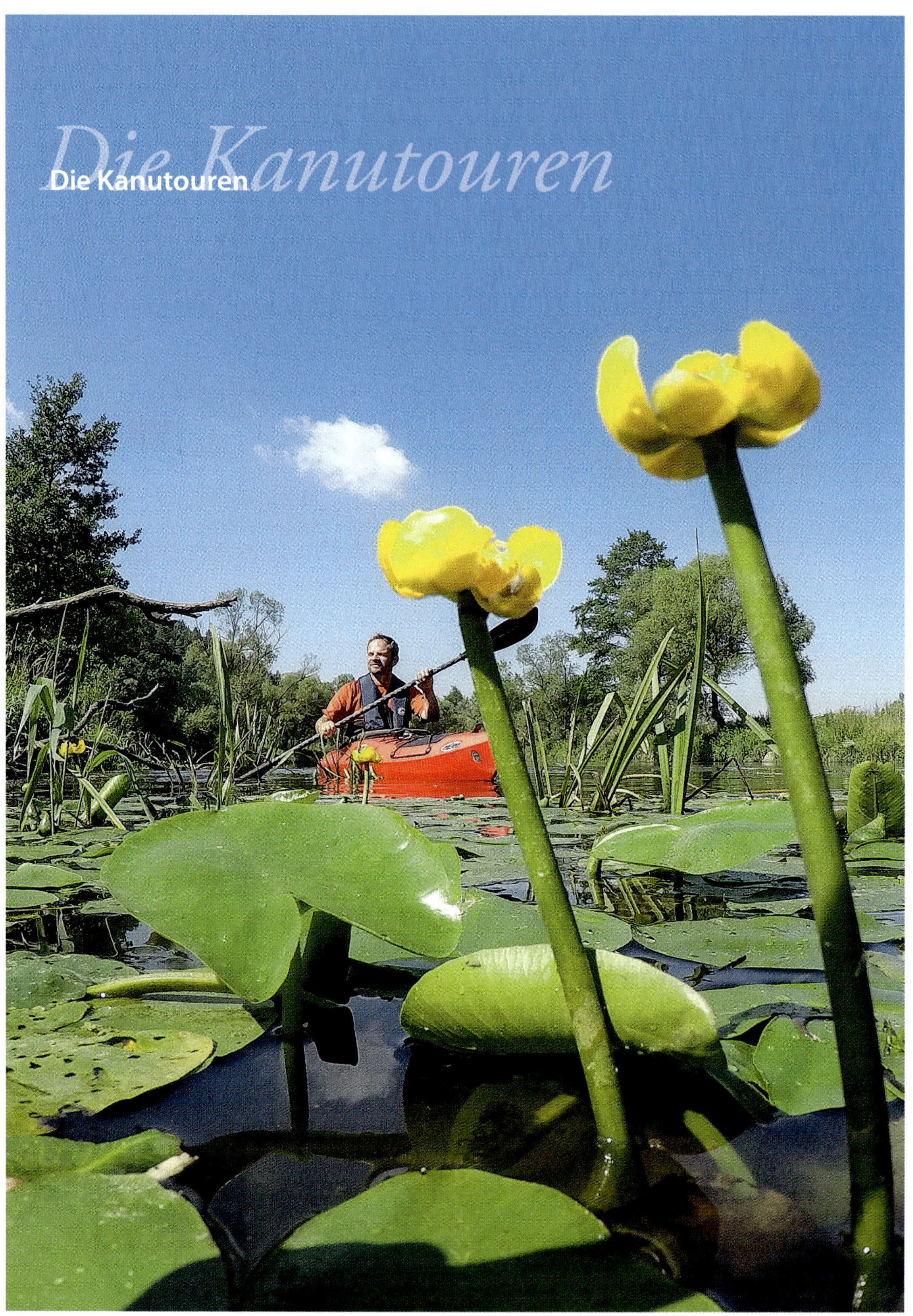

# Die Kanutouren

Die Kanutouren

## Tourenübersichtskarte

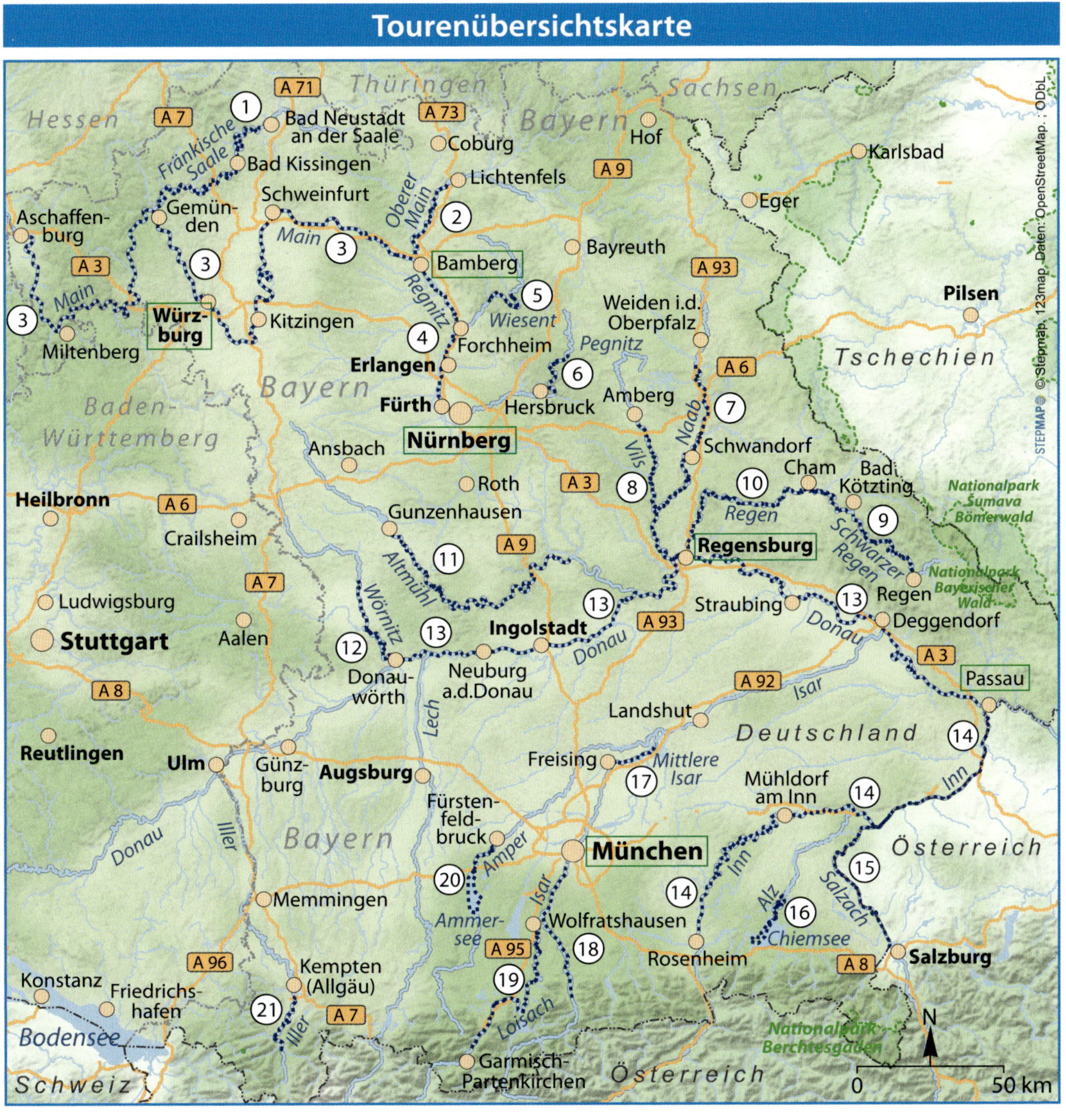

## Zu den Touren und Handhabung des Buches

Dieser Kanuführer beinhaltet ausführliche Tourenbeschreibungen zu 21 Kanuwanderungen, von der sportlichen Tagestour bis zum ausgedehnten Kanuurlaub, die Ihnen als Grundlage für die individuelle Reiseplanung dienen sollen.

Die **Piktogramme (Sternchen)** zu *„Aktivitäten, Natur, Kultur, Baden, Hindernisse"* auf den Infoseiten jeder Tour sollen helfen, die Tour auf einen Blick gemäß Ihrer Vorlieben und Interessen einzuschätzen. Wir haben Sternchen von 0 (wenig) bis 4 (viel) vergeben.

**Länge der Etappen:** Während Sie auf flott dahinfließenden Flüssen wie Donau, Loisach oder Isar dank Unterstützung der Strömung auch mal Etappen zwischen 40 und 50 Kilometer bewältigen können, sind auf langsamen Flüssen wie der Altmühl 15 bis 25 Kilometer am Tag gut zu schaffen. Die **Etappenvorschläge** sind, wo immer möglich, so gewählt, dass neben dem Paddeln genügend Zeit für Besichtigungen der wichtigsten Sehenswürdigkeiten bleibt.

**Bundeswasserstraßen:** Es gelten die ***Binnenschifffahrtsstraßen-Ordnung*** und ***Schifffahrtszeichen***. ***Motorschifffahrt*** hat immer ***Vorfahrt***. Die Orientierung ist durch ***Kilometerschilder*** am Ufer vereinfacht *(schwarze Zahl auf weißem Grund = volle Kilometer, schwarzes Kreuz auf weißem Grund = halber Kilometer).*
***Kanus müssen*** mit einem Bootsnamen auf beiden Außenseiten gut lesbar ***gekennzeichnet*** sein.

**Öffnungszeiten** sind so dargestellt: (Di-So 10-17), was heißen soll, dass Dienstag bis Sonntag von 10 Uhr bis 17 Uhr geöffnet ist.

**Start- und Endpunkt:** Die Touren beginnen und enden in Orten mit – sofern vorhanden – guter Verkehrsanbindung, so dass Sie nach der Tour schnell und ohne große Probleme zurück zum Startpunkt (Auto) kommen. Wenn Sie Ihre Boote bei einem Anbieter mieten, kümmert sich dieser oft um den Rücktransport.

Im Infoteil werden **Übernachtungsmöglichkeiten** unterschiedlicher Kategorien aufgelistet, somit können Sie je nach Lust und Laune mit wenig Gepäck von ***Hotel zu Hotel / Pension*** (leider nicht an jedem Fluss möglich) paddeln oder am Ende des Paddeltages Ihr Zelt direkt am Ufer aufschlagen. Die Bandbreite der ***Campingplätze*** reicht vom Luxus-Platz bis zur einfachen Uferwiese mit Plumsklo. Eine Ausnahme stellen Inn und Salzach dar, hier sind wassernahe, offizielle Campingplätze rar. Empfehlungen zum Wildzelten geben wir nicht. Denken Sie bitte im Zweifel daran, beim Besitzer um Erlaubnis zu fragen, wenn Sie auf Privatgrund campieren wollen. Wir haben nur Übernachtungsmöglichkeiten, die direkt am Wasser liegen und von uns genannt werden, in den Karten eingezeichnet. Es gibt viele weitere Hotels / Pensionen in den Orten, die jedoch meist nicht am Wasser liegen!

Die **Tourenkarten** zu jeder Tour dienen lediglich der Übersicht und Tourenplanung und sind kein Ersatz für topografische Karten.

Die **Symbolerklärung zu den Karten** finden Sie hinten im Umschlag des Buches.

**Alle Informationen** wurden zwar sorgfältig vor Ort überprüft und zusammengetragen, trotzdem können die Angaben schnell veraltet sein – Campingplatzbesitzer wechseln, Brücken werden neu gebaut und die Behörden ändern die Befahrensregelungen der Flüsse.

**Schwierigkeit** und **Gefahren** sind stark vom aktuellen **Wasserstand** zur Zeit der Befahrung abhängig. **Hochwassernachrichtendienst in Bayern:** https://www.hnd.bayern.de/pegel

Seien Sie daher immer wachsam, verlassen Sie sich nicht blind auf die Angaben in den Tourenbeschreibungen und begutachten Sie im Zweifel kritische Stellen lieber selbst.

**Sperrungen und aktuelle Meldungen** für die Gewässer in Bayern: www.kanu-bayern.de/Umwelt/Gewaesser-Info/Gewaessermeldungen

# Die Fränkische Saale

*Kulinarische Paddeltour in Unterfranken*

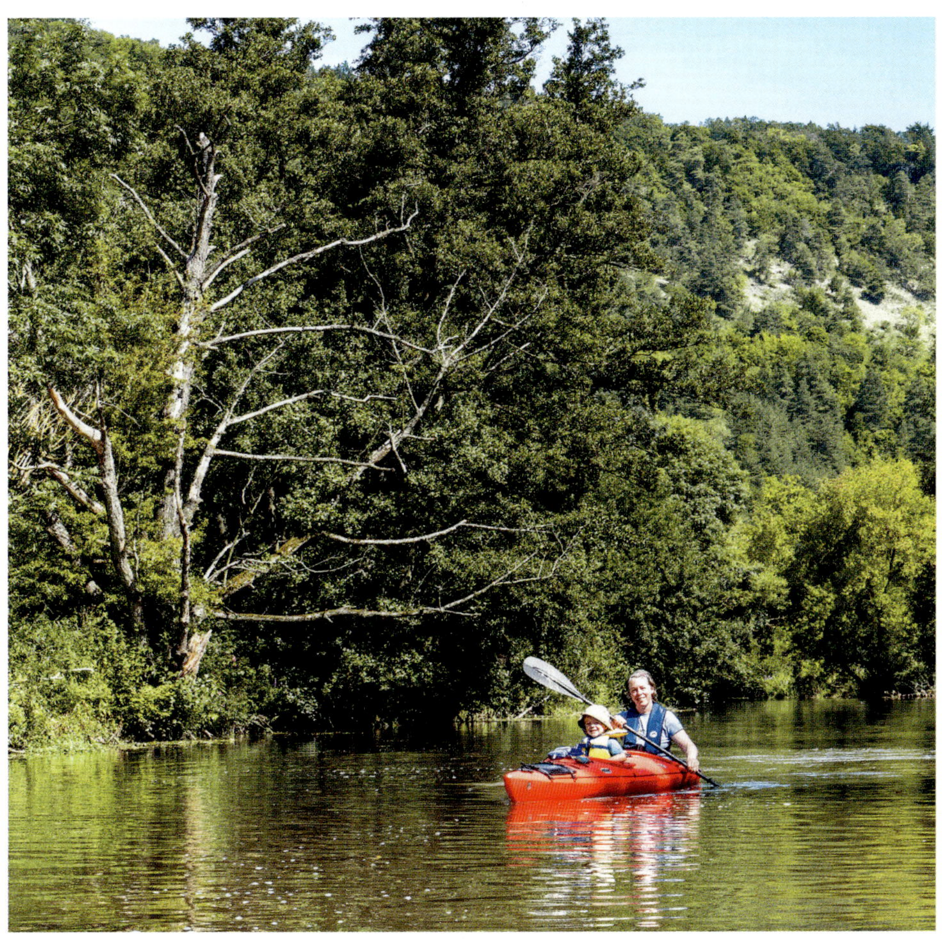

*Tour* 1

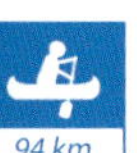

## Tour-Infos Fränkische Saale

| Aktivitäten | Natur | Kultur | Baden | Hindernisse |
|---|---|---|---|---|
| 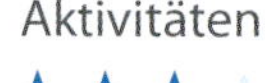 | 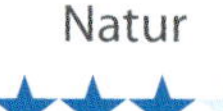 | 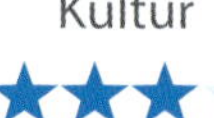 | 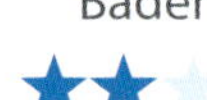 | 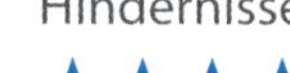 |

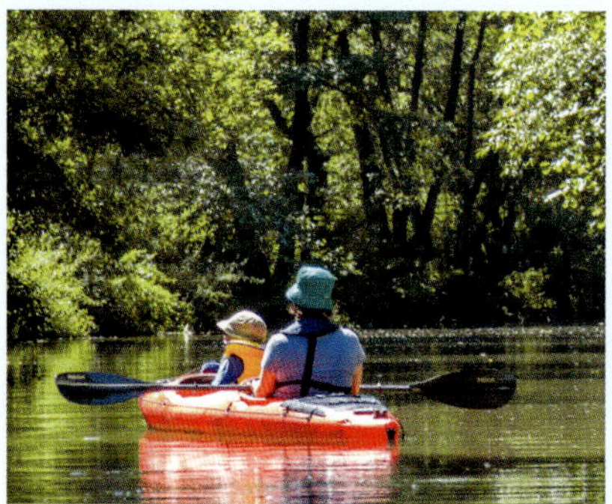

**Charakter der Tour**

Die Fränkische Saale ist ein ruhiger Wanderfluss im nördlichen Bayern. Die Infrastruktur für Paddler ist vorbildlich. Alle Ein-, Ausstiegs- und Umtragestellen sind weithin sichtbar markiert und es gibt vielfältige Übernachtungs- und Einkehrmöglichkeiten.

Die schöne Mittelgebirgslandschaft und zahlreiche sehenswerte Ortschaften, Burgen und Klöster entlang der Ufer machen die Fränkische Saale so zum perfekten Ziel für den Kanuurlaub. Zwar können die zahlreichen Umtragungen den Paddel-Genuss etwas schmälern, wer sich aber entschließt, den Paddeltag in einem der Gasthöfe (siehe Übernachtungen in Wassernähe, vorab reservieren!) zu beenden, kann auf Zelt & Co. verzichten und spart somit jede Menge Gewicht.

**Länge & Dauer der Tour:** 94 km, 3-5 Tage **Schwierigkeit:** Leicht, aber zahlreiche Umtragestellen

**Umtragestellen:** Der vorgestellte Saaleabschnitt ist mit ca. **20 Wehren und Stufen** verbaut.

An den meisten Wehren ist die Befahrung verboten, sie müssen umgetragen werden. Die übrigen können je nach Bootstyp umtragen, getreidelt oder gepaddelt werden.

**Bootswagen:** Das Mitführen eines **Bootswagens** ist unbedingt zu empfehlen.

**Etappenvorschlag sportliche 3-Tagestour:**

**1. Tag:** Bad Neustadt – Bad Kissingen (36 km)
**2. Tag:** Bad Kissingen – Hammelburg (29 km)
**3. Tag:** Hammelburg – Gemünden (29 km)

**Etappenvorschlag gemütliche 6-Tagestour:**

**1. Tag:** Bad Neustadt – Bad Bocklet (19 km)
**2. Tag:** Bad Bocklet – Bad Kissingen (17 km)
**3. Tag:** Bad Kissingen – Elfershausen (15 km)
**4. Tag:** Elfershausen – Hammelburg (14 km)
**5. Tag:** Hammelburg – Roßmühle (13 km)
**6. Tag:** Roßmühle – Gemünden (16 km)

**Tipps für Tagestouren:**

**1.** Bad Neustadt – Steinach / Roth (13 km)
**2.** Steinach / Roth – Bad Kissingen (23 km)
**3.** Bad Kissingen – Elfershausen / Trimberg (17 km)
**4.** Bad Kissingen – Hammelburg (29 km)
**5.** Hammelburg – Roßmühle (12,5 km)
**6.** Elfershausen/Trimberg – Morlesau (21 km)
**7.** Roßmühle – Gemünden a. Main (17 km)

**Befahrungsregelungen**

Die Regierung Unterfranken hat folgende Regeln zur Befahrung der Fränkischen Saale zwischen der Straßenbrücke der St 2445 (ehemalige B 19) bei Bad Neustadt und Gemünden erlassen:

1. Vom ***1.3. bis zum 31.07.*** ist die Befahrung ***von 7-18 Uhr erlaubt*** (im Winter 7-21 Uhr), dabei darf nur in der ***Flussmitte*** und ***in Fließrichtung*** gefahren werden.
2. Erlaubt sind Boote ***bis maximal 6 m Länge*** und ***1,1 m Breite*** sowie ***höchsten 4 Personen*** pro Boot.
3. ***Rafting u. Floßfahrten*** sowie organisierte Veranstaltungen mit ***mehr als 12 Booten*** sind ***verboten***.
4. Die ***Befahrung der Wehre*** in Aschach, Aura, Elfershausen, Westheim, Diebach, Neumühle, Roßmühle und Schönau sowie aller Nebengewässer ***ist untersagt***.

94 km

**Anreise:** Autobahn A7, Ausfahrt 96 (*Bad Kissingen / Oberthulba*), dann weiter über B286, B287 und St2445 nach **Bad Neustadt.**

Oder Autobahn A71, Ausfahrt 26 (*Münnerstadt*), weiter über B287 und St2445 nach **Bad Neustadt**.

**Einsetzen & Parken:** In **Bad Neustadt** an der Straßenbrücke über die Fränkische Saale der Staatsstraße St2445 (ehemalige B19) Richtung Münnerstadt (GPS N 50° 18.585′ E 010° 11.544′). Da es hier keine **Parkmöglichkeiten** gibt, parkt man das Auto am Bahnhof (*kostenpflichtig: Tagesticket 3 €, Wochenkarte 8 €*). Kostenfrei sind die Parkplätze auf dem südlichen Teil des Festplatzes *(An der Stadthalle)*.

**Aussetzstelle:** Am Campingplatz, Kanuverein oder Parkplatz Lindenwiese in **Gemünden**.

**Zurück zum Pkw:** Es besteht eine regelmäßige Bahnverbindung von **Gemünden** über Würzburg und Schweinfurt nach **Bad Neustadt**. Die Fahrzeit beträgt je nach Verbindung zwischen 1:30 und 2:15 Std.

**Kartenmaterial & Literatur-Tipps:**

Broschüre **„Bootswandern an der Fränkischen Saale"** mit Übersichtskarte erhältlich unter www.frankens-saalestueck.de >Service >Downloads >Broschüren und Kataloge >Bootswandern).

**Naturpark Bayerische Rhön** (Umgebungskarte UK50-1), 1:50.000, Bayerische Vermessungsverwaltung.

**Kunstreiseführer Franken,** *Dettelbacher / Fröhling / Reuß*, DuMont Verlag.

**„Riemenschneider"** (historischer Roman um Tilman Riemenschneider, Reformation & Bauernkriege), *Tilman Röhrig,* Piper Verlag.

**„Teufelswasser",** Philipp Laubmanns 3. Fall (Krimi), *St. Fröhling & A. Reuß,* Verlag Josef Knecht, *antiquarisch*.

**Übernachtung in Wassernähe** *(in der Reihenfolge des Tourenverlaufs)*

**Steinach / Roth:**
***Landgasthof Schneider***
Riemenschneiderstr. 39
Tel. (09708) 379
www.schneider-steinach.de

**Bad Kissingen:**
***KNAUS Campingpark***
Euerdorfer Str. 1
Tel. (0971) 78 51 39 66
www.knauscamp.de

**Euerdorf:**
***Pension Saaleblick Wolz***
Kissingerstr. 36
Tel. (09704) 603 85 20
www.gasthaus-wolz.de

**Elfershausen / Trimberg:**
***Landgasthof „Zum Stern"***
August-Ullrich-Str. 5
Tel. (09704) 274
www.landgasthof-zum-stern.de

***Hotel Ullrich*******
August-Ullrich-Str. 40-42
Tel. (09704) 913 00
www.hotel-ullrich.de

**Langendorf:**
***Gasthaus zum Adler***
Hauptstr. 17, Tel. (09732) 25 63
www.adler-langendorf.de

**Hammelburg:**
***Zeltwiese Am Bleichrasen***
*(telefonisch anmelden)*
Tel. (09732) 28 57

***Müller! Das Weingut & -hotel***
*(5 Minuten Fußweg vom Fluss)*
Am Marktplatz 12
Tel. (09732) 787 70
www.frankenwein-mueller.de

**Diebach:**
***Gasthaus A. Remling***
Diebacher Str. 4, Tel. (09732) 23 15

**Wartmannsroth:**
***Romantik Hotel Neumühle*******
Neumühle 54 *(hochpreisig)*
Tel. (09732) 8 03-0
www.romantikhotel-neumuehle.de

**Morlesau:**
***Gasthof Nöth*** *(gute Küche!)*
Morlesauer Str. 3
Tel. (09357) 479
www.hotel-noeth.de

**Roßmühle/ Gräfendorf:**
***Freizeitzentrum Roßmühle***
Roßmühle 7 *(Camping & Pension)*
Tel. (09357) 12 10
www.rossmuehle.de

**Michelau:**
***Hotel Saaletalstuben******
An der Saale 1
Tel. (09357) 909 11 69
www.saaletalstuben.de

**Gräfendorf:**
***MC Kamp*** *(auch Tipi + Finnhütten)*
Flurweg 4, Tel. (09357) 909 99 62
& 0151-176 057 25
www.mckamp.de

**Gemünden a.Main:**
***Campingplatz Saale-Insel***
Duivenallee 7
Tel. (09351) 85 74
www.campingplatz-saaleinsel.de

***Kanu- u. Ski Club Gemünden***
Duivenallee/Lindenwiese
*Ü nur nach Email-Anmeldung:*
*zeltplatz@ksc-gemuenden.de*
www.ksc-gemuenden.de

***Gasthof Zur Linde***
Hafenstr. 1
Tel. (09351) 33 57
www.zur-linde-gemuenden.de

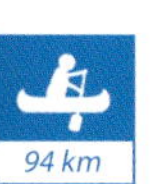


### Kanuvermieter & Veranstalter

**Bad Kissingen:**
***Saale-Kanu***
Feldstr. 5
Tel. (0971) 650 33
& 0170-464 00 15
www.saale-kanu-waldherr.de

**Elfershausen / Trimberg:**
***Uferblick kanu-touren***
Bergstr. 1
Tel. (09704) 601 602
www.uferblick.de

**Hammelburg:**
***Hammelburger Kanuverleih***
Saaletalstr. 3
Tel. (09732) 788 92 40
www.hammelburger-kanuverleih.de

**Morlesau:**
***Hotel-Gasthof Nöth***
Morlesauer Str. 3
Tel. (09357) 479
www.hotel-noeth.de

**Roßmühle:**
***Freizeitzentrum Roßmühle***
Roßmühle 7
Tel. (09357) 12 10
www.rossmuehle.de

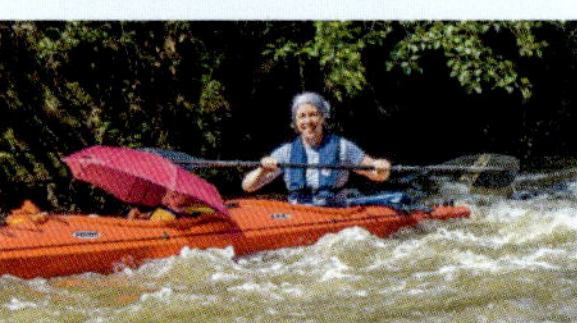

**Gräfendorf:**
***MCK-Sports & MC Kamp***
*(auch SUP, liefern Boote überall an die Fränkische Saale von Gemünden a.M. bis Bad Neustadt a.M.)*
Flurweg 4
Tel. (09357) 909 99 62
& 0151-176 057 25
www.mckamp.de

**Volkershausen:**
***saale kanu erlebnis***
*(Hol- & Bringservice zur gewünschten Ein- / Ausstiegsstelle, Transportpauschale, kein Personentransport)*
Tel. 0171-570 72 59
& (09708) 703 96 43 (ab 18 Uhr)
www.saale-kanu-erlebnis.de

### Tourist-Infos

**Bad Kissingen: *Tourist-Info Arkadenbau,*** im Kurgarten, Tel. (0971) 804 84 44, www.badkissingen.de
**Hammelburg: *Tourist-Info,*** Kirchgasse 4, Tel. (09732) 90 24 30, touristik.hammelburg.de
**Gemünden: *Tourist-Info,*** Scherenbergstr. 4, Tel. (09351) 800 11 300, www.stadt-gemuenden.de
**Gersfeld** (36 km v. Neustadt): ***Rhön-Info-Zentrum***, Wasserkuppe 1, Tel. (06654) 91 71 20, www.rhoen.de

### Online Infos

***Tourismus GmbH Bayerische Rhön,*** Tel. (09732) 90 23 08, www.frankens-saalestueck.de
***UNESCO Biosphärenreservat Rhön,*** Tel. (0931) 380 16 65, www.biosphaerenreservat-rhoen.de

## Sehenswertes an der Fränkischen Saale

**Bad Neustadt:** Intakte *Stadtmauer* (13.-16. Jh.) mit Türmen rund um die Altstadt; *Pfarrkirche Mariä Himmelfahrt* (1794-1836) im klassizistischen Stil; *ehemaliges Karmeliterkloster St. Petrus und Paulus* mit Barock- und Rokokoausstattung; *Kurbezirk mit Kurpark, Wandelhalle und Rokokoschloss Neuhaus* östlich der Saale; große *Burgruine Salzburg* aus dem 12. Jh. mit 450 Meter Mauern.

**Ober- / Unterebersbach:** Gotische *Pfarrkirche St. Peter und Paul* (Engel von Tilman Riemenschneider).

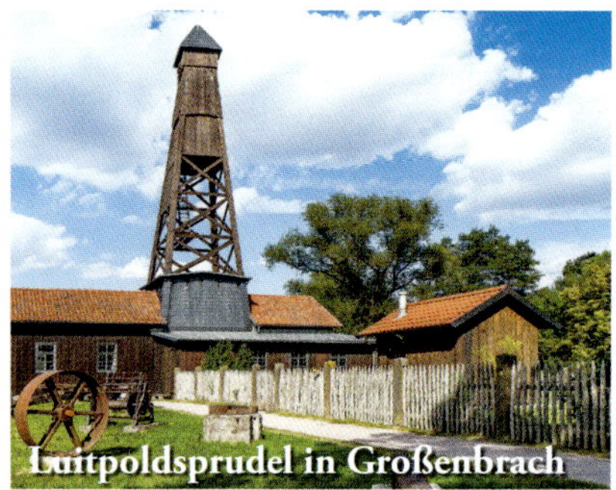
Luitpoldsprudel in Großenbrach

**Steinach:** Alte *Flutbrücke* aus Sandstein, *Kirche St. Nikolaus* mit Kruzifix von Tilman Riemenschneider.

**Bad Bocklet:** *Biedermeierhäuser*; *Kuranlagen* im 18. Jh. von Balthasar Neumann angelegt.

**Aschach:** *Schloss* mit *Graf-Luxemburg-Museum* *(bis 2020 wegen Sanierung geschlossen)* sowie *Volkskunde- & Schulmuseum*.

**Großenbrach:** *Luitpoldsprudel* (Bohrbrunnen für Heilwasser).

**Bad Kissingen:** *Kurpark* mit Regentenbau (1911-1913), *Wandelhalle* (1910) und *Kurgarten*; *Luitpoldpark* mit *Bayerischer Spielbank* Bad Kissingen; *Kurtheater* mit Jugendstil-Ausstattung; *Altes Rathaus* (1709) mit prunkvoller Stuckdecke; *Burgruine Botenlauben* (aus 334 Meter Höhe schöner Rundblick). *Bismark-Museum* in der Oberen Saline *(Mi-So,14-17)*.

**Euerdorf:** Alte *Sandsteinbogenbrücke* mit dem *Brückenheiligen Nepomuk*; Marktbefestigung mit *Stadttor* und *ehemaligem Zehnthaus*; erdgeschichtliches *Museum Terra Triassica* im ehemaligen Jagdschloss der Fürstäbte von Fulda *(Apr-Okt Sa+So 14-17, www.terra-triassica.de)*; *Ruine Trimburg* (Ursprung 12. Jh.).

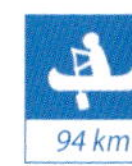


**Aura:** Ehem. *Benediktinerkloster* (1108 anstelle einer Burg gegründet, Aufhebung 1564); alte *Steinbrücke*.

**Hammelburg:** *Marktplatz* mit *Brunnen* (1541); im Stil der *Frührenaissance* erbautes *Rathaus* (1524-1529), nach Stadtbrand 1854 im Stil des Historismus erneuert; barockes *Kellereischloss*; barocke *Herrenmühle* mit *Stadtmuseum* *(Di-Fr 14-16, Sa+So 14-18)*; *Schloss Saaleck* (11. / 12. Jh.).

**Diebach:** *Kirche St. Georg* (9. Jh.), schöne *Fachwerkhäuser* & *Bildstöcke*.

**Morlesau, Michelau:** *St. Martin-Kirche* mit spätgotischem *Flügelaltar* von 1500, *Ruine Arnstein* (Turmstumpf, Bodendenkmal).

**Wolfsmünster:** *Schloss* der Herren von Thüngen (16. Jh.).

**Schönau:** *Frauenzisterzienser-Kloster* von 1189.

**Gemünden a. Main:** *Stadtpfarrkirche St. Peter & Paul* mit neugotischer Innenausstattung; *Burgruine Scherenburg* (13. / 14. Jh., Theateraufführungen im Sommer); *Huttenschloss* (1711) mit *Naturparkzentrum* & *Film-Photo-Ton-Museum* *(Di 10-13, Do 15-17, Sa 14-17, So 10-12)*.

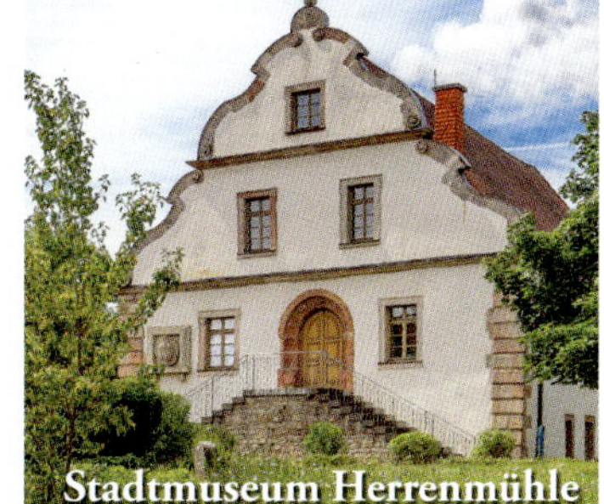
Stadtmuseum Herrenmühle

## Weitere Aktivitäten rund um die Fränkische Saale

### Radfahren:

Die liebliche Mittelgebirgslandschaft der Rhön hält vielfältige Radwandermöglichkeiten von der Tagestour über den Radurlaub bis hin zum Mountainbiketrip bereit.

Eine abwechslungsreiche, mehrtägige Tour bietet der ***Rhön-Radweg***, der auf 180 km von **Bad Salzungen** entlang der ***Werra*** über das ***Ulstertal*** und die ***Hochrhönstraße*** nach **Bad Neustadt / Saale** führt, um dann dem Flusslauf der ***Fränkischen Saale*** über **Bad Bocklet** und **Bad Kissingen** bis zum Endpunkt nach **Hammelburg** zu folgen.

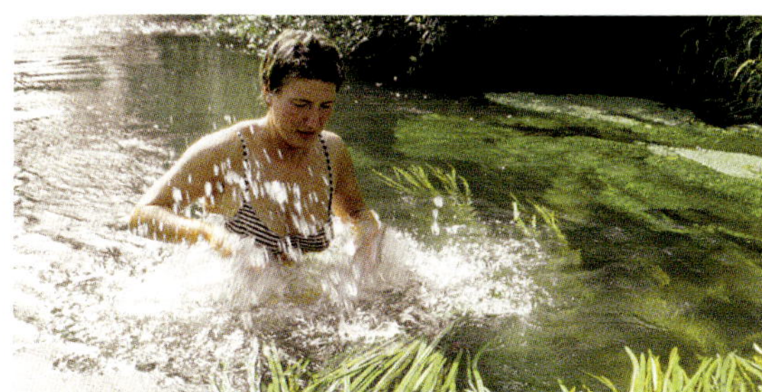

### Wandern:

In der Rhön gibt es rund 6.000 Kilometer ***markierte Wanderwege*** der Naturparke und des Rhönklubs.

Das Prädikat »Premiumwanderweg« trägt der 180 km lange ***Weitwanderweg „Hochrhöner"*** von **Bad Kissingen** nach **Bad Salzungen**.

*Wanderung* von **Elfershausen** über **Feuerthal,** entlang am **Unter-** und **Wiedenberg** nach **Hammelburg,** zurück in 10 Min. mit der Regional-Bahn. *Je nach Wahl der Strecke 9,5 bis 15,5 km, 250 Höhenmeter, 3-5 Std.*

***Wanderweg „Der Thulbataler"*** von **Oberthulba** (10 km westlich von Bad Kissingen) weitgehend nördlich am Fluss Thulba entlang zum Ort **Thulba** (zurück südlich des Flusses), *10 km, 125 Höhenmeter, 2-3 Std*.

### Der Saaletalbus:

Am Wochenende und an Feiertagen vom 1.5.-31.10. verkehrt der **Saaletalbus** von Bad Kissingen durchs Saaletal bis Hammelburg. Bitte beachten: Der Bus ist ein **Rufbus**. *Anforderung Mo-Fr 7.30-13: 0171-799 84 84, www.saaletalbus.de).* Zahlreiche Haltestellen laden zum Ein-, Aus- und Umsteigen ein. Montag bis Freitag fahren auf der Strecke weitere Busse und bieten so auch in der Woche gute Verbindungen im Saaletal.

### Baden:

**Bad Kissingen:** ***Therme KissSalis***, Heiligenfelder Allee 16, Tel. (0971) 121 80 00, www.kisssalis.de

**Schönau an der Brend** (7 km nordwestlich von Bad Neustadt): Badesee ***Burgwallbacher See.***

### Klettern:

**Bad Kissingen:** ***Kletterhalle Bad Kissingen***, Geschwister-Scholl-Platz 5, Tel. (0971) 979 99, www.dav-kg.de

**Bischofsheim:** ***Kletterwald Rhön***, Neustädter Haus 2, Tel. 0151-52 54 38 40, www.kletterwaldrhoen.de

### Kinder:

**Bad Kissingen:** ***Wild-Park Klaushof***, Straße St 2792, Tel. (0971) 807 31 30, www.wildpark-klaushof.de

# Die Fränkische Saale

*Auch wenn Karl der Große sicher nicht selbst gepaddelt ist, so schipperte der karolingische Kaiser einst doch vom Rhein saaleaufwärts zu seiner Pfalz „Salce", die er der Anekdote nach seiner Gemahlin Fastrada mit den Worten „Als Zeichen unserer Liebe will ich dort drunten eine Stadt in Herzform erbauen" versprochen haben soll.* Und tatsächlich bilden die komplett erhaltenen Mauern um die Altstadt von **Bad Neustadt** eine Herzform.

Während Karl der Große die Fränkische Saale in beide Richtungen befahren durfte, gibt es für uns nur eine Richtung, als wir am südlichen Stadtrand von **Bad Neustadt** an der Straßenbrücke neben dem Radweg unsere Kanus an der Einstiegsstelle ins Wasser lassen. Die Befahrung des Flusses ist nur in Fließrichtung erlaubt und das ***Naturschutzgebiet Saalewiesen*** oberhalb der Einsetzstelle ist sowieso tabu.

Sofort nach dem Ablegen hüllt uns enges Weidengebüsch ein und auf den ersten fünf Kilometern bis **Oberebersbach** würzen mehrere spritzige kleine ***Schwälle und niedrige Stufen*** die Fahrt. Diese Strecke ist, gerade bei höherem Wasserstand, nicht unbedingt für Anfänger geeignet. Hindernisfrei geht es dann weiter, bis sich die weißen Häuser von **Unterebersbach** im Wasser spiegeln. Das ***Wehr des Sägewerks*** muss am linken Ufer umtragen werden.

Kurz danach schießt von rechts das Wasser aus dem Sägewerkskanal hinzu und nachdem dieses sich wieder beruhigt hat, tanzen und schwirren Libellen munter über die Wasseroberfläche.

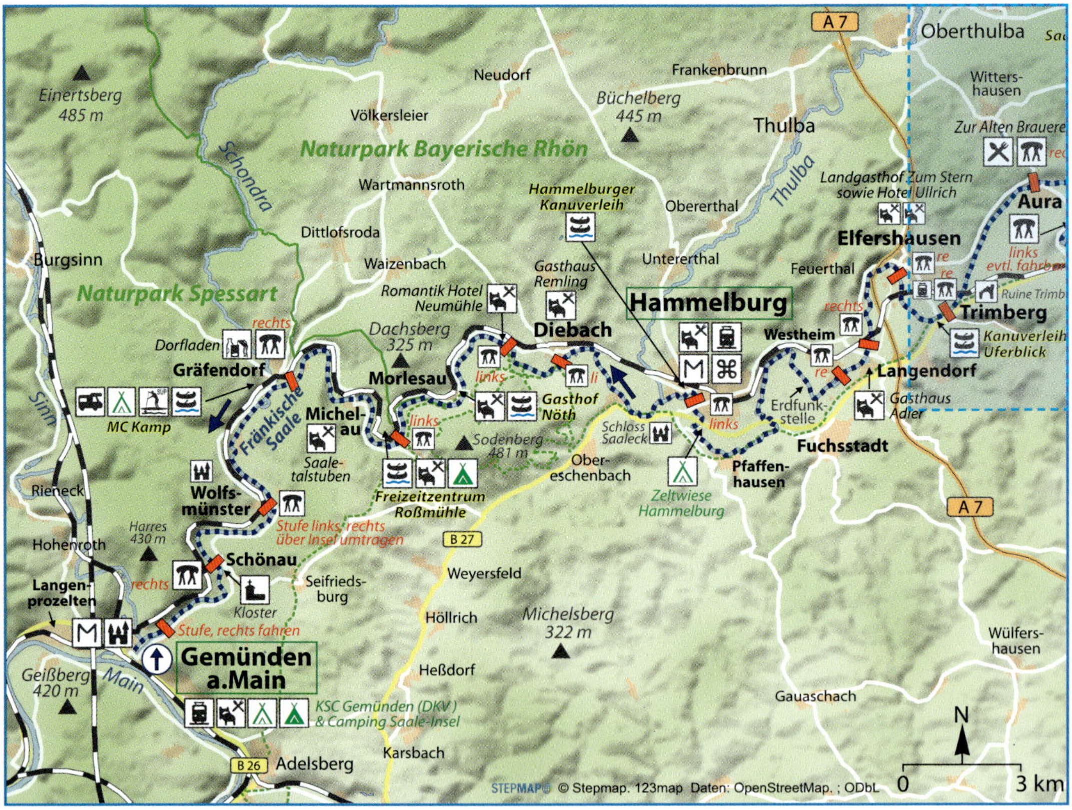

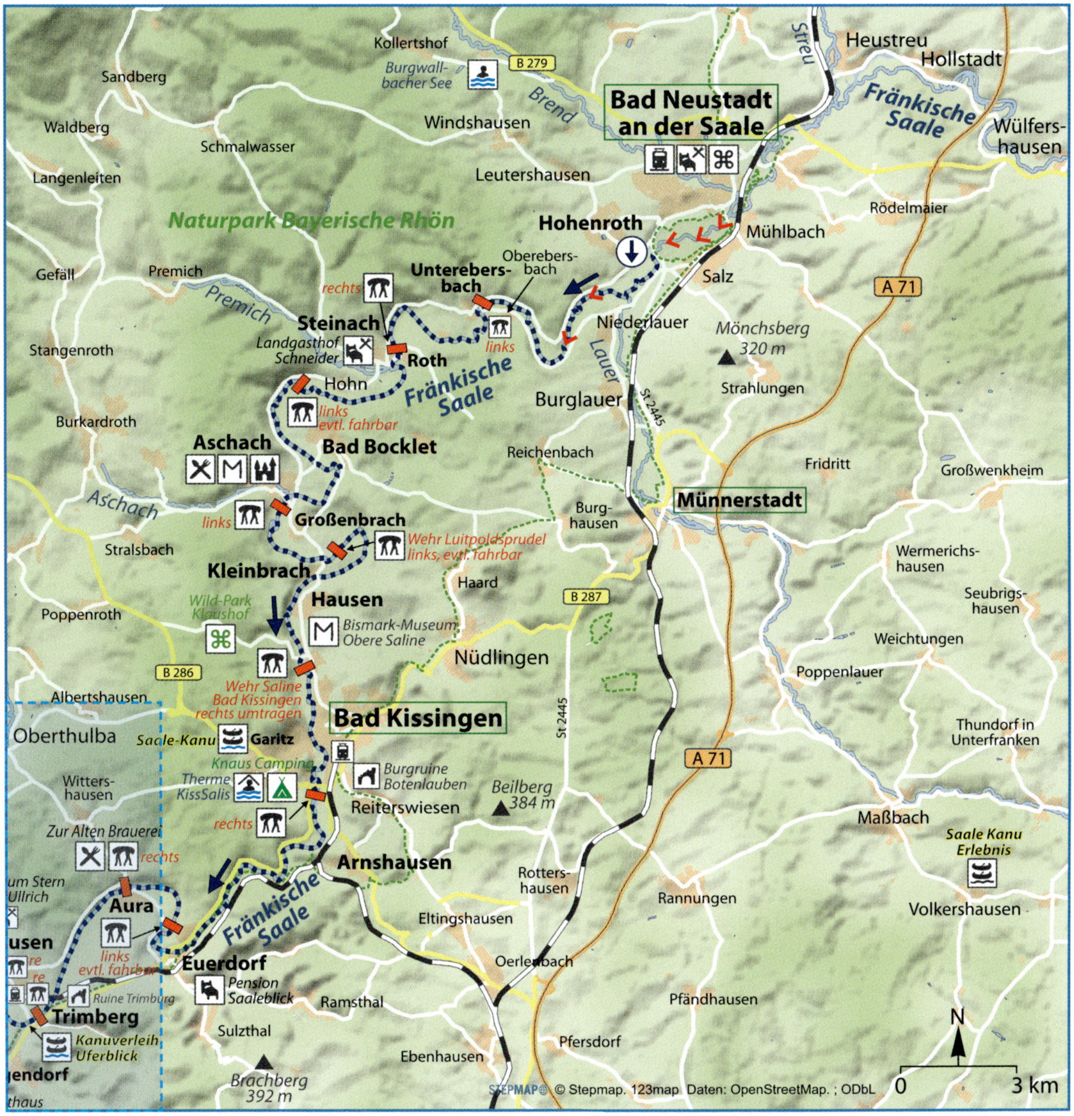

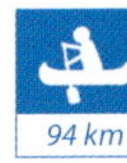


Ein gutes Zeichen, denn Prachtlibellen sind ein sicheres Indiz für gute Wasserqualität.

Es folgt noch eine ordentliche, etwa 50 Zentimeter hohe Sohlgleite, dann ist, etwa zehn Kilometer nach dem Start in Bad Neustadt, die Kapelle und Brücke in **Nickersfelden** erreicht. *Das winzige Örtchen überrascht uns mit alten Bauern- und Fachwerkhäusern und einem historischen Ziehbrunnen sowie einem Bildstock aus der Barockzeit. Schon seit vielen Jahren findet hier im August das Globetrotter-Rhöntreffen der Deutschen Zentrale für Globetrotter statt. Weltenbummler begegnen sich, tauschen Informationen aus, helfen einander beim Vorbereiten von Reisen und dem Finden von Reisepartnern.*

Nächste Station ist **Roth**, wo die markante, aus rotem Backstein gemauerte ***Ruppelmühle*** am Saaleufer steht. Das dazugehörige ***Wehr*** umtragen wir am rechten Ufer kurz über die Wiese. Nur wenige Schritte sind es von hier ins nahe **Steinach**. Es ist von idyllischen Wiesenauen und bewaldeten Hügeln umgeben und

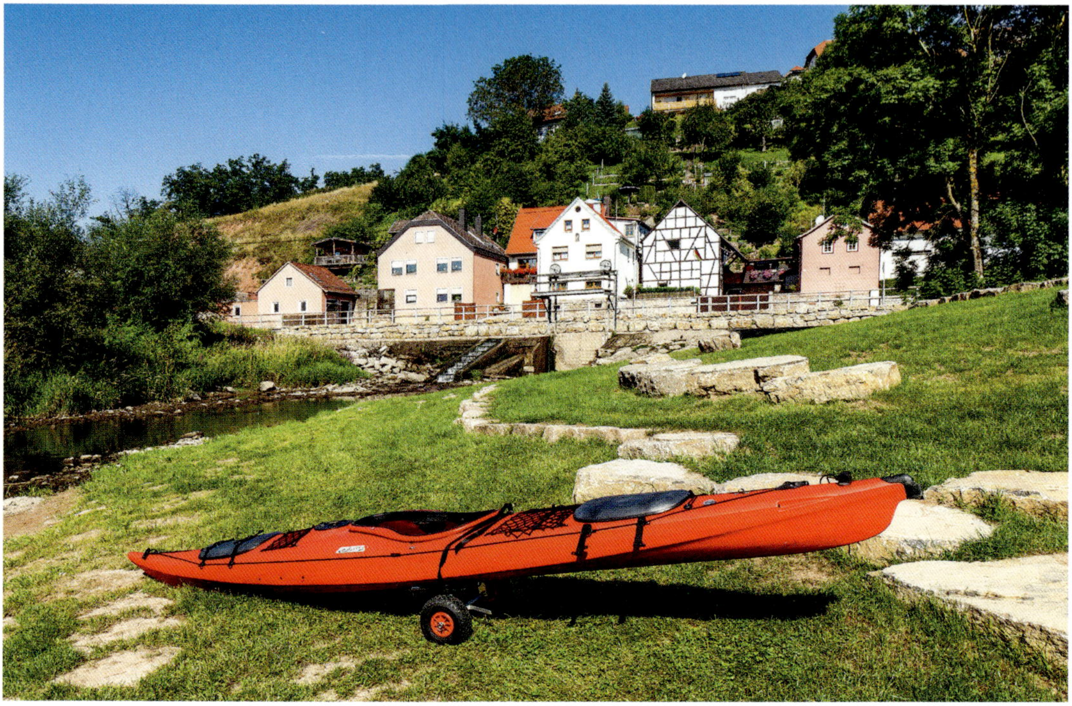

*Die erste Umtragung auf der Tour am Wehr in Unterebersbach*

wartet in der *Pfarrkirche St. Nikolaus mit einer kleinen Kostbarkeit auf – einem spätgotischen Taufstein und einem Holzkreuz aus der Hand des berühmten Tilman Riemenschneider, verbürgt durch eine im Rücken Christis verborgene Urkunde aus dem Jahre 1516.*

Auf den nächsten 150 Metern erwartet uns eine kabbelige ***Schwallstrecke***, anschließend fließt die Saale ruhig, breit und gerade dahin. Eine weitere ***Schwallstrecke*** passieren wir an der Insel hinter der Straßenbrücke in **Hohn**.

Bevor sich der Fluss in einem weiten Bogen nach Bad Bocklet aufmacht, fällt er am ***Hohner Wehr*** über eine etwa 75 cm hohe Stufe, die von geübten Paddlern gut zu bewältigen ist, ansonsten auch leicht am linken Ufer umtragen werden kann. Bis zum Biedermaierbad **Bad Bocklet** folgen noch zwei ***Schwälle*** mit recht hohem Wellengang und eine kleinere ***Sohlgleite***.

Knapp 20 km nach dem Start in Bad Neustadt ist dann der Anleger von **Bad Bocklet** erreicht und wir vertreten uns die Beine im schönen Kurpark, der mit seiner Stille und Bescheidenheit sehr sympathisch daherkommt. *Der Aschbacher Pfarrer Schöppner entdeckte hier 1742 die erste eisenhaltige Quelle, die ein Jahr später von Balthasar Neumann eingefasst wurde. Heute besitzt Bad Bocklet die kräftigste „Stahlquelle" Deutschlands.*

Zurück im Boot, rauschen wir unter der Brücke noch einmal durch eine kleine ***Stromschnelle***, bevor es dann wieder gemächlich weitergeht. Entlang der Ufer schaukeln Teichrosen sanft in den Wellen, Libellen tanzen über den grünen Schwimmblättern und die gelben Blüten verströmen einen süßlichen Duft.

Drei Kilometer hinter Bad Bocklet wendet sich der Flusslauf in einer weit geschwungenen Linkskurve gen **Aschach**. Erstes markantes Zeichen ist die Kirche am rechten Ufer, dann passieren wir erst eine schmale Fußgängerbrücke und kurze Zeit später die Straßenbrücke. Der Ausstieg vor dem ***Wehr*** befindet sich vor der Mühle des Schlosses am linken Ufer. Der Umtrageweg

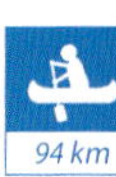


führt über den Fischumlauf und anschließend unter der Straßenbrücke durch bis zum Einstieg etwa 100 m hinter dem Wehr.

*Im nahen **Schloss Aschach** zeigt das Graf-Luxburg-Museum den Lebensstil einer Adelsfamilie des 19. Jahrhunderts; das angegliederte Volkskunde- und Schulmuseum widmet sich der Wohn- und Lebenswelt des Bürgertums.* Nebenan duftet es in den Aschacher Schloßstuben verführerisch nach frisch zubereiteten regionalen Köstlichkeiten und leckerem Kuchen. Wer an einem Samstag unterwegs ist, erreicht auf der Schloßstraße ein Stückchen weiter in den Ort hinein die gemütliche Heckenwirtschaft bei der Holzofenbäckerei Laudensack.

Wenige Hundert Meter hinter dem Aschacher Wehr wurde ein alter Saale-Mäander renaturiert. Die über 400 Meter lange Flussschleife, schon auf alten Landkarten verzeichnet, war zwischenzeitlich der Flussbegradigung zum Opfer gefallen. ***Für den Altarm, der u.a. ein wichtiges Refugium für den Eisvogel ist, gilt ein absolutes Befahrungsverbot!***

Das nächste Hindernis wartet am *historischen **Pumpwerk Luitpoldsprudel** mit seinem Brunnenturm. Der eisenhaltige Sulfatsäuerling hat eine Bohrtiefe von beachtlichen 913 Metern.* Zum Umtragen des ***Wehrs*** legen wir am linken Ufer an, wo gemütliche Sitzmöglichkeiten am Rastplatz zu einer Pause einladen. Erfahrene Kanuten können das Walzenwehr auch befahren und steuern die Boote bei der Anfahrt ganz rechts am Balken vorbei.

Am Bad Kissinger Ortsteil **Hausen** weicht der Wald einer offenen Wiesenlandschaft und wir kommen nun zur Staustufe am Gradierbau, der ***Unteren Saline*** in **Bad Kissingen**. *Seit Mitte des 19. Jahrhunderts war Kissingen Weltbad. Die kohlensäurereichen und eisenhaltigen Kochsalzquellen begründeten seinen Ruf und lockten schon Kaiserin Elisabeth I. von Österreich, Otto von Bismarck und die Zarenfamilie zur Kur in die Stadt.*

Das ***Wehr*** hinter der Saline umtragen wir am rechten Ufer. Auf der folgenden Strecke bis zum ***Rosengarten*** heißt es aufgepasst, denn im Sommer verkehren hier Ausflugsschiffe

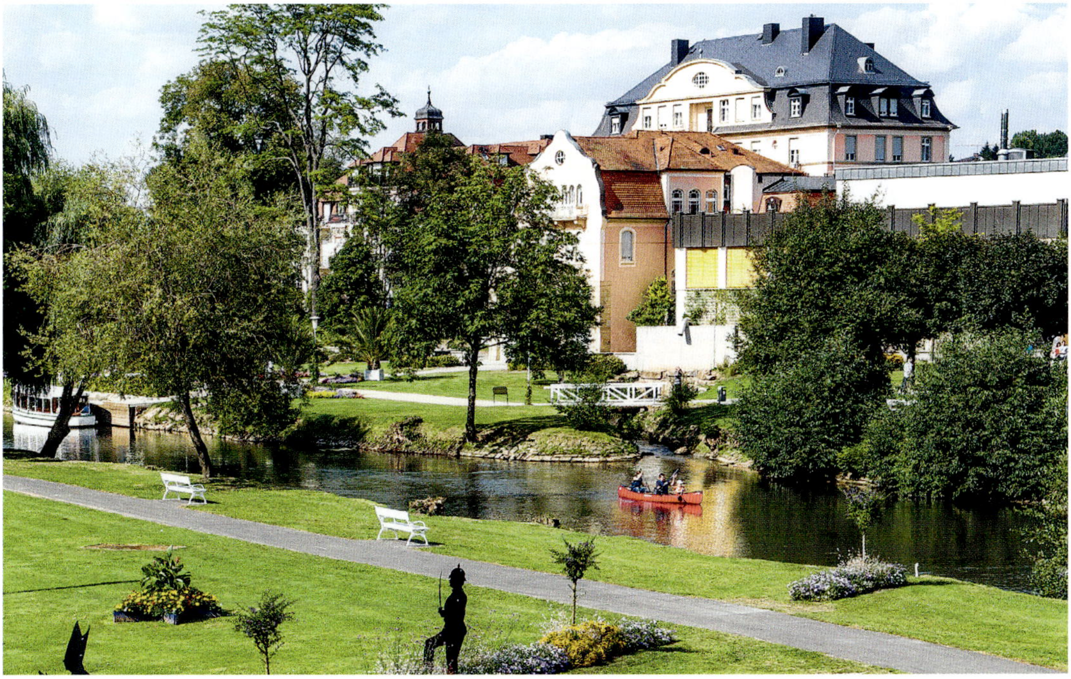

*Mit dem Kanu geht es direkt entlang dem Kurpark in Bad Kissingen*

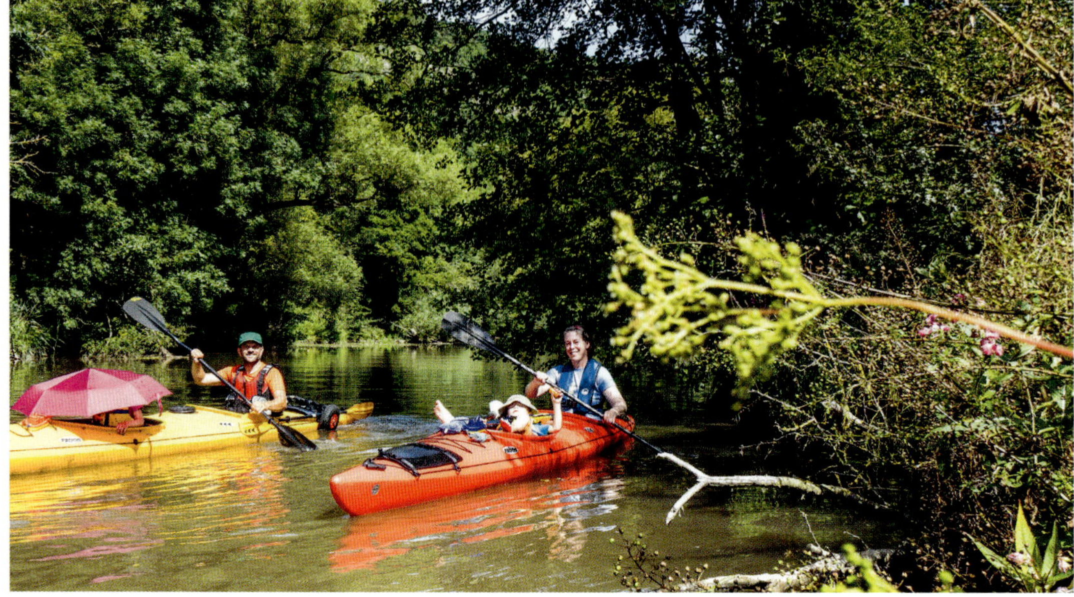

*Auch mit kleinen Kindern macht die Fränkische Saale Spaß*

des Kissinger „Dampferle“. Durch das Stadtgebiet geht es vorbei am ***Regentenbau***, der ***Wandelhalle*** und dem blumengeschmückten ***Luitpoldpark*** mit Springbrunnen zum *Campingplatz* rechts vor Straßenbrücke und dem ***Lindesmühlenwehr***.

Zur Weiterfahrt am nächsten Tag schieben wir die Kanus mit dem Bootswagen durch die rückwärtige Pforte des Campingplatzes direkt zum Einstieg hinter dem Wehr. Es dauert nach dem Ablegen nicht lange, bis wir über eine erste harmlose ***Sohlschwelle*** gleiten. Einige Felsbrocken schauen aus dem Wasser, sind aber leicht zu umschiffen. Bei **Euerdorf** überspannt die *1539 aus Sandstein erbaute Steinbogenbrükke mit dem 1713 in einer Nische errichteten Brückenheiligen Nepomuk den Fluss.*

Die Strömung wird zusehends behäbiger und bald ist das erste ***Wehr*** des Tages erreicht, das links umtragen werden kann.

Die Ufer werden nun flacher, Erlen, Weiden und Eschen säumen den Flusslauf und die Saale mäandert in weiten Schleifen durchs Tal. Hinter der ***Kirchenruine Aura,*** rechterhand auf einer kleinen Anhöhe gelegen, stellt sich uns das ***Wehr*** in **Aura** in den Weg. Wir umtragen am rechten Ufer und steigen hinter der Brücke unterhalb der *Wirtschaft „Zur Alten Brauerei“ (Di-Fr ab 16, Sa+So ab 11.30, Mo Ruhetag)* mit seiner schönen Biergartenterrasse wieder ins Kanu.

Im Gras liegend genießen wir den Blick hinauf zu der das Saaletal beherrschenden ***Ruine Trimburg***, mit ihren unterhalb gelegenen Weinbergen der Weinlage ***Trimberger Schlossberg***, bevor wir am ***Wehr*** **Trimberg** wieder einsteigen. Hinter der Brücke befindet sich am linken Ufer die Station des *Kanuanbieters „Uferblick“* und kurz darauf steht die nächste ***Portage*** in **Elfershausen** an. Unweit des Wiedereinstiegs liegt inmitten von Kleingärten die einfache Zeltwiese des ehemaligen *„Landgasthof Zum Stern“ (wenige Schritte entfernt, in Ortmitte)*. Der Lokalbetrieb wurde zwar eingestellt, aber die Übernachtung, auch in Fremdenzimmern, ist noch möglich. Schön für Familien mit Kindern ist der große Wasserspielplatz in Laufweite der Zeltwiese hinter den Häusern am Ortsrand von **Elfershausen**.

Nun haben wir für vier Kilometer freie Fahrt, denn das nächste ***Wehr*** wartet erst wieder in **Langendorf**. Es wird kurz rechts über die Wiese umtragen. Wenige Paddelschläge weiter wiederholt sich in **Westheim** das „Trag-Dein-Boot-Spiel". Dieses Mal führt die ***Portage*** etwa 80 Meter über die Insel zwischen Fränkischer Saale und Mühlengraben, bis das Boot hinter der Straßenbrücke wieder ins Wasser kann.

Nach einer engen Rechtskurve fallen am linken Ufer die riesigen Parabolantennen der ***Erdfunkstelle Fuchsstadt*** ins Auge. *Sie dienen als Bodenstation für die Nachrichtensatelliten im All und ermöglichen satellitengestützte Telefongespräche, Internet-Verbindungen und Fernsehsendungen. Die über 50 Anlagen wurden ursprünglich von der Deutschen Bundespost errichtet und werden mittlerweile vom US-amerikanischen Unternehmen Intelsat betrieben. Die Erdfunkstelle Fuchsstadt ist einer der größten Bodenstationen weltweit, hat durch den Ausbau der Glasfaserkabel über den Atlantik viel von der einstigen Bedeutung eingebüßt.*

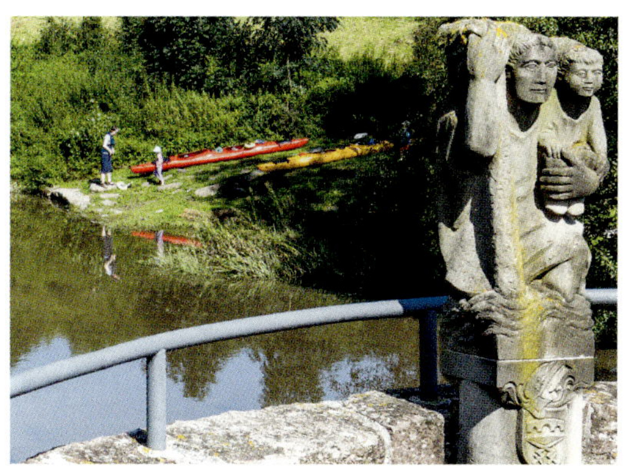

*Wiedereinstieg in Elfershausen*

Mit Blick auf die Muschelkalkhänge des ***Ofenthaler Bergs*** und die dahinterliegenden Weinhänge paddeln wir in engen Kurven durch eine beschauliche Wiesen- und Auenlandschaft, in der sich Kormorane, Eisvögel und Schwäne wohlfühlen. Still gleiten zwei Drachenflieger am Himmel; *schon vor 40 Jahren waren sie Flugpioniere hier am Ofenthaler Berg*. Die Strömung der Saale ist flott und ein paar kleine, aber harmlose Schwälle würzen die Fahrt.

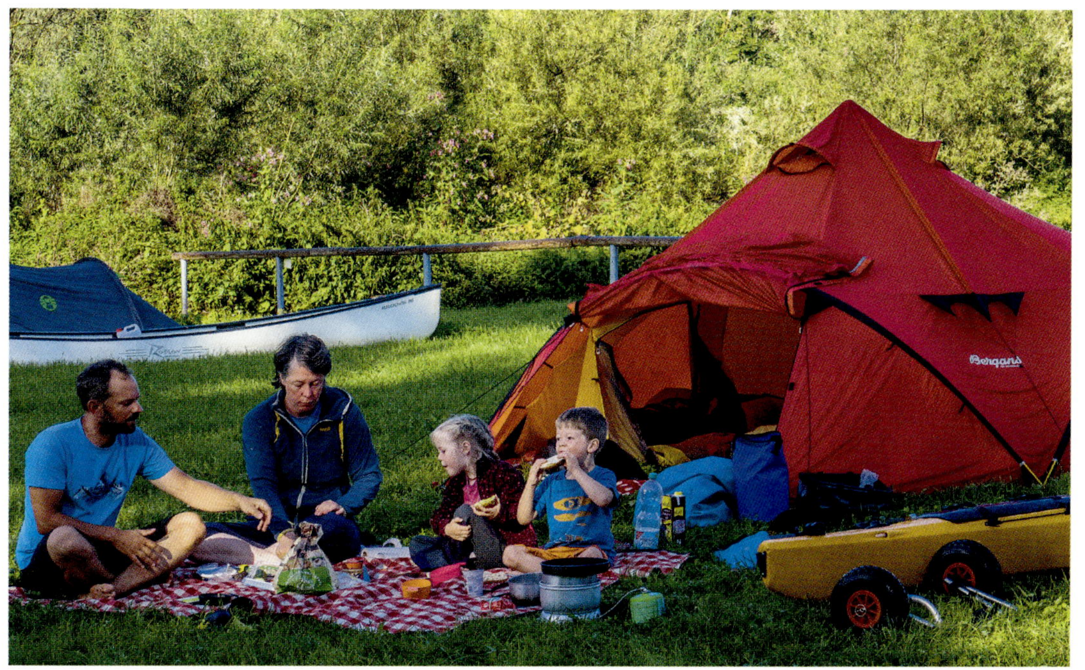


*Die Sonne meint es gut mit uns am nächsten Morgen beim Frühstück in Hammelburg*

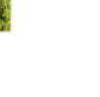

94 km

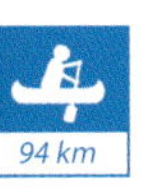


Hinter **Pfaffenhausen** kündigt das hoch über dem Ufer liegende ***Schloss Saaleck*** das Etappenende an. Direkt neben dem Wohnmobilstellplatz am *Parkplatz Am Bleichrasen* unterhält die Stadt **Hammelburg** eine einfache *Zeltwiese (telefonische Anmeldung Tel. (09732) 28 57)*, die Kanufahrer für einen kleinen Obulus nutzen können. Nachdem das Zelt steht, ist es nur ein kurzer Spaziergang vorbei am ***Kellereischloss***, im Volksmund „Rotes Schloss" genannt, dem Sitz der Hammelburger Winzergenossenschaft, in die schöne Innenstadt von **Hammelburg**. *Eine der interessantesten Sehenswürdigkeiten der deutschen Frührenaissance ist auf dem sehenswerten Marktplatz der Stadtbrunnen aus dem Jahre 1541. Über ihn spannt sich ein prachtvolles Pfeilergehäuse mit barockem Baldachin. Hammelburg rühmt sich die älteste „Weinstadt" Frankens zu*

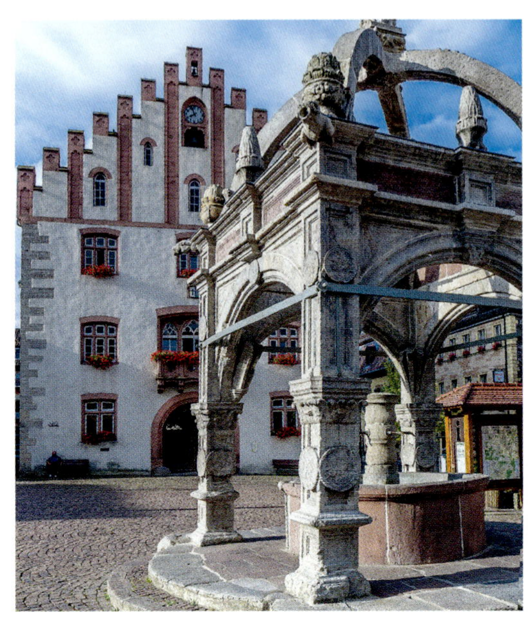

## Fränkische Schmankerl

Zur Brotzeit bestellt man **„Blaue Zipfel"**, rohe Bratwürste, die behutsam in einem Essigsud als „Blaumacher" gegart werden. Dazu kommen ein Schuss Frankenwein, Zwiebeln, Pfeffer- und Senfkörner sowie Lorbeerblätter. Auch mit einer Portion **„Gerupfter"** lässt sich die Zeit bis zum Mittagessen gut überstehen. Er ist relativ einfach zubereitet: Camembert, Butter, gehackte Zwiebeln, Kräuter und Gewürze zerdrückt man zusammen mit etwas Eibgelb, Paprika und einem Schuss Bier oder Wein. Wie auch der **Wurstsalat**, der aus in Streifen geschnittenem gekochtem Ochsenmaul, weißem und schwarzem Presssack sowie Zwiebelringen und einer Vinaigrette aus weißem Pfeffer, Zucker, Essig und Öl besteht, wird er mit deftigem Landbrot serviert. Nicht unerwähnt bleiben sollten solche Herrlichkeiten wie die **„Häckerbrotzeit"**, ein Brotzeitteller aus geräucherter Blut- und Leberwurst, rohem Schinken und Presssack. Dazu darf ein **Zwetschgenschnaps** nicht fehlen. Damit sind die Möglichkeiten aber noch lange nicht erschöpft. **„Knäutele"**, eine Speckwurst in dünnem Darm, und **„Schlachtschüssel"**, bestehend aus Sauerkraut, Blut- und Leberwurst sowie Kesselfleisch, um nur zwei weitere zu nennen.

Auch Hauptgerichte sind meist fleischlicher Natur. Eine typisch fränkische Malzeit ist das **„Hochzeitsessen"**; zu dem Gericht aus Rindfleisch mit Nudeln gehört nach alter Tradition Meerrettich. Außer **Wildgerichten** mit Klößen und Pilzen, **Kalbshaxe, Schinken in Brotteig, Fränkischer Roulade**, die mit fränkischem Rotwein zubereitet wird, sollen auch einige Fischgerichte nicht unerwähnt bleiben. Die **„Rhönbachforelle"** muss unbedingt eine fangfrische Bachforelle sein. Man lässt sie eine Stunde in einem Sud aus Riesling, Salz, Zucker, Kerbel, Thymian, Wacholderbeeren, Zitronenmelisse, Petersilie, Lorbeer, Estragon, Zwiebeln und Mohrrüben ziehen. Neben **„Aal grün"** und **„Karpfen"**, der mal in Bierteighülle gebacken, mal in gekochter Art auf den Tisch kommt, müssen die speziell im Würzburger Raum zu findenden **„Meefischli"** hervorgehoben werden. Kleine dünne Weißfische aus dem Main, die gleich dreimal schwimmen müssen: im Wasser, im Fett und im Wein. Text: Thomas Kettler

*sein. Der Weinanbau reicht bis ins 7. Jahrhundert zurück, als zunächst nur Nonnen und Mönche Reben für den Messwein anpflanzten. Heute reicht das fränkische Weinbaugebiet von Aschaffenburg bis Bamberg. Markenzeichen des fränkischen Weins ist die charakteristische Flaschenform, der sogenannte Bocksbeutel. Der Namensursprung ist nicht eindeutig geklärt, oftmals hört man aber die Begründung, die flachen, bauchigen Flaschen mit dem kurzem Hals hätten ihren Namen aufgrund der Ähnlichkeit mit dem Hodensack eines Ziegenbocks erhalten.*

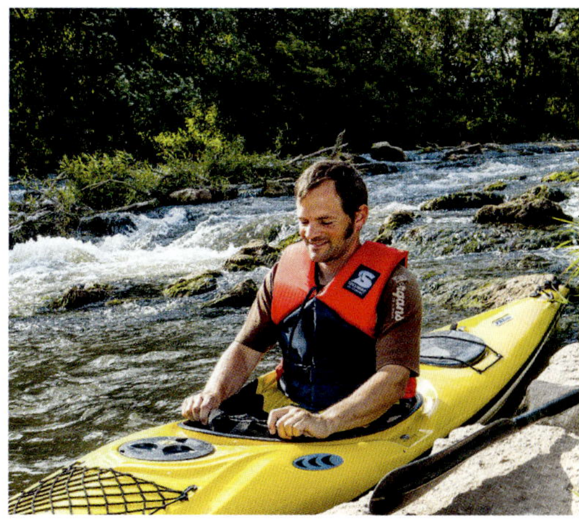

Nach dem Start am nächsten Morgen lässt das nächste ***Wehr*** an der **Herrenmühle** nicht lange auf sich warten. Geübte Kanuten dürfen aber im Boot bleiben, denn die Befahrung ist erlaubt. Wer lieber umtragen will, kann dies am linken Ufer problemlos tun.

Kurz darauf liegt am rechten Ufer der Anleger für das ***Stadtmuseum Herrenmühle.*** *Es widmet sich dem Thema Brot und Wein. Im Erdgeschoss wird die jahrhundertelange Weinbautradition dargestellt, die Ausstellungen in den beiden Obergeschossen erläutern den Weg vom Korn zum Brot.* Vorbei an ***Burg Saaleck***, *die im 11. und 12. Jahrhundert hoch über der Fränkischen Saale erbaut und von den Fürstäbten als Residenz während der Weinlese genutzt wurde*, erreichen wir nach zwei weiteren Portagen an den ***Wehren*** **Diebach** und **Neumühle** das in einer Gruppe von Fachwerkhäusern gelegene *„Romantik Hotel Neumühle". Die Übernachtung im harmonisch in Einklang mit der Flusslandschaft stehenden Mühlenkomplex mit lichtdurchfluteten Räumen, viel Holz und Naturstein, einem 800 Quadratmeter großen edlen Wellnessbereich und vorzüglicher Küche hat natürlich ihren Preis.*

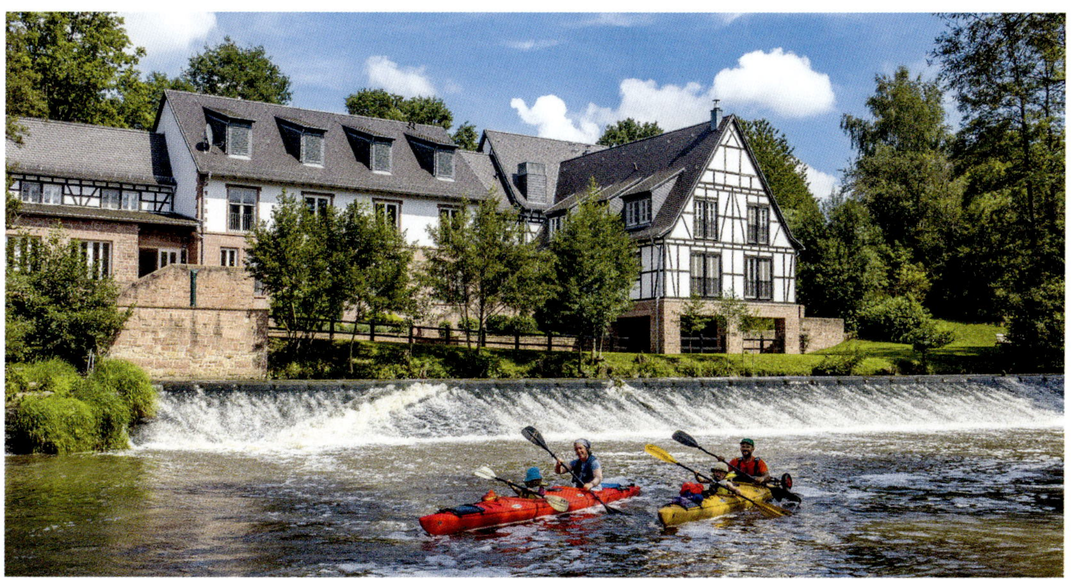

*Romantik Hotel Neumühle – sehr idyllisch gelegen, leider hochpreisig*

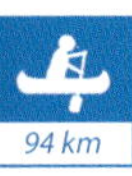

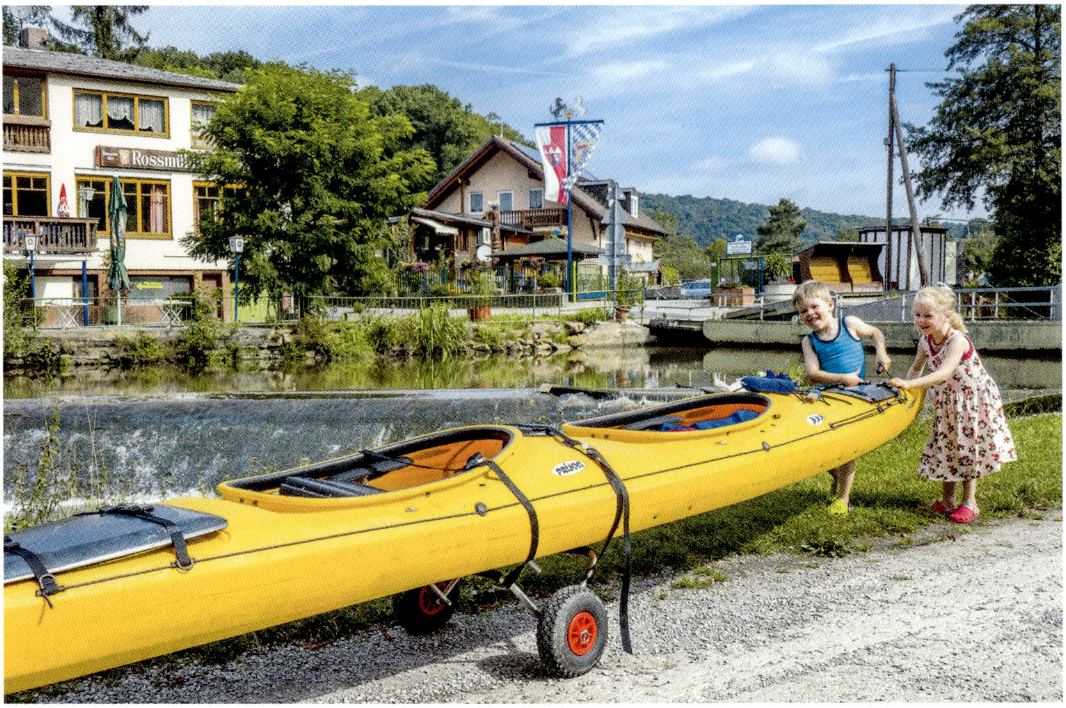

*Fleißige Helfer an der Umtragestelle am Wehr Roßmühle*

Wesentlich erschwinglicher kommt der Paddler im beschaulichen **Morlesau** unter. Der große Biergarten des „Gasthofs Nöth“ lädt zu einer Pause ein und wer sich entscheidet hier seine Tagesetappe zu beenden, um in einem der einfachen Zimmer zu übernachten, dürfte das nicht bereuen – das Essen ist vorzüglich! Die Slow Food-Küche mit frischen Produkten von heimischen Erzeugern überrascht auch immer wieder mit fast vergessenen Rhöner Gerichten.

Nächste Station mit Einkehr- und Übernachtungsmöglichkeit ist das Freizeitzentrum „**Roßmühle**“ mit Campingplatz, Pension und Gasthaus. Hier machen eine niedrige Pontonbrücke und das *Wehr* die Durchfahrt unmöglich.

Nach dieser neuerlichen Portage wird die Saale breiter, schlägt weniger Haken und mittlerweile sind die kurzen, unproblematischen Portagen an den Wehren zur Routine geworden. Schnell ist das nächste *Wehr* in **Gräfendorf** rechts umtragen und der nette Dorfladen, etwa 500 Meter entfernt in der Ortsmitte, bietet Selbstversorgern eine gute Möglichkeit den Proviant für die Schlussetappe aufzustocken.

In **Wolfsmünster** rauscht das Wasser über eine ordentliche Stufe, die nur von erfahrenen Paddlern in Einerkajaks befahren werden kann. Alle anderen müssen kurz am rechten Ufer über die Insel umtragen. Knapp 3,5 Kilometer weiter wartet gegenüber von ***Kloster Schönau*** *mit seiner schlichten frühgotischen Klosterkirche* das letzte *Wehr* der Tour. Erfahrene Paddler können es nach Besichtigung eventuell mittig oder rechts befahren. Für die Portage legt man am rechten Ufer an und zieht das Boot kurz über die Wiese.

Nun werden die Ufer zusehends bebauter und bald ist **Gemünden** erreicht. An der Flussgabelung hinter der Bogenbrücke halten wir uns rechts, rauschen über ein verfallenes *Wehr* und paddeln entlang der Wohnwagen des „Campingplatzes Saaleinsel“. Dort finden wir beim kleinen Unterstand am Parkplatz vor dem Campingplatz eine gute Ausstiegsmöglichkeit.

# Der Obere Main

*Flussparadies ohne Hindernisse*

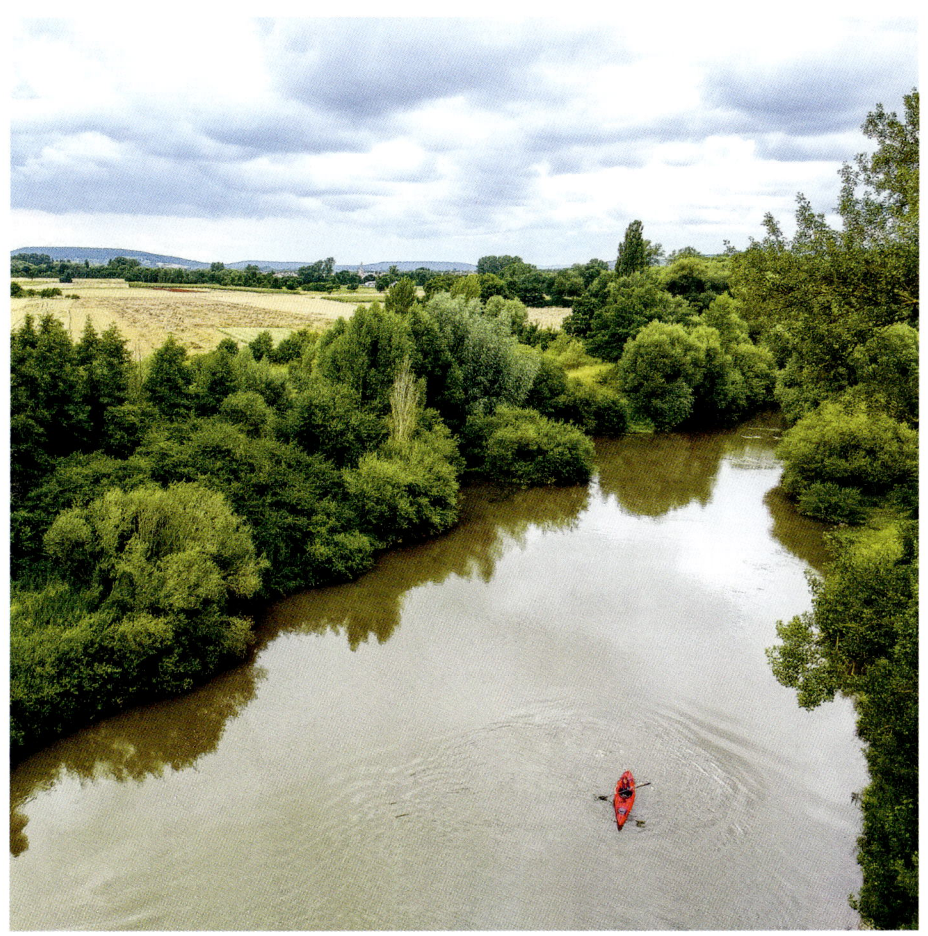

Tour 2

## Tour-Infos Oberer Main

| Aktivitäten | Natur | Kultur | Baden | Hindernisse |
|---|---|---|---|---|
|  |  |  |  |  |

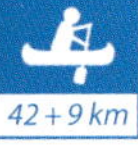


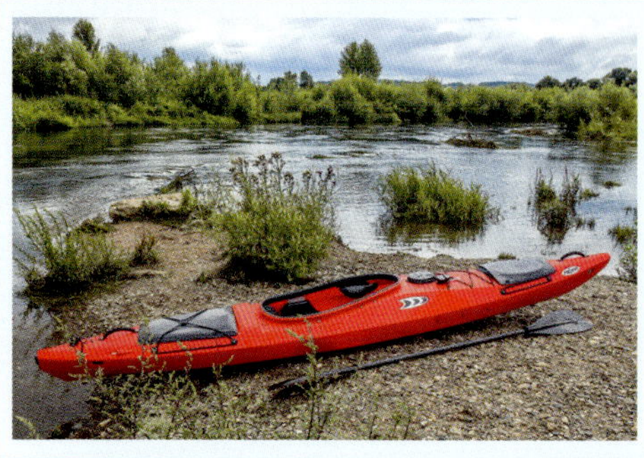

**Charakter der Tour**

In einem weiten Bogen schwingt sich das Obermaintal von Kulmbach nach Bamberg durch das Coburger Land. Hier ist der junge Main noch nicht schiffbar und Kanuten haben die Idylle ganz für sich.

Die Fahrt von Bad Staffelstein nach Bamberg bietet sich für eine unbeschwerte, da umtragefreie Wochenendtour an und die flotte Strömung, garniert mit ein paar harmlosen Schwällen, sorgt immer wieder für spritzige Abwechslung.

**Länge & Dauer der Tour:** 42 + 9 km, 3 Tage **Schwierigkeit:** Leicht bis mittel, viele Bademöglichkeiten

**Umtragestellen & Bootswagen:** Auf der vorgestellten Tour von Lichtenfels nach Bamberg trübt keine Portage das Paddelvergnügen. Ein **Bootswagen** ist nicht unbedingt erforderlich.

**Etappenvorschlag:**

**1. Tag:** Lichtenfels – Ebing (22 km)

**2. Tag:** Ebing – Bamberg (20 km)

**3. Tag:** Tagestour durch Bamberg (9 km)

**Befahrungsregelungen**

Von Hochstadt a. Main bis Bischberg bei Bamberg ist der Obere Main als ***„Kanuwanderweg Obermain im Flussparadies Franken"*** ausgewiesen und es gelten folgende Regeln:

1. Nutzen Sie nur die ***gekennzeichneten Ein- und Ausstiege***.
2. Die Befahrung ist ***nur*** in ***Fließrichtung*** und in ***Kleingruppen bis maximal 10 Personen*** in der Zeit von ***9-18 Uhr*** gestattet.
3. Starten Sie die Tour in Hausen nur bei ***ausreichendem Wasserstand.*** ***Pegel Kemmern*** mindestens 2,20 m, Pegelstand: Tel. 01804-370 03 75 24 (*0,20 € pro Anruf aus d. dt. Festnetz, Mobilfunkpreise können abweichen*), www.hnd.bayern.de
4. ***Meiden*** Sie sensible Bereiche wie ***Altarme*** und ***Kiesbänke***.

**Anreise:** Autobahn A 73, Ausfahrt 13 *(Lichtenfels-Süd)* und weiter zum Ortsteil **Hausen**.

**Einsetzen & Parken:** Hinter dem Wehr im Staffelsteiner Ortsteil **Hausen** *(Hausener Straße)*. Parkplatz.

**Aussetzstelle:** Bootshaus des **Bamberg**er Faltboot-Clubs am Main-Donau-Kanal *(Weidendamm 150)*.

**Zurück zum Pkw:** Bequeme, schnelle und regelmäßige Zugverbindung von Bamberg nach Bad Staffelstein, von da sind es knapp 4 km Fußweg nach Hausen.

**Kartenmaterial & Literatur-Tipps:**

**Oberes Maintal – Coburger Land – Coburg – Lichtenfels** (Umgebungskarte UK50-3), 1:50.000, Bayerische Vermessungsverwaltung.

**Kunstreiseführer Franken,** *Dettelbacher / Fröhling / Reuß*, DuMont Verlag.

*Eine spannende Lektüre für die Kanutour ist der Krimi* **„Das Alabastergrab"** *(Im Main nördlich von Bamberg wird ein Fischer gefesselt an einen Betonpfeiler tot im Fluss aufgefunden. Auch Paddler spielen eine Rolle und die Handlung ist mit jeder Menge Lokalkolorit gewürzt),* ***Helmut Vorndran,*** Goldmann Verlag.

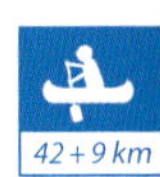


### Übernachtung in Wassernähe *(in der Reihenfolge des Tourenverlaufs)*

**Hausen** (oberhalb der Einsetzstelle):
***DKV-Station Schwimmverein Coburg Faltbootabteilung***
*Zufahrt über Reundorf, Straße „Zur Fähre"*
Platzwart Tel. 0176-46 02 56 74
www.svcoburg-kanuabteilung.de

**Bad Staffelstein:**
***Kurcampingplatz Bad Staffelstein***
Seestr. 3
Tel. (09573) 77 97
www.kur-camping.de

**Ebensfeld:**
***Naturbad & Zeltplatz*** *(Mai-Sep)*
Badweg 1
Tel. (09573) 96 08 14
& 0151-52 62 36 51

***Camping Altmainsee***
Altmainsee 1
Tel. (09573) 52 91

**Ebing/Rattelsdorf:**
***Campingplatz Ebing***
Ringstr. 5
Tel. (09547) 72 86
& 0170-370 22 51
www.markt-rattelsdorf.de

**Bamberg:**
***DKV-Station beim Bamberger Faltboot-Club***
*(Anmeldung unter camping@faltbootclub.de)*
Weidendamm 150
Tel. (0951) 686 24
www.faltbootclub.de

### Kanuvermieter & Veranstalter

**Lichtenfels:**
***Albatros Kanuverleih***
*(mobiler Vermieter)*
Tel. (09571) 53 71
www.albatros-kanuverleih.de

***Obermain-Kanu***
Dr.-Wittmann-Straße 16
Tel. 0171-763 37 48
od. (09571) 61 82
www.main-wasserwandern.de/boote

**Bad Staffelstein:**
***AquaRiese***
Seestr. 3
Tel. (09573) 22 29 96
www.aquariese.de

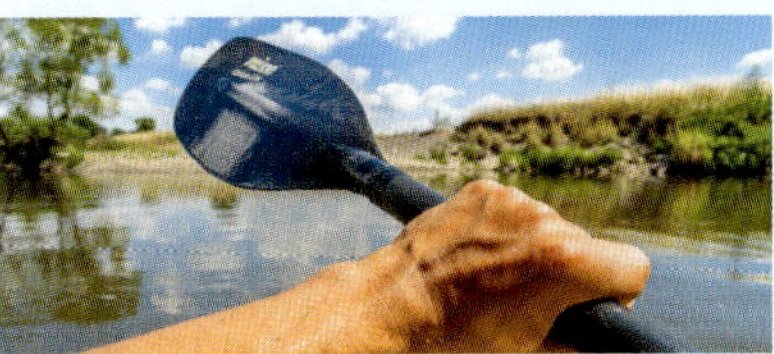

**Unnersdorf:**
***Anker Kanu***
Am Main 3
Tel. 0160-89 69 777
www.ankerkanu.de

**Rattelsdorf:**
***Mühlenboote Rattelsdorf***
An der Itz 11A
Tel. (09547) 17 83
www.muehlenboote.de

### Tourist-Infos

**Bad Staffelstein:** ***Kur & Tourismus Service***, Bahnhofstr. 1, Tel. (09573) 331 20, www.bad-staffelstein.de
**Lichtenfels:** ***Tourist-Info Stadt Lichtenfels,*** Bamberger Str. 3a, Tel. (09571) 79 51 01, www.lichtenfels.de
**Bamberg:** ***Tourist-Info,*** Geyerswörthstr, 5, Tel. (0951) 297 62 00, www.bamberg.info

### Online-Informationen

***Flussparadies Franken:*** www.flussparadies-franken.de
***Der Gottesgarten:*** www.obermain-jura.de

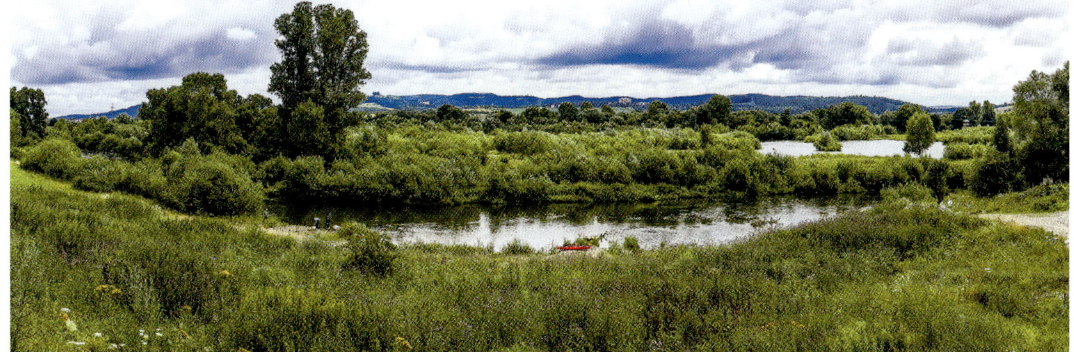

42 + 9 km

## Sehenswertes am Oberen Main

**Bad Staffelstein:** *Historisches Rathaus* (Ende 17. Jh.) und *Fachwerkhäuser* am Marktplatz; *Stadtpfarrkirche St. Kilian*; *Bamberger Turm* (Teil der Stadtbefestigung von 1422); *Heimatmuseum* im ehemaligen Schulhaus; zweitürmige *Wallfahrtsbasilika Vierzehnheiligen*, 1743-1772 von Balthasar Neumann errichtet; 1071 gegründetes *Benediktinerkloster Banz*.

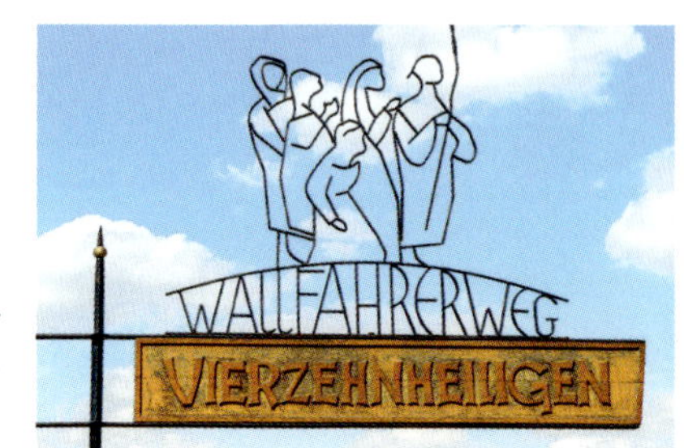


**Wiesen:** *Kirche mit Wehrturm* (15. Jh.) und *Chor mit Netzgewölbe*.

**Ebensfeld:** *Historischer Marktort* mit spätgotischer *Hallenkirche St. Kilian*.

**Unterleiterbach:** Schöner *Ortskern*; *Valentinskapelle*; *Schloss*.

**Baunach:** *Schloss Schadeck* (ehem. Rathaus) mit *Heimatmuseum*; historischer *Marktplatz* mit *Pfarrkirche St. Oswald, Beinhaus, Brunnen* mit dem *„Stadt-Heiligen" Überkum* und dem 600 Jahre alter *Obleyhof* (Gasthaus).

**Kemmern:** *Pfarrkirche St. Peter und Paul; Pfarrhaus* von 1851.

**Hallstadt:** *Spätgotische Hallenkirche St. Kilian; Marktplatz; Rathaus*.

**Bamberg:** *Stadtrundgang* siehe Seite 311.

## Weitere Aktivitäten rund um den Oberen Main

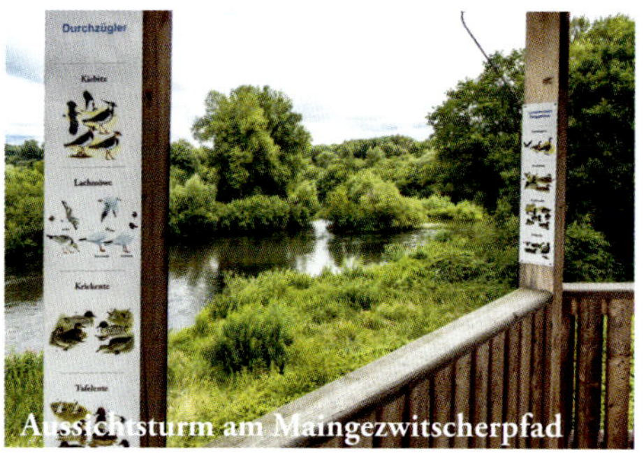

Aussichtsturm am Maingezwitscherpfad

### Radfahren:

Der ***MainRadweg*** folgt dem Flusslauf von den Quellflüssen bei Kulmbach bis zur Mündung in den Rhein bei Mainz auf einer Länge von fast 600 Kilometern.

Mit 220 Kilometern zwar kürzer, aber nicht weniger reizvoll, ist die ***Main-Coburg-Tour***, die als Rundweg von **Bamberg** aus in fünf Etappen durch das idyllische ***Tal der Itz*** und das ***Obermaintal*** führt.

Ein weiterer ***Rundkurs*** für eine 4-5-tägige Radtour ist die ***Obermain-Frankenwald-Tour***. Sie beginnt und endet in **Bayreuth**.

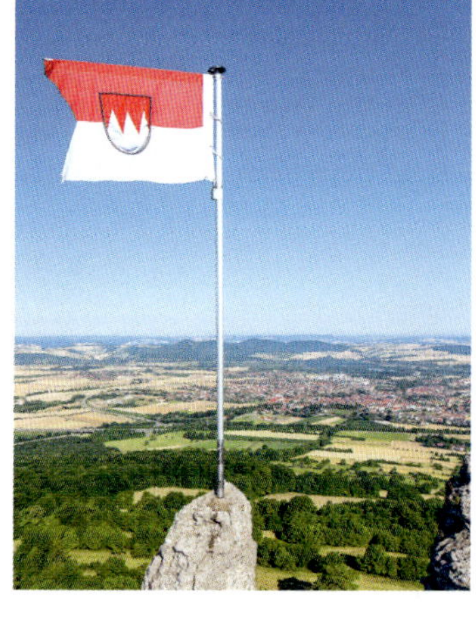

### Wandern:

Ein dichtes Netz von Wanderwegen durchzieht das ***Obere Maintal*** und das ***Coburger Land***.

Den ***„Gottesgarten am Obermain"***, die Gegend zwischen **Lichtenfels, Weismain** und **Ebensfeld,** kann man auf verschiedenen Wegen erwandern – teils mit weiten Blicken über die Täler des Obermains oder zum „Staffelsteiner Dreigestirn", bestehend aus dem legendären ***Staffelberg***, der ***Wallfahrtsbasilika Vierzehnheiligen*** und ***Kloster Banz***.

### Paddeln:

Weitere empfehlenswerte Paddelflüsse in der näheren Umgebung sind ***Wiesent, Regnitz*** und ***Pegnitz***.

### Klettern:

***Waldklettergarten*** in **Banz** (mit Waldschänke), Tel. (09573) 22 25 70, www.waldklettergarten-banz.de

### Baden:

Viele ***Badeseen*** entlang des Oberen Mains (z.B. ***Waldsee* Reundorf, *Naturbad* Ebensfeld**, ***Baggersee* Ebing**).

**Bad Staffelstein:** ***Obermain-Therme***, Am Kurpark 1, Tel. (09573) 961 90, www.obermaintherme.de
***Sport- und Spaßbad AquaRiese,*** Seestraße 3, Tel. (09573) 22 29 96, www.aquariese.de

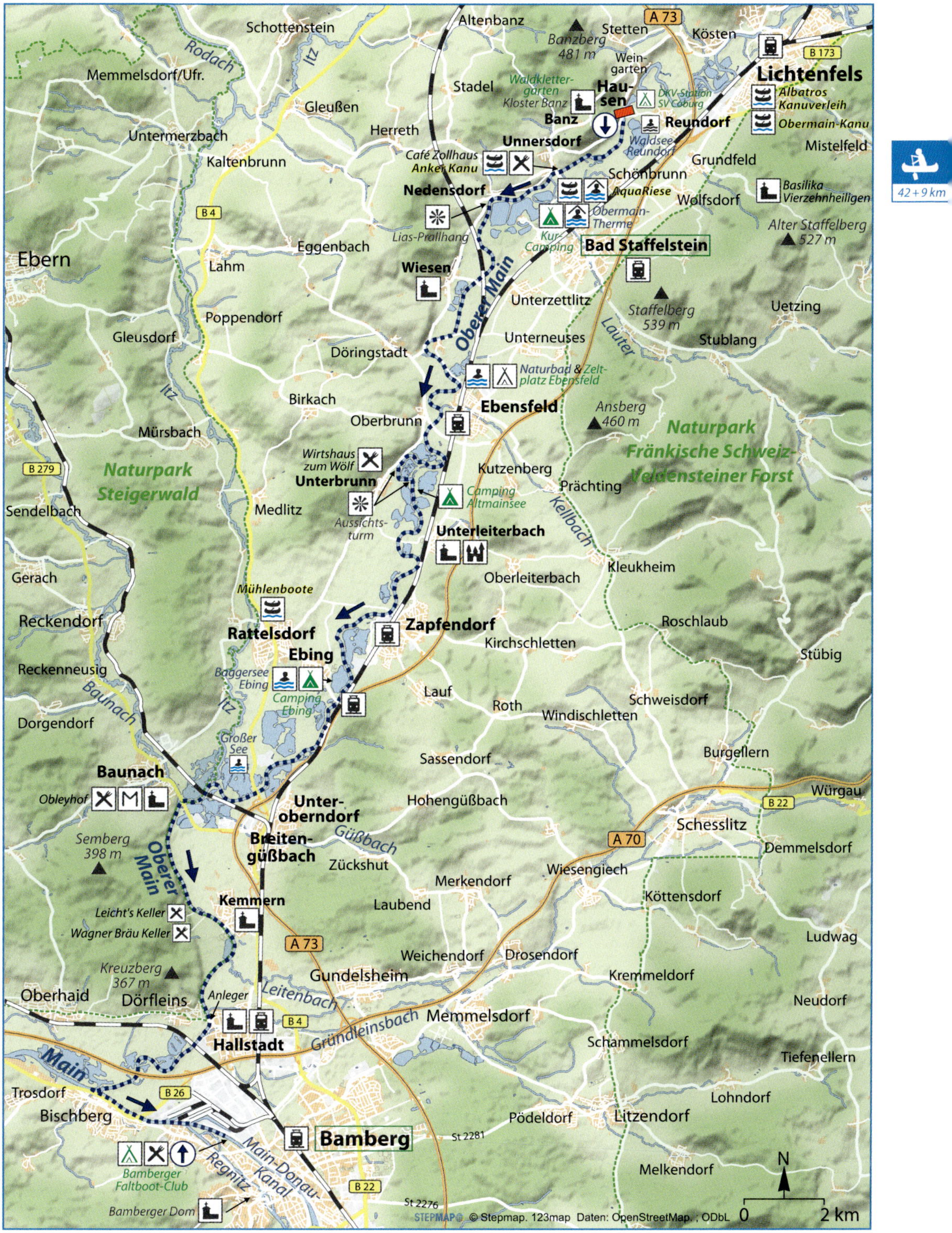

Schottenstein
Altenbanz
Banzberg 481 m
Stetten
A 73
Kösten
Rodach
Itz
Memmelsdorf/Ufr.
Gleußen
Stadel
Waldklettergarten Kloster Banz
Wein-garten
Hau-sen
DKV-Station SV Coburg
B 173
Lichtenfels
Albatros Kanuverleih
Obermain-Kanu
Banz
Reundorf
Untermerzbach
Herreth
Unnersdorf
Waldsee Reundorf
Mistelfeld
Kaltenbrunn
Café Zollhaus Anker Kanu
Grundfeld
Schönbrunn
Nedensdorf
AquaRiese
Basilika Vierzehnheiligen
Wolfsdorf
B 4
Obermain-Therme
Lias-Prallhang
Kur-Camping
Alter Staffelberg 527 m
Eggenbach
Bad Staffelstein
Ebern
Lahm
Wiesen
Oberer Main
Unterzettlitz
Staffelberg 539 m
Uetzing
Poppendorf
Lauter
Gleusdorf
Unterneuses
Stublang
Döringstadt
Naturbad & Zeltplatz Ebensfeld
Birkach
Ebensfeld
Ansberg 460 m
Oberbrunn
Naturpark Fränkische Schweiz-Veldensteiner Forst
Mürsbach
Wirtshaus zum Wölf
Kutzenberg
B 279
Naturpark Steigerwald
Unterbrunn
Prächting
Camping Altmainsee
Sendelbach
Medlitz
Aussichtsturm
Kellbach
Unterleiterbach
Kleukheim
Gerach
Oberleiterbach
Mühlenboote
Reckendorf
Zapfendorf
Roschlaub
Rattelsdorf
Kirchschletten
Ebing
Stübig
Reckenneusig
Baggersee Ebing
Camping Ebing
Lauf
Baunach
Roth
Windischletten
Schweisdorf
Dorgendorf
Großer See
Sassendorf
Burgellern
Baunach
Obleyhof
Unter-oberndorf
Hohengüßbach
Würgau
B 22
Schesslitz
Semberg 398 m
Breiten-güßbach
Güßbach
A 70
Demmelsdorf
Zückshut
Wiesengiech
Merkendorf
Kemmern
Laubend
Köttensdorf
Leicht's Keller
Wagner Bräu Keller
A 73
Ludwag
Weichendorf
Drosendorf
Kreuzberg 367 m
Gundelsheim
Kremmeldorf
Oberhaid
Dörfleins
Anleger
Leitenbach
Neudorf
B 4
Gründleinsbach
Memmelsdorf
Hallstadt
Schammelsdorf
Main
Tiefenellern
Trosdorf
B 26
Lohndorf
Bischberg
Pödeldorf
Litzendorf
Bamberg
St 2281
Main-Donau-Kanal
Regnitz
Bamberger Faltboot-Club
B 22
Melkendorf
N
Bamberger Dom
St 2276
0 2 km
STEPMAP © Stepmap. 123map Daten: OpenStreetMap ; ODbL

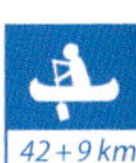

# Der Obere Main

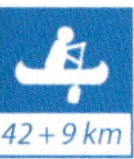


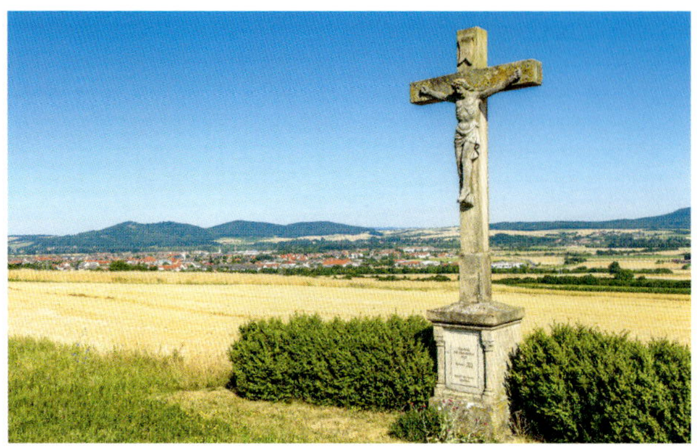

Mein Reiseführer schwärmt von der anmutigen Landschaft Frankens und den gemütlichen Biergärten. Der Blick vom ***Staffelberg*** aus 541 Metern Höhe über das junge Maintal ist wirklich hübsch und reicht vom ***Kloster Banz*** im Nordwesten bis zur ***Wallfahrtskirche Vierzehnheiligen*** im Nordosten. Den Biergarten bleibt mir das „Adam-Riese-Städtchen" aber vorerst schuldig, denn die Ausflugsgaststätte „Staffelberg-Klause" ist so früh am Tag noch verwaist.

So fahre ich zur Einsetzstelle hinter dem Kraftwerk in **Hausen**, einem Ortsteil von **Bad Staffelstein**. Hier beginnt der ***Kanuwanderweg Obermain***. *Unter Federführung der Landratsämter Lichtenfels und Bamberg wurde eine einzigartige Kanuwanderstrecke mit guter Infrastruktur geschaffen.* Der Main zieht sich durch den nördlichen Teil Frankens und besonders der Oberlauf ist für Kanuwanderungen ideal. Da der Main erst ab Bamberg schiffbar ist, haben Paddler den Oberlauf und die einzigartige Natur auf dem renaturierten Fluss ganz für sich. Ein weiteres Plus: Keine einzige Umtragestelle trübt das Paddelvergnügen.

Nach dem Start thront hoch über dem rechten Ufer das ehemalige ***Benediktinerkloster Banz***. Gegenüber des Anlegers in **Unnersdorf** liegt das *Café „Zollhaus", eine ehemalige Fährstation, die in ihrer Geschichte bis ins Jahr 1824 zurückblicken kann.*

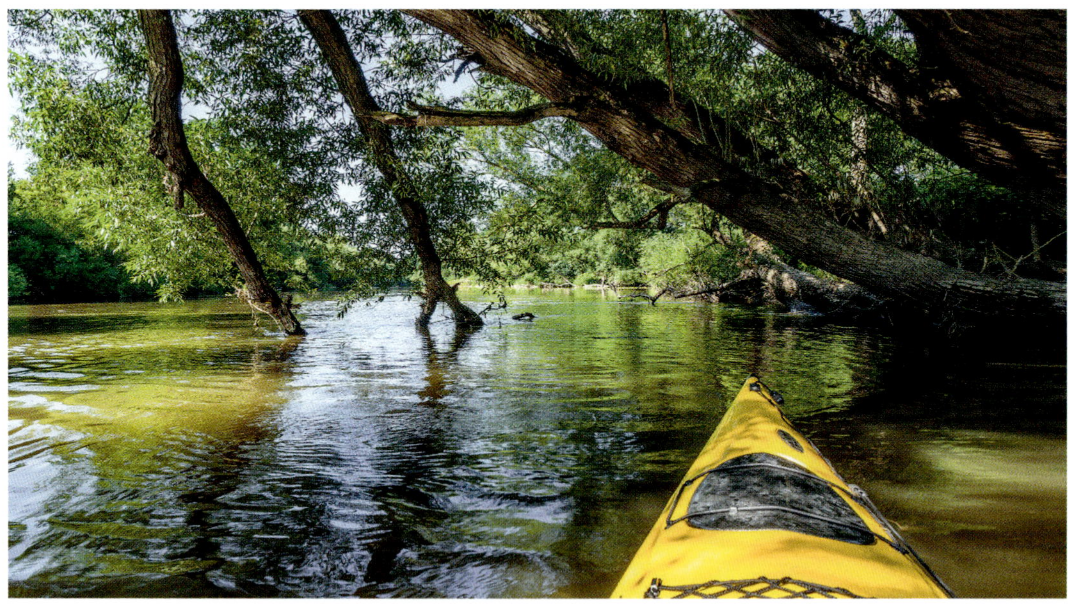

*Idyllischer Obermain zwischen Hausen und Ebing*

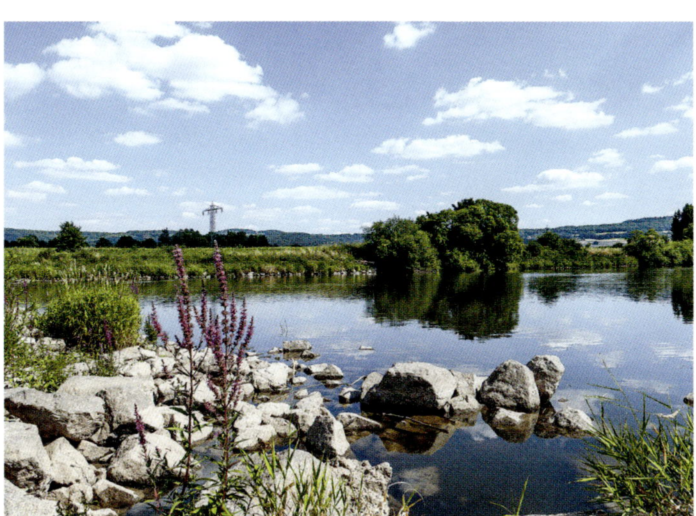

*Ganz ruhig liegt der Main vor mir an der Einstiegsstelle in Hausen*

In einer scharfen Rechtskehre liegt linkerhand der *historische Marktort* **Ebensfeld** *mit seinem sehenswerten Marktplatz und der spätgotischen Hallenkirche.* Die nahen Badeseen (wie der ***Ebensfelder See*** mit *Naturbad* und *Zeltplatz*) locken bei sonnigem Wetter – wie auch viele andere Seen entlang dieser Strecke.

Wenige Flusskehren weiter auf Höhe des am linken Ufer liegenden *Campingplatzes Altmainsee* biege ich nach rechts in die neugeschaffene Mainschleife ab, die in Anlehnung an den natürlichen Flusslauf geschaffen wurde.

Vom sagenumwobenen ***Lias-Prallhang***, der bei **Nedensdorf** steil zum Main hin abfällt, hat man eine grandiose Aussicht auf ***„Vierzehnheiligen“***, ***„Kloster Banz“***, den ***Staffelberg*** und das nahe Bad Staffelstein. Ich genieße das idyllische Pausenplätzchen am Anleger mit seinen schattigen Sitzbänken. In einem der Vorgärten hinter der Straße ist die *Frankenfahne gehisst, wie der Fränkische Rechen auch oft genannt wird. Die drei Silberspitzen auf rotem Grund symbolisieren die drei fränkischen Regierungsbezirke Unter- Mittel- und Oberfranken.*

Zurück im Boot lässt mich ein Rauschen aufhorchen. Ohne Probleme manövriere ich das Boot durch eine spritzige, aber harmlose ***Sohlschwelle***, der auf der weiteren Strecke noch einige folgen sollen.

Das am rechten Ufer auftauchende Örtchen **Wiesen**, am Fuße des ***Wandergebiets Eierberge*** gelegen, war ursprünglich ein Fischerdorf. *Seine Kirche aus dem 15. Jahrhundert besticht vor allen Dingen durch den massiven Kirchturm.*

Eine gute Möglichkeit für den Landgang bietet sich am Scheitelpunkt dieser weiten Flusskehre, wo sich auch der ***Aussichtsberg*** mit ***Infohütte des „Maingezwitscher-Pfades“***, *ein Naturerlebnisweg für Kids (3,2 km, ca. 1:30 Std),* befindet. Nur wenige Meter flussabwärts steht der dazugehörige ***Aussichtsturm des Life-Natur-Projekts „Oberes Maintal“***, von dem sich aus acht Metern Höhe ein fantastischer Blick über die amphibische Landschaft des Mäanderbogens bietet. Wer den Fußweg ins nahe Örtchen **Unterbrunn** nicht scheut, kehrt vielleicht in

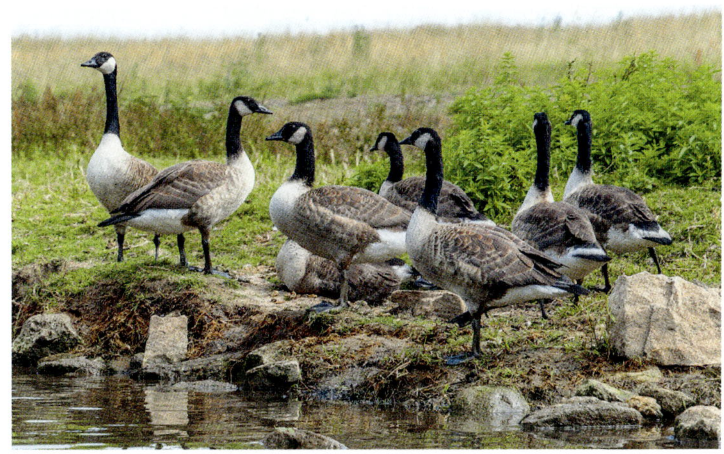

*Zahlreiche Vogelarten können Dank des Life-Natur-Projekts „Oberes Maintal“ wieder beobachtet werden*

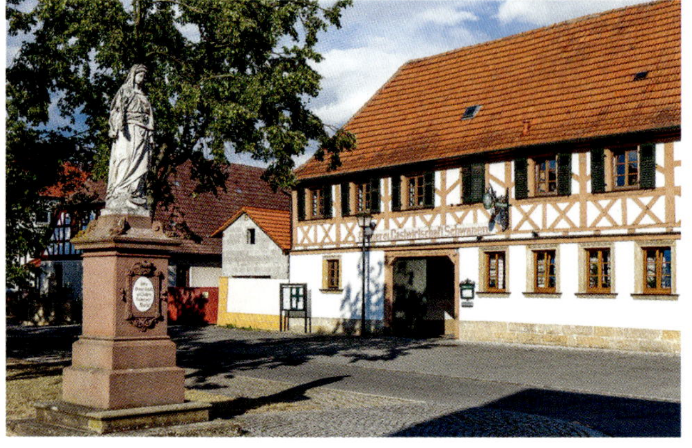

*Am Ebinger Marktplatz lädt die Brauereigaststätte zur Brotzeit*

der urigen *Dorfwirtschaft „Wirtshaus zum Wölf"* ein, *die einen der schönsten Bierkeller der Region haben soll. Der Chef schlachtet selbst und lädt zu hausgemachten Fränkischen Bratwürsten und Brotzeiten ein, aber besonders die Lammhaxe am Sonntag hat sich einen Namen gemacht (Mi-Sa ab 15, So ab 10 Uhr, Mo+Di Ruhetag, Tel. (09547) 446).*

Nun schlängelt sich der Main zwischen ***Dornwiesensee*** und ***Großem Angersee*** hindurch, der Brücke nach **Unterleiterbach** entgegen. Von hier aus ist es nur ein kurzer Fußweg nach links in den schönen Ortskern. *In dem dortigen Rokokoschloss aus dem Jahre 1739 mit seinem wildromantischen Park kann man heute stilvoll in zwei Doppelzimmern übernachten. Ein barockes Kleinod ist die Valentini-Kapelle, die nach Plänen des Bamberger Architekten Johann Jakob Michael Küchel gebaut wurde.*

Zwei Flussschleifen weiter ist **Zapfendorf** erreicht, wo ein hübscher Naturstrand zur Rast einlädt. *Durch die Lage an einem Transportweg entlang des Mains, von Sachsen und Thüringen nach Bayern, war der Ort im Oberen Maintal auf den damals noch zeitraubenden Reisen stets Durchgangsstation und beliebter Rastplatz*, was man versteht, wenn man zwischen den denkmalgeschützten Fachwerkhäusern hindurchschlendert.

Bald hinter Zapfendorf ist rechts an der Brükke in **Ebing** das Ende der Tagesetappe erreicht. Wenige Meter hinter dem Parkplatz beginnt der *Campingplatz*. Das ist die erste und einzige Stelle der Tour, an der mein Bootswagen zum Einsatz kommt.

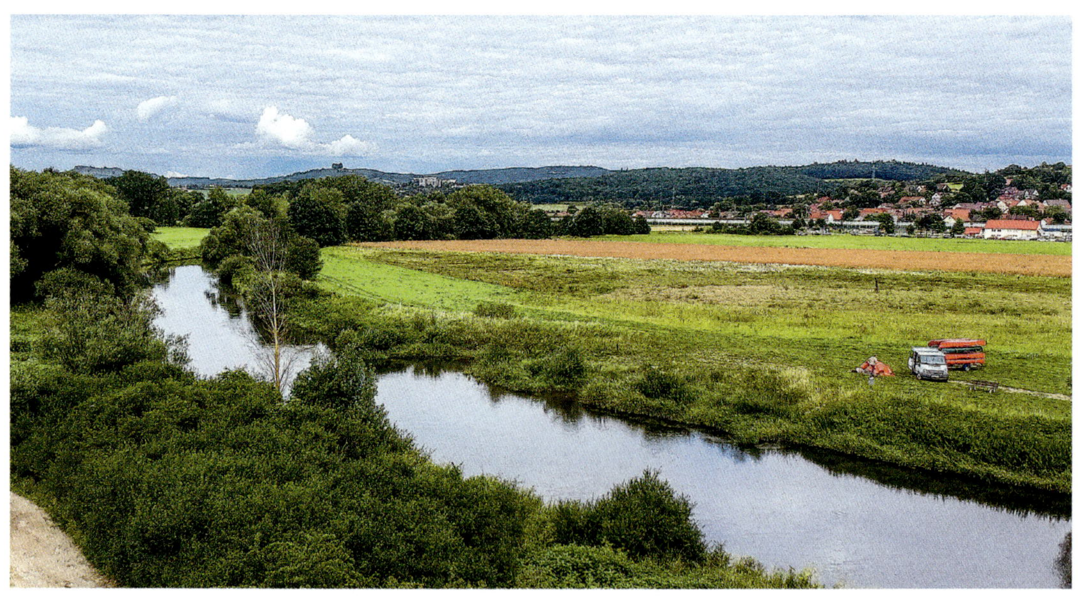

*Eine der Einsetzstellen der Kanuvermieter, die Brücke nach Unterleiterbach bei Zapfendorf*

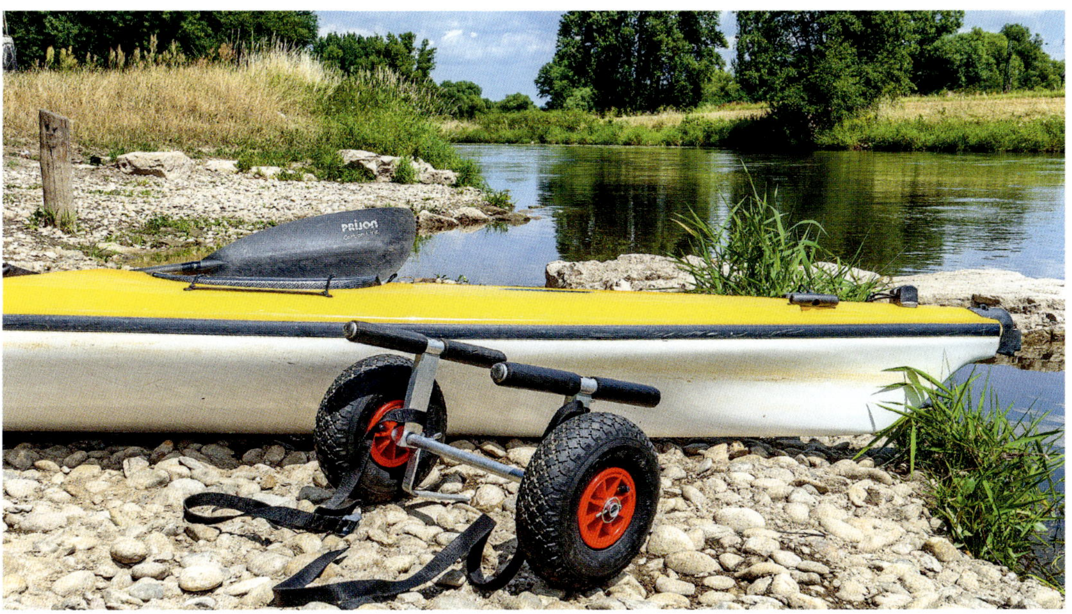


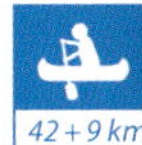

*Ein Kanuwagen ist auf der Tour nicht unbedingt erforderlich*

Begleitet von der nahe am Ufer verlaufenden Autobahn erreiche ich am nächsten Tag nach knapp vier Kilometern die Straßenbrücke der Bundesstraße 4. Linker Hand liegen die beiden Orte **Unteroberndorf** und **Breitengüßbach** dicht beieinander. Rund 100 Meter weiter öffnet sich der Main rechter Hand zum ***Großen See***, einem landschaftlich schön gelegenen ehemaligen Baggersee mit Blick in den ***Itzgrund*** und die ***Haßberge***, an dessen Ostufer Sandstrände zum Baden einladen.

Das Wasser gurgelt nun über einige schöne Kiesbänke und Blutweiderich färbt die Ufer lila. Jeweils einmal vor und einmal nach der Eisenbahnbrücke beschleunigt eine kräftige Sohlschwelle die Fahrt, dann folgt ein idyllisches, recht gerades Stück. Aus den hohen Bäumen entlang der Ufer erklingt urwaldartiges, vielstimmiges Vogelgezwitscher. An der Straßenbrücke der Drei-Flüsse-Stadt **Baunach** lädt der Anleger am rechten Ufer zu einem Besuch des kleinen fränkischen Städtchens ein. *Mit seinem Heimatmuseum, dem historischen Marktplatz, dem ehemaligen fürstbischöflichen Jagdschloss und dem historischen Rathaus wartet es mit einigen Sehenswürdigkeiten auf. Der Name der an Baunach, Lauter und Main liegenden Stadt ist dem indogermanischen Wort für Fluss entlehnt und kann übersetzt werden mit „schwellendes Wasser“.*

Auf dem Main folgt nun eine weitere kurze Schwallstrecke, dann erreiche ich den Anleger in **Kemmern**. *Das ehemalige Fischerdorf mit der Pfarrkirche „St. Peter & Paul“ und dem Pfarrhaus*

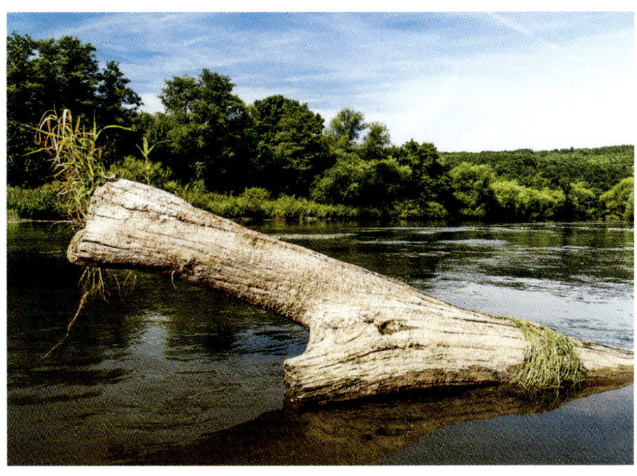

*von 1854 ist besonders für die Kemmener Keller bekannt.* Eine gute Gelegenheit den bisher verpassten Biergartenbesuch nachzuholen. Die beiden typisch fränkischen Bierkeller liegen nur wenige Schritte vom Ufer den Berg hinauf.

42 + 9 km

Etwa drei Kilometer hinter Kemmern erreiche ich in **Hallstadt** unter der Brücke den letzten Kanuanleger. Sogar einen Bootsparkplatz, an dem ich mein Kajak sicher abschließen kann, gibt es. *Bei einem Rundgang durch die Winkel und Gassen des historischen Marktortes und Königshofes erfahre ich, dass schon Karl der Große im Jahre 793 hier Station gemacht und rund 150 Jahre davor der Frankenapostel St. Kilian in Hallstadt gepredigt haben soll.*

Ab Hallstadt schippern auf dem Main nun auch die großen Schiffe. Auf meinem weiteren Weg nach **Bamberg** unterfahre ich die Autobahnbrücke, halte mich wenig später bei Flusskilometer 385 rechts und fahre ein paar Hundert Meter weiter links in den ***Main-Donau-Kanal*** ein, der hier dem alten Flussbett der Regnitz folgt.

Nach zwei Kilometern kündigen Schiffskräne den ***Bamberger Hafen*** an und die abzweigenden Hafenbecken ignorierend, steuere ich geradeaus auf Kirch- und Wasserturm zu.

Noch vor der nächsten Brücke finde ich am rechten Ufer die *Kanustation des Bamberger Faltboot-Clubs* mit seiner großen *Zeltwiese.* Am Abend schlendere ich die durch die hübschen Gassen der Bamberger Altstadt. *Sie besitzt den größten erhaltenen historischen Stadtkern Deutschlands, der seit 1993 auf der Weltkulturerbe-Liste der UNESCO steht.*

**Stadtrundgang Bamberg siehe Seite 311.**

## Extratour: Mit dem Kanu durchs Weltkulturerbe

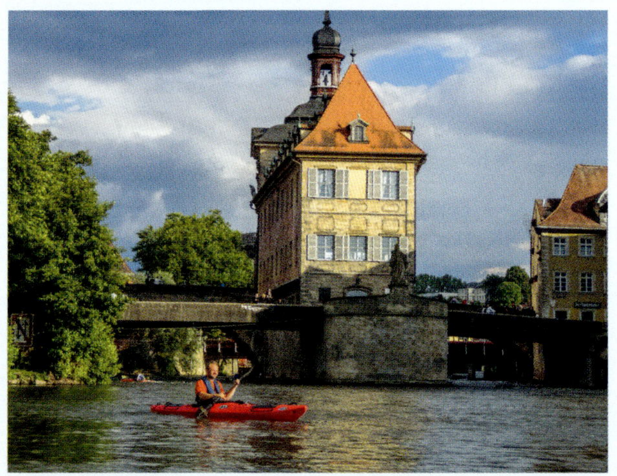

**Länge der Tour:** Ca. 9 km

**2 Umtragestellen:**
Kurzes **Umtragen** am **Jahn-Wehr** *(steile Treppe am Ausstieg)*.
**Umtragung** der historischen **„Schleuse 100"** am *Mühlwörth.*

**Einsetzstelle:**
Steg am Bootshaus des ***Bamberger Faltboot-Club*** *(Weidendamm 150)*.

**Alternative Einsetzstelle:**
***Jahn-Wehr*** am öffentlichen ***Parkplatz beim TSG 05 Bamberg*** *(Galgenfuhr 30)*.

**Aussetzstelle:**
Hinter der ***Friedensbrücke***.

**Zurück zur Einsetzstelle:**
Von der Regnitz 500 Meter *(Bootswagen!)* durch den Erba-Park zurück zum Faltboot-Club am Main-Donau-Kanal.

**Geführte Touren:** ***Kanutouren Service Bamberg***, Tel. (0951) 297 14 79, www.kanutouren-bamberg.de

Die **Kanu-Stadtrundfahrt** durch Bamberg beginnt am Steg vor dem *Vereinsgelände der Bamberger Kanuten (www.faltbootclub.de)* mit einer Bergfahrt auf dem Main-Donau-Kanal. Den Auftakt für die zahlreichen Brückendurchfahrten auf dieser kurzweiligen Rundtour macht die Europabrücke.

Vor der Löwenbrücke passieren wir am Adenauerufer das unter Denkmalschutz stehende Alte Hallenbad *(Umbau zum Uni-Sportzentrum)*, von den Promenaden beider Ufer winken uns Spaziergänger zu.

Nächste Stationen auf dem Weg vorbei an der Innenstadt sind Ketten- und Luitpoldbrücke. Hinter der Marienbrücke wird der Wasserlauf von einer Spuntwand geteilt, die nach mehreren Hundert Metern auf

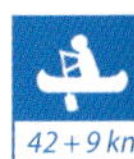


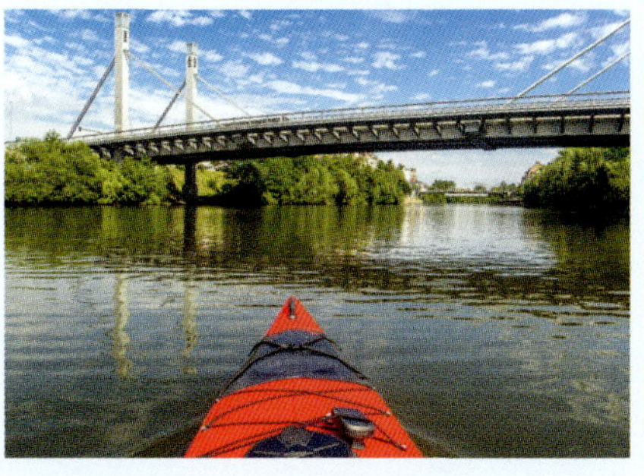

die Insel zwischen dem Rechten Regnitzarm und dem Main-Donau-Kanal trifft. Im Linken Regnitzarm liegt voraus die Schleuse Bamberg. Wir halten uns rechts der Spuntwand ans Westufer und steuern nach etwa 600 Meter, vor dem mächtigen Jahn-Wehr, die steilen Treppen vor dem *Vereinsgeländes des TSG 05 Bamberg* am linken Ufer an, um das Hindernis zu umtragen. *Auf der Insel erinnert die Straße „Galgenfuhr" an ein dunkles Kapitel der Stadtgeschichte, denn sie führte zum Bamberger Richtplatz, auf der die zum Tode Verurteilten vom Hochgericht zum Richtplatz gehen mussten.*

Weiter geht es auf dem Rechten Regnitzarm, hinter dem *Bootsverleih „Bamberg-Bug" (Tret- und Ruderboote)* rechts unter der Brücke hindurch in den Linken Regnitzarm, der uns entlang der schönen Parklandschaft „Luisenhain" zurück in Richtung Altstadt führt. *Angelegt wurde der Park Anfang des 19. Jh. nach dem Vorbild des Englischen Gartens in München und ist einer der ältesten Bürgerparks in Bayern.*

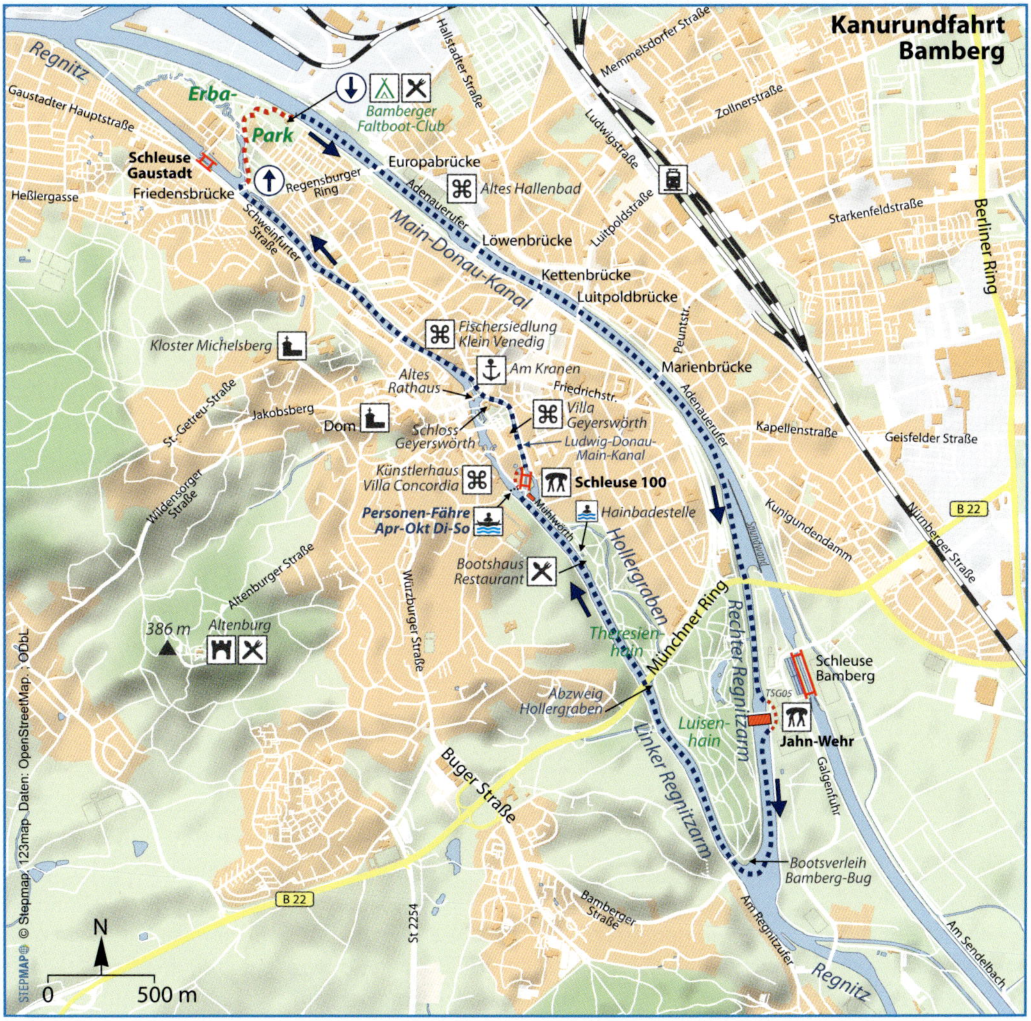

Unter der folgenden Straßenbrücke zweigt nach rechts der Hollergraben ab, der sportlichen Kanuten in kurzen Booten eine tolle Herausforderung bietet. *Das ehemalige Hufeisenwehr wurde umgebaut, von beiden Ufern ragen jetzt lange Steinbuhnen weit ins Wasser und man muss auf einer Strecke von rund 200 Metern ordentlich Slalom fahren. Danach führt der schmale Bach mit flotter Strömung durch die grüne Idylle des „Theresienhain" und am Ende wartet eine lange Sohlrampe, die gefahren werden muss, da sie nicht umtragen werden kann.*

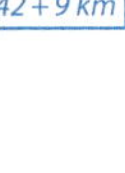


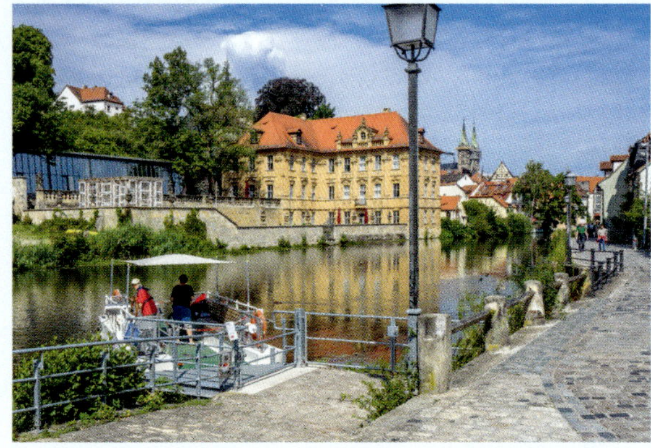

Wer es ruhig und beschaulich mag, fährt daher einfach auf dem Linken Regnitzarm weiter und hat am rechten Ufer mit *„Bootshaus Restaurant im Hain"* im schönen *Biergarten* der Rudergesellschaft eine herrliche Möglichkeit zur Einkehr direkt am Wasser. Nebenan findet sich die beliebte *Hainbadestelle (kultiges Flußbad).*

Voraus leuchtet schon die gelbe Barockfassade der „Villa Concordia" *(Internationales Künstlerhaus).* Kurz davor verkehrt die kleine Seilfähre (Apr-Okt Di-So). Nach Rücksprache mit dem netten Fährpersonal kann man am rechtsufrigen Steg anlegen, um die historische „Schleuse 100" des Ludwig-Donau-Main-Kanals zu umtragen. *Sie stellt die letzte Schleuse des Mitte des 19. Jahrhunderts angelegten Kanals dar, der die Donau bei Kelheim über die Altmühl mit der Regnitz und damit mit dem Flussgebiet des Mains verband. Sie ist die einzige Schleuse des alten Kanals, die bis heute noch voll funktionstüchtig ist.*

Die Schleusung in Handarbeit bleibt Nutzern mit Berechtigungsschein vorbehalten, bzw. ist nur im Rahmen einer geführten Tour möglich.

Vor uns liegt nun der schönste Streckenabschnitt und vom Wasser aus zeigt sich Bamberg von seiner idyllischen Seite. Den Auftakt der Altstadt-Highlights macht die Villa Geyerswörth *(Hotel)* gefolgt vom Residenzschloss Geyerswörth *(heute Behörde)*. Dann geht es mit flotter Strömung am historischen Alten Rathaus *(dem Wahrzeichen Bambergs)* und dem ehemaligen Hafen „Am Kranen" vorbei zur einstigen Fischersiedlung „Klein Venedig" mit ihren prächtigen bunten Fachwerkhäusern. Langsam beruhigt sich die Strömung und wir gleiten gemütlich stadtauswärts zur Friedensbrücke.

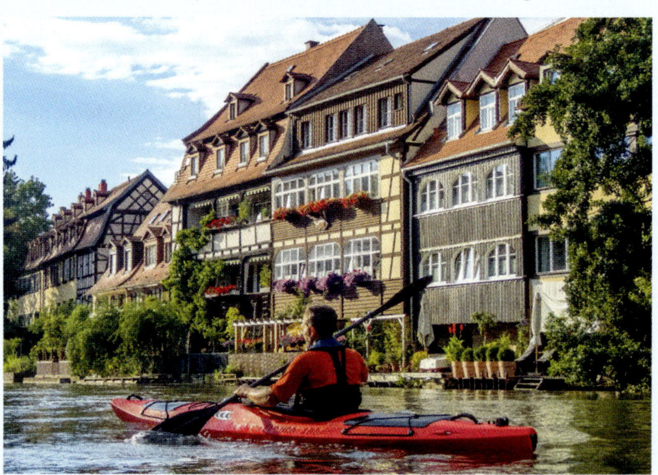

Paddler mit Schleusen-Berechtigungsschein können hier geradeaus weiterpaddeln und über die Schleuse Gaustadt ohne weitere Portage zurück auf den Main-Donau-Kanal gelangen.

Alle anderen legen hinter der Friedensbrücke am rechten Ufer an und schieben die Kanus auf dem Bootswagen parallel zum schmalen Wasserlauf für etwa 500 Meter durch den schönen Erba-Park, *dem Gelände der Landesgartenschau 2012*, zurück zum *Vereinsgelände des Faltboot-Clubs*.

# Der Untere Main

*Vom Bier zum Wein*

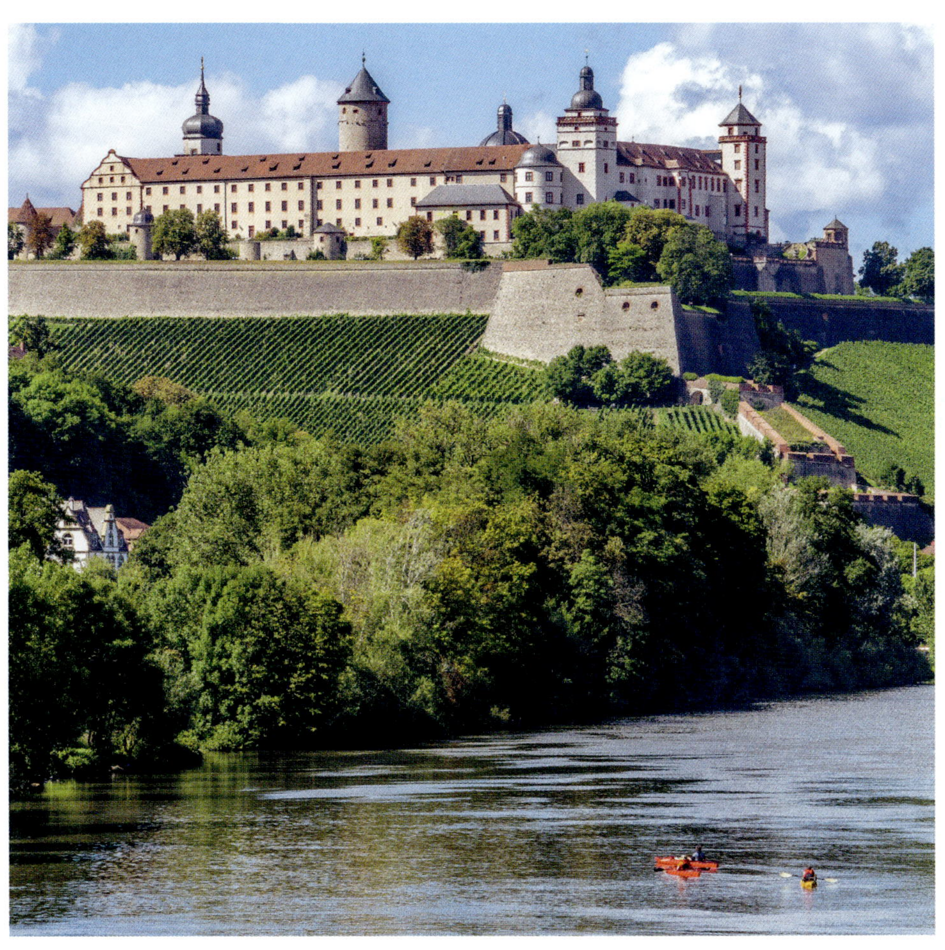

Tour 3

## Tour-Infos Unterer Main

| Aktivitäten | Natur | Kultur | Baden | Hindernisse |
|---|---|---|---|---|
| 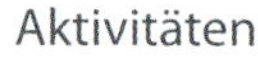 | 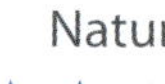 | 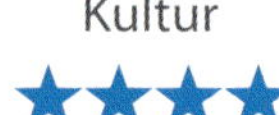 | 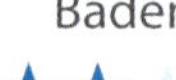 |  |

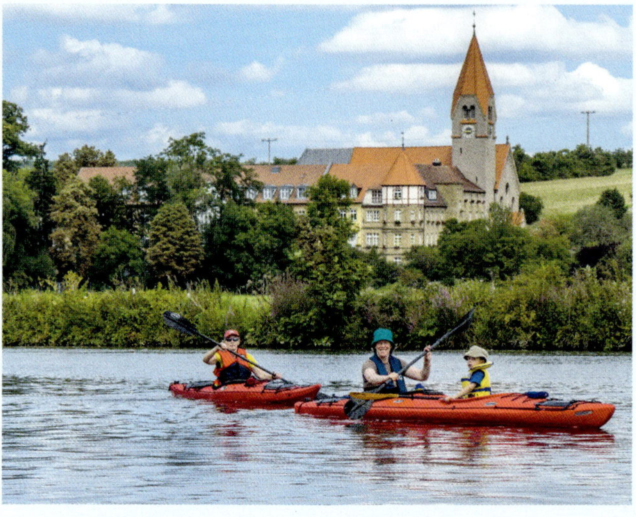

**Charakter der Tour**

Auch wenn der Untere Main auf der gesamten Strecke als Wasserstraße ausgebaut ist, hat er als gemütlicher Paddelfluss einiges zu bieten und ist stets breit genug, damit Sportbootfahrer, Lastkähne, Kreuzfahrer und Ausflugsschiffe ungefährdet aneinander vorbeipassen.

Auf dem rund 300 Kilometer langen Weg von Bamberg nach Aschaffenburg führt der Main in unzähligen Kurven durch die abwechslungsreichen fränkischen Regionen, vom landschaftlich vielfältigen Steigerwald über die idyllischen Haßberge, das sonnenverwöhnte Fränkische Weinland, das liebliche Taubertal bis hin zu den sagenumwobenen Wäldern des Spessart-Mainlands.

Neben den landschaftlichen Reizen warten entlang der Ufer zahlreiche mittelalterliche Städte und Städtchen auf den Paddler und natürlich das gute Essen, zu dem süffiges fränkisches Bier und edler Frankenwein getrunken wird.

**Besonderheit:** Das Wasserwandern auf dem Unteren Main ist herrlich unkompliziert. Es gibt hier weithin sichtbare **„Gelbe Welle"-Schilder**. Das Symbol für Qualität, Sicherheit und Umweltschutz signalisiert Wassersportlern, dass sie willkommen sind und kennzeichnet die Ein- und Ausstiegsstellen. Auf den Tafeln kann man schon vom Wasser aus erkennen, welche Serviceangebote es vor Ort gibt und wie weit es bis zur nächsten Anlegestelle ist.

**Länge & Dauer der Tour:** 300 km, 13-15 Tage **Schwierigkeit:** Mittel, trotzdem gut familientauglich

**27 Schleusen:** Mit Ausnahme der Stauanlage in Viereth und Würzburg sind alle mit einer Sportbootschleuse ausgestattet. Sie befinden sich immer im Wehrarm auf der gegenüberliegenden Seite des Kraftwerks, ausgeschildert durch blaue Tafeln mit der Aufschrift „Sport". Der Schleusungsvorgang erfolgt in Selbstbedienung, Hinweise an den Bedienfeldern erklären die Vorgehensweise.

SPORT

Aufgrund von Reparatur- oder Wartungsarbeiten ist die ein oder andere Sportbootschleuse auch mal gesperrt. In diesem Fall müssen die Boote über Treppen aus dem Wasser geholt und umgetragen werden.

In der Regel ist das Schleusenpersonal Kanufahrern gegenüber sehr aufgeschlossen und nach einer freundlichen Anmeldung vorab per Telefon (oder über die Sprechanlage vor Ort) werden Kanus in der Schifffahrtsschleuse (Großschleuse) mitgenommen. Den aktuellen Status (und Tel.-Nr.) der Sportbootschleusen finden Sie unter www.elwis.de >„Binnenschifffahrt" >„Schleuseninformationen" >„Bootsschleusen, -treppen, -schleppen und -gassen am Main, Main-Donau-Kanal und an der deutschen Donau".

**Bootswagen:** Das Mitführen eines **Bootswagens** ist unbedingt zu empfehlen.

**Etappenvorschlag:**

**1. Tag:** Bamberg – Haßfurt (30 km)
**2. Tag:** Haßfurt – Schweinfurt (24 km)
**3. Tag:** Schweinfurt – Volkach (27 km)
**4. Tag:** Volkach – Kitzingen (18 km)
**5. Tag:** Kitzingen – Ochsenfurt (16 km)
**6. Tag:** Ochsenfurt – Würzburg (17 km)
**7. Tag:** Würzburg – Karlstadt (26 km)
**8. Tag:** Karlstadt – Lohr a. Main (28 km)
**9. Tag:** Lohr a. Main – Marktheidenfeld (19 km)
**10. Tag:** Marktheidenfeld – Wertheim (23 km)
**11. Tag:** Wertheim – Freudenberg (23 km)
**12. Tag:** Freudenberg – Klingenberg (21 km)
**13. Tag:** Klingenberg – Stockstadt (31 km)

**Tipps für Tagestouren:**

**1.** Volkacher Mainschleife lang: Fahr – Schwarzenau (18 km)

**2.** Volkacher Mainschleife mittel: Volkach – Schwarzenau (12 km)

**3.** Volkacher Mainschleife kurz: Volkach – Sommerach (8 km)

**4.** Frickenhausen – Würzburg (19 km)

**Befahrungsregelungen**

Der Untere Main ist ab Hallstadt ***Bundeswasserstraße***, entsprechend gelten die ***Binnenschifffahrtsstraßen-Ordnung***, die ***Regeln der See- und Binnenschifffahrt*** sowie die ***internationalen Schifffahrtszeichen***.

- Der wohl wichtigste Punkt: Die **Motorschifffahrt hat immer Vorfahrt.** Behalten Sie dabei stets im Hinterkopf, dass die großen Kähne einen stark eingeschränkten Sichtbereich (bis zu 300 m „toter Winkel") haben. Beim Vorbeifahren entstehen erst ein starker Sog und dann ein kräftiger Wellenschlag. Fahren Sie daher stets mittig zwischen Ufer und entgegenkommendem bzw. vorbeifahrendem Großschiff.
- **Sportschleusen benutzen:** Kanuten gelten als Sportbootfahrer und müssen an den Schleusen immer den blauen Schildern mit der Aufschrift „Sport" folgen.
- **Boot kennzeichnen:** Kanus sind auf Binnenschifffahrtsstraßen von der Führung eines amtlichen Kennzeichens befreit, müssen aber gekennzeichnet sein, um Ärger und eine Geldbuße zu vermeiden:
  1. ***Bootsname*** auf beiden Außenseiten in gut lesbaren, mindestens 10 cm hohen lateinischen Schriftzeichen. Alternativ ***Name der Organisation / Verein***, der es angehört, oder deren gebräuchliche Abkürzung, mit einer Nummer dahinter. Die Schriftzeichen müssen in heller Farbe auf dunklem Grund oder in dunkler Farbe auf hellem Grund angebracht sein.
  2. ***Name und Anschrift des Eigentümers*** an gut sichtbarer Stelle innen oder außen.

**Anreise:** Maintalautobahn A 70, Ausfahrt 14 (*Bamberg Hafen*), weiter Richtung **Bamberg** Zentrum. Im Kreisverkehr die zweite Ausfahrt und über die Hafenstraße auf den Margaretendamm. An der folgenden Ampel rechts ab und auf der Europabrücke über den Main-Donau-Kanal. Am gegenüberliegenden Ufer gleich rechts (*Anna-Maria-Junius-Straße*) und der Beschilderung zum ***Bamberger Faltboot-Club*** folgen.

**Einsetzen & Parken:** In **Bamberg** beim ***Bamberger Faltboot-Club*** am Main-Donau-Kanal *(Weidendamm 150)*. Parkmöglichkeit an der Straße.

**Aussetzstelle:** **Stockstadt a.Main, *Flusskilometer 81,2*** am ***Gelbe Welle-Anleger*** *(GPS: 49°58'37.66"N, 9°4'26.98"E, google maps: 49.977177, 9.072553)*. Die Straße am Ufer ist mit dem Auto über die Schwanen- oder Maingasse zu erreichen. Parkmöglichkeiten gibt es auf der ca. 250 Meter entfernten Hauptstraße.

**Zurück zum Pkw:** Bequeme, schnelle und regelmäßige Zugverbindung mit dem Regional-Express von **Stockstadt a.Main** über **Aschaffenburg** nach **Bamberg**, Fahrzeit ca. 2 Std. 15 Minuten.

**Kartenmaterial & Literatur-Tipps**

**„Mainfranken"**, ausführlicher Reiseführer, individuell reisen, viele praktische Tipps, Michael Müller Verlag.

**Weinwandern Fränkisches Weinland: mit Taubertal.** 50 Touren, Rother Verlag.

**Bikeline Radtourenbuch Main-Radweg.** Von Bayreuth nach Mainz. 1:75.000, Esterbauer Verlag.

Bruckmann Verlag: **Radtouren am Wasser „Mainfranken & Fränkische Schweiz"**: 30 Touren. I **„Herzstücke in Franken"**, Besonderes abseits bekannter Wege. Insidertipps für Touristen und (Neu)Einheimische.
Lieblingsplätze **„Mainfranken"**, Ausflugsziele, schlemmen, Freizeitspaß für Familien, Gmeiner-Verlag.
**111 Fränkische Biere, die man getrunken haben muss** I **„Frankenhölle"** (Krimi), beide Emons Verlag.
**Unbekanntes Mainfranken: Von Burgen, Bildschnitzern und Bratwürsten**, Volk Verlag.
**„Die Brücke über den Main"**, histor. Roman über die Alte Mainbrücke in Würzburg, *R. Rausch*, Rowohlt.

## Übernachtung in Wassernähe *(in der Reihenfolge des Tourenverlaufs)*

**Bamberg:**
***DKV-Station Bamberger Faltboot-Club***
Weidendamm 150
Tel. (0951) 686 24
www.faltbootclub.de

**Eltmann:**
***Hotel Landgasthof Wallburg***
Wallburgstraße 1 *(800 m vom Wasser)*
Tel. (09522) 60 11
www.hotelwallburg.de

**Sand a. Main:**
***Camping am See***
Pappelallee 7
Tel. (09524) 82 22 70
www.campingplatz-sand-am-main.de

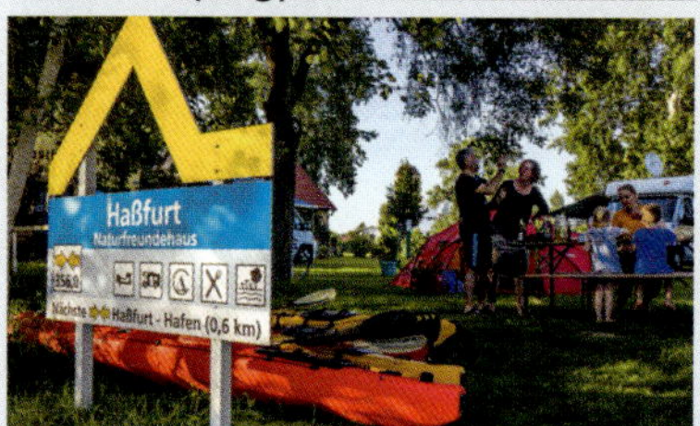


**Haßfurt:**
***Zelt- & Wohnmobilstellplatz der Naturfreunde Haßfurt***
Am Hafen 4
Tel. 0175-724 00 39
www.naturfreunde-hassfurt.de

***Meehäusle*** *(einfach & günstig)*
Am Hafen 6
Tel. (09521) 71 55
www.meehäusle.de

**Schweinfurt:**
***Schweinfurter Ruder-Club***
*(im Zelt oder im Bootshaus)*
Im Ersten Wehr 3
Tel. (09721) 682 81
www.SchweinfurterRuderclub.de

***Kanuabteilung des 1. Schwimmclub 1913 Schweinfurt*** *(Zeltmöglichkeit)*
Im Ersten Wehr 5
Tel. (09721) 249 41
www.sc13.de

***DKV-Station DJK Schweinfurt***
Im 1. Wehr 3 *(Zeltmöglichkeit)*
Tel. (09721) 330 82
www.djk-kanu.de

***Jugendherberge Schweinfurt***
Am Unteren Marienbach 3
Tel. (09721) 675 29 50
www.schweinfurt.jugendherberge.de

**Wipfeld:**
***Landgasthof Zehntgraf***
Zur Mainfähre 2
Tel. (09384) 881 79 50
www.zehntgraf.de

***Anker-Stube***
Mainstr. 3
Tel. (09384) 90 37 90
www.ankerstube.net

**Obereisenheim:**
***Gasthof „Zum Schiff"***
Hirtengasse 3
Tel. (09386) 248
www.schiff-eisenheim.de

**Fahr a. Main:**
***Gasthof Zur Mainfähre***
Maingasse 2
Tel. (09381) 33 85

**Volkach:**
***Campingplatz Ankergrund***
Fahrer Str. 7
Tel. (09381) 67 13
www.campingplatz-ankergrund.de

**Escherndorf a.Main:**
***Campingplatz Escherndorf***
An der Güß 9 a
Tel. (09381) 28 89
www.campingplatz-mainschleife.de

**Köhler (OT von Volkach):**
***Weingut-Pension Höhn***
Köhler 31
Tel. (09381) 92 53
www.weingut-hoehn.de

**Sommerach:**
***Camping Katzenkopf***
Am See 7
Tel. (09381) 92 15
www.camping-katzenkopf.de

**Schwarzenau** (Schwarzach)
***Campingplatz Mainblick***
Mainstr. 2
Tel. (09324) 605
www.camping-mainblick.de

**Dettelbach:**
***Hotel Alte Schmiede***
Am Bach 5-7 *(300 m vom Wasser)*
Tel. (09324) 867 46 90
www.alteschmiede-dettelbach.de

**Kitzingen:**
***Campingplatz Schiefer Turm***
Marktbreiter Str. 20
Tel. (09321) 331 25
www.camping-kitzingen.de

**Segnitz:**
***Gasthof zum Goldenen Anker***
Mainstr. 8
Tel. (09332) 30 79
www.goldenen-anker-segnitz.de

**Frickenhausen a. Main:**
***KNAUS Campingpark***
Ochsenfurter Str. 49
Tel. (09331) 31 71
www.knauscamp.de

**Winterhausen:**
***Hotel Gasthof Schiff***
Fährweg 14
Tel. (09333) 17 85
www.hotel-schiff.de

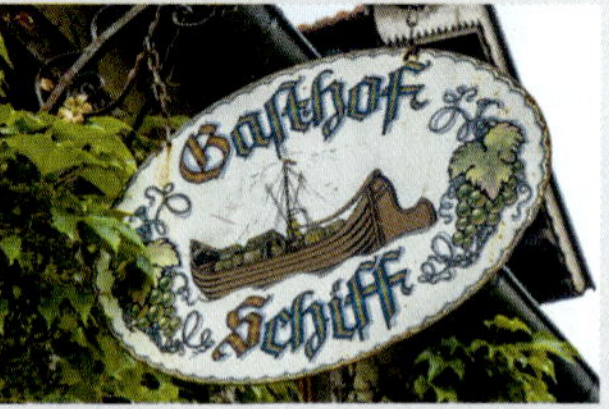

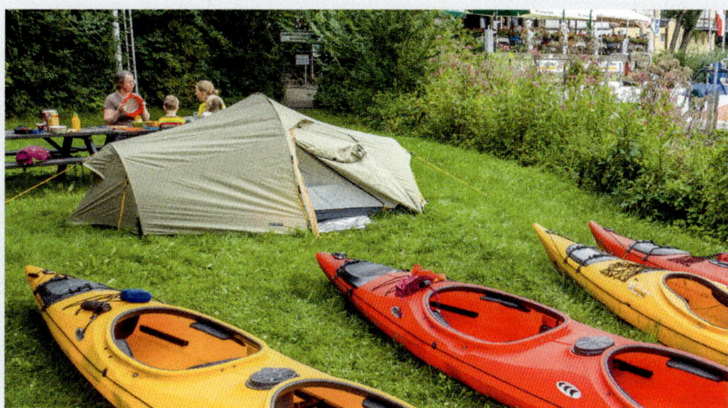

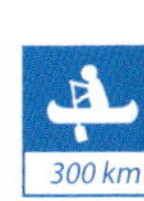


**Sommerhausen:**
*Gasthof Anker* (z.Zt. Garni)
Maingasse 2
Tel. (09333) 232
www.gasthof-anker.de

**Eibelstadt:**
*Landgasthof zur Mühle*
Mühle 1
Tel. (09303) 984 96 18
www.muehle-mainblick.de

**Randersacker:**
*Camping Kalte Quelle*
Winterhäuser Str. 160
Tel. (0931) 655 98
www.kalte-quelle.de

*Gasthof Bären*
Würzburger Str. 6
Tel. (0931) 705 10
www.baeren-randersacker.de

*Gasthof Krone*
Würzburger Str. 16
Tel. (0931) 705 40
www.krone-randersacker.de

**Würzburg:**
*Camping Kanu-Club Würzburg*
Mergentheimer Str. 13 b
Tel. (0931) 725 36
www.kc-wuerzburg.de

*Jugendherberge Würzburg*
Fred-Joseph-Platz
Tel. (0931) 467 78 60
www.wuerzburg.
jugendherberge.de

**Veitshöchheim:**
*Hotel am Main*
Untere Maingasse 35
Tel. (0931) 980 40
www.hotel-am-main.de

**Erlabrunn:**
*Hotel Meisnerhof*
Mainleite 1
Tel. (09364) 808 70
www.meisnerhof.de

**Zellingen:**
*MainCampResort Zellingen*
Badstr. 7
Tel. (09364) 812 13 23
www.maincampresort.de

**Karlstadt:**
*Camping Karlstadt*
Baggertsweg 6
Tel. (09353) 99 61 07
www.campingplatz-karlstadt.de

*Hotel Mainpromenade*
Mainkaistr. 6
Tel. (09353) 906 50
www.hotel-mainpromenade.de

**Gemünden a. Main:**
*DKV-Station des Kanu- & Ski-Club*
Duivenallee / Lindenwiese
www.ksc-gemuenden.de

*Campingplatz Saale-Insel*
Duivenallee 7
Tel. (09351) 85 74
www.campingplatz-saaleinsel.de

**Lohr a. Main:**
*Campingplatz Mainufer*
Jahnstr. 12
Tel. (09352) 602 93 80
www.tsv-lohr.de

*Best Western Parkhotel Leiß*
Jahnstr. 2
Tel. (09352) 60 90
www.parkhotel-leiss.de

**Marktheidenfeld:**
*Hotel Mainblick*
Mainkai 11
Tel. (09391) 986 50
www.hotel-mainblick.de

**Bettingen (OT von Wertheim):**
*Campingpark*
Geiselbrunnweg 31
Tel. (09342) 70 77
www.campingpark-wertheim-
bettingen.de

**Wertheim (OT Eichel):**
*DKV-Station Kanu-Club Wertheim*
Würzburger Str. 29
Tel. 0176-426 196 42
www.kc-wertheim.de

**Wertheim:**
*Tauberhotel Kette****
Lindenstr. 14
Tel. (09342) 918 00
www.tauberhotel-kette.de

*Azur-Camping*
An den Christwiesen 35
Tel. (09342) 831 11
www.azur-camping.de

**Dorfprozelten:**
*Gasthaus Goldener Stern*
Maingasse 5
Tel. (09392) 72 95
www.stern-dorfprozelten.de

**Collenberg:**
*Camping Maintal*
Schloßstr. 42
Tel. (09376) 12 70
www.campingmaintal.de

**Freudenberg:**
*Gasthaus & Hotel Goldenes Fass*
Faßgasse 3
Tel. (09375) 929 99 70
www.goldenesfass.com

**Bürgstadt:**
*Hotel Centgraf*
Josef-Ullrich-Str. 11
Tel. (09371) 21 29
www.hotel-centgraf.de

**Miltenberg:**
*Campingplatz „Mainwiese"*
Steingaesserstr. 12
Tel. (09371) 39 85
www.campingplatz-miltenberg.de

*Hotel Mildenburg*
Mainstr. 77
Tel. (09371) 27 33
www.hotel-mildenburg.de

**Großheubach:**
*Camping Großheubach*
Kirchstr. 25
Tel. (09371) 83 87

*Weingut Gasthaus Zur Bretzel*
Kirchstr. 1
Tel. (09371) 28 24
www.weingut-bretzel.de

**Kleinheubach:**
*Wasser-Sport-Gemeinschaft*
In den Engern
Tel. 01520-449 12 02

**Klingenberg:**
*Campingplatz Mainwiese*
Ringstr. 24
Tel. (09372) 94 76 01
www.campingplatz-mainwiese.de

*Hotel Straubs Schöne Aussicht*
Bahnhofstr. 18
Tel. (09372) 93 03 00
www.straubs-schoene-aussicht.de

**Wört a. Main:**
*Campingplatz Mainruh*
Landstr. 85
Tel. (09372) 733 59
www.campingplatzmainruh.de

*Campingplatz Mainaue*
Wiesenweg 3
Tel. (09372) 51 65
www.campingplatz-mainaue.de



### Kanuvermieter & Veranstalter

**Obereisenheim:**
*Kanuverleih Main Erlebnis*
Türkenstr. 1
Tel. (09386) 901 15
www.kanu-mainerlebnis.de

**Volkach:**
*Waterwalker*
Ländestr. 3
Tel. (09305) 988 21 10
www.waterwalker.de

**Astheim:**
*Kanuverleih Kanuta*
Einstieg: Mainstr. 13
Tel. 0171-689 31 47
www.kanuta.de

**Köhler (OT von Volkach):**
*Weingut Höhn* (& Pension)
Köhler 31
Tel. (09381) 92 53
www.weingut-hoehn.de

**Dettelbach:**
*Kanuladen & Verleih Weimann*
Bamberger Str.
Tel. (09324) 998 44
www.kanu-weimann.de

**Kreuzwertheim:**
*Paddle & Boat*
Bahnhofstr. 6
Tel. (09342) 91 20 38
www.paddleandboat.de

### Wichtige Adressen:

*Wasserschutzpolizei-Zentralstelle Bayern*
Friedrich-Ebert-Str. 10
91126 Schwabach
Tel. (09122) 92 74 72

*Wasserstraßen- und Schifffahrtsamt Schweinfurt*
Tel. (09721) 20 60

*Wasser- und Schifffahrtsamt Aschaffenburg*
Tel. (06021) 38 50

### Infos

**„Wasserwandern auf dem Main“,** Strecken-Info, Planung und Aktuelles: www.main-wasserwandern.de
**Merkblatt *„Hinweise für Wassersportler (Main, Main-Donau-Kanal, Donau)“*** (online unter www.wsv.de >Service >Publikationen >Informationen für Wassersportler (Main, Main-Donau-Kanal, Donau).

### Tourist-Infos

Tourist-Infos in jedem größeren Ort

**Bamberg:** ***Tourist-Info***, Geyerswörthstr, 5, Tel. (0951) 297 62 00, www.bamberg.info

**Nürnberg:** ***Tourismusverband Franken***, Wilhelminenstr. 6, Tel. (0911) 94 15 10, www.frankentourismus.de

## Sehenswertes am Unteren Main

**Bamberg:** *Stadtrundgang* siehe Seite 311. ***Kanu-Stadtrundfahrt*** siehe Seite 50.

**Bischberg:** *Ortskirche St. Markus; barocker Pfarrhof; Unteres Schloss*; Fränkisches *Fischereimuseum*.

**Oberhaid:** Historisches *Rathaus Unterhaid; Friedhofskapelle „Mater Dolorosa“; Pfarrkirche Oberhaid.*

**Viereth-Trunstadt:** *Kirche St. Jakobus* (Barockbau von 1762); *Altes Rathaus; Burganlage* in *Trunstadt* mit *Schloss, Zehntscheune, Amtshaus, Wehrtürme.*

**Eltmann:** *Wallburgturm* (13. Jh.); *Ölbergkapelle* (13. Jh.); *Wallfahrtskirche Maria Heimsuchung* (OT Limbach).

**Ebelsbach:** *Schlosspark Gleisenau* mit *Barockgarten*.

**Zeil a. Main:** Schöner *Marktplatz „Gute Stube"* mit *spätgot. Rathaus*; *„Hexenturm" – Stadtturm* mit Info- & Dokumentationszentrum zur Hexenverfolgung; *Photo- & Filmmuseum*; katholische *Pfarrkirche St. Michael*; *Annakapelle*; *Wallfahrtskirche Zeiler Käppele*.

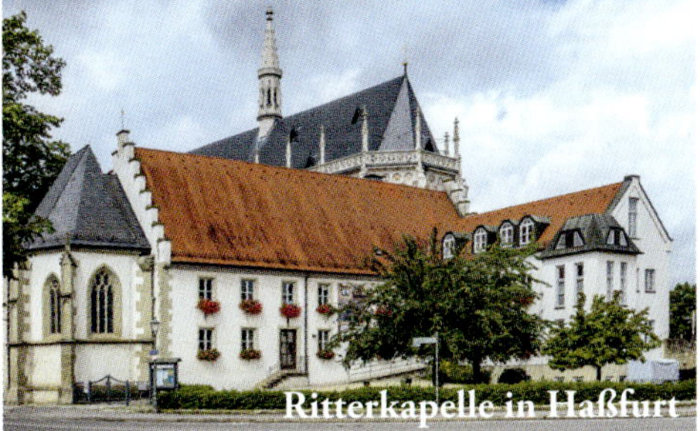
Ritterkapelle in Haßfurt

**Knetzgau:** Schloss Oberschwappach.

**Haßfurt:** *Spätgotische Ritterkapelle*; *spätgot. Pfarrkirche* am Marktplatz mit Werken von Tilman Riemenschneider.

**Gädheim:** Historisches ehem. *Fachwerkrathaus*; *spätbarocke Pfarrkirche*; über *300jährige „Türkenlinden"* im OT Ottendorf erinnern an die Belagerung Wiens durch die Türken im Jahr 1683.

**Schonungen:** *Schloss Mainberg*; kleines *Apothekenmuseum*.

**Gochsheim:** *Apostelhaus*; *Schwebheimer Tor*; *Rathaus*; *Kirche St. Michael*; *Reichsdorfmuseum* des ehem. Freien Reichsdorfs in den Kirchgaden (eine der größten fränkischen Kirchenburgen).

**Schweinfurt:** *Altstadt*; *Renaissance-Rathaus* (1570-72); *Marktplatz* mit *Geburtshaus* des Dichters *Friedrich Rücker*; *St. Johannis Kirche* (13. Jh.); *Schrotturm* (1611); *Zeughaus* (1591); *Museum Georg Schäfer*; *Deutsches Bunkermuseum*; *Kunsthalle* Schweinfurt.

**Bergrheinfeld:** *Historisches Rathaus* mit angrenzendem *Zehnthaus*.

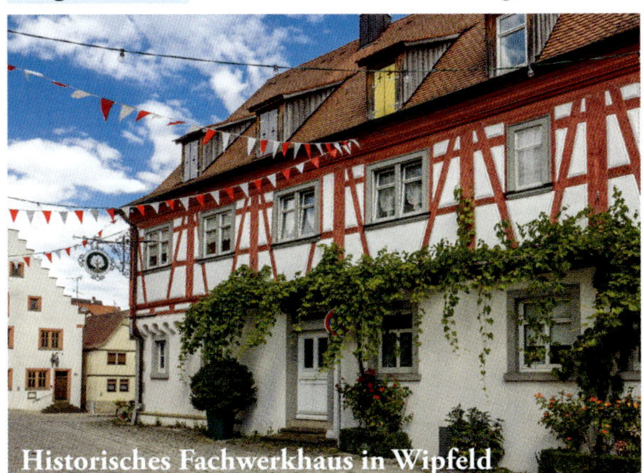
Historisches Fachwerkhaus in Wipfeld

**Grafenrheinfeld:** *Barocke Bildstöcke*; *Pflegerhaus* (16. / 17. Jh.); *Rathaus* (1602); ehem. *Amtsvogtei* (1626); *Museum* im ehem. Brauhaus; *Kirchplatz* mit *Rokokokirche*.

**Wipfeld:** *Historischer Wengert* (Weinberg) an der Wipfelder Kirchsteige; *Fachwerkrathaus* (1727); *Pfarrkirche St. Johannes der Täufer*.

**Stammheim:** *Museum für Militär- und Zeitgeschichte* (www.museum-stammheim.de).

**Fahr:** *Historische Bürger- und Winzerhäuser* (16.-19. Jh.); *barocke Pfarrkirche*; fränkischer *Kastenhof* (1629).

**Volkach:** Geschlossene *Altstadt* mit zwei *Stadttoren* (13. Jh.); *Marktplatz* mit *Brunnen* und *Renaissance-Rathaus* (1544); *fürstbischöfliches Amtshaus*; Städtisches *Museum* (Barockscheune) mit dem *Volkacher „Gerichtsbuch"* (1504); *Wallfahrtskirche* Maria im Weingarten mit Riemenschneider-Madonna.

**Nordheim a. Main:** *Marktplatz* mit *St. Laurentius-Kirche* und *Mariensäule*; *Renaissancegebäude* des *Zehnthofs*; barocke *Hoffassaden* und *Fachwerkgiebel*.

**Sommerach:** *Historischer Weinort*; *Turmmuseum*; *„Graue Marter"* (berühmtester Bildstock Mainfrankens und bedeutendster Bildstock der Spätgotik überhaupt).

**Schwarzach a. Main:** *Benediktinerabtei Münsterschwarzach*.

**Dettelbach:** *Mittelalterliche Stadtbefestigung* mit Gräben, 52 Türmen und fünf Stadttoren; *spätgotisches Rathaus*; *Kunstmuseum „Pilger & Wallfahrer"*; *Wallfahrtskirche „Maria im Sand*.

**Mainstockheim:** *Ehem. Ebracher Klosterhof* (17. Jh.).

**Kitzingen:** *Renaissance-Rathaus*; *Falterturm* (Wachturm, 15. Jh.); *Alte Mainbrücke*; *Evangelische Stadtkirche*; *St.-Johannes-Kirche*; *Kreuzkapelle* von Balthasar Neumann; *Städtisches Museum*; *Alte Synagoge*; *Deutsches Fastnachtmuseum*.

**Sulzfeld a. Main:** *Mittelalterl. Wehranlage* mit 21 Türmen; *denkmalgeschützter Ortskern*; *Renaissance-Rathaus*.

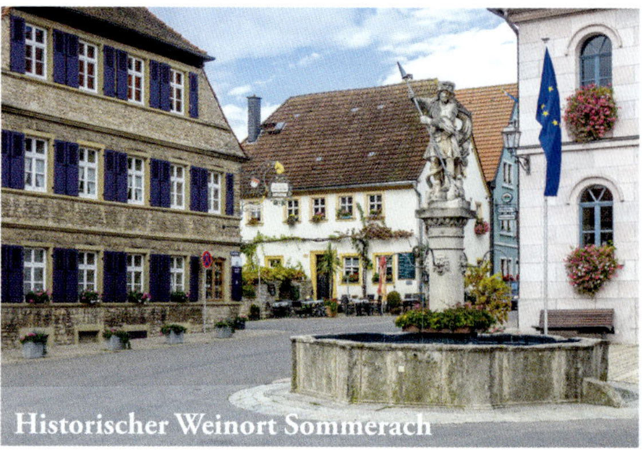
Historischer Weinort Sommerach

**Marktsteft:** *Hafenanlage* (1729); *Kirchenburg* mit *Pfarrkirche St. Stephan*.

**Segnitz:** *Heimatmuseum*.

**Marktbreit:** *Frachtkran* (1784); *Seinsheimer Schloss* (1585); *Renaissance-Rathaus*; *Maintor*; *Museum* im *Malerwinkelhaus*.

**Frickenhausen a. Main:** Einer der ältesten *mittelalterlichen Weinorte* in Mainfranken mit weitgehend erhaltenem *historischen Stadtbild*; *Befestigungsanlage* mit Ringmauer, Toren und Türmen, *spätgot. Rathaus*; *Pfarrkirche St. Gallus*; *Patrizierhäuser*; *Mariensäule* (1710); *Kreuzweg*; *Valentinus-Kapelle* im Weinberg.

**Ochsenfurt:** *Historisches Stadtbild*; *mittelalterl. Befestigungsanlage*; *gotisches Rathaus*; *Trachtenmuseum*; *Heimatmuseum*; *Kartäusermuseum* im *Kloster Tückelhausen*; *Triasmuseum „An der Ochsenfurt"* (Fossilien).

**Sommerhausen:** *Ortstbefestigung* mit Türmen und Toren; *Schloss*; *Neues Rathaus* mit Monduhr; *Altes Rathaus* mit *Pranger*; *Galerien*; *Torturmtheater*; Theater Sommerhaus.

**Winterhausen:** *Rathausplatz* mit *Pfarrkirche St. Nikolaus*, *Kantorat* im Zierfachwerk und *barockem Rathaus*.

**Eibelstadt:** *Altfränkische Weinstadt*; *historischer Marktplatz* mit *Mariensäule*; *Mauerring* mit *Maintor* (1510) und *Wehrtürmen* (15. / 16. Jh.).

**Randersacker:** *Pfarrkirche* (12. Jh.); *Gartenpavillon* von Balthasar Neumann; ehem. *Domkapitelhof* mit *Zehnthaus*; *Mönchshof* (ehem. Klosteranlage mit Steinhauermuseum).

**Würzburg:** Siehe *Stadtrundgang* Seite 314.

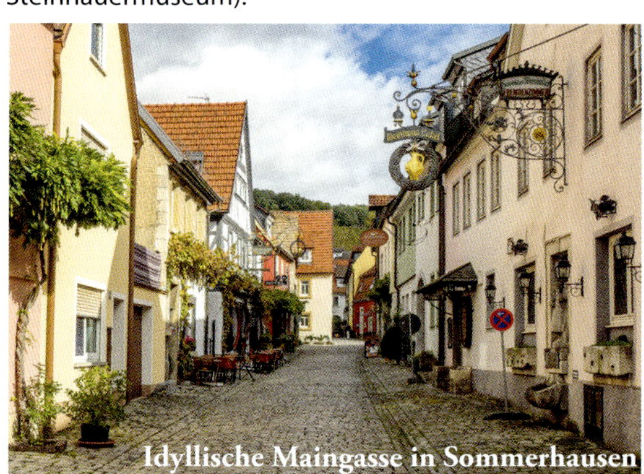
Idyllische Maingasse in Sommerhausen

**Zell a. Main:** *Pfaffsmühle* (1662); ehem. *Unterzeller Frauenkloster*; *Wassermuseum*; *Kloster Oberzell*; *Pieta* von Tilman Riemenschneider in der kath. St. Laurentiuskirche.

**Veitshöchheim:** *Schloss* mit *Rokokogarten* am ehem. Sommersitz der Würzburger Fürstbischhöfe; *Synagoge* und *Jüdisches Kulturmuseum*.

**Margetshöchheim:** *Pfarrkirche St. Johannes* mit *Julius-Echter-Turm*; *Naturdenkmal „Pappeln"* am Mainufer.

**Erlabrunn:** *Fränkisches Fachwerk*; *Bergkapelle*.

**Thüngersheim:** *Torhäuser*; *Zehnthof*; *WeinKulturGaden*; *Pfarrkirche St. Michael*; kunsthistorisch bedeutsame *Hausmadonnen* und *Bildstöcke*.

**Zellingen:** *Wallfahrtskirche „Maria im Grünen Tal"*; *Pfarrkirche* von Balthasar Neumann.

**Himmelstadt:** 1. Dt. *Philatelisten-Lehrpfad*; ökologischer *Weinlehrpfad* am Mainufer; *Weihnachtspostamt*.

**Karlstadt:** *Ruine* der *Karlsburg*; um 1200 am Reißbrett entworfene *Altstadt*; *romanisch-gotische Stadtpfarrkirche*; *historisches Rathaus*; *Tore* und *Türme* der *Stadtbefestigung*.

**Gemünden a. Main:** *Ruine Scherenburg*; *Pfarrkirche St. Peter und Paul*; *historische Fachwerkfassaden*; *Mühltorturm*; *Eulenturm*; *Hexenturm* und Reste der *Altstadtmauer*.

**Lohr a. Main:** *Historisches Fischerviertel*; Reste der *Stadtmauer* mit *Stadtturm*; *Altes Rathaus* (um 1600); *Pfarrkirche St. Michael*; *Klosterkirche*; *Kurmainzer Schloss* mit *Spessartmuseum*.

**Neustadt a. Main:** Ehemalige *Benediktinerabteikirche* im Stil einer dreischiffigen Basilika.

**Marktheidenfeld:** *Historische Altstadt*; *St. Laurentiuskirche*; *barockes Franck-Haus*.

**Triefenstein:** *Schloss Homburg* mit *Bergfried; Tropfsteinhöhle Burkardus-Gruft* (Wallfahrtsort); *Kloster Triefenstein; Dreifaltigskeitssäule; Museum Papiermühle.*

**Wertheim:** *Burg; Centhaus; Grafschaftsmuseum* (www.grafschaftsmuseum.de); *Glasmuseum; Museum „Schlösschen im Hofgarten"; Kloster Bronnbach; Stiftskirche; Marienkapelle; Kilianskapelle* mit dem „Wertheimer Affen"; *Engelsbrunnen; Haus der Vier Gekrönten* (16. Jh.).

Spessartmuseum in Lohr am Main

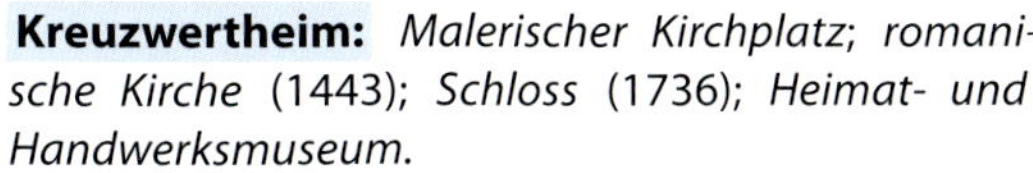

**Kreuzwertheim:** *Malerischer Kirchplatz; romanische Kirche* (1443); *Schloss* (1736); *Heimat- und Handwerksmuseum.*

**Stadtprozelten:** *Burgruine Henneburg; historisches Rathaus (*1520); *gotische Pfarrkirche.*

**Dorfprozelten:** *Neuromanische St. Vituskirche* mit Kunstwerken der drei Schiestl-Brüder.

**Freudenberg a. Main:** *Freudenburg; Friedhofskapelle* mit Fresken aus dem 13. Jh.; *Fachwerk-Rathaus* mit stadtgeschichtl. Dokumentation; *barockes Amtshaus.*

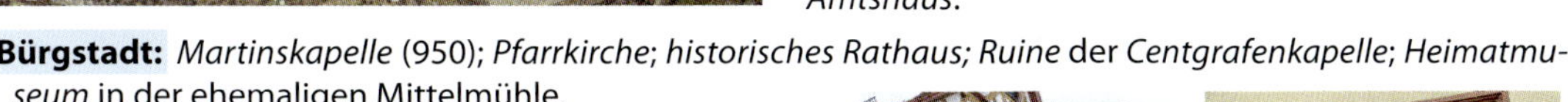

**Bürgstadt:** *Martinskapelle* (950); *Pfarrkirche; historisches Rathaus; Ruine* der *Centgrafenkapelle; Heimatmuseum* in der ehemaligen Mittelmühle.

**Miltenberg:** *Historischer Marktplatz* mit dem *„Schnatterloch"* – älteste Fürstenherberge Deutschlands, schmucken *Fachwerkhäusern* und dem *Marktbrunnen* (1583); *„Museum.Stadt.Miltenberg"* (Kulturgeschichte) in der *Alten Amtskellerei* (1541) und *„Museum.Burg.Miltenberg"* (Ikonen / zeitgenössische Kunst) in der sanierten *Höhenburg Mildenburg* (um 1200).

**Kleinheubach:** *Barockes Schloss* der Fürsten zu Löwenstein; *Fachwerk-Rathaus; barocke Kirche St. Martin; Heimatmuseum.*

Grafschaftsmuseum in Wertheim

**Großheubach:** *Kloster Engelberg* (um 1300) mit *Wallfahrtskirche; hist. Rathaus* (1611).

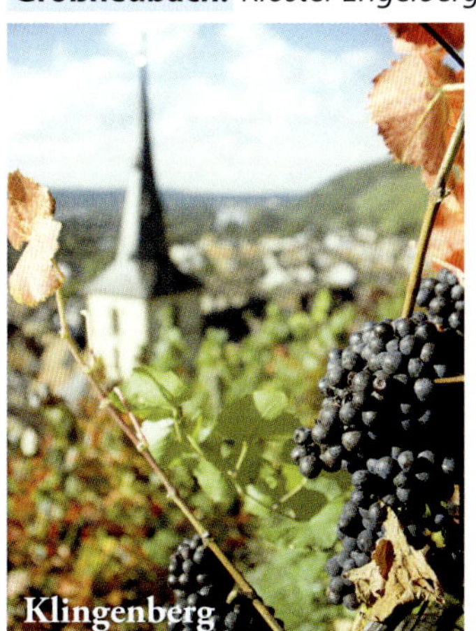

Klingenberg

**Klingenberg a. Main:** *Mittelalterl. Clingenburg; Altstadt* mit malerischen *Fachwerkhäusern* (16. / 17. Jh.) und dem *Alten Rathaus* (1561); *Brunntorturm* (13. Jh.); *Stadtschloss* (1560) mit 8000 qm großem *Rosengarten; Weinbau- und Heimatmuseum.*

**Wörth a. Main:** *Ehem. Rathaus* (1600) mit Sammlung römischer Fundstücke; *Schifffahrts- & Schiffbaumuseum; Tannenturm* (1450).

**Obernburg a. Main:** *Römermuseum; mittelalterl. Stadtkern* mit *Stadtbefestigung.*

**Elsenfeld:** *Kloster Himmelthal* mit *Klosterkirche* (1670) und *Weinprobierstube; barocke Dorfkirche St. Gertraud.*

**Kleinwallstadt:** *Ehem. Rathaus; Templerhaus; Zehntscheune* mit Kleinkunstbühne; *barocke Kirche St. Peter und Paul.*

**Großwallstadt:** *Pfarrkirche* mit *Wehranlage; Runder Turm; Heimatmuseum* mit Exponaten der Heimschneiderei.

**Sulzbach a. Main:** *Mittelalterl. Ortsbefestigung; St.-Anna-Kirche; Haus der Begegnung.*

**Aschaffenburg:** *Schloss Johannisburg; Stiftsbasilika St. Peter und Alexander; Stiftsmuseum; Pompejanum; Park Schöntal; „Hofgarten Kabarett"* in der ehem. Orangerie; *Park Schönbusch* (einer der frühesten Landschaftsgärten Süddeutschlands); *Naturwissenschaftliches Museum.*

## Weitere Aktivitäten rund um den Unteren Main

### Radfahren

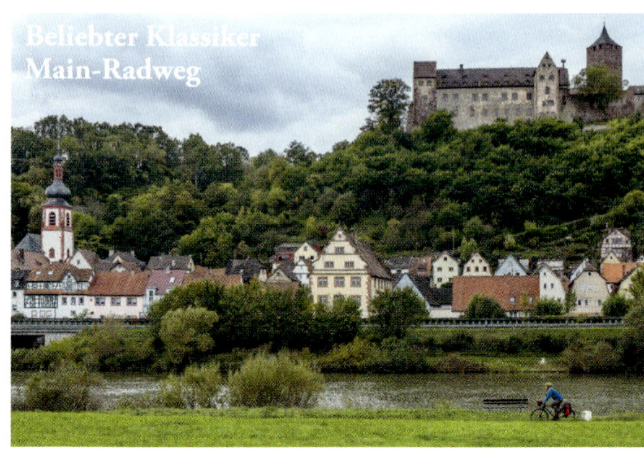
Beliebter Klassiker Main-Radweg

Der ***Main-Radweg*** ist unter den Flussradwegen ein echter Klassiker und folgt dem Flusslauf von den Quellen bei Kulmbach bis zur Mündung in den Rhein bei Mainz auf einer Länge von fast 600 km.

***Mountainbiker*** kommen auf der ***historischen Höhenroute*** des ***„Rennwegs"*** in den ***Haßbergen*** *(63 km)* oder auf den ***bewaldeten Höhen*** des ***Spessart-Mainlandes*** voll auf ihre Kosten.

Lohnende ***Radtouren*** im ***Steigerwald*** – idyllische Flusstäler, Weinberge & Wälder zwischen **Bamberg**, **Schweinfurt** und **Würzburg**.

### Wandern

Praktisch jeder Ort entlang des Mains hat ***lokale Wanderwege*** markiert und Wanderfreunde finden auf dem Wegenetz passende Touren von der kurzen Rundwanderung bis zum Fernwanderweg.

Ein besonderes Wandererlebnis versprechen im Fränkischen Weinland die über 25 zertifizierten ***„Wege zum Wein"***, die Weinkultur und herrliche Ausblicke von den Weinbergen über das Maintal in perfekter Weise miteinander verbinden.

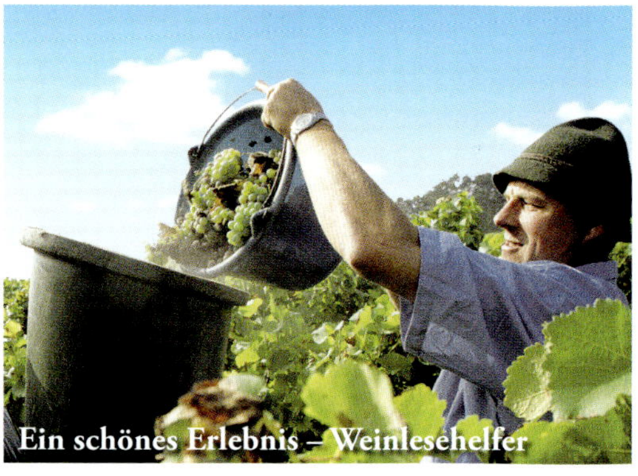
Ein schönes Erlebnis – Weinlesehelfer

Schöne ***Wandermöglichkeiten*** im ***Steigerwald*** zwischen Bamberg, Schweinfurt und Würzburg.

**Paddeln:** Weitere empfehlenswerte Paddelflüsse in der näheren Umgebung sind ***Oberer Main, Regnitz, Itz, Fränkische Saale*** und ***Tauber***.

**Klettern:** ***Churfranken-Klettersteig*** bei **Klingenberg**.

**Weinfeste:** ***Weinproben*** und ***-feste*** sowie ***Heckenwirtschaften*** in jedem Winzerort entlang des Mains. Ein tolles Erlebnis ist die Mithilfe bei einer ***Weinlese*** und die Einkehr danach.

## Kartenanordnung für diese Tour

**Karte 4 – Seite 77** | **Karte 3 – Seite 73** | **Karte 2 – Seite 67** | **Karte 1 – Seite 65**

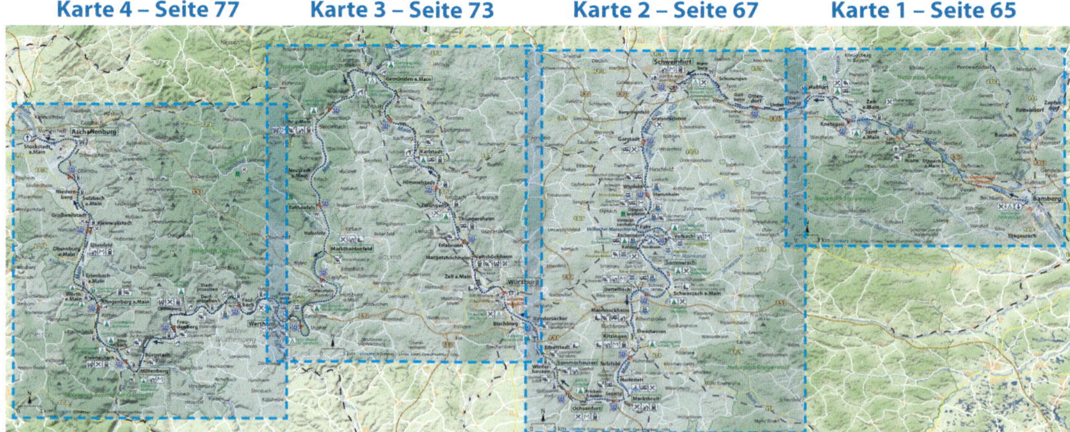

# Der Untere Main

Ein guter Ausgangspunkt ist der gastfreundliche *Bamberger Faltboot-Club*. Auf dem Vereinsgelände können wir vor dem Start das Zelt aufschlagen und gemütlich für die ausgedehnte Fahrt gen Aschaffenburg packen. Die Kinder freuen sich über den riesigen Abenteuerspielplatz nebenan im ***Erba-Park*** auf dem Gelände der ehemaligen Landesgartenschau, das *Restaurant „Lemon Tree Bamberg" (Mi 17-22, Do-Sa 12-22, So 12-20)* kümmert sich mit levantinisch-mediterraner Küche um das leibliche Wohl und die sehenswerte Altstadt von **Bamberg** ist nur fünfzehn Gehminuten entfernt.

Die Boote setzen wir am Steg bequem in den ***Main-Donau-Kanal*** ein und paddeln, vorbei am Hafen, drei Kilometer in nordwestliche Richtung aus Bamberg hinaus, zum Main.

*Bamberg wurde im Jahre 1013 erstmals urkundlich erwähnt. Seine Geschichte ist geprägt durch die Lage an den zwei Flüssen Main und Regnitz, denn Fischerei und Flößerei waren für lange Zeit die wichtigsten Wirtschaftszweige. Hier wurden die aus dem Frankenwald ankommenden Flöße zu größeren Einheiten „umgebunden" und dann bis nach Holland weitergeschifft.*

Zu beiden Seiten treten die Berge näher an den Main, der den ***Steigerwald*** am linken Ufer von den ***Haßbergen*** am rechten Ufer trennt. Den Auftakt zu den insgesamt 27 Stauanlagen auf dem Weg nach Aschaffenburg macht die **Schleusee Viereth** *(km 380,7, keine Sportbootschleuse, keine Umtragemöglichkeit)*. Wasserwanderer werden nach telefonischer Anmeldung bei der *Leitzentrale Haßfurt (Tel. (09521) 95 79 11 40)* in der Großschleuse mitgeschleust, bitte längere Wartezeiten einplanen.

Kurz vor **Dippach a.Main** ragt links an einem kleinen Main-Seitenarm der ***Beobachtungsturm*** der ***Vogelfreistätte Dippach*** empor. *Laut Info-Tafel soll es hier die größte Graureiherkolonie Süddeutschlands geben. Schätzungsweise 200 Brutpaare haben ihre Horste im Hangwald gleich hinter der Straße zwischen Dippach und Rossstadt gebaut.*

**Eltmann** kündigt sich schon lange im Voraus durch den hoch über dem Mainufer thronenden 28 Meter hohen ***Bergfried der ehemaligen Wallburg*** *aus dem 11. Jahrhundert an. Wahrzeichen der Stadt ist der „Krautstücht" – wie der Einlegetopf für Sauerkraut auf fränkisch genannt wird. An die lange Tradition der hiesigen Brauereien erinnern die weit über die Stadtgrenzen hinaus bekannten Biertage im Juli. Allerdings macht das Sterben der kleinen Brauereien auch um die „Bierstadt" Eltmann keinen Bogen und von den einst 39 Brauereien der Jahre 1814 / 1815 schürt nur noch eine Brauerei vor Ort ihren Sudkessel.*

An der Fluss-Gabelung bei der Autobahnbrücke der A70 vor der **Schleuse Limbach** *(km 367,2)* fahren wir rechts zur *Sportbootschleuse*. Dann spannt sich der Main in einem weiten Bogen um einen Baggersee, bis er wieder mit dem ***Schleusenkanal*** der Großschifffahrt zusammentrifft, wo uns in **Limbach** mit der ***Wallfahrtskirche Maria Limbach,*** *einem Spätwerk des Barockbaumeisters Balthasar Neumann, eine kulturhistorische Sehenswürdigkeit erwartet.*

Aber auch Naturliebhabern hat der Main einiges zu bieten, denn der vor uns liegende Abschnitt bis Haßfurt wurde renaturiert und bietet die Gelegenheit selten gewordene Vogelarten wie Blaukehlchen, Rohrweihe oder Rotschenkel zu beobachten.

Hoch über der Altstadt von **Zeil a.Main** thront die ***Wallfahrtskirche „Käppele"***, *die im Stil der französischen Kathedralen errichtet wurde. Das schmucke Fachwerkstädtchen markiert die Nahtstelle zwischen Wein- und Bierfranken und beide Getränke werden seit Generationen vor Ort erzeugt und ausgeschenkt. Für die Biertradition steht seit 1514 die* ***Brauerei Göller*** *mit ihrem schönen Biergarten. Der 1625 in*

*Zeil geborene Abt Alberich Degen sorgte dagegen zusammen mit seinen Zisterziensermönchen für die Verbreitung der Silvaner-Rebe in Franken. An den Weinlagen der südlichen Mainhänge erzeugen ortsansässige Winzer eine große Bandbreite, vom rustikalen Hausschoppen bis zum prämierten Spitzenwein. Rund um den Marktplatz, wie auch im Weinstädtchen Sand a. Main am gegenüberliegenden Ufer, bieten die zahlreichen Weinstuben und Heckenwirtschaften ausreichend Gelegenheit zur Verkostung der edlen Tropfen.*

Ein ausgiebiger Stopp im beliebten Naherholungsgebiet ***Knetzgauer Mainwiesen*** hinter der **Schleuse Knetzgau** *(km 359,8, Sportbootschleuse im linken Mainarm)* lohnt insbesondere für Familien mit Kindern wegen des großen, neuen Wasserspielplatzes, bevor das Etappenende in **Haßfurt** erreicht ist.

Dort kann bei den *Naturfreunden Haßfurt (Gelbe Welle)* das Zelt direkt in der ersten Reihe, mit Blick auf die Flusskreuzfahrtschiffe, am Ufer aufgebaut werden. Das *Gasthaus am Main „Meehäusle"* hält drei Einzelzimmer bereit. Nur ein kurzer Spaziergang ist es in die Innenstadt. *Sehenswert neben der spätgotischen Ritterkapelle aus dem 15. Jahrhundert, dem wohl bedeutendsten Bauwerk der Stadt, sind die Werke von Tilman Riemenschneider in der Stadtpfarrkirche am Marktplatz.*

Die reizvolle Umgebung der ***Haßberge*** lädt zu ausgedehnten Spaziergängen oder Wanderungen durch die schönen Mischwälder ein.

Auch auf dem Wasser kann die nächste Etappe, entlang zahlreicher ehemaliger Baggerseen, mit schöner Natur punkten. Doch zuvor werfen wir im nahen Ortsteil **Wülflingen** einen Blick auf die *sehenswerte Dorfkirche mit ihrem wuchtigen Turm, der noch aus spätgotischer Zeit stammt.*

Über das vier Flusskilometer entfernte **Obertheres** erfahren wir, *dass hier der bekannte Kinder- und Jugendbuchautor Paul Maar („Das Sams") während des Zweiten Weltkriegs einige Jahre bei seinem Großvater wohnte.*

Hinter **Untertheres** erreichen wir dann die **Schleuse Ottendorf** *(km 345,3)*.

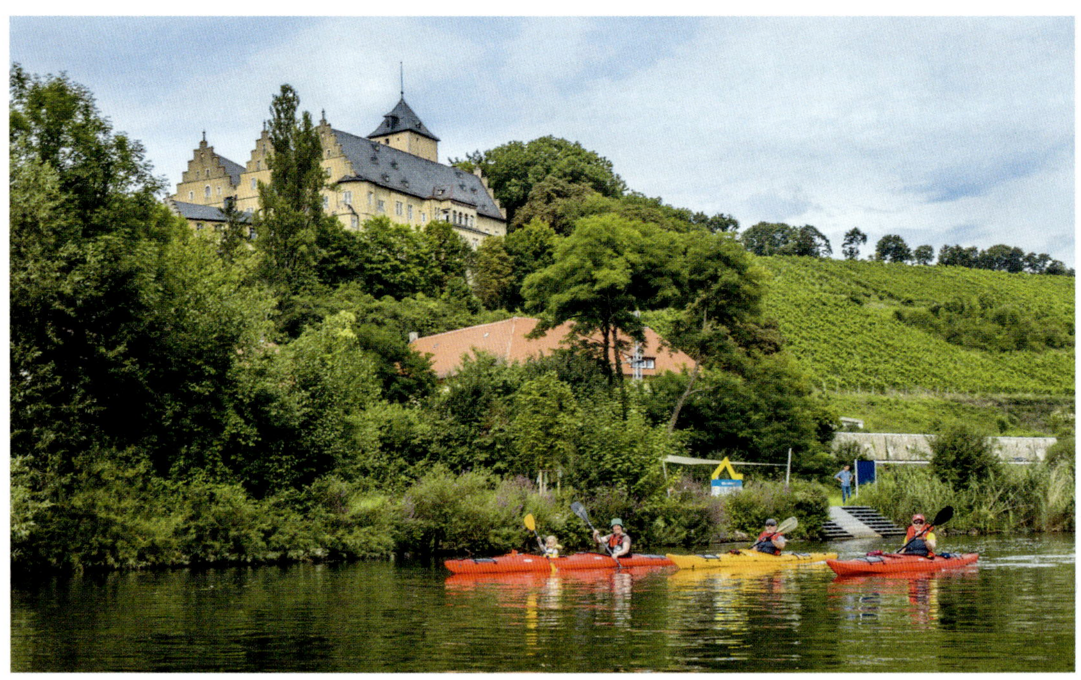

*„Gelbe Welle"-Schilder signalisieren weithin sichtbar, dass Paddler willkommen sind*

## Main Karte 1

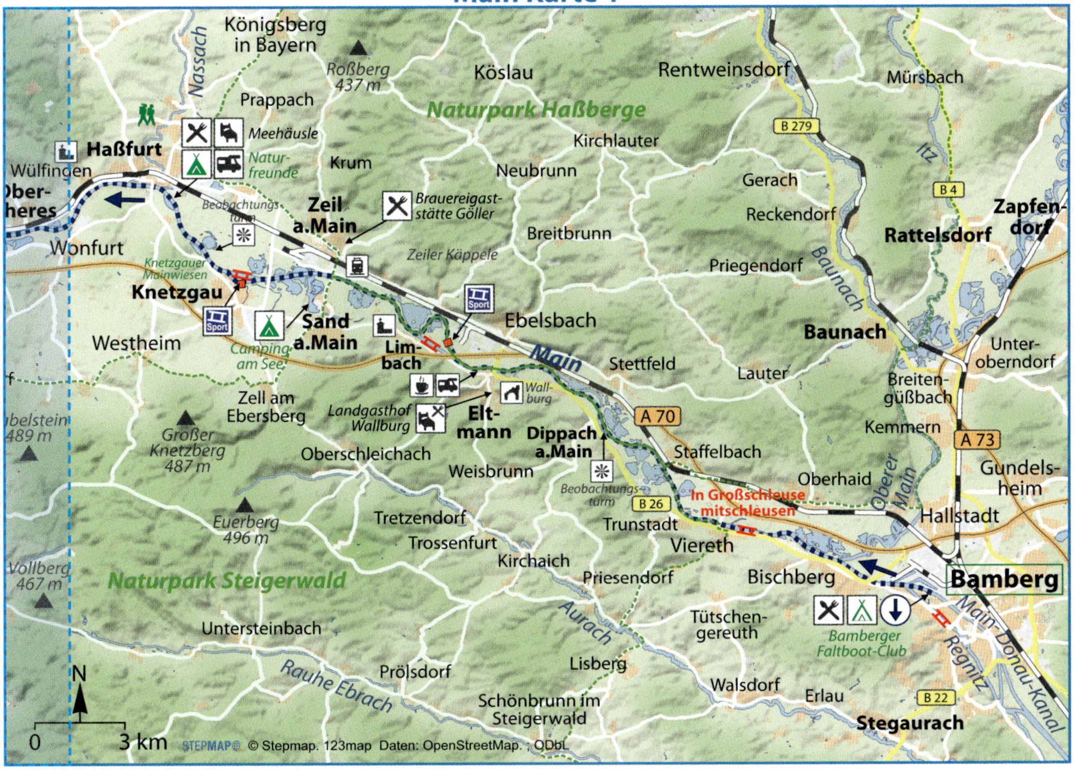

Wir lassen uns Zeit auf dem Fluss, so dass wir kurz vor **Gädheim** von einem stattlichen Schubverband überholt werden, der sogar noch nach uns die Schleuse passiert hatte. Kurz hinter dem Ort **Schonungen** erreichen wir den Anleger **Mainberg**, wo hoch über den Dächern der malerischen Fachwerkhäuser am steilen Hang das ***Schloss Mainberg*** thront. *Der wegen seines späteren extrovertierten Lebensstils bekannte Industriellen-Erbe und Gentleman-Playboy Gunter Sachs wurde hier als Sohn des Alleininhabers der Schweinfurter Fichtel & Sachs AG geboren.*

Hinter der nächsten langgestreckten Kurve taucht unvermittelt **Schweinfurt** vor uns auf, wo wir am linken Ufer auf der *Zeltwiese des Schwimmclubs* unser Nachtlager aufschlagen. *Eingerahmt von Rhön, Steigerwald und den Höhenzügen der Haßberge, hat die ehemals Freie Reichsstadt einiges zu bieten. Sie bezaubert mit einer hübschen Altstadt rund um das Rathaus (1570-72) und beherbergt gleich mehrere Kunstsammlungen von Weltruf. So finden Kunstfreunde im Museum Georg Schäfer die größte und bedeutendste Privatsammlung der deutschen Malerei des 19. Jahrhunderts. Die Kunsthalle ist ein echtes „Kompetenzzentrum" für Deutsche Kunst nach 1945 und Expressiven Realismus. Das im Osten der Stadt*

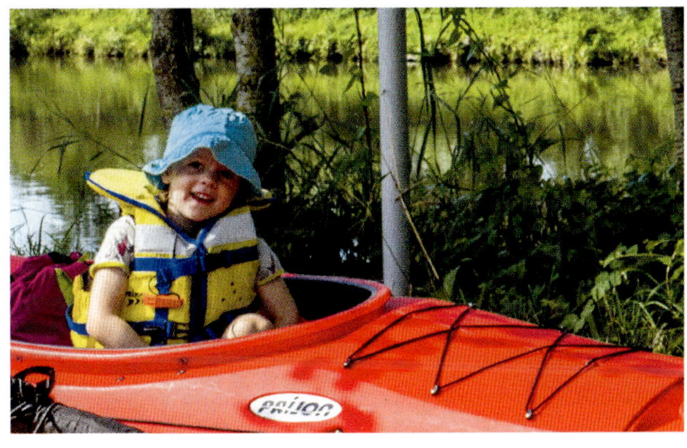

*Auch Kindern wird der Main nicht langweilig*

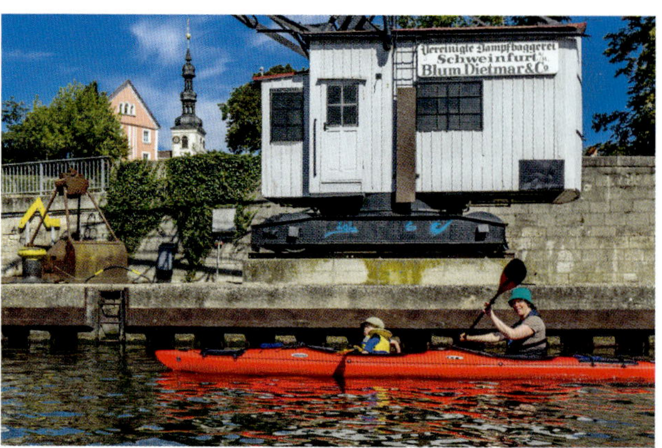


*Mainlände in Schweinfurt*

*gelegene Museum Otto Schäfer widmet sich dem Buch, der Grafik und dem Kunsthandwerk. Die Privatbibliothek des Schweinfurter Industriellen Otto Schäfer (1912-2000) zählt zu den bedeutendsten europäischen Privatbibliotheken des 20. Jahrhunderts und umfasst das nahezu vollständige druckgrafische Oeuvre Albrecht Dürers.*

Wieder auf dem Fluss, ist es nicht mehr weit bis zur **Staustufe Schweinfurt** *(km 332,0),* wo wir die *Sportbootschleuse* ganz rechts vom Wehr finden. *Der Schleusungsvorgang ist inzwischen Routine: Einer steigt aus, die anderen nehmen dessen Boot ins Schlepptau. Am Bedienpanel wird der Schalter in die gewünschte Position für Berg- oder Talfahrt gestellt und der rote „Buzzerknopf" gedrückt gehalten, bis der Wasserstand das erforderliche Niveau erreicht hat und sich die Schleusentore öffnen.*

Auf den folgenden Kilometern führt der Main recht breit und geradlinig durch das Herz Mainfrankens. Südlich Schweinfurts passieren wir das aus einem alten fränkischen Straßendorf hervorgegangene **Bergrheinfeld**. *Besonders stolz ist man dort auf das historische Rathaus mit dem angrenzenden Zehnthaus. Was früher als Getreidespeicher diente, beherbergt heute eine der modernsten Bibliotheken Bayerns.*

Die Silhouette des gegenüberliegenden **Grafenrheinfeld** wird von den *zwiebelförmigen Doppeltürmen der Kirche bestimmt. Der Kirchplatz, umringt von barocken Bildstöcken, dem Pflegerhaus (1600) und der ehemaligen Amtsvogtei (1626), einem Barockbau mit schönem Portal und dem ehemaligen Brauhaus, zählt zu den schönsten Plätzen Unterfrankens.*

*Zur ganzen Wahrheit gehören aber auch die Kühltürme des bis 2015 in Betrieb befindlichen Kernkraftwerks Grafenrheinfeld,* die wir bis zur **Schleuse Garstadt** *(km 323,3)* im Blick haben.

Von nun an sind Weinberge unsere ständigen Begleiter. Mit Passieren der ***Mainfähre***, macht **Wipfeld** den Auftakt der zahlreichen typisch fränkischen Winzerdörfer. Hinter der **Schleuse Wipfeld** *(km 316,3)* finden – überraschend – *Freunde von Krippen, Puppen, Räuchermännchen & Co in* **Obereisenheim** *das liebevoll geführte Museum „Erzgebirgischer Spielzeugwinkel" (Jun-Aug geschlossen), – die größte Sammlung erzgebirgischer Handwerkskunst außerhalb des Erzgebirges.*

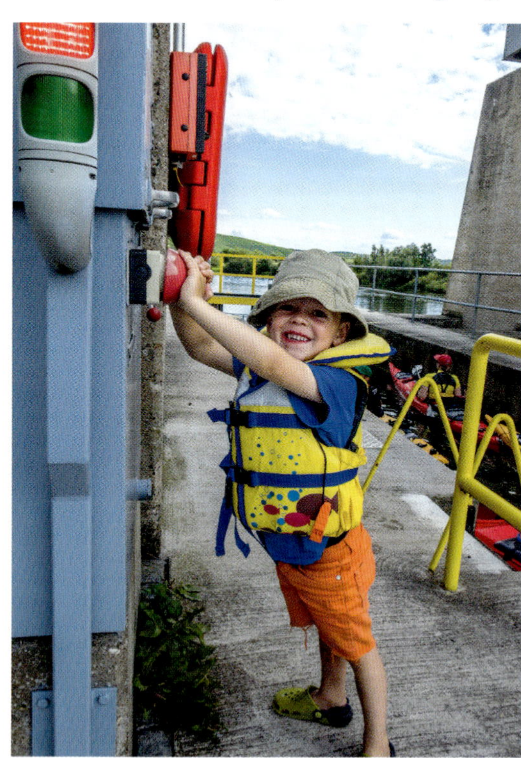

*Das Bedienen der Schleusen ist kinderleicht*

## Main Karte 2

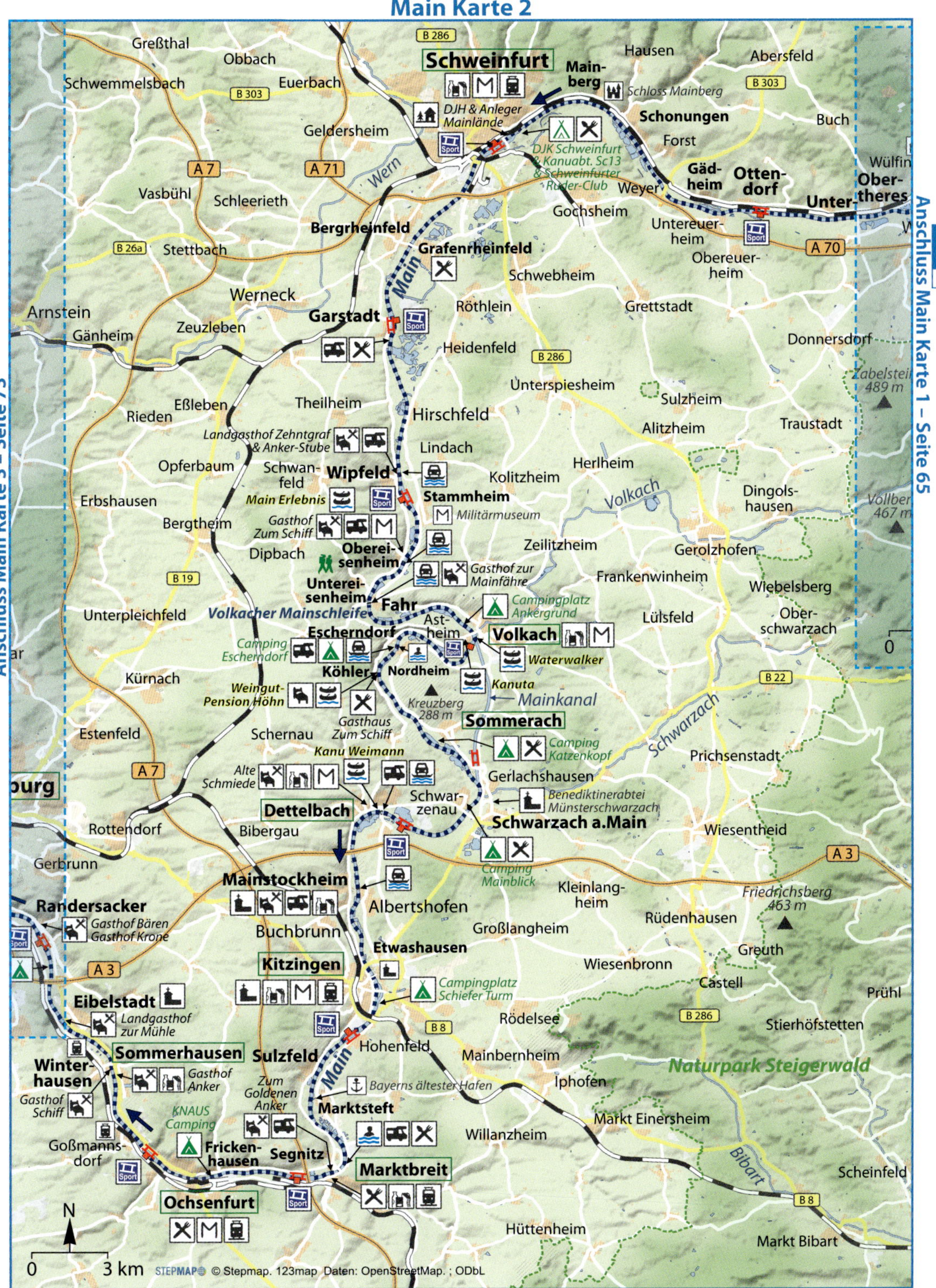
Schweinfurt
Main-berg
Schloss Mainberg
DJH & Anleger Mainlände
DJK Schweinfurt & Kanuabt. Sc13 & Schweinfurter Ruder-Club
Schonungen
Forst
Gäd-heim
Otten-dorf
Unter-
Ober-theres
Hausen
Abersfeld
Buch
Weyer
Gochsheim
Untereuer-heim
Obereuer-heim
Greßthal
Obbach
Schwemmelsbach
Euerbach
Geldersheim
Vasbühl
Schleerieth
Bergrheinfeld
Grafenrheinfeld
Schwebheim
Stettbach
Werneck
Arnstein
Gänheim
Zeuzleben
Garstadt
Röthlein
Heidenfeld
Grettstadt
Donnersdorf
Zabelstein 489 m
Unterspiesheim
Sulzheim
Alitzheim
Traustadt
Rieden
Eßleben
Theilheim
Hirschfeld
Lindach
Landgasthof Zehntgraf & Anker-Stube
Opferbaum
Schwan-feld
Wipfeld
Main Erlebnis
Stammheim
Militärmuseum
Kolitzheim
Herlheim
Volkach
Dingols-hausen
Vollberg 467 m
Erbshausen
Bergtheim
Gasthof Zum Schiff
Dipbach
Oberei-senheim
Unterei-senheim
Gasthof zur Mainfähre
Zeilitzheim
Gerolzhofen
Frankenwinheim
Wiebelsberg
Unterpleichfeld
Volkacher Mainschleife
Fahr
Campingplatz Ankergrund
Ast-heim
Volkach
Lülsfeld
Ober-schwarzach
Camping Escherndorf
Escherndorf
Köhler
Nordheim
Waterwalker
Kanuta
Mainkanal
Kürnach
Weingut-Pension Höhn
Kreuzberg 288 m
Sommerach
Estenfeld
Schernau
Gasthaus Zum Schiff
Kanu Weimann
Camping Katzenkopf
Schwarzach
Prichsenstadt
Alte Schmiede
Gerlachshausen
Schwar-zenau
Benediktinerabtei Münsterschwarzach
Schwarzach a.Main
Dettelbach
Rottendorf
Bibergau
Wiesentheid
Gerbrunn
Camping Mainblick
Mainstockheim
Kleinlang-heim
Friedrichsberg 463 m
Randersacker
Gasthof Bären
Gasthof Krone
Albertshofen
Rüdenhausen
Buchbrunn
Großlangheim
Etwashausen
Greuth
Kitzingen
Wiesenbronn
Castell
Campingplatz Schiefer Turm
Prühl
Eibelstadt
Landgasthof zur Mühle
Rödelsee
Stierhöfstetten
Winter-hausen
Sommerhausen
Sulzfeld
Hohenfeld
Mainbernheim
Naturpark Steigerwald
Gasthof Schiff
Gasthof Anker
Zum Goldenen Anker
Main
Bayerns ältester Hafen
Iphofen
KNAUS Camping
Marktsteft
Markt Einersheim
Goßmanns-dorf
Fricken-hausen
Segnitz
Willanzheim
Bibart
Marktbreit
Scheinfeld
Ochsenfurt
Hüttenheim
Markt Bibart
B 286
B 303
A 7
A 71
Wern
B 26a
A 70
B 19
B 22
A 3
B 8
burg
Wülfin
Anschluss Main Karte 1 – Seite 65
Anschluss Main Karte 3 – Seite 73
300 km
N
0
3 km
STEPMAP © Stepmap. 123map Daten: OpenStreetMap. ; ODbL

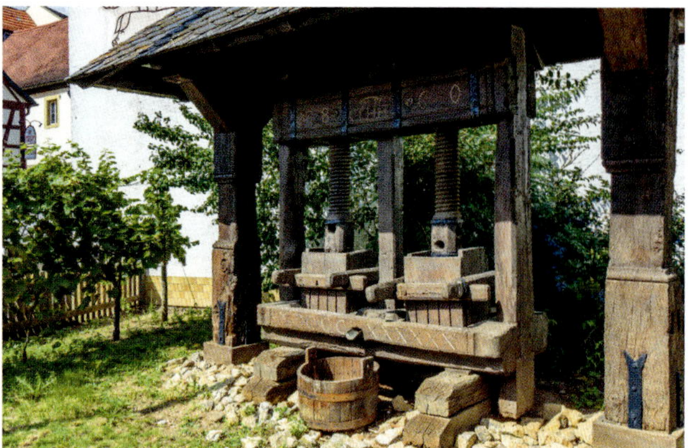

Wipfeld

300 km

Mit Architektur im Hundertwasser-Stil wartet das *Weinparadies Hirn* in **Untereisenheim** am Ortsrand in Richtung Dipbach auf. *Aber nicht nur das Bauwerk überzeugt, auch die Weine können sich sehen lassen. Das Weingut Hirn findet sich seit mehreren Jahren unter den Top 100 der deutschen Rotweinerzeuger.*

Zum Wandern laden dagegen der *Bildstockwanderweg Untereisenheim* oder der *Silvaner Erlebnisweg Obereisenheim* ein. Für den Fall, dass die Entscheidung für einen der beiden Wanderwege schwer fällt, lassen sich die jeweils fünf Kilometer langen, markierten Wanderwege auch kombinieren. Sie führen durch die fruchtbaren Felder der Mainaue und natürlich durch die beiden *Eisenheimer Weinbergslagen Untereisenheimer Sonnenberg* und *Obereisenheimer Höll*, von wo sich ein weiter Blick auf das Maintal zurück bis nach Schweinfurt und mainabwärts bis nach Volkach bietet.

Von der Mainfähre zwischen **Untereisenheim** und **Fahr** sind es noch etwa sechs Paddelkilometer bis zum Tagesziel. Vorbei an schönen Altarmen erreichen wir **Volkach**, wo wir noch vor dem eigentlichen Ort am linken Ufer beim *Campingplatz Ankergrund* anlegen.

*Die über 1.100 Jahre alte Weinstadt lockt mit einem breiten kulinarischen Angebot. Inmitten der malerischen Altstadt werden dem Besucher alle Facetten der fränkischen Küche geboten – von traditionell bis modern. Zu den herausragenden kulturellen Sehenswürdigkeiten zählen das Renaissance-Rathaus (1544) am Marktplatz, das barocke Schelfenhaus (1719) in einer Seitengasse der Hauptstraße sowie die Wallfahrtskirche „Maria im Weingarten" mit Riemenschneider-Madonna (1524) inmitten der Weinberge vor den Toren der Stadt.*

Die folgende Etappe ist sicherlich das absolute Highlight einer jeden Main-Kanutour. Vom Campingplatz nehmen wir Kurs auf **Astheim** am gegenüberliegenden Ufer. Während die „großen Pötte" hier geradeaus über die **Schleuse Gerlachshausen-Astheim** im ***Mainkanal*** weiterfahren, erreichen Paddler über die Sportbootschleuse im rechten Arm die ***Volkacher Mainschleife***.

Dieser ursprüngliche Altarm des Mains macht unmissverständlich klar wie der Fluss früher einmal ausgesehen haben muss, bevor der Mensch ihn zur Wasserstraße ausgebaut hat. Die angenehme Strömung trägt uns in engen Windungen durch üppiges Grün und an den Ufern entdecken wir Eisvögel und Graureiher.

Die sonnenverwöhnte Mainschleife – Wein-, Obst- und Spargelregion im Fränkischen Weinland schlechthin – hat fast das ganze Jahr über etwas zu bieten: Von Ende April bis Mitte Juni zieht es vor allem Spargelliebhaber hierher. Geht die Spargelzeit zu Ende, laden überall Winzer- und Weinfeste zur Weinverkostung und im Herbst folgt die Weinernte.

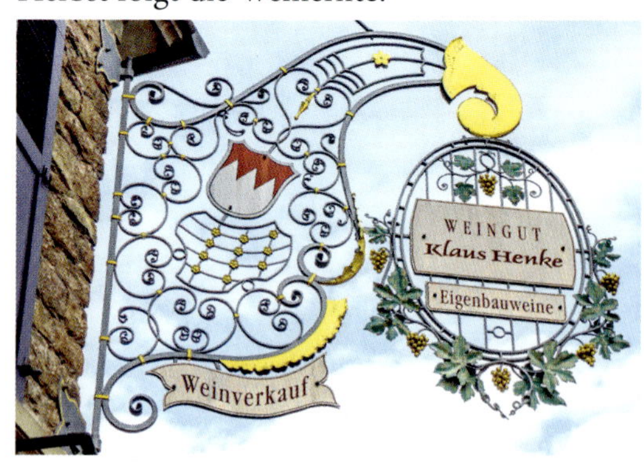

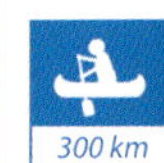


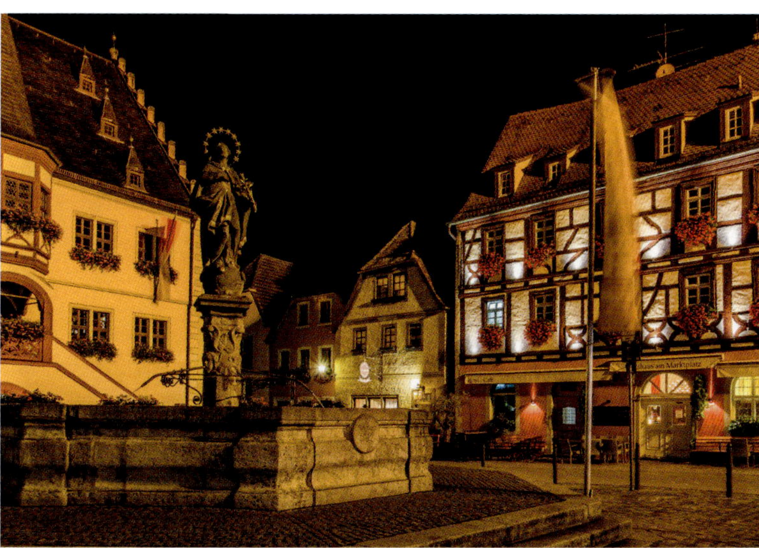

Volkach

Eine ***Fähre*** verbindet die beiden Weinorte **Escherndorf** (Weinlage „Escherndorfer Lump") am rechten Ufer und das linksufrige **Nordheim**, wo in der feinsandigen Badebucht Strandkörbe inmitten der Weinberge zu einer Pause einladen. *Mit 318 Hektar zählt die Gegend zu den größten Weinanbauflächen Frankens. Über 50 Weingüter sind hier ansässig; „Vögelein" und „Kreuzberg" sind die bekanntesten Lagen.*

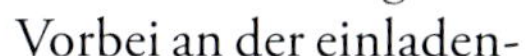

Vorbei an der einladenden Terrasse des *Gasthauses „Zum Schiff"* in **Köhler**, direkt am Ufer der nächsten Mainbiegung, erreichen wir **Sommerach**. Vom Anleger am *Camping Katzenkopf* ist es nicht weit zum verträumten Ortskern.

*Gleich hinter der Wehrmauer aus dem 16. Jahrhundert steigen die Weinberge an. Die Dorfbewohner pflegen ihre Weinkultur. Bereits 1901 schlossen sich 15 Sommeracher Winzerfamilien zur ersten Genossenschaft in Franken zusammen. Die Vinothek „Weinreich" ist mit Winzerkeller, Weinschule und Sommerbar der ideale Treffpunkt für alle Freunde des Rebensafts. Ausgeschenkt werden neben einem großen Sortiment an Weiß- und Rotweinen auch Spezialitäten wie Gewürztraminer sowie Brände, Likör und Sekt. Auch fachkundige Führungen durch Weinberg, Weinschule und das Gebäude werden angeboten.*

**Sommerach** markiert den südlichen Ausgang der ***Volkacher Mainschleife*** und bald tritt von links der breite Mainkanal hinzu. Gegenüber erhebt sich weithin sichtbar die *Benediktinerabtei Münsterschwarzach* über das Maintal, *deren Anfänge bis in die zweite Hälfte des 8. Jahrhunderts zurückreichen. Überragt wird der mächtige Bau von der neuen Abteikirche mit ihren vier wuchtigen Türmen.*

Ursprünglich vor allem Pilgern ein Begriff, hat sich das Städtchen **Dettelbach**, das wir in der Kurve hinter der **Schleuse Dettelbach** *(km 295,4)* erreichen, längst zu einem beliebten Weinort entwickelt.

*Die Wallfahrt zur Kirche „Maria im Sand" hat ihren Ursprung im Jahre 1505, als ein Schwerverletzter auf wundersame Weise geheilt wurde. Wahrzeichen der von einer mittelalterlichen Stadtbefestigung mit über 30 erhaltenen Türmen umrahmten romantischen Altstadt mit ihren verwinkelten Kopfsteinpflastergassen, dem Fachwerk und dem spätgotischen Rathaus (um 1500) ist die Pfarrkirche mit den zwei ungleichen Türmen. Immer noch zieht es um die 80.000 Pilger pro Jahr in die Stadt. Der Geschichte der Wallfahrt widmet sich das Museum „Pilger & Wallfahrer" im modernen Kultur- und Kommunikationszentrum gleich neben dem historischen Rathaus.*

Nächste Station hinter der Autobahnbrücke ist das langgezogene Straßendorf **Mainstockheim**, das sich in die Enge zwischen den Mainauen und den Talhängen zwängt.

*Für die beschauliche Größe des Dorfes überdimensioniert scheint die nahezu schlossartige Anlage des ehemaligen Ebracher Klosterhofes, der 1621-23 im Renaissancestil in den Weinbergen am nördlichen Ortseingang errichtet wurde. Nicht zuletzt wegen des vormittelalterlichen St. Jakobsweges der hier vorbeiführte, verband anfangs eine Furt und seit dem Mittelalter eine Mainfähre Mainstockheim mit der Gärtnergemeinde Albertshofen am gegenüberliegenden Ufer.*

Bald erreichen wir in **Kitzingen** die *Alte Mainbrücke aus dem 13. Jahrhundert.* Davor liegt am rechten Ufer der mit dem „Gelbe Welle"-Zeichen markierte Kanuanleger.

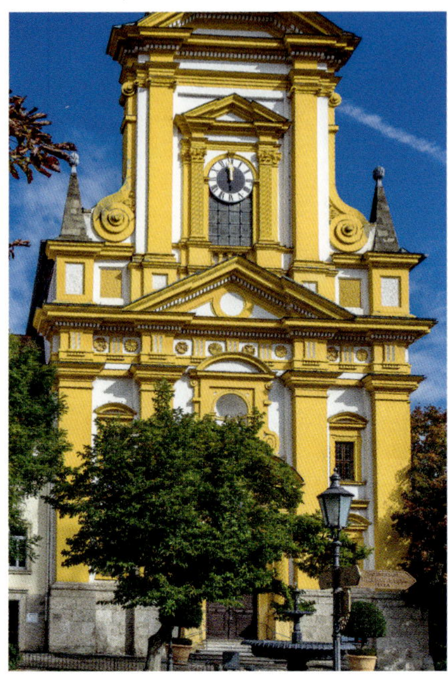

*Barock-Fassade der Stadtkirche Kitzingen*

*Die traditionsreiche Weinstadt ist eine der ältesten Städte Unterfrankens. 1482 wurde hier das älteste deutsche Weingesetz erlassen. Die Altstadt wird geprägt von Fachwerkhäusern, dem Renaissance-Rathaus und den zahlreichen Türmen. Am auffälligsten und bekanntesten ist der Falterturm mit seiner schiefen Haube. Hier ist das Fastnachtmuseum zu Hause, das sich der Fastnacht in allen Facetten widmet und die historische Entwicklung des Karnevals dokumentiert. Am gegenüberliegenden Ufer, im Stadtteil Etwashausen, ist die berühmte Kreuzkapelle von Balthasar Neumann zu finden.*

Hinter der **Schleuse Kitzingen** *(km 284,0)* folgt nun **Sulzfeld**, wo man an der Uferplattform aus mächtigen Steinquadern oder in der sandigen Badebucht der Mainlände anlanden kann. Hier gibt es eine Liegewiese, ein Fußballfeld, einen Spielplatz und einen Imbisswagen, der mit hausgemachten Bratwürsten, leckeren Burgern und einem frischen Silvaner lockt.

*Durch das Stadttor und die verwinkelten Gassen ist das Zentrum des historischen Weinorts* **Sulzfeld** *mit den schmucken Bürger-, hutzeligen Winzerhäusern und dem Renaissance-Rathaus schnell erreicht.*

*Sulzfeld ist bekannt für die Weinlagen „Maustal" und „Cyriakusberg" sowie die sogenannte „Meterbratwurst". Die deftige Spezialität geht zurück auf den Metzgermeister und Wirt Lorenz Stark. Einer seiner Gäste war von den Speisen so angetan, dass er sich zu dem Ausspruch „Die Wurscht könnt' ich meterweis ess'!" hinreißen ließ. Gesagt, getan. Stark werkelte für 30 Minuten in der Wurstküche und kam mit einer langen, geringelten Bratwurst zurück, die er in der Pfanne goldbraun bruzelte. Heute bestellt man üblicherweise 50 Zentimeter, für den ganz großen Hunger gibt es aber auch den ganzen Meter. Als Beilagen werden Sauerkraut, Brot und Wein serviert.*

Kurz hinter Sulzfeld werfen wir in **Marktsteft** einen Blick auf den *ältesten in seiner ursprünglichen Form erhaltenen Hafen Bayerns aus dem 18. Jahrhundert.*

Den südlichsten Punkt des Maindreiecks markieren dann bei *Flusskilometer 277* **Marktbreit** am linken und **Segnitz** am rechten Ufer.

Der *„Gelbe Welle"-Anleger* von Marktbreit liegt etwas vor dem eigentlichen Ortszentrum in der Außenkurve und lohnt sich vor allem für Familien mit Kindern, die hier eine schöne Badebucht und einen phantasievollen Wasserspielplatz finden. Hinter der Straßenbrükke liegt dann am rechten Ufer das Städtchen **Segnitz** mit seinem *Renaissance-Rathaus, der Kirchenburg und dem Wehrturm*. In der kleinen Bucht hinter dem *Alten Kranen* finden wir eine gute Gelegenheit zum Ausstieg. Im Supermarkt nebenan lassen sich die Verpflegungsvorräte aufstocken und es sind nur wenige Schritte bis zum *berühmten Malerwinkel mit seinen schiefen Fachwerkhäusern und dem Maintor.*

Anschließend ist es über die **Schleuse Marktbreit** *(km 275,7)* nicht mehr weit bis zum Tagesziel, dem *Campingplatz* von **Frickenhausen**, *das auf eine 1.000jährige Geschichte blicken kann. Der schöne Ortskern mit seinen historischen Gebäuden entlang der reizvollen Gassen ist ein Musterbeispiel für die „wehrhaften Zwerge", wie die meist noch von einer Stadtmauer umgebenen kleinen Winzerorte im südlichen Maindreieck genannt werden.*

Fast nahtlos geht Frickenhausen in **Ochsenfurt** über, der mit 11.250 Einwohnern größten Stadt im Landkreis Würzburg. Eine gute Anlegestelle für den Altstadtbesuch findet sich hinter der Neuen Mainbrücke *(km 271,4)* vor der historischen Alten Brücke am linken Ufer. Durchs Stadttor schreiten wir auf die Maingasse, die uns durch die Altstadt *mit viel historischer Bausubstanz führt – hier reiht sich ein Fachwerkhaus ans nächste – und von einer nahezu vollständig erhaltenen Befestigungsanlage samt Stadttoren und Türmen umrahmt wird. Museumsfreunde können für Ochsenfurt einen Tag extra einplanen, denn die Stadt hat gleich fünf Museen zu bieten: das Trachtenmuseum im Greisinghaus, das Heimatmuseum im Schlössle, das Feuerwehrmuseum, das Triasmuseum in Kleinochsenfurt sowie das Kartäusermuseum im Stadtteil Tückelhausen.*

Jetzt wendet sich der Main nach Norden und nachdem die **Schleuse Ochsenfurt-Goßmannsdorf** *(km 269,0)* hinter uns liegt, paddeln wir auf dem westlichen Schenkel des sogenannten Maindreiecks weiter. Ein Highlight unter den zahlreichen Winzerorten ist das beschauliche, von einer Stadtmauer umgebene **Sommerhausen**.

*Mittelalter-Flair pur! Die Künstlerkolonie lockt mit zahlreichen Galerien mit Kunstwerken aus Glas, Keramik oder Metall, kleinen Schmuck-, Antiquitäten- oder Bücher-Läden und hat mit dem kleinen, aber feinen Torturmtheater und dem Theater Sommerhaus gleich zwei Theaterbühnen zu bieten. Das Hotel-Restaurant „Anker", direkt am Fluss, wurde 1740 erbaut und ist eine der ältesten Wirtschaften des Ortes. Einst ein beliebter Einkehrort für Schiffer, Flößer und „Treidler" die hier ihre Pferde wechselten und in den 1950er Jahren als Künstlertreff bekannt geworden, ist er heute ein Treffpunkt fränkischer Gemütlichkeit.*



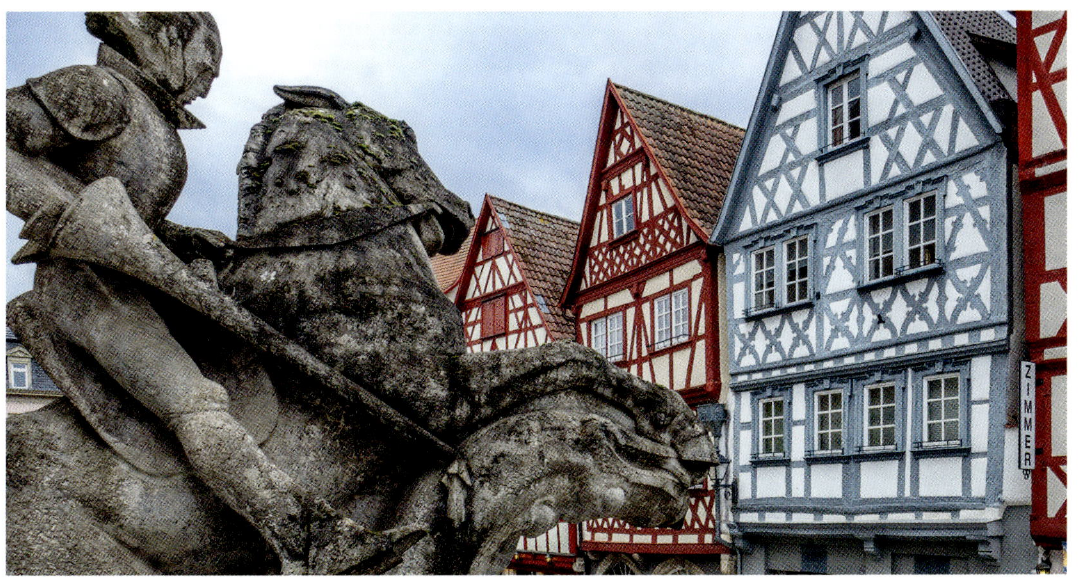


*Ochsenfurt hat sich seinen mittelalterlichen Charme erhalten*

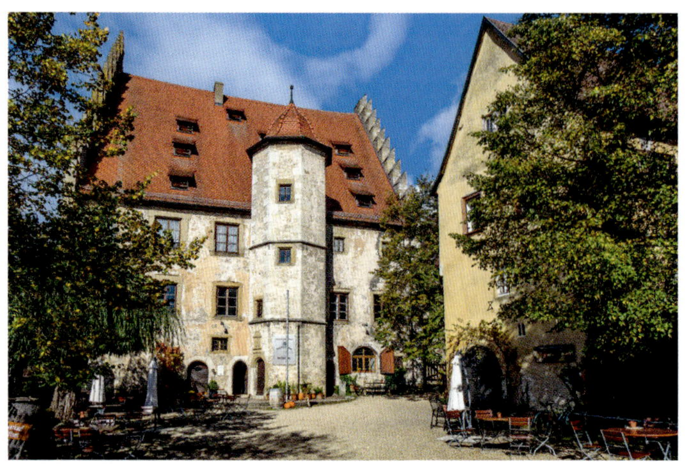

*Weingut Schloss Sommerhausen*

Ebenfalls sehr malerisch liegt unmittelbar gegenüber das linksmainische **Winterhausen**, *das von den Türmen der Nikolaus- und Mauritiuskirche überragt wird.* Der Anleger an der Mainlände wartet mit bequemen Sitzmöbeln an einer ausladenden Kiesbucht auf. Der auf den ersten Blick unscheinbare *Gasthof „Schiff" hat eine über 400jährige Geschichte und gehört zu den besten Adressen für Feinschmecker im Maindreieck. Das wissen auch Künstler wie der Kabarettist Urban Priol oder die Schauspielerin Lis Verhoeven und viele andere zu schätzen, wie die „hinterlassenen" Skizzen und Zeichnungen in der Künstlerstube zeigen.*

Sanft ziehen sich die Weinberge den Main entlang, bis wir den nächsten schön gestalteten „Gelbe Welle"-Anleger in **Eibelstadt** erreichen, der sich mit einer sandigen Bucht samt großer Liegewiese und Spielplatz zu einer ausgedehnten Rast anbietet. Wer sich die Füße vertreten möchte, gelangt mit wenigen Schritten in die malerische Altstadt und wird am *Marktplatz von der goldenen Madonna im Strahlenkranz, dem Rathaus und der Kirche St. Nikolaus mit ihrem ungewöhnlichen Doppelturm begrüßt.*

Hinter der **Schleuse Randersacker** *(km 258,9)* liegt der traditionsreiche gleichnamige Weinbauort am südlichen Stadtrand von Würzburg und die am Anleger einladenden Sonnenstühle sind eine gelungene Anspielung auf die Weinlage „Sonnenstuhl".

Nun ist die UNESCO-Stadt Würzburg nicht mehr weit und auf den letzten Kilometern leitet die hoch über der Stadt thronende ***Festung Marienberg*** den Weg, bis wir hinter der Fußgängerbrücke bei *Flusskilometer 254* am linken Ufer beim *Würzburger Kanuverein* anlegen. Vom Zeltplatz sind es mit der Straßenbahn nur wenige Stationen bis ins Stadtzentrum und für Würzburg sollte man getrost einen Tag extra einplanen.

*Höhepunkt ist ohne Zweifel die auf Platz 3 der UNESCO Welterbe-Liste zu findende Würzburger Residenz als Hauptwerk des süddeutschen Barocks. Dazu gesellen sich zahlreiche weitere, hochkarätige Sehenswürdigkeiten wie die bereits erwähnte Festung Marienberg, der Kiliansdom und eine Vielzahl weiterer Kirchen, Klöster und Profanbauten.* Den **Stadtrundgang Würzburg** finden Sie auf Seite 314.

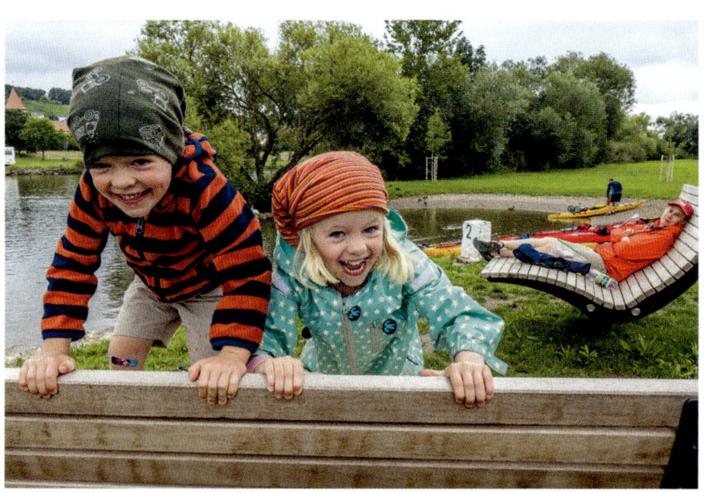

*Anleger Winterhausen*

## Main Karte 3

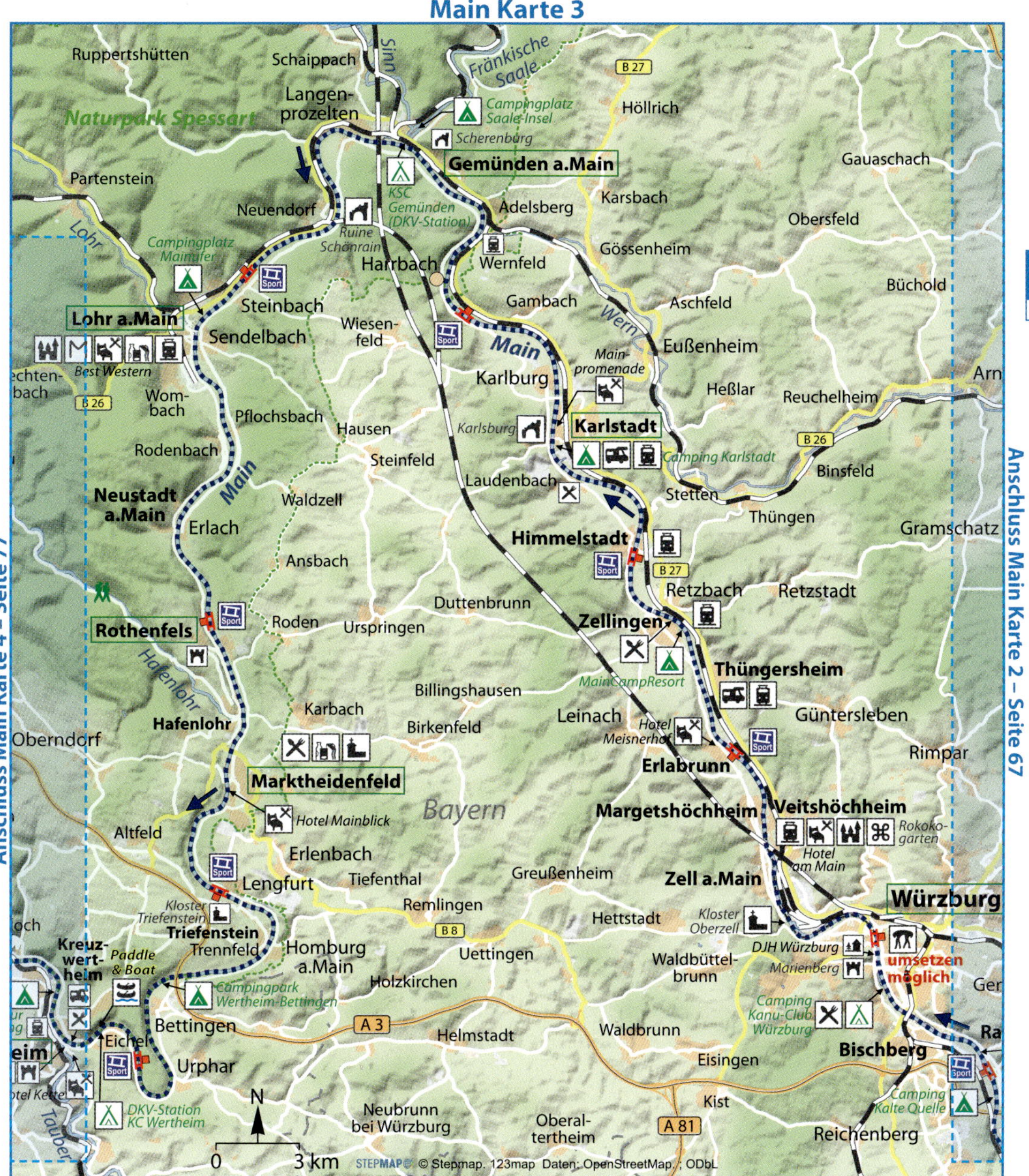


300 km

An der **Schleuse Würzburg** *(km 252,2)* gibt es *keine Sportbootschleuse***.** Hier kann man entweder im Hauptstrom am linken Ufer über eine Treppe für Sportboote in den alten ***Schleusenkanal*** umsetzen oder sich nach telefonischer Anmeldung *(Tel. (0931) 61 99 31 20)* mit der Großschifffahrt mitschleusen lassen.

Ist die Staustufe überwunden, so geht es unter der ***Alten Mainbrücke*** hindurch und wieder aus Würzburg hinaus. Vorbei an ***Kloster Oberzell****, einer einstigen Prämonstratenserabtei, die von 1744 - 1760 nach Plänen von Balthasar Neumann errichtet wurde*, dem Markt **Zell a.Main** und **Margetshöchheim** auf der linken

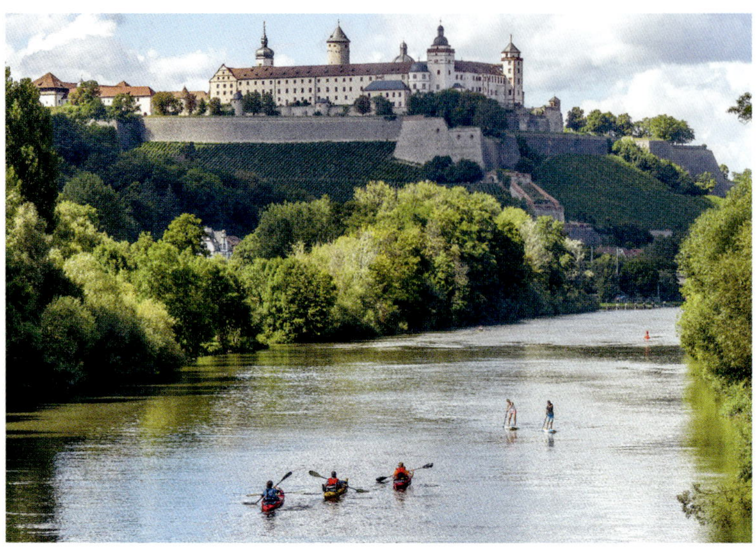

*Majestätisch erhebt sich die Festung Marienberg über dem Main*

300 km

Eine Flussschleife weiter, wacht von hoch oben am linken Ufer die ***Ruine Karlsburg*** über den Main. Ihr zu Füßen liegt gegenüber das um 1200 „am Reißbrett" geplante **Karlstadt**. Der Mustergrundriss der stauferzeitlichen Stadt ist praktisch vollständig erhalten geblieben. *Vom Anleger an der Stadtmauer gelangt man durch das Maintor in wenigen Schritten zu den Glanzpunkten der Stadt wie der romanisch-gotischen Stadtpfarrkirche, dem historischen Rathaus und den zahlreichen Bürgerhäusern mit ihren oft aufwendigen Fachwerkfassaden.*

Mit Verlassen der Stadt und Überwindung der **Schleuse Harrbach** *(km 219,5)* kehren wir vorübergehend auch dem Weinbau den Rücken. Vorbei an **Wernfeld** erreichen wir die malerische Altstadt von **Gemünden a.Main** zu Füßen der mittelalterlichen ***Scherenburg***. Seinen Namen verdankt die Stadt den Mündungen von ***Fränkischer Saale*** und ***Sinn*** in den Main. Den „Gelbe Welle"-Anleger für die Stadtbesichtigung finden wir an der Einmündung des ***Mühlbachs***, Möglichkeiten zum Zeltaufschlagen bieten die *DKV-Station des KSC Gemünden* und der städtische *Zeltplatz*, der ein paar Hundert Meter flussauf an der ***Fränkischen Saale*** liegt.

Mainseite, erreichen wir bald **Veitshöchheim** am rechten Ufer, das unbedingt eine Rast wert ist. *Der Mainuferbereich weiß mit alten Höfen und Fachwerkhäusern zu beeindrucken, das eigentliche Juwel aber ist der weithin bekannte Rokokogarten am einstigen Sommersitz der Würzburger Fürstbischöfe.*

Nächste Station ist die **Schleuse Erlabrunn** *(km 241,2)* am Fuße des ***Volkenberges***. Dort, wo das Tal sich weitet, liegt mit **Thüngersheim** eine der größten Weinbaugemeinden Frankens. Auf der Innenseite der folgenden Mainbiegung schmiegt sich der Markt **Zellingen**, gegenüber auf der rechten Mainseite erheben sich die steilen *Weinhänge des „Retzbacher Benediktusberg". Der Silvaner gilt als Inbegriff des Frankenweins – feinduftig und zartgliedrig mit einer kräftigen Muschelkalknote.*

Hinter der **Schleuse Himmelstadt** *(km 232,3)* wartet mit **Himmelstadt** eine der wenigen fränkischen Gemeinden, die sich über beide Mainufer erstrecken. *Jedes Jahr am 1. und 3. Adventswochenende – der Name deutet schon darauf hin – öffnet hier das Postamt des Christkinds seine Pforten. Die Ausstellung zum Weihnachtspostamt und die historische Poststelle sind ganzjährig geöffnet.*

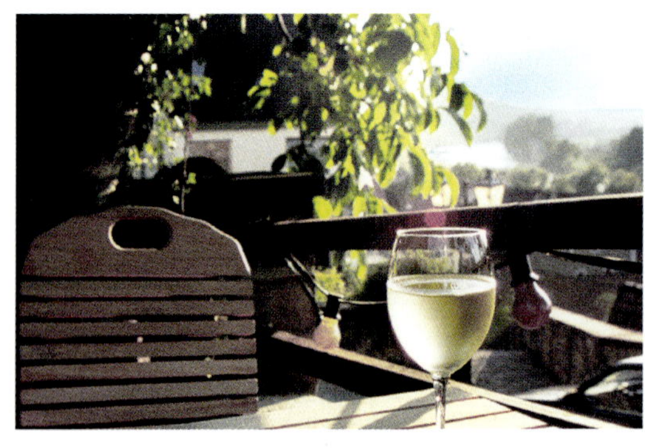

Auf den folgenden Kilometern wechseln die Felshänge an den Ufern von Muschelkalk zu Buntsandstein. Hier versperrt der Spessart dem Main den direkten Weg nach Westen. Der Fluss verläuft nun in Richtung Süden und über die **Schleuse Steinbach** *(km 200,7)* erreichen wir die Fachwerkstadt **Lohr a.Main**. Wer sich ausreichend Zeit für den Stadtbesuch nehmen möchte, findet gleich zu Beginn einen *Zeltplatz*. Ein Stückchen weiter bietet der Kanuanleger am Parkplatz Mainlände an der Mündung der ***Lohr*** in den Main eine gute Gelegenheit für einen kurzen Spaziergang in die *malerische Altstadt mit vielen historischen Gebäuden, guten Restaurants und schönen Cafés. Beheimatet im Kurmainzer Schloss, eröffnet das Spessartmuseum einen tiefen Einblick in die Kulturgeschichte des Spessarts.*

Hinter Lohr wird der Fluss auf beiden Uferseiten von dichtem Wald gesäumt und führt uns an **Neustadt** vorbei. Hinter der **Schleuse Rothenfels** *(km 185,9)* erhebt sich die ***Burg Rothenfels*** über den gleichnamigen Ort, der mit seinen rund 1.000 Einwohner die kleinste Stadt Bayerns ist. Überdies ist **Rothenfels** auch idealer Ausgangspunkt für Wanderungen ins nahe reizvolle ***Naturschutzgebiet Hafenlohrtal.***

Nächste Station ist **Marktheidenfeld** und von der Ausstiegsstelle ist es nicht weit bis in die *historische Altstadt. Neben den malerischen Gassen begeistern das barocke Franck-Haus und die St. Laurentius Kirche.*

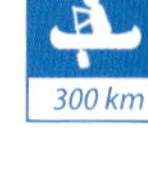


Hinter Marktheidenfeld fließt der Main zunächst noch weiter Richtung Süden und bringt uns zurück ins Fränkische Weinland. An den Ufern sehen wir wieder die ersten Rebstöcke. Über die **Schleuse Lengfurt** *(km 174,5)* und vorbei an **Triefenstein**, **Homburg** und **Bettingen** *(Campingplatz)* steuern wir auf die südöstliche Ecke der weiten Mainschleife zwischen Lohr und Aschaffenburg zu. Der Main bildet jetzt die Grenze zwischen den Bundesländern Baden-Württemberg am rechten und Bayern am linken Ufer. Er umfließt in einer engen 180°-Kehre einen schmalen Bergsporn und von der **Schleuse Eichel** *(km 160,5)* ist es nicht mehr weit bis Wertheim.

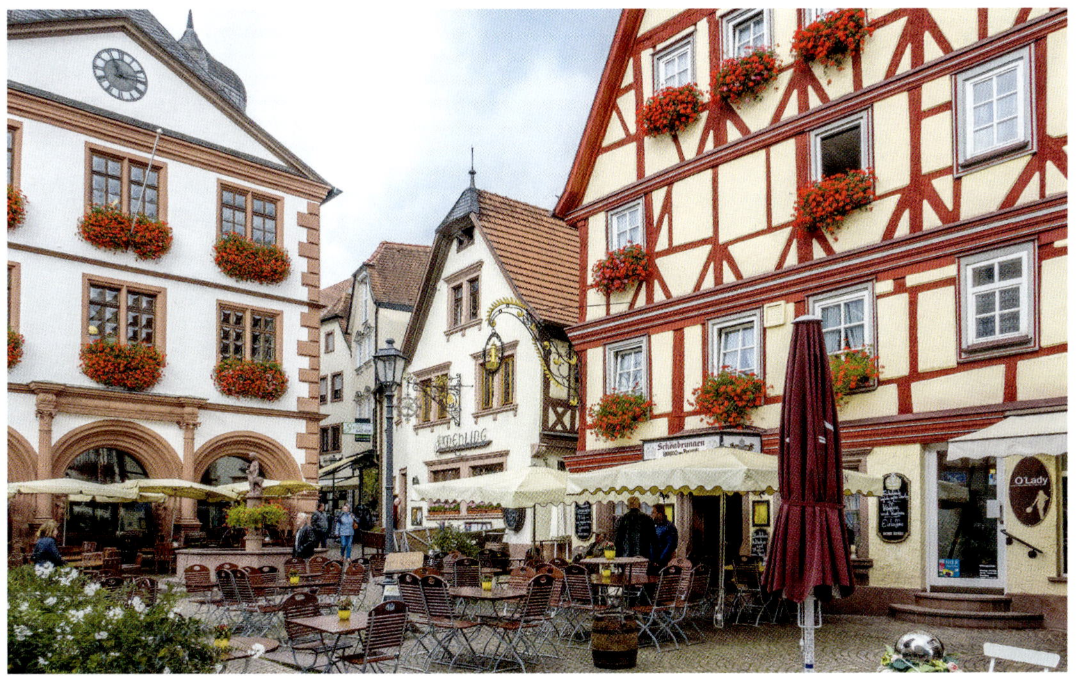


*Die märchenhafte Altstadt mit ihren Sehenswürdigkeiten macht Lohr zu einem Besuchermagnet*

300 km

Rechts des Mains liegt das unterfränkische **Kreuzwertheim**, wo die *Spessartbrauerei* das Herz von Bierliebhabern erfreut, und gegenüber an der Taubermündung liegt das baden-württembergische **Wertheim**, das von der mittelalterlichen Burg überragt wird. Die Ausstiegsstelle für den Stadtbesuch findet man am Ufer der ***Tauber*** im Tauberhafen. *Mit der alten Stadtmauer, den schmucken Fachwerkhäusern und dem Marktplatz bietet sie einen Anblick wie aus dem Mittelalter-Bilderbuch. Zu den wichtigen Sehenswürdigkeiten der Stadt zählen der Spitze Turm, der im 13. Jahrhundert als Teil der Stadtbefestigung zuerst als Wachturm, dann Gefängnis genutzt wurde und die Stiftskirche, eine im gotischen Stil errichtete Pfeilerbasilika aus dem 14. Jahrhundert. Als Zentrum der Glasindustrie verfügt Wertheim außerdem über ein umfangreiches Glasmuseum, das 3.500 Jahre Geschichte in der Herstellung und Verwendung von Glas zum Leben erweckt.*

*Hoch über der Altstadt thront die imposante Burgruine, die um 1100 gegründet und im 16. Jahrhundert zu einem Wohnschloss ausgebaut wurde. In der Vorburg befindet sich die Burgschänke, wo von der Aussichtsterrasse der weite Blick über das Tauber- und Maintal für den Anstieg belohnt.*

Hinter Wertheim wechselt der Main seine Fließrichtung und führt uns zwischen Baden auf der linken Mainseite und Franken auf der rechten Mainseite nach Westen. Die Ufer sind von Wald und Buntsandstein geprägt. In der Kurve hinter der **Schleuse Faulbach** *(km 147,1)* thront auf dem Höhenrücken am rechten Ufer die hervorragend erhaltene staufische ***Henneburg*** aus dem 12. Jahrhundert. Auch die Kleinstadt **Stadtprozelten**, *die der Burg zu Füßen liegt, entführt mit historischem Rathaus und Stadtmauer ins Mittelalter.*

Wieder eine Möglichkeit zur Rast bildet der Anleger von **Dorfprozelten** mit einem kleinen Standstrand, Gaststätte mit Biergarten sowie einem kleinen Kiosk. *Der verschlafene Ort war wegen des Abbaus von Buntsandstein einst einer der bedeutendsten deutschen Binnenschifferorte. Dorfprozeltener Steinmetze waren sogar am Bau des Winterpalais in Sankt Petersburg, dem Mainzer Dom und dem Reichstag in Berlin beteiligt.*

Die nächste mittelalterliche Burg lässt nicht lange auf sich warten und wir erreichen, mit Blick auf die ***Collenburg***, den Anleger am Festgelände in **Collenberg**. *Das Städtchen ist die Wiege für die Gewinnung und Verarbeitung von Sandstein in Churfranken* und passend dazu tritt in der folgenden Flusskurve das ***Naturschutz-***

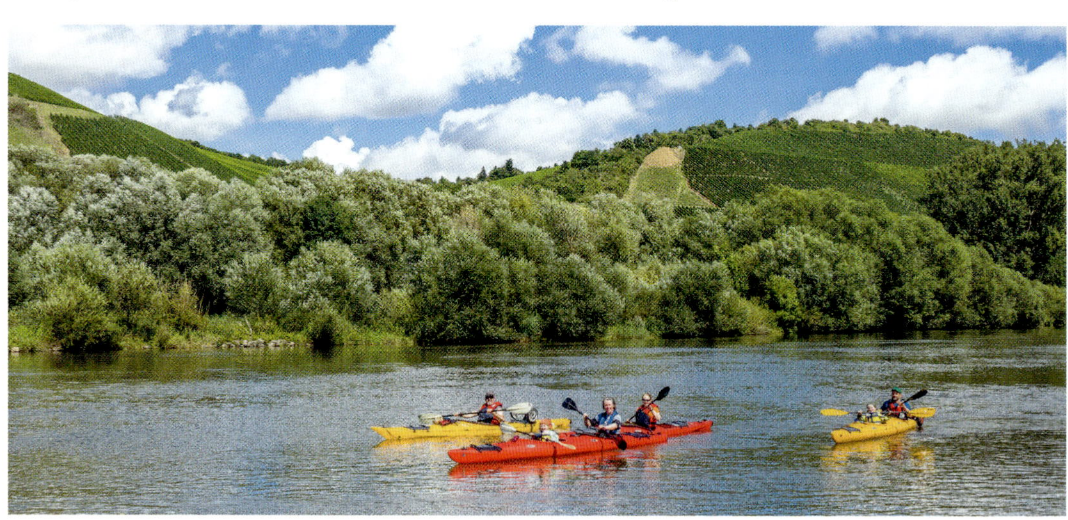

*Die sonnigen Weinhänge entlang des Mains sind eine Augenweide*

**Main Karte 4**

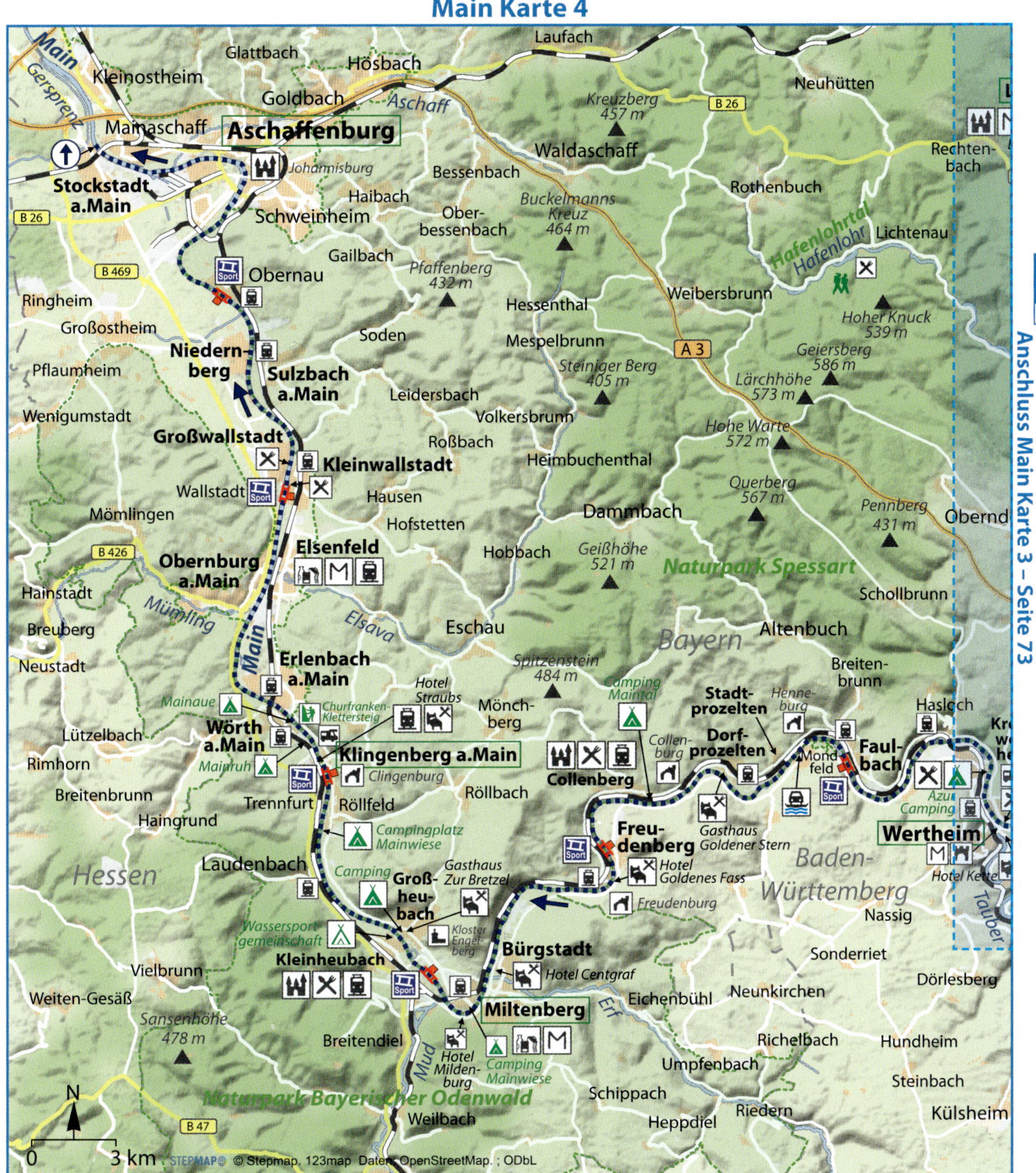


300 km

Anschluss Main Karte 3 – Seite 73

*gebiet Buntsandsteinbruch Reisenhausen* dicht ans rechte Ufer.

Über die **Schleuse Freudenberg a. Main** *(km 133,9)* kommen wir zum gleichnamigen Städtchen, das von der imposanten Ruine der ***Freudenburg*** überragt wird. *Die Hangburg aus dem 12. Jh. wird alle zwei Jahre zur Bühne für die überregional bekannten Burgschauspiele.*

Eingerahmt vom ***Bayerischen Odenwald*** auf der einen und ***Spessart*** auf der gegenüberliegenden Seite fließt der Main gemächlich nach **Bürgstadt**, an der Mündung der ***Erf*** gelegen. *Der traditionsreiche Winzerort ist der Endpunkt des Fränkischen Rotwein Wanderwegs.*

Jetzt geht es in den südwestlichen Knick des Mainvierecks nach **Miltenberg** *mit dem* *weltberühmten Schnatterloch am historischen Marktplatz und der **Mildenburg**. Trotz 3.500 Jahre stolzer Geschichte ist die Stadt quirlig und jung geblieben. So zeigt das „Museum.Burg. Miltenberg“ einen spannungsreichen Dialog zwischen Ikonen und zeitgenössischer Kunst des 20. und 21. Jahrhunderts.*

Die „Perle des Mains“ hinter uns lassend, paddeln wir nordwärts auf Aschaffenburg zu. Hinter der **Schleuse Heubach** *(km 122,4)* wartet im linksufrigen **Kleinheubach** ein beeindruckendes *Schloss im Stil von Versailles, das sich die Fürstenfamilie zu Löwenstein in der ersten Hälfte des 18. Jahrhunderts errichten ließ.*

Hoch über den Weinreben am gegenüberliegenden Ufer thront ***Kloster Engelberg***. Ihm zu Füßen liegt **Großheubach**, wo man immer eine offene Häckerwirtschaft findet, um den hervorragenden Frankenwein zu probieren. *Der klassische Aufstieg hinauf auf den Engelberg führt über die 612 Treppenstufen der „Engelstaffeln“.*

Eine sanfte Mainkurve bringt uns zur **Schleuse Klingenberg** *(km 113,1)* wo nur ein geringer Höhenunterschied zu überwinden ist und dann zeigt sich auch schon die mittelalterliche Stadtsilhouette **Klingenbergs a. Main**. Hinter ihr erheben sich steile Weinbergterrassen, auf denen das Wahrzeichen der Stadt thront – die ***Clingenburg*** aus dem 12. Jahrhundert.

Nicht ohne einen der berühmten Klingenberger Roten probiert zu haben, treiben wir durch das sich öffnende Maintal an den Städten **Wörth** und **Erlenbach** vorbei. Bei *Flusskilometer 104* markieren **Obernburg** links und **Elsenfeld** rechts an der Mündung ***Elsava*** in den Main den Beginn des Schlußspurts zum Tourenende in Aschaffenburg. **Obernburg a. Main** *war ursprünglich ein römisches Kastell und Geschichtsinteressierte können die römische Vergangenheit z.B. auf dem Römerspaziergang oder im Römermuseum erkunden.*

Die nächsten Möglichkeiten zur Rast bietet sich hinter der **Schleuse Wallstadt** *(km 101,2)* entweder am rechten Ufer in der Marktgemeinde **Kleinwallstadt** oder am gegenüberliegenden Ufer im Weinbauort **Großwallstadt**.

Über **Niedernberg**, *das ebenfalls auf eine römische Kastellanlage zurückgeht,* erreichen wir die **Schleuse Aschaffenburg-Obernau** *(km 92,9)*. Der Main schlägt noch eine Kurve und dann taucht die gewaltige Fassade von ***Schloss Johannisburg*** am Hochufer des Mains vor uns auf. *Der mächtige Vierflügelbau hat eine Abmessung von 90 x 90 Metern!*

Den ausgiebigen Stadtbesuch des „Bayerischen Nizza“, wie **Aschaffenburg** auch gerne genannt wird, verschieben wir auf später. Eine gute Gelegenheit für den Landgang bietet die Anlegestelle am Theoderichstor in der Außenkurve unterhalb des Schlosses *(km 86,7)*. Direkt nebenan bietet ein Biergarten die Möglichkeit zur Einkehr.

Wir setzen die Fahrt auf dem ***Main*** bis **Stockstadt a.Main** fort, wo sich bei *Flusskilometer 81* am linken Ufer ein guter Anleger befindet, um die Tour zu beenden.

Mit der Regionalbahn geht es zurück nach Bamberg um wieder zum Auto zu gelangen.

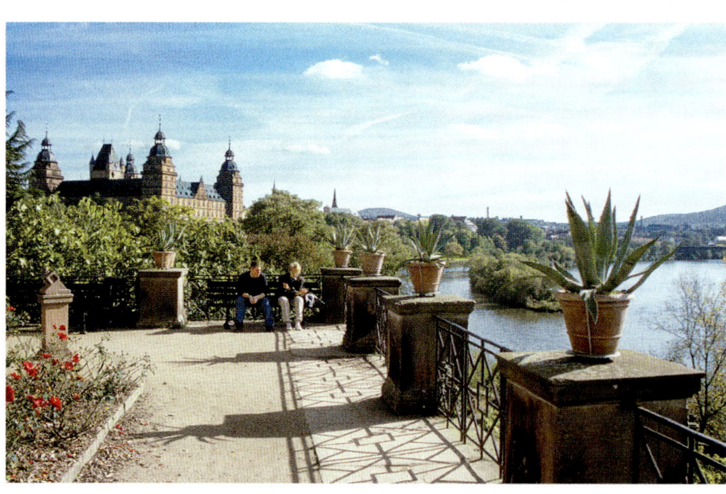

*Aschaffenburg – das „Bayerische Nizza“*

# Die Regnitz

*Wasserschöpfräder, Jeans und Nostalgie*

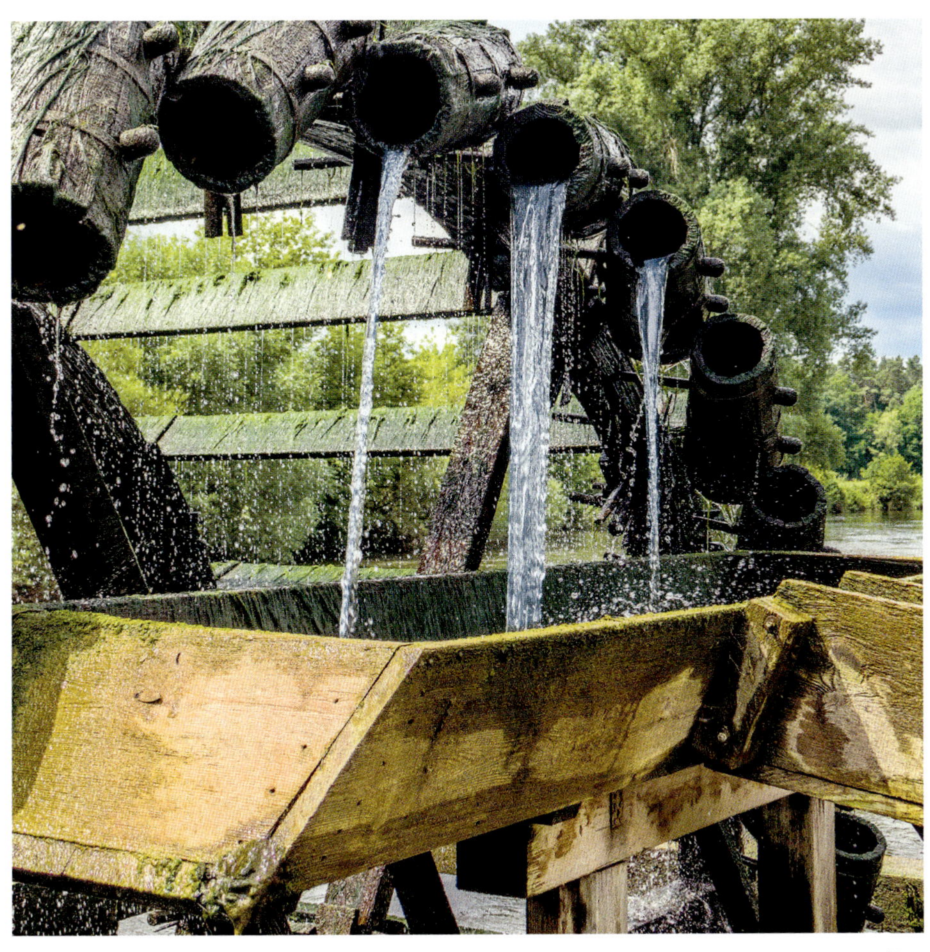

Tour 4

## Tour-Infos Regnitz

| Aktivitäten | Natur | Kultur | Baden | Hindernisse |
|---|---|---|---|---|
|  |  |  |  |  |

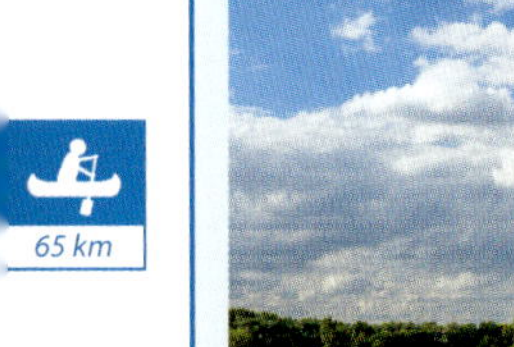
65 km

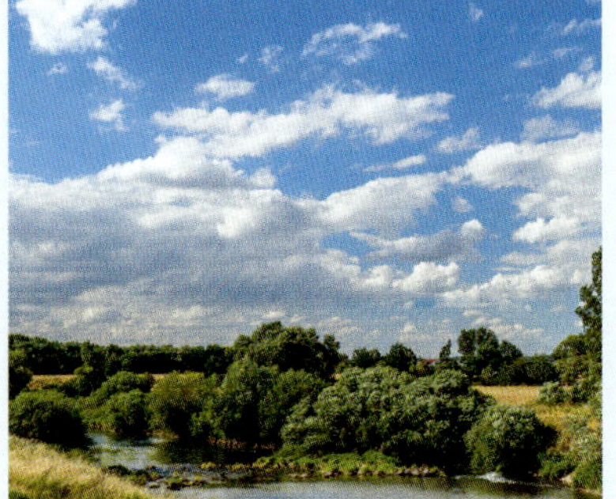

**Charakter der Tour**

Die Regnitz ist ein schöner, ohne Schwierigkeiten zu befahrender Wanderfluss, der in einem weiten Tal durch fruchtbare Wiesen und vorbei an den Ausläufern der Fränkischen Schweiz und des Steigerwaldes fließt.

Im Unterlauf ist der Fluss abschnittsweise Teil des Europa-Kanals (Rhein-Main-Donau-Wasserstraße). Teils nutzt hier der Kanal das Flussbett der Regnitz, teils darf sie auch im eigenem Bett, parallel zum Kanal weiterfließen. Entlang der Regnitz finden sich natürliche Auwälder, äußerst seltene Sandgebiete und stille Altarme mit einer einmaligen Tier- und Pflanzenwelt.

**Länge & Dauer der Tour:** 65 km, 3 Tage
**Schwierigkeit:** Leicht, aber nur wenige Übernachtungsmöglichkeiten direkt am Wasser

**Umtragestellen:** Auf der vorgestellten Strecke müssen insgesamt **11 Wehre** umtragen werden.

**Bootswagen:** Das Mitführen eines **Bootswagens** ist zu empfehlen.

**Etappenvorschlag 3-Tagestour:**
**1. Tag:** Fürth – Erlangen (19 km)
**2. Tag:** Erlangen – Forchheim (20 km)
**3. Tag:** Forchheim – Bamberg (25 km)

**Tipps für Tagestouren:**
**1.** Fürth – Erlangen (19 km)
**2.** Altendorf – Bamberg (18 km)

**Befahrungsregelungen**
Im Unterlauf folgt die Tour zum Teil dem **Main-Donau-Kanal.** Es gilt die **Binnenschifffahrtsordnung**.

**Anreise:** A 73, *Ausfahrt Fürth-Poppenreuth,* weiter Richtung Fürth-Stadtmitte. Vor der Brücke über die Pegnitz rechts ab zum Parkplatz.

**Einsetzen & Parken:** Einstieg in **Fürth an der Pegnitz** unter der Brücke am Parkplatz in der *Ulmen-Straße* ca. 500 m vor der Vereinigung von Rednitz und Pegnitz zur Regnitz.

**Aussetzstelle:** ***Bootshaus des Bamberger Faltboot-Clubs*** am Main-Donau-Kanal *(Weidendamm 150)*, alternativ am ***Jahnwehr*** in **Bamberg** *(Galgenfuhr 30, 96049 Bamberg)*.

**Zurück zum Pkw:** Zwischen Bamberg und Fürth besteht eine gute Bahnverbindung.

**Kartenmaterial & Literatur-Tipps:**

**ADFC Regionalkarte Nürnberg & Umgebung** mit Tagestouren-Vorschlägen, 1:75.000, BVA BikeMedia.

**Im Fluss der Geschichte: Bambergs Lebensader Regnitz** (Wechselspiel zwischen Fluss und Stadt, fachkundige Texte zeigen wie die Regnitz Stadt und Region geprägt hat, *Regina Hanemann,* Spurbuch-Verlag.

**Kunstreiseführer Franken**, *Dettelbacher / Fröhling / Reuß,* DuMont Verlag.

**„Bamberger Zauber"** (Franken Krimi), *Harry Luck,* Emons Verlag.

**Übernachtung in Wassernähe**
(in der Reihenfolge des Tourenverlaufs):

**Erlangen:**
***Gasthof Ritter St. Georg***
Leipziger Str. 3
Tel. (09131) 766 50
www.gasthof-ritter-st-georg.de

***Naturfreundehaus***
(Gästezimmer, kein Zelten)
Wöhrmühle 6
Tel. (09131) 479 11
www.naturfreunde-erlangen.de

**Burk** (OT von Forchheim):
***Hotel-Gasthof Schweizer Grom***
Röthenstraße 5
Tel. (09191) 39 55
www.hotel-schweizergrom.de

**Forchheim:**
***Jugendzeltplatz***
(auf der Schleuseninsel zwischen Regnitzarm & Rhein-Main-Donau-Kanal)
Zur Staustufe 21
Tel. 0173-321 01 52
www.forchheim-erleben.de

**Pautzfeld** (OT von Hallerndorf):
***Gasthof Schneider***
Pautzfelder Str. 16
Tel. (09545) 87 68
www.gasthofschneider.de

***Gästehaus Georg Kammerer***
Pautzfelder Str. 36
Tel. (09545) 74 68
www.gaestehaus-kammerer.de

**Bamberg:**
***Campinginsel Bug***
Am Campingplatz 1
Tel. (0951) 563 20
www.campinginsel.de

***Hotel Buger Hof***
Am Regnitzufer 1
Tel. (0951) 560 54
www.buger-hof.de

***Hotel Lieb***
Am Regnitzufer 23
Tel. (0951) 560 78
www.hotel-lieb.de

***DKV-Station***
***Bamberger Faltboot-Club***
Weidendamm 150
Tel. (0951) 686 24
www.faltbootclub.de

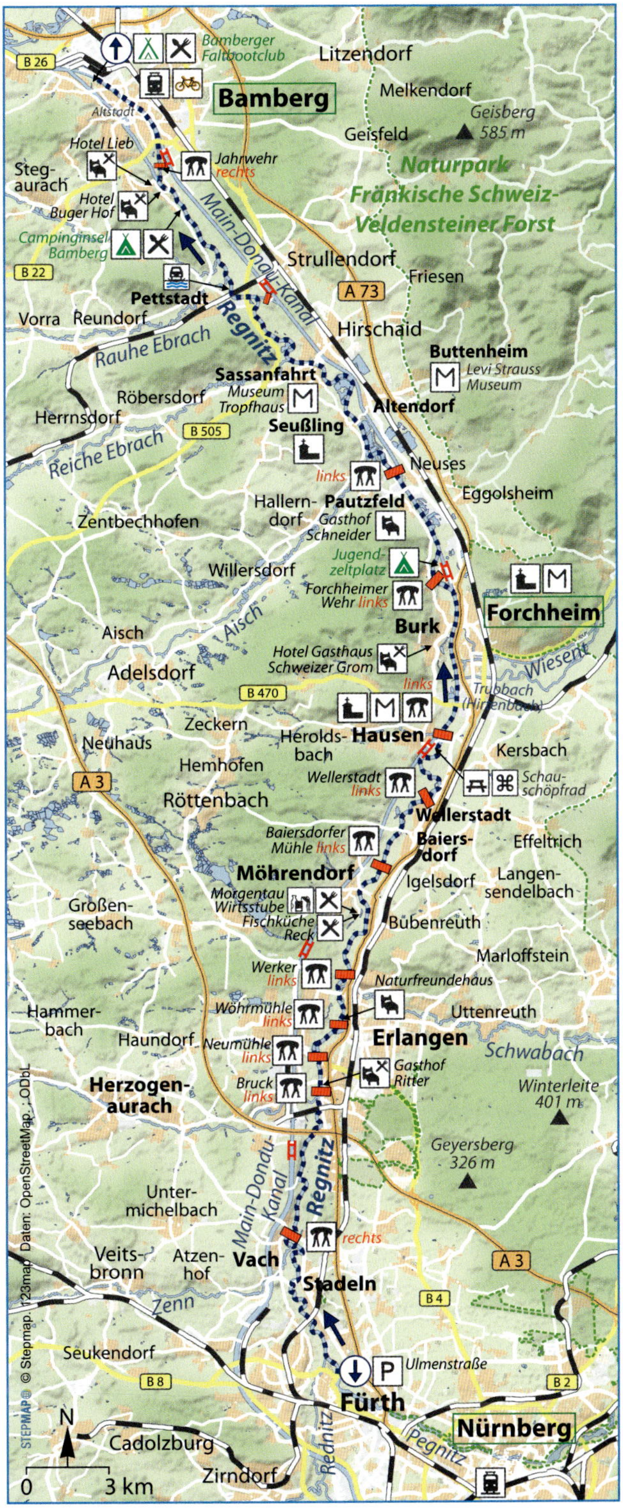

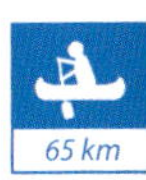

**Kanuvermieter & Veranstalter:** Es gibt keine Kanuvermietung direkt an der Regnitz.
Geführte Kanufahrten auf der Regnitz bietet an: ***FP sportreisen***, Kirchröttenbach A 9, 91220 Schnaittach, Tel. 0178 - 819 30 35 (Mai-Okt), Tel. (09126) 29 31 00, www.fp-sportreisen.de

## Sehenswertes an der Regnitz

**Nürnberg:** Siehe *Stadtrundgang* hinten im Buch auf Seite 316.

**Fürth:** Gut erhaltene *Altstadt* mit fränkischen *Sandstein- und Fachwerkhäusern*; schlichte *Michaeliskirche* (16. Jh.); *Rathaus* von 1850 in Anlehnung an das Rathaus von Florenz, dem Palazzo Vecchio; *barockes Stadttheater; Jüdisches Museum Franken* (Königsstr. 89, www.juedisches-museum.org), *Centaurenbrunnen* (1890) auf dem Bahnhofsplatz.

**Erlangen:** *Marktplatz* mit *Paulibrunnen* (1886); *Palais Stutterheim* auf dem angrenzenden *Schlossplatz*; barockes ***Schloss*** mit ***Orangerie***, *Markgrafentheater & Botanischer Garten* im Schlosspark; *Hugenottenkirche* (1686-1693) mit 52 Meter hohem Turm; *Altstädter Rathaus* mit *Stadtmuseum* (www.erlangen.info).

**Möhrendorf:** *Historische Wasserschöpfräder.*

**Hausen:** *Kirche* (1468) im *Barockstil* umgebaut; *Dorfmuseum* im *Greifenhaus*; *historisches Wasserrad.*

**Forchheim:** *Marktplatz* mit *Fachwerkhäusern* und *Osterbrunnen*; *Rathaus* mit stattlichem *Rathaussaal* (1865 neugotisch umgestaltete Halle); überwiegend gotische *Pfarrkirche St. Martin* (1720 mit barocken Stuckaturen ausgestattet); *Festungsmauer* (1560-1750) mit *mittelalterlichem Saltorturm* und dem *Nürnberger Tor* von 1698; *Kaiserpfalz* (ehem. Schloss der Bamberger Fürstbischöfe), im 14. Jh. errichtet, im 16. / 17. Jh. erweitert mit *Pfalzmuseum* (Funde zur Vor- und Frühgeschichte der Region) & *Archäologie-Museum Oberfranken*, www.kaiserpfalz.forchheim.de; jahrhundertealte *Fischkästen* in der Wiesent.

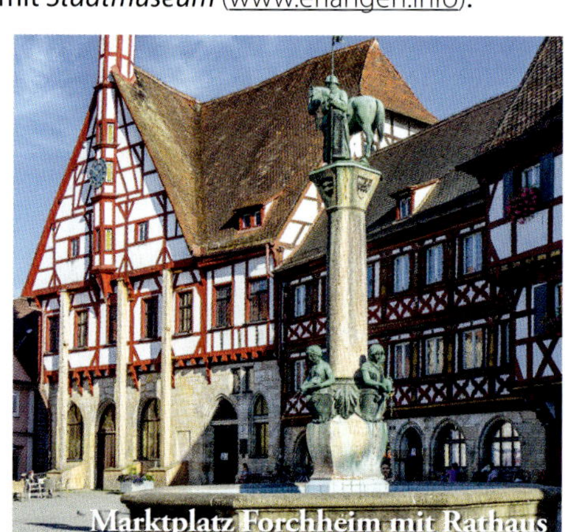
Marktplatz Forchheim mit Rathaus

**Seußling:** *Pfarrkirche St. Sigismund* (ehem. Slawenkirche).

**Buttenheim:** *Levi Strauss Museum* (*Di+Do 14-18, Sa+So 11-17*, www.levi-strauss-museum.de).

**Sassanfahrt:** *Tropfhaus* mit *Tropfhausmuseum* (*Apr-Okt 1. + 3. So 13-17*, www.museum-tropfhaus.de).

**Bamberg:** Siehe *Stadtrundgang* Seite 311.

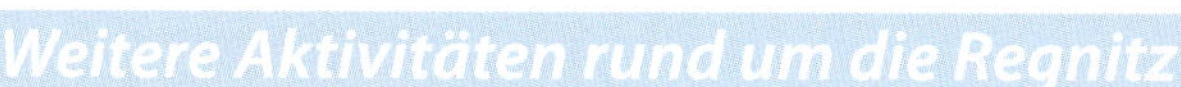

## Weitere Aktivitäten rund um die Regnitz

**Radfahren:** ***RegnitzRadweg*** in zwei Varianten, beide Routen lassen sich zu einer Rundtour kombinieren: Die ***Talroute*** *(84 km)* folgt auf Nebenstraßen und Wirtschaftswegen den Windungen der Regnitz. Parallel dazu führt die ***Kanalroute*** *(72 km)* entlang des Main-Donau-Kanals.

**Fahrradvermieter:**
**Bamberg:** ***Rent-a-bike,*** Elisabethenstr. 4, Tel. 0171-480 84 06, www.rent-a-bike-bamberg.eu ***Radl-Dran*** *(auch geführte Stadtrundfahrten & Regnitz-Radtour)*, Mußstr. 53a, Tel. 0176-38 08 05 30, www.radl-dran.de

**Wandern:** Vielfältige Wandermöglichkeiten in der Fränkischen Schweiz. Der Fränkische Schweiz-Verein mit seinen 44 Ortsgruppen kümmert sich um den Unterhalt des über 4000 Kilometer langen Wegenetzes.

**Museum:**
Im ***Fränkischen Brauereimuseum*** in **Bamberg** in den historischen Gemäuern der ehemaligen Benediktiner-Braustätte auf dem Michelsberg dreht sich alles ums Bier. Über 1.300 Exponate zeigen den Weg der Gerste vom Feld in den Bierkrug (*Apr-Okt*, Michelsberg 10f, Tel. (0951) 530 16, www.brauereimuseum.de).

**Tourist-Infos:**

**Nürnberg:** ***Tourismusverband Franken***, Wilhelminenstr. 6, Tel. (0911) 94 15 10, www.frankentourismus.de

**Bamberg:** ***Stadtinfo Bamberg***, Geyerswörthstr. 5, Tel. (0951) 297 62 00, www.bamberg.info

# Die Regnitz

*Gemessen an der Einwohnerzahl besitzt die mehr als 1.000 Jahre alte Stadt* **Fürth** *die vierthöchste Dichte an Baudenkmälern unter den deutschen Großstädten. Im Zweiten Weltkrieg wurde die „Wissenschaftsstadt" durch Bombenangriffe „nur" zu etwa 12 Prozent zerstört. Dadurch ist das historische Stadtbild weitgehend erhalten geblieben.*

Einen guten Startpunkt für meine 3-Tagestour auf der Regnitz finde ich in Fürth am *Parkplatz* in der *Ulmenstraße* unter der Ludwigbrücke, der nur etwa 100 Meter vom Ufer der ***Pegnitz*** entfernt liegt. Nach dem Ablegen passiere ich einen Fußgängersteg, kurz darauf vereinigen sich ***Pegnitz*** und die von links kommende ***Rednitz***.

Zügig fließt der breite Fluss, der nun auf den Namen ***Regnitz*** hört, über mehrere spritzige, aber völlig harmlose ***Sohlgleiten***. Gut einen Kilometer nachdem ich die erste Eisenbahnbrücke hinter mir gelassen habe, dreht sich am Ufer das ***Stadelner Wasserschöpfrad***, dem im weiteren Verlauf noch einige folgen werden. *Die sandigen Böden in Kombination mit den heißen, trockenen Sommern machen eine regelmäßige Bewässerung der Felder rund um die Regnitz notwendig. Ab Mitte des 13. Jahrhunderts begann man daher mit dem Bau der hölzernen Wasserschöpfräder, die an Mühlräder erinnern. Zu Beginn des 19. Jahrhunderts waren auf dem rund 25 km langen Regnitzabschnitt zwischen Fürth und Forchheim etwa 190 solcher Wasserräder in Betrieb.*

Bald zieht links ein mit Solarzellen bestückter Hügel den Blick auf sich. *Hier wurde aus der Deponie Atzenhof, auf der bis 1999 Haus-, Gewerbemüll und Klärschlamm abgelagert wurden, ein „Solarberg" mit einer großflächigen Photovoltaikanlage aus 5.760 Solarmodulen.*

65 km

Die ***Regnitz*** bringt mich in einem weiten Bogen auf die Rückseite des „Solarzellenmüllbergs" und nachdem von links das Flüsschen ***Zenn*** der Regnitz sein Wasser spendiert hat, lege ich am rechten Ufer vor dem ***Wehr*** in **Vach** an.

Das auf dem Bootswagen festgezurrte Kajak schiebe ich am Fischumlauf, der sich aufgrund mehrerer enger Rohrdurchlässe leider nicht befahren lässt, ca. 300 Meter entlang über die Wiese. Anschließend komme ich gleich hinter der Straßenbrücke zurück ans Regnitzufer.

Hinter dem ***Wehr*** unterstützt mich die gute Strömung beim Paddeln. Hinter der nächsten Straßenbrücke umfließt die Regnitz eine Insel, die sowohl links als auch rechts umfahren wer-

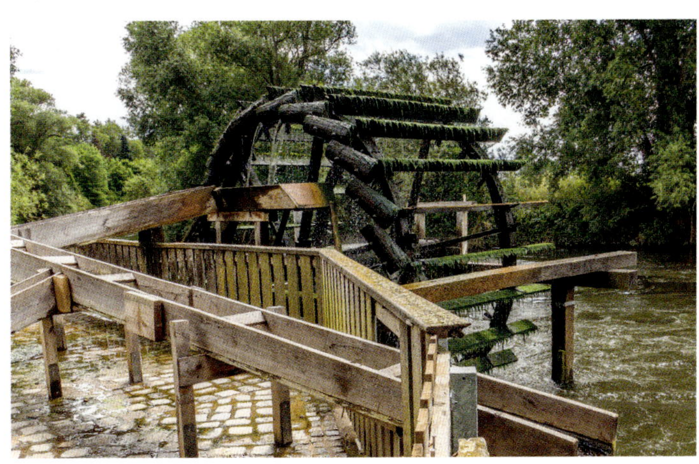

*Stadelner Wasserschöpfrad*

den kann. Bald werden die Ufer städtischer und die Angler zahlreicher. Nach Unterfahrung der Autobahn- und einer Eisenbahnbrücke warnt ein Schild vor dem nächsten Wehr in 600 Metern Entfernung.

Vorbei an einem Wasserschöpfrad fahre ich nun auf das ***Wehr*** in **Erlangen-Bruck** zu, das ich am linken Ufer umtrage. Dort haben die örtlichen Kanuten ein paar Slalomstangen zum Üben in den Fluss gehängt.

65 km

Kurz vor der folgenden Straßenbrücke bietet der *Gasthof „Ritter St. Georg“* direkt am rechten Ufer eine gute Übernachtungsmöglichkeit.

Auch hinter der nächsten Straßenbrücke rauscht es wieder. Ich steige unmittelbar vor dem ***Wehr Neumühle*** am linken Ufer aus, zerre das Boot über die Wiese und hole mir nasse Beine, da der Einstieg hinter dem Wehr unwegsam und rutschig ist. Vor einer Befahrung dieses Wehres ist wegen Verklemmungsgefahr durch aufgebogene Stahlträger im Wehr unbedingt abzuraten! Vom nahen Freibad klingt fröhliches Lachen zu mir herüber.

Rund 1,2 Kilometer weiter teilt sich die Regnitz in zwei Arme, die die Insel der ***Wöhrmühle*** umspülen. Ich nehme den linken Arm *(im rechten Flussarm müsste man zweimal umtragen)* und erreiche bald das ***Wehr*** an der **Wöhrmühle**. Hier ziehe ich das Boot am Fischumlauf entlang, um hinter dem Wehr gegenüber des Mühlengebäudes wieder einzusetzen um die letzten Meter des Tages zu paddeln. Direkt hinter der Fußgängerbrücke lege ich beim *Gästehaus der Naturfreunde* **Erlangen** *(kein Zelten)* an.

*Beim Stadtrundgang am Abend überrascht der Stadtkern von Erlangen mit der planmäßigen Geradlinigkeit einer barocken Residenz- und Universitätsstadt, statt des sonst in Franken so typischen Fachwerks. Die Stadt gibt sich jugendlich und das Fahrrad ist das am häufigsten verwendete Verkehrsmittel. Das Zentrum der Innenstadt bilden Markt- und Schlossplatz. Auffälligstes Gebäude auf der Südseite des Marktplatzes ist das ehemalige Palais Stutterheim, das heute Stadtbücherei und Städtische Galerie beherbergt. Hinter dem Paulibrunnen erhebt sich auf dem Schlossplatz die nüchterne Fassade des markgräflichen Schlosses. Östlich dahinter liegt der Schlossgarten mit Orangerie und Botanischem Garten.*

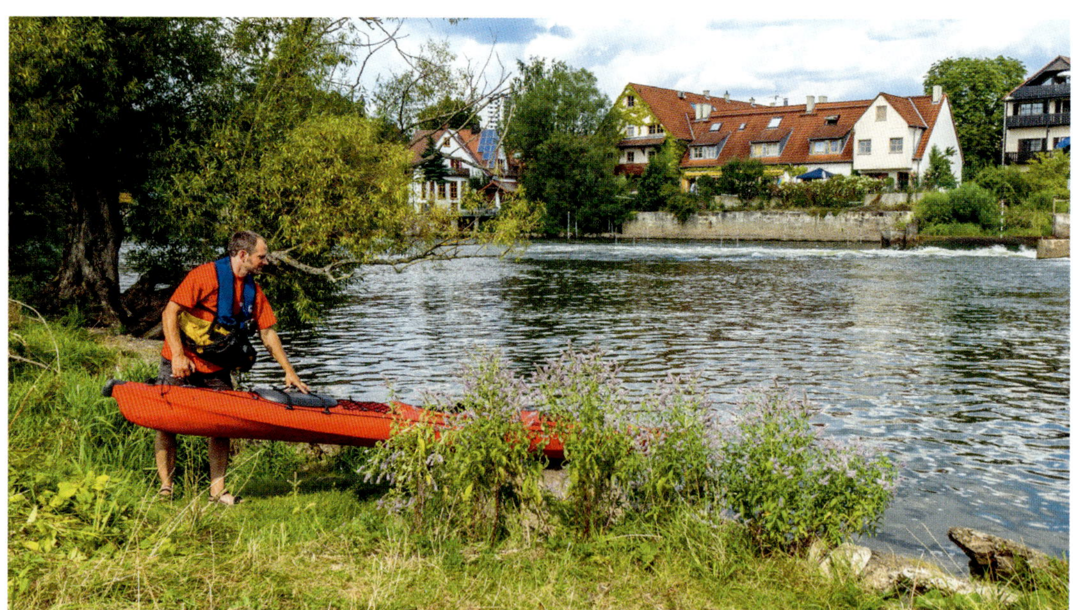

*Wehrumtragung Erlangen-Bruck*

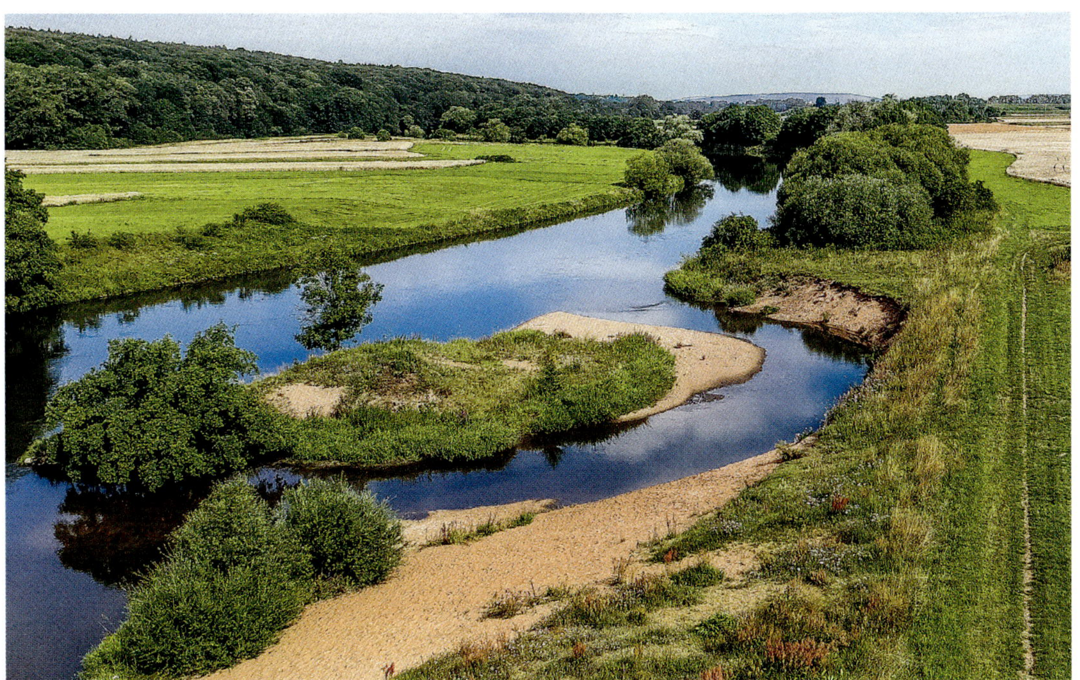

*Renaturierung ist auch immer Hochwasserschutz – uns Paddler freut's!*

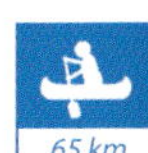


Nach dem Start am nächsten Morgen umfließt die Regnitz hintereinander zwei Inseln und schon ist das nächste ***Wehr*** in **Erlangen-Werker** erreicht. Links davon wird das Boot kurz über die Wiese am Hindernis vorbeigezogen.

An der nächsten Straßenbrücke geht es links nach **Möhrendorf**. Wäre es nicht noch so früh am Tag, lohnte ein Abstecher zurück zur *„Fischküche Reck"*, wo je nach Saison verschiedene Fischgerichte serviert werden. *Empfohlen vom Slow Food-Genussführer, werden auch Gegner der grätenreichen Küche zufriedengestellt. Zahlreiche traditionelle fränkische Fleischgerichte stehen auf der Karte und auch Vegetarier brauchen nicht mit leerem Magen weiterzupaddeln. Den gemütlichen Biergarten unter alten Bäumen mit Blick auf den Oberndorfer Weiher muss man einfach lieben und der Nachwuchs kann auf dem Abenteuerspielplatz nach Herzenslust toben, rennen und schaukeln.* Wer sich, von der Brücke aus kommend, immer links hält, findet sicherlich den Weg. Gleich gegenüber liegt die urige *„Morgentau Wirtsstube". Gute fränkische Küche und ein Hofladen mit über 100 frischen Lebensmittel vom Bauernhof lohnen den Besuch.*

Im folgenden Flussabschnitt sind die historischen Wasserschöpfräder besonders zahlreich. *Um die schweren Holzbauwerke zu betreiben, wurde die Regnitz vor dem jeweiligen Schöpfrad durch quer über den Fluss verlaufende Pfahlreihen aufgestaut. Diese Stauwehre führten immer wieder zu Streit zwischen Bauern und Fischern, wenn beispielsweise ein Fischer zwecks besserer Durchfahrt kurzerhand einige Pfähle abmontierte. Heute übernehmen elektrische Pumpen die Bewässerung und es sind nur noch Reste der Stauwehre vorhanden, die für die Befahrung mit dem Kanu keine Schwierigkeit darstellen: Mittig sind die Pfahlreihen problemlos zu befahren.*

Etwa einen Kilometer weiter stellt sich das ***Wehr*** an der ***Baiersdorfer Mühle*** in den Weg. Links vor den Häusern geht es an der Wiese an Land. Mit dem auf den Bootswagen geschnallten Kajak roller ich weiträumig etwa 300 Meter um die Gebäude herum, um den Hausbesitzer nicht zu belästigen.

Hinter einer weiteren Insel kündigen die Häuser von **Wellerstadt** am rechten Ufer schon den nächsten Stopp an. 200 Meter hinter der Straßenbrücke steuere ich vor dem ***Wehr Wellerstadt*** direkt auf die Steintreppe hinter dem weißen Häuschen am linken Ufer zu.

Vor der nächsten Insel halte ich auf die den rechten Flussarm überspannende Brücke zu. Knapp zwei Kilometer nach der Wiedervereinigung beider Flussarme und hinter der nächsten Kurve bietet, der *Rastplatz* am motorbetriebenen ***Schauschöpfrad*** in **Hausen** *(Dorfmuseum)* einen idyllischen Rahmen für eine Pause.

65 km

Das nächste ***Wehr*** direkt dahinter unter der Straßenbrücke umtrage ich links über die Straße. Die steilen Treppen am Einstieg hinter dem Wehr sind allerdings nicht nach meinem Geschmack.

Von links fließt gleich der ***Main-Donau-Kanal*** hinzu, der auf dem folgenden Abschnitt das ursprüngliche Flussbett der ***Regnitz*** nutzt.

Gut einen Kilometer weiter quert eine Straßen- und kurz darauf eine Eisenbahnbrücke den ***Main-Donau-Kanal.*** Jetzt ist der Lärm der immer näher an den Fluss heranrückenden Autobahn A 73, im Volksmund „Frankenschnellweg“ genannt, zu hören.

Nun tritt die Autobahn ganz dicht an den Flusslauf heran. Von rechts mündet die ***Wiesent*** über einen ***Regnitz-Altarm*** in den ***Kanal.*** Über die kurz hinter dem Zusammenfluss verlaufende Fußgängerbrücke gelangt man schnell ins nahe **Forchheim**.

*„Eingangstor zur Fränkischen Schweiz“ wird die alte Königsstadt auch genannt. Sie ist durch das in der Adventszeit zum „schönsten Adventskalender der Welt“ umgestaltete Rathaus bekannt. Im 8. und 9. Jahrhundert wurden in Forchheim ein fränkischer Königshof und eine Pfalz errichtet. Entsprechend sehenswert ist die rund 1.200 Jahre alte Stadt, die aufgrund ihrer Festungsmauer im Dreißigjährigen Krieg nie eingenommen wurde. Niedergeschrieben in einer mittelalterlichen Handschrift aus dem 12. Jahrhundert ist eine*

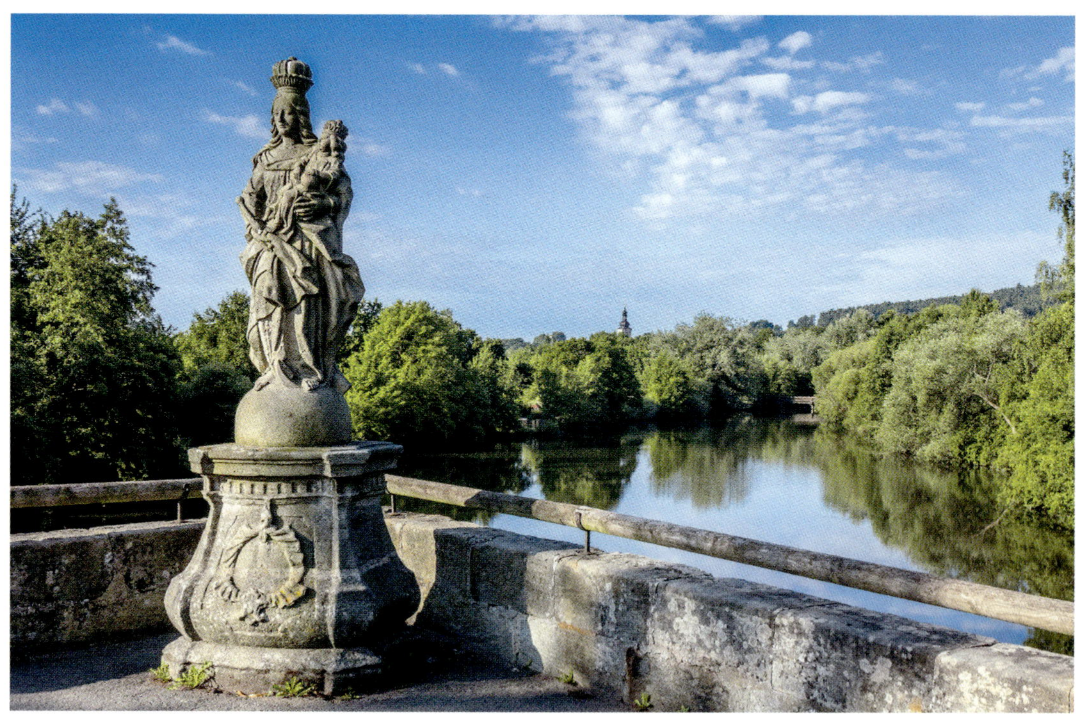

*Forchheim Regnitzbrücke*

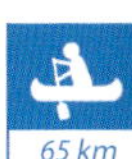


*Geschichte, die heute in der Bayerischen Staatsbibliothek München aufbewahrt wird. Einer Legende nach soll die Stadt Geburtsort von Pontius Pilatus gewesen sein, wovon der lateinische Spruch zeugt, der auf einem Stein der Stadtmauer gestanden haben soll „Forchhemii natus est Pontius ille Pilatus/Teutonicae gentis, crucifixior omnipotentis" (Zu Forchheim geboren ist jener Pontius Pilatus, der – von deutscher Herkunft – den Allmächtigen gekreuzigt hat). Für den stimmungsvollen Ausklang des Rundgangs bietet sich ein Abstecher in den Forchheimer Kellerwald an, wo insgesamt 23 Bierkeller selbstgebrautes Bier und deftige fränkische Küche servieren.*

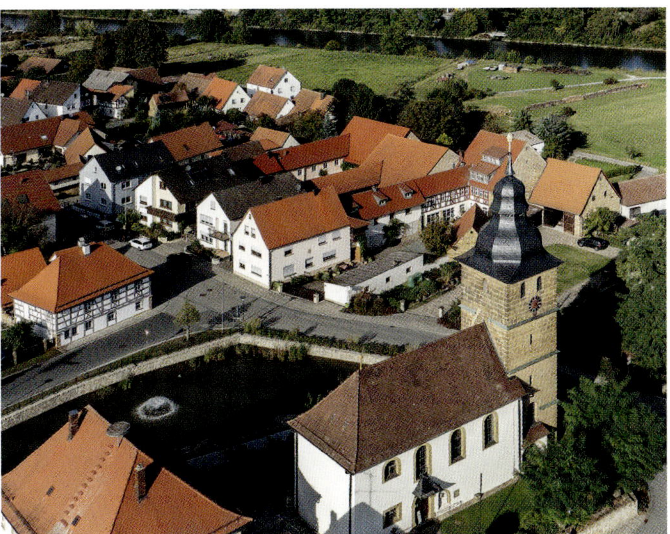

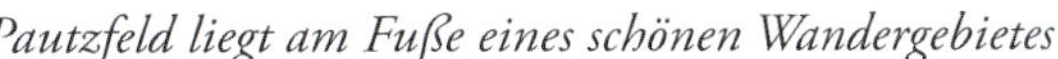
*Pautzfeld liegt am Fuße eines schönen Wandergebietes*

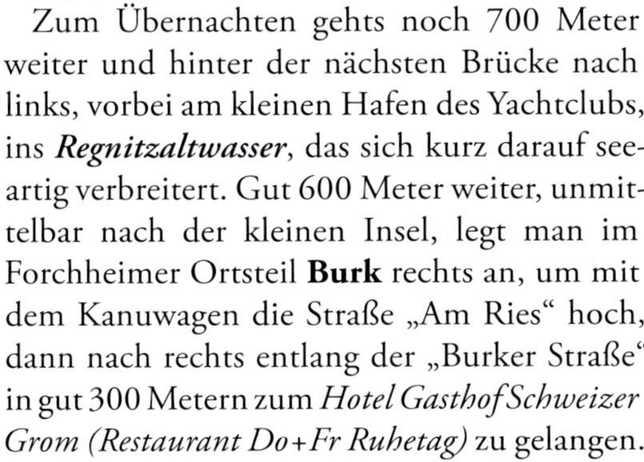

Zum Übernachten gehts noch 700 Meter weiter und hinter der nächsten Brücke nach links, vorbei am kleinen Hafen des Yachtclubs, ins ***Regnitzaltwasser***, das sich kurz darauf seeartig verbreitert. Gut 600 Meter weiter, unmittelbar nach der kleinen Insel, legt man im Forchheimer Ortsteil **Burk** rechts an, um mit dem Kanuwagen die Straße „Am Ries" hoch, dann nach rechts entlang der „Burker Straße" in gut 300 Metern zum *Hotel Gasthof Schweizer Grom (Restaurant Do+Fr Ruhetag)* zu gelangen.

Am Morgen geht es auf dem ***Altwasser*** zurück zum ***Main-Donau-Kanal*** und etwa eine Viertelstunde später gabelt sich der Flusslauf. Rechts voraus ist die Schleuse von Forchheim zu sehen. Man hält sich hier links auf dem alten ***Regnitzarm*** und erreicht bald das ***Forchheimer Wehr***. Nach Umtragen der Wehranlage am linken Ufer, gelange ich 700 Meter weiter, vorbei am *Jugendzeltplatz* der Stadt Forchheim, wieder zurück auf den ***Main-Donau-Kanal***.

Auf den folgenden drei Kilometern zieht sich dieser fast schnurgerade durch eine erstaunlich grüne Landschaft. Es ist sehr still und zu meiner Überraschung begegne ich keinem einzigen Dampfer oder Frachter. Vor der Straßenbrücke in **Pautzfeld** käme man am linken Ufer aus dem Wasser, um im *Gasthof Schneider* zu übernachten, dahinter teilen sich Regnitz und Kanal erneut. Ich halte mich links, um auf der ***Regnitz*** weiterzupaddeln und lege an der Betontreppe am linken Ufer vor dem ***Wehr*** in **Neuses** an. *Die frühere Bezeichnung des im breiten Regnitztal gelegenen Ortes lautete „Neuses am Fahr" – der neue Sitz an der Fähre. Mit dem Bau des Main-Donau-Kanals in der zweiten Hälfte des 20. Jahrhunderts gewann der Ort an Bedeutung, wenngleich schon der ehemalige König-Ludwig-Kanal direkt an Neuses vorbeiführte. Reste davon sind noch heute erhalten.*

Die Treppenstufen hinter dem Wehr führen ins Nichts und so schleife ich das Boot über die Wiese wieder zur ***Regnitz***. Anfangs ist der Fluss stellenweise sehr flach und an zwei ***Sohlschwellen*** schrammt mein Kajak gerade so eben über die Steine. Durch eine ausladende S-Kurve treibe ich auf die Brücke zwischen **Altendorf** und **Seußling** *(ehem. Slawenkirche)* zu. Rechts des Ufers liegen große Baggerseen.

*Sowohl das linksufrige Seußling als auch Altendorf blicken auf eine keltische Besiedlung zurück. Es gibt sogar Vermutungen, dass sie Außenposten des keltischen Oppidums (Stadt) Manching bei Ingolstadt gewesen sein könnte. Für die Bedeutung des Ortes spricht auf jeden Fall, dass keltische Münzen, Münzprägestempel, aber auch Eisenwerkzeuge gefunden wurden. Eine Münze aus der Zeit um 80 v. Chr., ein sogenannter Büschelquinar mit der Abbildung eines Pferdes, lieferte das Vorbild für das Altendorfer Gemeindewappen. In den 1970er Jahren wurde in der Gemarkung Neuses ein Münzschatz aus prägefrischen Münzen gefunden, bei dem es sich möglicherweise um die Gemeindekasse der keltischen Ortschaft gehandelt haben könnte, die in unsicheren Zeiten vergraben worden ist. Die Kelten wurden allmählich von den nach Süden vordringenden Germanen verdrängt. Wo heute der Neubert-Baggersee liegt, grub man einen germanischen Friedhof aus, der rund 450 Jahre belegt wurde.* Soviel Geschichte!

65 km

Von einem Ortsansässigen wurde ich noch darauf aufmerksam gemacht, dass die gute alte Jeans in **Buttenheim**, ein Nachbardorf von **Altendorf**, ihren Ursprung hat. Ehrlich – ich hab's erst nicht glauben wollen, aber der Erfinder der Jeans, Levi Strauss, wurde hier geboren! Im *Levi Strauss Museum* kann man sich über sein Leben und den Weg der Jeans informieren. Im angeschlossenen Museumsshop kann der Jeans-Fan mit den ausgefallenen Vintage Jeans sein eigenes Stück Geschichte erwerben und findet seltene Sammlerartikel.

## Levi Strauss

Das Leben von Levi Strauss, dem „Vater" der Blue Jeans, verkörpert, wie kaum ein anderes, den amerikanischen Traum.

Löb Strauß, so lautete sein Name ursprünglich, wurde am 26.02.1829 als jüngster Sohn von Hirsch Strauß und seiner Ehefrau Rebecca in Buttenheim geboren. Sein Vater betrieb, wie viele fränkische Landjuden, einen Hausierhandel mit Tuch und Kurzwaren, der für die insgesamt neunköpfige Familie gerade das Nötigste zum Leben abwarf. Im Jahre 1846 starb Hirsch Strauß an Tuberkulose. Sein Tod brachte die Familie in wirtschaftliche Schwierigkeiten. Deshalb entschied sich die Mutter Rebecca 1847 mit den drei jüngsten Kindern nach Amerika auszuwandern.

Dort hatten sich bereits einige Jahre früher die beiden ältesten Söhne niedergelassen und einen Textilgroßhandel gegründet. Die Familie fasste zunächst in New York Fuß. Wenig später erreichten Nachrichten von den ersten Goldfunden in Kalifornien die Ostküste. Im Jahre 1853 entschloss sich daraufhin der junge Levi, sein Glück an der Amerikanischen Westküste zu suchen.

Er gründete in San Francisco einen Großhandel für Stoffe und Kurzwaren. Im Sortiment war alles, was die Goldgräber, Minenarbeiter und Pioniere des damals noch Wilden Westens benötigten. Zusammen mit einem Kunden, dem Schneider Jacob Davis aus Reno, der ein Verfahren für die Verstärkung der strapazierten Stellen von Hosen mit Nieten erfunden hatte, meldete Levi Strauss 1873 schließlich ein Patent für vernietete Arbeitshosen an. Die Jeans war geboren!

Der Unternehmer Levi kam durch die Produktion der blauen Baumwollhosen zu Wohlstand, sein Name wurde durch sein Produkt unsterblich. Die ersten Kunden schätzten die Jeans hauptsächlich wegen ihrer Robustheit als Arbeitskleidung. Bald wurde das blaue Beinkleid jedoch weltweit salonfähig und entwickelte sich zur meistgetragenen Hose überhaupt. Der Name „Levis" ist heute, fast hundert Jahre nach dem Tod von Levi Strauss, der Inbegriff für die Jeans schlechthin – keine Marke ist bekannter.

Text: Thomas Kettler, Quelle: www.levi-strauss-museum.de

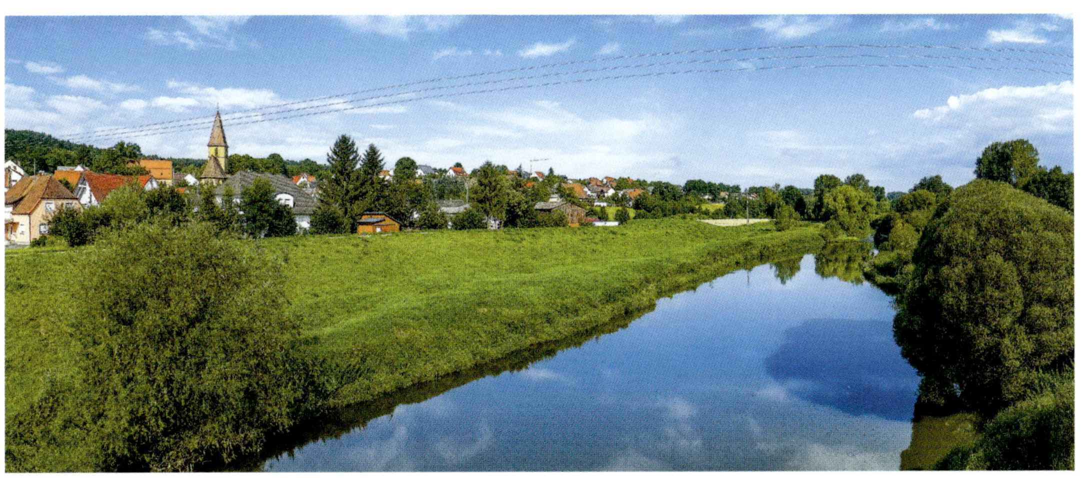

*Blick nach Seußling von der Brücke über die Regnitz*

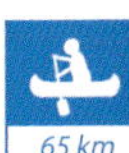


Hinter der Brücke wartet eine weitere ***Steinschüttung***, die, zumindest bei niedrigem Wasserstand, sehr flach ist. Rechts fließt etwas mehr Wasser, doch heißt es aufgepasst, denn dort drückt die Strömung direkt auf einige weit überhängende Weideäste am Prallhang.

Die ***Regnitz*** schlängelt sich gemütlich der Ortschaft **Sassanfahrt** entgegen.

*Auf Initiative des Reichsgrafen Julius von Soden wurden um 1800 im Rahmen einer Neuansiedlungsmaßnahme, über 90 kleine Häuser für siedlungswillige Neubürger errichtet. In den winzigen Häusern, die durchschnittlich 25-30 Quadratmeter Raum boten, mussten vielköpfige Familien wohnen und sich ihren Lebensunterhalt durch Tagelöhnerei und Heimarbeit, vor allem Korbflechterei, verdienen. Da die Grundstücke auf denen sie standen gerade so groß waren, wie es das vom Dach tropfende Regenwasser vorgab, entstand die nicht unzutreffende Bezeichnung „Tropfhäuser". Heute sind viele dieser Tropfhäuser aus dem Ortsbild verschwunden oder stark überbaut. In jenem, welches noch komplett erhalten ist und und im Zustand um 1890 restauriert wurde, befindet sich ein Museum (Apr-Okt 1.+3. So 13-17). Dort wird das einfache Leben der Bewohner und die Geschichte der Tropfhäuser erlebbar gemacht.*

Immer mal wieder rauscht nun das Wasser über eine ***Steinschüttung*** oder ***Sohlschwelle***. Mit robusten PE-Booten sind diese flachen Stellen aber problemlos zu meistern.

Ein ganzes Stück weiter lasse ich in einer scharfen Linksbiegung den von rechts kommenden ***Kraftwerkskanal*** liegen, unterfahre erst die Brücke der B 505 und erreiche unmittelbar hinter der bald folgenden Eisenbahnbrücke die ***Gierseilfähre*** von **Pettstadt** *(Mär-Okt tgl. 9-19)*, die älteste und letzte ihrer Art in Oberfranken.

Dahinter rauscht die Regnitz in einer eindrucksvollen, ***kräftigen Welle***, die quer über

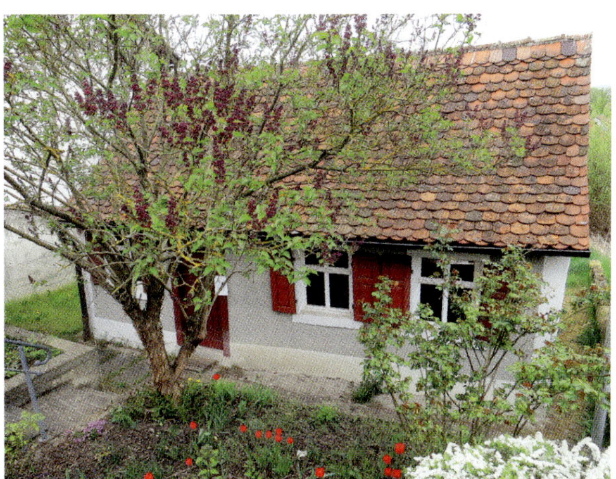

*Nur wenige der sogenannten „Tropfhäuser" exitstieren noch*

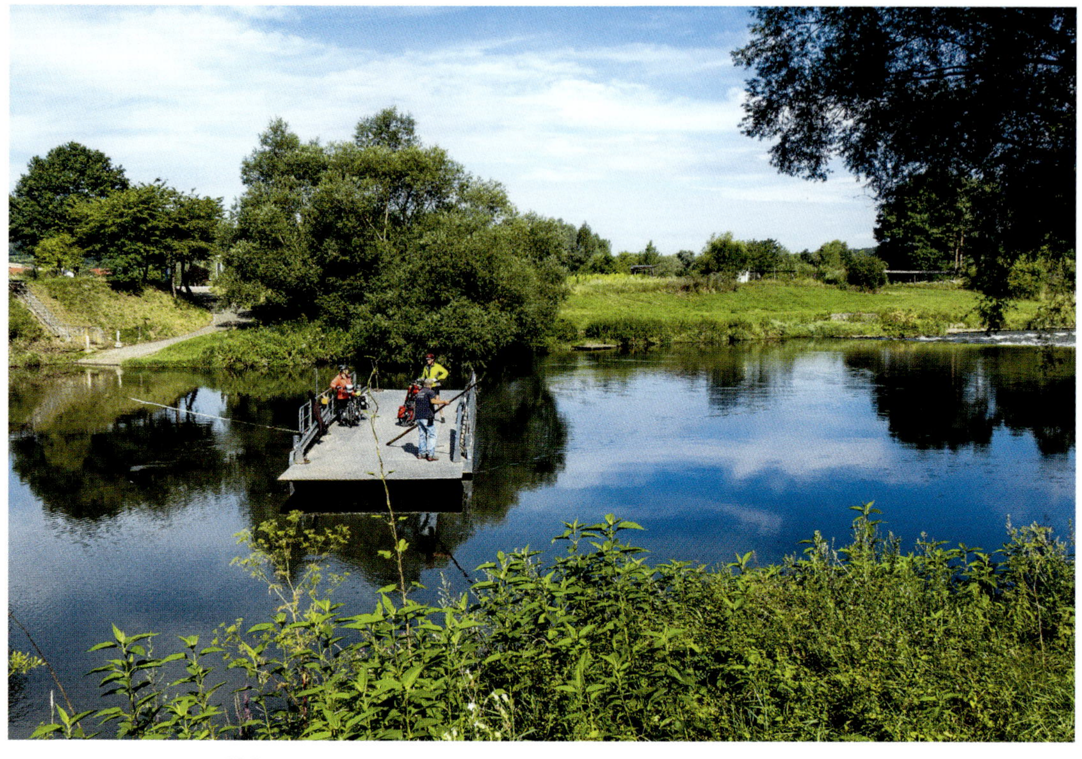

*Die Seilfähre von Pettstadt ist die älteste und letzte Gierseilfähre Oberfrankens*

65 km

dem gesamten Fluss steht und ich bin froh, die Spritzdecke rechtzeitig geschlossen zu haben.

Entlang des ausgedehnten Waldgebietes des ***„Naturwaldreservat Wolfsruhe"*** erreiche ich etwa 13 km hinter Altendorf am linken Ufer die *„Campinginsel Bamberg"* mit einem schönen Biergarten.

Direkt im Anschluss schieben sich die ersten Häuser von **Bamberg** ans Ufer. Bei der Bootsvermietung *(Tret- und Rudeboote)* an der ***Buger Spitze*** teilt sich die ***Regnitz*** in zwei Arme. Der ***linke Regnitzarm*** führt durch die historische Altstadt *(siehe Kanurundfahrt Bamberg Seite 50)*.

Mit meinem schwer bepackten Touringboot halte ich mich jedoch rechts und paddel vorsichtig bis kurz vor das ***Jahnwehr***. Am rechten Ufer an den Steinstufen setze ich aus, um das eindrucksvolle acht Meter hohe Wehr, das die Regnitz vom Main-Donau-Kanal trennt, zu umtragen.

Direkt vor dem Vereinsgelände des TV Jahn lasse ich das Kajak über die steilen Treppenstufen wieder hinab und paddel noch ein kleines Stück, bevor die ***Regnitz*** mich in den ***Main-Donau-Kanal*** schiebt.

Die *DKV-Kanustation des Bamberger Faltboot-Clubs* finde ich dann nach der Stadtdurchfahrt bei Kanalkilometer 3,7 am linken Ufer.

Von Bamberg nach Fürth besteht eine perfekte Bahnverbindung. Eine gute Gelegenheit um **Nürnberg**, das zusammen mit den benachbarten Städten Fürth, Erlangen und Schwabach das wirtschaftliche und kulturelle Zentrum Frankens bildet, einen Besuch abzustatten.

**Stadtrundgang Nürnberg** siehe Seite 316.
**Stadtrundgang Bamberg** siehe Seite 311.

# Die Wiesent

*Wildwassser auf fränkische Art*

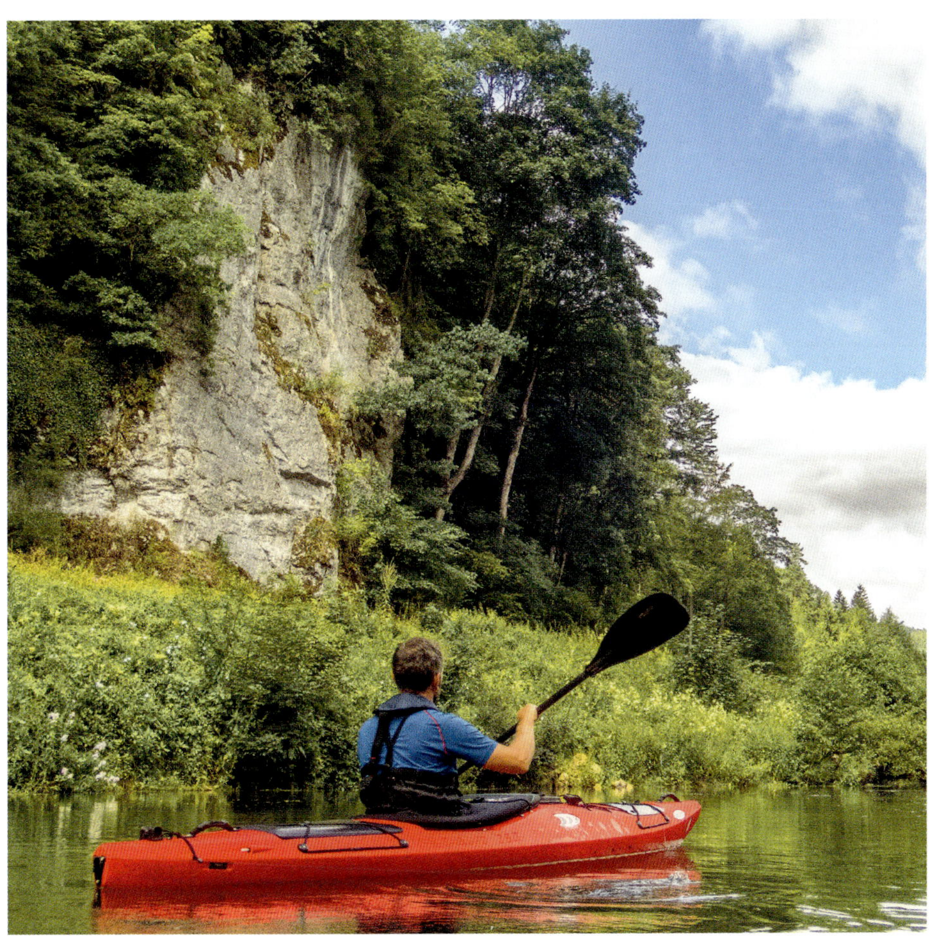

Tour 5

## Tour-Infos Wiesent

| Aktivitäten | Natur | Kultur | Baden | Hindernisse |
|---|---|---|---|---|
| ★★★★ | ★★★★ | ★★★☆ | ★★☆☆ | ★★☆☆ |

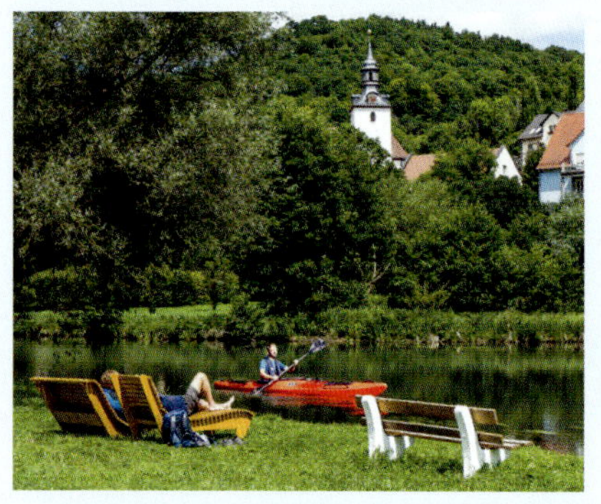

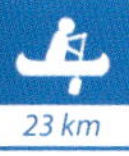


### Charakter der Tour

Die Wiesent ist ein herrlicher Kleinfluss mit flotter Strömung inmitten eines der schönsten Täler der Fränkischen Schweiz. Im gesamten Streckenverlauf verleihen unzählige kräftige Schwälle, enge Kurven und mehrere niedrige Stege der Tour eine sportliche Note. Wer bereits erste Erfahrung mit Boot und Paddel gesammelt hat, wird die gern gewählte Umschreibung „Fränkisches Wildwasser" zwar für übertrieben halten, für absolute Kanuneulinge aber gilt: Bitte die Jungfernfahrt nicht unbedingt auf der Wiesent unternehmen bzw. nur in Begleitung von erfahrenen Kanuten starten.

**Länge & Dauer der Tour:** 23 km, Tagestour **Schwierigkeit:** Mittel, für Anfänger eingeschränkt geeignet

**Umtragestellen:** Zwischen Doos und Ebermannstadt sind insgesamt **6 Portagen** zu bewältigen. Zusätzlich kann es, je nach Könnensstand, erforderlich sein, das **„Naturwehr" Baumfurt (WW I)** zu umtragen. Ein **Bootswagens** ist hilfreich.

### Befahrungsregelungen

Die Wiesent ist der letzte verbliebende Kanufluss in der Fränkischen Schweiz, alle anderen Gewässer wurden aus Naturschutzgründen für die Befahrung gesperrt. Damit dieses Paddelkleinod uns auch in Zukunft erhalten bleibt, sollten die geltenden Regeln strikt eingehalten werden. Die Befahrung ist in der „Verordnung der Regierung von Oberfranken zur Regelung des Gemeingebrauchs an der Wiesent" geregelt (https://www.fraenkische-schweiz.com/de/erleben/aktiv/kanufahren/). Unter anderem gilt:

1. Vom ***1. Oktober bis 30. April*** ist das Paddeln auf der Wiesent ***verboten***.
2. In der übrigen Zeit (1.5. bis 30.9. ) ist das Paddeln ***nur zwischen 9 und 17 Uhr*** (bis Sachsenmühle), bzw. bis 18 Uhr (ab Sachsenmühle) gestattet.
3. ***Ein- und Ausstieg*** nur an den ***ausgewiesenen Stellen***.
4. Erlaubt sind Kajaks, Canadier, Schlauchcanadier und Ruderboote ***bis maximal 6 m Länge*** und ***4 Plätzen***. Organisierte Touren mit ***mehr als 10 Booten*** sind ***untersagt***. Kein „Stand-Up-Paddling"!
4. ***Nur in Fließrichtung*** fahren und dort, wo das Wasser am tiefsten ist.

**Anreise:** A 73 Bamberg – Erlangen *(Ausfahrt Forchheim-Süd)* oder A 9 Berlin – München *(Ausfahrt 44-Pegnitz)*; anschließend über die B 470 bis Behringersmühle und dort bergauf nach **Doos**.

**Einsetzen & Parken:** In **Doos** am Parkplatz hinter der Mündung der Aufseß gegenüber der Kanuvermietung *(Doos 17, 91344 Waischenfeld)*.

**Aussetzstelle:** Ausstieg hinter der Straßenbrücke in **Ebermannstadt** beim Schwanenbräu-Biergarten *(Mühlenstr. 1, 91320 Ebermannstadt)*.

**Zurück zum Pkw:** Entlang der Straße im Wiesenttal rund 22 Kilometer von der Aussetzstelle bis zum Einstieg in Doos. Jedoch ist die Querverbindung über den Bergrücken zwischen Muggendorf und Doos nur etwa vier Kilometer kurz und verkürzt die Strecke zwischen Start und Ziel auf gut 11 Kilometer. Daher am besten schon bei der Anreise das Rad in Ebermannstadt deponieren und dann, mit einigen Extra-Schweißtropfen (die Steigung zu Beginn ist beträchtlich), zurück zum Auto per Rad.

**Kartenmaterial & Literatur-Tipps:**

**Wanderführer & Karte Fränkische Schweiz**, 55 Touren & Extra-Tourenkarte, **1:50.000, Kompass Verlag.**

**Umgebungskarte Naturpark Fränkische Schweiz - Veldensteiner Forst** (UKL 29), 1:50.000, Bayerische Landesvermessung.

Michael Müller Verlag: **„Reiseführer Fränkische Schweiz“,** individuelles Reisen, viele praktische Tipps I MM-Wandern **„Wanderführer Fränkische Schweiz“,** 35 Touren, GPS-Kartierte Routen, Reisetipps.

Bruckmann Verlag: **„Entdeckertouren Fränkische Schweiz“,** 33 Wanderungen durch faszinierende Naturräume I **„Vergessene Pfade Fränkische Schweiz“,** 33 stille Touren zu verborgenen Naturschönheiten I **„Geheimnisvolle Pfade Fränkische Schweiz“,** 30 Wanderungen zu magischen Orten aus Sage & Vorzeit I **„Mystische Pfade Fränkische Schweiz“,** 35 Wanderungen auf den Spuren von Sagen und Traditionen I **„Wandergenuss Oberfranken und Fränkische Schweiz“,** 34 spannende Natur- und Kultur-Erlebnisse auf aussichtsreichen Wegen I **„Radtouren am Wasser Mainfranken & Fränkische Schweiz“,** 30 Touren.

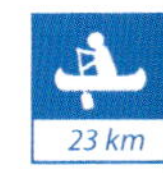


**Wandern in der sagenhaften Fränkischen Schweiz:** 22 spannende Touren und Sagen für Groß und Klein - Mit GPS-Tracks, Hans Fahner Verlag.

Reiseführer **„111 Orte in Bayreuth & der fränkischen Schweiz die man gesehen haben muss“,** emons Verlag.

**„Mord am Walberla“** (Krimi), *Johannes Wilkes*, ars vivendi.

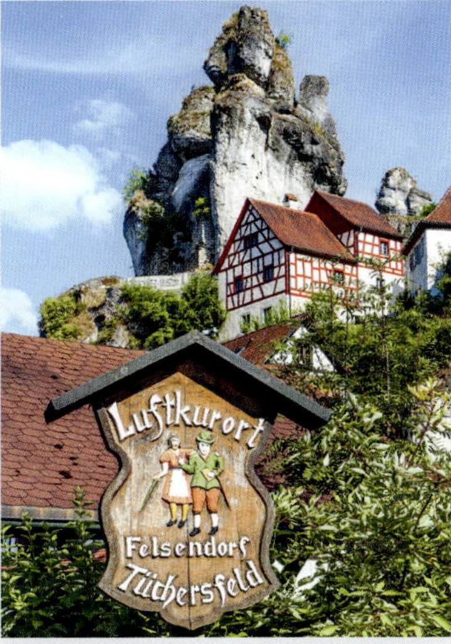


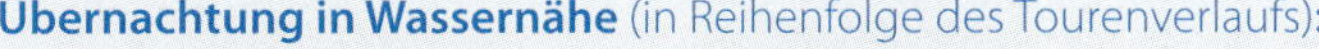

**Übernachtung in Wassernähe** (in Reihenfolge des Tourenverlaufs):

**Waischenfeld / OT Doos:**
***Pension Zur gemütlichen Eule***
(FeWo, Bettenlager)
Doos 23
Tel. 0151 - 414 113 66
www.gemuetliche-eule.de

**Wiesenttal:**
***Gasthof Schottersmühle***
*Neueröffnung vorraussichtlich im Sommer 2023*
Schottersmühle 43
www.dieschottersmühle.de

**Muggendorf:**
***Hotel Goldner Stern***
Marktplatz 6
Tel. (09196) 929 80
www.goldner-stern.de

**Ebermannstadt:**
***Campingplatz Bieger***
*(der Landgasthof ist wegen Personalmangel geschlossen)*
Rothenbühl 3
Tel. (09194) 95 34
www.campingplatz-bieger.de

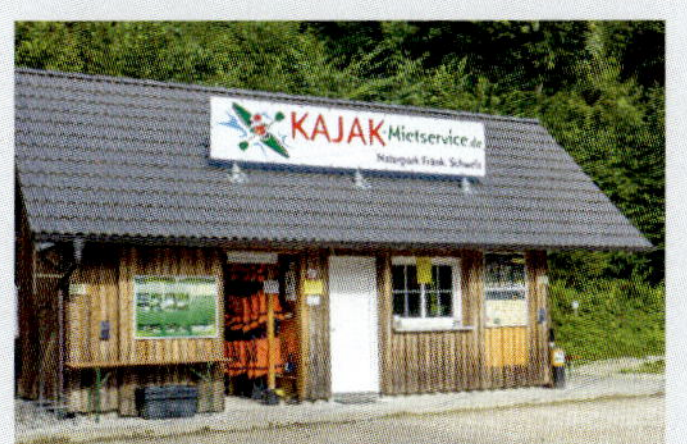


**Weitere schöne Campingplätze in Wiesentnähe**

**Tüchersfeld:**
***Campingplatz Fränkische Schweiz***
Tel. (09242) 17 88
www.campingplatz-fraenkische-schweiz.de

**Pottenstein:**
***Bärenschlucht***
Tel. (09243) 206
www.baerenschlucht-camping.de

**Waischenfeld:**
***Steinerner Beutel***
Tel. (09202) 359
www.campingplatz-waischenfeld.de

**Kanuvermieter & Veranstalter:**

**Waischenfeld / OT Doos:**
***Kajak-Mietservice***
Doos 19
Tel. (09196) 99 84 23
www.kajak-mietservice.de

**Behringersmühle** (Gößweinstein)**:**
***Leinen los***
Behringersmühle 36
Tel. 0170 - 755 19 43
www.leinen-los.de

**Muggendorf:**
***Aktiv Reisen***
Forchheimer Str. 14
Tel. (09196) 99 85 66
www.aktiv-reisen.com

## Sehenswertes an der Wiesent

**Püttlachtal: Pottenstein** mit hübschen *Fachwerkhäusern* und *Burg* aus dem 10. Jh. (im 16. Jh. umgestaltet, *Burgmuseum*); **Tüchersfeld** mit zwei charakteristischen *Dolomitfelsen* und dem *Fränkische Schweiz-Museum* (Geologie, Vor- und Frühgeschichte sowie Archäologie, www.fsmt.de); **Teufelshöhle** *südlich von Pottenstein* (große Tropfsteinhöhle mit mehreren Hallen und Höhlenbärenskelett, www.teufelshoehle.de).

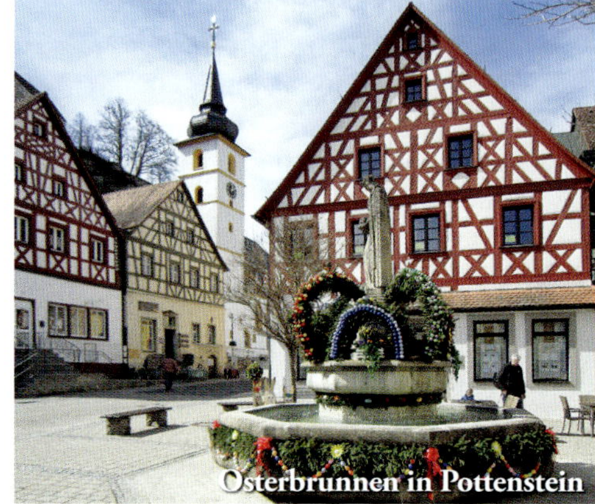
Osterbrunnen in Pottenstein

**Gößweinstein:** *Wallfahrtsbasilika zur Heiligen Dreifaltigkeit*, 1730-1736 nach Plänen von Balthasar Neumann errichtet; *Wallfahrtsmuseum* (www.wallfahrtsmuseum.info); *Burg Gößweinstein*, um das Jahr 1000 erbaut; *Fränkisches Spielzeugmuseum* mit umfassendem Einblick in die lange Tradition der Spielzeugherstellung in Franken auf drei Etagen (www.spielzeugmuseum-goessweinstein.de); *schöne Aussichtspunkte* ins Wiesenttal; *Museumsbahn (Dampfbahn)* von Behringersmühle nach Ebermannstadt (www.dampfbahn.net).

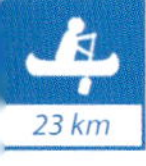


**Muggendorf:** *Rosenmüllerhöhle* (112 Meter, einst eine der schönsten Höhlen der Fränkischen Schweiz).

**Streitberg:** *Tropfsteinhöle Binghöhle* (300 Meter begehbar, www.binghoehle.de); *Burgruine Neideck.*

**Ebermannstadt:** *Marienkapelle* und neoromanische *Nikolauskirche*; *Marktplatz* mit *Marienbrunnen* (Osterbrunnen) und altfränkischen *Fachwerkhäusern*; *Heimatmuseum*; *Museumsbahn* nach Behringersmühle.

## Weitere Aktivitäten rund um die Wiesent

### Radfahren:

Das Wiesenttal und die Fränkische Schweiz bieten ***vielfältige Radwege***. Wie es sich für ein Mittelgebirge gehört, geht es bergauf und bergab und Höhenunterschiede von bis zu 200 Metern sind keine Seltenheit.

Ein ***Radweg*** der besonderen Art ist die über 200 Kilometer lange ***Brauerei- und Bierkellertour***, die von **Bamberg** durch die Fränkische Schweiz, den Steigerwald und das Regnitztal bis nach **Forchheim** führt.

> Fahrradvermieter: **Muggendorf:** ***Aktiv-Reisen***, auch geführte MTB-Touren sowie e-MTB und MTB-Technik-Training, Forchheimer Str. 14, Tel. (09196) 99 85 66, www.aktiv-reisen.com

### Wandern:

Eine schöne, etwa 16 Kilometer lange ***Rundwanderung im Wiesenttal*** startet an der Schule in **Muggendorf**. Von hier führt die Markierung *(roter, senkrechter Strich)* hinauf zur und durch die ***Oswaldhöhle***. Anschließend leitet die Markierung gelber Ring nach **Engelhardsberg** und hinab ins ***Wiesenttal***. Von **Doos** laufen Sie entlang der ***Aufseß*** bis zur ***Kuchenmühle*** und von dort zurück nach **Muggendorf**.

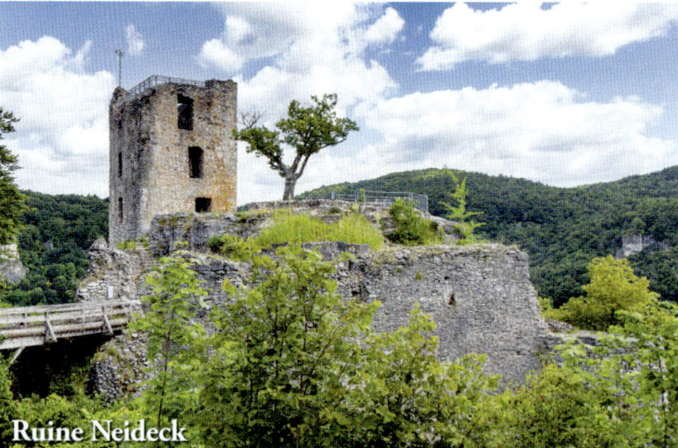
Ruine Neideck

Eine mit fünf Kilometern kürzere, aber vor allem für Familien mit Kindern geeignete, da spannende Tour, ist die ***Höhlenwanderung*** rund um **Muggendorf** (***Oswaldhöhle – Wundershöhle – Witzenhöhle – Oswaldhöhle***). *Feste Schuhe, robuste Kleidung und eine Taschenlampe sind Pflicht.*

### Paddeln:
Die Wiesent lässt sich gut in einen Paddelurlaub rund um **Bamberg** und **Erlangen** mit den Flüssen ***Oberer Main, Regnitz*** und ***Pegnitz*** integrieren.

### Fliegenfischen:
Täglich von März bis November bietet die ***Fliegenfischerschule Fränkische Schweiz*** in **Muggendorf** Kurse an, Tel. (0921) 545 65), www.fliegenfischerschule-fraenkische-schweiz.de

### Museumsbahn „Dampfbahn Fränkische Schweiz“:
Von Mai bis Oktober verkehrt die ***Museumsbahn*** sonn- und feiertags durchs Wiesenttal zwischen **Ebermannstadt** und **Behringersmühle** (Fahrplan unter www.dampfbahn.net).

### Höhlen:
Als typisches Karstgebiet mit leicht löslichen Gesteinen wie Kalk und Dolomit ist die Fränkische Schweiz von Höhlen durchzogen. Öffentlich zugänglich sind drei große Schauhöhlen:
***Binghöhle*** bei **Streitberg,** www.binghoehle.de
***Sophienhöhle*** (eine der schönsten Tropfsteinhöhlen Deutschlands) bei **Burg Rabenstein.**
***Teufelshöhle*** (eine der größten Felsgrotten Deutschlands) südl. von **Pottenstein**, www.teufelshoehle.de

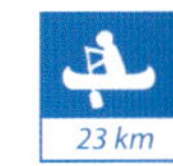


Wer Näheres über die Geologie der Fränkischen Schweiz erfahren will, findet gleich zwei interessante **Museen** in der Nähe:

**Ebermannstadt:** ***Heimatmuseum Ebermannstadt***, Bahnhofstr. 5, Tel. (09194) 506 40, *Mär-Ende Okt Mi 15-17, So + Fei 14-17,* www.heimatmuseum.ebermannstadt.de

**Tüchersfeld:** ***Fränkische Schweiz-Museum,*** Am Museum 5, Tel. (09242) 741 70 90 oder 16 40, *Apr-Okt Di-So 10-17, Nov - Mär So 13.30-17,* www.fsmt.de

### Tourist-Infos
**Ebermannstadt:** ***Tourismuszentrale Fränkische Schweiz,*** Oberes Tor 1, Tel. (09191) 86 10 54, www.fraenkische-schweiz.com

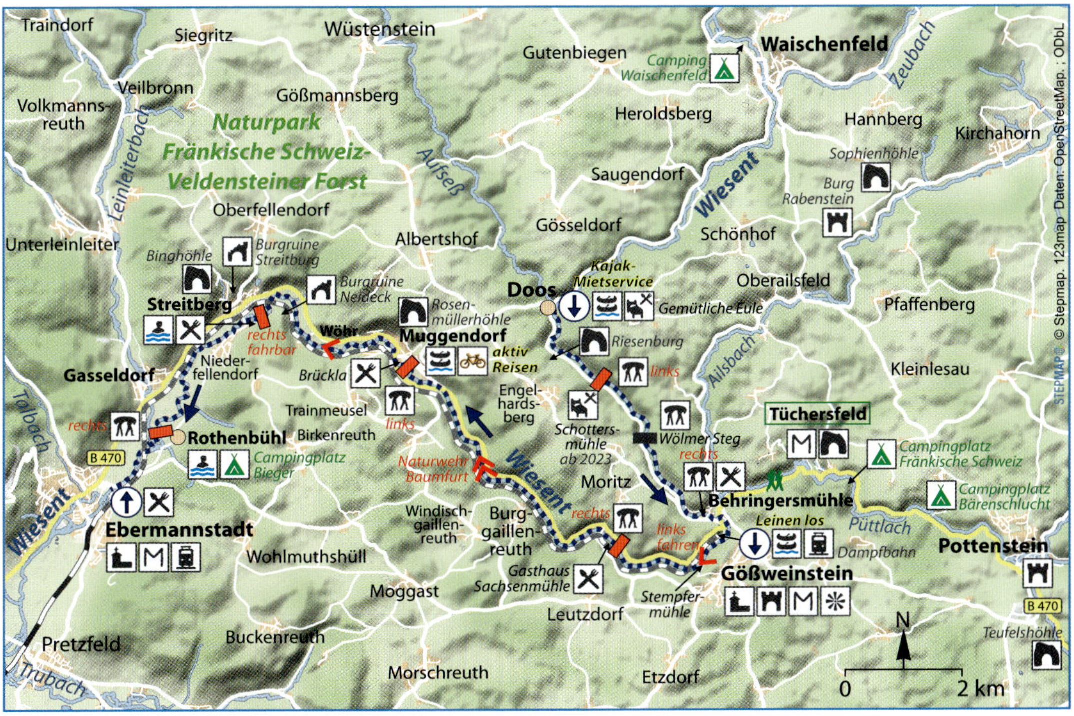

# Die Wiesent

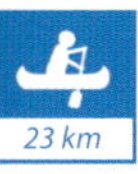


Am Parkplatz in **Doos** herrscht reges Treiben. Bunte Wildwasserboote werden von den Autodächern geladen, Kajakguides geben ihren Kunden eine Kurzeinweisung in die Paddeltechnik und Handys werden wasserdicht verpackt.

Die ***Fränkische Schweiz*** im Dreieck Bayreuth, Bamberg und Nürnberg ist ein beliebtes Urlaubsziel in Bayern. Das Karstgebirge bietet dem Urlauber eine beeindruckende Naturlandschaft mit tief eingeschnittenen Tälern, eindrucksvollen Dolomitfelsen, geheimnisvollen Tropfsteinhöhlen und verträumten Ortschaften. Eines der schönsten Täler und ein tolles Ziel für Kanuten ist die Wiesent.

Gleich nach dem Ablegen heißt es aufgepasst und ich halte mich an das linke Ufer, denn auf der rechten Uferseite ragt die ***Pfahlreihe eines Naturwehrs*** bis kurz unter die Wasseroberfläche. Die Wellen schaukeln mich ordentlich durch und schon hinter der ersten Kurve lädt am rechten Ufer der *Anleger am Wanderparkplatz Riesenburg* mit einem Rastplatz zu einem ersten lohnenden Landgang ein. Von hier führt ein kurzer Aufstieg zur ***Riesenburg***. *Diese Versturzhöhle stellt den Überrest einer ausgedehnten Karsthöhle dar, die vom Wasser aus dem Frankendolomit gewaschen wurde. Das Naturdenkmal zählt zu den 100 bedeutendsten geologischen Naturwundern Bayerns und die mächtigen Felsbögen, darunter einige mit einer Spannweite von über 11 Metern sowie die bizarren Felsformationen, sind auf jeden Fall einen Besuch wert.*

Wieder im Boot geht es in flotter Strömung durch enge Kurven und nach etwa einem Kilometer stellt sich das erste Hindernis in den Weg – das ***Wehr an der Schottersmühle*** will am lin-

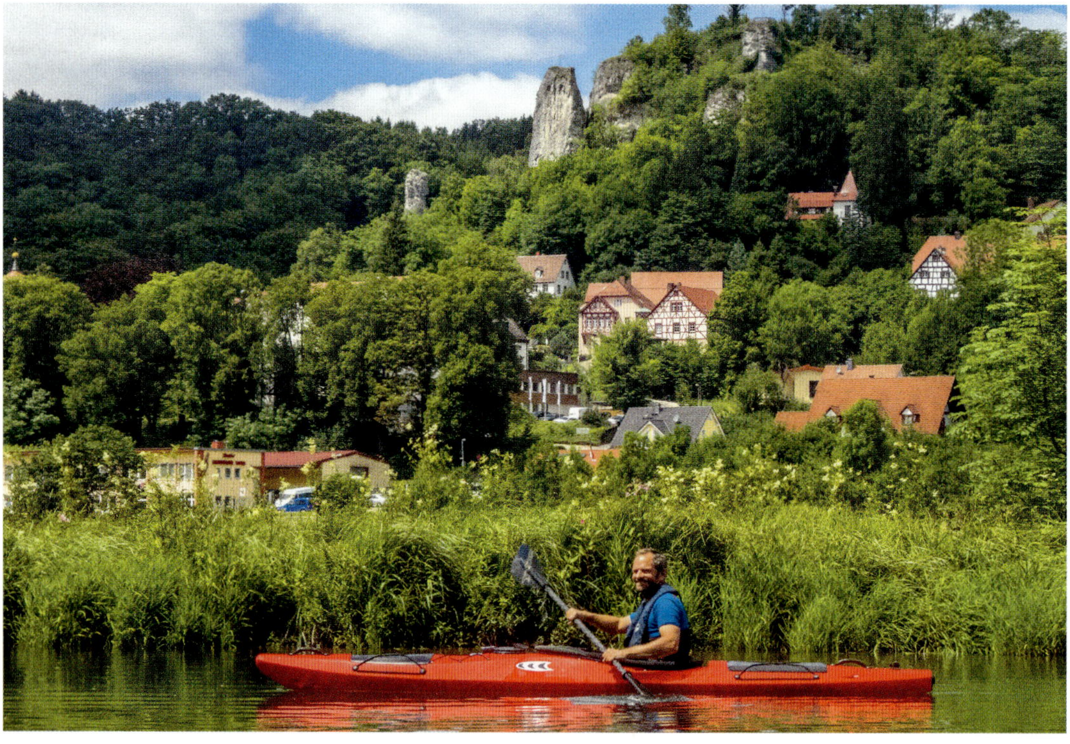

*Fränkische Schweiz wie aus dem Bilderbuch*

ken Ufer umtragen werden. Am gegenüberliegenden Ufer liegt der historische Gasthof *Die Schottersmühle,* der zur Zeit aufwändig renoviert wird. Die Neueröffnung ist für Sommer 2023 geplant. Neben sechs gemütlichen Zimmern, Café und Biergarten (bio und regional) am Wochenende sind auch Kulturabende geplant.

Flott geht es weiter und auf meinem Weg talwärts muss ich das Boot an weit überhängenden Ästen vorbeimanövrieren bis am ***Wölmer Steg*** die nächste ***Portage*** ansteht, denn die flache Holzbrücke lässt sich nicht einmal mit dem Kajak unterfahren. Ich lege daher links vor dem Hindernis an, ziehe das Boot über die Brükke ans rechte Wiesentufer und lasse es dahinter wieder zu Wasser.

Nun habe ich für zwei Kilometer freie Fahrt, genieße die flotte Strömung und steuere das Kanu um ein paar aus dem Wasser ragende Felsblöcke. Ein weiterer kräftiger Schwall noch, dann ziehen am linken Ufer schon die ersten Häuser vorbei und das Altenheim an der **Behringersmühle** ist erreicht. Hier lege ich rechts am ***Wehr*** an und trage das Kanu über den extra für Kanuten angelegten Holzbohlenweg um. Der Weg führt über das Altenheimgelände und sollte nur zum Umtragen der Boote genutzt werden. Ein guter Pausenplatz ist 100 Meter weiter am *Anleger Behringersmühle* unter der Brücke. Wer keinen eigenen Proviant dabeihat, findet gegenüber das *Café Gruber* oder weiter im Ort den *Gasthof Zur Behringersmühle.*

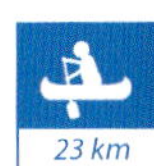


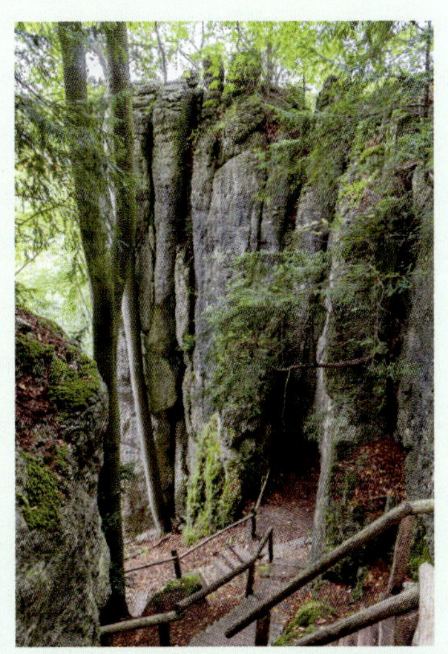

## Rundwanderung über Tüchersfeld zur Basilika in Gößweinstein *(ca. 8 km, 3 Std.)*

Unweit von **Behringersmühle** liegt das spektakuläre **Felsendorf Tüchersfeld.** Man erreicht es, indem man im Ort **Behringersmühle** dem Wanderweg parallel zur B 470 folgt und das Püttlachtal aufwärts wandert.

Nach gut zwei Kilometern schmiegen sich die Häuser des Dorfes zwischen die drei steil aufragenden Dolomitfelsen. Im oberen Ortsteil liegt der sogenannte Judenhof, eine große Gebäudegruppe aus dem 18. Jahrhundert, die heute das Fränkische-Schweiz-Museum beherbergt und in über 40 Räumen alles Wissenswerte zu Geologie und Archäologie der Fränkischen Schweiz präsentiert.

Von **Tüchersfeld** führt der Frankenweg nach **Gößweinstein,** dem größten Dreifaltigkeitswallfahrtsort Deutschlands, mit der eindrucksvollen Barock-Basilika ***(Foto unten),*** einem Werk von Balthasar Neumann und seinem Schüler Johann Michael Küchel.

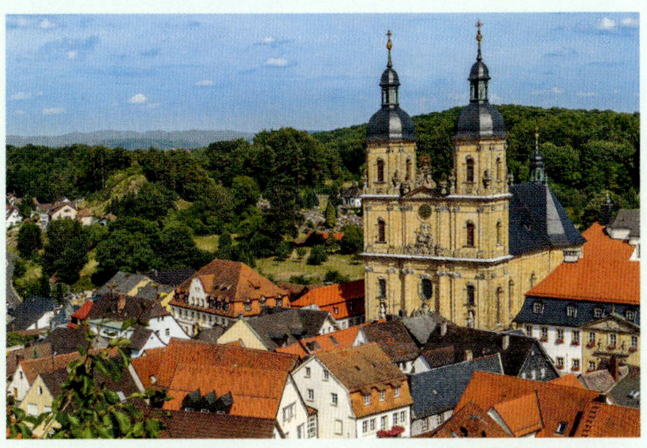

Hoch auf dem Jurafelsen thronend lockt das Burggelände der mittelalterlichen Burg, die auch **Schloss Gößweinstein** genannt wird, mit toller Aussicht, mittelalterlichem Museum und kleinem Biergarten.

Vorbei an bizarren Felstürmen, wie dem Napoleonsfels ***(Foto oben),*** einem beliebten Kletterfelsen, steigt man von Gößweinstein durch den größten Eibenwald Europas wieder hinab zur Wiesent und gelangt über die **Stempfermühle** zurück nach **Behringersmühle**.

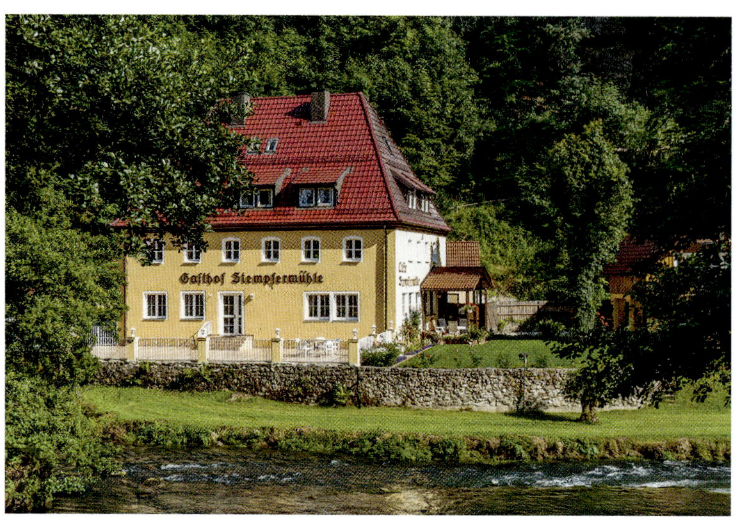


*Idyllisch – der Gasthof Stempfermühle (z.Z. leider geschlossen)*



Hinter der Straßenbrücke der B 470 biegt die Wiesent in eine scharfe Rechtskurve und auf Höhe der Biogasanlage wartet ein kräftiger ***Schwall.*** Am ehemaligen Bahnhof, heute Endstation der *Dampfbahn Fränkische Schweiz,* rosten ein paar Eisenbahnwaggons vor sich hin und bald mündet die ***Püttlach*** in die Wiesent. Die Strömung trägt mich schnell über die nächsten kleineren ***Stromschnellen*** im grünen Tal. Bei der **Stempfermühle** *(z.Z. leider geschlossen)* steht eine alte Holzbrücke im Fluss. Hier hält man sich ans ***linke Ufer,*** denn rechts rauscht das Wasser über eine ordentliche Schwallstrecke.

Nächstes Hindernis ist das ***Wehr an der Sachsenmühle.*** Der Anleger zum *Biergarten* liegt links oberhalb des Wehrs. Das Wehr selbst muss am rechten Ufer entlang des neu geschaffenen Fischaufstiegs über knapp 100 Meter umtragen werden. Einige Kanuten missachten leider hier die Verordnung der Regierung Oberfranken, die das Umtragen der Wehre vorschreibt, prüfen den festen Sitz ihrer Spritzdecke und stürzen sich bei gutem Wasserstand mit großer Freude das steile Betonwehr hinab.

In einer der nächsten Kurven ragt vor der Bootsspitze eine blanke Felswand auf und die Wiesent schlängelt sich zwischen Wiesen und Bäumen dahin. Einen flachen ***Eisensteg*** kann ich ganz links umfahren, ohne den Kopf einziehen zu müssen, dann „bezwinge“ ich ein paar weitere ***Stromschnellen*** und komme in einer Rechtskurve an das ***„Naturwehr Baumfurt“***, an dem früher schon so manch übermütiger Paddler gekentert ist. Ich paddel mittig (tendenziell leicht rechts) und komme, ohne unfreiwillig baden zu gehen, gut durch die enge S-Kurve. Wer sich die Befahrung nicht zutraut, kann das Wehr auch ohne großen Aufwand am rechten Ufer umtragen.

Das nächste Zwischenziel ist nun nicht mehr weit und hinter der nächsten Fußgängerbrücke öffnet sich das Tal. Die Straßenbrücke der B 470

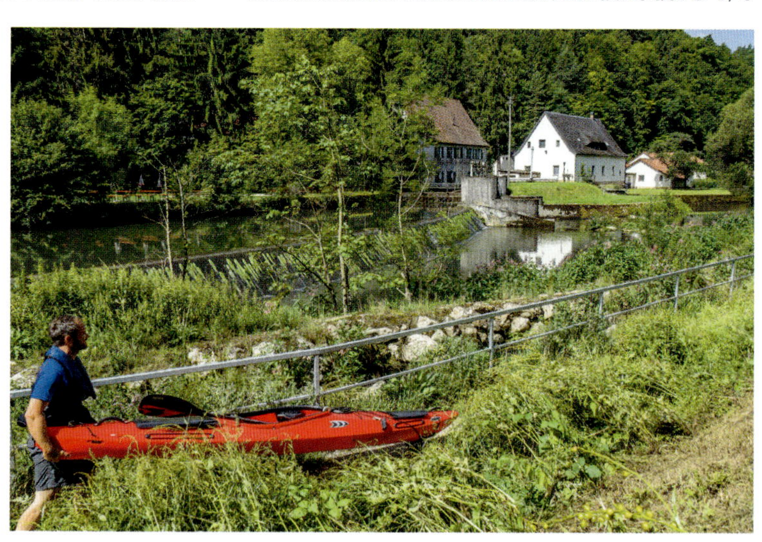

*Portage an der Sachsenmühle*

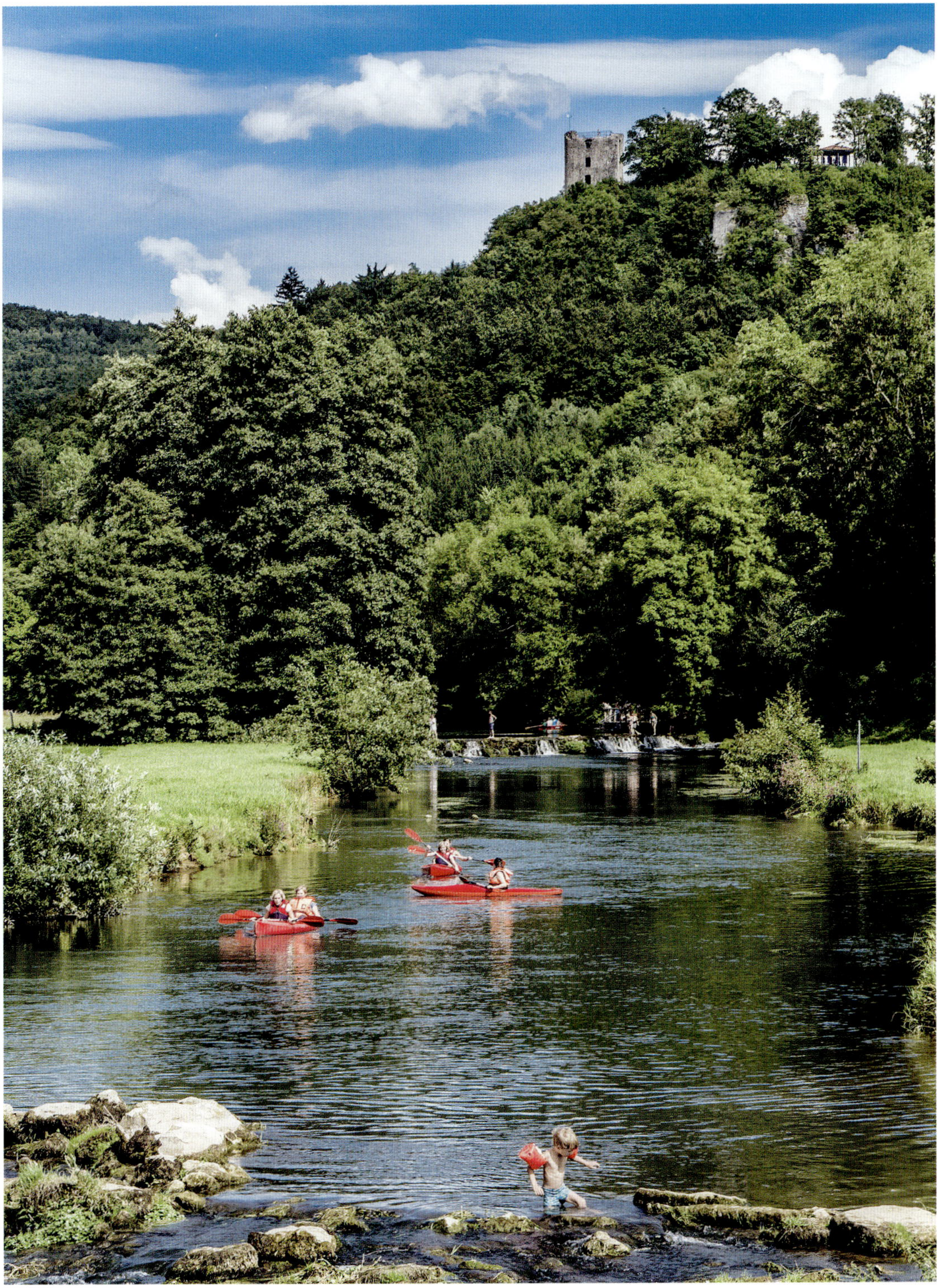

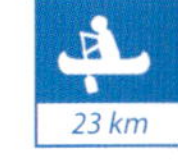


*Die Burgruine Neideck ist eine ehemalige hochmittelalterliche Adelsburg*

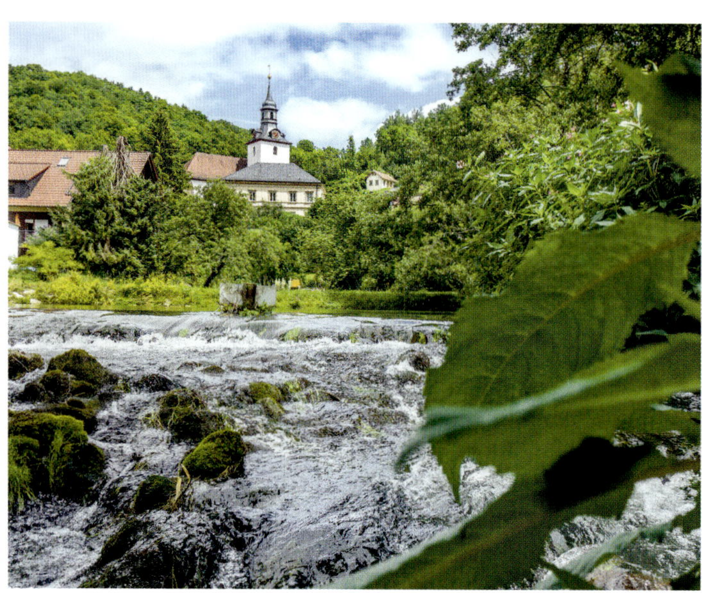

Hinter dem Wehr in Muggendorf lugt der Kirchturm hervor

kreuzt die Wiesent und bald darauf taucht am Ufer die Kirche von **Muggendorf** auf. Hinter der Fußgängerbrücke liegt links die Ausstiegsstelle für die ***Portage am Wehr*** und nebenan laden ein paar moderne Sitzmöbel zum Chillen am Ufer ein. Ich ziehe mein Kajak über die extra dafür angelegte Holzbahn und steige an den Treppen hinter dem Wehr wieder ein.

Wem der Sinn mehr nach einer deftigen Brotzeit steht, erreicht über den Uferweg flussabwärts über eine Füßgängerbrücke das *Gasthaus Brückla* mit seinem Biergarten direkt an der Wiesent.

Nach der eben erwähnten Fußgängerbrücke folgen in kurzem Abstand zwei Straßenbrükken und in der nächsten Kurve warten an der linksufrigen Betontreppe auf dem Parkplatz des Beru-Werks die zahlreichen Bootsanhänger der örtlichen Vermieter auf ihre Kunden.

Die Wiesent fließt nun vorübergehend etwas ruhiger durch ein schönes Waldstück, aber es gilt aufmerksam zu bleiben, denn rund 1,5 Kilometer hinter Muggendorf rauscht das Wasser beim Weiler **Wöhr** in einem engen Knick über eine ***Naturstufe***. Die richtige Durchfahrt ist mit Pfeilen markiert.

Bald thront hoch über dem linken Ufer die scheinbar mit dem Berg verwachsene ***Burgruine Neideck*** aus dem 13. Jahrhundert. Die Wiesent führt in einer weitläufigen Kurve um den Bergsporn herum und mit der ***Burgruine Streitburg***, die sich hoch über den Dächern von **Streitberg** erhebt, rückt sogleich der nächste mittelalterliche Zeitzeuge in den Blick. Trotz der eindrucksvollen Landschaft sollte man den Blick aber auf das Wasser richten, denn nun fordert das ***Streitberger Wehr*** die volle Aufmerksamkeit. Die richtige Durchfahrt findet sich ganz rechts.

Rund 200 Meter weiter bietet der Anleger vor der Brücke eine Möglichkeit zur Rast. Auf der Straße nach links sind es nur wenige Schritte zurück zum beliebten *Freibad* mit einem schönen *Biergarten*.

An der Verzweigung hinter der Brücke halte ich mich rechts und schieße mit rasanter Geschwindigkeit durch einen schmalen Kanal, bevor sich die Strömung wieder beruhigt. Gesäumt von tief über den Fluss hängenden Bäumen erreiche ich das letzte ***Wehr*** der Tour in **Rothenbühl,** das am rechten Ufer umgetragen wird. Am gegenüberliegenden Ufer liegen der *Campingplatz* und das *Freibad EbserMare*.

Nun beginnt der Schlussspurt nach **Ebermannstadt**, wo die Wiesenttour beim Anleger hinter der Straßenbrücke am *Biergarten Schwanenbräu* gut beendet werden kann.

# Die Pegnitz

Durch die Hersbrucker Schweiz

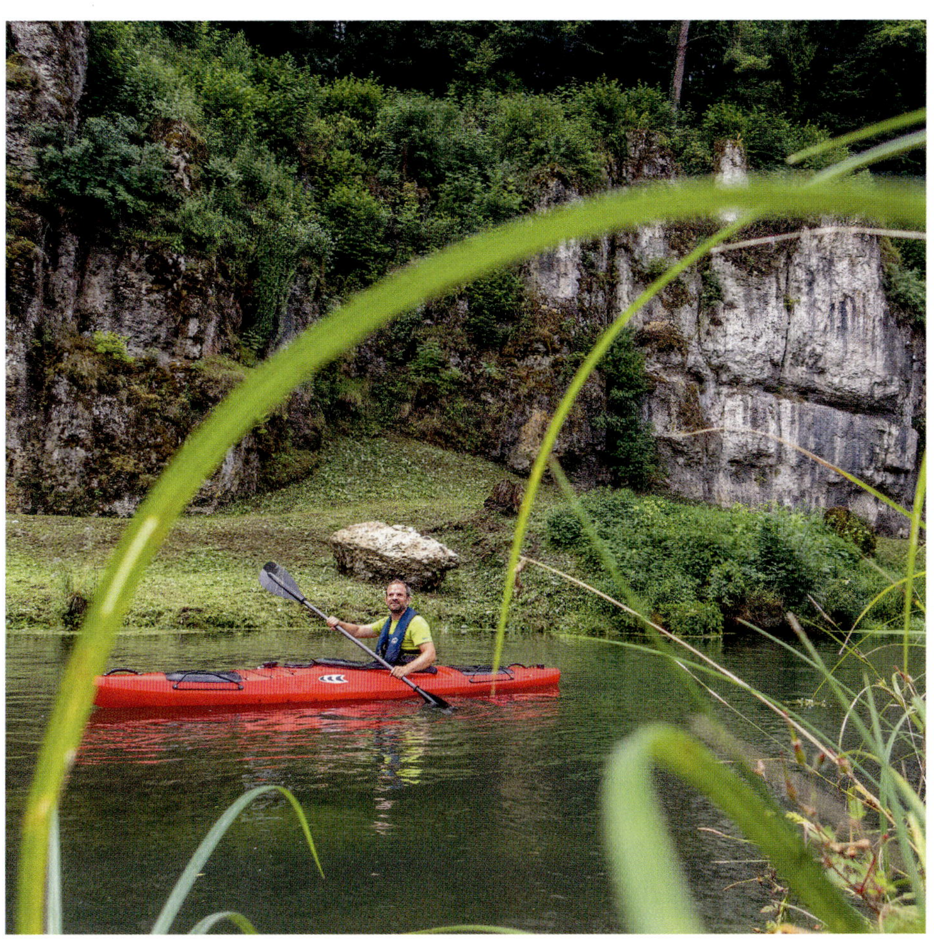

Tour 6

## Tour-Infos Pegnitz

| Aktivitäten | Natur | Kultur | Baden | Hindernisse |
|---|---|---|---|---|
|  |  |  |  |  |

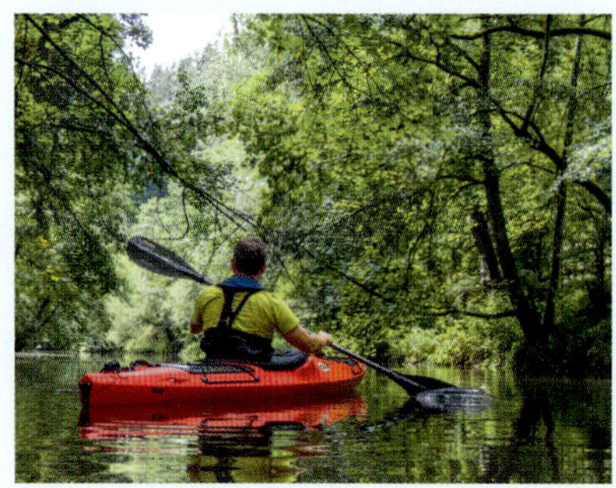

### Charakter der Tour

Die Pegnitz ist ein abwechslungsreicher, flott dahinströmender Wiesenfluss in einem Tal ähnlich schön der Wiesent, aber deutlich ruhiger und weniger besucht. Eindrucksvolle, hoch aufragende Felsen begleiten den Fluss und kleine Orte säumen die Ufer. Einige harmlose Schwälle verleihen der Tour einen sportlichen Charakter.

Ab Vorra ist eine gute Bootsbeherschung gefragt, da sich die Pegnitz mit flotter Strömung zwischen den weit in den Fluss hineinragenden Bäumen und Büschen hindurchwindet.

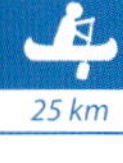
25 km

**Länge & Dauer der Tour:** 25 km, Tagestour **Schwierigkeit:** Leicht, aber einige Umtragestellen

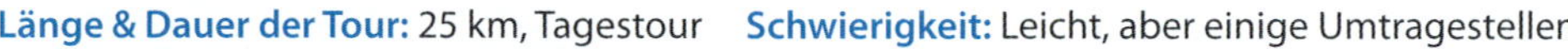

**Umtragestellen:** Auf dem vorgestellten Abschnitt versperren insgesamt **10 Wehre** die Pegnitz. Bei gutem Wasserstand ist ein Teil davon für Geübte befahrbar. Die Mehrzahl der Wehre ist leicht zu umtragen, eine Ausnahme stellt das Wehr an der Fabrik in Güntersthal dar: Die Portage ist zwar nicht übermäßig lang, führt dafür aber unwegsam durch den Wald. Ein **Bootswagen** ist zu empfehlen.

### Befahrungsregelungen

Für die Befahrung der Pegnitz gilt die Verordnung des Landratsamts Nürnberger Land.
Die wichtigsten Bestimmungen in der Übersicht:

1. Erlaubt sind ***Kanus*** (keine Schlauchboote oder SUP-Boards!) ***bis 6 m Länge*** und ***max. 3 Erwachsene oder 2 Erwachsene + 2 Kinder***.
2. ***Ein- und Ausstieg*** nur an den ***ausgewiesen Stellen***.
3. Es darf nur in ***Fließrichtung*** und in der ***Flussmitte*** bzw. an der tiefsten Flussstelle gepaddelt werden.
4. Die Pegnitz darf nur im folgenden Zeitraum befahren werden:
   1.) Abschnitt ***Neuhaus – Güntersthal*** 1. Juli-31. Oktober von 8-15 Uhr
   2.) Abschnitt ***Güntersthal – Hohenstadt*** ganzjährig 8-18 Uhr.
5. Organisierte Bootsveranstaltungen mit ***mehr als 10 Booten*** sind ***verboten***.
6. Der obere Teil der Pegnitz von der Quelle bis Ranna befindet sich innerhalb eines Naturschutzgebietes in dem das Kanufahren ganzjährig untersagt ist.

Seit 2017 ist für die Befahrung der Strecke von Neuhaus bis Artelshofen ein ***Mindestpegel*** erforderlich. Die Befahrbarkeit der betreffenden Streckenabschnitte wird durch ein Ampelsystem angezeigt, das vor Fahrtantritt im Internet unter https://urlaub.nuernberger-land.de/outdoor/kanu geprüft werden kann.

**Anreise:** A 9 Nürnberg – Bayreuth, *Ausfahrt 46-Plech*, weiter in Richtung Betzenstein / **Neuhaus a.d.Peg.**.

**Einsetzen & Parken:** An der Sparkasse in **Neuhaus** in der Auwaldstraße (begrenzte Parkmöglichkeiten).

**Aussetzstelle:** Campingplatz in **Hohenstadt** *(Eschenbacher Weg 4, 91224 Pommelsbrunn)*.

**Zurück zum Pkw:** Unkompliziert und schnell mit der Bahn von **Hohenstadt** nach **Neuhaus a.d. Pegnitz** im Stundentakt, Fahrtzeit weniger als 20 Minuten.

**Kartenmaterial & Literatur-Tipps:**

**Der Ausflugsverführer Hersbrucker Schweiz,** *A. & M. Schwarm,* ars vivendi verlag.

**Rund um Nürnberg: Frankenalb – Frankenhöhe – Steigerwald – Fränkisches Seenland,** Wanderführer mit 50 Tourenvorschlägen, *Heimler / Schmieg*, Bergverlag Rother.

**Erlebniswandern mit Kindern Nürnberg – Fränkische Schweiz,** 40 familientaugliche Wandervorschläge und viele spannende Freizeittipps für Trips mit Kids, *R. & R. Linhard*, Bergverlag Rother.

**Kunstreiseführer Franken,** *Dettelbacher, Fröhling, Reuß,* DuMont Verlag.

**„Menschen am Fluss: Eine Reise entlang der Pegnitz“,** *A. Hessenauer, Ch. Moennsad*, Fahner-Verlag.

**111 Orte in Mittelfranken, die man gesehen haben muss,** Reiseführer, *Werner Schwanfelder* und **„Drudenholz“,** Kriminalroman, der im Pegnitztal spielt, *Dominik Heinz,* beide Emons Verlag.

**Naturzeit mit Kindern: Fränkische Alb,** 48 Wander- und Entdeckertouren für Familien, Naturzeit Verlag.

**Glücksorte in Mittelfranken,** Fahr hin und werd glücklich, Droste Verlag.

**„Die Salbenmacherin und die Hure“** (historischer Roman), *Silvia Stolzenburg*, Gmeiner Verlag.

**Übernachtung in Wassernähe**
(in Reihenfolge des Tourenverlaufs):

**Vorra:**
*Heuhotel Fischbeck*
Hauptstr. 27,
Tel. (09152) 92 15 29
www.heuhotel-fischbeck.de

**Alfalter:**
*Gasthof Stiegler*
Alfalter 32, Tel. (09152) 81 67
www.gasthof-stiegler.de

**Eschenbach:**
*Gasthof Grüner Schwan*
Eschenbach 12
Tel. (09154) 91 69 50
www.gruenerschwan.de

*Café Jakobsklause*
Eschenbach 419, Tel. (09154) 81 00
www.cafe-jakobsklause.de

**Hohenstadt:**
*Pegnitz-Camping*
Eschenbacher Weg 4
Tel. (09154) 15 00

**Kanuvermieter & Veranstalter:**

**Velden:**
*Be Free Outdoor Events*
Nürnberger Str. 17 a
Tel. 0157-85 40 20 53
www.befree-franken.de

**Mobiler Vermieter/Veranstalter:**
*FP sportreisen*
Tel. 0178-819 30 35 (Mai-Sep)
(09126) 29 31 00 (Okt-Apr)
www.fp-sportreisen.de

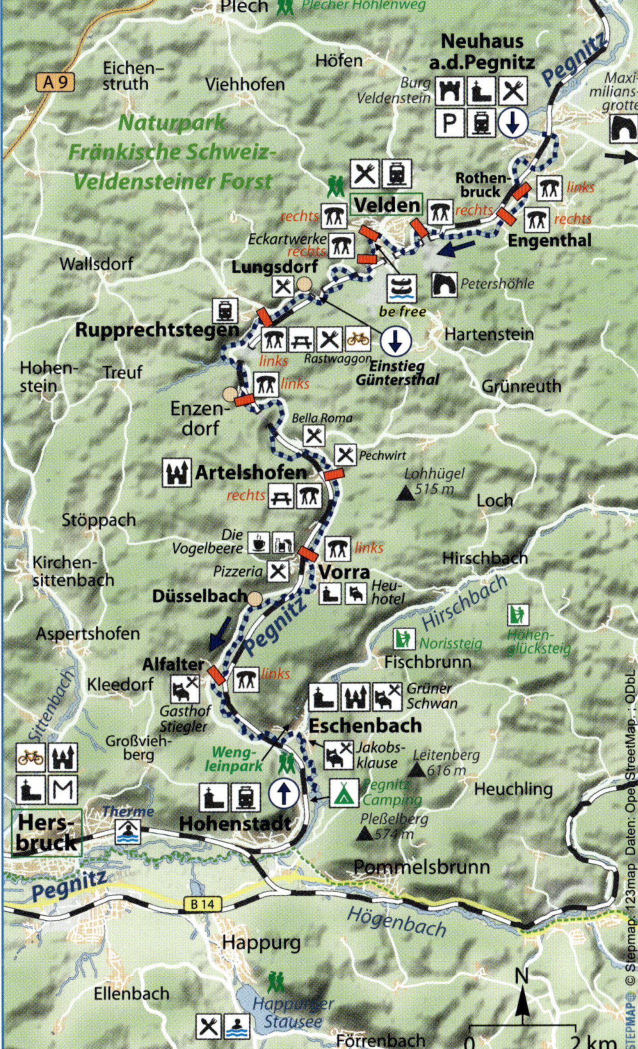

## Sehenswertes an der Pegnitz

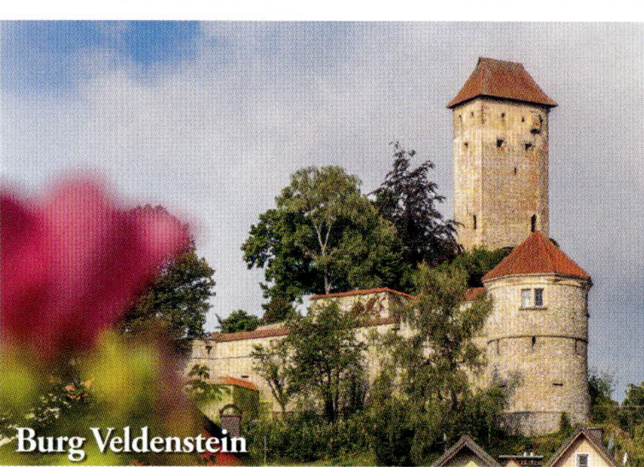
Burg Veldenstein

**Neuhaus a.d.Pegnitz:** *Rokokokirche St. Peter und Paul*; große, gut erhaltene mittelalterliche *Wehranlage Burg Veldenstein*; über ein Kilometer lange *Tropfsteinhöhle Maximiliansgrotte* (www.maximiliansgrotte.de).

**Velden:** *Ehemaliges Pflegschloss* an der Südwestecke der Stadtbefestigung, zwölf Meter hoher *Stadtturm* aus der ersten Hälfte des 15. Jh. mit mächtigem Krüppelwalmdach; *Scheunenviertel* mit schönen Fachwerkfassaden; *Petershöhle* (kulturgeschichtlich interessanteste Höhle der Fränkischen Alb).

**Artelshofen:** Ende des 13. Jh. erbautes ***Wasserschloss***.

**Vorra:** Um 1200 errichtete *Marienkirche* mit romanischer Säulengruppe hinter dem *Barockaltar*.

25 km

**Eschenbach:** *Pauluskirche* mit frühgotischem Chorturm (um 1300 / 1760); *Wasserschloss* (1554); *Wengleinpark* (6 ha großer Naturschutzpark mit Naturlehrpfad & Infohaus, www.naturschutzzentrum-wengleinpark.de).

**Hohenstadt:** *St. Wenzeslaus-Kirche* von 1723, hübsche *alte Häuser* (Denkmäler bäuerlicher Kultur).

**Hersbruck:** Dreiflügeliges *Renaissance-Schloss* (heute Amtsgericht); *Marktplatz* mit alten *Bürgerhäusern*; *Hirtenmuseum; Bürgerspital St. Elisabeth* (Mitte 15. Jh.) mit *Spitalkirche* (spätgotischer Kreuzigungsaltar); *Dauphin-Fahrzeugsammlung* (160 Oldtimer, 240 Motorräder – nur wenige öffentl. Besichtigungen / Jahr).

## Weitere Aktivitäten rund um die Pegnitz

### Radfahren:

Die Tourist-Info Nürnberger Land hat in Kooperation mit dem ADFC ***20 Tourenvorschläge*** für besonders lohnende ***Radtouren*** auf dem insgesamt über 1.000 Kilometer langen Wegenetz an gut ausgebauten Radwegen in der ***Broschüre „Radelparadies Nürnberger Land erfahren"*** zusammengestellt.

**Fahrradvermieter:**
**Rupprechtstegen:** ***Fahrradvermietung am „Rastwaggon"***, Am Bahnhof 6, Tel. (09152) 788 99 69
**Hersbruck:** Mehrere e-bike Vermieter, www.frankentourismus.de/e-bike/verleihstationen

### Wandern:

Im ***Pegnitztal*** locken über 200 Kilometer gut markierte ***Wanderwege*** zum schnüren der Wanderstiefel.

Besonders idyllisch ist die bizarre Landschaft im engen ***Hirschbachtal***. Eine besonders anspruchsvolle Tour ist der ca. 20 km lange ***Hirschbacher Höhlenrundweg*** *(7-8 Std., vorbei an 30 Höhlen, Taschenlampe!)*.

Besonders für Familien mit Kindern lohnt die spannende 7,5 Kilometer lange ***Rundwanderung Petershöhle*** *(Start: Bahnhof Velden, 2,5-3 Std. Taschenlampe!)*.

***Rundwanderung Hohenstadt - Eschenbach - Wengleinpark*** *(Start: Bahnhof Hohenstadt, leicht bis mittel, 8,5 km, ca. 3 Std.)*.

***Weitwanderer*** kommen auf dem über ***500 Kilometer langen Frankenweg*** der vom Frankenwald über das Obere Maintal, die Fränkische Schweiz, die Frankenalb und das Fränkische Seenland bis in den Naturpark Altmühltal führt.

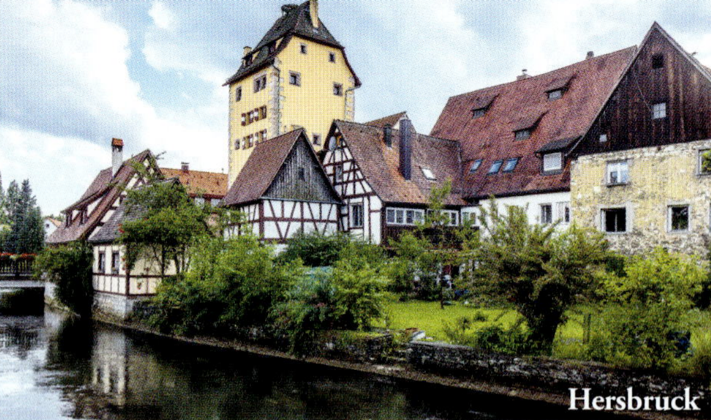
Hersbruck

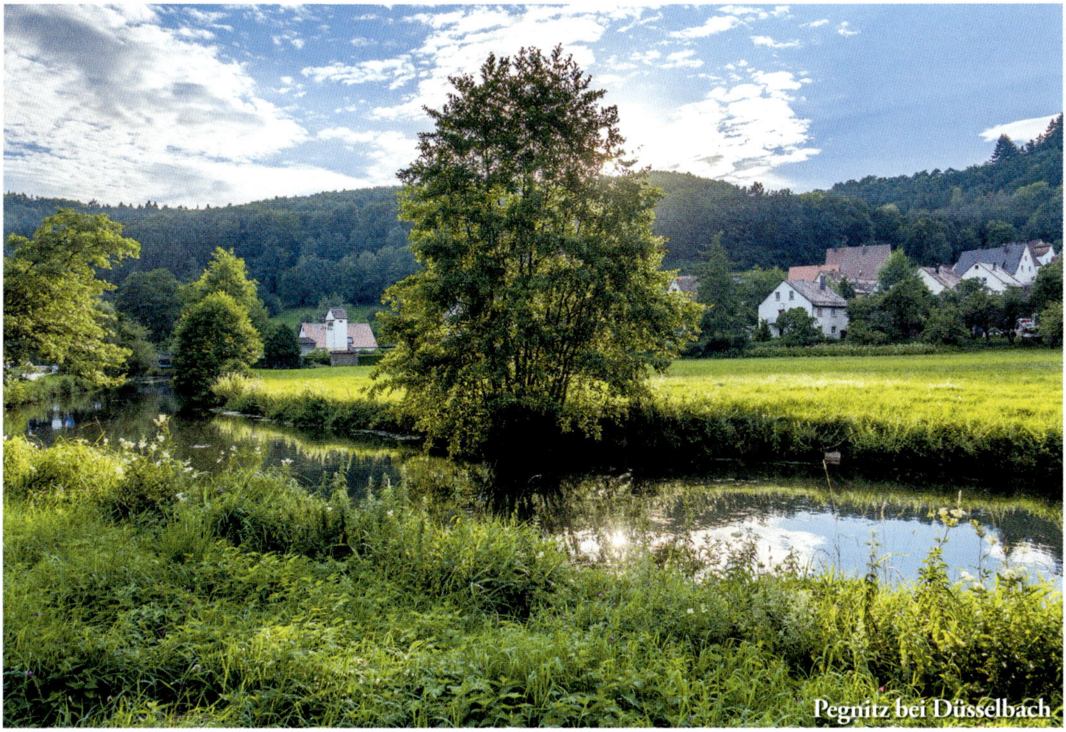

Pegnitz bei Düsselbach

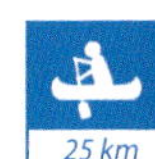


**Klettern:**

In der **Frankenalb** finden sich ***zahlreiche Kletterrouten*** verschiedener Schwierigkeitsgrade sowohl für Anfänger als auch Könner.

Das **Hirschbachtal** lockt Sportkletterer mit zahlreichen Kletterrouten wie ***Höhenglücksteig*** oder ***Norissteig***. Sektion Noris des Deutschen Alpenvereins, Tel. (0911) 200 47 51, www.dav-noris.de

**Angeln / Fliegenfischen:**

Anglerisch ist die Pegnitz fest in Vereins- und Privathänden und nur wenige Stellen geben Gastkarten aus. Infos bei den Touristinformationen.

**Baden & Schwimmen:**

***Fackelmann Therme*** **Hersbruck** mit Süß- und Thermalwasser in 12 Innen- und Außenbecken sowie Saunapark, eingebettet in die Pegnitzauen (Badstr. 16, Tel. (09151) 839 30, www.fackelmanntherme.de).

***Happurger See*** (Stausee) südlich von **Happurg** mit seinem umfangreichen Freizeitangebot.

**Höhlen:**

Die 1833 entdeckte ***Maximiliansgrotte*** bei **Neuhaus** ist eine der eindrucksvollsten Tropfsteinhöhlen Frankens mit einem 1.200 Meter langen und bis zu 70 Meter tiefen Gangsystem (www.maximiliansgrotte.de).

**Museum**

***Das Deutsche Hirtenmuseum*** in **Hersbruck** gewährt Einblick in die Lebens- und Arbeitswelt der Hirten weltweit (Eisenhüttlein 7, Tel. (09151) 21 61, www.deutsches-hirtenmuseum.de).

**Tourist-Infos**

**Neuhaus a.d. Pegnitz:** Unterer Markt 9, Tel. (09156) 929 10, www.neuhaus-pegnitz.de

**Hersbruck:** ***Nürnberger Land Tourismus*** *(Dienststelle Hersbruck)*, Amberger Str. 54, Tel. (09123) 950 60 62, urlaub.nuernberger-land.de

***Tourist-Info Hersbruck***, Unterer Markt 2, Tel. (09151) 73 54 01, www.hersbruck.de

# Die Pegnitz

*Die gut erhaltene mittelalterliche Wehranlage hoch oberhalb der Pegnitz war für Jahrhunderte als Amtsburg der Verwaltungssitz der Bamberger Bischöfe. Im Jahre 1939 kaufte Hermann Göring, den es regelmäßig zur Jagd in den Veldensteiner Forst zog, die Ruine und ließ einen bombensicheren Bunker mit eigener Strom-, Luft- und Wasserversorgung unter das Herrenhaus bauen. Gegen Kriegsende wurden Neuhaus und Burg nach nur kurzem Gefecht von den Amerikanern erobert. 1950 kam die Burg in den Besitz des Freistaats Bayerns und wurde unter Denkmalschutz gestellt.*

25 km

Seit Herbst 2017 führt der Freistaat auf ***Burg Veldenstein*** umfangreiche Sanierungs- und Sicherungsmaßnahmen durch. Aus Gründen der Verkehrssicherheit bleibt die Burganlage für den Publikumsverkehr weiterhin geschlossen.

Unter Aufsicht des massigen Turms von Burg Veldenstein hieve ich am Parkplatz vor der Sparkasse von **Neuhaus a.d.Pegnitz** mein Kajak vom Autodach. Gleich nach dem Start geht es unter der Eisenbahnbrücke hindurch. Starker Geruch nach Hopfen liegt in der Luft – am Ufer befindet sich die Brauerei Kaiser Bräu. Die Kneippanlage links hinter mir lassend, öffnet sich zur Rechten noch einmal ein freier Blick auf Burg Veldenstein, dann nimmt der Bewuchs zu und die Pegnitz verschwindet im dichten Grün.

Hinter zwei weiteren Eisenbahnbrücken lande ich bei **Rothenbruck** am linken Ufer an, um das erste von insgesamt zehn Wehren dieser Tour zu umtragen. Mit kurzen Wildwasserbooten könnten erfahrene Paddler das ***Wehr*** auch mittig über eine kurze, steile ***Bootsrutsche*** befahren. *Alle Portagen sind jedoch hervorragend und gut sichtbar ausgeschildert und die Tafeln an den Anlegern liefern Hinweise auf Einkehrmöglichkeiten vor Ort und nennen die Entfernung zur nächsten Ausstiegsstelle.*

Direkt hinter dem Wehr wartet noch eine kleine ***Sohlschwelle***, dann gilt mein Blick einem blumengeschmückten Holzsteg der das linke Ufer mit einer Fabrikanlage für metallische Materialien verbindet. Schon gut einen Kilometer weiter folgt an der **Mühle Engenthal** das nächste ***Wehr***. Hier steuere ich geradeaus am Abzweig des Kanals vorbei und lege am rechten Ufer vor dem flachen Holzsteg an, um das Kajak über die Wiese bis zur Inselspitze am Zusammenfluss mit dem Mühlenbach zu tragen und wieder ins Wasser zu lassen.

Auf dem folgenden Abschnitt begleiten Straße und Eisenbahnschienen die Pegnitz und schon bald ist das ***Wehr Neuensorg*** am Dolomitwerk erreicht. Weil ich nicht schon wieder das Boot verlassen will, steuere ich mein Kajak ganz nach rechts, nehme ordentlich Anlauf und schramme über die flachen Steine. Ein Umtragen am rechten Ufer wäre aber auch problemlos möglich gewesen.

Es folgen in kurzem Abstand mehrere Brücken und dann taucht am rechten Ufer das

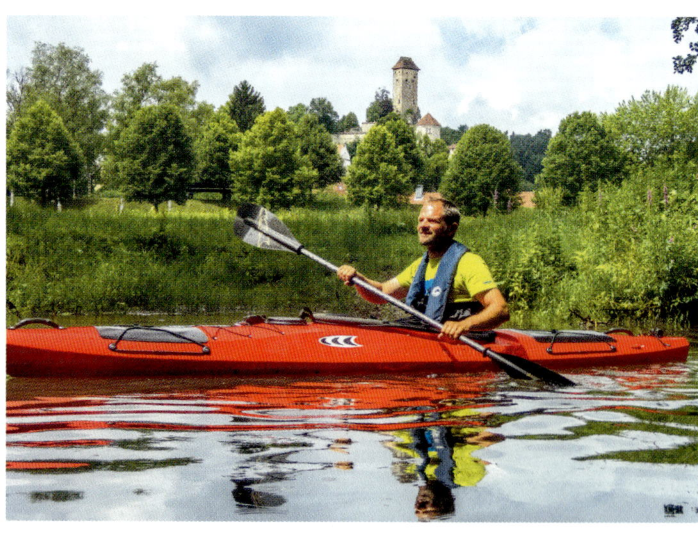

*Auf der Pegnitz bei Neuhaus, im Hintergrund Burg Veldenstein*

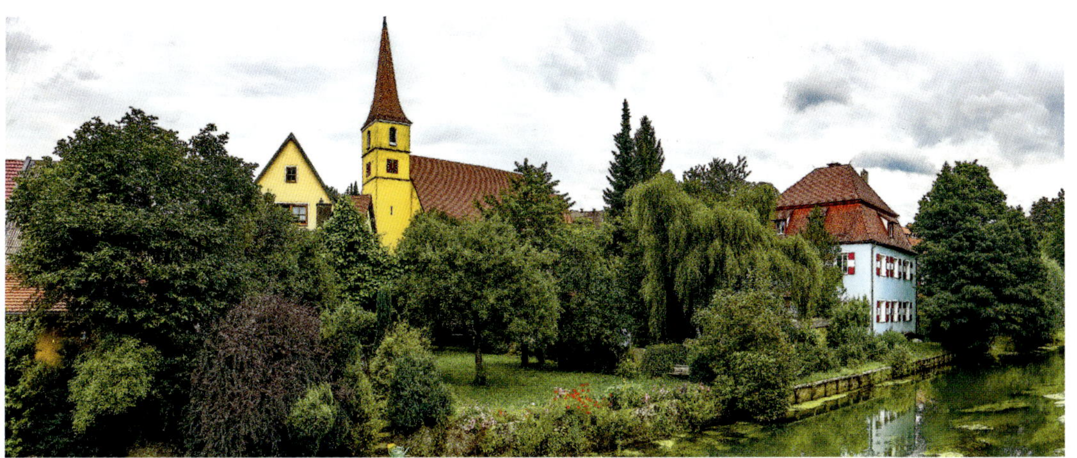

*Velden, mit seinem malerischen Stadtkern, blickt auf eine über 1.100 Jahre alte Geschichte zurück*

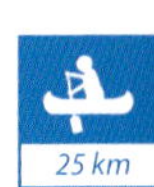


Ortsschild von **Velden** auf. Die Ortsdurchfahrt ist mit vielen Stegen und Brücken garniert und am Ortsende versperrt das nächste *Wehr* die Weiterfahrt. ***Davor erläutert ein Hinweisschild an der Fußgängerbrücke die beiden Umtrageoptionen: Entweder rechts vor dem Wehr ausbooten und für gut 120 Meter über die Straße bis zu den nachfolgenden Felsen umtragen oder aber bis zum Wehr vorfahren und am linken Ufer das Kajak kurz über die Wehrkrone heben.***

Hinter Velden ragt rechts eine steile Felswand auf. Die Bänke unter dem Felsüberhang bilden einen szenischen *Pausenplatz* und der Weg in die Stadt ist nicht weit.

*Der Ort wurde für seinen malerischen Stadtkern wiederholt mit ersten Preisen des Landkreises Nürnberger Land ausgezeichnet. Velden gehört zu den ältesten Städten im östlichen Umland von Nürnberg und blickt auf eine über 1.100 Jahre alte Geschichte zurück. Sehenswert in der kleinen Stadt sind die Marienkirche, eine Ende des 14. Jahrhunderts erbaute Saalkirche, das ehemalige Pflegschloss, ein dreistöckiges Gebäude mit hohem Halbwalmdach, das Mühltor und Reste der Stadtmauer, mit deren Bau Ende des 14. Jahrhunderts begonnen wurde. Besonders schön anzusehen sind die Fachwerkfassaden des Scheunenviertels in der Friedhofstraße – das Ensemble zählt zu den besterhaltenen im fränkischen Raum. Auf Anordnung von Kaiser Karls IV. mussten die Scheunen aufgrund der Feuergefahr außerhalb der Stadtmauer errichtet werden.*

Wer etwas Zeit mitbringt, dem sei der etwa einstündige Spaziergang auf dem ***Panoramaweg*** empfohlen. *Dieser abwechslungsreiche, gelb markierte Weg verläuft teils auf der Anhöhe, teils durch die romantische Altstadt mit herrlichen Ausblicken auf den historischen Ortskern Veldens.*

Die Pegnitz schwenkt nach Süden und das nächste Hindernis lässt nicht lange auf sich warten. Die Portage am ***Wehr der Eckartwerke*** in **Güntersthal** ist die unwegsamste der gesamten Tour. Zum Glück ist das Kajak dank des „kleinen Gepäcks“ sehr leicht und ich brauche nicht übermäßig viel Kraft, um es am rechten Ufer durchs Unterholz zu wuchten. Das ist auch gut so, denn gleichzeitig muss ich darauf achten, auf dem glitschigen Waldboden am steilen Ufer nicht auszurutschen.

In der nächsten Kurve verbirgt sich links oberhalb des Ufers die riesige Fabrikanlage „Eckart Werke“, einem weltweit führenden Hersteller von Farb-Pigmenten. Am ***Kanu-Einstieg in Güntersthal*** *(zwischen Velden und Lungsdorf)* lagert ein Kanuvermieter seine Mietboote auf einem Hänger am Straßenrand. Güntherstahl ist der Haupteinstieg für die Befahrung der Pegnitz, da sie ab hier ganzjährig befahren werden darf und man sich zudem fünf Wehrportagen erspart. Die Tour nach Hohenstadt verkürzt sich so um etwa 7,5 Kilometer.

Hier beginnt auch der schönste Abschnitt des Pegnitztals. Die Strömung ist angenehm zügig, aber nicht zu schnell. Idyllisches Fachwerk duckt sich ans Ufer, dahinter ragen Felswände senkrecht auf und zwischen dem grünen Blätterdach des Waldes lugt grauer, nackter Fels hervor.

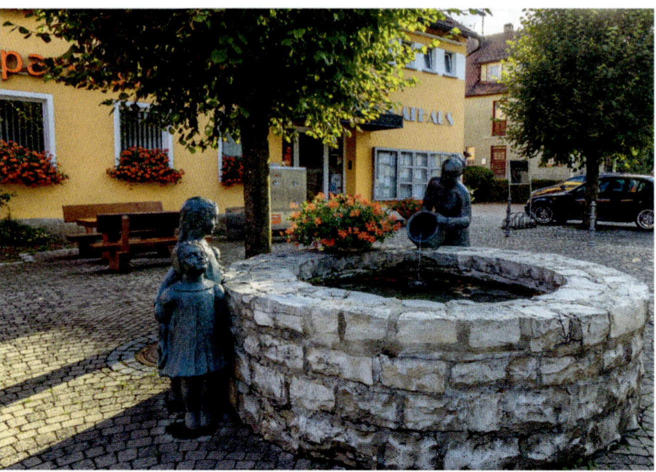

*Der Brunnen in Vorra wird zu Ostern immer geschmückt*

25 km

Im Scheitelpunkt der Kurve bei **Lungsdorf** liegt am rechten Ufer ein kleiner schöner Biergarten und auf der folgenden Strecke kann man die reizvolle Landschaft in vollen Zügen genießen, bis die freie Fahrt am ***Wehr*** bei der Mühle in **Rupprechtstegen** ein Ende findet. Das Hindernis wird am linken Ufer umtragen und am Wiedereinstieg bieten *Rast- und Spielplatz* eine gute Möglichkeit zur ausgedehnten Pause. Einige Schritte oberhalb serviert der *„Rastwaggon"* *(Mo, Di Ruhetag, auch Radvermietung)* griechische Spezialitäten und deutsche Küche zu fairen Preisen. Neben dem umgebauten Eisenbahnwagen gibt es einen modernen Anbau, noch schöner aber ist der angrenzende Biergarten.

*Mitten im Ortskern von Rupprechtstegen steht der alte Schlauchturm, der früher zur Trocknung von Feuerwehrschläuchen benutzt wurde. Die Turmuhr mit dem Uhrwerk von 1876 ist eine Sehenswürdigkeit und stammt von einer Nürnberger Firma. Am oberen Ortsende von Rupprechtstegen mündet das Ankatal, ein felsenreiches Trockental. Auf einer 40 Meter über dem wildromantischen Tal liegenden Felskuppe thront das 1862 von Ludwig Jegel erbaute ehemalige Kurhotel. Viele hochgestellte und namhafte Gäste, wie Prinzessin Gisela von Bayern und auch Richard Wagner hielten sich hier auf und Rupprechtstegen wurde zum Luftkurort. Zu jener Zeit aber litt der Ort unter schlechter Erreichbarkeit und der Betrieb musste Konkurs anmelden. Während des Zweiten Weltkriegs wurde das Hotel als Lazarett für die Luftwaffe und später dann als Zollschule genutzt.*

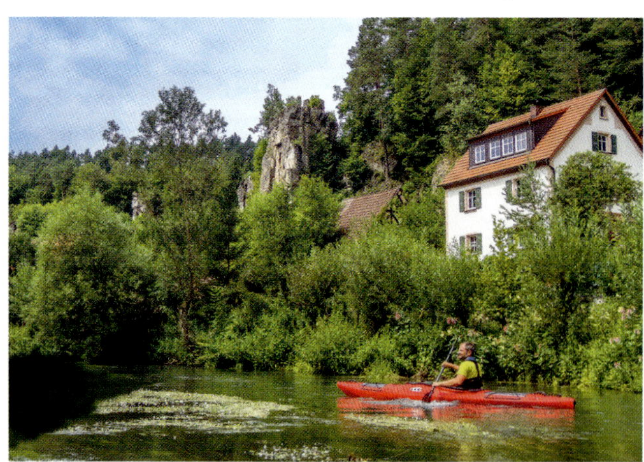

*Lungsdorf*

In der nächsten Kurve fällt das schöne Fachwerkgebäude der ***Harnbacher Mühle*** ins Auge, die unter Regie des Vereins „Mühlenkraft e.V." restauriert wurde, der hier ein Inklusionsprojekt betreibt, welches das Miteinander von Menschen mit und ohne Behinderung fördert. Die flotte Strömung trägt uns durch ein paar enge Kurven und kurz hintereinander folgen mehrere Brükken. Dann kommt man auch schon bald zum Anlegesteg am linken Ufer,

wo nun die Portage vorbei am ***Wehr*** hinter der nächsten Straßenbrücke ansteht.

Gut zwei Kilometer weiter ist **Artelshofen** erreicht. Erster Vorposten sind ein paar Kleingartenparzellen. Linksufrig hinter der Eisenbahnbrücke liegt der Anleger des italienischen *Restaurants „Bella Roma" (17-22, Di Ruhetag).* Am Ende der Ortsdurchfahrt zwingt das nächste ***Wehr*** zu einem Landgang. Hinter der Straßenbrücke lege ich an der Steintreppe rechts an.

*Das Ende des 13. Jahrhunderts erbaute Wasserschloss ist im Kern noch erhalten und gilt als typisches Beispiel eines Nürnberger Patriziersitzes.*

Vor dem Einstieg bietet der *Picknicktisch* ein gutes Pausenplätzchen, wer keine eigene Brotzeit dabeihat, kann *„Zum Pechwirt" (Mo, Mi Ruhetag)* am gegenüberliegenden Ufer einkehren. Das Vereinslokal der Schützengesellschaft bietet deftige fränkische Küche im Biergarten. Für Vegetarier ist das Angebot nur bedingt geeignet: Spezialität ist die üppige Schlachtschüssel, die allerdings nur donnerstags serviert wird, wenn frisch geschlachtet wurde.

Wieder auf dem Wasser dauert es nicht lange, bis der Fußballplatz am rechten Ufer **Vorra** ankündigt. Hier fährt man oberhalb am ***Wehr*** vorbei und umträgt dann links über die Insel.

Auf der Insel zwischen Wehr- und Mühlenarm hat der *Biergarten* des *„Café Inselblick"* Liegestühle direkt am Ufer aufgestellt. Und ein Stück weiter im Ort bieten sowohl das *Café „Die Vogelbeere"* mit angeschlossenem *Dorfladen*, als auch die *Pizzeria Toni* weitere Einkehrmöglichkeiten. Allerdings – wer alle authentischen Biergärten und Lokale entlang der Pegnitz entdecken will, müsste sich für die 25 Kilometer lange Tour von Neuhaus nach Hohenstadt wohl zwei oder gar drei Tage Zeit nehmen.

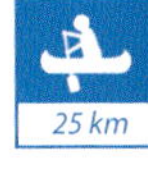


Noch vor der Straßenbrücke liegt der Anleger des netten *Heuhotels Fischbeck*. Es bietet urige Übernachtungsmöglichkeiten, wahlweise mit Schlafsack im Heu oder in einem ausgebauten Bauwagen. Der Aufenthalt ist ein Erlebnis für die ganze Familie und für Kinder gibt es auf dem mehr als 300 Jahre alten Anwesen gar einen Streichelzoo.

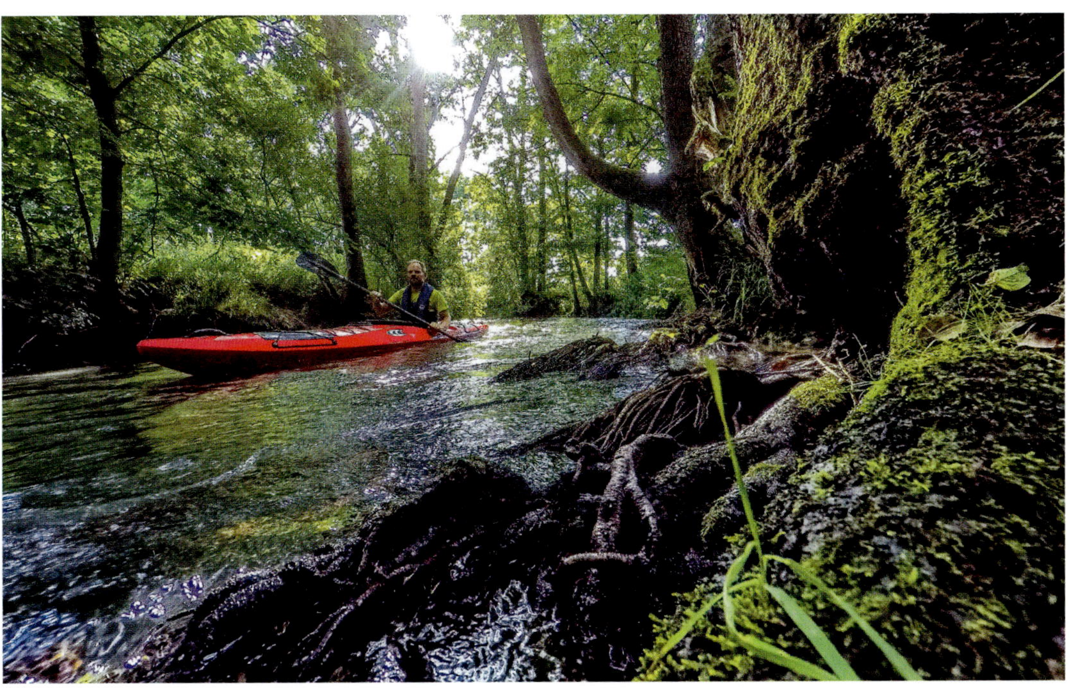

*Dichter Wald umgibt mich im Pegnitztal zwischen Eschenbach und Hohenstadt*

Die Pegnitz ändert nun ihren Charakter. Die Strömung gewinnt an Tempo und das Flussbett wird enger und kurvenreicher. Zahlreiche weit überhängende Äste greifen nach mir und ich habe alle Hände voll zu tun, das Kajak auf Kurs zu halten. Eine Möglichkeit zum Verschnaufen bietet der *Kanuanleger mit Rastplatz* vor der Pegnitzbrücke in **Düsselbach**.

Die Strömung bleibt flott und trägt mich schnell zum letzten ***Wehr*** der Tour in **Alfalter**. Es muss am linken Ufer kurz umtragen werden, die Befahrung der Fischtreppe ist untersagt. Über die Brücke sind es nur wenige Schritte in den Ort zum *Biergarten* des *Gasthofs Stiegler*. Wer bleiben möchte, findet hier auch ein Zimmer.

25 km

Etwa zwei Kilometer weiter böte der Parkplatz in **Eschenbach** mit dem hübsch anzuschauenden *Wasserschloss und der 1059 erbauten Paulus-Kirche* eine erste gute Aussetzstelle für das Tourenende.

*Ein Höhepunkt des Ortes ist der* ***Wengleinpark****, ein 1930 von Carl Wenglein gegründeter sechs Hektar großer Naturschutzpark und Bayerns ältestes, noch aktiv für die Umweltbildung genutztes Naturschutzgelände. Auf einem fast zwei Kilometer langen Naturlehrpfad, einem Infohaus sowie dem Kräutergarten erfährt man Wissenswertes über Flora und Fauna sowie seinen Gründer.*

Bald mündet von links der ***Hirschbach*** in die Pegnitz. *Das* ***Hirschbachtal*** *ist ein landschaftlich besonders reizvolles Seitental der Pegnitz und vor allem bei Wanderern, Kletterern und Naturfreunden beliebt. Der Norissteig, ein leichter Klettersteig, der 1929 von der Sektion Noris des Deutschen Alpenvereins eingerichtet wurde, ist mit roten Punkten markiert und führt in luftiger Höhe vorbei an eindrucksvollen Felsformationen und zu grandiosen Aussichtspunkten. Da der Steig parallel zum Fels von einem Wanderweg begleitet wird, ist die Tour für die gesamte Familie geeignet. Schwieriger als der Norissteig ist der von der Alpinen Gesellschaft Höhenglück von 1932 bis 1937 angelegte Höhenglücksteig. Besonders im dritten Abschnitt ist mehr Kraft gefordert und eine Sicherung nötig.*

Noch ein paar Kilometer paddel ich weiter durch einen herrlichen, fast urwüchsig anmutenden Wald, bis nach 1,5 Kilometer in einer Kurve am rechten Ufer der *Anleger* das Ende der beschilderterten Kanustrecke markiert. Direkt nebenan bietet der sympathische *Campingplatz „Pegnitz Camping“* von **Hohenstadt** einen guten Endpunkt, um die Tour mit einer Übernachtung in Nachbarschaft vieler weiterer Paddler ausklingen zu lassen. Gleich um die Ecke liegt der Bahnhof, um das Auto aus Neuhaus nachzuholen.

Die Weiterfahrt auf der Pegnitz bis **Hersbruck** ist dagegen nur bedingt zu empfehlen und die etwa sieben Kilometer lange, dschungelartige Strecke ist nicht für Anfänger geeignet. Eine gute Ausstiegstelle in Hersbruck findet sich hinter der Straßenbrücke beim großen Parkplatz am *Gasthaus Plärrer*.

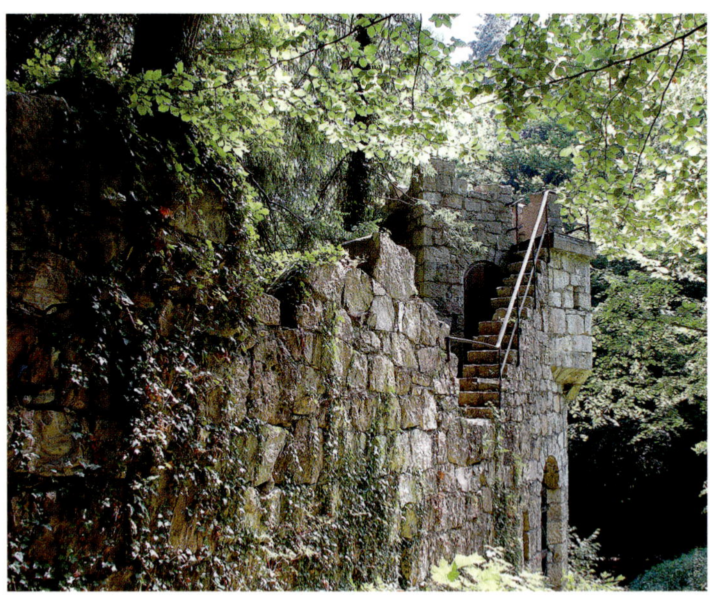

*Heroldsturm, Eingang zum Wengleinpark*

# Die Naab

*Kleinod in der Oberpfalz*

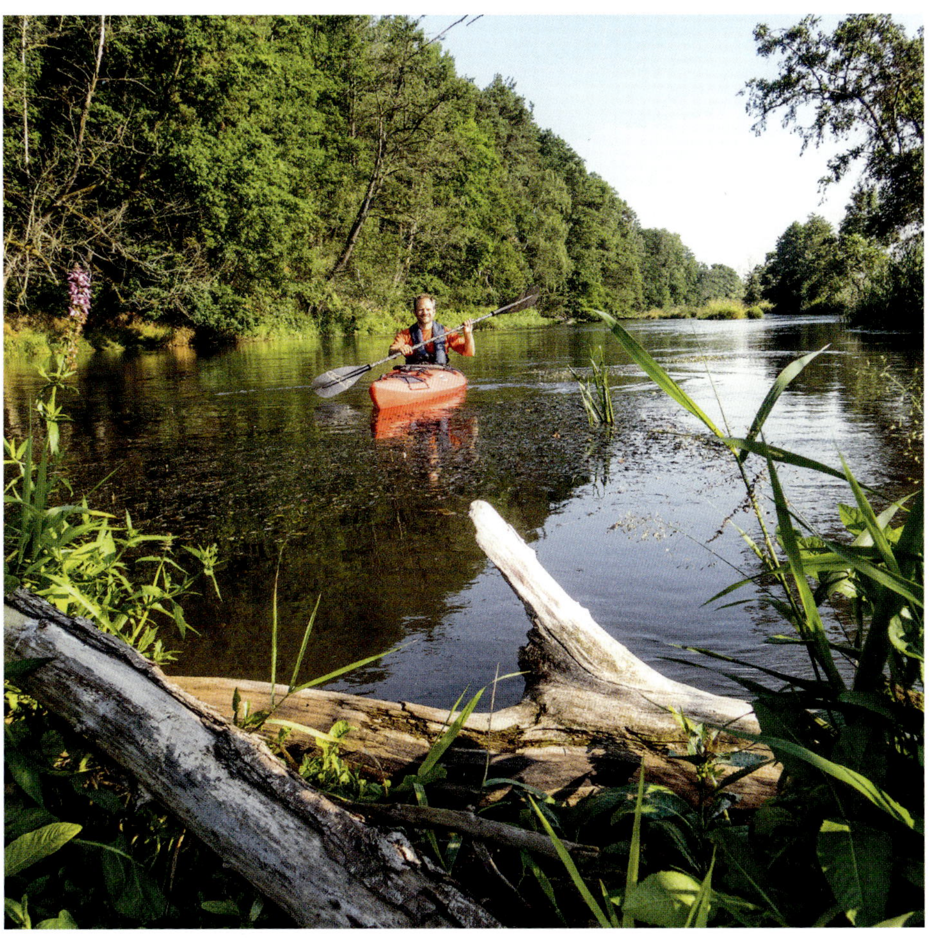

Tour 7

## Tour-Infos Naab

| Aktivitäten | Natur | Kultur | Baden | Hindernisse |
|---|---|---|---|---|
|  | 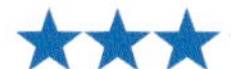 |  |  |  |

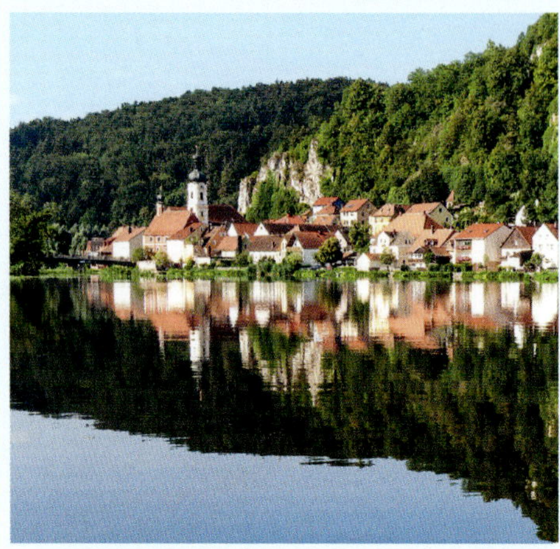

**Charakter der Tour**

Die Naab entspringt als Waldnaab im Oberpfälzer Wald und fließt zunächst nach Tschechien, bevor sie bei Bärnau nach Bayern zurückkehrt. Ab der Einmündung der Haidenaab bei Oberwildenau südlich von Weiden i.d. OPf. heißt der Fluss dann nur noch Naab und ist eine ruhige, problemlose Strecke zum Kanuwandern.

Sie schlängelt sich in gemütlichen Schleifen durch die landschaftlich reizvolle Oberpfalz mit ausgedehnten Waldgebieten und sanft geschwungenen Hügelketten; ebenso gut geeignet für Anfänger und große Gruppen als auch Paddeltouren mit Kindern. Unterwegs locken schöne Badeplätze, zünftige Gasthäuser und idyllische Zeltmöglichkeiten direkt am Ufer.

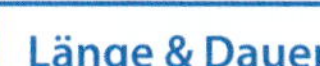


**Länge & Dauer der Tour:** 101 km, 4-5 Tage
**Schwierigkeit:** Einfach, zahlreiche Zelt-, Bade- und Einkehrmöglichkeiten

**Umtragestellen:** Insgesamt behindern auf der Strecke **16 Wehre** zwischen Oberwildenau und Regensburg den Paddler. Ein Teil der Hindernisse ist bei gutem Wasserstand, robusten Booten und einiger Paddelerfahrung eventuell befahrbar. Alle Wehre lassen sich kurz und einfach umtragen.
Die Mitnahme eines **Bootswagen** ist sehr empfehlenswert.

**Etappenvorschlag 4-Tagestour:**
**1. Tag:** Oberwildenau – Nabburg (22 km)
**2. Tag:** Nabburg – Schwandorf (20 km)
**3. Tag:** Schwandorf – Kallmünz (33 km)
**4. Tag:** Kallmünz – Regensburg (26 km)

**Tipps für Tagestouren:**
**1.** Teublitz – Kallmünz (12 km)
**2.** Burglengenfeld – Pielenhofen (20 km)

**Befahrungsregelungen:** keine
**Anlandeverbot:** Im kleinen ***Naturschutzgebiet Eichenberg*** nordöstlich von Kallmünz.

**Anreise:** A 93 Hof – Regensburg bis zur *Ausfahrt 26 / Luhe-Wildenau* und weiter nach **Oberwildenau**.

**Einsetzen & Parken:** Am Ortseingang von **Oberwildenau** unterhalb der Straßenbrücke *(Naabweg 8, 92706 Luhe-Wildenau)*. **Parkmöglichkeiten** für das Auto finden sich oberhalb an der Straße.

**Aussetzstelle:** Bootshaus des **Regensburg***er Kanu-Club (an der Donau bei km 2381,7; An der Schillerwiese 4, 93049 Regensburg)*; alternativ an der ***Naabmündung*** (verkürzt die Strecke um ca. 4 km) beim Parkplatz gegenüber der Wallfahrskirche **Mariaort** vor dem *Gasthof Krieger (Naabstraße 20, 93186 Pettendorf)*.

**Zurück zum Pkw:** Häufige, regelmäßige und direkte Zugverbindung mit der Oberpfalzbahn zwischen **Regensburg** und **Oberwildenau/Luhe-Wildenau**, Fahrzeit ca. eine Stunde.

### Kartenmaterial & Literatur-Tipps:

**KANU KOMPAKT Naab & Vils,** Kanutourenführer mit Wasserwanderkarten, Thomas Kettler Verlag.

**Wassersport-Wanderkarte WW 4,** Deutschland Südost mit Altmühl, Naab, Regen, 1:450.000, Jübermann.

Broschüre **„Bootswandern auf der Naab",** kostenlos bei den Touristinformationen vor Ort erhältlich.

Bikeline Radtourenbuch **„Fünf-Flüsse-Radweg: Radvergnügen entlang von Naab, Vils, Pegnitz, Altmühl und Donau",** Insgesamt 320 Radkilometer mit topografischen Karten 1:50.000, Esterbauer Verlag.

**Die Oberpfalz: Reisen und Wandern – Kunst und Kultur,** *Gernot Messarius,* Pustet Verlag.

**Glücksorte i. d. Oberpfalz | Glücksorte im Bayerischen Wald,** Fahr hin & werd glücklich, Droste Verlag.

**Die schönsten Wirtshäuser in Amberg und Umgebung,** Kulinarischer Reiseführer zu den urigsten Wirtshäusern und schönsten Biergärten in der Region, *Kristina Sandig,* Buch- & Kunstverlag Oberpfalz.

Emons Verlag: **111 Lost Places in der Oberfalz, die man gesehen haben muss** | Kriminalromane & Oberpfalz-Krimis **„Naabtalblues"** | **„Waidlertod"** | **„Nebeleck"** | **„Kirwatanz"** | uvm.

**„Heimvorteil"** | **„Grabenkämpfe"** | **„Wirtshaussterben",** 3 spannende Oberpfalzkrimis um den Regensburger Sportjournalisten Reitinger, alle *Lotte Kinskofer,* Prolibris Verlag.

### Übernachtung in Wassernähe (in der Reihenfolge des Tourenverlaufs):

**Oberköblitz** (OT v. Wernberg):
*Gasthof Zehentbartl*
Hauptstr. 18
Tel. (09604) 22 16
www.gasthof-zehentbartl.de

**Unterköblitz** (OT v. Wernberg):
*Gasthof Sperl*
Bahnhofstr. 24
Tel. (09604) 22 31
www.sperl-wernberg.de

**Nabburg:**
*Gasthof „Zur Krone"*
Perschener Str. 22
Tel. (09433) 96 08

*Camp Nabburg*
*(vorherige Anmeldung unbedingt erforderlich)*
Bei der Nordgauhalle *(WoMo-Platz)*
Tel. (09642) 35 73
www.huber-naturerlebnis.de

**Schwandorf:**
*Kanu-Club Schwandorf* *(zelten)*
Hubmannwöhrl
Tel. Bootshaus (09431) 416 19
www.kc-schwandorf.de

*Gasthof Baier*
Wöhrvorstadt 1
Tel. (09431) 23 86
www.gasthof-baier.de

**Münchshofen** (OT v. Teublitz):
*Landgasthof Hintermaier*
Uferstr. 37
Tel. (09471) 992 40
www.landgasthof-hintermeier.de

**Kuntsdorf** (OT v. Teublitz):
*Kanuclub Städtedreieck* *(zelten)*
Am Kronbertsanger 15 b
Tel. 0170-284 85 75
www.kc-städtedreieck.de

*Bauernhof Pension Koiserhof*
Kuntsdorf 2
Tel. (09471) 907 87

**Burglengenfeld:**
*Zeltplatz am Naturbadeplatz im Naabpark* *(nur nach Voranmeldung)*
Tel. (09471) 70 18 28

*Gasthof „Zum Burgblick"*
Naabgasse 7
Tel. (09471) 703 40
www.burgblick.de

*Hotel 3 Kronen*
Hauptstr. 1
Tel. (09471) 703 30
www.gasthofdreikronen.de

**Schirndorf** (OT v. Kallmünz):
*Gasthaus Georgimühle*
Schirndorf 1
Tel. (09471) 59 68
www.georgimuehle.de

**Kallmünz:**
*Jugendzeltplatz Zaar,* Zaar 1
Tel. (0941) 400 92 39 od. 400 94 51

*Gasthof Zum Weißen Rössl*
Alte Regensburger Str. 1
Tel. (09473) 234
www.zum-weissen-roessl.de

**Krachenhausen** (OT v. Kallmünz):
*Landgasthof „Zum Birnthaler"*
Heitzenhofener Weg 13
Tel. (09473) 950 80
www.landgasthof-birnthaler.de

**Heitzenhofen** (OT v. Duggendorf):
*Schlossresidenz Heitzenhofen*
Naabstr. 5 a
Tel. (09473) 90 83 90
www.schloss-residenz-heitzenhofen.de/hofen.de

**Pielenhofen:**
*Klosterwirtschaft*
Klosterstr. 6
Tel. (09409) 15 25
www.klosterwirtschaft.de

*Campingplatz Naabtal-Pielenhofen*
Distelhausen 2
Tel. (09409) 373
www.camping-pielenhofen.de

**Penk** (OT v. Nittendorf):
*Landgasthof Spitzauer*
Löweneckstr. 9
Tel. (09404) 95 20 37
www.landgasthof-spitzauer.de

**Mariaort** (OT v. Pettendorf):
*Gasthof Krieger*
Naabstr. 20
Tel. (0941) 810 80
www.gasthof-krieger.de

**Regensburg:**
*AZUR Camping Regensburg*
*(auch „Baumhaus" & Campingfass)*
Weinweg 40
Tel. (0941) 27 00 25
www.azur-camping.de

*Regensburger Kanu-Club*
An der Schillerwiese 4
*Anfragen/anmelden per E-Mail*
www.regensburger-kanuclub.de

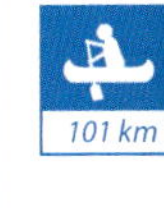

## Sehenswertes an der Naab

**Luhe:** Barocke *Kirche St. Martin* mit *sieben Rokoko-Altären; Altes Rathaus* mit historischem Marktplatz; *Marienkapelle; Pfarrhof* von Philipp Muttone; *Wallfahrtskirche St. Nikolaus.*

**Wernberg-Köblitz:** *Burg Wernberg* (Hotel mit Sterneküche); *Marktplatz; Kirche St. Anna* (16. / 18. Jh.).

**Pfreimd:** Barocke *Stadtpfarrkirche „Mariä Himmelfahrt"; Landgrafenschloss; Franziskanerkloster; Historisches Mühlrad; Wallfahrtskirche St. Barbara, Emmausklause* (Sa, So 14-18/19) und *Loretto-Kapelle* auf dem *Eixlberg.*

**Perschen:** *Kirche St. Peter und Paul* mit Fresken aus dem 12. Jh. im benachbarten Beinhaus; *Bauernmuseum Edelmannshof; Oberpfälzer Freilandmuseum* in **Neusath-Perschen** (www.freilandmuseum.org).

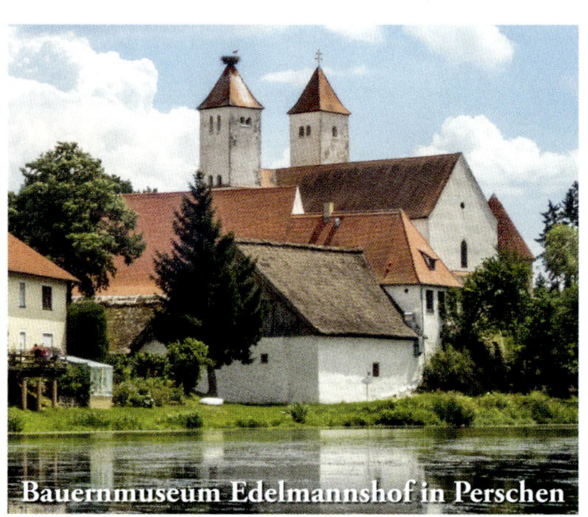
Bauernmuseum Edelmannshof in Perschen

**Nabburg:** Schön restaurierte *Altstadt*; gut erhaltene *Stadtmauer* mit zwei *Stadttoren*; gotische *Stadtpfarrkirche; Stadtmuseum* im *Zehentstadl* mit Ausstellung zur heimischen Tierwelt; *Museum* des Künstlers Karl Schmidt im *Schmidt-Haus* (Oberer Markt 16, So 14-17).

**Schwarzenfeld:** *Wallfahrtskirche mit Kloster* auf dem Miesberg; *Alte Pfarrkirche; Schloss Schwarzenfeld* (heute Hotel) im Stil des romanischen Historismus.

101 km

**Fronberg:** *Schloss Fronberg* (16. Jh.) mit Kapelle; *Oberpfälzer Künstlerhaus* in der *„Kebbel-Villa"* (1886-88, www.kebbelvilla.de).

**Schwandorf:** *Historischer Marktplatz* mit Glockenspiel und *Mönchsbrunnen; Blasturm* (1494 vollendet) am höchsten Punkt der ehemals 1,3 km langen *Stadtmauer; Stadtmuseum* mit volkskundlicher Ausstellung zu Geschichte und Kultur der Stadt und Umgebung; kath. *Pfarr- und Klosterkirche „Zu Unserer Lieben Frau vom Kreuzberg"* (1678-1680), von 1949 bis 1952 modern wieder aufgebaut; *historischer Felsenkeller* mit mehr als 130 Kellerräumen im Eisensandstein des Schwandorfer Bergs (Führungen: Tel. (09431) 455 50, www.schwandorf.de/Kultur-Tourismus/Sehenswertes/Felsenkeller-Labyrinth).

**Wiefelsdorf:** Kirche *St. Peter und Paul* (Frührokoko mit spätgotischer Marienstatue).

**Münchshofen:** *Renaissanceschloss* (um 1597, privat) mit *Kapelle Hl. Kreuz und St. Margaretha* (öffentlich); *ehem. Glasschleif- und Polierwerk* (19. Jh., Museum).

**Teublitz:** *Wild- und Freizeitpark Höllohe*, tgl. geöffnet, Eintritt frei, www.wildpark-hoellohe.de

**Premberg:** *Filialkirche* (12. Jh.) mit spätgotischer hölzerner Westempore & Ölgemälde von Lucas Cranach.

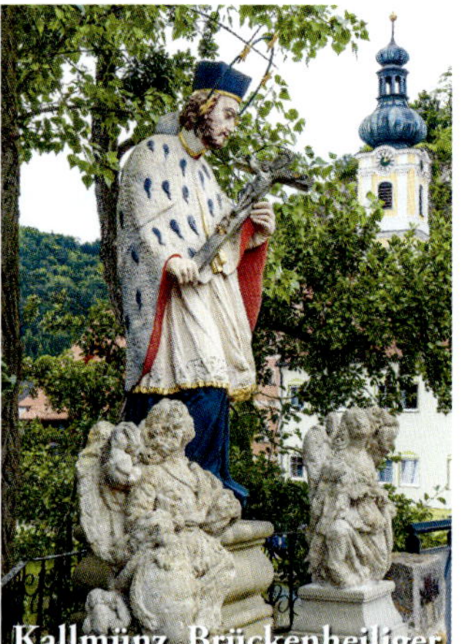
Kallmünz, Brückenheiliger

**Burglengenfeld:** Gut erhaltenes *mittelalterliches Stadtbild; Burg; Historisches Rathaus* (16. Jh.); *Altmann-Schlösschen* (16. Jh.); *Oberpfälzer Volkskundemuseum* (*Mi-Fr+So 14-17*, Berggasse 3); *Kreuzbergkirche.*

**Kallmünz:** „Perle des Naabtals": enge Gassen im malerischen, mittelalterlichen *Ortsbild; Schlossberg* mit *Burgruine* (12. / 13. Jh.) mit *Ringmauerresten, Bergfried* und bronzezeitlichem *Wall*; spätmittelalterliche *„Steinerne Brücke"* (um 1550) mit *Brückenpatron Nepomuk; „Haus ohne Dach".*

**Heitzenhofen:** *Wolfgangskirche* (18. Jh.).

**Duggendorf:** *Barocke Pfarrkirche* (1736) mit Rokokoorgel.

**Pielenhofen:** *Klosteranlage* (12. Jh.), ehem. Zisterzienserkloster.

**Penk:** Romanische *Wehrkirche St. Leonhard* (um 1250).

**Etterzhausen:** *St. Wolfgangskapelle* (1250); *Schloss* (16. / 18. Jh.).

**Mariaort:** *Wallfahrtskirche* m. Deckenfresko von Karl Stauder (1774-76).

**Regensburg:** Siehe *Stadtrundgang* Seite 322.

## Weitere Aktivitäten rund um die Naab

**Radfahren:**
Ein ***Radwegenetz*** von knapp 2.000 Kilometer Länge durchzieht den Oberpfälzer Wald und bietet Tourenmöglichkeiten für jeden Geschmack.

***Naabtal-Radweg:*** Abwechslungsreiche 100 Kilometer von Luhe über Schwandorf nach Regensburg.

***Bahntrassenradwege***, wie die ***Kleine Oberpfälzer Wald-Runde*** *(154 km, Start & Ziel in Nabburg)*, eignen sich besonders für gemütliche Radtouren ohne große Höhenunterschiede fernab der Straße.

**Fahrradvermieter:**
**Regensburg:** ***Rent a bike***, Bahnhofstr. 18, Tel. (0941) 599 81 94, www.fahrradverleih-regensburg.de

**Wandern:**
Ein ***Weitwanderweg*** der Extraklasse ist der über 600 Kilometer lange ***Goldsteig*** durch Oberpfälzer Wald und Bayerischen Wald.

Weitere lohnenswerte ***Mehrtageswanderwege*** quer durch den Oberpfälzerwald sind unter anderen der ***Oberpfalzweg*** *(ca. 168 km von der Kappl bei Waldsassen bis Nittenau)*, der ***Burgenweg*** *(ca. 176 km langer Teilabschnitt des Goldsteigs von Marktredwitz nach Waldmünchen)* oder der ***Wallenstein-Tilly-Weg*** *(ca. 93 km von der Frankenalb in den Oberpfälzer Wald)*.

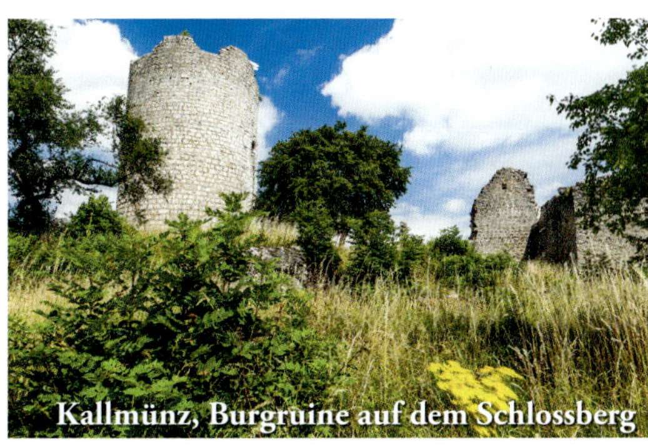
Kallmünz, Burgruine auf dem Schlossberg

**Paddeln:** Sehr schön in der Nachbarschaft zur Naab ist der ***Bootswanderweg Regen***. Für geübte Paddler lohnenswert sind, guten Wasserstand vorausgesetzt, die Quell- und Nebenflüsse der Naab: ***Haidenaab*** ab Mantel; ***Waldnaab*** von Windischeschenbach nach Neustadt; ***Pfreimd*** ab Tausnitz; ***Schwarzach*** ab Neunburg vorm Wald und ***Vils*** ab Amberg.

**Angeln:** Die naturbelassene Naab lockt Angler mit Hecht, Zander, Aal und Karpfen. Das Fischwasser des Sportanglervereins Schwandorf erstreckt sich von Fronberg bis Klardorf.

**Wanderreiten:** Der Oberpfälzerwald bietet ein dichtes Netz an geprüften Wanderreitstationen & Tourenmöglichkeiten *(von der leichten Tagesetappe bis zur anspruchsvollen Tour)*, je nach Trainingsstand von Pferd & Reiter.

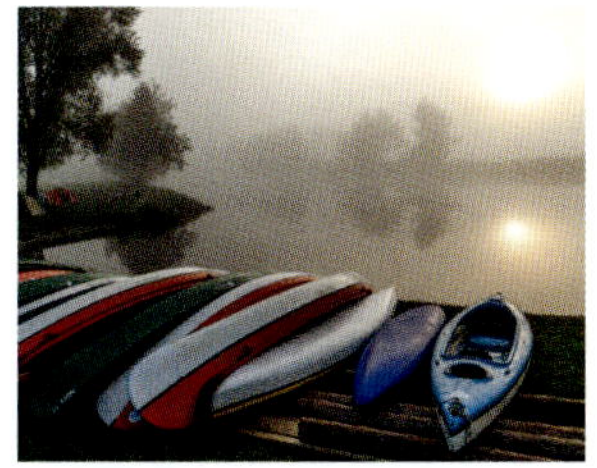

**Schwimmbad mit Sauna:** **Burglengenfeld:** ***Wohlfühl- & Erlebnisbad „Bulmare"***, tgl. 10-22, Im Naabtalpark 44 , Tel. (09471) 60 19 30, www.bulmare.de

**Auskunft & Tourist-Info**
**Nabburg:** ***Tourismuszentrum Landkr. Schwandorf,*** Obertor 14, Tel. (09433) 20 38 10, www.oberpfaelzerwald.de
**Regensburg:** ***Tourismusverband Ostbayern***, Im Gewerbepark D 04, Tel. (0941) 58 53 90, www.ostbayern-tourismus.de

**Kanuvermieter & Veranstalter**

**Weiden i.d. Oberpfalz:**
***Kanusport Frieser***
Gladiolenweg 9
Tel. 0176-98 73 77 48
www.kanusport-frieser.de

**Nabburg:**
***Camp Nabburg*** *(Veranstalter)*
Nordgauhalle
Tel. (09642) 35 73
www.huber-naturerlebnis.de

**Kallmünz:**
***nuKanu***
*(mobiler Vermieter)*
Tel. 0160-343 45 45
nukanu.de

**Pielenhofen:**
***Bootsverleih Pielenhofen***
Angerstr. 22
Tel. (09409) 15 28
www.bootsverleih-pielenhofen.de

**Hinterzhof** (OT v. Laaber):
***Erlebnismax***
Tel. (09498) 90 24 60
oder 0171-244 92 00
www.erlebnismax.de

**Mariaort:**
***Paddelzeit*** *(mit Kiosk-Café)*
Naabstraße 2
Tel. 0170-268 24 88
www.paddelzeit.com

# Die Naab

Ein guter Startpunkt für die gemütliche, familientaugliche Wanderfahrt findet sich am Ortsrand von **Oberwildenau**, kurz nachdem sich ***Waldnaab*** und ***Haidenaab*** zur Naab vereint haben. Auf der großen Uferwiese unterhalb der Straßenbrücke kann man ganz in Ruhe seine Sachen packen und der nahe Bahnhof mit direkter Verbindung nach Regensburg bietet ideale Voraussetzung für die Anreise bzw. das Zurückkommen zum Pkw mit dem Zug.

Die Naab gibt sich von Beginn an idyllisch. Eine leichte Strömung schiebt mich durch Mischwald in den unterschiedlichsten Grüntönen. Libellen schwirren über die Wasseroberfläche und umspielen die Blüten des Flutenden Hahnenfußes und die weiten Seerosenfelder. Von einem überhängenden Ast beäugt ein Graureiher achtsam das Geschehen auf dem Fluss. Nur von Zeit zu Zeit wird die Stille unterbrochen, wenn die Oberpfalzbahn oder ein Güterzug am Ufer entlangrattert.

101 km

Ein weiteres Zeichen der Zivilisation ist die Autobahnbrücke der A93. Dann fächert sich der Flusslauf in zwei Wasserarme auf, die eine Insel umspülen. An deren Zusammenfluss geht es unter der Straßenbrücke von **Luhe** hindurch, das gleich mit *zwei sehenswerten Barockkirchen aufwartet: Der Pfarrkirche St. Martin im Stadtzentrum und der Wallfahrtskirche St. Nikolaus auf dem Koppelberg östlich der Stadt.*

Kurz darauf ist das ***Wehr*** an der ***Naabmühle*** erreicht. *Die Nutzung der Wasserkraft hat eine lange Tradition, denn die erste urkundliche Erwähnung einer Mühle datiert auf das Jahr 1645. Aber wahrscheinlich wurde schon vorher ein Hammerwerk betrieben; heute jedoch wird nur noch Strom gewonnen.* Das Wehr und der nach 100 Metern folgende Steindamm ist über die Wiese am rechten Ufer schnell umtragen.

Durch eine weite, einsame Flussschlinge paddel ich gemächlich auf die Straßenbrücke in **Oberköblitz** zu. Direkt dahinter laden die

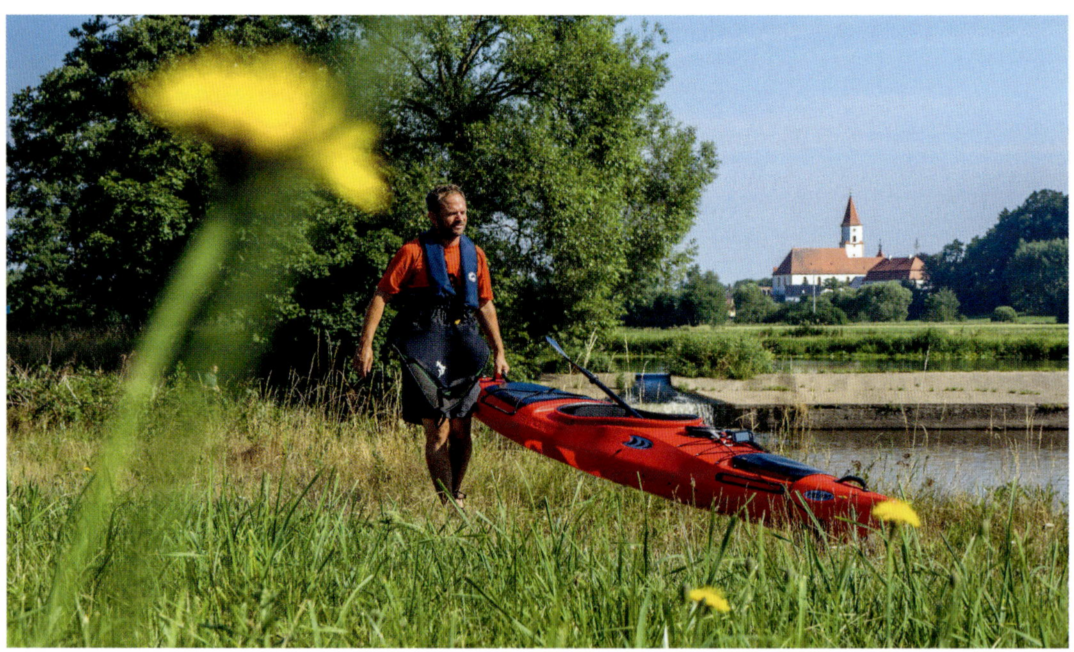

*Erstes Wehr der Tour, Umtragung an der Naabmühle*

Treppenstufen ein, am örtlichen *Rastplatz* anzulegen. Wer keinen Proviant dabeihat, findet im Ort an der Durchgangsstraße den *Gasthof Zehentbartl.*

In der nächsten Kurve dominiert die moderne ***Kirche St. Josef*** mit dem schlichten Quaderturm das Naabufer. Voraus teilt eine Insel den Flussverlauf. Rechts gelangt man zum *Gasthof Sperl*, der preiswerte regionale Gerichte und günstige Zimmer bietet. Wer nur das ***Wehr*** von **Wernberg-Unterköblitz** umtragen möchte, hält sich dagegen links. Die Portage ist kurz und führt am linken Ufer am Fischumlauf entlang.

Der folgende Streckenabschnitt wird von ***Burg Wernberg*** *aus dem 13. Jahrhundert geprägt, die sich hoch über den Dächern der Stadt erhebt und heute ein Luxus-Hotel beherbergt.* Eine Möglichkeit für einen kurzen Spaziergang zum Marktplatz und weiter zur malerischen Burg bietet sich vom *Anleger* hinter der Straßenbrücke der Bundesstraße 14 zwischen Wernberg und Unterköblitz.

Durch einen schönen, fast waldschluchtartigen Flussabschnitt – die Idylle wird lediglich durch die Autobahnbrücken der A 6 und A 93 etwas beeinträchtigt – und vorbei an der Mündung der ***Pfreimd*** in die Naab, erreiche ich das Örtchen **Pfreimd** mit seiner *sehenswerten barocken Pfarrkirche.* Kurz hinter der Straßenbrücke folgt das ***Wehr***, das am linken Ufer über die Wiese umtragen wird. *Wer sich die Füße vertreten mag, dem sei der lohnende Weg (1,5 km) auf den Eixlberg mit der wunderschönen Wallfahrtskirche St. Barbara und der Lorettokapelle empfohlen. Samstag und Sonntag (nicht an Feiertagen) Nachmittag hat auch die Emmausklause (Einkehr) geöffnet.*

Auch lohnend ist ein Stop in **Perschen**. *Der wuchtige* ***Edelmannshof*** *aus dem 17. Jahrhundert bildet zusammen mit der romanischen* ***Kirche St. Peter und Paul*** *ein eindrucksvolles Ensemble direkt am Naabufer. Die Pfarrhofanlage dient heute als Bauernmuseum und in der Saison bietet das Brotzeitstüberl von Freitag bis*

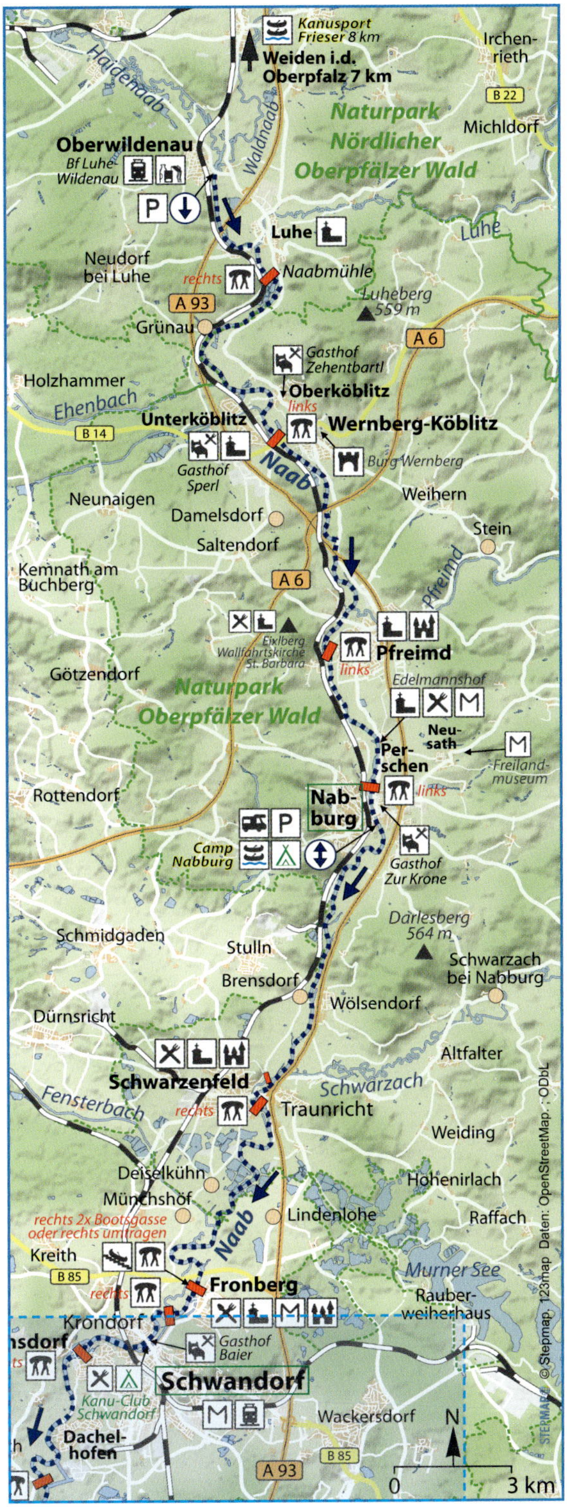

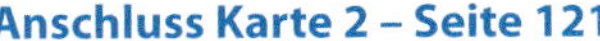
Anschluss Karte 2 – Seite 121

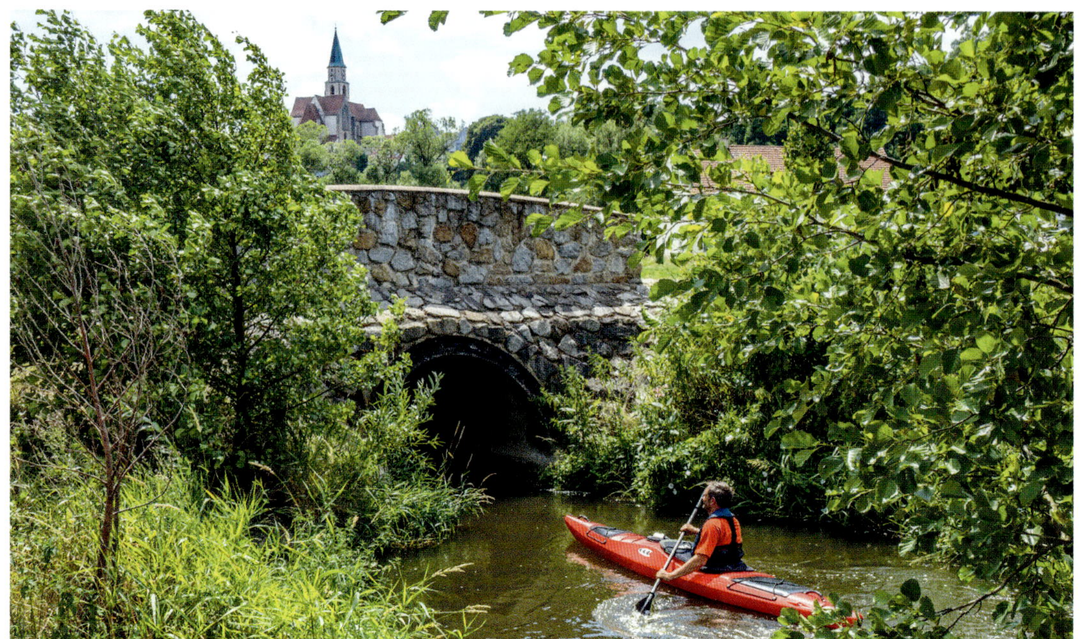

101 km

*Der Wasserstand passt, ich kann in Nabburg die Umlaufrinne fahren und damit das Wehr umgehen*

*Sonntag sowie an Feiertagen die Möglichkeit zur Stärkung mit bodenständiger Oberpfälzer Küche.*

Kurz darauf ist auf dem Bergsporn über dem rechten Ufer schon **Nabburg** auszumachen. Auf dem Weg in die Stadt ist aber zuerst noch ein ***Wehr*** zu überwinden. Ein Hinweisschild weist auf die Umfahrungsmöglichkeit in der Umlaufrinne hin, die etwa 200 Meter vor dem Wehr nach links abzweigt. Allerdings sollte man bei der Einfahrt unbedingt auf die Durchfahrtshöhe der Messlatte achten, denn nach 130 Metern wartet eine niedrige Rohrdurchfahrt, die bei hohem Wasserstand nicht passierbar ist.

Wer für die Nacht ein Bett sucht, kann nach Unterfahren der Fußgängerbrücke vor der Straßenbrücke links anlanden und zwischen den Häusern zur Perschener Straße laufen, um im *Gasthof „Zur Krone"* zu nächtigen. Kurz hinter der Brücke bietet das *Camp Nabburg* etwas unterhalb der rechtsufrigen Ein-/Ausstiegsstelle an der Nordgauhalle *(kostenlose Parkmöglichkeit für Tagesfahrer)* nach Voranmeldung eine Möglichkeit, das Zelt aufzuschlagen.

Von hier ist es nur ein kurzer Spaziergang in die reizvolle mittelalterliche Altstadt von **Nabburg**. *Umgeben ist sie von einer nahezu vollständig erhaltenen Stadtmauer mit dem Mähntor und dem Obertor, dem Wahrzeichen der Stadt.* Im *Gasthof Zum Stern* lädt der im Wettbewerb „Schönster Wirtsgarten" ausgezeichnete Biergarten zum Brotzeitmachen mit bayerischen Schmankerln ein. Das ***Freilandmuseum Neusath-Perschen*** ist in 3,5 km Fußmarsch erreicht.

Unterhalb von Nabburg ist der Fluss zunächst etwa 50 Meter breit und führt praktisch ohne Strömung parallel zur Autobahn 93 nach Süden. Nach etwa einem Kilometer beschleunigt sich die Strömung und es folgt ein windungsreicher Abschnitt mit Kiesbänken, kleinen Inseln und harmlosen Schwällen. Die Bäume und Büsche am Ufer schirmen vorübergehend den Autolärm ab. Dann tritt die Autobahn wieder direkt ans Ufer und bleibt bis **Schwarzenfeld** ein ständiger Begleiter.

Gut acht Kilometer nach dem Start in Nabburg mündet direkt unter der Autobahn von links die kleine ***Schwarzach*** in die Naab, die sich kurz darauf gabelt.

Ich lasse das erste *Wehr* von **Schwarzenfeld** rechts liegen und paddel weiter geradeaus im Hauptarm entlang der ***Schlosspark-Insel***, vorbei am Wasserwacht-Häuschen, und erreiche direkt unter der Straßenbrücke das zweite *Wehr*, das ich kurz am rechten Ufer umtrage.

Von hier sind es wenige Schritte ins Zentrum. *Sehenswert sind Schloss Schwarzenfeld (Hotel) aus dem 14. Jahrhundert, das Wahrzeichen der Stadt, und die Wallfahrtskirche auf dem Miesberg.*

Die Autobahn rückt nun vom Ufer ab und Stille umgibt mich. Schon bald entschädigt der erste Eisvogel für den etwas eintönigen Etappenauftakt. Zaghaft nimmt die Sonne den Kampf gegen die Wolken auf und ich paddel genussvoll durch die grüne Idylle. Immer wieder zweigen kleine tote Seitenarme ab, die mich neugierig machen und zur Erkundung locken. Gut eine Stunde hinter Schwarzenfeld lasse ich zuerst eine Insel und hinter einer Haarnadelkurve, einen Kilometer weiter, ein Altarm-Wehr rechts liegen; bald darauf unterfahre ich die Straßenbrücke unweit von **Fronberg**. Am *Wehr* des Städtchens finde ich ganz rechts eine ***Bootsgasse***, die mich senkrecht zum Wehr in einen kleinen Teich und über eine zweite ***Bootsgasse*** am Wehr vorbeiführt. Das Wehr kann man auch am rechten Ufer über die Wiese umtragen.

Direkt hinter dem Wehr liegt die Straßenbrücke von **Fronberg**. Nach links sind es nur wenige Schritte zu einer *Brauereiwirtschaft* mit schönem Biergarten und dem *kleinen Renaissanceschloss mit einer Kapelle aus dem 16. Jahrhundert. Ebenfalls einen Besuch wert ist das Oberpfälzer Künstlerhaus in der Kebbel-Villa mit einer umfangreichen Sammlung zeitgenössischer bildender Kunst aus der Region.*

Das Tagesziel, das Vereinsgelände der *Schwandorfer Kanuten*, ist nicht mehr fern. Aber zuvor muss noch das kurz vor **Schwandorf** liegende *Wehr* umtragen werden. Ich lege rechts oberhalb an, um einen Blick auf den Fischumlauf zu werfen und entscheide mich für eine Befahrung. Der Wasserstand ist allerdings sehr niedrig, sodass ich mehrmals mit dem Kajak aufsetze. Wer sich das ersparen will, kann leicht umtragen.

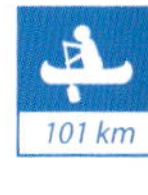


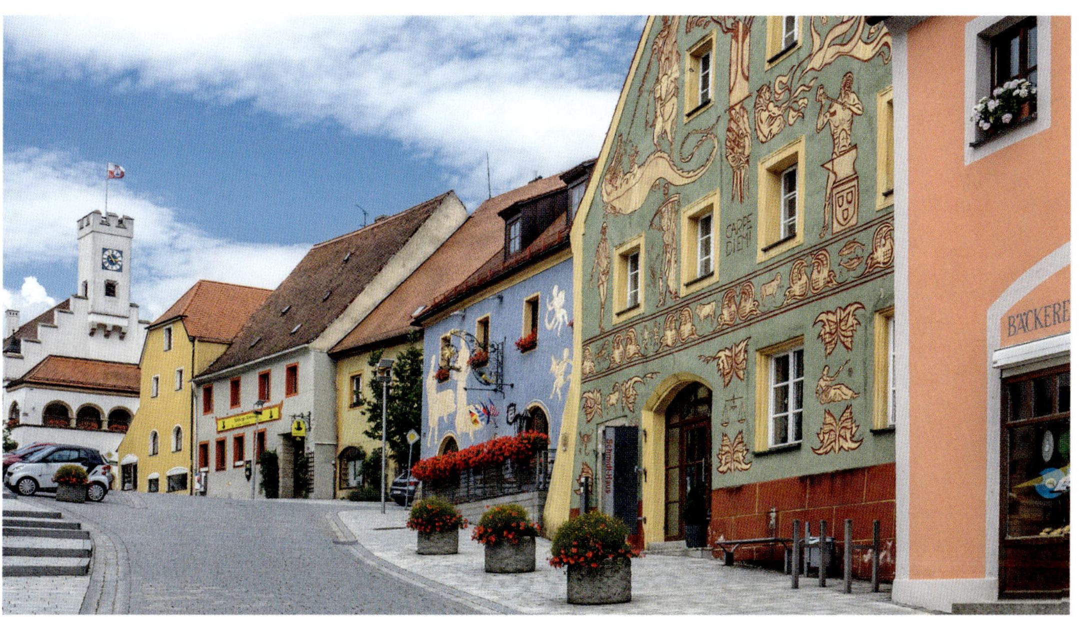


*Altstadt von Nabburg, rechts das grüne Schmidt-Haus mit Museum*

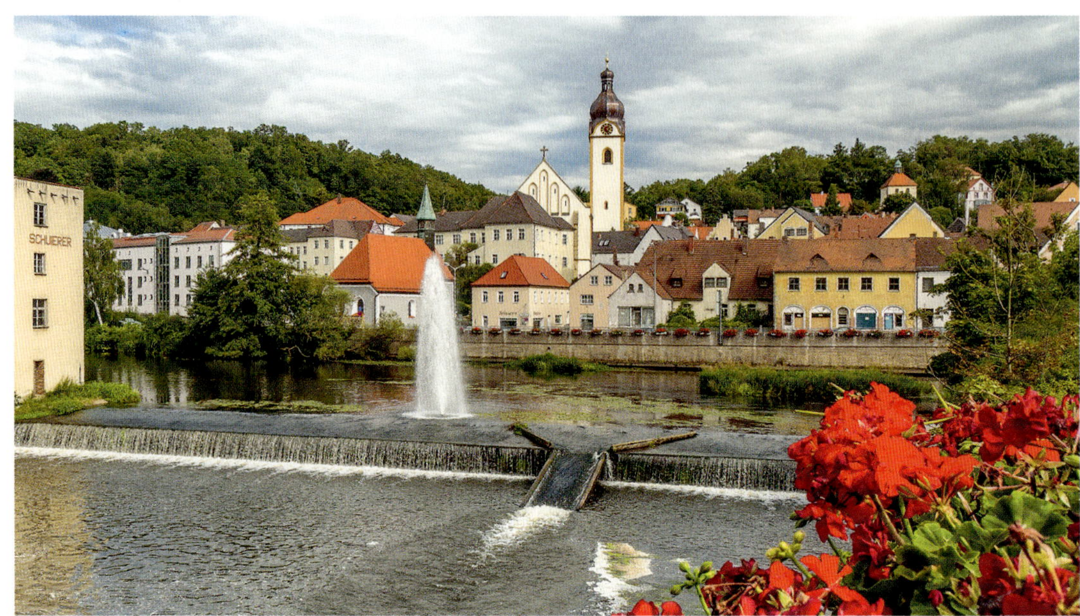

*Bootsrutsche in einem Naab-Nebenarm in Schwandorf mit Blick auf die Stadt*

Hinter der folgenden engen Flussschleife tauchen die ersten Häuser von **Schwandorf** am Ufer auf, am linken Ufer passieren wir kurz vor der Straßenbrücke den *Gasthof Baier*. Etwa 150 Meter hinter der Brücke biege ich links in den schmalen Seitenarm und paddel gegen die leichte Strömung die wenigen Hundert Meter bis zum Boothaus-Steg des auf der ***Naabinsel*** liegenden *Kanu-Clubs Schwandorf (vorab anmelden! Tel. 0151-619 238 52).*

Direkt vor dem Vereinsgelände liegt der *Biergarten „Im Stadtpark"* und nach dem Aufbau des Zeltes habe ich mir dort erst einmal eine Erfrischung verdient.

*Nur wenige Schritte sind es bis zum hübschen Marktplatz mit seinen typischen Giebelhäusern, der Pfarrkirche „St. Jakob", dem Glockenspiel und dem Wahrzeichen der Stadt, dem Blasturm. In ihm wurde 1812 Konrad Max Kunz, der Komponist der Bayernhymme geboren. Er brachte es immerhin zum Dirigenten des Opernchors am Münchener Nationaltheater. Nicht versäumen sollte man eine Besichtigung der einmaligen Felsenkeller. Weit über einhundert Felsenkellerräume im Hang des Schwandorfer Berges zeugen noch heute vom einstmals blühenden Brauwesen der Stadt. Von den hiesigen Brauern um 1500 erstmals zu Gär- und Lagerzwecken angelegt, stieg ihre Zahl mit dem Aufschwung des Braugewerbes bis sie schließlich im 20. Jahrhundert ausgedient hatte. Als Luftschutzbunker im Zweiten Weltkrieg retteten sie dann Tausenden Menschen das Leben, als am 17. April 1945 innerhalb von 15 Minuten eine gewaltige Bombenlast auf die Stadt niederging. Nur etwa 20 Prozent der Gebäude waren unversehrt geblieben. Als das „Wunder von Schwandorf" bezeichnete man die danach geleistete Aufbauarbeit.*

Am nächsten Tag holt mich die Sonne früh aus dem Zelt und ich lasse mir viel Zeit mit dem Frühstück auf der schönen Wiese der Schwandorfer Kanuten. Auf bekanntem Weg geht es zurück zum Hauptarm der Naab, die hier breit aufgestaut ist. Unter der Eisenbahnbrücke hindurch erreiche ich nach etwa zwei Kilometern das ***Wehr*** in **Ettmannsdorf**, wo ich am rechten Ufer hinter dem Fischumlauf anlege und das Kajak kurz über die Insel ziehe, um hinter dem Wehr wieder einzusetzen.

Anschluss Karte 1 – Seite 117

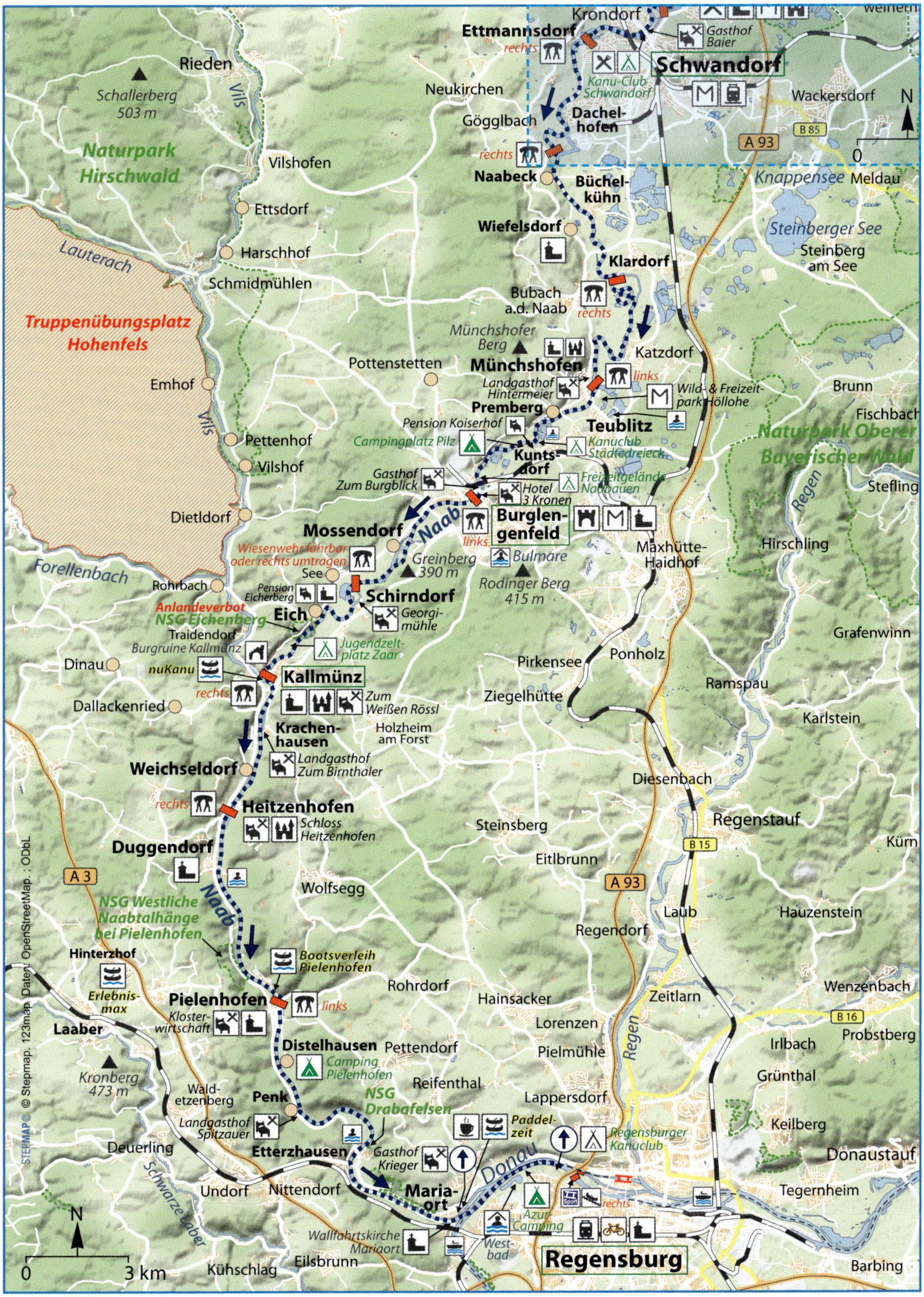

Krondorf
Ettmannsdorf
rechts
Gasthof Baier
Schwandorf
Kanu-Club Schwandorf
Wackersdorf
N
Rieden
Schallerberg 503 m
Vils
Neukirchen
Gögglbach
Dachel-hofen
B 85
A 93
0
rechts
Naturpark Hirschwald
Vilshofen
Naabeck
Büchel-kühn
Knappensee
Meldau
Ettsdorf
Wiefelsdorf
Steinberger See
Steinberg am See
Lauterach
Harschhof
Klardorf
Schmidmühlen
Bubach a.d. Naab
rechts
Truppenübungsplatz Hohenfels
Münchshofer Berg
Katzdorf
Pottenstetten
Münchshofen
links
Emhof
Landgasthof Hintermeier
Wild- & Freizeit-park Höllohe
Brunn
Premberg
Fischbach
Pension Koiserhof
Teublitz
Vils
Campingplatz Pilz
Kanuclub Städtedreieck
Naturpark Oberer Bayerischer Wald
Pettenhof
Kunts-dorf
Vilshof
Gasthof Zum Burgblick
Freizeitgelände Naabauen
Regen
Stefling
Hotel 3 Kronen
Burglen-genfeld
Dietldorf
Mossendorf
Naab
links
Maxhütte-Haidhof
Hirschling
Wiesenwehr fahrbar oder rechts umtragen
Greinberg 390 m
Bulmare
Forellenbach
See
Rodinger Berg 415 m
Rohrbach
Pension Eicherberg
Schirndorf
Anlandeverbot NSG Eichenberg
Eich
Georgi-mühle
Traidendorf
Burgruine Kallmünz
Jugendzelt-platz Zaar
Grafenwinn
Dinau
nuKanu
Pirkensee
Ponholz
Kallmünz
rechts
Zum Weißen Rössl
Ramspau
Dallackenried
Ziegelhütte
Krachen-hausen
Holzheim am Forst
Karlstein
Landgasthof Zum Birnthaler
Weichseldorf
Diesenbach
rechts
Heitzenhofen
Schloss Heitzenhofen
Regenstauf
Steinsberg
Duggendorf
B 15
Kürn
Eitlbrunn
A 3
A 93
Wolfsegg
NSG Westliche Naabtalhänge bei Pielenhofen
Naab
Laub
Hauzenstein
Regendorf
Hinterzhof
Bootsverleih Pielenhofen
Wenzenbach
Erlebnis-max
Pielenhofen
links
Rohrdorf
Hainsacker
Zeitlarn
Laaber
Kloster-wirtschaft
B 16
Lorenzen
Irlbach
Probstberg
Distelhausen
Pettendorf
Pielmühle
Regen
Kronberg 473 m
Camping Pielenhofen
Grünthal
Reifenthal
NSG Drabafelsen
Lappersdorf
Wald-etzenberg
Penk
Keilberg
Landgasthof Spitzauer
Paddel-zeit
Regensburger Kanuclub
Donaustauf
Deuerling
Etterzhausen
Gasthof Krieger
Donau
Undorf
Nittendorf
Maria-ort
rechts
Tegernheim
Schwarze Laber
Azur-Camping
N
Wallfahrtskirche Mariaort
West-bad
Regensburg
0
3 km
Kühschlag
Eilsbrunn
Barbing

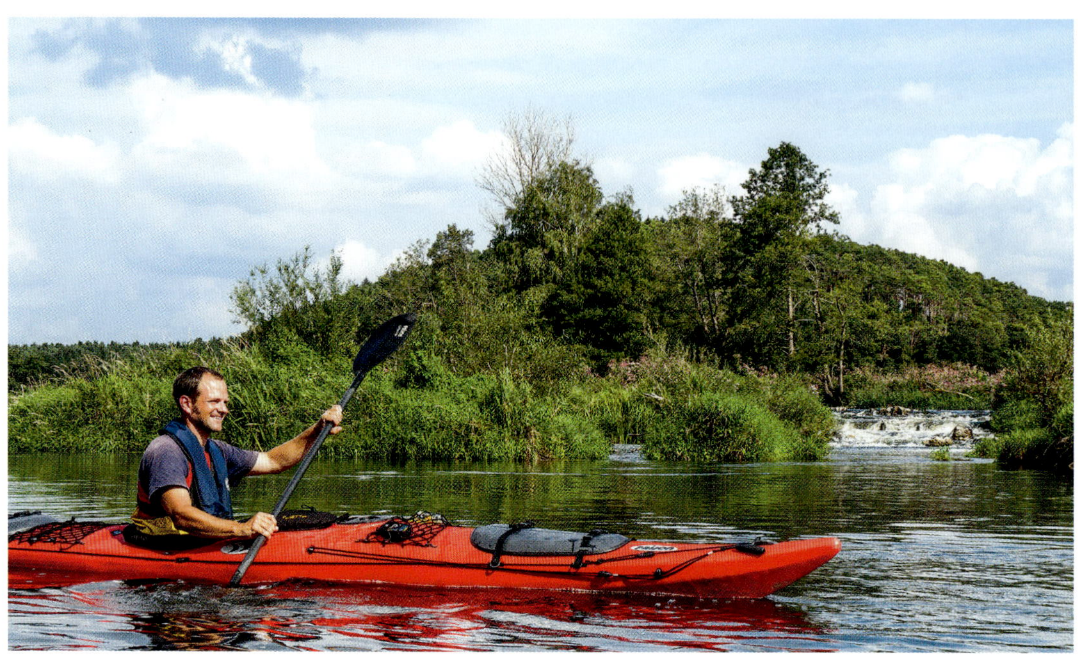

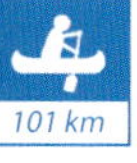


*Wiesenwehr bei Schirndorf*

Über **Dachelhofen** komme ich zum etwa einen Kilometer dahinterliegenden ***Stauwerk***, das ich am rechten Ufer umtrage. Ein waldschluchtartiger Flussabschnitt begeistert mich nun. Bald sind zahllose Angler, die ganze Zeltburgen entlang des Ufers der fischreichen Naab errichtet haben, meine treuen Begleiter.

*„Bayerns Paradefluss", wie renommierte Angelmagazine die Naab getauft haben, bietet Lebensraum für Fried- und Raubfische. Hecht, Zander, Esche, Barsch, Aal, Karpfen, Schleie und viele Weißfischarten fühlen sich hier wohl.* Durch eine naturbelassene Landschaft geht es an **Naabeck** *(Schlossbrauerei)* und **Büchelkühn** vorbei, dann liegt rechts auf einer Anhöhe der Ort **Wiefelsdorf** mit der *sehenswerten Kirche St. Peter und Paul, ein absolutes Kirchenkleinod an der Naab.*

Zwei Flussbiegungen weiter ist auch schon das ***Wehr*** in **Klardorf-Stegen** erreicht. Bei idealen Bedingungen lässt der Fischumlauf sich eventuell treideln oder gar befahren, ist aber sehr eng und wohl meist durch überhängende oder umgestürzte Bäume bzw. Büsche versperrt. Ich ziehe daher mein Kajak am Fischumlauf entlang, um es hinter dem Wehr wieder der Naab zu übergeben.

Hinter ein paar sehr schönen und engen Flussschleifen staut sich die Naab optisch zu einem schmalen, langgezogenen See auf. An den beiden folgenden Inseln halte ich mich rechts, da die jeweils links daran vorbeiführenden Arme stark verkrautet scheinen. Nicht schlecht staune ich, als ich neben einem Baumstumpf vorbeitreibe, auf dem sich doch tatsächlich eine Schildkröte sonnt.

Hinter der nächsten Kehre liegt **Münchshofen** vor mir am Ufer. *Der Ort, eine, wie der Name schon erahnen lässt, frühere Ansiedlung von Mönchen, liegt gegenüber der ehemaligen Slawenstraße, am Fuße der höchsten Erhebung. Am Waldrand thronen das Schloss und die danebenliegende Schlosskirche Hl. Kreuz und Hl. Margarete über dem Örtchen. Johann Wilhelm Stettner von Grabenhof, protestantischer, österreichischer Exulant, wie die protestantischen Glaubensflüchtlinge des 16. bis 18. Jahrhunderts auch genannt wurden, baute das Schloss im Jahre 1668. Heute ist es allerdings in einem bedauernswerten Zustand.*

Oberhalb des ***Münchshofener Wehrs*** findet der müde Kanuwanderer an der Uferstraße schon jetzt ein Bett im *Landgasthof Hintermeier*. Während es freitags das traditionelle Hausmacher-Buffet mit original bayerischen Schmankerln gibt, steht der Wirt samstags am Grill. Direkt vor dem Wehr steuere ich den links abzweigenden Fischaufstieg an, der sich gut befahren / treideln lässt, da er recht gerade ist. Wer lieber umträgt, kann dies ebenfalls am linken Ufer tun.

Hinter dem Wehr, unmittelbar vor der Straßenbrücke von Münchshofen nach **Teublitz**, liegt linkerhand in einem kleinen Wäldchen der *Naturbadeweiher* sowie das *Tiergehege Höllohe* mit seinem großen Waldspielplatz und vielen einheimischen Tierarten *(kostenloser Eintritt, ganzjährig geöffnet)*.

Gut einen Kilometer weiter zieht **Premberg**, eines der ältesten Dörfer der Oberpfalz, am rechten Ufer vorbei. *In karolingischer Zeit war der 805 v. Chr. erstmals erwähnte Ort Grenz- und Handelsstation, von wo aus der Warenverkehr zwischen den Slawen und Awaren geregelt wurde. Insbesondere Salz das auf der Naab verschifft wurde schlug man hier um. Davon zeugt noch heute die den Fluss querende „Salzstraße“.*

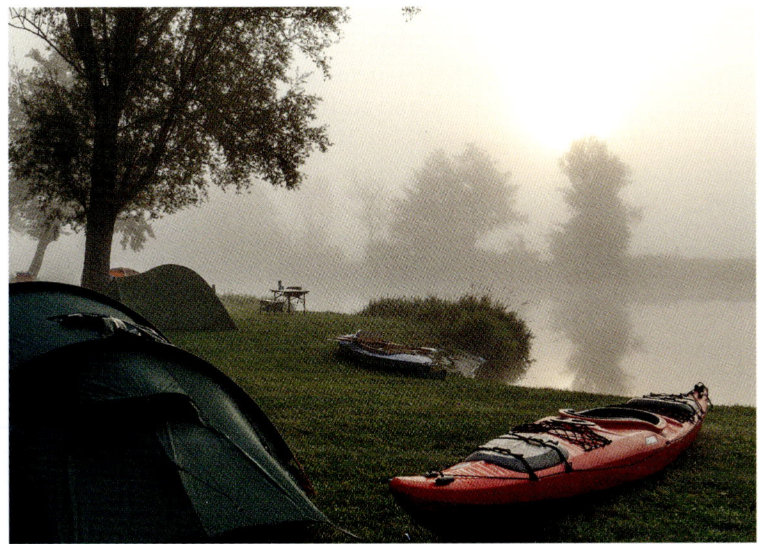

Morgenstimmung am Jugendzeltplatz Zaar in Kallmünz

Hinter der nächsten Flussbiegung bieten sich in **Kuntsdorf** gleich mehrere gute Übernachtungsmöglichkeiten an. Als erstes liegt am linken Ufer das Bootshaus des *„Kanuclubs Städtedreieck“* mit einer schönen Zeltwiese. Nur wenige Schritte bietet das *Naturbad am Saltendorfer Weiher* eine Möglichkeit sich an heißen Sommertagen abzukühlen.

Wenige Meter naababwärts liegen in kurzem Abstand am linken Ufer erst die, vom Wasser aus nur schwer zu erkennende, *Pension Koiserhof* und anschließend der *Campingplatz Pilz*.

In einem weiten Bogen geht es **Burglengenfeld** entgegen. Das links vor der Eisenbahnbrücke gelegene *Freizeitgelände Naabauen* mit kostenloser *Zeltwiese (Anmeldung erforderlich!)* ist ein idealer Standort um dem Städtchen, dessen Altstadt komplett unter Denkmalschutz steht, einen Besuch abzustatten. Hinter der Eisenbahnbrücke wartet am rechten Ufer der traditionelle *Gasthof „Zum Burgblick“* auf Gäste.

Voraus versperrt das ***Wehr*** die Weiterfahrt. Bei Hochwasser sollte man rechtzeitig am rechten Ufer (z.B. beim Gasthof „Zum Burgblick“) aussetzen und dann entlang der Straße weit umtragen. Bei normalem Wasserstand hält man sich links, paddelt an den beiden Steintreppen unterhalb des *Hotels „3 Kronen“* vorbei bis zum Wehr, und legt an der kleinen Insel zwischen Wehr und Kanal an, um das Boot hier kurz über die Wehrkrone überzuheben.

*Die Burganlange, mit rund zweieinhalb Hektar die größte der Oberpfalz, ist eines der Wahrzeichen der Stadt. Heute beherbergt Burg Lengenfeld ein heilpädagogisches Zentrum. Kurz nach dem Reaktorunfall von Tschernobyl wurde Burglengenfeld durch Demonstrationen gegen die geplante*

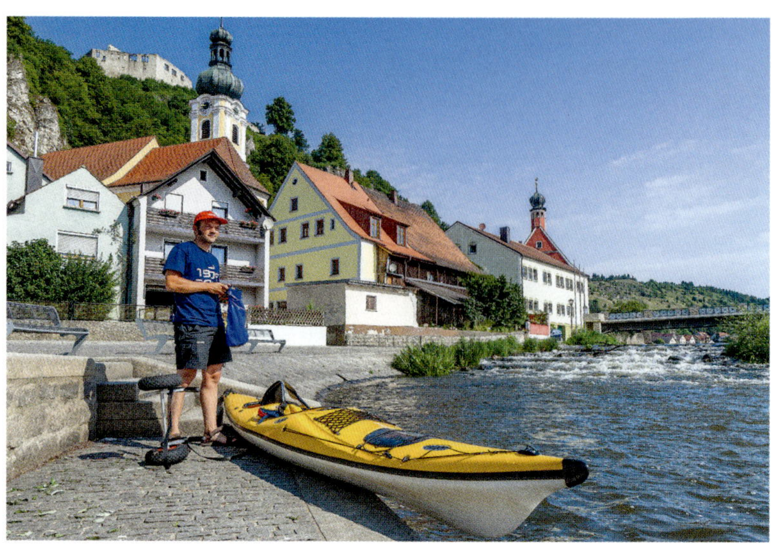

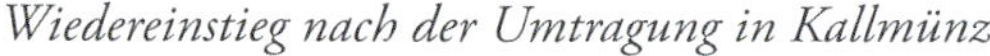

*Wiedereinstieg nach der Umtragung in Kallmünz*

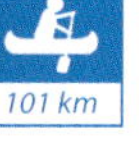


*Wiederaufbereitungsanlage in Wackersdorf international bekannt. Vor rund 100.000 Menschen spielten bekannte deutsche Musiker und Bands auf, darunter Herbert Grönemeyer, Rio Reiser, Die Toten Hosen, Udo Lindenberg und viele andere. Von 1.300 freiwilligen Helfern in nur drei Monaten auf die Beine gestellt, ging Burg Lengenfeld als Veranstaltungsort der größten friedlichen Demonstration nach dem Krieg weltweit durch alle Medien. Mehr als 600 Journalisten berichteten über das WAAhnsinns-Festival.*

Nur zwei Kilometer hinter der Stadt überspannt eine Straßenbrücke die Naab, dahinter umfließt der Flusslauf mehrere Inseln und zieht sich durch eine offene Auenlandschaft. Am rechten Ufer liegt der kleine Ort **Mossendorf** und gegenüber ragt der 390 Meter hohe ***Greinberg*** am Ufer auf. Bald rauscht die Naab über ein teilweise verfallenes ***Wiesenwehr*** mit mehreren fahrbaren Durchlässen. Das Hindernis lässt sich am rechten Ufer aber auch problemlos umtragen.

Knapp einen Kilometer hinter dem Wehr lädt in **Schirndorf** links der schöne Biergarten am *Gasthaus Georgimühle im viergeschossigen Mühlengebäude aus dem 19. Jahrhundert* zur Rast ein, auch Fremdenzimmer gibt es hier.

Herrliche Stille umgibt mich auf der Strecke nach **Eich** *(Pension)*, welches gut an der leuchtend gelben Kirche zu erkennen ist. Sie markiert den Beginn des ***Naturschutzgebiets „Eichenberg“***.

Auf dem folgenden Abschnitt zeigt sich die Naab von ihrer schönsten Seite. Naturbelassen schlängelt sie sich dem Bayerischen Jura entgegen. Die Hänge werden steiler und sind bedeckt von wertvollen Magerrasen, mit Hecken bestandenen Hangterrassen, eingestreuten Laubholzparzellen sowie artenreichen Hangmischwäldern. Voraus thront schon ***Burg Kallmünz*** in luftiger Höhe über dem rechten Ufer und die aufragenden steilen Felswände verleihen der Naab einen Hauch von Toskana.

Lustiges Gekreische badender Kinder kündigt den lebhaften *Jugendzeltplatz Zaar* an, der etwa 800 Meter vor **Kallmünz** am rechten Ufer liegt. Trotz der langen Tagesetappe mache ich mich noch an den Aufstieg zur ***Burgruine*** und werde mit einem herrlichen Panorama über das Naabtal und **Kallmünz** belohnt.

*Der Ort, nicht umsonst „Perle des Naabtals“ genannt, liegt im Mündungswinkel von Naab und Vils und hat, mit seiner, im wahrsten Sinne des Wortes, malerischen Atmosphäre, schon Wassily Kandinsky und Gabriele Münter als Kulisse gedient. Beim Schlendern durch die bunten, verwinkelten Gassen am nächsten Morgen fallen mir vielfach noch die alten Wandgemälde an den Häusern auf – sichtbare Spuren ortsansässiger Maler des 18. Jahrhunderts, wie z.B. Matthias Zintl, Schöpfer der frischen Deckengemälde der Kallmünzer Pfarrkirche, und Josef Hämmerl, Maler der wertvollen Ortsbildersammlung im Schloss*

*Dietldorf. Aber auch heute noch zieht Kallmünz Künstler und auch einige Touristen an. Eine Kallmünzer Besonderheit ist das „Haus ohne Dach", eine Höhlenwohnung in der Kalkfelswand (nur am Tag des Denkmals zu besichtigen).*

Am späten Vormittag lege ich im Ort unter der schönen steinernen Brücke rechts an, um das ***Wehr*** zu umtragen. Gleich darauf mündet von rechts die ***Vils*** in die Naab. Eine halbe Stunde bin ich dann unterwegs und muss aufpassen, am Ausgang des winzigen Ortes **Krachenhausen**, nicht den versteckt am linken Ufer liegenden *Landgasthof „Zum Birnthaler"* zu übersehen. Liebhaber deftiger Speisen werden vom Wildschweinbraten mit Reiberknödel oder glasiertem Spanferkel an Dunkelbiersoße angetan sein und beim Blick vom herrlichen Biergarten auf die Naab nehme ich mir vor, beim nächsten Mal über Nacht zu bleiben.

Anfangs breit und behäbig fließt die Naab an **Weichseldorf** vorbei Duggendorf entgegen. Um das ***Wehr*** in **Heitzenhofen** zu überwinden, fahre ich ganz rechts in den Kanal und umtrage das Wehr kurz vor der alten Schleuse. *Am gegenüberliegenden Ufer erinnert das um 1250 erbaute **Schloss Heitzenhofen** an den früheren Wohlstand der Hammerherren* und in der *Schlosswirtschaft* kann man im Schatten großer Nussbäume bayerische Schmankerl und Brotzeiten genießen. Die benachbarte *Schlossresidenz* lädt Übernachtungsgäste in stilvolle Zimmer mit charmantem Ambiente.

Die nächste schöne Pausenmöglichkeit bietet kurze Zeit darauf der *Bade- und Picknickplatz* am linken Ufer hinter der schmalen Brücke in **Duggendorf**. *Von hier aus lohnt ein Blick in die barocke Pfarrkirche Mariä Opferung mit der Rokokoorgel, dem Kleinod von Duggendorf. Die Kirche stammt aus dem Jahre 1736, aber Grabplatten an der Außenfassade weisen mit den Jahreszahlen 1521 und 1530 auf eine frühere Kirche hin.*

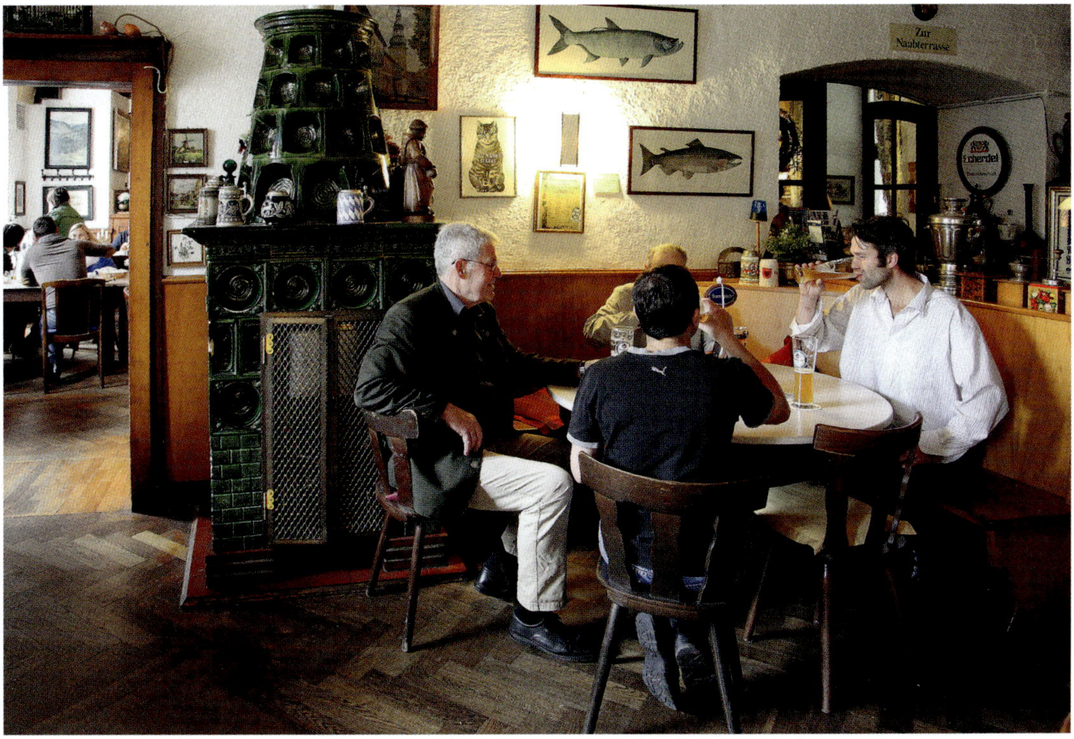

*Historischer Charme in der Klosterwirtschaft Pielenhofen*

Eine Stunde paddel ich ohne Hindernisse drauflos, hänge meinen Gedanken nach und genieße die stille Naab, dann tauchen die ersten Häuser von **Pielenhofen** und die hochaufragenden Türme des Klosters vor mir auf. Ich treibe entlang der ***Wehrkrone***, setze an deren Ende auf der Naabinsel aus und unmittelbar dahinter ins Unterwasser wieder ein.

Gegenüber der Einsetzstelle liegt die *Klosterwirtschaft* als Teil der alten Klosteranlage, mit gutbürgerlicher Küche in einer wahrhaft urigen Atmosphäre. Wer möchte, kann auch günstig in einem der charmanten Zimmer übernachten. *Das bekannte barocke Kloster Pielenhofen, ursprünglich im 12. Jahrhundert erbaut, beherbergt heute ein Internat der Regensburger Domspatzen. Die Klosterkirche mit spätbarockem Hochaltar, den acht Säulen und dem Deckengemälde mit dem Motiv der Dreifaltigkeit, sind allemal einen Besuch wert.*

101 km

Von hier oder beginnend in Duggendorf, verläuft die schöne *Rundwanderung Pielenhofen – Duggendorf – Pielenhofen* durch das 54 Hektar große ***Naturschutzgebiet „Westliche Naabtalhänge bei Pielenhofen"***. Der ausgeschilderte Weg verläuft ums Naturschutzgebiet herum, der durchs Naturschutzgebiet führende, nicht markierte Pfad, erfordert beim ***Osterfelsen*** absolute Trittsicherheit.

Nur einen Kilometer nach Passieren des *Camping Pielenhofen* bei **Diestelhausen** lädt am rechten Ufer das Dörfchen **Penk** mit einer *Kanuvermietung*, dem *Gut Löweneck* und einigen Metern weiter dem *Landgasthof Spitzauer* zu einer Paddelpause. *Er ist mit seinem idyllischen Biergarten zentraler Anlaufpunkt für Kanuten und hat auch Fremdenzimmer. Im Freigelände von* ***Gut Löweneck****, einer Hofstelle aus dem 16. Jahrhundert, kann man zwischen geschmiedeten Rosenbögen, liebevoll gestalteten Vogelhäusern, Gartenmöbeln, Pflanzengefäßen und vielem mehr nach Herzenslust stöbern oder das Café im Haupthaus besuchen. Sehenswert ist auch die* ***Wehrkirche St. Leonhard****, eine der ältesten Landkirchen Deutschlands.*

Der Rückstau der Staustufe Regensburg auf der Donau ist nun deutlich zu merken und Strömung praktisch nicht mehr vorhanden. Etwa vier Kilometer weiter liegt vor der Straßenbrücke in **Etterzhausen** eine schöne *Naturbadestelle*. Gegenüber erhebt sich der Steilhang des ***Drabafelsen*** aus Dolomitgestein, *dem kleinsten und einem der ältesten Naturschutzgebiete in Bayern.*

Die letzten vier Kilometer auf der Naab werden nun etwas eintönig. Der Fluss, eingezwängt zwischen Straße und Eisenbahn, verläuft ohne jegliche Strömung schnurgeradeaus. Daher bin ich froh, als von Weitem die Türme der ***Wallfahrtskirche*** von **Mariaort** auftauchen. Mit Freude lege ich nach Unterfahrung der Fußgängerbrücke gegenüber beim Biergarten des *Gasthofs Krieger* an und bestelle ein kühles Bier und eine deftige Brotzeit. *Durch seine Lage an der mittelalterlichen Wasserstraße hatte der Ort eine gewisse verkehrstechnische Bedeutung. Wöchentlich verkehrten zwischen Amberg und Regensburg „talwärts" die mit Eisen und „bergwärts" die mit Salz beladenen Schiffe. Flussaufwärts mussten die Kähne vom Ufer aus mit Pferden gezogen, d.h. getreidelt werden. Das Anwesen war damals eine Treidlerstation, wo einerseits immer Pferde zum Wechseln vorgehalten, andererseits die Treidler verköstigt und mit Proviant versorgt wurden.*

Die ***Donau*** empfängt mich mit regem Bootsverkehr und trainierenden Ruderern der beiden Rudervereine, deren Bootshäuser ich stromab erreiche. Direkt hinter ihren Grundstücken liegt der *Campingplatz*, der wegen des umständlichen Weges zum Eingang für Paddler weniger empfehlenswert ist. Die Autobahnbrücke und dahinter die ***Wehranlage*** mit *Sportbootschleuse (Boostgasse)* im Blick, lande ich nach zweieinhalb Kilometern beim gastfreundlichen *Regensburger Kanu-Club* an und baue mein Zelt auf der gemütlichen Wiese neben dem Bootshaus auf. Ein idealer Ausgangspunkt, um der quirligen UNESCO-Weltkulturerbe-Stadt **Regensburg** (siehe Seite 322) mit ihren zahlreichen Sehenswürdigkeiten einen Besuch abzustatten.

# Die Vils

*Durchs „Ruhrgebiet des Mittelalters"*

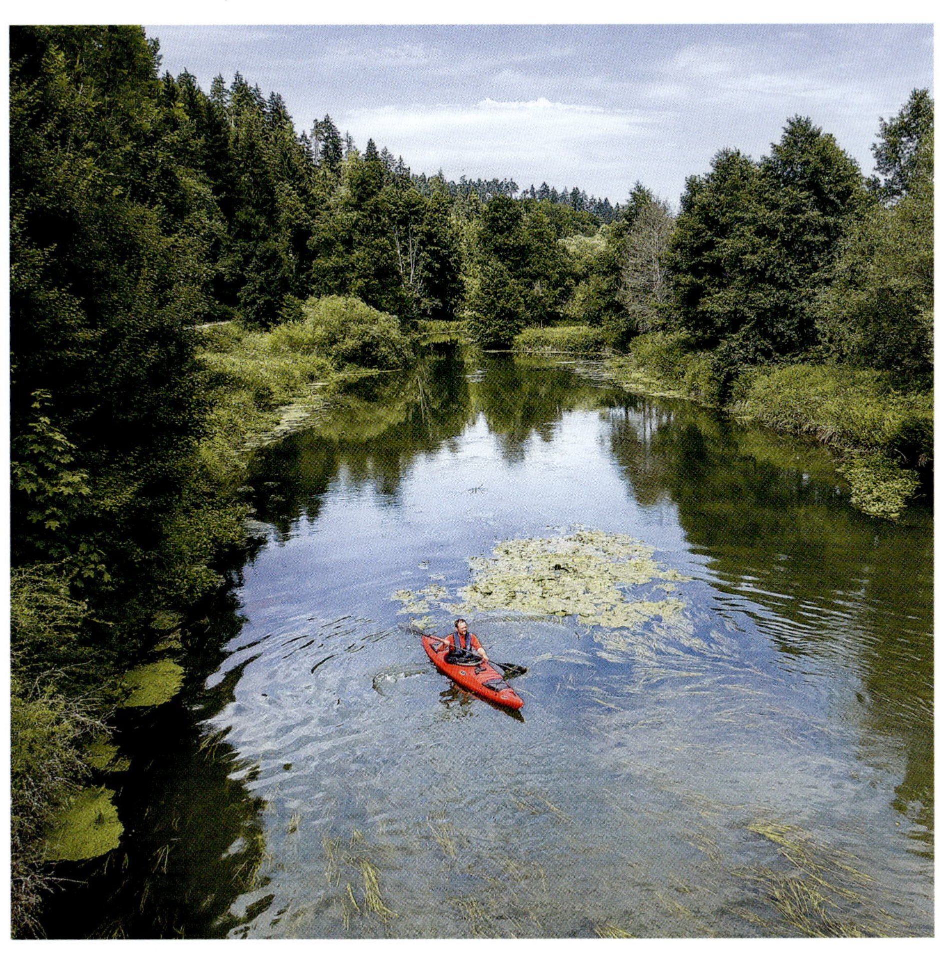

Tour 8

## Tour-Infos Vils

| Aktivitäten | Natur | Kultur | Baden | Hindernisse |
|---|---|---|---|---|
| ★★★ | ★★★ | ★★★ | ★★ | ★★★★★ |

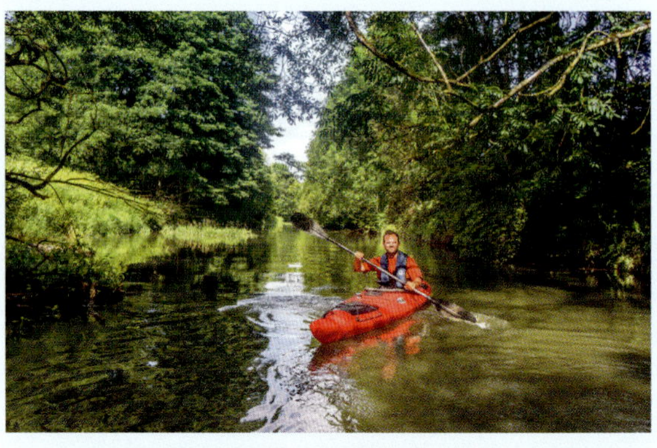

### Charakter der Tour

Die Vils entspringt nördlich von Amberg in Kleinschönbrunn und legt dann knapp 90 Kilometer bis zur Mündung in die Naab zurück.

Der längste Nebenfluss der Naab ist ein bei Kanuwanderern noch recht unentdeckter Fluss und auch für das Touring mit der gesamten Familie geeignet. Die größte Schwierigkeit stellen sicherlich die zahlreichen Wehre dar. Die Gefahrenstellen sind zwar in der Regel ausreichend beschildert, aber nicht immer gibt es Treppen oder Stege zum bequemen Aus- und Einstieg. Wer sich daran und an den fehlenden Rastplätzen für Bootswanderer nicht stört, findet in der Vils für die Wochenendfahrt einen gemütlichen Kanuwanderfluss.

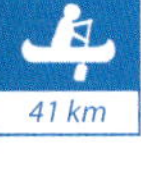


Er bringt uns durch ein reizvolles Tal mit beschaulichen Orten bis zur Mündung in die Naab bei Kallmünz, der „Perle des Naabtals". Wer Gefallen gefunden hat, kann die Fahrt auf Naab und Donau bis nach Regensburg verlängern.

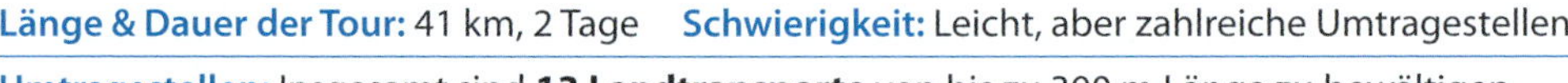

**Länge & Dauer der Tour:** 41 km, 2 Tage **Schwierigkeit:** Leicht, aber zahlreiche Umtragestellen

**Umtragestellen:** Insgesamt sind **13 Landtransporte** von bis zu 300 m Länge zu bewältigen. Ein **Bootswagen** ist unbedingt empfehlenswert.

**Etappenvorschlag 2-Tagestour:**
**1. Tag:** Amberg – Rieden (18 km)
**2. Tag:** Rieden – Kallmünz (23 km)

**Tipps für Tagestouren:**
**1.** Hahnbach – Amberg (16 km)
**2.** Haselmühl – Schmidmühlen (22 km)
**3.** Vilshofen – Kallmünz (19 km)

**Befahrungsregelungen:** keine

**Anreise:** Von Westen A 6 bis zur *Ausfahrt 65 Amberg-West* und weiter über die Bundesstraße 299; aus Süden A 93 bis zur *Ausfahrt 32 Schwandorf-Nord, dann* über die Bundesstraße 85; aus Osten und Norden A 6 bis zur *Ausfahrt 67 Amberg-Ost*, weiter über die Bundesstraße 85. Im Stadtgebiet **Amberg** der *Ausschilderung Stadtmitte / ACC* folgen. Der Einstieg befindet sich direkt neben dem ***Amberger Congress Centrum***.

**Einsetzen & Parken:** In **Amberg** ***Wohnmobilstell- und Großparkplatz „Schießstätteweg"*** gegenüber der Freiwilligen Feuerwehr *(Schießstätteweg 13, 92224 Amberg)*, von dort knapp 50 m bis zum Ufer.

**Aussetzstelle:** ***Parkplatz „Innerer Markt"*** hinter der Gemeindeverwaltung **Kallmünz** *(Keltenweg 1)*.

**Zurück zum Pkw:** Per Fahrrad bietet sich der ***Vilsradweg*** an.
Mit öffentlichen Verkehrsmitteln: Bus Nr. 15 nach Regensburg, dort mit der Regionalbahn nach **Amberg**; Alternativ kann man auf der Naab weiterpaddeln bis Ettershausen oder Regensburg, wo direkter Bahnanschluss besteht.

### Kartenmaterial & Literatur-Tipps:

**KANU KOMPAKT Naab & Vils,** Kanutourenführer mit Wasserwanderkarten, *Zaunhuber,* Th. Kettler Verlag.

Bikeline Radtourenbuch **„Fünf-Flüsse-Radweg: Radvergnügen entlang von Naab, Vils, Pegnitz, Altmühl und Donau",** Insgesamt 320 Radkilometer mit topografischen Karten 1:50 000, Esterbauer Verlag.

Droste Verlag: **Bayerischer Wald. Wandern für die Seele I Glücksorte im Bayerischen Wald.**

**Die Oberpfalz: Reisen und Wandern – Kunst und Kultur,** *Gernot Messarius,* Pustet Verlag.

Emons Verlag: **111 Lost Places i. d. Oberpfalz, die man gesehen haben muss I 111 Orte i. d. Oberpfalz, die . . . I 111 Kirchen in der Oberpfalz, die . . . I 111 Orte im Oberpfälzer Wald, die . . .**

**Die schönsten Wirtshäuser in Amberg und Umgebung,** Kulinarischer Reiseführer zu den urigsten Wirtshäusern und schönsten Biergärten in der Region, *Kristina Sandig,* Buch- & Kunstverlag Oberpfalz.

**„Heimvorteil" I „Grabenkämpfe" I „Wirtshaussterben",** 3 spannende Oberpfalzkrimis um den Regensburger Sportjournalisten Thomas Reitinger als Einstimmung auf den Urlaub, *L. Kinskofer,* Prolibris Verlag.

### Übernachtung in Wassernähe (in der Reihenfolge des Tourenverlaufs):

**Amberg:**
*Hotel Drahthammer Schlössl*
Drahthammerstr. 30
Tel. (09621) 70 30
www.drahthammerschloessl.de

**Theuern:**
*Hotel Zum Schloßwirt*
Tuwernstr. 2, Tel. (09624) 801
www.zum-schlosswirt.de

**Rieden:**
*Landgasthof zum Bärenwirt*
Hauptstr. 9, Tel. (09624) 28 88
www.zum-baerenwirt.de

*Campingplatz*
Vilshofener Str. 23
Tel. (09624) 899
oder 0172-898 84 82
www.camping.info

**Vilshofen:**
*Gasthof Ochsenwirt*
Maximilianstr. 8
Tel. (09474) 381

**Schmidmühlen:**
*Gasthof Pension Lindenhof*
Am Anger 1, Tel. (09474) 95 12 34
www.lindenhof-schmidmuehlen.de

**Dietldorf:**
*Landgasthof Weiss*
Dietldorf 24
Tel. (09473) 578
www.landgasthof-weiss-dietldorf.de

**Kallmünz:**
*Gasthof „Zur Roten Amsel"*
Vilsgasse 46
Tel. (09473) 293
www.zur-roten-amsel.de

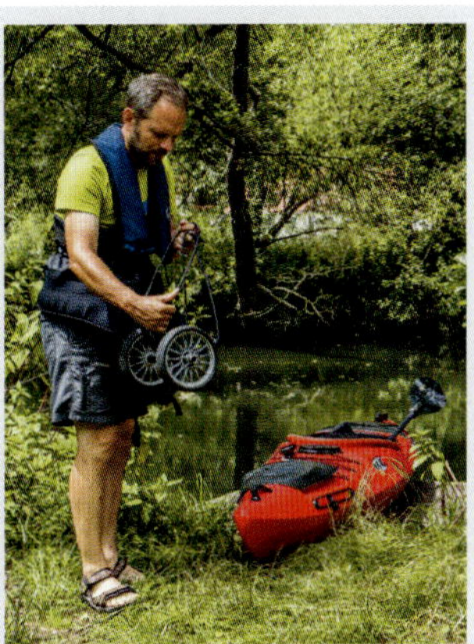

**Kallmünz** (naabaufwärts):
*Jugendzeltplatz Zaar*
Zaar 1
Tel. (0941) 400 92 39
oder (0941) 400 94 51

41 km

### Kanuvermieter & Veranstalter:

**Ensdorf:**
*Umweltstation Kloster Ensdorf*
Hauptstraße 9 (mind. 3 Boote)
Tel. (09624) 92 00 30
www.kloster-ensdorf.de

**Kallmünz / Traidendorf:**
*Kanuschorsch* (Mo Ruhetag)
Zum Fischerberg 3
Tel. 0152-38 59 51 00
www.kanuschorsch.de

**Hahnbach**
*(11 km nördl. Amberg):*
*Kanuverleih Hahnbach*
Hauptstr. 53
Tel. (09664) 95 33 56
www.kanuverleih-hahnbach.de

### Mobiler Vermieter, ganze Vils:

*Willys Kanuverleih*
*bringen Boote zur gewünschten Einsetzstelle zwischen Vilseck + Kallmünz, machen auch geführte Touren*
Tel. (09661) 899 88 61
oder 01795-92 97 75
www.willys-kanuverleih-amberg.de

### Tourist-Infos

**Amberg:** *Tourist-Info,* Hallplatz 2, Tel. (09621) 10 12 39, www.amberg-sulzbacher-land.de

**Kallmünz:** *Fremdenverkehrsverein*, Vilsgasse 42, Tel. (09473) 421, www.kallmuenz.de

## Sehenswertes an der Vils

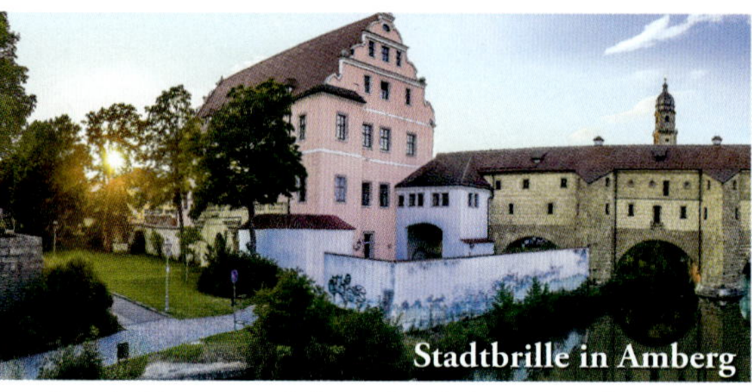
Stadtbrille in Amberg

**Amberg:** *Altstadt* mit mittelalterlicher *Stadtbefestigung* samt Graben und vier erhaltenen *Stadttoren; kurfürstliches Schloss* (heute Landratsamt); *gotisches Rathaus* am Marktplatz mit *Hochzeitsbrunnen*; *Hallenkirche St. Martin; Stadtmuseum* Amberg; *Mariahilfbergkirche* auf dem *Mariahilfberg* nordöstlich der Altstadt mit einem Deckenfresko von Cosmas Damian Asam; *barocke Georgskirche* (1359 erbaut); *Stadtpark* auf dem Gelände der Landesgartenschau von 1996 mit *„Amberger Skulpturenweg"* und *„Piratenspielplatz"; Stadttheater; Luftmuseum.*

**Theuern:** *Hammerherrenschloss (1781)* mit *Bergbau- und Industriemuseum Ostbayern.*

**Ensdorf:** *Kloster* mit barocker *„Asam"-Klosterkirche & Stephansturm* (einer der ältesten Kirchtürme Bayerns).

**Rieden (Oberpfalz):** *Barocke Maria-Himmelfahrt-Kirche* (1717); *St. Georgs-Kirche* (um 1490).

**Schmidmühlen:** *Oberes Schloss* (16. Jh., bedeutende Renaissance-Fresken), *Heimatmuseum*; *Schlossbrunnen.*

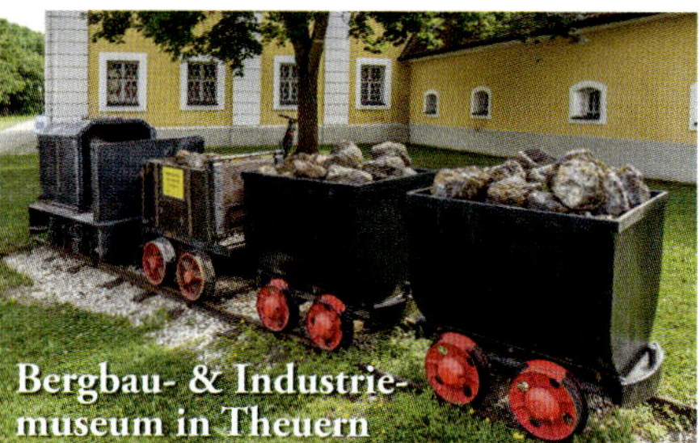
Bergbau- & Industriemuseum in Theuern

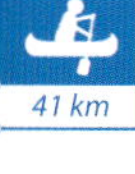


**Emhof:** Romanische *St. Jakobuskirche.*

**Dietldorf:** *Renaissanceschloss* (17. Jh.).

**Rohrbach:** *Hammerherrenschloss; Pfarrkirche.*

**Traidendorf:** *Hammerherrenschloss* (1684, heute Hotel).

**Kallmünz:** *„Perle des Naabtals"* mit *Burgruine* (13. Jh.) am Schlossberg, *Ringmauerreste*, *Bergfried*, *bronzezeitlicher Wall*; *„Steinerne Brücke"* (um 1550) mit Nepomuk; *Kirche St. Michael; Altes Rathaus, Oskar-Koller Museum, Zunftausstellung; Silbermannsches Schlösschen*, viergeschossiger *Wohnturm* (1582).

## Weitere Aktivitäten rund um die Vils

**Radfahren:** Der ***Vilstalradweg*** von **Vilseck** nach **Kallmünz** ist zusammen mit dem ***Naab-*** und ***Schwepperman-Radweg*** als Rundtour kombinierbar; ***Vils-Haidenaab-Radweg*** – von **Weiherhammer** über ruhige Waldwege nach **Freihung**. Mehrere geologische ***Themenradwege*** durch das **Amberg-Sulzbacher-Land.** Der ***Fünf-Flüsse-Radweg*** führt als *294 km lange Rundtour* entlang von Vils, Naab, Pegnitz, Altmühl & Donau. ***Lauterachtalradweg*** *(24 km)* von **Schmidmühlen** entlang der Lauterach durch die „Bayerische Toskana".

**Fahrradvermieter: Amberg: *Peter Stadler,*** Bayreuther Str. 2, Tel. (09621) 130 31, www.stadler.shop
**Infos zu E-Bike-Vermietung:** https://amberg-sulzbacher-land.de/de/e-bike-region.html

**Wandern:** ***Vilstalwanderweg*** (98 km von der Quelle bis zur Mündung); 31 km langer ***Wacholderwanderweg*** durch das Lauterachtal; ***Erzweg*** (Markierung: Rotkreuz) durch das „Ruhrgebiet des Mittelalters".

**Paddeln:**
Neben der Vils bietet die Oberpfalz mit Regen, Naab, Donau und Schwarzach dem Paddler zahlreiche attraktive Gewässer.

**Schwimmbad:**
**Amberg: *Kurfürstenbad*** (mit Sauna), Tel. (09621) 60 38 30, www.kurfuerstenbad-amberg.de

**Hirschau: *„Freizeitpark Monte Kaolino"*** am weißen Kaolinberg mit ***Dünenfreibad***, ***Sommerrodelbahn***, ***Sommerski*** und ***Waldhochseilgarten*** (www.montekaolino.eu).

**Bootsfahrten:**
***Plättenfahrten*** auf der Vils durch das ehem. Landesgartenschaugelände in **Amberg**, Tel. (09621) 10 12 39, www.tourismus.amberg.de

***Fahrt*** auf der ***Hahnbacher Zille*** vilsabwärts (Mai - Okt) in Hahnbach, Tel. (09664) 913 40, www.hahnbach.de

# Die Vils

Glück gehabt. Als ich am späten Abend auf den Wohnmobilstellplatz in **Amberg** rolle, ist noch genau ein Plätzchen frei. Wer die Tour auf der Vils um eine Tagesetappe verlängern möchte, kann auch schon an der Straßenbrücke in **Hahnbach** beginnen.

Aufgrund des besseren „zurück zum Auto" mit Bus und Bahn habe ich mich für den Start in **Amberg** entschieden und schlendere sogleich am *Vilsufer* entlang in die Altstadt, vorbei am *Kurfürstenbad* und dem *Congress Center*.

*Im Mittelalter kam Amberg durch Erzabbau, der Weiterverarbeitung der Erze und dem Handel zu ansehnlichem Wohlstand. Der spätmittelalterliche Stadtkern wird von Ringmauern mit Türmen und Toren umgeben und im Mittelpunkt liegt der **Marktplatz**, der vom Rathaus und der **Kirche St. Martin** geprägt wird. Sie ist nach dem Regensburger Dom die bedeutendste gotische Hallenkirche der Oberpfalz. Besonders wertvoll sind das Altarbild des Niederländers Caspar de Crayer sowie das Grab des 1397 gestorbenen Pfalzgrafen Ruprecht Pipan. Auf dem gegenüberliegenden Vilsufer liegt das **Klösterl**. Einst Teil der alten pfalzgräflichen Residenz, beherbergt es heute das „Luftmuseum". Zu den weiteren Sehenswürdigkeiten der Kreisstadt gehören das **Neue Schloss** (15./17. Jh) sowie das ehemalige **Städtische Zeughaus**, heute Sitz des **Stadtmuseums**.*

Am nächsten Morgen sind es vom Parkplatz nur wenige Meter bis ans Vilsufer und schnell bin ich startklar. Wegen der kaum vorhandenen Strömung beschließe ich, zunächst noch die Amberger Altstadt auch aus der Wasserperspektive zu erleben und paddel ein kurzes Stück vilsauf, um durch das Wahrzeichen der Stadt, die markante

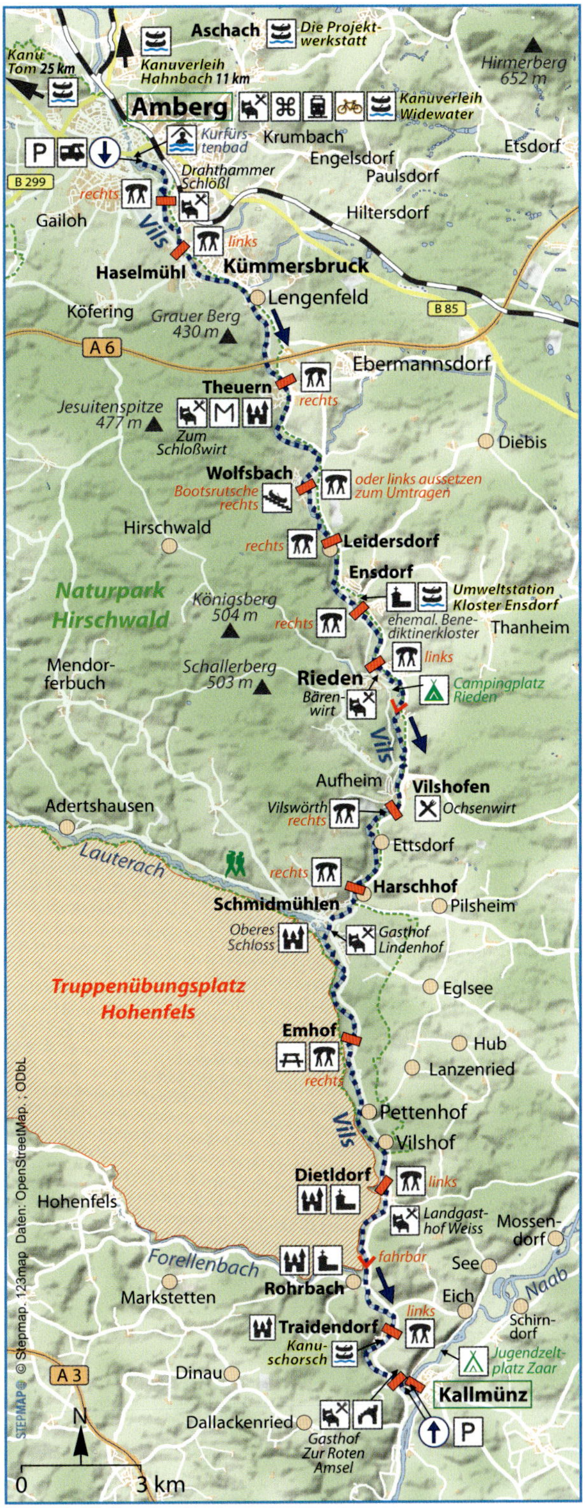

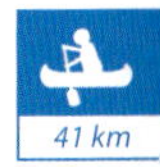

*Wehrbrücke*, auch „Stadtbrille" genannt, direkt ins Zentrum zu paddeln.

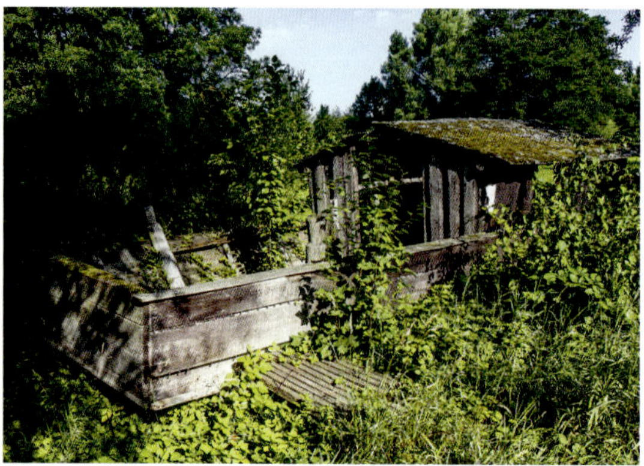

Nach dem Abstecher ins Mittelalter beginne ich meine Zwei-Tages-Tour in Richtung Kallmünz, wo die Vils in die Naab mündet. Ich habe die Stadt noch gar nicht richtig verlassen, da sind die Ufer schon herrlich grün. Die Vils windet sich durch die ***Drahthammerwiese***, ein ehemaliges Landesgartenschaugelände. Auf dem Hügel hinter dem linken Ufer zieht die ***Wallfahrtskirche Maria Hilf*** an mir vorüber, dann warnt ein Schild vor der in 200 Meter folgenden ***Stauanlage***. Vor der Plätten-Anlegestelle steige ich rechts aus, verfrachte das Kajak auf den Bootswagen und schiebe es über die Brücke, um es vor dem *Hotel Drahthammer Schlößl* wieder ins Wasser zu lassen.

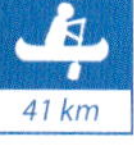


Das ***Drahthammerwehr*** ist die erste von insgesamt dreizehn Portagen auf dieser Tour, die glücklicherweise meist kurz ausfallen. Die vielen Wehre entlang der Vils sind historisch bedingt. *Zum einen wurde das Wasser für den Betrieb der zahlreichen Hammerwerke entlang des Flusslaufs aufgestaut, zum anderen wurde der Fluss bereits im Mittelalter für den Eisen- und Salz-Transport schiffbar gemacht gemacht und war in seiner Blütezeit eine der bedeutendsten Verkehrsadern Europas. Zu dieser Zeit war die Oberpfalz das „Ruhrgebiet des Mittelalters" und die angefertigten Eisenerzeugnisse wurden von Amberg mit den sogenannten Vils-Plätten bis zum Donau-Hafen am Amberger Stadel oberhalb der Steinernen Brücke in Regensburg transportiert. Auf der Rückfahrt wurde vor allem Salz geladen.* Heute werden Ausflugsfahrten mit Vils-Plätten nach historischem Vorbild durch

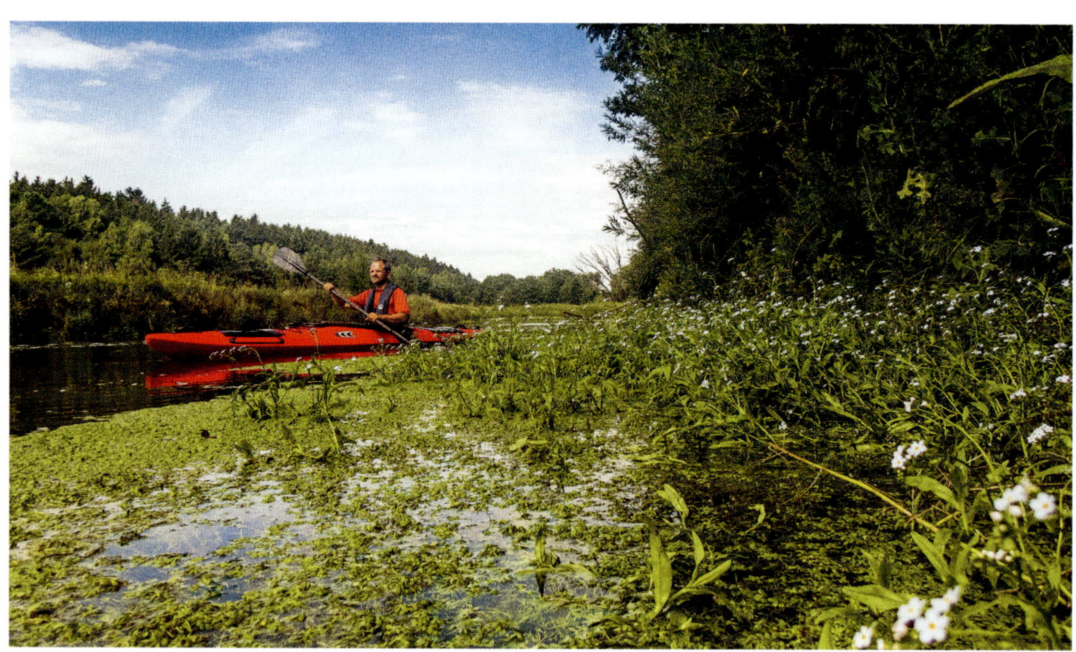

*Flussidylle bei Kümmersbruck*

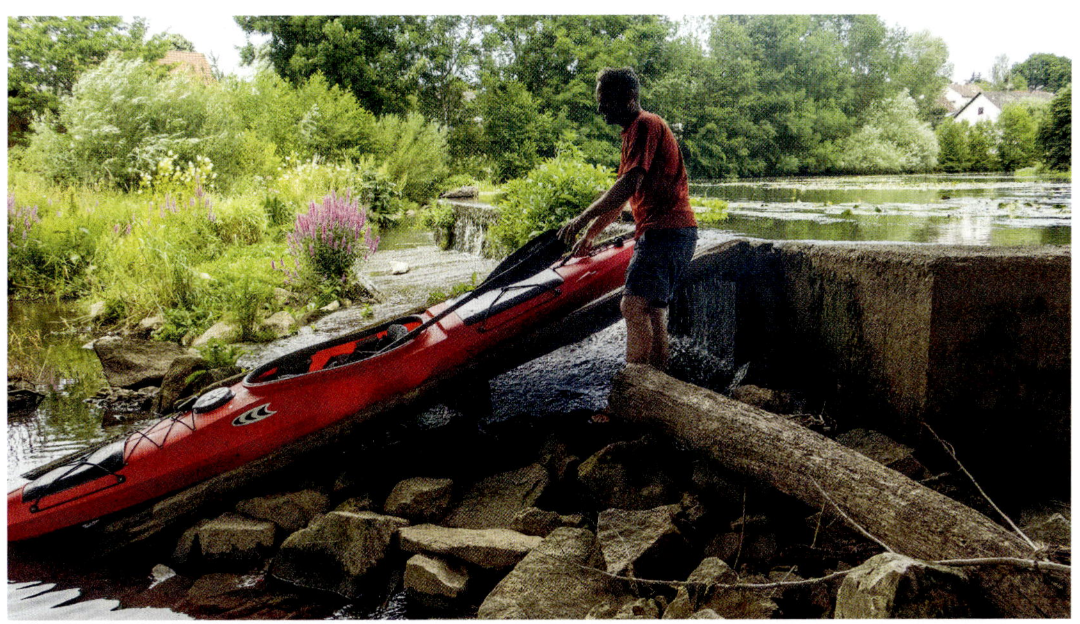

*Schnell ist das Kajak über die Wehrkrone übergehoben*

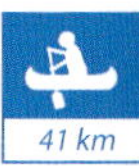


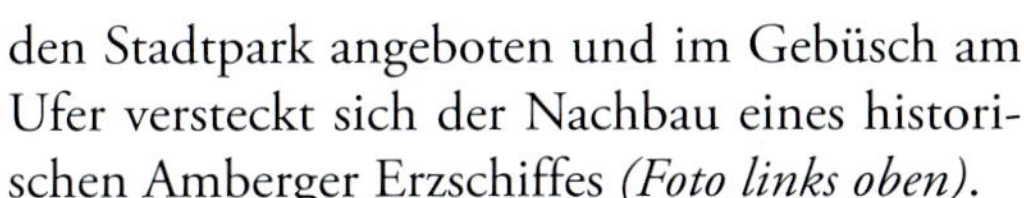

den Stadtpark angeboten und im Gebüsch am Ufer versteckt sich der Nachbau eines historischen Amberger Erzschiffes *(Foto links oben)*.

Die Vils fließt nun mit langsamer Strömung entlang hoher Deiche. An den Ufern geht ein Ort in den nächsten über, dann kündigt die blaue Fußgängerbrücke zwischen **Kümmersbruck** und **Haselmühl** schon das ***Steilwehr Haselmühl*** an. Es ist über die Treppen und die Wiese am linken Ufer schnell überwunden.

Weiter geht es mit mäßiger Strömung durch ein trogartiges Tal und die hoch aufragenden Hänge sind meist bewaldet. Im Westen reicht der ***Naturpark Hirschwald***, ein über 50 Quadratkilometer großes Waldgebiet, stellenweise bis ans Ufer. Dieses bleibt aber dennoch recht stark besiedelt und nachdem die 26 Meter hohe Vilstalbrücke der Autobahn A 6 den Fluss überspannt hat, markiert die folgende Fußgängerbrücke den Ortseingang von **Theuern**. Hier wartet das nächste ***Wehr***, daher lege ich rechts vom Schütz an und trage kurz über die Insel um.

An der folgenden Straßenbrücke bietet ein Steg die Möglichkeit zum Landgang und am Ufer leuchtet die gelbe Fassade des ***Hammerherrenschlosses***. *Es ist der wohl bekannteste Vertreter der repräsentativen Landschlösser, die sich die Hammerherren, also die Besitzer der Hammerwerke, zwischen dem 16. und 18. Jahrhundert errichten ließen und die sich entlang der Vils wie Perlen an einer Schnur aufreihen. Heute beherbergt es das sehr interessante Bergbau- und Industriemuseum Ostbayern, das die Geschichte des Eisenerzabbaus und seiner Verarbeitung in der Oberpfalz dokumentiert.* Gleich nebenan bietet der *Gasthof „Zum Schloßwirt“* die Möglichkeit sich bei deftiger Oberpfälzer Küche zu stärken.

In weiten Schleifen sucht sich die Vils ihren Weg nach **Wolfsbach**, wo mich direkt vor der Straßenbrücke das nächste ***Wehr*** erwartet. Es kann über eine hölzerne *Bootsrutsche (rechts vom Pfeiler, die Einfahrt ist mit einem Hinweisschild gekennzeichnet)* befahren werden. Der Wasserstand ist allerdings so niedrig, dass der hölzerne Trog komplett trockengefallen ist und so hebe ich das Kajak kurzerhand über die Wehrkrone. Bei höherem Wasserstand könnte man vor dem Wehr am linksufrigen Steg aussetzen, über die Brücke umtragen und unterhalb am rechten Ufer wieder einsetzen.

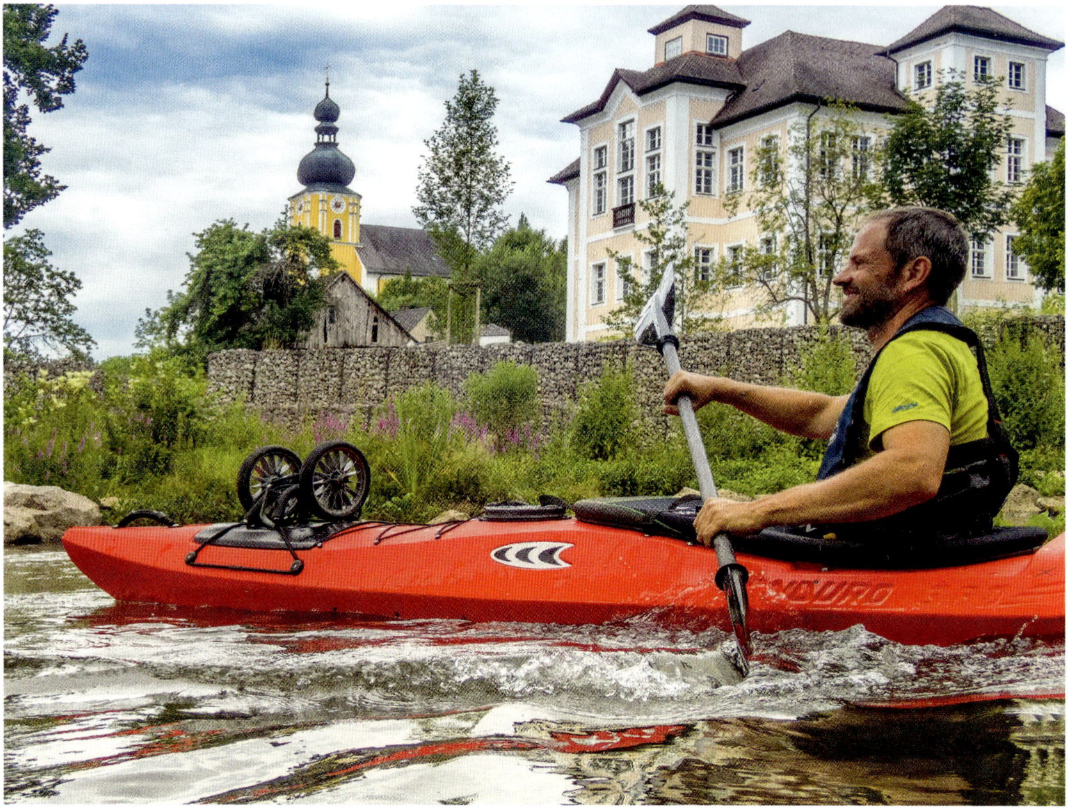

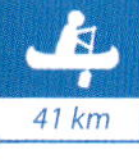


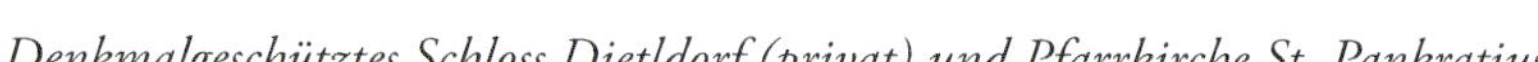

*Denkmalgeschütztes Schloss Dietldorf (privat) und Pfarrkirche St. Pankratius*

Nachdem auch das nächste ***Wehr*** in **Leidersdorf** am rechten Ufer umtragen ist, folgt ein idyllischer, renaturierter Abschnitt. Über den schönen Uferradweg flitzen Radfahrer und gleich nachdem man in **Ensdorf** erst die Fußgänger- dann die Straßenbrücke unterquert hat, zweigt rechts der Fischumlauf über eine ***Sohlschwelle*** ab. Wer sich die ruppige Fahrt nicht zutraut, steuert geradeaus in den Kanal und legt sogleich rechts an, um das ***Ensdorfer Wehr*** über die Insel zu umtragen.

An der folgenden Brücke der Bahnhofstraße über die Vils bietet die Treppe am rechten Ufer die Möglichkeit zum Ausstieg, um dem etwa 400 Meter entfernten *ehemaligen Benediktinerkloster mit der von einem Zwiebelturm gekrönten Jakobuskirche einen Besuch abzustatten. Das Kloster wurde 1121 gegründet, die prächtigen Deckengemälde stammen von den Asam-Brüdern.*

Unterstützt von der nun flotteren Strömung erreiche ich bald das ***Wehr*** in **Rieden (Oberpfalz)**. Wer im *Landgasthof Bärenwirt* einkehren oder übernachten will, kann direkt nach der Portage an der Straßenbrücke anlegen. Für die Übernachtung im Zelt paddelt man noch etwa 400 Meter weiter und legt vor der Linkskurve bei den Steintreppen am rechten Ufer am Parkplatz des Schwimmbads an. Die Rezeption für den *Campingplatz Rieden* findet sich genau am anderen Ende des Platzes. Nach der Anmeldung kann aber das uferseitige Tor aufgesperrt werden, um den Transportweg mit dem Bootswagen deutlich abzukürzen.

Am nächsten Morgen passiere ich einen völlig zugewachsenen Stichkanal in Richtung Campingplatz, dann folgen zwei kräftigere, aber problemlos zu fahrende ***Sohlschwellen*** und die

Vils präsentiert sich von ihrer grünen Seite, auch wenn die Straße mehr oder weniger parallel zum Ufer verläuft.

Die weiße Fassade der Kirche hoch über dem rechten Ufer kündigt **Vilshofen** an. An der Treppe direkt unter der Brücke kann man gut anlegen, um dem *Gasthof Ochsenwirt* einen Besuch abzustatten. Bei der Weiterfahrt ist bald das ***Wehr Vilswörth*** erreicht, an dem ich rechts anlege und über die Wiese umtrage. Aufgrund des niedrigen Wasserstands steigt man am besten nicht gleich direkt hinter dem Wehr wieder ein, sondern erst knapp 300 Meter weiter hinter der flachen Furt.

Das nächstes ***Wehr*** in **Harschhof** lässt rund zwei Kilometer auf sich warten, inzwischen sind jedoch die kurzen Unterbrechungen für die Portagen zur Routine geworden. Kurz vor dem Wehr lege ich am rechten Ufer an, setze das Boot kurz über die Treppe ins Unterwasser um und weiter geht's.

Es folgt eine spritzige Strecke mit mehreren kleinen, völlig harmlosen ***Schwällen*** und ***Sohlschwellen*** bis zur ersten Straßenbrücke in **Schmidmühlen**. An der zweiten Straßenbrükke bietet die Treppe am linken Ufer beim Pegel unterhalb des *Gasthofs Lindenhof* eine gute Möglichkeit für den *Besuch des hübschen Städtchens. Am Zusammenfluss von* ***Lauterach*** *und* ***Vils*** *gelegen, ist neben den* ***Ackerbürgerhäusern*** *vor allen Dingen das* ***Obere Schloss*** *(heute Rathaus mit kleinem Heimatmuseum) sehenswert. Für den mittelalterlichen Wohlstand sorgte einst der Binnenhafen für den Transport von Eisenerz.* Gleich zwei *Gasthöfe* bieten die Möglichkeit zur Stärkung bzw. Übernachtung. Wer das Paddel gegen Wanderschuhe tauschen möchte, bekommt dazu auf dem 31 Kilometer langen ***Wachholder-Wanderweg*** die Möglichkeit, der in Schmidmühlen startet. Ebenso kann man hier zwei Tagesetappen des ***Jurasteigs*** wandern, die ***Hirschwald-*** und die ***Asam-Schlaufe***.

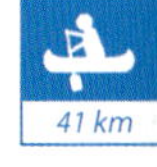

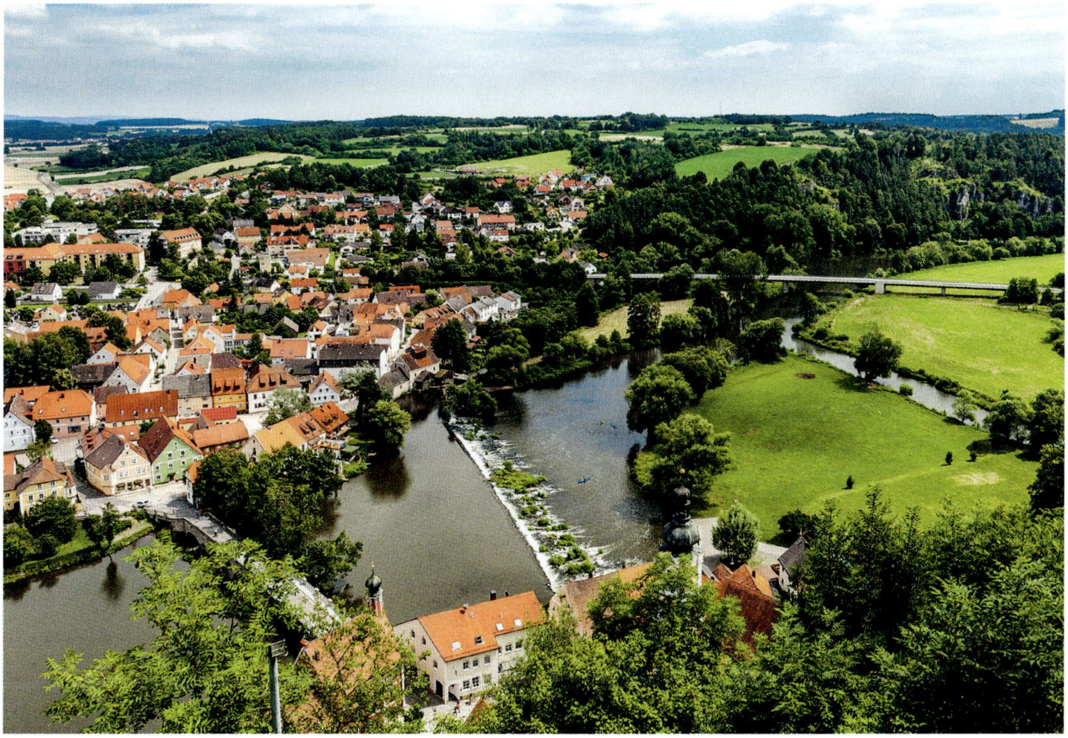

*Blick vom Schlossberg auf Kallmünz und den Zusammenfluss von Naab und Vils*

Vorbei an der Mündung der ***Lauterach*** sucht sich die Vils ruhig und einsam ihren Weg bis zum nächsten ***Wehr*** in **Emhof**. Hier setze ich rechts an der Steintreppe aus und am Fischumlauf bieten sich schöne *Pausenbänke* für die Rast an. Ein Stück weiter flussabwärts findet sich auch ein schöner, überdachter *Rastplatz* samt *Kinderspielplatz* nebenan.

Auf der zweiten Tagesetappe zeigt sich die Vils insgesamt etwas flotter und bald grüßen mich das Ortschild und die ersten Häuser von **Dietldorf**. Mit Blick auf den gelben, von einer Zwiebelhaube gekrönten Turm der 1723 geweihten ***Pfarrkirche St. Pankratius*** lege ich am linken Ufer am ***Wehr*** an. Leider ist die Portage hier so unwegsam, dass der Bootswagen keine große Hilfe ist.

Wieder im Kajak, geht es vorbei an der prächtigen Fassade des unter Denkmalschutz stehenden ***Dietldorfer Renaissanceschlosses*** und an der folgenden Straßenbrücke lädt linker Hand ein Hinweisschild zur Einkehr im *Landgasthof Weiss* mit Wurstwaren aus eigener Metzgerei. An der hübschen Uferpromenade locken mehrere Bänke zur Rast.

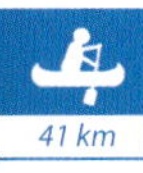


Rund zwei Kilometer hinter Dietldorf warnt ein ***Hinweisschild: „Achtung Sohlschwellen“***. Zwar gibt es einen kräftigen Schwupps, aber die ***Sohlschwelle*** ist mittig gut befahrbar und schon ziehen am rechten Ufer das ***Hammerherrenschloss*** aus dem 16. Jahrhundert und die ***Pfarrkirche*** von **Rohrbach** vorüber.

Nächste Station ist **Traidendorf**, wo das ***Wehr*** recht weitläufig zu umtragen ist: Noch vor dem eigentlichen Ort lege ich am linksufrigen Holzsteg an und schiebe den Bootswagen vorsichtig die Straße entlang und nach rechts über die Brücke. Den Steg für die Weiterfahrt finde ich dann ein Stück vilsauf Richtung ***Hammerschloss Traidendorf***, das heute eine Wohngemeinschaft beherbergt.

Auf geht es zum Schlussspurt gen **Kallmünz**, das sich schon lange im Voraus durch die hoch über dem Ufer auf dem ***Schlossberg*** thronende ***Burgruine*** ankündigt. Im steil aufragenden bewaldeten Hang sind sogar einige Kletterer unterwegs.

Nun will das letzte ***Wehr*** der Tour bezwungen werden. An der ***Vilsmühle*** in **Kallmünz** paddel ich vorsichtig oberhalb der Wehrkrone entlang bis vor den Rechen am Kraftwerkszulauf und lasse das Kajak über die Treppen ins Unterwasser rutschen. Linker Hand böte der *Gasthof „Zur Roten Amsel“* eine Möglichkeit zur Stärkung oder ein Bett für die Nacht am Ende der Vilsfahrt.

*Auf keinen Fall verpassen sollte man in Kallmünz den Spaziergang hinauf auf den Schlossberg. Er lockt mit einer alten Burgruine, einer unglaublichen Artenvielfalt und einem herrlichen Ausblick auf den Zusammenfluss von Vils und Naab.*

Nun hat es die Vils eilig ihr Wasser an die ***Naab*** zu übergeben und die Strömung gewinnt an Geschwindigkeit. Daher ist es gar nicht so einfach direkt am *Parkplatz Schmidwöhr / Innerer Markt* anzulanden. Wer das Kehrwasser verpasst, kann auch bis zur Mündung in die Naab und dann kurz naabaufwärts weiterpaddeln, um unterhalb des Naabwehrs die Tour zu beenden. Wer lieber das Zelt aufschlagen möchte, findet etwa 1,5 Kilometer oberhalb des Naabwehrs den liebenswerten *Jugendzeltplatz „Zaar“*.

Als dritte Alternative kann man auch auf der Naab weiter bis Etterzhausen paddeln (oder natürlich bis Regensburg), wo eine direkte Bahnverbindung nach Amberg zum Zurückholen des Autos besteht.

# Der Schwarze Regen

*Unterwegs in „Bayerisch Kanada"*

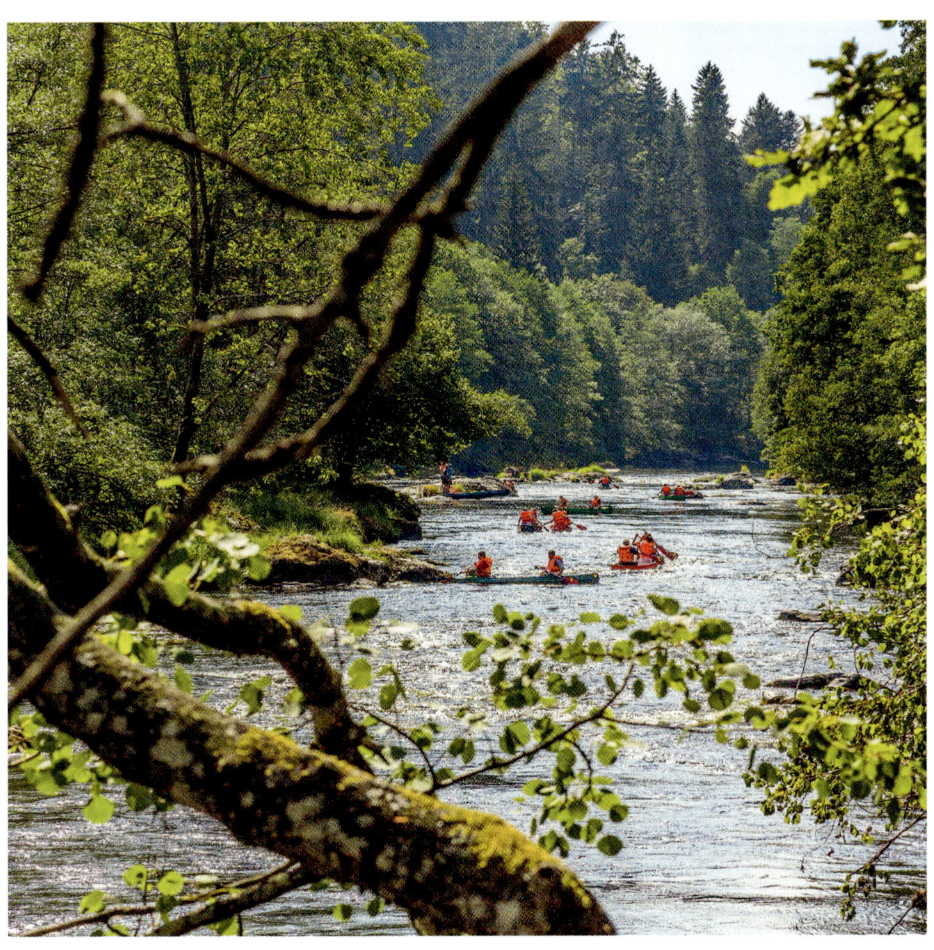

Tour 9

## Tour-Infos Schwarzer Regen

| Aktivitäten | Natur | Kultur | Baden | Hindernisse |
|---|---|---|---|---|
| ★★★☆ | ★★★★ | ★★☆☆ | ★★★☆ | ★★★☆ |

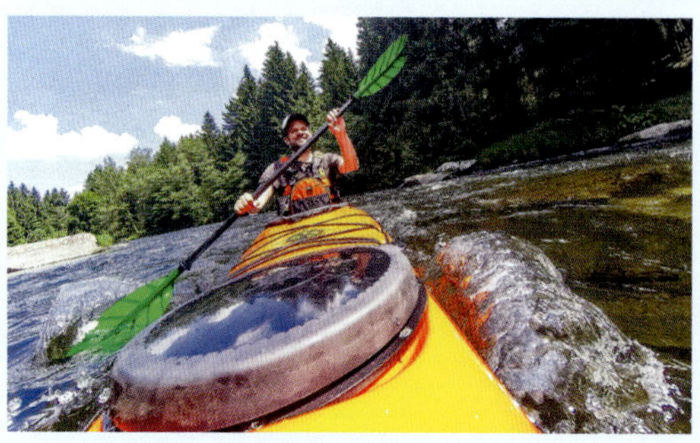

### Charakter der Tour

„Natur pur" lautet das Moto in „Bayerisch Kanada" zwischen Regen und Viechtach. Schlüsselstellen im ersten Abschnitt sind die beiden WW-Passagen „Bärenloch" zwischen Regen und Teisnach und der „Gumpenrieder Schwall" vor Viechtach. An den Ufern sind anstelle von Bären- eher Biberspuren zu entdecken und die Landschaft begeistert mit ausgedehnten, stillen Waldgebieten.

Beim Abschnitt von Regen bis Viechtach handelt es sich um eine leichte Wildwasserstrecke – nicht für unerfahrene Paddler oder Touren mit Kindern geeignet. Der Schwierigkeitsgrad einer Befahrung ist dabei stark abhängig vom jeweiligen Wasserstand.

Auch hinter Viechtach reichen die Wälder bis ans Ufer; auf dem Wasser geht es von nun an aber deutlich ruhiger zu und entlang von Höllensteinsee und Blaibacher See laden zahlreiche freie Stellen an den Ufern zum Baden und Verweilen ein.

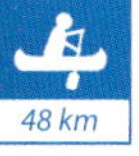


**Länge & Dauer der Tour:** 48 km, 2 Tage **Schwierigkeit:** Mittel bis schwer, für Anfänger und Familien eher ungeeignet

**Umtragestellen:** Auf der Strecke zwischen Regen und Blaibacher Staumauer gibt es insgesamt **7 Umtragestellen** Aufgrund der Länge einzelner Portagen, insbesondere an der Papierfabrik in Teisnach, ist ein **Bootswagen** sehr zu empfehlen.

**Etappenvorschlag 2-Tagestour:**

**1. Tag:** Regen – Schnitzmühle (Viechtach) (32 km)

**2. Tag:** Schnitzmühle (Viechtach) – Blaibach (16 km)

**Tipps für Tagestouren:**

**1.** Regen – Teisnach (ca. 18 km, mit Waldschlucht „Bärenloch" je nach Wasserstand **WW I-II**)
**2.** Teisnach – Viechtach (ca. 15 km, mit „Gumpenrieder Schwall" je nach Wasserstand **WW I-II**)
**3.** Von Pirka am Höllensteinsee rund um Höllenstein- & Blaibacher See (ca. 10 km, familientauglich)

**Befahrungsregelungen**

Auf dem Schwarzen Regen gelten ***strenge Befahrensregeln***. Für die Strecke *Flusskilometer 153,1 / Parkplatz Raithsäge* bis *Flusskilometer 122,5 / Schnitzmühle (Einmündung der Aitnach)* gilt folgende Verordnung:

- Nur Kanus, Schlauch- und Ruderboote ohne Antrieb mit ***höchstens 4 Plätzen und maximal 6 m Länge,*** tagsüber in der Zeit ***von 10-18 Uhr.***
- ***Mindestpegel*** an der Sägmühle mind. 62 cm (15.04. -15.06.) bzw. mind. 58 cm (übrige Zeit des Jahres). Der BKV empfiehlt einen Mindestpegel von 72 cm.
  www.hnd.bayern.de/pegel/wasserstand/pegel_wasserstand.php?pgnr=15212700
  www.landkreis-regen.de/befahren-des-schwarzen-regens-2/
- ***Ein- und Aussetzen*** ausschließlich an den ***ausgeschilderten Stellen.***
- ***Kiesbänke*** und ***Inseln nicht betreten, Baden verboten!***
- Immer ***in der Flussmitte / tiefsten Stelle fahren.***

Für die ***Befahrung des „Bärenlochs"*** *(Oberaukiel bis Teisnach)* sind ***Rettungswesten*** nach DIN EN 395 und ***Schutzhelme*** nach DIN 1385 behördlich ***vorgeschrieben*** – bei Zuwiderhandlung droht ein Bußgeld.

**Ein wichtiger Sicherheitshinweis:** Der Schwarze Regen führt durch eine sehr abgelegene Region, was zwar das Naturerlebnis einzigartig macht, sich aber auch in der **fehlenden Netzabdeckung** bemerkbar macht. Selbst als Kunde der großen Provider findet man sich des Öfteren im Funkloch wieder und sollte nicht darauf vertrauen, im Ernstfall Hilfe per Telefon herbeirufen zu können.

**Anreise:** Autobahn A 3 (Regensburg – Passau) bis *Autobahnkreuz 110-Kreuz Deggendorf,* dann auf der A 92 (Deggendorf – München) nach *Deggendorf* und weiter auf der B 11 nach **Regen (Stadt)**.

**Einsetzen & Parken:** In der Stadt **Regen** am Campingplatz Regental Aktiv Camping *(Badstr. 18, 94209 Regen)* oder hinter dem Wehr Oleumühle *(Oleumhütte 12, 94209 Regen)*. **Parken** kann man in der Badstraße.

**Aussetzstelle:** Links vor der Staumauer am **Blaibacher See**.
Alternativ Weiterfahrt auf dem ***Bootswanderweg Regen***, siehe Tour 10, Seite 149.

**Zurück zum Pkw:** Am einfachsten per Rad oder mit einem zweiten Pkw.

Mit öffentlichen Verkehrsmittel am unkompliziertesten von **Bad Kötzting** *(ca. 3 km Fußweg ab Blaibach)*. Dort mit dem Bus Linie 6196 *(wenige Busse Mo-Fr, Samstag 1 Bus, So kein Verkehr)* vom Bahnhof Bad Kötzting in etwa einer Stunde zum Bahnhof in **Regen**. Fahrplan unter www.dbregiobus-bayern.de

Von **Viechtach** unkompliziert mit der Waldbahn in 75 Minuten nach **Regen:** In Viechtach Linie WBA 4 nehmen, in Gotteszell umsteigen in den WBA 1 Richtung Bayerisch Eisenstein, www.laenderbahn.com

**Kartenmaterial & Literatur-Tipps:**

**KANU KOMPAKT Regen**, Kanutourenführer mit Wasserwanderkarten, *M. Hennemann*, Th. Kettler Verlag.

**Reiseführer Bayerischer Wald,** Reisehandbuch mit vielen praktischen Tipps inklusive Passau, Regensburg und Ausflügen in den Böhmerwald, *Sabine Herre,* Trescher-Verlag.

Droste Verlag: **Wandern für die Seele. Bayerischer Wald:** Wohlfühlwege | **Glücksorte im Bayerischen Wald:** Fahr hin und werd glücklich | **Glücksorte in Niederbayern:** Fahr hin und werd glücklich.

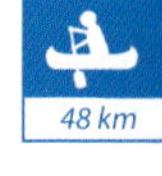


**Geheimnisvolle Pfade Bayerischer Wald**, 33 Wanderungen a. d. Spuren von Mythen & Sagen, Bruckmann.

**Wanderführer Bayerischer Wald**, 54 Wandervorschläge mit GPS-Daten in der Region Cham – Bodenmais – Zwiesel – Freyung –w Passau, *Nikolaus Pollmann / Eva Krötz,* Rother Verlag.

Emons Verlag: **111 Orte in Niederbayern, die man gesehen haben muss,** Reiseführer | **„Suppenbrunzer“**, Niederbayern Krimi, *Nicole Lingen* | **„Heumilch“,** Kriminalroman, *Jutta Mehler.*

**„Schweigend steht der Wald“** (Roman), *Wolfram Fleischhauer,* Droemer TB.

**„Räuber Heigl. Der Höhlenmensch vom Kaitersberg“**, spannende Geschichte um den in einer Höhle auf dem Kaitersberg zwischen Bad Kötzting und Viechtach lebenden Räuber Heigl, der mittlerweile zu einem Volkshelden und einer bekannten Sagengestalt geworden ist, *Manfred Böckl,* Buch & Media.

**Übernachtung in Wassernähe** (in der Reihenfolge des Tourenverlaufs):

**Regen (Stadt):**
***Regental Aktiv Camping***
Badstr. 18
Tel. (09921) 70 99 600
www.regental-aktiv-camping.de

***Sportcamp Regen***
Raithmühle 2-3
Tel. (09921) 97 00 70
www.blsv-sportcamp-regen.de

***Brauereigasthof Falter***
Am Sand 14
Tel. (09921) 960 33 77
www.brauereigasthof-regen.de

**Oberauerkiel** (OT v. Böbrach):
***Landgasthof Muhr***
Auerkiel 14
Tel. (09923) 21 92
www.landgasthof-muhr.de

**Viechtach:**
***Adventure Camp Schnitzmühle***
*(Zimmer und Camping)*
Schnitzmühle 1
Tel. (09942) 948 10
www.schnitzmuehle.de

***Jugendzeltplatz Gstadt 4***
Tel. (09942) 63 97 od. 0170-262 42 72

**Höllensteinsee / Pirka:**
***Camping Höllensteinsee***
Leitenweg 12
Tel. (09942) 85 01
www.camping-hoellensteinsee.de

**Blaibach:**
***Camping aqua hema***
Oberes Dorf 7
Tel. (09941) 41 28
www.aquahema.de

**Kanuvermieter & Veranstalter**

**Regen (Stadt):**
***Kanutouren Helmut Hölzl***
Oleumhütte 9a *(auch SUP)*
Tel. 0176-96 84 90 92
www.kanutouren-regen.de

***Kanuverleih Sepp Schneider***
Oleumhütte 9b *(auch SUP)*
Tel. 0171-636 65 32
www.kanu-regen.de

**Viechtach:**
***Kanuverleih Sepp Schneider***
Blossersbergerstr. 2 *(auch SUP)*
Tel. 0171-636 65 32
www.kanu-regen.de

***Vit & Fun*** *(auch SUP)*
Stadtplatz 1
Tel. (09942) 90 44 60
www.bayerisch-kanada.de

***Kanuverleih Bayerwald***
Großenau 7
Tel. (09942) 80 16 54
www.kanuverleih-bayerwald.de

**Blaibach:**
***Camping aqua hema***
Oberes Dorf 7
Tel. (09941) 41 28
www.aquahema.de

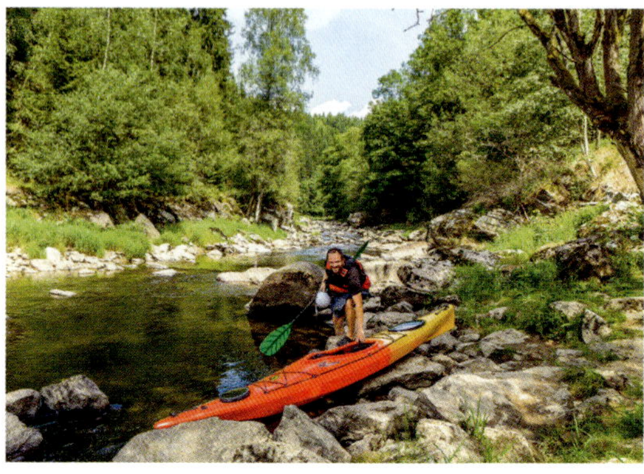

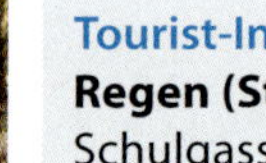

**Tourist-Infos**

**Regen (Stadt): *Tourist-Info Stadt Regen,*** Schulgasse 2, Tel. (09921) 604 26, www.regen.de

**Viechtach: *Tourismusverband Viechtacher Land*,** Stadtplatz 1, Tel. (09942) 80 82 50 www.viechtacher-land.de

**Fahrpläne:**

***Regionalbus Ostbayern***, Tel. (0941) 600 01 22, www.dbregiobus-bayern.de

***Kundencenter Waldbahn,*** Tel. (089) 548 88 97 25, www.laenderbahn.com

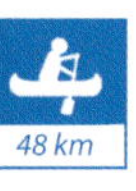


## Sehenswertes am Schwarzen Regen

**Regen (Stadt):** *Pfarrkirche St. Michael*; *Niederbayerisches Landwirtschaftsmuseum* (*Mo-Fr 8-17, Sa+So 10-17,* Schulgasse 2, www.nlm-regen.de); Markt *Sa 7-12.*

Gläserner Wald, Burgruine Weißenstein

**Burgruine Weißenstein:** *Museum im „Fressenden Haus"* (*Mitte Mai-Mitte Sep 10-16.30,* Weißenstein 16); *Gläserner Wald*; Naturerlebnispfade *„Burglehrpfad", „Auf der Spur zur Natur im Waldschmidtpark", „Der Stadtwald Regen"* und *„Fischlehrpfad"*; Naturschutzgebiet *„Pfahl bei der Burgruine Weissenstein".*

**Viechtach:** *Stadtpfarrkirche St. Augustinus* (1765); *Altes Rathaus & Ausstellung „Der Pfahl im Bayerischen Wald"*; *Ägyptisches Museum „Gewölbe der Geheimnisse" & Kunst-Café Isis* im ehem. *Bürgerspital* (1432) (Spitalgasse 5, *beide 2022 wegen Renovierung geschlossen)*; *Heimatmuseum* (*Mai-Okt Di-So 14-16,* Regerstr. 2); *Kristallmuseum* (www.kristallmuseum.bayerwald-media.de *Mo-Fr 9-18, Sa, So 9/10-16,* Linprunstr. 4); *Gläserne Scheune* (*Mai-Sep, tgl. 10-17, Apr+Okt 10-16,* Rauhbühl 3, www.glaeserne-scheune.de); *Naturdenkmal „Der Pfahl"* mit *Naturlehrpfad* an der B 85 Richtung Cham; www.viechtach.de

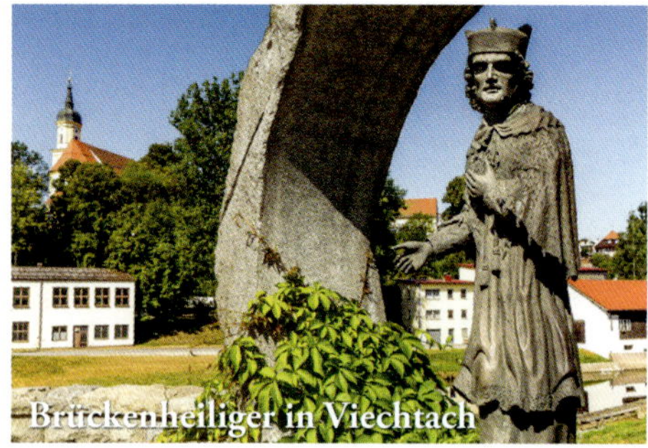
Brückenheiliger in Viechtach

**Bad Kötzting:** *Kirche St. Veit*; barockes *Altes Rathaus*; *Kirchenburg* (Wehranlage aus dem 12. Jh.) mit *Pfingstritt-Museum* (Ausstellung zur Tradition der Reiterwallfahrt, *So+Fei 10-12 + 14-16,* Herrenstr. 11, www.bad-koetzting.de).

## Weitere Aktivitäten rund um den Schwarzen Regen

**Radfahren:** Ostbayern bietet gute Voraussetzungen zum Radeln. Allein im ***Naturpark Oberer Bayerischer Wald*** gibt es über 1.200 Kilometer markierte Radwege. Gemütliche ***Fluss-Radtouren*** *(z.B. der Regentalradweg, 162 km)* genauso wie ***Fernradwege*** nach Tschechien und Österreich.

Rasante ***Mountainbike-Pisten***, z.B. ***Bikepark am Geißkopf*** bei Bischofsmais. Der Bayerische Wald hat eines der größten Mountainbike-Netze mit über 400 Kilometern markierte Strecken (www.bayerwald-bike.de).

Ein reizvoller ***Fernradweg*** ist z.B. der ***Grünes-Dach-Radweg*** im bayerisch-tschechischen Grenzgebiet *(Nentschau in Oberfranken – Bayerisch Eisenstein, ca. 300 km)*.

Empfehlenswerte ***kürzere Radwege*** sind u.a.: der ***Donau-Regen-Radweg*** *(Bogen – Blaibach, ca. 38 km)* auf der ehemaligen Bahntrasse, die für fast 100 Jahre das Donautal von Straubing mit dem Regental in der Gemeinde Cham verband oder ***Lamer Winkel-Arber-Radweg*** *(Blaibach – Kötzting – Grafenwiesen – Arrach – Lam – Bayerisch Eisenstein, ca. 50 km)*.

**Fahrradvermieter:**

**Regen (Stadt): *Karl's Radlwerkstatt*** (auch e-Bikes), Fritz-Biller-Str. 9, Tel. 0170-800 54 71.
***Schneider Events*** (auch geführte Kanu-, Bike- & Wander-Touren, MTB-Verleih), Tel. 0171-636 65 32, www.schneider-events.de

**Viechtach: *Tourist-Info Viechtach***, Stadtplatz 1, Tel. (09942) 80 82 50, www.viechtach.de

**Blaibach: *Tourist-Info Blaibach*** (auch e-Bikes), Badstr. 5, Tel. (09941) 94 50 13, www.blaibach.de

**Bad Kötzting: *Silberbauer's Stodheisl*** (nur e-Bikes), Herrenstr. 12, Tel. (09941) 90 51 41

**Wandern:** Als Mittelgebirge bietet der Bayerische Wald tolle Wandermöglichkeiten mit einer guten Infrastruktur. Die regionalen Tourismusbüros halten umfassende Hinweise und Vorschläge zu Wanderwegen und Spaziergängen rund um die jeweiligen Orte bereit.

***Fernwanderwege*** in der Region sind der ***Böhmweg*** *(von Deggendorf an der Donau über Regen und Zwiesel ins Böhmische, 52 km)* oder der ***Pandurensteig*** *von Waldmünchen über Regen nach Passau, ca. 175 km*.

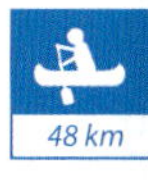


**Paddeln:** Weiterfahrt auf dem ***Bootswanderweg Regen***. Weitere schöne Kanuwanderflüsse in der näheren Umgebung sind ***Naab*** und ***Vils*** im Oberpfälzer Wald.

**Angeln:** Der Regen zählt zu den saubersten und fischreichsten Gewässer Europas. Am ***Schwarzen Regen*** angeln auf Huchen, Regenbogenforelle oder Hecht. 12 km Angelgewässer beim „Fischerstüberl" in **Blaibach-Pulling**, Fliegenfischen im ***Weißen Regen*** bei **Bad Kötzting**.

**Angelkarten:**

**Viechtach: *Tourist-Info***, Tel. (09942) 16 61,
***Bootsverleih am Höllensteinsee***, Tel. (09941) 71 63,
***Campingplatz Höllensteinsee***, Tel. (09942) 85 01,
www.bezirksfischereiverein-viechtach.de

**Bad Kötzting: *Markus Angelstube***, Zeltendorfer Weg 18, Tel. (0994) 80 97

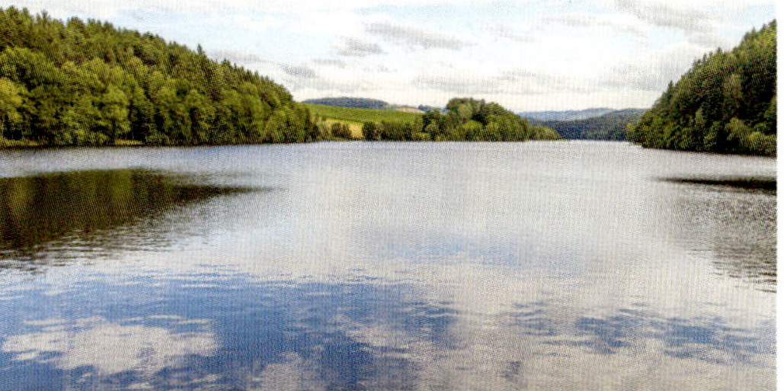
Der Bleibacher See lädt zum Baden ein

**Baden:** Freibad **Regen (Stadt)**, Waldbad (Naturbadeweiher) am ***Stoaberg*** und Freibad in **Viechtach**, baden im ***Höllenstein***- und ***Blaibacher See***.

**Schwimmbad mit Sauna: Bad Kötzting:**
***AQACUR-Badewelt***, Bgm.-Seidl-Platz 1, Mo 13-22, Di-So 11-22, Tel. (09941) 947 50, www.aqacur.de

**Klettern:** An den ***Rauchröhren*** am ***Großen Riedelstein*** *(hohe zylinderförmige Felsen, die ein schmaler Spalt teilt)* bei **Bad Kötzting**, am ***„Pfahl"*** *(Quarzriff)* bei **Viechtach**, ***Kletterwand*** im BLSV Jugenddorf **Regen (Stadt)**.

**Wintersport:** ***Langlauf***, z.B. ***Bayerwaldloipe*** vom Arber zum Dreisessel, ***Auerhahn-Höhenloipe*** zwischen den Skigebieten Eck-Riedelstein und Bretterschachten, ***Schneeschuhtouren*** auf geräumten Winterwanderwegen, ***Naturrodelbahn* Schareben-Oberried** *(3,5 km)* und **Schareben-Blachendorf** *(2,5 km)*

**Biathlon-Schnupperkurse & Workshops** im Hohenzollern Skistadion am Arber (www.schneider-events.de).

# Der Schwarze Regen

Der freundliche *Regental Aktiv Camping* neben dem Freibad in **Regen** ist nicht nur ein guter Ausgangspunkt für die Kanutour auf dem Schwarzen Regen, sondern bietet sich auch für eine Besichtigung der Kreisstadt an, die, *1148 erstmals urkundlich erwähnt, wahrscheinlich während der ersten großen Rodungsperiode der Propstei Rinchnach gegründet wurde. Der wirtschaftliche Aufschwung stellte sich 1877 mit Eröffnung der Bahnlinie ein und zwölf Jahre später wurden die optischen Werke Rodenstock gegründet, die seitdem in Regen Brillengläser herstellen. Die kulturellen Sehenswürdigkeiten halten sich allerdings im überschaubaren Rahmen. Am Stadtplatz liefert das Niederbayerische Landwirtschaftsmuseum einen Einblick in die Agrargeschichte des 18. bis 20. Jahrhunderts. Östlich davon erhebt sich die leuchtend weiße Pfarrkirche St. Michael. Im Inneren besonders sehenswert sind das große Kruzifix und die Madonna vom Ende des 14. Jahrhunderts.* Einen Spaziergang wert ist in jedem Fall der zwischen den Armen des Schwarzen Regens gelegene ***Kurpark***.

48 km

Wer etwas weiter wandern möchte, kann die ***Burgruine Weißenstein*** ansteuern, die etwa vier Kilometer südlich des Stadtzentrums auf dem Quarzriegel des „Pfahls" thront und in etwa einer Stunde auf dem *Wanderweg Nr. 5* zu erreichen ist. *Vom Bergfried bietet sich ein fantastischer Ausblick über die Region. Am Fuße der Burgruine zeigt das Museum „Fressendes Haus" die Dichterstube des Schriftstellers Siegfried von Vegesack (1888-1974) sowie eine umfangreiche Schnupftabaksammlung. „Fressendes Haus" wurde das um 1100 erbaute ehemalige Kornlager der Bewohner von Weißenstein genannt, weil das Gebäude für seinen Unterhalt so viel Geld verschlang. Direkt vor dem Haus erheben sich die bis zu acht Meter hohen Objekte „Gläserner Wald" des Künstlers Rudi Schmid.*

Wenige Paddelschläge nach dem Ablegen vom Campingplatz erreiche ich die hübsch anzuschauende ***historische Steinbogenbrücke*** der alten Straßenverbindung zwischen Deggendorf und Viechtach an der Mündung der ***Schlossauer Ohe*** in den Schwarzen Regen. Hier unterhält der Bayerische Landes-Sportverband am linken Ufer das *Sportcamp Regen*. Auch Einzelpaddler finden eine Unterkunft und wer will, kann an den festen Mahlzeiten teilnehmen.

Kurz darauf erreiche ich das ***Wehr Oleummühle***, das rechts etwa 200 Meter über eine Wiese umtragen werden muss. Wer die Tour auf dem Schwarzen Regen ohne eine Übernachtung beginnen will, kann sich die Portage sparen und den linksufrigen Einstieg hinter dem Wehr nutzen. Abgestellt werden kann das Fahrzeug für die Dauer der Tour dann auf dem großen Parkplatz gegenüber vom Städtischen Bauhof.

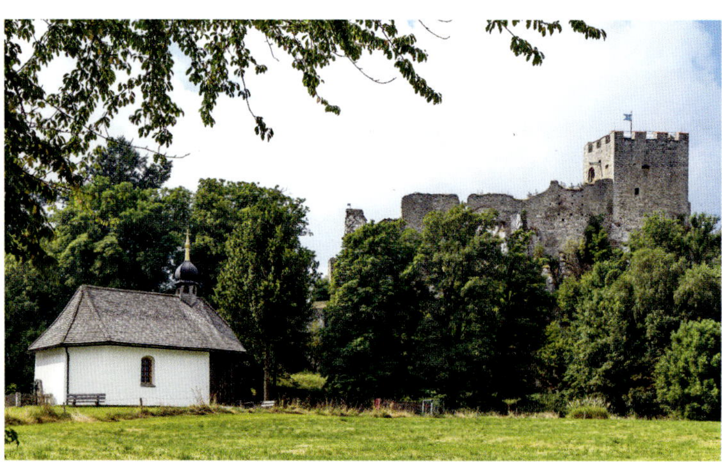

*Von der langgestreckten Burg Weißenstein ist außer einigem Mauerwerk vor allem der quadratische Wohnturm erhalten geblieben*

Bereits nach wenigen Metern wird klar, warum der Schwarze Regen den Beinamen „Bayerisch Kanada" trägt. Der dunkle Moorfluss schlängelt sich entlang ausgedehnter Waldhänge mit dichtem Unterholz, das von Moosen und Flechten bewachsen ist. Idylle pur! Weit und breit sind keine Spuren der Zivilisation zu entdecken. Immer mal wieder rauscht das Wasser über ***Schnellen*** und ***Schwälle***.

Insgesamt zeigt sich der Schwarze Regen in diesem Abschnitt aber recht ruhig und größere Hindernisse sind, zumindest bei normalen Wasserstand, nicht zu erwarten. Natürlich ist der Schwierigkeitsgrad aber pegelabhängig. Während sich bei hohem Wasserstand die ein oder andere Schnelle zur leichten Wildwasserpassage mausert, besteht die größte Herausforderung bei Niedrigwasser darin, die tiefste Stelle im breiten Flussbett ausfindig zu machen, um Grundberührungen zu vermeiden. Besonders gemein sind dabei die Felsen, die nur bis knapp unter die Wasseroberfläche reichen und so kaum im Voraus zu entdecken sind.

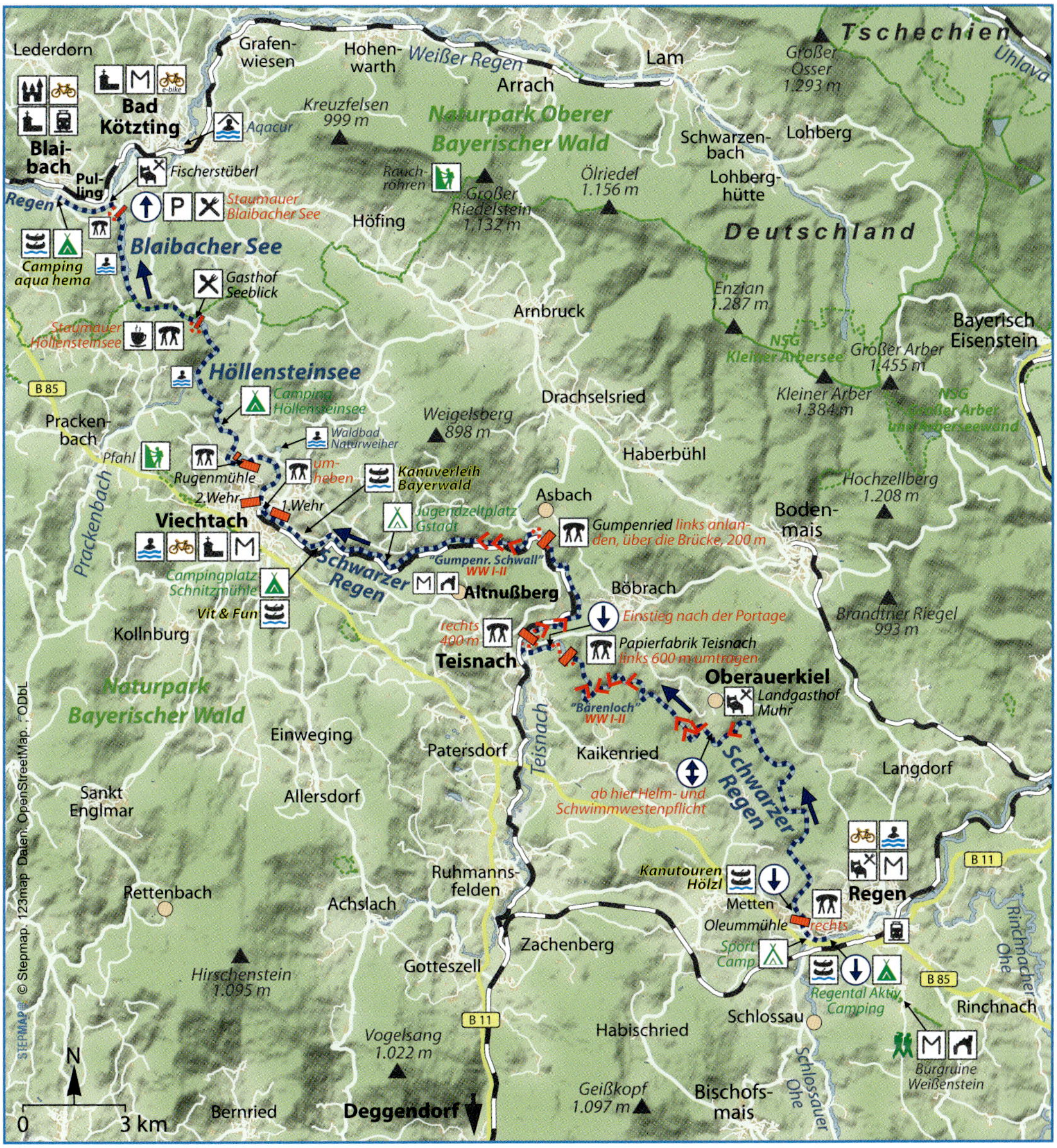

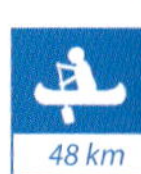

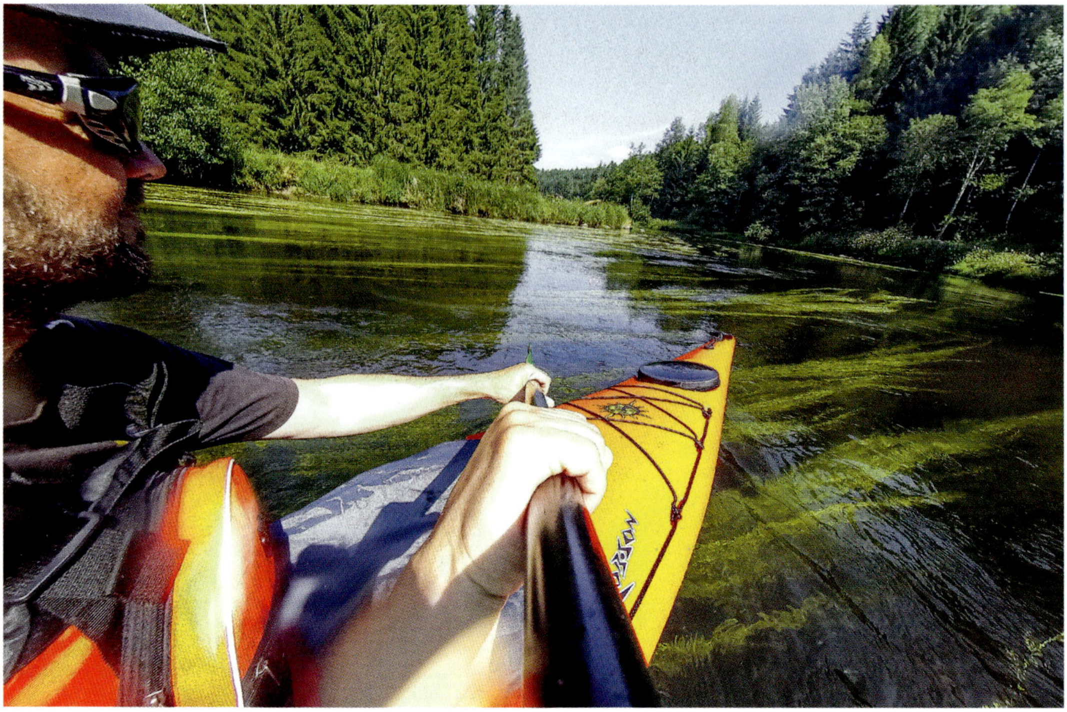

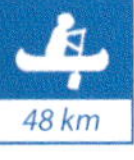


*Der dunkle Moorfluss schlängelt sich durch „Bayerisch Kanada“ bis ab Oberaukiel das Wildwasser beginnt*

Nach rund zehn Kilometern einsamer Fahrt erreiche ich an einer großen rechtsufrigen Wiese, die letzte Ausstiegsmöglichkeit vor der ***Wildwasserstrecke durch das „Bärenloch“***.

**Von hier bis Teisnach gilt die Helm- und Schwimmwestenpflicht!**

Zur Stärkung für die Weiterfahrt durch die einsame Waldschlucht mit ihrer flotten Strömung lädt knapp ein Kilometer entfernt, in der Ortsmitte von **Oberauerkiel**, der *Landgasthof Muhr* (Mittwoch Ruhetag) zu knuspriger Haxe, Wildgerichten oder Bachforellen.

Hinter Oberauerkiel bleibt es zunächst noch für ein kurzes Stück ruhig, dann aber nimmt das Gefälle zu und die Strömung wird langsam stärker. In einem überhängenden Felsen am linken Ufer ist die ***Flusskilometer-Tafel „140“*** eingemeißelt. Kurz darauf folgt am rechten Ufer der ***Notausstieg „Schmalzgraben“*** und es beginnt die ordentlich kabbelige Fahrt durch eine Serie von ***Stromschnellen*** zwischen großen, aus dem Wasser ragenden Felsbrocken. Zur Zeit der Holztrift verhakten sich zwischen ihnen regelmäßig die Baumstämme und mussten erst wieder flottgemacht werden.

Schließlich beruhigt sich die Strömung und das Flussbett wird wieder breiter. Ausgedehnte Teppiche von Flutendem Hahnenfuß umschließen den Bootsrumpf und Kanuten haben die Idylle ganz für sich, denn es gibt weder eine Straße noch sind Wanderer oder Radfahrer am Ufer unterwegs. Nur irgendwo in der Ferne ist mitunter eine Motorsäge im Wald zu hören.

Vor der ***Papierfabrik in Teisnach*** steht dann eine anstrengende, lange Portage an, auf der ein geländegängiger Bootswagen gute Dienste leistet. Vor dem ***Wehr*** geht es links ans Ufer und mit dem Bootswagen für etwa 600 Meter immer am Ufer des Kanals *(der nicht befahren werden darf!)* entlang. In einer Kurve wechsel ich über die Brücke auf den schmalen Streifen zwischen Kanal und Schwarzem Regen und laufe noch weiter vor bis zum Werkszaun, wo es steil und steinig hinunter zum Wasser geht.

Anschließend paddel ich am Werksgelände vorbei bis zur Straßenbrücke in **Teisnach**, wo die Stufen einen bequemen Ein- und Ausstieg ermöglichen. Etwa 100 Meter hinter der Brükke mündet von links die ***Teisnach*** in den Regen und es folgt ein kurzer, ruhiger und praktisch strömungsloser Abschnitt, der schon das nächste ***Wehr*** ankündigt. Eine Kurve weiter lege ich rechts davor an der Wiese an und muss das Kajak etwa 400 Meter durch den Wald tragen. Der Weg ist ziemlich schmal und von Wurzeln übersät, hin und wieder liegt auch ein umgestürzter Baum quer, so dass „Tragen" hier leider wörtlich zu nehmen ist. Der Bootswagen kommt im unzugänglichen Gelände kaum zum Einsatz.

Je nachdem, wie früh man wieder einsetzt, sind auf den ersten Metern noch einige ***Schwälle*** und größere ***Steinbrocken*** zu erwarten, dann geht es aber wieder ruhiger zu auf dem Wasser. Wenn der Wasserstand passt, soll es alternativ wohl auch möglich sein, durch das trockene Flussbett hinter der Wehrkrone und anschließend auf der Mauer weiter zu umtragen, um dann in den links vom Regen fließenden Werkskanal einzusetzen.

Nach rund fünf Kilometer freier Fahrt kündigt am Ufer das große, weithin sichtbare ***Schild „Boote links"*** das ***Gumpenrieder Wehr*** an. Der Ausstieg erfolgt bequem an einer breiten Treppe und zur Fortsetzung der Tour müssen die Boote nach rechts über die Brücke getragen werden. Am gegenüberliegenden Ufer folgt man gleich links dem Feldweg etwa 100 Meter, wo dann Treppenstufen hinunter zum Wasser führen.

Bereits kurz nach dem Einstieg ist höchste Konzentration gefragt: Im ***Wildwasser*** des ***„Gumpenrieder Schwall"*** schäumen die Wellen zwischen steil aufragenden Felsen und es besteht erhöhte Kentergefahr. **Je nach Wasserstand ist mit WW I-II zu rechnen.** Um nicht baden zu gehen, sollte man möglichst in Flussmitte fahren und versuchen, nicht querzutreiben. Erfahrene Paddler werden diese Strecke genießen. Bei Bedarf kann sie auch auf dem Wanderweg am rechten Ufer umtragen werden.

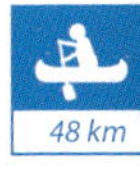


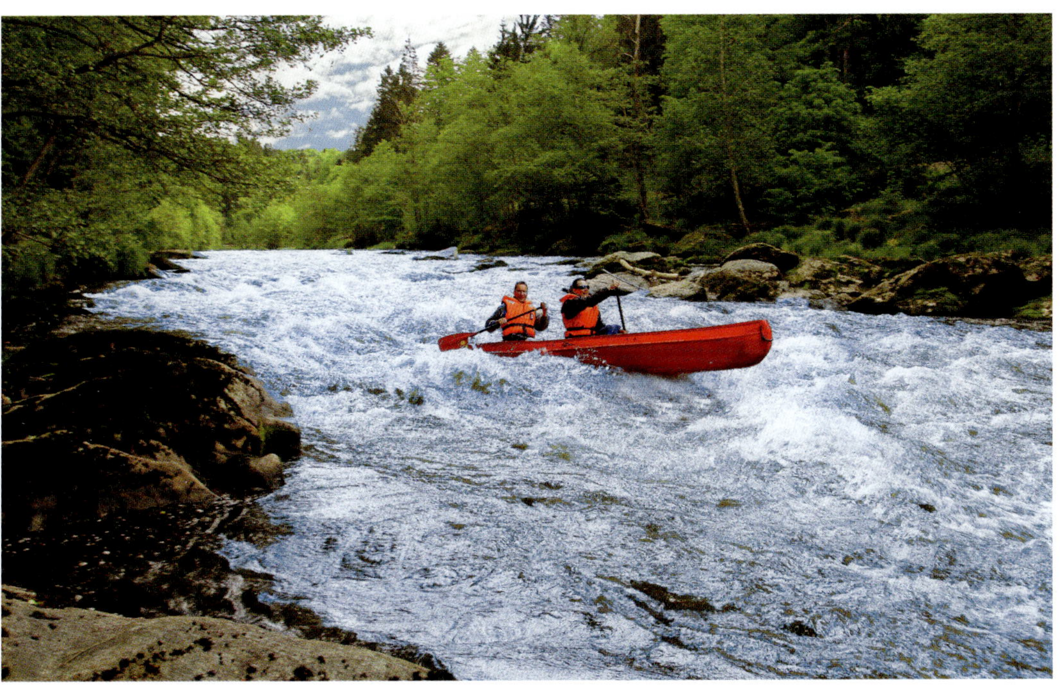

*Wildwasser „Gumpenrieder Schwall" – für erfahrene Paddler sicher ein Genuß*

Mit dem „Gumpenrieder Schwall" legt der Schwarze Regen seine Wildheit ab und „Bayerisch Kanada" ist Geschichte. Das Tal öffnet sich, die Strömung wird gemächlich und von nun an zeigt sich der Regen breit, idyllisch und absolut familientauglich.

Nachdem die Zeltwiese des *Jugendzeltplatzes* **Gstadt** am Ufer vorbeigezogen ist, stehen bald darauf die ersten Zelte und Wohnwagen des *Adventure Camp Schnitzmühle* am linken Ufer. Ein Stück weiter bietet der kleine Strand an der Campinginsel eine gute Möglichkeit zum Ausstieg. Dieser quirlig-liebenswerte Platz ist eine Wellness-Oase der besonderen Art – vom Zeltplatz bis hin zur chilligen Hacienda reicht das Spektrum. Ob am *Strandbadesee „La LaGuna"*, in der Lounge am offenen Kamin, im Wellness-Pavillon, dem Meetingraum, im *thailändisch-bayerischen Restaurant „Thai-Bay"* oder am Lagerfeuer – jeder findet hier etwas nach seinem Geschmack.

Wer länger bleibt, dem sei eine kleine Wanderung zur ***Burgruine Altnußberg*** empfohlen, *der größten und ältesten Burganlage des Bayerischen Waldes, die nach 500 Jahren Dornröschenschlaf ausgegraben und archäologisch erforscht wurde. Im kleinen Museum ist ein Teil der Fundstücke ausgestellt (Einkehr: Burgschänke Di-So 10-17).*

Vom Adventure Camp ist es nur noch ein kurzes Stück bis **Viechtach**. An der Flussgabelung beim ***ersten Wehr*** steuere ich die Bootsspitze 700 Meter in den linken Flussarm und paddel vor bis zur Straßenbrücke, um rechts kurz über die Insel zu umtragen.

*Der Luftkurort Viechtach bildet das Zentrum der Regensenke, die den Vorderen vom Hinteren Bayerischen Wald trennt. Durch den Ort führt der historische „Baierweg", eine im 12. Jahrhundert angelegte Handelsstraße zwischen Donau und Böhmen die heute ein beliebter Fernwanderweg ist. Den Mittelpunkt bietet der sehenswerte*

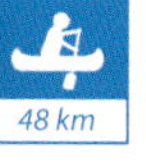


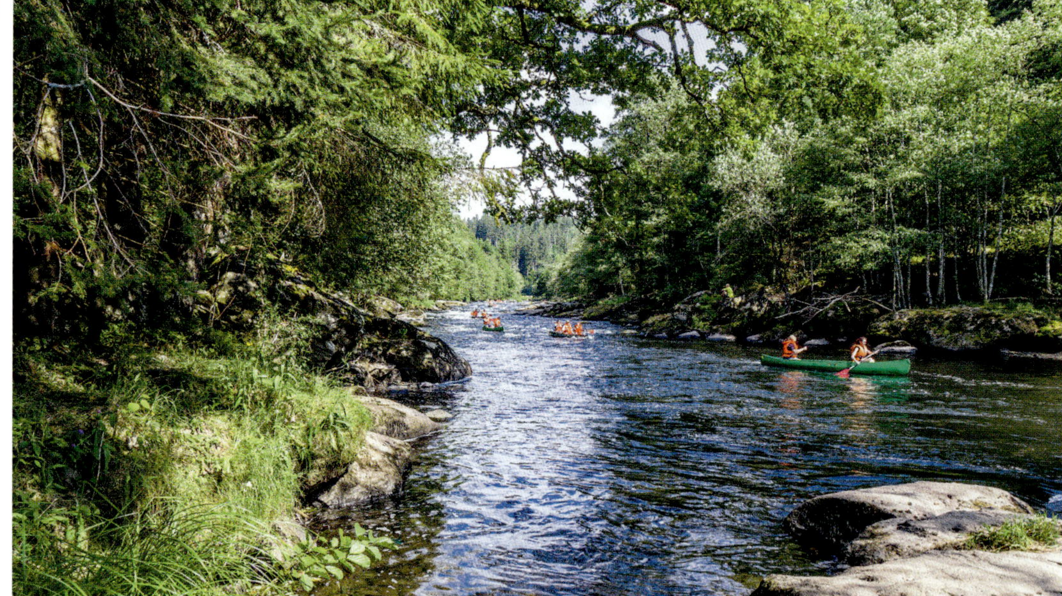

*Hier ist der Gumpenrieder Schwall schon wieder zahm geworden*

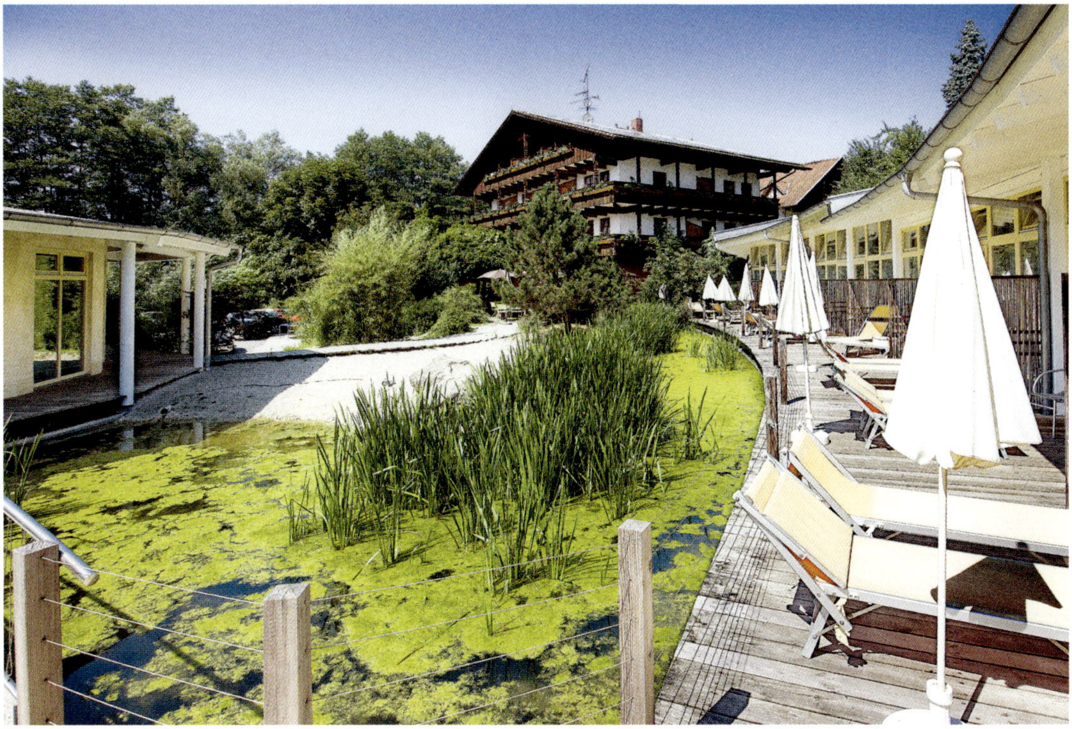

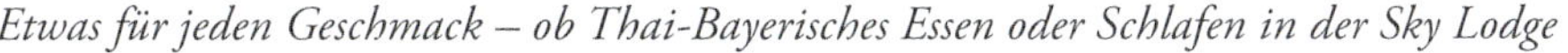
*Etwas für jeden Geschmack – ob Thai-Bayerisches Essen oder Schlafen in der Sky Lodge*

*Marktplatz, der von der spätbarocken Stadtpfarrkirche St. Augustinus mit einer schönen Rokoko-Ausstattung im Inneren überragt wird. Im Alten Rathaus untergebracht ist die Dauerausstellung „Der Pfahl im Bayerischen Wald“, die über Bayerns Top-Geotop informiert. Das ebenfalls interessante Museum „Gewölbe der Geheimnisse“, im ehemaligen Bürgerspital von1432, entführt mit Kopien ägyptischer, griechischer und römischer Kunstwerke in die Antike. Das Kristallmuseum schließlich zeigt eine umfangreiche Mineralien-, Kristall und Glassammlung aus aller Welt.*

Auf den nächsten zweieinhalb Kilometern bleibt die Fahrt hindernisfrei, dann kündigt die steil aufragende Felswand am rechten Ufer das ***Wehr Rugenmühle*** an. Für die Portage steuert man die Bootsspitze unter der Straßenbrücke in den linken Flussarm und legt rechts direkt neben der Wehrkrone an, um kurz über die Wiese vor dem Bauernhof auf der Halbinsel zwischen Wehranlage und Kanal zu umtragen.

Hinter der nächsten Biegung breitet sich der ***Höllensteinsee*** vor mir aus. Mit seinen steil aufragenden Felswänden und dem hohen Nadelbaumrücken erinnert er an einen imposanten skandinavischen Fjord.

Den idyllisch am See gelegenen *Campingplatz* lasse ich rechts liegen und erfreue mich im Verlauf an den vielen schönen *Rast- und Badestellen* mit ihrem weichen, moosgepolsterten Untergrund. Das Mündungsgebiet des ***Höllensteiner Baches*** ist ein mit Krüppeleichen bestandenes Gebiet, in dem seltene Pflanzen wie Weiches Lungenkraut und Arnika, aber auch gefährdete Tierarten wie Feuersalamander und Eisvogel vorkommen.

Nach einem scharfen Linksknick taucht voraus schon das Ende des Höllensteinsees auf und rechts über den weiß in der Sonne leuchtenden Fassaden der beiden Häuser flattern die bunten Sonnenschirme des empfehlenswerten *Gasthofs „Seeblick“*, der oben auf dem Felsen thront.

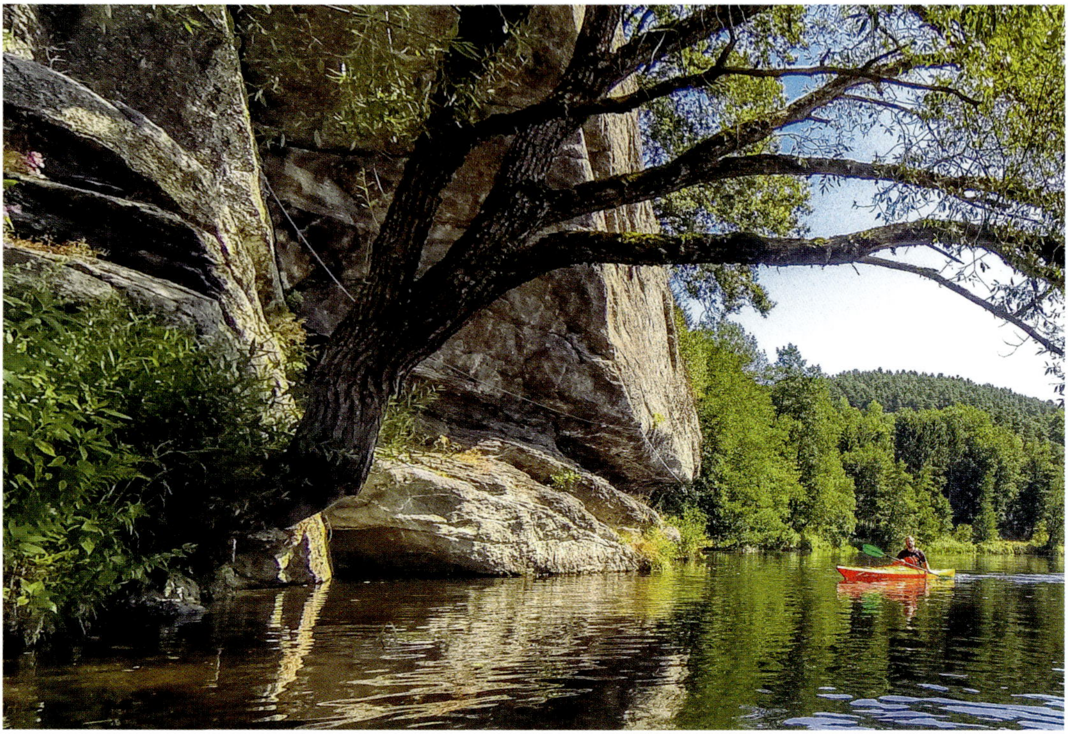

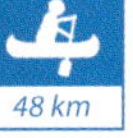


*Die steil aufragende Felswand kündigt das Wehr Rugenmühle an*

*Die von 1923 bis 1926 zur Stromerzeugung im Höllenstein-Kraftwerk errichtete Höllensteinstaumauer verperrt die Weiterfahrt.*

Zum ***Umtragen*** lande ich links an der *Ruderbootvermietung* an und gönne mir hier erst mal einen kleinen Imbiss, bevor ich den Schlussspurt über den ***Blaibacher See*** in Angriff nehme.

Am nördlichen Ende des bei Anglern, Badegästen, Wanderern, Rad- und Bootsfahrern beliebten fünf Kilometer langen Stausees steuere ich vor der ***Staumauer*** des ***Kraftwerks Pulling*** nach links und beende meine Fahrt am Ende der Bucht unterhalb des großen Parkplatzes *(Kiosk am See & Seestüberl)*. Wer die 650 Meter mit dem Kanuwagen nicht scheut, findet in **Pulling** im *Gasthof-Pension Fischerstüberl* am ***Weißen Regen*** eine Übernachtungsmöglichkeit.

Wer zum Abschluss der Tour lieber das Zelt aufschlagen oder die Fahrt auf dem Regen fortsetzen möchte, kann die Staumauer links umtragen und trifft nach knapp zwei Kilometern in **Blaibach** auf den gemütlichen, paddlerfreundlichen *Campingplatz Aqua Hema*. Nach dem Motto Glamping (Camping aber glamourös), kann man hier auch in gemütlichen Blockhütten übernachten.

# Der Regen

*Kanuwandern im Bayerischen Wald*

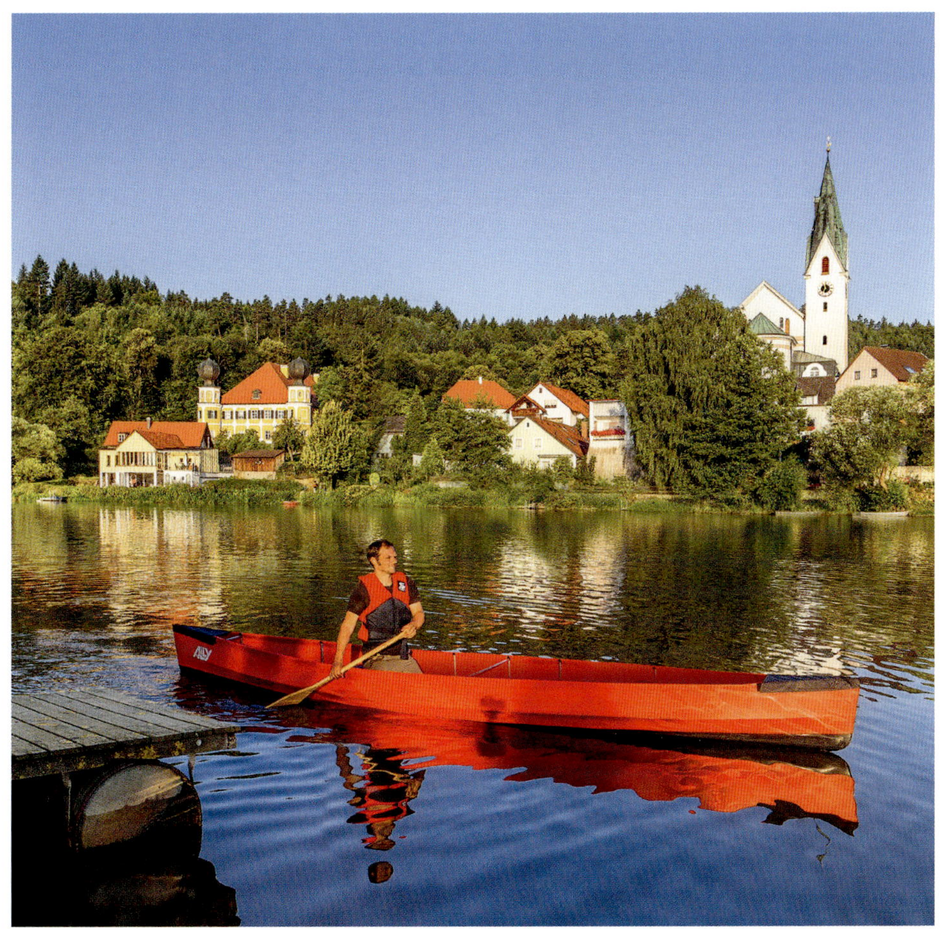

*Tour* 10

## Tour-Infos Regen

| Aktivitäten | Natur | Kultur | Baden | Hindernisse |
|---|---|---|---|---|
|  | 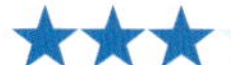 |  | | |

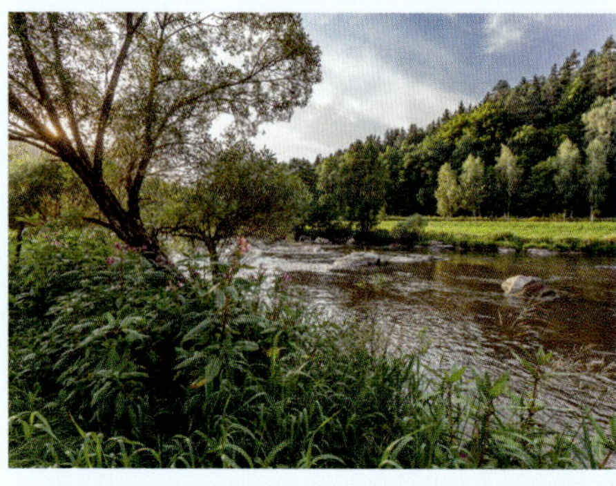

### Charakter der Tour

Der Regen, einer der schönsten Flüsse zum Kanuwandern in Bayern, windet sich gemächlich durch die stillen Wälder des Naturparks Oberer Bayerischer Wald.

Er ist als Bootswanderweg „ausgebaut": Idyllische Biergärten und rustikale Gasthäuser sorgen für das leibliche Wohl, Zeltwiesen und Pensionen direkt am Ufer bieten gute Übernachtungsmöglichkeiten und Hinweistafeln auf Gefahrenstellen garantieren unbeschwertes Paddelvergnügen. Die Ein- und Ausstiegsstellen sind markiert und Rampen oder Treppen erleichtern die Portagen.

An einigen Stellen ragen Felsen und Findlinge aus dem Wasser. Hier ist, besonders von Faltbootfahrern, erhöhte Aufmerksamkeit gefordert. Die Tour ist auch für absolute Anfänger problemlos zu meistern.

Die guten Bedingungen für Kanuwanderer haben einen entscheidenden Nachteil: Im Sommer und an beliebten Feiertagen steigt nicht nur die Anzahl der Boote, sondern auch der Alkoholpegel rapide an, so dass die Vor- und Nachsaison die eindeutig ruhigere Zeite für eine Kanutour ist.

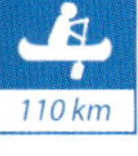


**Länge & Dauer der Tour:** 110 km, 5 Tage **Schwierigkeit:** Leicht, absolut familientauglich

**Umtragestellen:** Auf der Strecke von Blaibach nach Regensburg behindern insgesamt **15 Wehre** die freie Fahrt, 4 davon sind fahrbar (Bootsgasse). Die Mitnahme eines **Bootswagens** ist sehr zu empfehlen.

### Etappenvorschlag 5-Tagestour:

**1. Tag:** Blaibacher See – Cham (22 km)
**2. Tag:** Cham – Roding (22 km)
**3. Tag:** Roding – Nittenau (24 km)
**4. Tag:** Nittenau – Ramspau (20 km)
**5. Tag:** Ramspau – Regensburg (20 km)

### Tipps für Tagestouren:

**1.** Blaibacher See – Chamerau (12 km)
**2.** Cham – Roding (22 km)
**3.** Roding – Nittenau (24 km)
**4.** Nittenau – Ramspau (20 km)

### Befahrungsregelungen

Im ***Schutzgebiet „Regentalaue"*** zwischen Cham und der Straßenbrücke in Pösing besteht vom **20.3 bis 20.6 ein Anlande- sowie Betretungsverbot der Sand- und Kiesbänke**.

Bitte beachten Sie hierzu auch die Hinweise auf den Schildern an den beiden Einstiegsstellen Cham-Biertor und Untertraubenbach.

Für den Abschnitt **Blaibach bis Chamerau** ist ein **Mindestpegel** erforderlich. Auf www.bayerischer-wald.org/bootswandern wird eine Ampel angezeigt. Zeigt sie grün an = Status: befahrbar.

**Anreise:** Mit dem **Pkw** auf der Autobahn A 93 bis Ausfahrt 33 *(Schwandorf-Mitte)*, weiter auf der B 85 bis Miltach, hier links ab und über die Staatsstraße 2140 bis **Blaibach**.

Mit der **Bahn** aus Norden und Westen bis Nürnberg, aus Richtung Süden bis Regensburg. Dort jeweils umsteigen in Richtung Schwandorf und weiter auf der Strecke Roding – Cham – Miltach – **Blaibach**.

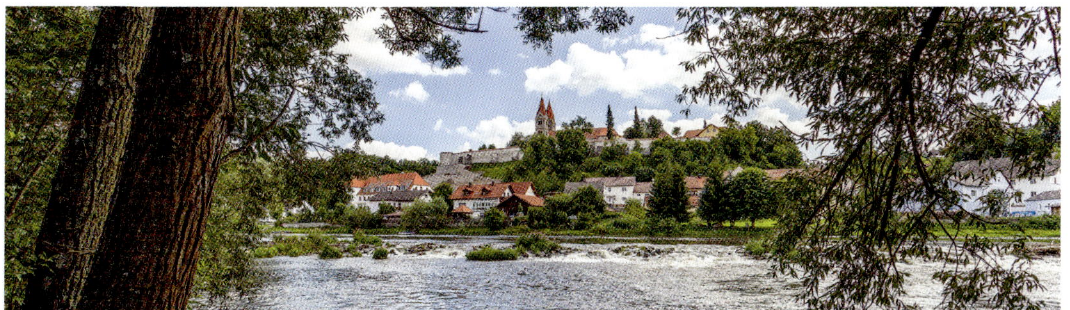

**Einsetzen & Parken:**
Einstieg unterhalb der Staumauer (Parkplatz) am **Blaibacher See** *(Navi: Blaibach, Pulling)* oder am Camping aqua hema in **Blaibach** *(Navi: Blaibach, Oberes Dorf 7)*. Parken auf Anfrage beim Camping.
**Aussetzstelle:** Bei der DLRG-Station am rechten Donauufer vor der Nibelungenbrücke in **Regensburg** *(Navi: Wöhrdstraße 61)*.

**Zurück zum Pkw:** Problemlos mit der regelmäßig verkehrenden ***Regionalbahn*** in weniger als 2 Stunden von **Regensburg** nach **Blaibach**. Einmal Umsteigen in Cham oder Schwandorf.

**Kartenmaterial & Literatur-Tipps:**
**KANU KOMPAKT Regen**, Kanutourenführer mit Wasserwanderkarten, *M. Hennemann*, Th. Kettler Verlag.
**Reiseführer Bayerischer Wald,** Reisehandbuch mit vielen praktischen Tipps inklusive Passau, Regensburg und Ausflügen in den Böhmerwald, *Sabine Herre,* Trescher-Verlag.
**Mystische Pfade Bayerischer Wald**, 33 Wanderungen auf den Spuren von Mythen & Sagen, Bruckmann.
**Wanderführer Bayerischer Wald**, 54 Wandervorschläge mit GPS-Daten in der Region Cham – Bodenmais – Zwiesel – Freyung – Passau, *Nikolaus Pollmann / Eva Krötz,* Rother Verlag.
**Reiseführer: Der Ausflugs-Verführer Oberpfalz,** *Thilo Castner,* ars vivendi verlag.
**Glücksorte in Regensburg:** Fahr hin und werd glücklich **I Glücksorte in der Oberpfalz:** Fahr hin und werd glücklich, beide Droste Verlag.
**111 Orte in Regensburg, die man gesehen haben muss,** Reiseführer, Emons Verlag.
**„Osserblut", „Bayerisch Kalt",** Kriminalromane, *Manfred Faschingbauer,* Gmeiner Verlag.
**„Der Teufel von Stockenfels",** packende Mischung aus Gruselgeschichte und Psychothriller im Umfeld der Burg Stockenfels über dem Regental bei Nittenau, *Rolf Stemmle,* Battenberg Gietl Verlag.
Oberpfalz Krimis: **„Donaugrund" I „Regenwalzer" I „Regenteufel" I „Waidlertod",** *Sonja Silberhorn,* **„Teufelsküche"**, *Bernd Flessner,* **„Berg, Fest, Mord",** *F. Borkner,* alle Emons Verlag.

**Kanuvermieter & Veranstalter**
**Blaibach:**
***Kanu & Camping aqua hema***
Oberes Dorf 7
Tel. (09941) 41 28
www.aquahema.de

**Miltach:**
***Zankl's Kanu- & Canadierverleih***
Tiefental 12 *(auch Shop)*
Tel. (09944) 28 23
oder 0171-274 60 43
www.kanuverleih-zankl.de

**Imhof,** 5 km südwestlich von **Roding:**
***Gasthaus & Zeltplatz Imhof***
Imhof 2, Tel. (09461) 13 62
www.imhof-regentalstrand.de

**Nittenau:**
***Regental-Kanu***
Am Burghof 16
Tel. (09436) 27 40
www.bootwandern.de

**Mobiler Vermieter & Veranstalter**
***Erlebnismax***
Tel. (09498) 90 24 60 od. 0171-244 92 00
www.erlebnismax.de

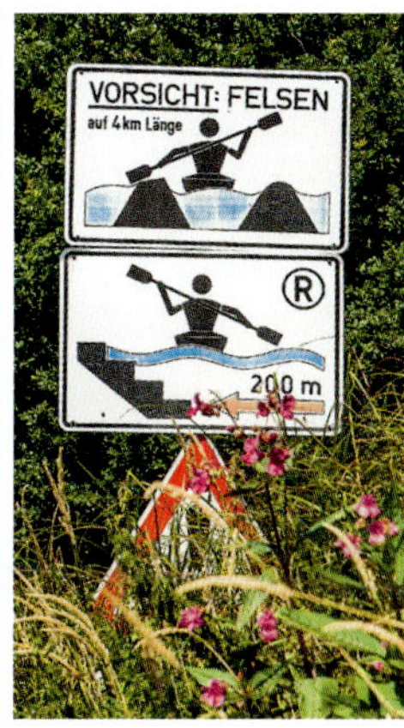

**Übernachtung in Wassernähe** (in der Reihenfolge des Tourenverlaufs):

**Pulling:**
***Gasthof-Pension Fischerstüberl***
Pulling 12
Tel. (09941) 81 61
www.fischerstueberl.de

**Blaibach:**
***Camping aqua hema***
Oberes Dorf 7
Tel. (09941) 41 28
www.aquahema.de

**Chamerau:**
***Gasthof Bäckerwirt***
Chamer Str. 5
Tel. (09944) 763
www.gasthof-baeckerwirt.de

**Cham:**
***Kanu Club Graf Luckner***
Badstr. 31
Tel. (09971) 91 47
www.kc-cham.de

***Gasthof-Pension Käsbauer***
Forstamtstr. 7
Tel. (09971) 75 86
www.pension-kaesbauer.de

***Hotel am Regenbogen***
Schützenstr. 14
Tel. (09971) 84 93
www.hotel-am-regenbogen.de

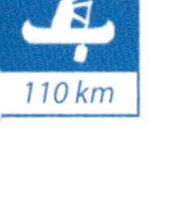
110 km

**Roding:**
***Jugendzeltplatz am Esper***
Tel. (09461) 941 89 27
Platzwart: (09461) 91 14 06
0177-736 71 44

***Gasthof Hecht***
Hauptstr. 7
Tel. (09461) 943 60
www.gasthof-hecht.de

**Imhof** (OT v. Roding):
***Gasthaus & Zeltplatz Imhof***
Imhof 2
Tel. (09461) 13 62
www.imhof-regentalstrand.de

**Walderbach:**
***Gasthof Rückerl***
Am Prälatengarten 2-4
Tel. (09464) 95 00
www.hotel-rueckerl.de

**Reichenbach:**
***Jugendzeltplatz***
Tel. (09464) 784 30 17

**Tiefenbach** (OT v. Nittenau):
***Bauernhofpension Denk***
Tiefenbach 2
Tel. (09464) 368
www.bauernhof-pension-denk.de

**Muckenbach** (OT v. Nittenau):
***Landgasthof Schmidbauer***
Muckenbach 9
Tel. (09436) 430
www.schmidbauer-landgasthof.de

**Nittenau:**
***Hotel Pirzer***
Brauhausstr. 3
Tel. (09436) 82 26
www.hotel-nittenau.de

***Brauereigasthof Jakob***
Hauptstr. 10
Tel. (09436) 82 24
www.brauereigasthof-jakob.de

***Campingplatz am Freibad***
Tel. (09436) 90 27 33
oder 0172- 786 07 29

**Obermainsbach** (OT v. Nittenau):
***Pension Eger***
Obermainsbach 9
Tel. (09436) 13 00
www.eger-hof.de

**Ramspau:**
***Zeltwiese der Gemeinde am Flussfreibad***
Tel. (09402) 50 90

***Rampspauer Hof***
Dorfstr. 5
Tel. (09402) 45 60
www.ramspauer-hof.de

**Regensburg:**
***Jugendherberge***
Wöhrdstr. 60
Tel. (0941) 466 28 30
www.jugendherberge.de/262

## Sehenswertes am Regen

**Blaibach:** Spätbarocke *Pfarrkirche St. Elisabeth* (1779); ehem. *Schloss* (1604, heute Schlossgasthof).

**Miltach:** *Schloss Miltach* mit *Schlossgarten* *(bis auf weiteres geschlossen); Pfarrkirche St. Martin* mit Resten spätgotischer Fresken.

**Chammünster:** Kath. *Pfarrkirche Mariä Himmelfahrt* (15. Jh., barocker Hochaltar, Fresken, romanischer Taufstein); *St.-Anna-Kapelle* (1367-1393) als Grablege für die Ritter von Chamerau erbaut, *Karner* (Beinhaus mit mehr als 5.000 Schädeln aus dem Mittelalter).

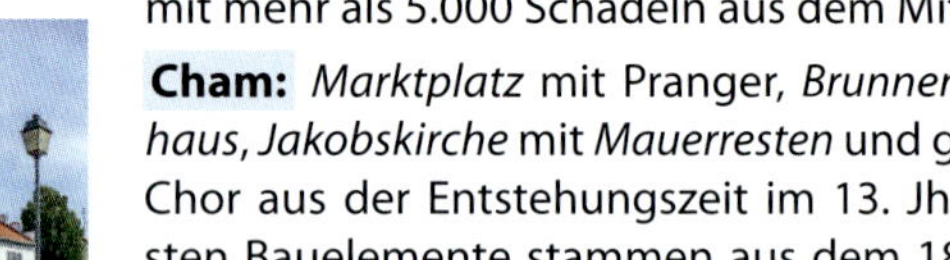

**Cham:** *Marktplatz* mit Pranger, *Brunnen* und *Rathaus, Jakobskirche* mit *Mauerresten* und gotischem Chor aus der Entstehungszeit im 13. Jh., die meisten Bauelemente stammen aus dem 18. Jh.; *Biertor* (einziges erhaltenes der ehemals vier Stadttore, in dem 1642 das kurfürstliche Brauhaus für Weißbier eingerichtet wurde).

**Pösing:** *Pösinger Open Air* (Rock, Reggae, Blues, Pop und Indie) Ende Juli, www.poesinger-openair.de

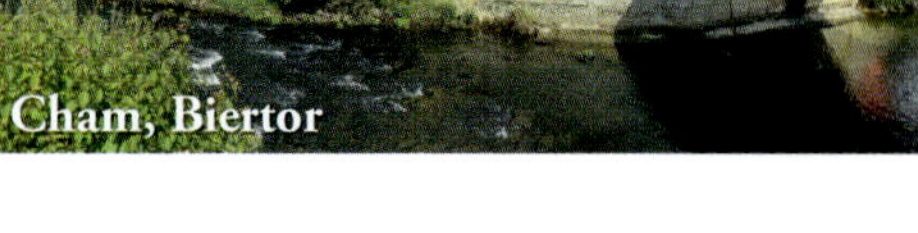
Cham, Biertor

**Roding:** *Stadtpfarrkirche St. Pankratius* (1959 über achteckigem Grundriss erbaut, der freistehende barocke Turm stammt vom Vorgängerbau); *St.-Anna-Kapelle* (16. Jh.); Reste der spätmittelalterlichen *Stadtmauer*; *Renaissance-Rathaus* aus dem 17. Jh. mit *Pranger*.

**Walderbach:** Ehem. *Zisterzienserkloster* (1143) mit *Museum* des Landkreises Cham.

**Reichenbach:** Ehem. *Kloster der Barmherzigen Brüder* (frühes 12. Jh.).

**Nittenau:** *Stadtmuseum*; barocke *Stadtpfarrkirche*; *Storchenturm* mit Treppengiebel; *Spatzen- und Schwalbenturm* mit Teilen der alten *Stadtbefestigung*.

**Hof am Regen:** *Burg Hof* am Regen, im Torhaus Infostelle des Naturparks Oberer Bayerischer Wald.

**Stefling:** *Burgruine Schloss Stefling* (1748 auf den romanischen Mauern der Vorgängerburg errichtet).

**Stockenfels:** *Burgruine* (Mitte 14. Jh.) auf einer 120 Meter hohen Kuppe über dem Regen.

**Ramspau:** *Barockschlösschen* (18. Jh.).

**Regenstauf:** *Schlossberg* mit *Aussichtsturm*, *Rot-Kreuz-Museum*.

**Regensburg:** Siehe *Stadtrundgang* Seite 322.

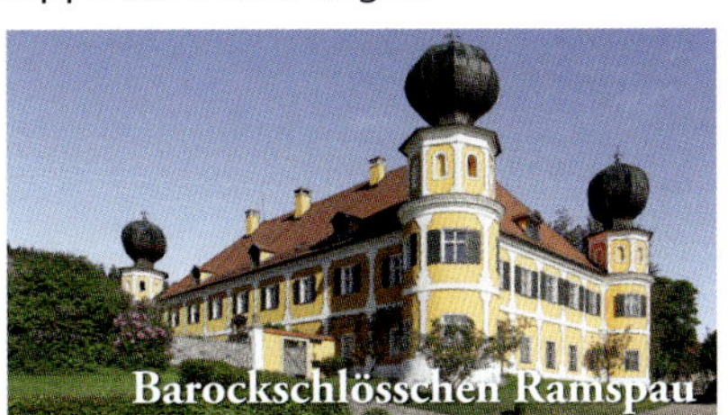
Barockschlösschen Ramspau

### Auskunft

**Regensburg:** ***Tourismusverband Ostbayern***, Im Gewerbepark D 04, Tel. (0941) 58 53 90, www.ostbayern-tourismus.de

## Weitere Aktivitäten rund um den Regen

### Radfahren:

Ostbayern bietet gute Voraussetzungen zum Radeln. Allein im ***Naturpark Oberer Bayerischer Wald*** gibt es über 1.200 Kilometer markierte Radwege. Gemütliche ***Fluss-Radtouren*** *(z.B. der Regentalradweg, 162 km)* genauso wie ***Fernradwege*** nach Tschechien und Österreich.

Rasante ***Mountainbike-Pisten***, z.B. ***Bikepark am Geißkopf*** bei Bischofsmais. Der Bayerische Wald hat eines der größten Mountainbike-Netze mit über 400 Kilometern markierte Strecken (www.bayerwald-bike.de).

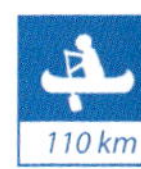


***Quer durch den Bayerischen Wald*** führt der *171 km* lange ***Regental-Radweg***. Lediglich das etwa 30 km lange Teilstück zwischen Viechtach und Regen weist stärkere Steigungen auf, da die Route dort das flache Regental verlässt und über die Höhen des Bayerischen Waldes führt.

Ein weiterer reizvoller ***Fernradweg*** ist z.B. der ***Grünes-Dach-Radweg*** im bayerisch-tschechischen Grenzgebiet *(Nentschau in Oberfranken – Bayerisch Eisenstein, ca. 300 km)*.

Empfehlenswerte ***kürzere Radwege*** sind u.a.: der ***Donau-Regen-Radweg*** *(Bogen – Blaibach, ca. 38 km)* auf der ehemaligen Bahntrasse, die für fast 100 Jahre das Donautal von Straubing mit dem Regental im Kreis Cham verband, der ***Chambtal-Radweg*** *(Cham – Grenzübergang Neuaign / Vseruby, 37 km)*, der ***Festspiel-Radweg*** *(Cham – Falkenstein, ca. 27 km)*, der ***Falkenstein-Radweg*** *(Regensburg – Falkenstein, ca. 37 km)*, der ***Naabtal Radweg*** *(Regensburg – Neustadt a.d. Waldnaab, ca. 100 km)* sowie der ***Lamer Winkel-Arber-Radweg*** *(Blaibach – Bad Kötzting – Grafenwiesen – Arrach – Lam – Bayerisch Eisenstein, ca. 50 km)*.

### Fahrradvermieter:

**Blaibach:** ***Tourist-Info Blaibach*** (auch e-Bikes), Badstr. 5, Tel. (09941) 94 50 14, www.blaibach.de

**Bad Kötzting:** ***Silberbauer's Stodheisl*** (nur e-Bikes), Herrenstr. 12, Tel. (09941) 90 51 41

**Zandt:** ***Hotel Früchtl*** (nur e-Bikes), Kirchpl. 1, Tel. (09944) 304 10 oder 303 00 15, www.hotel-fruechtl.de

**Miltach:** ***Tourismusbüro Miltach***, Kötztinger Str. 3, Tel. (09944) 34 15 15, www.miltach.de

**Regenstauf:** ***Fahrrad Pilz***, Zur Mühle 1, Tel. (09402) 93 84 51 oder 0171-675 36 42

**Regensburg:** ***Rent a Bike***, Bahnhofstr. 18, Tel. (0941) 599 81 94, www.fahrradverleih-regensburg.de
***Zweirad Ehrl***, Am Protzenweiher 5-7, Tel. (0941) 851 24, www.zweirad-ehrl.de

Weitere **Infos und Vermieter** finden Sie auch unter www.bayerischer-wald.org/radeln

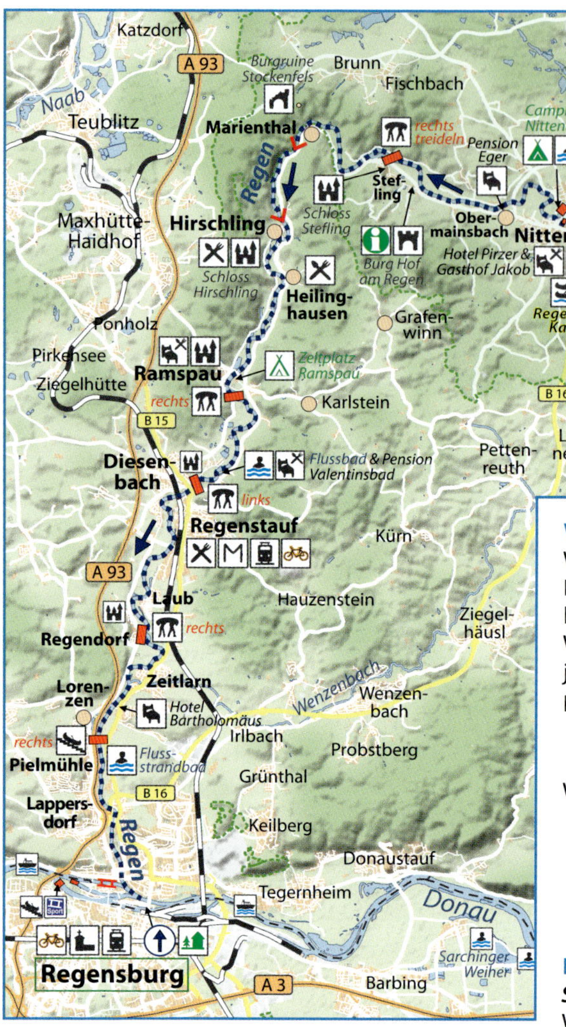


**Wandern:** Als Mittelgebirge bietet der Bayerische Wald tolle Wandermöglichkeiten mit einer guten Infrastruktur und die regionalen Tourismusbüros halten umfassende Hinweise und Vorschläge zu Wanderwegen und Spaziergängen rund um die jeweiligen Orte bereit.

Der bekannteste ***Fernwanderweg*** ist der ***Goldsteig***, *der sich auf rund 600 km von Marktredwitz bis Passau quer durch Oberpfälzer und Bayerischen Wald zieht.*

Weitere Fernwanderwege sind der ***Böhmweg*** *von Deggendorf an der Donau über Regen und Zwiesel ins Böhmische (52 km)*, der ***Pandurensteig*** *von Waldmünchen über Regen nach Passau (ca. 175 km)* und der ***Oberpfalzweg*** *von der Wallfahrtskirche Kappl bei Waldsassen nach Regensburg (ca. 235 km).*

**Paddeln:** Für erfahrene Kanuten bietet sich der ***Schwarze Regen*** oberhalb von Blaibach und die Weiterfahrt auf der ***Donau*** an. Schöne, anfängertaugliche Kanuwanderflüsse in der näheren Umgebung sind die ***Naab*** und die ***Vils*** im Oberpfälzer Wald.

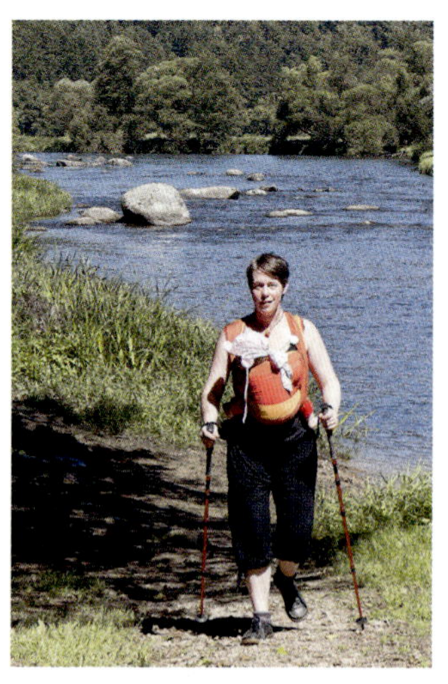

**Angeln:** Der Regen zählt zu den saubersten und fischreichsten Gewässern Europas, 6 km Angelgewässer beim *„Fischerstüberl"* in **Blaibach-Pulling**, 8 km am ***Regen*** in **Chamerau** *(Fisch-Lehrpfad im Park)*. Fliegenfischen im ***Weißen Regen*** bei **Bad Kötzting**. Neben dem Fischereischein ist ein Erlaubnisschein erforderlich, die Ausgabestellen erfahren Sie bei den Tourist-Infos.

**Baden:** ***Blaibacher See***, Freizeit-Wellenbad **Cham**, Satzdorfer See bei **Chammünster**, Badeplatz am Jugendzeltplatz **Roding**, beheiztes Freibad **Nittenau**, Flußbad **Ramspau**, Flußbad **Pielmühle**.

**Schwimmbad mit Sauna:** **Bad Kötzting:** ***AQACUR-Badewelt***, Mo 13-22, Di-So 11-22, Bgm.-Seidl-Platz 1, Tel. (09941) 947 50, www.aqacur.de

**Klettern:** ***Rauchröhren*** *(hohe zylinderförmige Felsen, die ein schmaler Spalt teilt)* am ***Großen Riedlstein*** bei **Bad Kötzting**, am „Pfahl" bei **Viechtach**, ***Kletterwand*** im Jugenddorf **Regen**, ***Kletterzentrum Bayerwald*** in **Cham**.

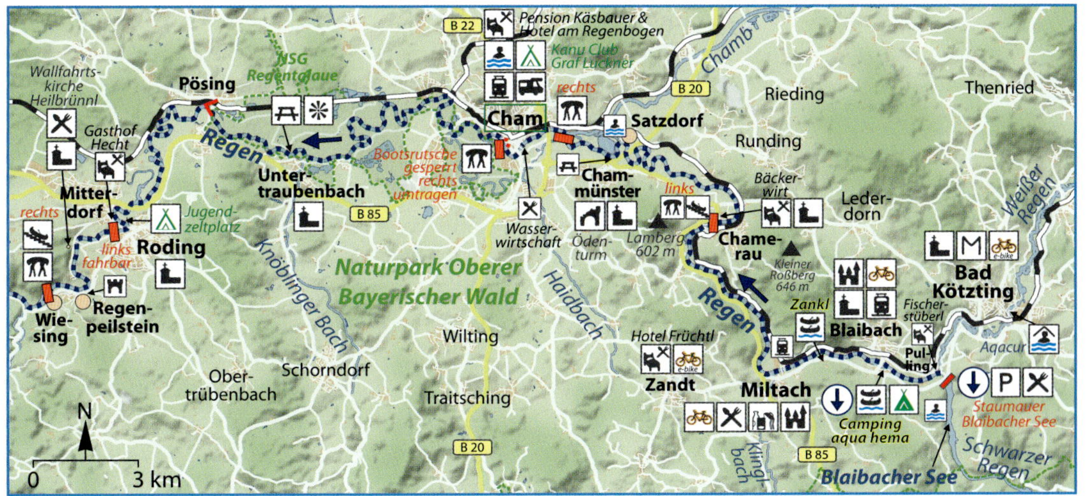


# Der Regen

„Offizieller“ Startpunkt für die Bootswanderstrecke auf dem Regen ist die Staumauer am Nordende des ***Blaibacher Sees***.

*Der etwa fünf Kilometer lange und bis zu 300 Meter breite See entstand 1964 durch den Bau der zweiten Staustufe am Schwarzen Regen zwischen Viechtach und Blaibach. Er dient nicht nur der Stromgewinnung, sondern ist auch ein beliebtes Ausflugsziel.*

Zum Einsetzen, z.B. auch nach der Portage für Paddler, die auf dem ***Schwarzen Regen*** hierher gekommen sind, müssen die Kanus vom Ende des Parkplatzes unter der Straßenbrücke hindurch auf dem Radweg an den Absperrungen vorbei knapp 100 Meter geschoben werden. Hinter der zweiten Absperrung führt dann ein Metallgittersteg über den Fischaufstieg zur Einstiegstreppe.

Wir wollen es ganz gemütlich angehen und haben uns deshalb den *Camping & Kanuverleih aqua hema* in **Blaibach** als Startpunkt ausgesucht. Wer kein Freund des Zeltens ist, aber trotzdem die lockere Stimmung eines Campingplatzes mag, dem bieten sich gemütliche Blockhütten für vier bis sechs Personen an.

Während die Grillkohle und das Tageslicht langsam verglimmen, baue ich noch unseren Faltcanadier auf. Dank jahrelanger Routine sitzt jeder Handgriff und so ist der Aufbau selbst im Schein der Stirnlampe kein Problem. Nach 30 Minuten liegt der „Ally“ fertig montiert in voller Pracht vor uns.

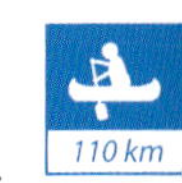


Erst nach einem ausgiebigen Frühstück beladen wir die Boote. Da der Regen gleich hinter dem Campingplatz über ein erstes kleines **Wehr** rauscht, das sich schräg über den Wasserlauf erstreckt, steuern wir die Canadier zunächst in einem weiten Bogen flussauf, um dann ganz am rechten Ufer durch die kleinen Wellen fahren zu können. Gleich vor der nächsten Straßenbrücke findet sich am linken Ufer der Anleger von **Blaibach**. Über die Brücke ist es nicht weit ins Ortszentrum *mit der schönen Rokokokirche St. Elisabeth, die 1779 erbaut und Ende der 1970er restauriert wurde. Das ehemalige Schloss wird heute als Hotel und Gasthof genutzt. Herausragende Attraktion des 2.000-Einwohner Dorfes ist das Blaibacher Konzerthaus, ein avantgardistischer Kubus aus Beton und Granit. Erst nach zahlreichen Widerständen und einer*

*Investitionssumme von 2,7 Millionen Euro 2014 eröffnet, lockt der Bau mit hochkarätigen klassischen Konzerten, Kulturveranstaltungen und Ausstellungen entgegen der Erwartungen heute zahlreiche Besucher in die Provinz.*

Unter der Straßenbrücke muss man im flachen Wasser auf Steine achten, dann aber fließt der Regen breit und in weiten Kurven durch die Landschaft, in der üppiges Springkraut dem saftigen Grün der Ufer ein paar rosa Farbtupfer spendiert.

Bei **Miltach** überspannen gleich zwei Brükken den Fluss. Hinter der zweiten Brücke bietet gleich im Anschluss an den Sportplatz am linken Ufer ein *Rastplatz* die Möglichkeit zu einem Landgang. Nur wenige Schritte sind es bis zum Kirchplatz in der Ortsmitte mit einem *Lebensmittelladen*, einer *Eisdiele* und einigen *Restaurants*. *Die herausragende Sehenswürdigkeit des Dorfes ist sicher Schloss Miltach, das Justinian von Peilnstein sich vermutlich um die Wende vom 16. zum 17. Jahrhundert errichten ließ und das von den späteren Besitzern erweitert wurde. In den 1980er Jahren restaurierte man das Schloss aus überwiegend privaten Mitteln aufwändig und machte es der Öffentlichkeit zugänglich. Bis 2018 konnte ein Teil der historischen Räume im Obergeschoss besichtigt werden. Aktuell ist es leider bis auf Weiteres geschlossen.*

Hinter Miltach schwingt der Regen nach Norden und wird vom Höhenzug des ***Roßbergriegels*** auf der rechten und der ***Ahrleite*** auf der linken Seite in ein enges Tal gezwängt. Die Strömung nimmt etwas zu und es liegen ein paar größere Felsen im Fluss, die aber so weit auseinanderliegen, dass sie auch von Anfängern gut zu umschiffen sein sollten.

Ein paar größere Findlinge ragen dann bei **Urleiten** aus dem Wasser und erfordern die volle Aufmerksamkeit des Steuermanns. Mit Blick auf die Straßenbrücke erreichen wir das ***Wehr*** in **Chamerau** und das Mühlrad am rechten Ufer ist schon lange im Voraus zu erkennen. Der Pegel steht auf „grün“und wir genießen eine spritzige Fahrt durch die schmale ***Bootsgasse*** ganz am linken Ufer *(bei hohem Wasserstand zeigt der Pegel „rot“ und es muss am linken Ufer umtragen werden)*. Von links grüßt die ***Pfarrkirche St. Peter und Paul*** mit ihrem Zwiebelturm und davor lädt der Biergarten des *Gasthofs Bäckerwirt* mit hauseigener Metzgerei zu bayerischen Schmankerln oder gleich zur Übernachtung.

Der *öffentliche Anleger* mit *Rastplatz* ist bei der großen Wiese am linken Regenufer kurz hinter der Straßenbrücke zu finden. Jenseits der Brükke weckt eine *Parkanlage* mit *Wasserrad*, *Fischlehrpfad* und *Abenteuerspielplatz* das Interesse der mitpaddelnden Kinder.

Hinter der Brücke am Ortsende wird es wieder sehr ruhig auf dem sich bald in engen Kehren dahinschlängelnden Fluss. Nächste Station ist **Chammünster**, die Ruine des ***Bergfrieds Ödenturm*** der einstigen ***Burg Chameregg*** ist schon von Weitem zu sehen. *Auf dem Lamberg, hoch über dem linken Ufer des Regen, wurde sie ursprünglich wohl zum Schutz der Kirche von Chammünster errichtet.*

*Bootsrutsche in Chamerau*

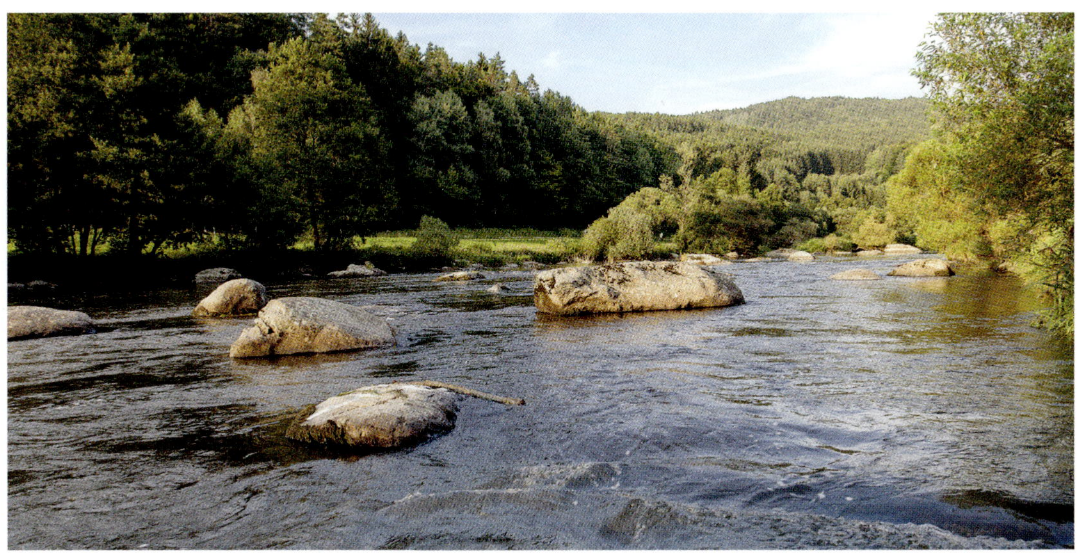

*Die Findlinge im Wasser bei Urleiten erfordern viel Aufmerksamkeit*

Nach der Flussschleife hinter der Brücke der B 20 ist der *Rastplatz* von **Chammünster** am linken Ufer gegenüber des bei Badenden und Anglern gleichermaßen beliebten ***Satzdorfer Sees*** zu finden.

*Das ehemalige Kloster in Chammünster wurde um 740 von Benediktinermönchen aus dem Domkloster St. Emmeran aus Regensburg gegründet, die von hier aus dem „Urwald", den der Bayerische Wald zu dieser Zeit noch darstellte, missionieren wollten und gilt daher als eine Keimzelle des Christentums in Bayern. Vom Mittelalter bis in die Neuzeit war es beliebte Begräbnisstätte des regionalen Adels, daher haben sich zahlreiche Grabplatten, Epitaphien, Totenschilde und schmiedeeiserne Kreuze aus der Barockzeit bis ins Biedermeier erhalten. Das älteste Ausstattungsstück in der einstigen Klosterkirche, der heutigen Pfarrkirche Mariä Himmelfahrt, ist der Taufstein unter der Empore, der um 1200 datiert.*

Auf dem Etappenfinale müssen wir nun noch das ***Wehr Cham-Altenstadt*** am rechten Ufer umtragen. Direkt im Anschluss mündet von rechts der ***Chamb***, der im nahegelegenen Böhmen entspringt und durch die Cham-Further Senke zum Regen fließt. Gleich nach der Brücke der B 22 legen wir an der Treppe der *Zeltwiese & WoMo-Stellplatz des Kanuvereins* von **Cham** an.

Den Lärm der nahen Bundesstraße macht der sehr gastfreundliche Kanuverein mit seiner großen Wiese mit Sitzgruppe, Feuerstellen und einem Getränkeverkauf mehr als wett. Nachdem die Boote ausgeräumt und die Zelte aufgebaut sind, erreichen wir auf einem etwa 15-minütigen Spaziergang die kleine, aber feine Altstadt.

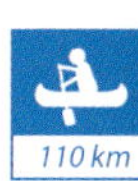


*Die heutige Kreisstadt des gleichnamigen Landkreises ist mit ihren rund 17.000 Einwohnern eine der größten Städte der Region. Bereits im 10. Jahrhundert wurde auf dem Galgenberg, am Zusammenfluss von Chamb und Regen, eine Burg zur Sicherung des Weges durch die Cham-Further Senke errichtet und im Mittelalter entwickelte sich die Siedlung zu einem bedeutenden Umschlagplatz entlang des Handelsweges zwischen Regensburg und Prag. In der Altstadt beeindrucken besonders der Marktplatz mit seinem prächtigen Brunnen und das spätgotische Rathaus.*

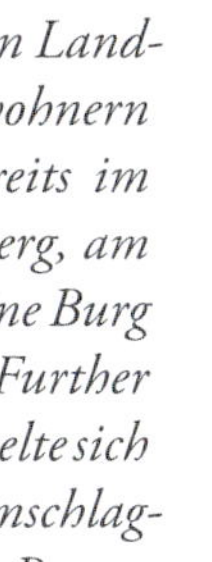

Am Morgen geht es, vorbei am schwimmenden Badesteg des *Freizeitbads Cham*, unter der markanten blauen Stahlbogenbrücke durch.

*Mit einer Spannweite von fast 70 Metern verbindet sie die Innenstadt mit dem im Rahmen der*

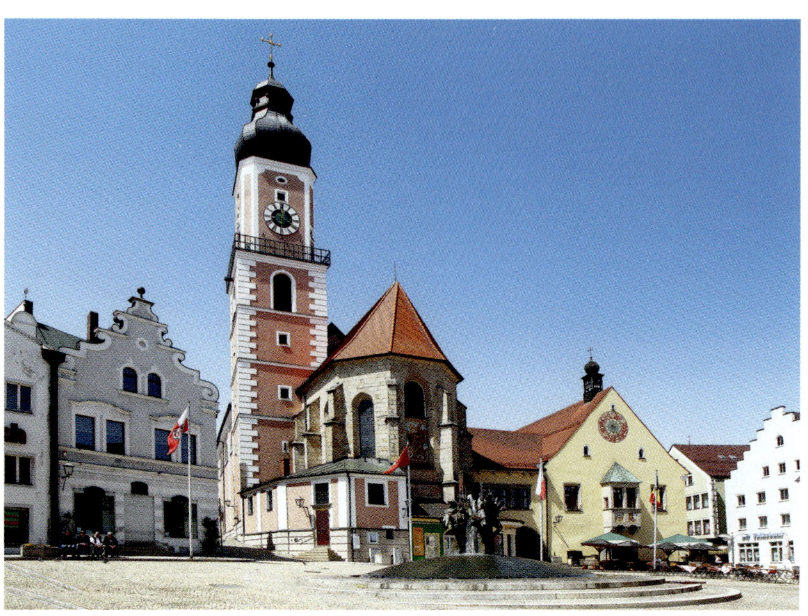

*Auf dem historischen Marktplatz in Cham steht ein Brunnen des Künstlers Joseph Michael Neustifter. Achtung – die Figuren bespritzen vorbeilaufende Passanten!*

*Gartenschau 2001 geschaffenen Naherholungsgebiet Quadfeldmühle.* Am linken Ufer lädt der Biergarten des *Restaurants „D'Wasserwirtschaft"* zu einer Erfrischung und bayerischen Spezialitäten ein.

Am rechten Ufer blicken wir nochmals auf die hübsche Altstadt von Cham und dann steht die nächste Portage an. Leider ist am ***Wehr Cham-Grabenmühle*** die Bootsrutsche mit Borstenpass „aus Sicherheitsgründen" bis auf Weiteres gesperrt. So müssen wir umtragen und Boote und Gepäck auf der Straße zwischen den beiden Wohnhäusern vor dem Biertor wieder zurück ins Wasser bringen.

Direkt bei der Weiterfahrt ist erhöhte Aufmerksamkeit gefordert, denn unter der Brücke liegen Steine im Flussbett. Bis zum Zusammenfluss der beiden Flussarme ist der Wasserstand sehr niedrig. In Richtung Pösing schlängelt sich der Regen nun durch das ***Naturschutzgebiet Regentalaue.*** Die Bundesstraße tritt weit vom Ufer zurück und lässt ausreichend Platz für eine einzigartige Flora und Fauna. Das Mosaik aus Weihern, Feuchtwiesen und Altwässern bildet einen sehr artenreichen Lebensraum, der vielen seltenen und gefährdeten Pflanzen und Tieren, wie zum Beispiel Rohrdommel, Schwarzhalstaucher, Uferschnepfe, Wachtelkönig oder Schilfrohrsänger, Unterschlupf bietet. *Von großer Bedeutung für die Vogelwelt ist der Teichkomplex des Rötelseeweihers der im 16. Jahrhundert von den Thierlsteiner Herren am linken Regenufer angelegt wurde. Das größte Naturschutzgebiet der Oberpfalz ist Brutgebiet für eine Reihe von Wiesenbrütern und spielt eine wichtige Rolle als Rast- und Überwinterungsplatz für Zugvögel.*

***Entsprechend sollte man sich hier verhalten – in Flussmitte fahren und weder Kiesbänke noch das Ufer betreten.***

Am *Kanu-Rastplatz* beim ehemaligen Flussbad in **Untertraubenbach** legen wir eine Pause ein und erklimmen nebenan den *Aussichtsturm* mit Blick über das Brutgebiet der Wiesenbrüter im ***NSG Regentalaue.*** Über die Brücke ist es nicht weit zur Ortsmitte mit ***Pfarrkirche St. Martin*** samt Storchennest – den kleinen „Tante-Emma-Laden" gibt es leider nicht mehr.

Drei Kilometer weiter, direkt vor den Häusern an der südlichen Ortsgrenze von **Pösing**, knickt der Regen im 90°-Winkel nach links ab und rauscht mit einem kräftigen Schwall unter der Straßenbrücke hindurch. Wir steuern die Canadier durch das 2. Joch von rechts, dabei erwartet uns eine ***leichte Wildwassereinlage*** bei der uns eine beachtliche Welle ordentlich durchschaukelt. *Sofern vorhanden: Spritzdecke schließen nicht vergessen!*

Leider haben die Stadtväter kein Herz für Paddler. Einen Anleger sucht man vergebens, um der Ortsmitte von **Pösing** einen Besuch abzustatten, *das zu den ältesten Orten in der Oberpfalz zählt und auf eine über 1.100jährige Geschichte zurückblicken kann.*

Auf den letzten Kilometern bis Roding präsentiert sich der Regen noch einmal sehr grün und einsam. Die Strömung schläft fast vollständig ein und an den Ufern ziehen nur noch vereinzelt Höfe vorüber. Eine erste Möglichkeit zur Übernachtung bieten gut 400 Meter nach Unterfahrung der Brücke der B 85 rechtsufrig im Rodinger Ortsteil **Mitterdorf** die Fremdenzimmer im *Gasthof Hecht* mit hauseigenem Bootsausstieg. Für die Übernachtung im Zelt legen wir 100 Meter weiter, noch vor der Straßenbrücke des Ortes, links an der Uferwiese vom *Jugendzeltplatz „Esper“* an – mit Blick auf den alles überragenden Kirchturm von **Roding**.

*Roding ist die älteste Landstadt der Oberpfalz. Hervorgegangen ist die Siedlung, die erstmalig 844 in einer Urkunde erwähnt wurde, vermutlich aus einem karolingischen Königshof. Mit den Marktrechten, die man in der Mitte des 14. Jh. erhielt, kam der Wohlstand, der durch den Dreißigjährigen Krieg und einen verheerenden Brand 1755 litt. Den erneuten wirtschaftlichen Aufschwung brachte dann ab Mitte des 19. Jh. die Eisenbahn und 1952 wurde Roding zur Stadt. Hoch über die Dächer erhebt sich der mächtige, 48 Meter hohe Barockturm aus dem 18. Jahrhundert. Ältester Teil der Kirche ist das romanische Taufbecken aus dem 13. Jh. Von größerer kulturgeschichtlicher Bedeutung ist die frühromanische St. Josefs-Taufkapelle aus dem 7. Jh. nebenan. Ebenfalls schön anzuschauen ist das zweiflügelige Rathaus westlich der Pfarrkirche mit Überresten des mittelalterlichen Prangers und der von schmucken Bürgerhäusern aus dem 17. / 18. Jh. gesäumte Marktplatz.*

Bei der Weiterfahrt am nächsten Morgen bleiben wir auf der linken Flussseite, passieren die begrünte Terrassenpromenade von **Roding** sowie die Wassererlebnis-Plattform

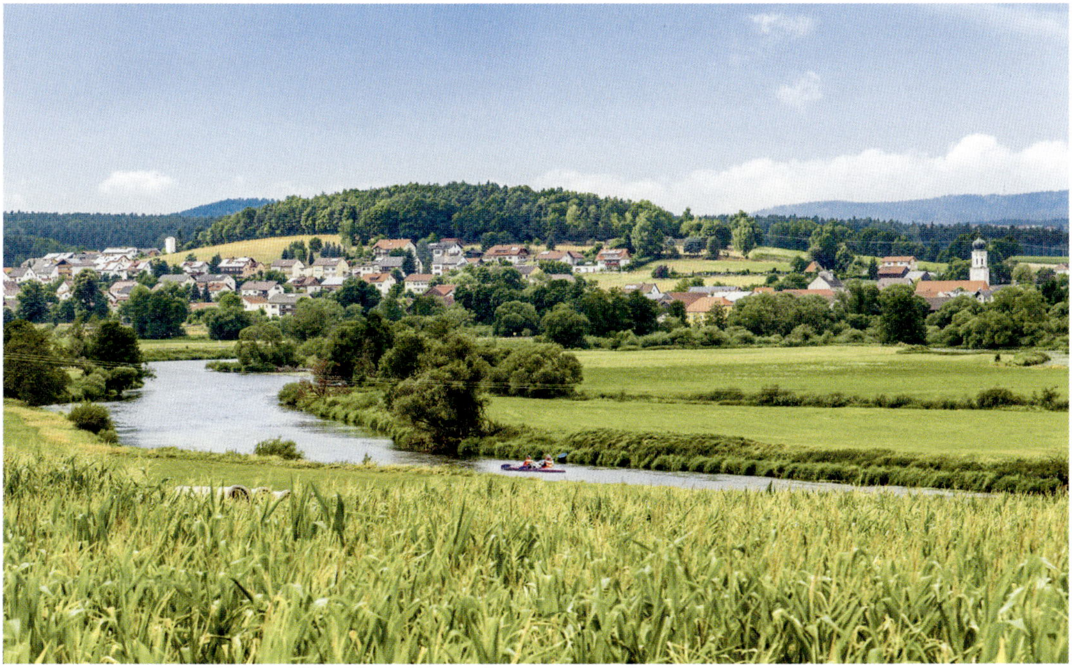

*Beschaulich fließt der Regen dem Örtchen Pösing entgegen*

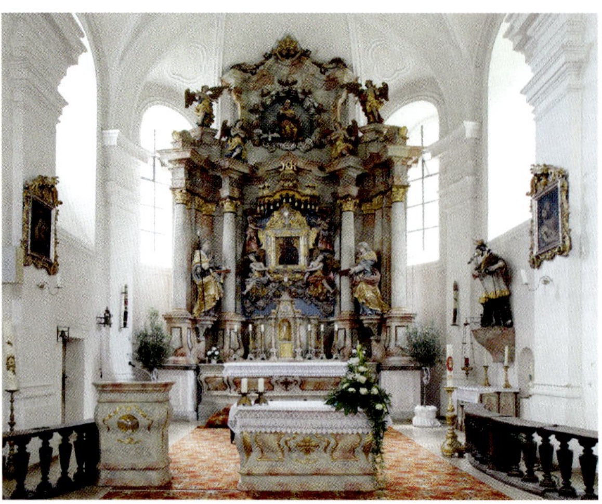

*Heilbrünnl*

an der Hauptstraßen-Brücke – beide im Rahmen „Stadt (er)leben am Fluss“ entstanden. Ein kleines Stück hinter der Brücke finden wir linksufrig die ***Holzbohlenrutsche*** der ***Wehranlage Petermühle***. Im nun folgenden Abschnitt brechen vereinzelt immer wieder große Felsen durch die Wasseroberfläche. Die Hindernisse stehen aber so weit auseinander, dass Sie wohl auch von Paddelnovizen gut zu umschiffen sind.

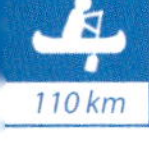


Hinter einer weiten Linkskurve grüßt hoch vom rechten Ufer die ***Wallfahrtskirche Heilbrünnl***. *Sie wurde 1730 im Stil des Rokoko errichtet und mitten in der Kirche sprudelt in einem Marmorbecken das Wasser der Heilbrünnlquelle, das vor allem gegen Augenleiden helfen soll.* Neben der Wallfahrtskirche lädt eine *Gaststätte* mit einem nussbaumbestandenen Biergarten die Besucher zur Einkehr. Um zur Kirche hinaufzulaufen, legt man am besten bei der schmalen Fußgängerbrücke links an.

Schnell verschwindet Heilbrünnl wieder im Wald und schon bald thront hoch auf einer Steilwand ***Burg Regenpeilstein,*** *auf der einst die Pilger Station auf dem Weg nach Rom oder Santiago de Compostela machten.*

Ein malerisches Holzmühlrad ist der weithin sichtbare Vorposten der ***Wehranlage Wiesing-Regenmühle***, die bei normalem Wasserstand über die ***Bootsgasse*** ganz auf der rechten Flussseite befahren werden kann. Bei hohem Wasserstand muss rechts die Umtragestelle genutzt werden, die unmittelbar vor der Bootsrutsche zu finden ist.

Etwa einen Kilometer weiter bietet das *Gasthaus Imhof* am linken Ufer die Möglichkeit zur Einkehr und zum Zeltaufbau. Übernachtungsgäste können gar ein Frühstück vorbestellen. Tipi-Vermietung, Feuerstellen mit Feuerholz, ein kleiner Streichelzoo, Fußball- und Volleyballplatz und eine Kanuvermietung gehören zum Service. Jene die länger bleiben, können von diesem herrlich abgelegenen Areal aus auf „Schusters Rappen“ die Gegend erkunden.

Einsam und idyllisch führt uns der Regen zum ***Wehr Dicherling***, wo ausnahmsweise einmal kein Hinweis auf den Ausstieg zu finden ist. Wir umtragen am linken Ufer und der Einstieg gestaltet sich wider Erwarten schwierig, da die Steine sehr rutschig sind.

Bald begeistern uns die am rechten Ufer auftauchenden felsigen Hänge. Sie sind Teil des ***Regendurchbruchstals*** und gehören zum zwei Kilometer langen ***NSG Regentalhänge*** zwischen **Kirchenrohrbach** und **Zenzing**.

Hinter der Straßenbrücke von **Walderbach** rauscht der Regen erneut über ein ***Wehr***. Wir paddeln auf der linken Flussseite vorsichtig bis zur Wehrkrone vor und lassen die Boote zwischen den Treppenstufen über die ***Bootsrutsche*** ins Unterwasser gleiten. Wer keine Lust auf nasse Füße hat, kann auch am linken Ufer umtragen. Hinter dem Wehr bietet ein schöner *Rastplatz* auf der Wiese am linken Ufer die Möglichkeit zu einer Pause und einem kurzen Spaziergang zum ehemaligen ***Zisterzienserkloster Walderbach***.

*Seine Geschichte reicht bis ins 12. Jahrhundert zurück. Nach der Reformation entstand das jetzige Gebäude im Stil des Barocks und heute finden im Barocksaal das ganze Jahr über regelmäßig Konzerte statt. Ebenfalls sehenswert ist die ehemalige Abtei-Kirche, eine dreischiffige romanische Hallenkirche aus dem ausklingenden 12.*

*Jahrhundert mit einem Rokoko-Chor von 1748. Im Konventsgebäude des Klosters ist das Kreismuseum Walderbach mit einer volkskundlichen Sammlung zur Geschichte der Region untergebracht. Besonders interessant ist die Geschichte der im Landkreis Cham noch zahlreich vorkommenden „Schrazellöcher“. Dies sind höhlenartige Kammern, verbunden durch Schlupflöcher und enge Gänge. Doch Zwerge, wie der Name sagt, wohnten dort nicht. Vermutlich hatten die zwischen 900 und 1000 nach Christus entstandenen geheimnisvollen und tief in die Erde führenden Gänge kultischen Ursprung. Die meisten Schrazellöcher liegen bei alten Siedlungen, einzelnen Höfen und Dörfern.*

Wer nach dem Rundgang durch den ehemaligen Klostergarten und dem Besuch des Museums Hunger bekommen hat, kann in der anliegenden *Klosterwirtschaft* einkehren.

Den gemütlichen *Jugendzeltplatz* **Reichenbach** lassen wir am linken Ufer liegen, da er für unsere Etappenplanung etwas früh kommt. Dahinter thront hoch auf dem Regenufer der mächtige Doppelturm des ***Missionsklosters Reichenbach*** aus romanischer Zeit. *Es wurde 1118 vom Markgrafen Diepold III. von Cham-Vohburg gegründet und lief im 14. und 15. Jh. mit vielen Entdeckungen im Bereich der Mathematik, Kartographie und Astronomie zu wissenschaftlich-kultureller Höchstform auf. Sehenswert ist die prächtige, barocke Innenausstattung und das große Deckengemälde der Klosterkirche.*

Unterhalb der Doppeltürme fahren wir am ***Wehr Regenmühle*** vorbei links in den Kanal und setzen für die Portage vor der stillgelegten Flossgasse rechts an den gemauerten Stufen aus, um kurz über die Insel zu umtragen.

Das nächste ***Wehr*** lässt nicht lange auf sich warten und weil wir keine Lust auf eine weitere Portage haben, entschließen wir uns nach einem Blick auf den Fischaufstieg zur Befahrung. Die doch recht kräftige Strömung sieht das allerdings etwas anders und drückt uns am Ende auf einen der querstehenden Felsen. Wir sitzen fest und ich stehe bis zum Oberschenkel im Wasser, um das Kanu wieder freizubekommen. Beim nächsten Mal also doch besser die 100 Meter am rechten Ufer umtragen.

Links des Regens bietet die *Bauernhofpension Denk* neben Zimmern auch eine Blockhütte für bis zu sechs Personen. Die ruhige Lage direkt am Fluss, das eigene Fischgewässer, Spielplatz, Streicheltiere und Fahrräder für die Hausgäste, machen die Pension zum Standort auch für einen mehrtägigen Aufenthalt. Eine weitere Übernachtungsmöglichkeit ist der Bootssteg des *Landgasthofs Schmidbauer*, etwa zwei Kilometer weiter in **Muckenbach** hinter der Straßenbrücke der Bundesstraße 16.

Zwar scheint **Nittenau** nun zum Greifen nah, doch fließt der Regen zäh und mit kaum merklicher Strömung den ersten Häusern entgegen, denn voraus rauscht das Wasser über das ***Wehr*** unterhalb der Straßenbrücke. Davor biegen wir links in den schmalen Kanal ab und legen vor dem Schott beim *Imbisspavillon* am linken Ufer an. Direkt nebenan böte der *Gasthof Pirzer* mit seinem Biergarten sowie wenige Meter weiter der historische *Brauereigasthof Jakob* eine Möglichkeit zur Einkehr und Übernachtung.

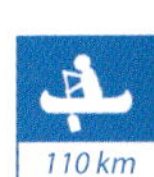


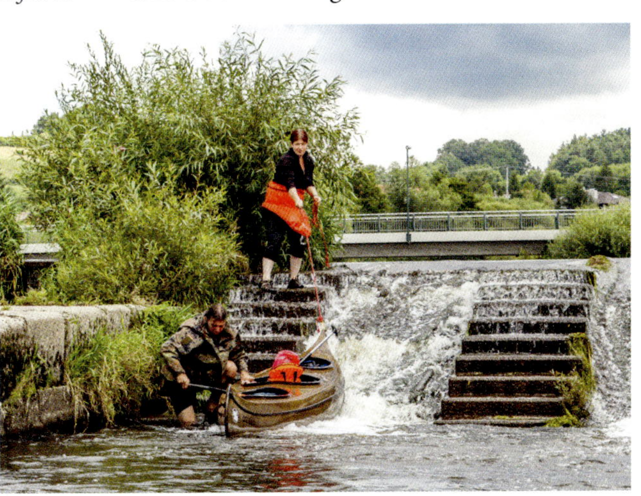

*Bootsrutsche am Wehr in Walderbach*

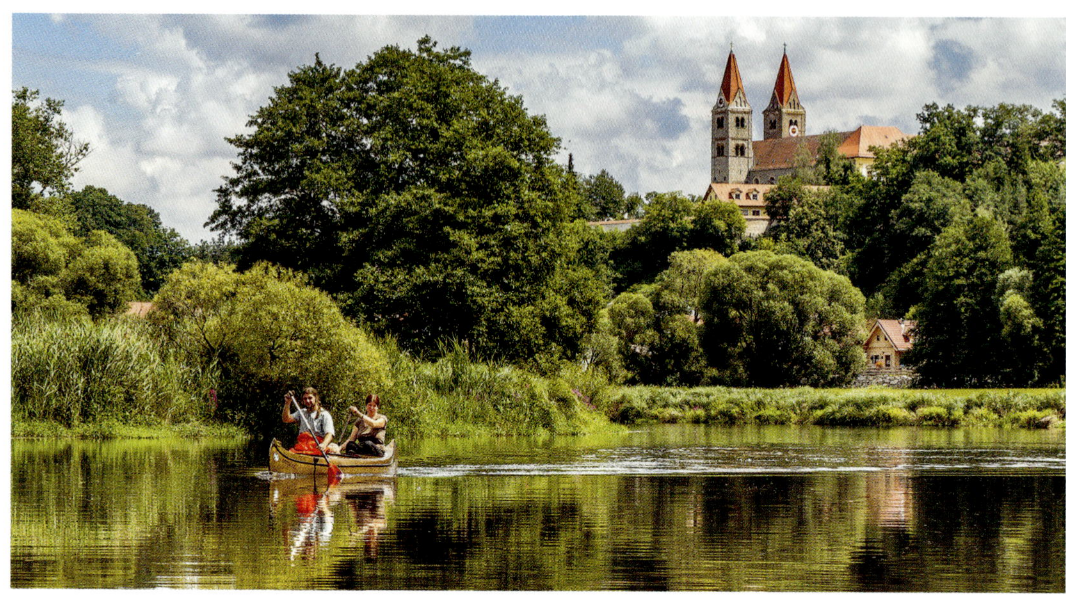

*Vorbei geht es an Kloster Reichenbach*

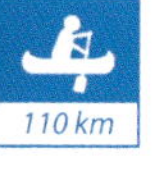


*Zu den Sehenswürdigkeiten des kleinen Städtchens Nittenau gehören das Stadtmuseum mit Ausstellungen zur Fischerei, Geologie, religiöser Volkskunst und zur Stadtgeschichte. Das Wahrzeichen ist der Storchenturm mit seinem markanten Treppengiebel. Er ist gotischen Ursprungs und diente im Laufe der Jahrhunderte als Gefängnis, Brotladen, Marktschreiberwohnung und Feuerwehr-Gerätehaus.*

Nach dem Stadtrundgang tragen wir das Boot über den Parkplatz und setzen hinter der Brücke wieder ins Wasser ein. Erstaunlich flott ist die Strömung, die uns bis zum Anleger des städtischen *Campingplatzes* auf dem Gelände des *Freibads* trägt. Nach Anmeldung an der Schwimmbadkasse bekommen wir den Schlüssel für die Pforte und nachdem das Zelt steht, dürfen wir uns sogar kostenlos im beheizten Freibad abkühlen.

In einem weiten Bogen, vorbei an gewaltigen Granitfindlingen, schlängelt sich der Regen nun aus Nittenau heraus und bildet den Auftakt zu einem der schönsten Abschnitte auf dem Fluss. ***Bei Niedrigwasser auf dicht unter der Wasseroberfläche lauernde Felsen achten!***

Die eher unscheinbare ***Burg Hof am Regen*** macht den Auftakt für eine Reihe von Burgen und Ruinen längs des Flusses. *Sie besteht im Wesentlichen aus einem Turm mit Kapelle, der von modernen, angebauten Wohngebäuden umringt wird. Im Torhaus ist die Infostelle des Naturparks Oberer Bayerischer Wald untergebracht. Die Burg ist im Besitz der Stadt Nittenau und kann nach Anmeldung besichtigt werden.*

*Auf der* ***„Geisterwanderung zu Nittenau“*** *– einer geisterhaften Komödie die alljährlich im Juli und August zahlreiche Zuschauer begeistert, wird das „magische Geisterdreieck“ im Regental zwischen den Burgen Hof am Regen, dem Schloss Stefling und der Ruine Stockenfels erwandert. Der Burgwirt der Burg Hof bewirtet die Teilnehmer mit dunklem Geisterbier, Bierschnaps und Geisterwürsten. Ritterballaden und Minnelieder sowie mittelalterliche Tänze und Musik sorgen für ausgelassene Stimmung unter den Geisterwanderern bis die erste Aufführung beginnt . . .*

Als nächstes grüßt von hoch oben am linken Ufer das malerisch auf einem nach drei Seiten hin steil abfallenden Berghang gelegene ***Schloss Stefling***. Es ist in Privatbesitz und kann ebenfalls nur nach Anmeldung besichtigt werden. *Seine*

*Blütezeit erlebte es im 11. und 12. Jahrhundert, als hier eines der mächtigsten Geschlechter des bayerischen Herzogtums residierte. Die ältesten Bauteile sind der Zwinger im Westen, das Burgtor im Norden und der Stumpf des Bergfrieds mit Umfassungsmauer im Süden der Anlage. Alle anderen Gebäude wurden im 18. Jahrhundert neu auf den romanischen Grundmauern aufgesetzt. In der Vorburg steht eine hübsche Kapelle mit Rokokoaltar.*

Zu Füßen des Schlosses liegt die ***Wehranlage Stefling*** und nach den negativen Erfahrungen des Vortags erscheint es mir sicherer, den Fischaufstieg zu treideln. Alternativ kann man die Boote auch 300 Meter über die Straße umtragen.

Vor **Marienthal** warnt ein Hinweisschild am rechten Ufer vor einem ***Megalithen unter Wasser*** und tatsächlich ragen immer wieder Findlinge hervor. Noch tückischer sind aber die etwas kleineren Felsen, die nur bis knapp unter die Wasseroberfläche reichen und erst im letzten Moment zu sehen sind. Trotzdem sollte man hin und wieder einen Blick auf die Ufer richten, denn voraus ragt das Dach der ***Ruine von Burg Stockenfels*** zwischen den Baumwipfeln hervor.

Vom rechten Ufer ist es nur ein kurzer Spazierweg hinauf zur Burg, die allerdings nur im Rahmen einer Führung besichtigt werden kann. *Burgführungen mit Geistergeschichten finden von Mai bis Oktober jeweils am 1. Sonntag im Monat von 10-17 Uhr statt. Erbaut wurde die Burg wahrscheinlich um 1300 und ist weit über Nittenau hinaus bekannt als Ort, an dem die Bierpanscher für ihre Sünde büßen müssen – in Bayern laut Volksmund immerhin das drittschlimmste Verbrechen nach Mord und Brandstiftung. Als Strafe müssen nun all die Wirte, die einst ihren Gästen Wasser ins Bier schütteten, ein großes Fass im Burgkeller mit Wasser füllen, das sie zuvor vom Regen heraufschleppten. Und damit die Strafe nicht zu knapp ausfällt, hat der Fassboden laut Sage natürlich ein Loch. Wer die Bierpanscher einmal in Aktion sehen möchte, bekommt dazu dreimal im Jahr Gelegenheit, während der schon erwähnten „Nittenauer Geisterwanderung“.*

Bei **Marienthal**, der traditionsreiche Gasthof Marienthal mit einem der schönsten Biergärten Bayerns unter riesigen Kastanien hat leider dauerhaft geschlossen, macht der Regen, der bislang nach Westen floss, eine enge Kehre und zielt hinter dem berühmten „Regenknie“ nach Süden Richtung Regensburg. Hier rauscht der Regen über eine etwa 200 Meter lange, aber harmlose ***Schwallstrecke*** und zeigt sich im weiteren Abschnitt von Felsen durchsetzt.

Die nun recht flotte Strömung trägt uns rasch nach **Hirschling**, das vom weißen Treppengiebel des ***Schlosses Hirschling*** dominiert wird. *Es ging 1697 aus einer mittelalterlichen Burg hervor, wurde Mitte des 20. Jahrhunderts als Schule genutzt und befindet sich heute in privater Hand.*

Im alten Regentaldorf **Heilinghausen** lädt am linken Ufer ein schöner *Rastplatz* mit Sitzgruppe zu einer Pause ein und im Hochsommer

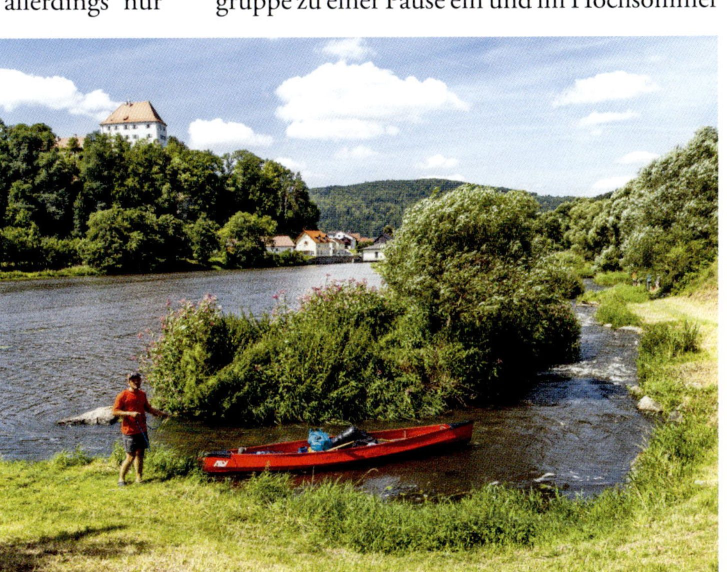

*Treideln am Fischumlauf am Steflinger Wehr*

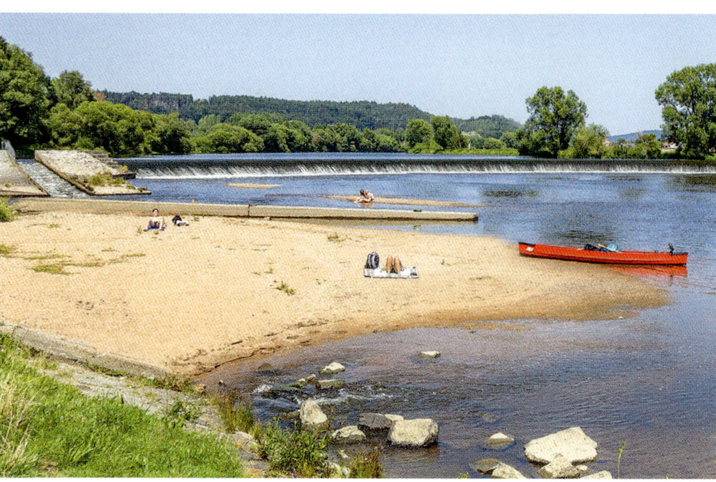

*Flussstrandbad in Lappersdorf am Wehr Pielmühle*

spenden die alten Eichen angenehm kühlen Schatten. Ein paar Schritte die Straße zurück lockt der *Landgasthof* mit einem Biergarten, der gemütlichen Gaststube und der raffinierten Küche, die solch‘ Köstlichkeiten wie Hechtnockerl mit Safranrisotto auf grüner Soße oder Entenbrust, begleitet von Fingernudeln und Birnenblaukraut bietet. In der ***Kirche*** nebenan erhofften sich zahlreiche Bittgänger vom Wasser Heilung für ihre Augenkrankheiten. *Ein Heilbrunnen, einst 14 Meter tief, mit einem originalen Aufzugsbalken aus dem 16. Jahrhundert, ist noch heute in der Sakristei erhalten.*

110 km

Der Regen fließt nun breit und ruhig dahin, bis voraus am rechten Ufer die weiße Kirche und die gelbe Fassade des Barockschlosses mit seinen Zwiebeltürmchen aus dem frühen 18. Jh. **Ramspau** ankündigen. Am gegenüberliegenden Ufer legen wir am kleinen Kieselstrand vor dem *Flussfreibad* an und schlagen das Zelt auf der Wiese auf.

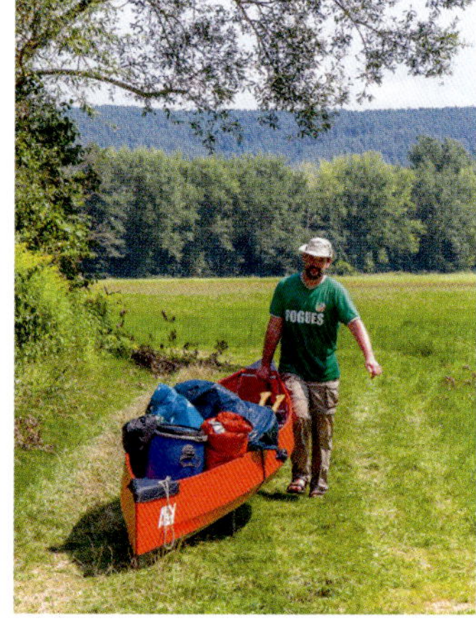


Der nächste Tag beginnt mit einer Portage. Nur wenige Meter hinter der Brücke von Ramspau will das nächste ***Wehr*** auf etwa 150 Meter umtragen werden und dann geht es im Wechsel von breiten, nahezu strömungslosen Abschnitten und den ***Wehr*** in **Regenstauf** *(links umtragen)* und hinter dem Flussbad **Laub** dem ***Wehr*** in **Regendorf** *(rechts umtragen)* weiter.

Das letzte ***Wehr*** der Tour bei **Pielmühle** ist rechts über eine ***Bootsrutsche*** befahrbar. Dennoch heißt es aufgepasst: Die Fahrt durch die Rutsche ist rasant und am Ende müssen wir scharf nach links steuern, um nicht mit der anschließenden Mauer zu kollidieren. Erschwert wird die Durchfahrt außerdem durch die Badegäste des *Flussstrandbades*, denn viele Kinder und Jugendliche missachten das Schwimmverbot in der Bootsrutsche und setzen alles daran, ein Kanu kentern zu sehen.

Nach dem maßvollen Adrenalinkick sind die letzten Kilometer bis **Regensburg** nicht mehr sonderlich spektakulär. Der Regen verläuft mehr oder weniger parallel zur Autobahn und es geht unter der ein oder anderen Brücke hindurch bis wir neben der Schleuse unter der Nibelungenbrücke in die ***Donau*** gelangen.

Vorbei an einigen Lastkähnen, die an der Spuntwand vertäut sind, erreichen wir nach wenigen Paddelschlägen den kleinen Strand beim DLRG-Häuschen auf einer Donauinsel. Hier verfrachten wir das Kanu auf den Bootswagen und beziehen direkt auf der gegenüberliegenden Straßenseite Quartier in der *Jugendherberge*, um am Abend noch die Altstadt der altehrwürdigen Donaumetropole zu erkunden.

**Stadtrundgang Regensburg**
siehe Seite 322.

# Die Altmühl

*Probier's mal mit Gemütlichkeit*

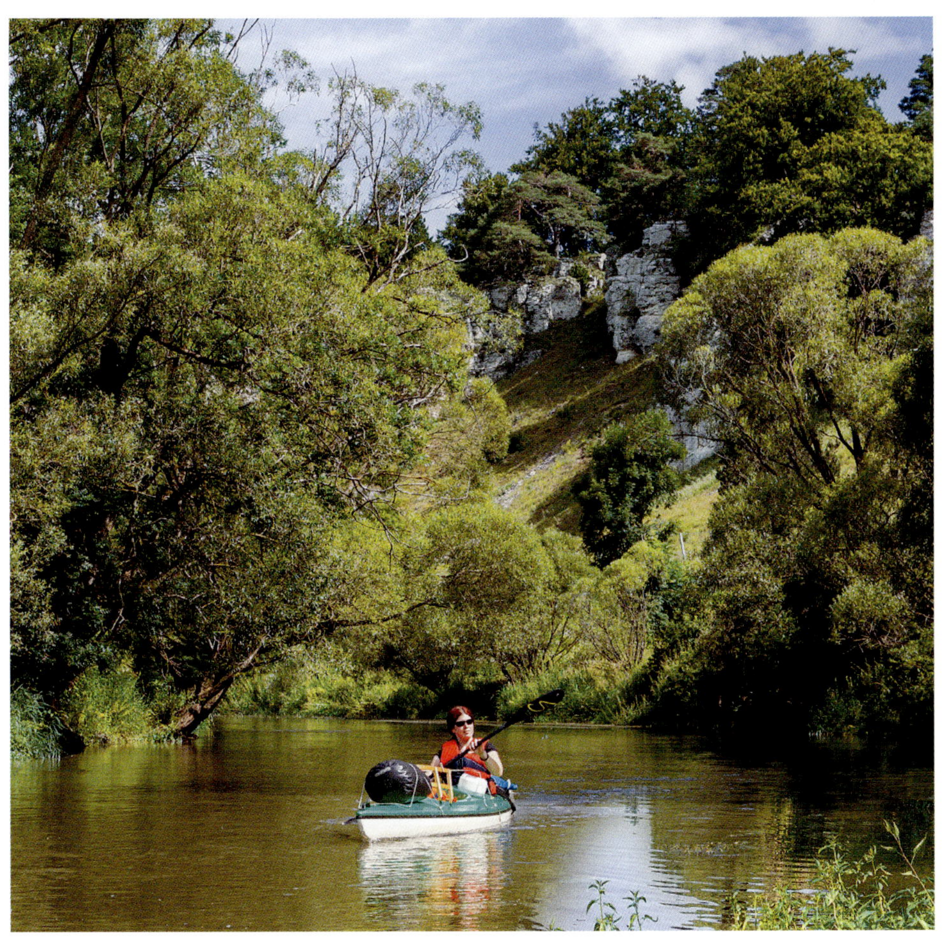

*Tour* 11

## Tour-Infos Altmühl

| Aktivitäten | Natur | Kultur | Baden | Hindernisse |
|---|---|---|---|---|
|  |  |  |  |  |

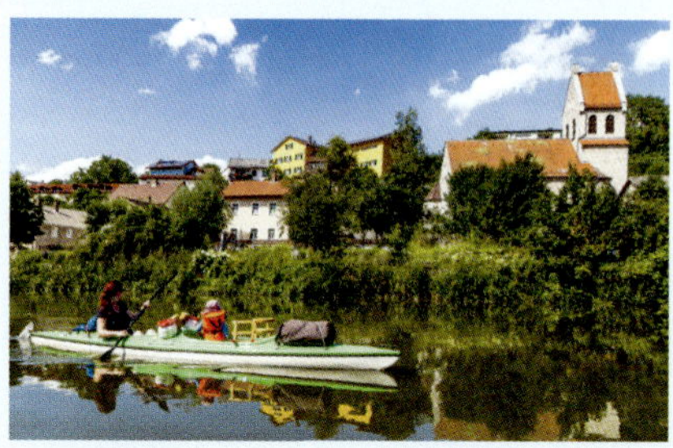

### Charakter der Tour

Die Altmühl ist ein gemütlicher und als Bootswanderstrecke ausgebauter Wanderfluss mit ruhiger Strömung. Der bis dahin in einem breiten Tal fließende Wiesenfluss erreicht in Treuchtlingen das Fränkische Jura und fortan säumen beeindruckende Felsformationen das enger werdende Tal.

Langweilig wird es auf Bayerns „langsamstem" Fluss nie, denn im Naturpark Altmühltal gibt es herrliche Natur und zahlreiche kleine, aber feine Sehenswürdigkeiten zu entdecken. Mit einer Fläche von knapp 3.000 qkm ist er der zweitgrößte Naturpark Deutschlands.

Direkt am Ufer gelegene Zeltmöglichkeiten sowie jede Menge guter Einkehrmöglichkeiten in idyllischen Biergärten und zünftigen Lokalen, bieten die ideale Kulisse für einen unbeschwerten Kanuurlaub, insbesondere für Familien mit Kindern.

**Länge & Dauer der Tour:** 125 km, 6 Tage **Schwierigkeit:** Leicht, hervorragende Infrastruktur für Paddler

**Umtragestellen:** Auf der Strecke sind **14 Wehre** zu überwinden.
Zwei davon *(Hammermühle und Hagenacker)* sind über eine Bootsrutsche befahrbar, die übrigen müssen in jedem Fall umtragen werden. Ein **Bootswagen** sollte mitgenommen werden.

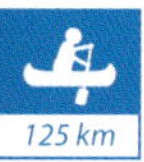



**Etappenvorschlag 6-Tagestour:**

**1. Tag:** Gunzenhausen – Treuchtlingen (27 km)
**2. Tag:** Treuchtlingen – Hammermühle (21 km)
**3. Tag:** Hammermühle – Eichstätt (24 km)
**4. Tag:** Eichstätt – Kipfenberg (25 km)
**5. Tag:** Kipfenberg – Beilngries (16 km)
**6. Tag:** Beilngries – Töging (10 km)

**Tipps für Tagestouren:**

**1.** Treuchtlingen – Dollnstein (28 km)**
**2.** Pappenheim – Dollnstein (21 km)**
**3.** Solnhofen – Dollnstein (13 km)**
**4.** Hammermühle – Eichstätt (24 km)
**5.** Eichstätt – Kipfenberg (25 km)

** zurück mit der Bahn

**Befahrungsregelungen:** Für den beschriebenen Abschnitt sind keine Einschränkungen bekannt.
Es gelten natürlich die üblichen Verhaltensregeln, wie das Nutzen der ausgeschilderten Anlegestellen, Abstand zu Schilf- und Uferzonen, usw.

**Anreise:** Über die Autobahnen A6 und A9 bis zur Ausfahrt 55 (*Schwabach-West)* und weiter auf der Bundesstraße 466 bis **Gunzenhausen**.

**Einsetzen & Parken:** Bootstreppe in **Gunzenhausen** an der Brücke über die Altmühl an der Stadthalle. Parken gleich daneben am Großparkplatz Zum Schießwasen.

**Aussetzstelle:** Uferwiese in **Töging** hinter der Holzbrücke (Zufahrt über *Altmühlstraße*).

**Zurück zum Pkw:** Im Sommer (Ende Mai bis Anf. Okt) Sa, So & Feiert. mit dem ***FreizeitBus 6010*** (siehe: www.naturpark-altmuehltal.de) von **Dietfurt a.d. Altmühl** nach Eichstätt oder Dollnstein, dort weiter mit der Bahn über Treuchtlingen (umsteigen) nach **Gunzenhausen**. Unter der Woche verschiedene Varianten mit Bus & Bahn mit mehrmaligem Umsteigen von **Töging / Dietfurt** nach **Gunzenhausen.**

## Kartenmaterial & Literatur-Tipps:

Kanu-Reiseführer: **KANU KOMPAKT Altmühl,** *Michael Hennemann,* Thomas Kettler Verlag.

**Altmühltal & Fränkisches Seenland,** Individualreiseführer mit vielen Tipps, Michael Müller Verlag.

Wanderführer: **Altmühltal-Panoramaweg,** kompletter Fernwanderweg von Gunzenhausen nach Kelheim, *Michael Hennemann,* Conrad Stein Verlag.

Wanderführer: **Altmühltal: Ries – Jura – Fränkisches Seenland**, 50 Tourenvorschläge, Bergverlag Rother.

**Bikeline Radtourenbuch Altmühl-Radweg**, Esterbauer Verlag.

Droste Verlag: **Glücksorte im Altmühltal | Altmühltal. Wandern für die Seele | Radeln für die Seele**.

**Archäologiepark Altmühltal**, Reiseführer in die Vorzeit, mit Geschichten aus der Welt der Neandertaler und Kelten zu den 15 Stationen des Archäologieparks Altmühltal, Verlag Schnell & Steiner

**Altmühltal: Im Reich des Archaeopteryx**, Hintergrundinfos zur Geologie und Spaziergänge zu den bedeutendsten Sehenswürdigkeiten der Region, *Röper / Rothgaenger,* Quelle & Meyer Verlag.

**„Vogelwild",** Oberbayern-Krimi, der in Eichstätt und dem Altmühltal spielt und bei dem auch der Urvogel Archaeopteryx eine Rolle spielt, *Richard Auer,* Emons Verlag.

Emons Verlag: Altmühltal-Krimi **„Reinheitsgebot"** | Kriminalroman **„Endstation Altmühltal"** | uvm.

## Kanuvermieter & Veranstalter:

**Absberg/ Kl. Brombachsee:**
***SAN-aktiv-TOURS***
SANshineCAMP
Badeinsel 1a
Tel. (09831) 49 36
www.san-aktiv-tours.de

**Treuchtlingen:**
***Frankenboot***
Tel. (09142) 46 45
www.frankenboot.de

**Pappenheim:**
***Bootsverleih Gruber***
Geislohe 63, Tel. (09149) 12 71
www.bootsverleih-gruber.de

***Bootsverleih Altmühl***
Beckstr. 34
Tel. (09143) 83 78 34 oder
0171-527 12 51
www.bootsverleih-altmuehl.de

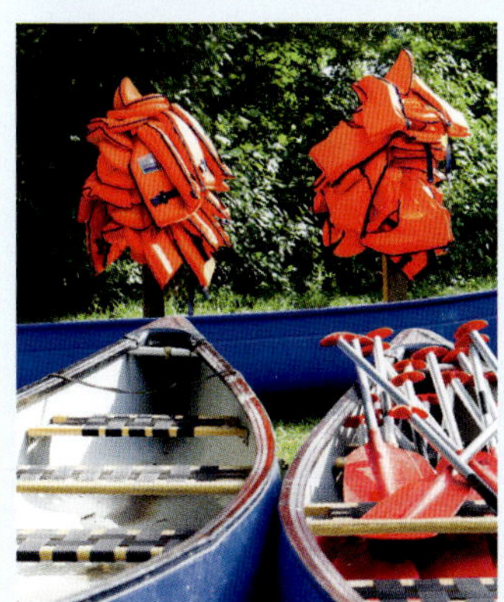

**Zimmern:**
***Zur Zimmerer Mühle***
Zimmern 15
Tel. (09143) 432
www.bootsverleih-zimmern.de

***Gasthof „Zum Hollerstein"***
Zimmern 32
Tel. (09143) 753
www.hollerstein.de

**Solnhofen:**
***YEZZT AktivMühle***
Eßlinger Str. 3
Buchung Tel. (0821) 34 34 640
vor Ort Tel. (09145) 83 68 18
www.aktivmuehle.de

***Kanuuh***
Im Kloster, Tel. (08421) 21 10
www.kanuuh.de

**Dollnstein:**
***Geggs Bootsverleih***
Marktplatz 8
Tel. (08422) 691
www.kanuvermietung-altmuehltal.de

**Hammermühle (Mörnsheim, OT Altendorf):**
***Frankenboot***
Tel. (09142) 46 45
www.frankenboot.de

**Eichstätt:**
***Sport & action Kanuvermietung***
Tel. 0172-243 82 59
www.bootsverleih-eichstaett.de
www.kanuvermietung-bacherle.de

***boote-glas***
Industriestr. 18 a
Tel. (08421) 30 55
www.boote-glas.de

***Kanuuh***
Herzogsteg 2
Tel. (08421) 21 10
www.kanuuh.de

**Walting:**
***Schmidt's Bootsverleih***
Inchinger Straße 15
Tel. (08426) 433
oder 0162-879 31 39
bootsverleih.zenta-schmidt.de

**Kipfenberg:**
***Kanuuh***
Försterstr. 47b, Tel. (08421) 21 10
www.kanuuh.de

**Kinding/Kratzmühle:**
***Der Sonnige Altmühltaler***
Mühlweg 1, Tel. 0170-342 19 23
www.der-sonnige-altmuehltaler.de

**Beilngries:**
***Naturama Bootsverleih Beilngries***
An der Altmühl 24
Tel. (08461) 60 67 30
www.naturama-beilngries.de

## Mobiler Vermieter & Veranstalter:

***Erlebnismax***
Tel. (09498) 902 460 oder
0171-244 92 00
www.erlebnismax.de

**Übernachtung in Wassernähe** (in der Reihenfolge des Tourenverlaufs):

**Gunzenhausen:**
***Jugendherberge***
Spitalstr. 3
Tel. (09831) 670 20
www.gunzenhausen.jugendherberge.de

***Camping Herzog am Altmühlsee***
Seestr. 12
Tel. (09831) 90 33
www.camping-herzog.de

**Treuchtlingen:**
***Zeltplatz Treuchtlingen***
Tel. 0170-304 02 96
www.zeltplatz-treuchtlingen.de

***Gästehaus Stadthof***
Luitpoldstr.
Tel. (09142) 969 60
www.gaestehaus-stadthof.de

**Pappenheim:**
***Campingplatz***
Badweg 1
Tel. (09143) 12 75
www.camping-pappenheim.de

**Zimmern:**
***Gasthof Zum Hollerstein***
Zimmern 32
Tel. (09143) 753
www.hollerstein.de

**Solnhofen:**
***YEZZT Kanuzentrum Aktiv Mühle***
*Natur-Campingplatz*
Eßlinger Str. 3
Tel. (09145) 83 68 18
www.aktivmuehle.de

***Senefelder Hof (B & B)***
Senefelderstraße 15
Tel. (08421) 21 10
oder (09145) 839 32 20
www.senefelder-hof.de

**Hammermühle bei Altendorf:**
***Zeltplatz Hammermühle***
*(auch Schäferwägen & WoMo-Platz)*
Tel. (09145) 836 45 15
www.zeltplatz-hammermuehle.de

**Dollnstein:**
***Campingplatz Dollnstein***
*(auch Campingfässer)*
Brückenstraße 11 a
Tel. (08422) 846
www.campingplatz-dollnstein.de

***Gasthof „Zur Post"***
*Gastronomie nur Brotzeit, Kaffee & Kuchen, tgl. 13.30-18 außer Mo+Do*
Marktplatz 3
Tel. (08422) 15 15
www.gasthofzurpost-dollnstein.de

**Breitenfurt:**
***Zeltplatz Altmühltal***
Schulstr. 13
Tel. (08422) 567
www.zeltplatz-altmuehltal.de

**Wasserzell:**
***Landgasthof Hirschenwirt***
Brückenstr. 9
Tel. (08421) 96 80
www.hirschenwirt.de

**Eichstätt:**
***Bootsrastplatz***
Tel. (08421) 90 81 47

**Inching:**
***Bootsrastplatz***
*(Toilettenwagen, kein Trinkwasser!)*
Tel. (08421) 987 60

***Gasthaus Fischerwirt***
Martinstr. 5
Tel. (08426) 249
www.fischerwirt-inching.de

**Walting:**
***Landgasthaus „Zur Mühle"***
Pfünzer Str. 5
Tel. (08426) 221
www.landgasthaus-zur-muehle.de

**Gungolding:**
***Bootsrastplatz Gungolding***
Tel. (08421) 987 60

***Landgasthof „Zum Alten Wirt"***
St. Marienstr. 4
Tel. (08465) 17 35 30
www.zum-alten-wirt.com

**Arnsberg:**
***Landgasthof „Zum Raben"***
Schlossleite 1
Tel. (08464) 940 40
www.zum-raben.de

**Böhming (OT von Kipfenberg):**
***Wirtshaus & Hotel Römercastell***
Wirtsstraße 9
Tel. (08465) 172 99 20
www.römercastell.de

**Kipfenberg:**
***Azur Camping***
Campingstr. 1
Tel. (08465) 90 51 67
www.azur-camping.de

**Grösdorf:**
***Gasthaus „Zum Blauen Hecht"***
Irlahüller Weg 2
Tel. (08465) 10 66
www.zumblauenhecht.de

**Ilbling:**
***Bootsrastplatz*** direkt an der Brücke

***Gästehaus Krieglmeier***
Ilbling Nr. 5
Tel. (08467) 380
www.gaestehaus-krieglmeier.de

***Landgasthof Häckl***
*(nur Zimmer, keine Gastronomie)*
Ilbling Nr. 8
Tel. (08467) 283
www.landgasthof-haeckl.de

**Kinding:**
***Bootsrastplatz*** direkt vor der Brücke *(kein Frischwasser!)*
Tel. (08421) 987 60

**Unteremmendorf:**
***Landgasthof Wagner***
Unteremmendorf 5
Tel. (08467) 279
www.landgasthof-wagner.de

**Kratzmühle:**
***Campingplatz Kratzmühle***
Mühlweg 2
Tel. (08461) 641 70
www.kratzmuehle.de

**Beilngries:**
***Camping Naturama***
*(auch Tinyhäuser & Schlaffässer uvm)*
An der Altmühl 24
Tel. (08461) 60 67 30
www.naturama-beilngries.de

**Kottingwörth:**
***Privatpension Agathe Gierl***
Alte Salzstr. 18
Tel. (08461) 95 14
www.pensionagathe.de

**Töging:**
***Gasthaus zum Schlosswirt***
Beilngrieser Str. 14
Tel. (08464) 642 00
www.gasthaus-zum-schlosswirt.de

## Sehenswertes an der Altmühl

**Gunzenhausen:** Von fränkischen Fachwerkhäusern und prächtigen Barockbauten umringter *Marktplatz*; ev. *Stadtkirche St. Maria* aus dem 15. Jh. im Stil der Spätgotik; *Rathaus* (im 16. Jh. aus zwei Adelshäusern entstandenes ehem. Schloss); *Spitalkirche*, 1701 grundlegend im Barockstil erneuert mit sehenswerter Stuckdecke mit Markgrafenwappen; *Archäologisches Museum* (mit fünf modernen Ausstellungsräumen mit Funden von der Steinzeit bis zum frühen Mittelalter); *Blasturm* mit vollständig eingerichteter *Türmerwohnung* und schönem Ausblick über die Stadt; *Storchenturm* (1450); *Färberturm* (14. Jh.); *Stadtmuseum* im *Zocha Palais* (Barockbau von 1707); www.gunzenhausen.info

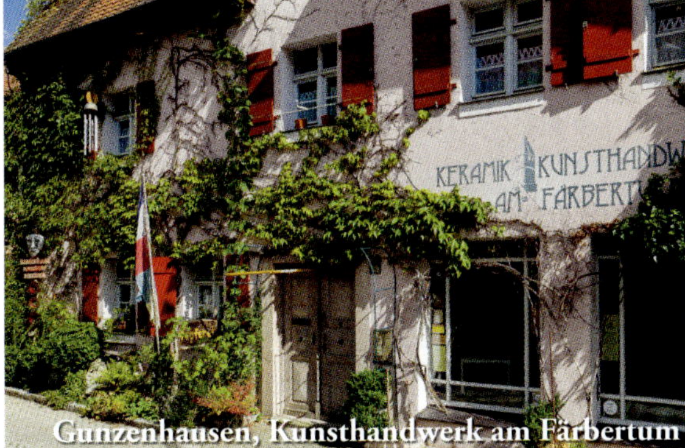

Gunzenhausen, Kunsthandwerk am Färbertum

**Unterasbach:** *St. Michaelskirche* (14. Jh.).

**Windsfeld:** *St. Gangolf-Kirche* (15. Jh.).

**Gundelsheim a.d. Altmühl:** *Bauernmuseum; St. Batholomäuskirche* mit Kirchturm aus dem 14. Jh.

**Trommetsheim:** *St. Emmeram-Kirche* (1040).

**Graben** (OT vom Treuchtlingen)**:** Reste der *Fossa Carolina (Karlsgraben)*, eines der größten technischen Kulturdenkmäler des frühen Mittelalters, mit Ausstellung in Hüttinger Scheune *(Mai-Okt Mi-So 14-17).*

**Treuchtlingen:** *Ehem. Stadtschloss* aus dem 16. Jh. mit *Geopark Infozentrum*; *Burgruine Obere Veste*, aus der ersten Hälfte des 12. Jh., vom *Burgfried (Schlüssel in Tourist-Info)* guter *Ausblick* über die Stadt; *Heimatmuseum* in ehem. Posamenten-Fabrik (Ausstellung zur Burgruine und Funden, die bis in keltische Zeit datieren); *Lambertuskapelle* am Ende des Schlossviertels; *Markgrafenkirche* (1757); *Villa Rustica* am südöstlichen Hang des Nagelbergs (Überreste eines Gutshofs aus römischer Zeit); www.tourismus-treuchtlingen.de

**Pappenheim:** *St. Gallus-Kirche*, deren Geschichte bis ins 9. Jh. zurückreicht; *Burg* mit *Wildpflanzengarten* sowie *Natur- und Jagdmuseum* (www.grafschaft-pappenheim.de); *Kloster* der *Augustinereremiten* (gegründet 1372), erhalten ist die ehem. *Klosterkirche „Zum Heiligen Geist"; Museum* an der Stadtmühle (mit Aquarellen, Ölgemälden und Lithographien von Heinrich W. Mangold); *spätgotische* ev.-luth. *Stadtkirche* am nordöstlichen Rand des Ortszentrums; *Neues Schloss,* 1819/1822 nach Plänen des königlich bayerischen Oberbauintendanten Leo von Klenze errichtet; *Altes Schloss* (Renaissancebau von 1593); *Weidenkirche* aus vielen in die Erde gesteckten Bündel von Weidenruten; www.pappenheim.de

**Solnhofen:** *Bürgermeister-Müller-Museum* („Welt in Stein" versteinerte Tieren & Pflanzen aus der Jurazeit, Urvögel, Flug- und Fischsaurier, www.solnhofen.de); zu den ältesten Baudenkmälern Deutschlands zählt die *Sola-Basilika* (Grundmauern und Reste von fünf übereinanderliegenden Kirchenbauten seit dem 6. Jh.).

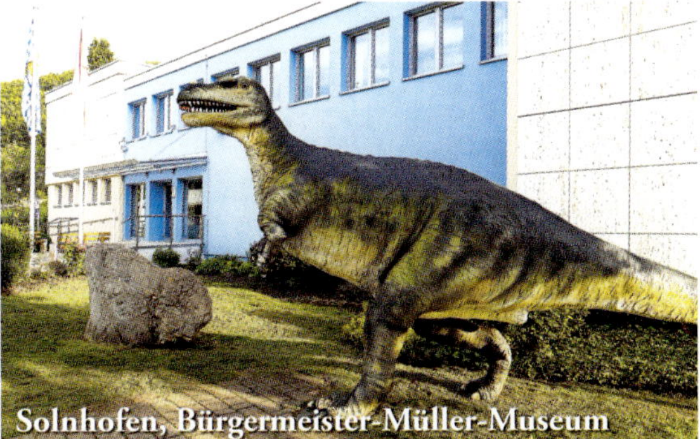
Solnhofen, Bürgermeister-Müller-Museum

**Eßlingen:** Geotop ***Zwölf-Apostel-Felsen***.

**Mörnsheim / Altendorf:** ***Ruine*** der ***Staffelburg*** (10. Jh.); ***Wallfahrtskirche „Maria End"***; ***Pfarrkirche***; historischer ***Kastenhof***; ***Jura-Häuser.***

**Dollnstein:** ***Burg*** (11. / 12. Jh.); Reste der ***Stadtmauer*** (14. Jh.); ***Pfarrkirche*** (1330) mit gotischen Fresken.

**Wasserzell:** ***Spätgotische Filialkirche zu Maria und den Vierzehn Nothelfern*** (1464-96).

**Rebdorf:** ***Ehem. Augustinerkloster*** mit Klosterkirche „St. Johannes der Täufer".

**Eichstätt:** *Mittelalterl. Dom* (1718 mit barocker Westfassade abgeschlossen, mit 11 Meter hohem *„Pappenheimer Altar"*) mit *Diözesanmuseum*; fürstbischöfliche *Residenz* (dreiflügeliger, barocker Schlossbau als Sitz der Eichstätter Fürstbischöfe) mit repräsentativem Treppenhaus und Spiegelsaal; *Residenzplatz* mit prachtvollen *Barockbauten*; *Info-Zentrum Naturpark Altmühltal* (moderne, interaktive Ausstellung, www.naturpark-altmuehltal.de) unter dem Dach der ehem. *Klosterkirche Notre Dame; Willibaldsburg* (um 1353 errichtete Burganlage, die bis ins 18. Jh. repräsentative Burg und Residenz der Eichstätter Bischöfe war) mit *Jura-Museum* (u. a. fossiler Archaeopteryx, www.jura-museum.de) sowie *Ur- & Frühgeschichtliches Museum; Figurenfeld* im Hessental mit 78 größtenteils überlebensgroßen Figuren des Bildhauers und Malers Alois Wünsche-Mitterecker (1903-1975); *Marienkapelle* (Ausstattung und Marienbild 18. Jh.) auf dem *Frauenberg* mit gutem *Ausblick* auf Eichstätt und Rebdorf; Naturkundemuseum *Museum Bergér* (www.museum-berger.de) auf dem **Harthof**, *Fossiliensteinbruch* am Blumenberg; www.eichstaett.de

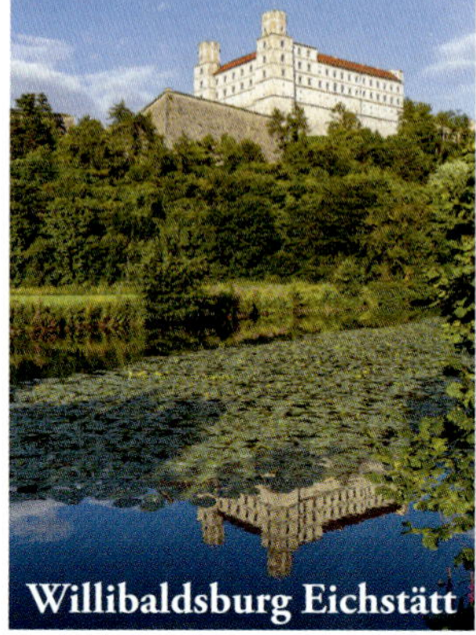
Willibaldsburg Eichstätt

**Pfünz:** *Mittelalterliche Steinbrücke* (15. Jh.); *Römerkastell Vetoniana.*

**Gungolding:** *NSG Wacholderheide;* barocke *Pfarrkirche Mariä Himmelfahrt.*

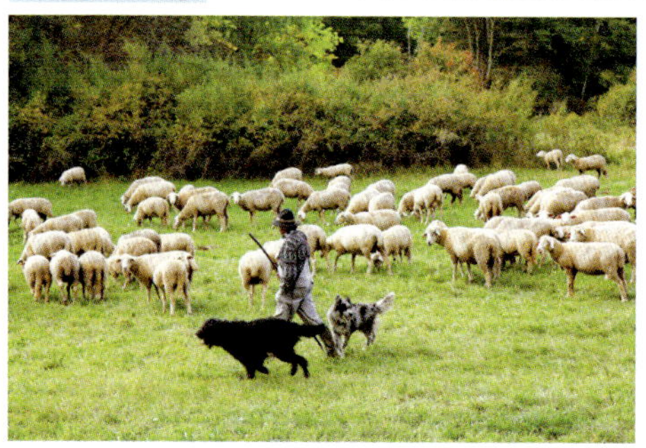

**Arnsberg:** *Schloss Arnsberg; NSG Arnsberger Leite.*

**Kipfenberg:** *Römer- und Bajuwarenmuseum* mit *Infopoint Limes* auf der *Burg Kipfenberg;* kath. *Pfarrkirche Mariä Himmelfahrt* (1624-1627); *Filialkirche St. Georg; Fastnachtmuseum Fasenickl.*

**Kinding:** *Spätmittelalterliche Wehrkirchenanlage.*

**Kratzmühle:** ***Technikmuseum*** in der *historischen Mühle.*

**Beilngries:** *Stadtmauer* mit insgesamt *9 Türmen* aus dem 15. Jh.; *Pfarrkirche St. Walburga* (1911-1913); *Rathaus* (Mitte 18. Jh.); *Spielzeugmuseum* (*Apr-Okt Mo-Fr 14-16, Sa 14-18, So 10-18,* Hauptstr. 49, Tel. (08461) 81 04); *Frauenkirche*, Rokokobau (ab 1753) des fürstbischöflichen Hofbaudirektors Maurizio Pedetti; *Brauereimuseum* im unterirdischen *Felsenkellerlabyrinth* (*Apr-Okt So ab 10.30,* Bräuhausstr. 36, Tel. (08461) 10 33); *Schloss Hirschberg* (heute Tagungshaus); www.beilngries.de

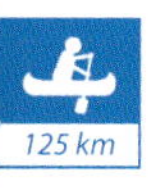
125 km

**Kottingwörth:** *Wehrkirche St. Vitus* (1760) mit mittelalterlichen Deckenfresken.

**Dietfurt a.d.Altmühl:** *Rathaus* (1479); *Franziskanerkloster* (1660); gotische *Pfarrkirche St. Ägidius; Altmühltaler Mühlenmuseum*; barocke *Wallfahrtskirche „Zu den Drei Elenden Heiligen"* im OT **Griesstetten**.

## Weitere Aktivitäten rund um die Altmühl

**Radfahren:** Der Naturpark Altmühltal bietet eine gute Beschilderung, zahlreiche Vermiet- und Reparaturstationen und ein dichtes Netz an fahrradfreundlichen Gastgebern.

Die bekannteste ***Mehrtagestour*** ist natürlich der über 160 km lange ***Altmühltal-Radweg*** von **Gunzenhausen** nach **Kelheim** mit Anschluss zum ***Donau-Radweg***.

**Fahrradvermieter (meist auch e-bikes):**
**Gunzenhausen:** Verleihstation am Altmühlsee, Tel. 0170-672 99 65, www.radsport-gruber.com I Vermietstationen am Brombach- und Altmühlsee, Tel. (09831) 49 36, www.san-aktiv-tours.de I **Dollnstein:** Tel. (08422) 98 77 52, www.rehm-r.de I **Eichstätt:** 0177-412 62 14, www.rentamania.de I ***Tourist-Info Eichstätt,*** Tel. (08421) 600 14 00 I **Beilngries:** ***Fahrrad Zucker***, Tel. (08461) 88 22 I ***Zweirad Huber,*** Tel. (08461) 60 50 47, www.zweirad-huber.de I **Treuchtlingen:** ***Energy Bike Systems,*** Tel. (09142) 948 86 45 I **Pappenheim:** Tel. (09143) 855 77, www.schleussinger.de I **Riedenburg:** ***Radverleih Wittl,*** Tel. (09442) 576 I **Kelheim:** Tel. (09441) 50 48 50, www.fahrradverleih-kelheim.de

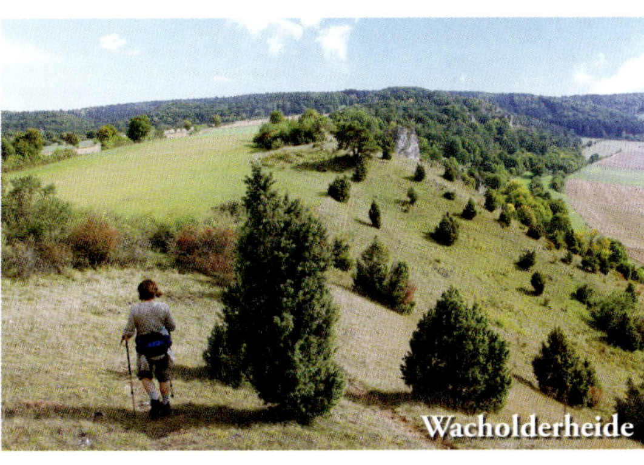
Wacholderheide

**Wandern:** Neben den beiden ***Weitwandermöglichkeiten Altmühltal-Panoramaweg*** *(Gunzenhausen bis Kelheim)* und ***Limeswanderweg*** *(Gunzenhausen bis Bad Gögging)* gibt es eine Vielzahl ***örtlicher Wander- und Themenwege***.

**Paddeln:** Für erfahrene Kanuten ***Weiterfahrt*** auf dem ***Main-Donau-Kanal*** bis Kelheim und anschließend auf der Donau. Kanufahren auf dem ***Großen Brombachsee*** im Fränkischen Seenland.

**Fossiliensuche:** Mehrere ***Besuchersteinbrüche*** im Altmühltal bieten die Möglichkeit zur Schatzsuche im Steinbruch. Mit etwas Glück lässt sich so eine selbstgefundene Versteinerung als Souvenir mit nach Hause nehmen. ***Hobby-Steinbruch*** in **Solnhofen**, Tel. 0173-534 21 02; ***Fossilien-Besuchersteinbruch*** **Mörnsheim**, Tel. (09145) 83 90 42; ***Fossiliensteinbruch Blumenberg*** bei **Eichstätt**, Kinderdorfstr., Tel. 0157-73 05 98 06.

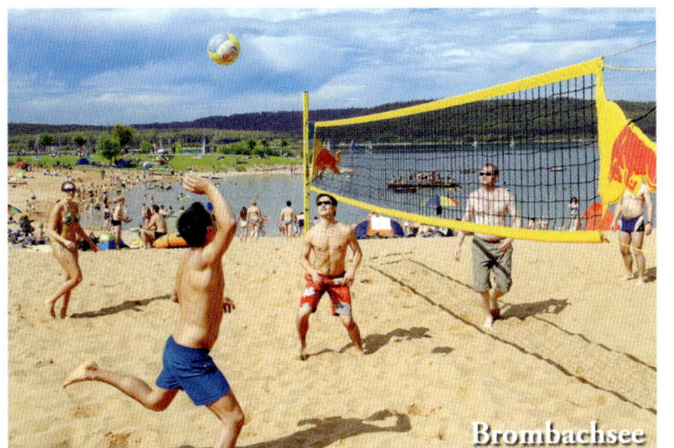
Brombachsee

**Klettern:** Die bis zu 70 Meter hohen Felsmassive des Frankenjura bieten fast ganzjährig gute Bedingungen und unterschiedlich schwere Routen. Der ***Burgsteinfelsen*** bei **Dollnstein** z.B. lässt sich auf mehr als 30 Routen erklettern.

Weitere Klassiker im **Urdonautal** ***(Klettergebiet Konstein / Aicha)*** sind ***Madonna***, ***Dohlenfelsen*** und der ***Kinderkletterfels Asterix & Obelix.***

**Baden, SUP, Kiten, Surfen, Segeln, Tauchen** auf und im ***Großen Brombach***- und ***Altmühlsee***.

**Angeln** in ***Altmühl***, ***Großem Brombach***- und ***Altmühlsee*** (Angelkarten in den Tourist-Infos).

**Baden:** Badestrände am ***Großen Brombach***-, ***Altmühlsee, Kratzmühle*** am ***Pfraundorfer See.***

**Gunzenhausen:** ***Freizeitbad Juramare*** (mit Solebad und Saunadorf), Tel. (09831) 800 48 00

**Treuchtlingen:** ***Altmühltherme***, Tel. (09142) 960 20, www.altmuehltherme.de

**Bus:**

Von Frühjahr bis Herbst verkehren am Wochenende ***FreizeitBusse mit Fahrradanhänger*** auf vier Routen im Naturpark Altmühltal.

***Fahrplan*** unter www.naturpark-altmuehltal.de

***Busfahrpläne*** Altmühltal: www.dbregiobus-bayern.de www.rba-bus.de www.vlk-kelheim.de/freizeitbus

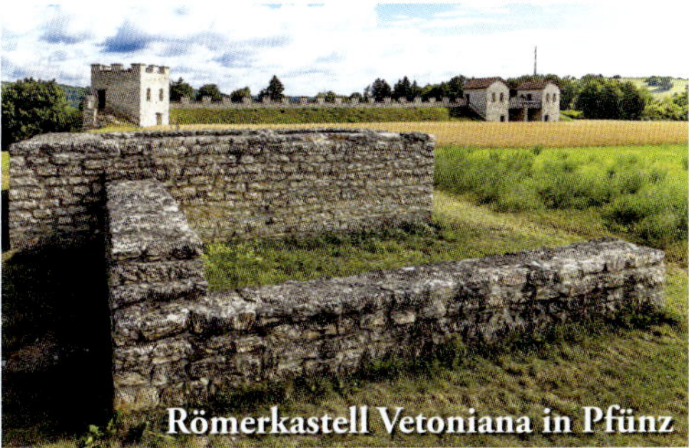
Römerkastell Vetoniana in Pfünz

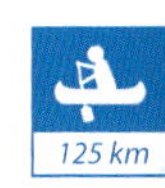


**Tourist-Infos: Gunzenhausen:** *Mo-Fr 9-12.30 + 14-17,* Rathausstr. 12, Tel. (09831 508-300), www.gunzenhausen.info I **Dollnstein:** *Mo-Fr 9-11, 15.30-17.30,* Unterer Burghof 5, ***Tourist-Info:*** Tel. (08422) 15 02, ***Altmühlzentrum:*** Tel. (08422) 987 98 10, www.dollnsteininfo.de und www.altmuehlzentrum.de I **Kipfenberg:** *Mo-Fr 8-12, Do 14-18 + Mai-Sep Mo-Mi 13-17,* Marktpl. 2, Tel. (08465) 94 10 40, www.kipfenberg.de I **Eichstätt:** *Mo-Fr 10-16/17 + Mai-Sep Sa 10-16, So 10-13,* Dompl. 8, Tel. (08421) 600 14 00, www.eichstaett.de I **Treuchtlingen:** *Mo-Fr 9-12 + 13-17, ab Apr Sa 9-19,* Heinrich-Aurnhammer-Str. 3, Tel (09142) 96 00 60, www.tourismus-treuchtlingen.de I **Beilngries:** *Mo-Fr 9-17, Sa 9-13, So 10-12,* Hauptstr. 14, Tel. (08461) 84 35, www.beilngries.de

**Informationszentrum Naturpark Altmühltal mit Ausstellung**

**Eichstätt:** *Mo-Fr 9-17, Sa, So, Feiert. 10-17,* ehemalige ***Klosterkirche Notre Dame de Sacré Coeur***, Kardinal-Preysing-Platz 14, Notre Dame 1, Tel. (08421) 987 60, www.naturpark-altmuehltal.de

# Die Altmühl

Die mittelfränkische Kleinstadt **Gunzenhausen** zwischen ***Altmühl- und Brombachsee*** bildet das Zentrum des ***Fränkischen Seenlandes*** und ist das Eingangstor zum ***Naturpark Altmühltal.*** *Die Stadtgründung geht zurück auf ein Numeruskastell, das die Römer um 90 n. Chr. zur Verstärkung der Grenzanlagen errichteten, nachdem sie die Kelten aus den Gebieten nördlich der Donau vertrieben hatten und bis in die Gegend des heutigen Gunzenhausen vordrangen.*

Einen hervorragenden Startpunkt für unsere Kanutour finden wir an der rechtsufrigen Bootstreppe bei der Straßenbrücke hinter dem ***Wehr***. Der *Großparkplatz „Zum Schießwasen"* bietet eine gute Pkw-Abstellmöglichkeit für die Dauer der Tour.

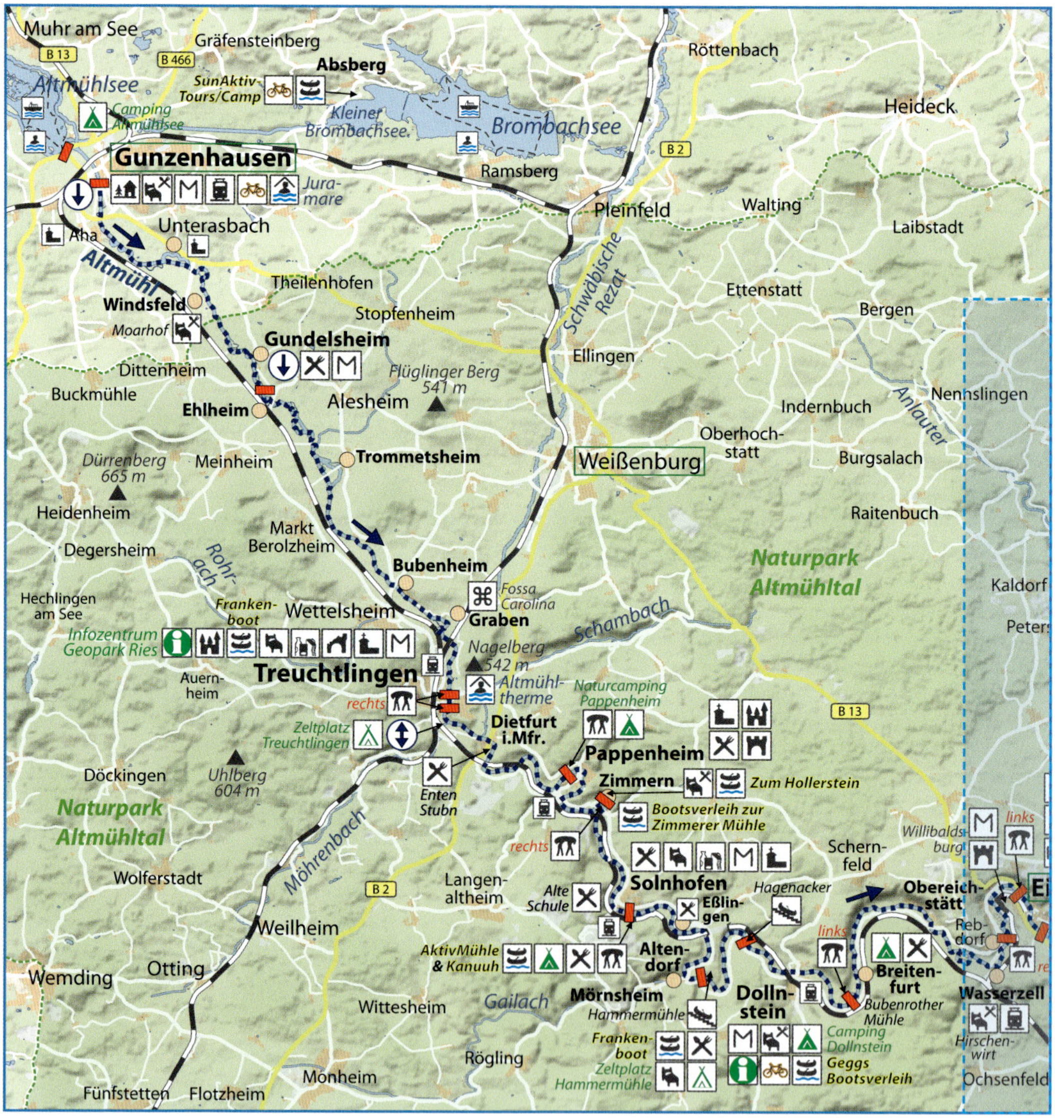

Auf dem Abschnitt bis Treuchtlingen wurde die zu Beginn des 20. Jahrhunderts in ein kanalartiges, gerades Flussbett gezwängte Altmühl aufwändig renaturiert und darf sich nun wieder in weitverzweigte Arme auffächern, die in verschlungenen Bögen durch das weite Tal mäandern. Breite Uferstreifen und unzugängliche und somit störungsfreie Inselflächen wurden angelegt. An allen Gabelungen steht ein Richtungspfeil und Schilder mit der Aufschrift „Bootsfahrer", so dass die Wegfindung keine Probleme bereitet.

Hinter der Straßenbrücke der Bundesstraße 13 zieht die ***Markgrafenkirche*** von **Aha** vorüber, *die nach Plänen des Ansbacher Hofarchitekten Gabriel de Gabrieli im Jahre 1721 erbaut wurde.*

Nördlich des Anlegers an der Straßenbrücke zwischen **Windsfeld** und **Unterasbach** erhebt sich auf dem ***Michelsbuck*** die ***St. Michaelskirche*** mit prächtigem Kuppelhelm.

In rund 500 Meter Fußweg gelangt man in das unter Ensembleschutz stehende **Windsfeld**, wo das *Landcafé & Pension „Der Moarhof"* sowie nebenan der *Biohof Lüdke (Mai-Okt Sa+So 13-19)* köstlichen Kuchen und kleine Speisen offeriert. *Die im Kern aus dem 15. Jahrhundert stammende St. Gangolf-Kirche ist eine Chorturmkirche und birgt in ihrem Innern Epitaphien aus dem 17. und 18. Jahrhundert.*

An der Flussgabelung hinter der Straßenbrükke halten wir uns links und folgen der Altmühl durch ein paar enge Kurven. Nachdem sich der Flusslauf wieder etwas verbreitert hat, ist **Gundelsheim** erreicht. Hinter der Brücke wurde am linken Ufer ein Bootsausstieg angelegt. Ein paar Bänke aus Natursteinquadern laden zur Rast ein und eine Tafel informiert über die Renaturierung der Altmühl. *Zehn Minuten entfernt gibt es im Ort einen Landgasthof und ein Bauernmuseum mit bäuerlichen Wohngegenständen und*

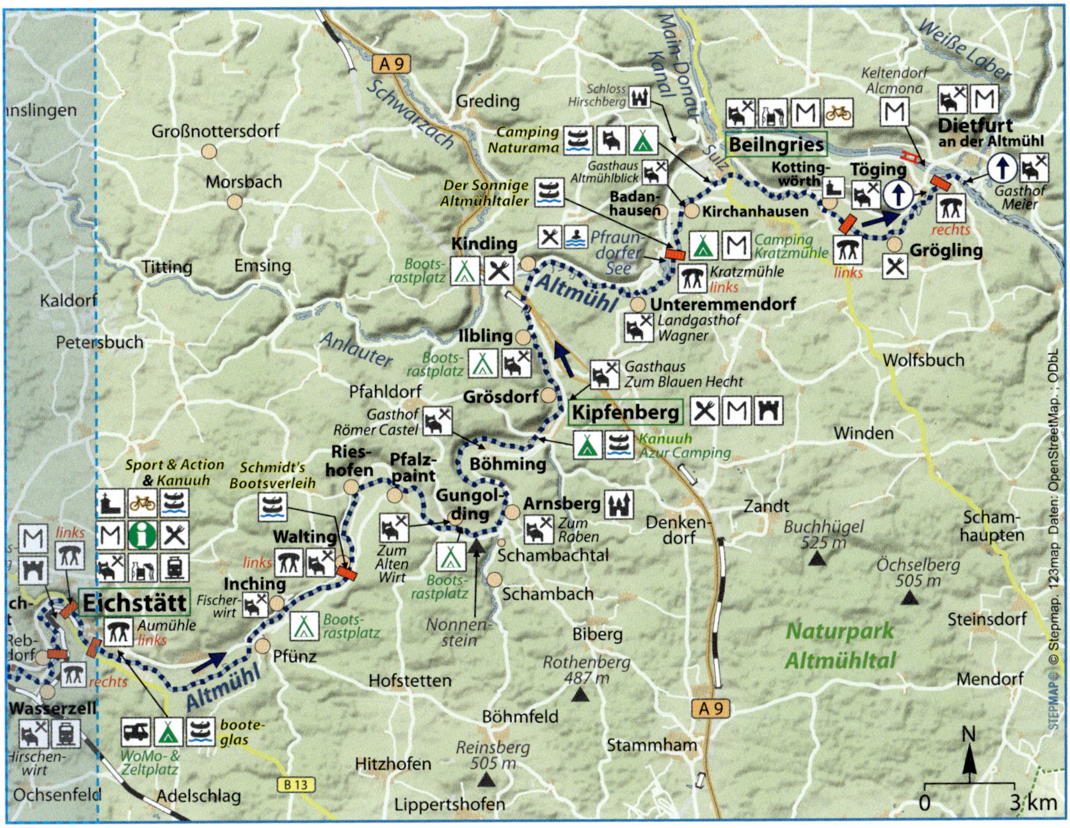

*Arbeitsgeräten. Eine Besonderheit des Museums ist die kleine Bauernküche.*

Gleich hinter der Straßenbrücke kurz vor **Trommetsheim** wurde linksurfig ein Rastplatz mit Bootstreppe angelegt und das Luftbild auf der Infotafel zeigt eindrucksvoll den Unterschied zwischen dem einst wie mit dem Lineal gezogenen Kanal und dem neuen, vielfach verzweigten Wasserlabyrinth nach der Renaturierung in den Jahren 2008/2009. *Im Ort, der für seine Storchenpopulation bekannt ist, steht die um 1040 geweihte St. Emmeramkirche, deren Kirchturm von einem Spitzhelm gekrönt wird.*

Im weiteren Verlauf kündigt der gelbe Kirchturm **Bubenheim** an. Es ist der erste Ort der Tour, dessen Häuser bis ans Wasser reichen.

Auf dem weiteren Weg rücken die Ufer wieder näher zusammen und die Strömung wird etwas stärker. Der ***Nagelberg (542 m)*** zwingt die Altmühl in eine Rechtskurve und am linken Ufer fällt die *1961 geweihte Kriegsgräberstätte ins Auge, auf der über 2.500 Gefallene der beiden Weltkriege begraben sind.*

Bald darauf überspannt eine hölzerne Fußgängerbrücke die Altmühl über die Spaziergänger zum nahen Kurpark schlendern, in dem zahlreiche Skulpturen zu sehen sind – Kunstwerke verschiedener Künstler aus der Region im öffentlichen Raum. Am rechten Ufer ziehen sich die ersten Häuser von **Treuchtlingen** den Hang hinauf. Eine imposante, an Drahtseilen hängende Holzfußgängerbrücke markiert das Ende des Kurparks.

Hinter der folgenden Straßenbrücke rauscht die Altmühl über das erste ***Wehr*** im Stadtgebiet von **Treuchtlingen**. Für die Portage legt man gegenüber der *Altmühltherme* rechts an.

Der Einstieg erfolgt hinter der nächsten Straßenbrücke, aber bereits nach wenigen Paddelschlägen versperrt das ***2. Wehr*** bei der Stadthalle die Weiterfahrt und muss kurz, ebenfalls über den Fußweg am rechten Ufer, umtragen werden, bevor wir den liebenswerten *Zeltplatz Treuchtlingen* erreichen. Gartenzwerge sind hier Fehlanzeige und Paddler bleiben unter sich. Isomatten werden in der Sonne ausgerollt.

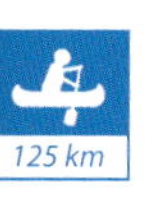


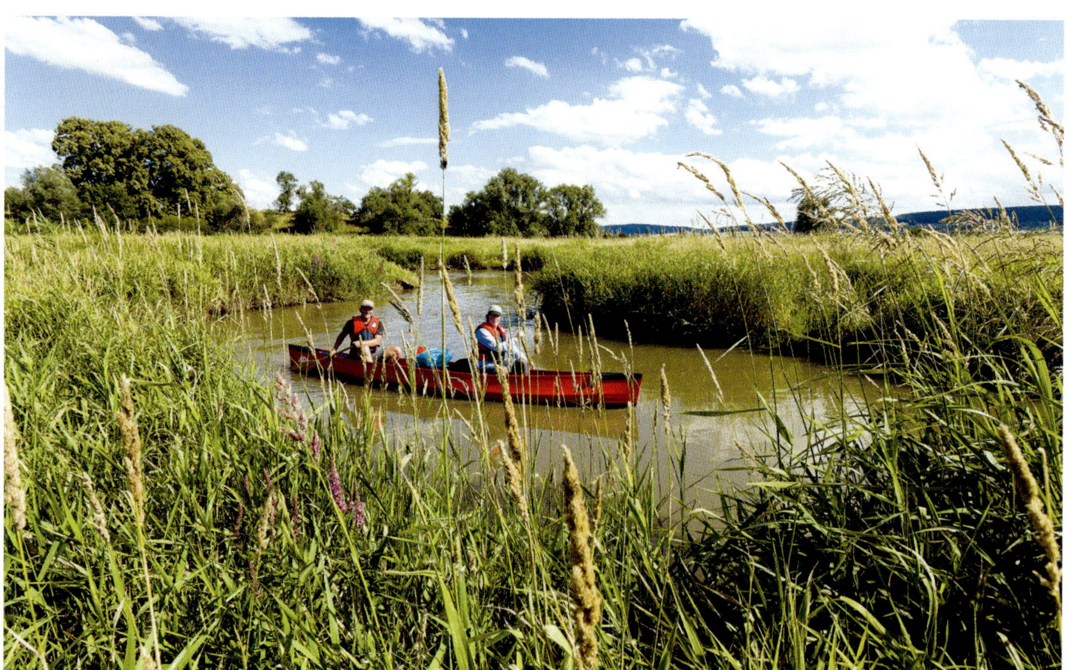

*Renaturierter Abschnitt zwischen Gunzenhausen und Treuchtlingen*

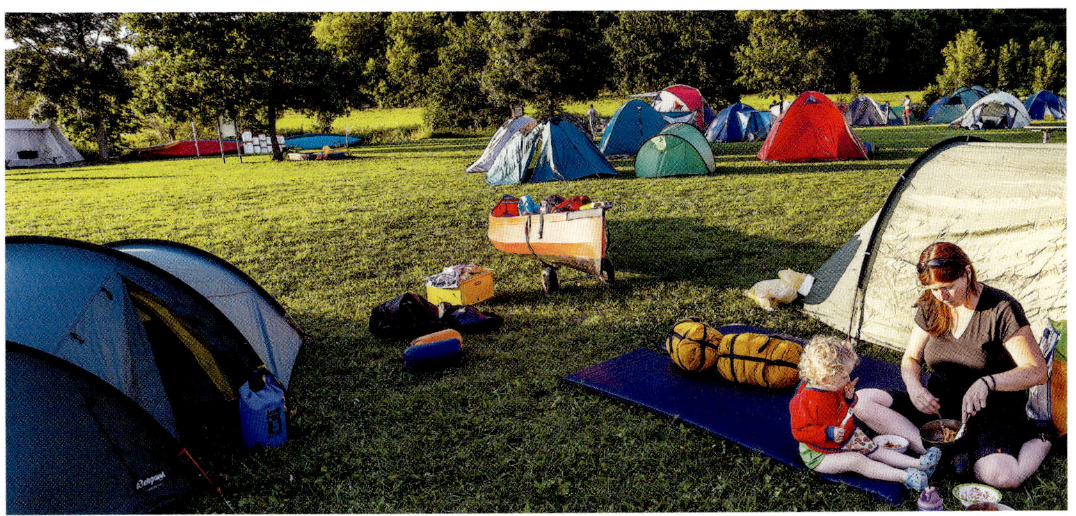

*Liebenswerter Zelt- und Bootsrastplatz Treuchtlingen*

Schnell entspinnt sich eine Fachsimpelei über verschiedene Bootsformen. An aufgespannten Leinen trocknen nasse Paddelklamotten und Mietbootkapitäne bekommen die Vorteile vom Carbonpaddel und den „J-Schlag" erklärt. Am Abend, als das Lagerfeuer direkt am Altmühlufer meterhoch lodert, lauschen sie gespannt den Geschichten aus dem Fahrtenbuch der gestandenen Kanuten.

*Als wichtiger Eisenbahnknotenpunkt spielte Treuchtlingen im 19. Jahrhundert eine entscheidende Rolle bei der Industrialisierung Bayerns. Heute bestimmt der Fremdenverkehr das Wirtschaftsleben der beschaulichen Kurstadt. Gleich zwei staatlich zertifizierte Heilquellen speisen mit heißem Wasser die Thermalbecken der modernen* ***Altmühltherme****.*

*Seit Mitte des 12. Jahrhunderts thront die* ***Obere Veste*** *hoch auf einem Bergsporn westlich der heutigen Stadt. Die sanierte Burgruine bietet einen tollen Blick über Treuchtlingen und die Altmühl. In der Stadtmitte beherbergt das im Stil der Renaissance erbaute Stadtschloss die Touristeninformation und eine Ausstellung des Naturparks. General Heinrich von Pappenheim wurde hier geboren, der Vorbild für den zum Sprichwort gewordenen Ausspruch „Daran erkenn' ich meine Pappenheimer" in Schillers Drama „Wallenstein" war.*

Am nächsten Morgen macht sich Grüppchen für Grüppchen auf den Weg. Nach dem Start in Treuchtlingen ist die Altmühl zwischen 15 und 20 Meter breit und schiebt uns gemächlich durch ein idyllisch-grünes Tal. Getrübt wird die Paddelfreude nur, wenn ein Auto oder ein Zug direkt neben dem Ufer vorbeidonnert.

An der sogenannten ***„Treuchtlinger Pforte"*** erreicht die bis dahin in einem breiten Tal als Wiesenfluss dahinströmende Altmühl das Fränkische Jura und fortan säumen beeindruckende Felsformationen das enger werdende Tal.

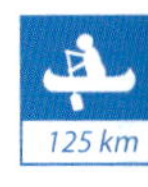


**Dietfurt i. MFr.** *(nicht zu verwechseln mit Dietfurt an der Altmühl am Tourenende)* ist ein heute etwa 450 Einwohner zählender Ortsteil von Treuchtlingen. *Er liegt an einem Altmühlübergang, den schon die Römer nutzten und der als „via publica" allen Bürgern zur Verfügung stand, woraus sich der Ortsname als „Siedlung an der allgemeinen Furt" ableiten lässt.* Der Ausstieg befindet sich rechts vor der Straßenbrücke und eröffnet die Möglichkeit zur Einkehr im *Restaurant „Enten Stub'n" (Sa, So 11.30)*. Das Kleinod ländlicher Gastlichkeit bezieht seine Produkte von Erzeugern aus der Region und sagt dazu: „Gutes kann nur aus Gutem entstehen."

Hinter der zweiten Eisenbahnbrücke wird es ruhiger und der Fluss breiter. Die einzigen

Begleiter sind nun die Radfahrer auf dem ***Altmühltal-Radweg*** nebenan. Die ohnehin kaum vorhandene Strömung schläft komplett ein und der Rückstau kündigt das ***Pappenheimer Wehr*** an. Erst rückt ***Burg*** **Pappenheim** ins Blickfeld, dann passieren wir am linken Ufer den *Naturcamping Pappenheim*. Wir paddeln rechts oberhalb am Wehr vorbei in den Kanal *(hier liegt links der Ausstieg zur „Paddlerwiese" des Campingplatzes)* und legen an den Treppenstufen an.

Die Portage führt nur einmal kurz über den Fahrradweg auf der Insel zwischen Kraftwerks- und Wehrkanal.

*Vor der Weiterfahrt sind es nur ein paar Schritte in die historische Altstadt, die die letzten Jahrhunderte recht unbeschadet überstanden hat und sich unterhalb der Burg in einem Altmühlbogen zwischen die mittelalterlichen Stadtmauern einfügt.* Wer sich stärken will: Ein ganz besonderes kulinarisches Erlebnis in **Pappenheim** ist, wenn man einen Tisch ergattern kann, die innovative Genussküche des *Hotel-Gasthofs „zur Sonne" (11.30-14 + 17.30-21.30, Di Ruhetag).*

Bald mahnt ein Schild vor gefährlicher Querströmung aus dem von rechts einmündenden Kraftwerkskanal, die aber wohl nur beim Betrieb des Kraftwerks auftritt.

Nach der Ortsdurchfahrt mit mehreren Brücken grüßt vom hohen Ufer ***Burg Pappenheim*** majestätisch zum Abschied. Nun wird es wieder einsam auf der Altmühl und am ***Zimmerner Hang*** leuchten einige der wenigen verbliebenen Wacholderheiden in der Sonne. Ein paar Paddelnovizen verzweifeln am Geradeausfahren und schlingern zwischen rechtem und linkem Ufer hin und her.

Gut zwanzig Minuten nach der nächsten Straßenbrücke erreichen wir das ***Wehr*** in **Zimmern**. Der Anleger zur Portage liegt am rechten Ufer, gegenüber lockt täglich außer mittwochs der *Gasthof „Zum Hollerstein"* mit gutbürgerlicher Küche und einem schattigen Biergarten.

Die Hänge rücken etwas näher an die Altmühl und nicht einmal 20 Minuten später bieten sich in **Solnhofen** die nächsten Einkehrmöglichkeiten. Rechts der Fußgängerbrücke

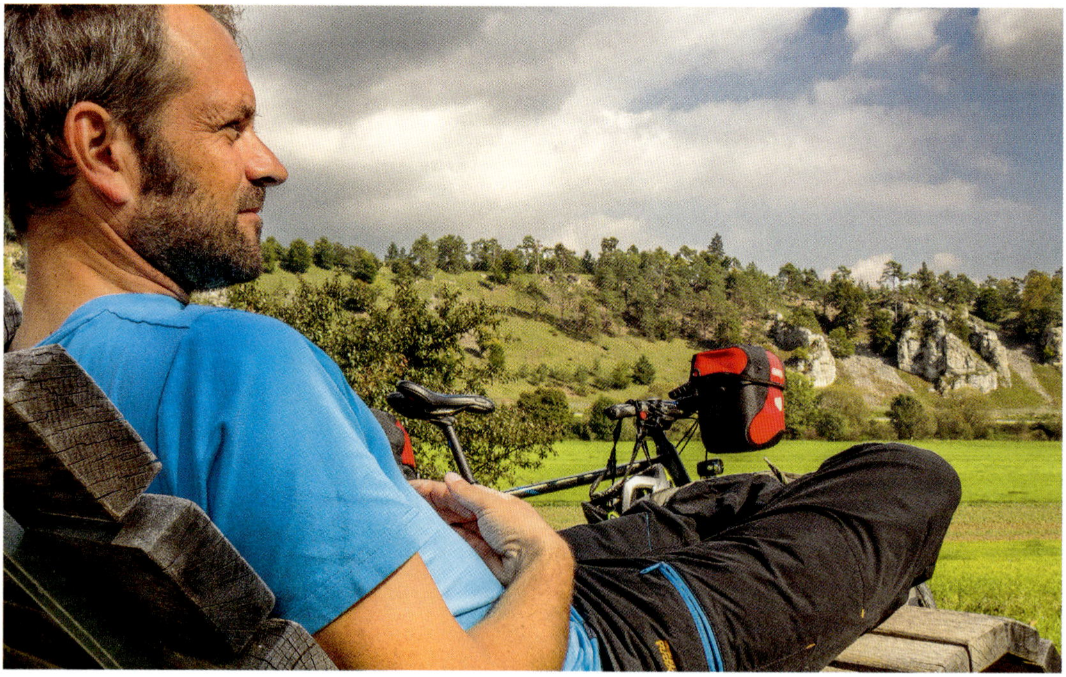

*Auch mit dem Fahrrad lässt sich die Altmühl herrlich erkunden, hier bei den „Zwölf Aposteln"*

## Der Urvogel Archaeopteryx

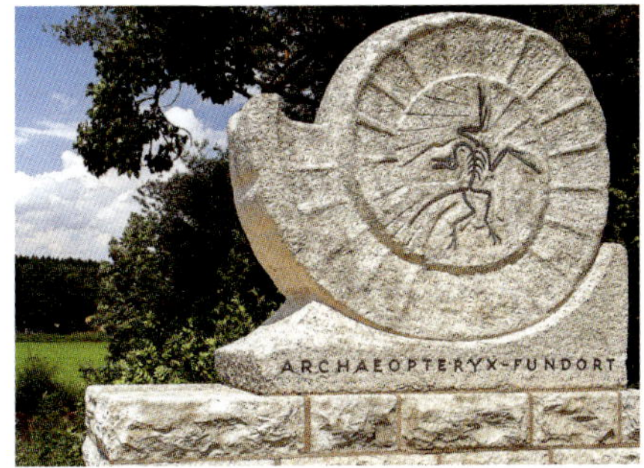


Im Jahre 1860 findet Hermann von Meyer im Solnhofener Plattenkalk eine versteinerte Feder und prägt für den dazugehörenden, etwa taubengroßen Urvogel den bis heute üblichen Gattungsnamen Archaeopteryx. Seine Entdeckung sorgte für vehementen Streit zwischen den Verfechtern der Schöpfungslehre und der ein Jahr zuvor aufgestellten Evolutionstheorie von Charles Darwin.

Bis zur Entdeckung des Archaeopteryx war sich die Wissenschaft einig, dass sich die Vögel erst nach dem Ende der Flugsaurier entwickelt hatten. Der Urvogel war nun aber eine Übergangsform, die mit dem bezahnten Kiefer und den Schwungfedern gleichzeitig sowohl Merkmale der alten als auch der neuen Art aufwies und damit Darwins Theorie bestätigte. In den Steinbrüchen des Altmühltals wurden bis heute insgesamt zehn mehr oder weniger gut erhaltene Skelette des Urvogels Archaeopteryx entdeckt. Das bisher letzte Exemplar stammt aus dem Jahre 2005.

geht es hoch zum Biergarten des *Gasthauses Alte Schule* mit Kleinkunstbühne, wo an den Wochenenden oft auch Kabarett, Musik und Autorenlesungen geboten werden. Der Anleger für einen Ausflug ins Örtchen ist am rechten Ufer vor der folgenden Straßenbrücke erreicht.

**Solnhofen** *steht ganz unter dem Motto „Die Welt in Stein". Der in der Region abgebaute Solnhofener Plattenkalk wird seit Jahrhunderten als Boden- und Treppenbelag geschätzt und eignet sich ebenfalls besonders gut für die Lithographie. Das als „Bürgermeister-Müller-Museum" bekannte Museum Solnhofen informiert über die Geschichte des Steindrucks und zeigt eine umfangreiche Fossiliensammlung. „Lebensmittel Thoma" gegenüber ist ein Tante-Emma-Laden wie er im Buche steht: Ob Coffee to go, Hammer und Meißel für den Hobbysteinbruch oder Feuerholz – hier findet man einfach alles.*

Seit 2022 kann man in **Solnhofen** auch wieder im Bett übernachten – der Kanuvermieter Kanuuh hat nach Renovierung das *Gasthaus Senefelder Hof* als B&B mit Zimmern „ohne Schnick & Schnack" wiederbelebt.

Am Ortsende versperrt das nächste ***Wehr*** die Weiterfahrt. Wir paddeln rechts daran vorbei in den ***Mühlenkanal***, setzen gleich am linken Ufer aus und tragen die Boote kurz über die Wehrinsel nach links ins Unterwasser.

Auf der Insel liegt der *Zeltplatz* des *„Kanuzentrum Aktivmühle"* und am Ende der Insel Serviert der *Gasthof „Zum Mühlenwirt"* im schönem Biergarten fränkische Küche.

Nun beginnt der wohl spektakulärste Abschnitt der Altmühl, denn keine 10 Paddelminuten später ragen am linken Ufer die ***„Zwölf Apostel"*** in den Himmel. *Diese beeindruckende Felsformation ist der Rest eines Riffgürtels aus dem tropischen Meer zur Jurazeit. Über die Jahrtausende haben Wind, Sonne, Regen und Eis die freistehenden Felsen aus Schwamm-Algen-Kalken modelliert. Zwischen ihnen dehnen sich lichte Wacholder-Kiefernwälder und Kalkmagerrasen aus.*

Hinter den „Zwölf Aposteln" folgt rechts vor der Fußgängerbrücke ein *Rastplatz*. Über die Brücke geht es zum *Gasthaus 13. Apostel* in **Eßlingen** mit seinem kleinen Biergarten.

Nächste Station hinter der Straßenbrücke in **Altendorf** bei **Mörnsheim** ist das ***Wehr Hammermühle***. Es kann über die ***Bootsrutsche*** (*etwas rechts von der Mitte, von oben aber nur schwer auszumachen)* befahren werden. Die spritzige Befahrung macht so viel Spaß, dass manch Paddler die Befahrung gleich mehrfach unternimmt. Am linken Ufer neben dem Wehr liegt der komfortable *Zeltplatz* mit Schäferwagendorf, WoMo-Stellplatz und Biergarten.

Libellen tanzen am nächsten Morgen über der Wasseroberfläche und die kleinen Blüten des Sumpf-Vergissmeinnichts leuchten in der Sonne. Drei ruhige Kilometer weiter kündigt der blanke Felshang, an dem die Bahngleise wieder direkt ans Altmühlufer treten, das ***Wehr Hagenacker*** an, das wie sein Vorgänger über eine spritzige ***Bootsrutsche*** befahren werden kann.

Drei Paddelkilometer weiter ist **Dollnstein** erreicht. Nachdem einmal mehr die Eisenbahnlinie die Altmühl gekreuzt hat, ist am linken Ufer vor der Straßenbrücke der Anleger zu finden. Der Ausstieg für den *Campingplatz* befindet sich etwa 150 Meter hinter der Straßenbrücke am rechten Ufer. In einem restaurierten Wirtschaftsgebäude der ehemaligen ***Burg*** aus dem 12. Jahrhundert informiert das ***Altmühlzentrum*** über die Kulturgeschichte des Altmühltals.

Zurück auf dem Wasser öffnet sich das Tal und führt in einem weiten Bogen um den markanten ***Burgsteinfelsen***. Das 45 Meter hohe Massiv ist bei Sportkletterern sehr beliebt. Etwa eine halbe Stunde später erreichen wir hinter dem Sägewerk die ***Stauanlage Bubenrothermühle***. Für die Portage legen wir ein paar Meter vor dem ***Wehr*** am linken Ufer an und ziehen die Boote kurz über die Wiese.

Nur einen Kilometer weiter überquert die Straßenbrücke von **Breitenfurt** die Altmühl und bald ziehen erst das *Freibad* mit seinem *Biergarten* und kurz darauf der familiäre *Zeltplatz Altmühltal* am rechten Ufer vorüber.

In der nächsten Kurve fließt die Altmühl an schön anzuschauenden überhängenden Felsen vorbei. Während der Flutende Hahnenfuß auf der Wasseroberfläche wuchert, rücken die Hänge mit ihren imposanten, grauen Felsformationen, Wacholderheiden und Trockenrasen dichter an den Fluss.

Eine gute Möglichkeit zur Pause bieten die Picknicktische des *Rastplatzes* hinter der nächsten Straßenbrücke. Nebenan kümmert sich im Sommer *„Mein Platz an der Bruck"* im urigen Schäferwagen mit leckeren Brotzeiten und hausgemachten Kuchen um das leibliche Wohl. Hinter **Obereichstätt** wurde der ehemalige Durchstich mit einem Damm verschlossen, um die natürliche Flussschlinge der Altmühl wieder aufzustauen. Davor halten wir uns rechts und paddeln die Flussschleife aus.

Vor der Straßenbrücke **Wasserzell** liegt am rechten Ufer ein schöner *Rastplatz*. Wer keinen eigenen Proviant an Bord hat, erreicht nach ein paar Schritten in den Ort den *Landgasthof Hirschenwirt* mit eigener Metzgerei und schönem Biergarten.

Gut ein Kilometer weiter steht am ***Wehr*** in **Rebdorf** der nächste Landtransport an. Es wird am rechten Ufer umtragen. Am Ufer des linken

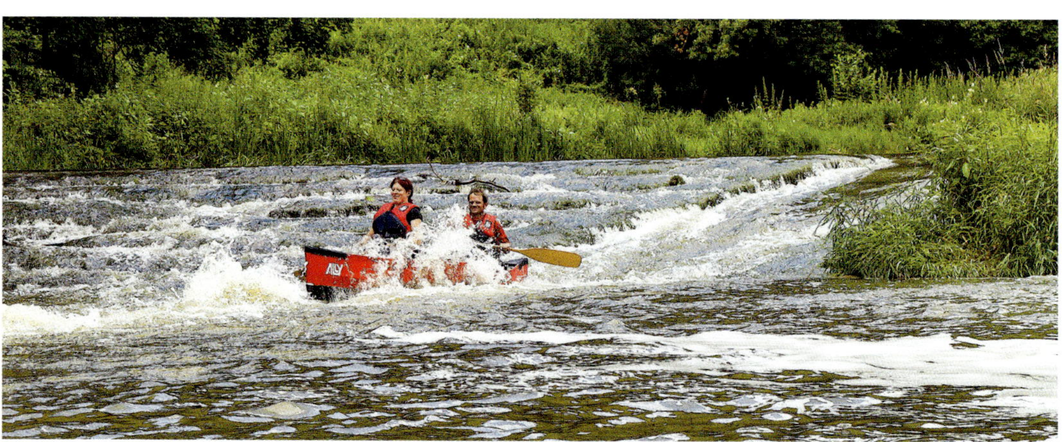

*Spritziges Vergnügen an der Bootsrutsche Hagenacker*

Wehrarms erhebt sich das ehemalige Augustinerkloster mit seiner markanten, zweitürmigen Pfeilerbasilika.

Voraus erhebt sich die ***Willibaldsburg*** und es ist nicht mehr weit bis zur Bischofsstadt **Eichstätt**, die den Paddler mit der ***Stauanlage Willibaldbrücke*** empfängt. Das ***Wehr*** muss kurz über die Insel in den Seitenarm umtragen werden.

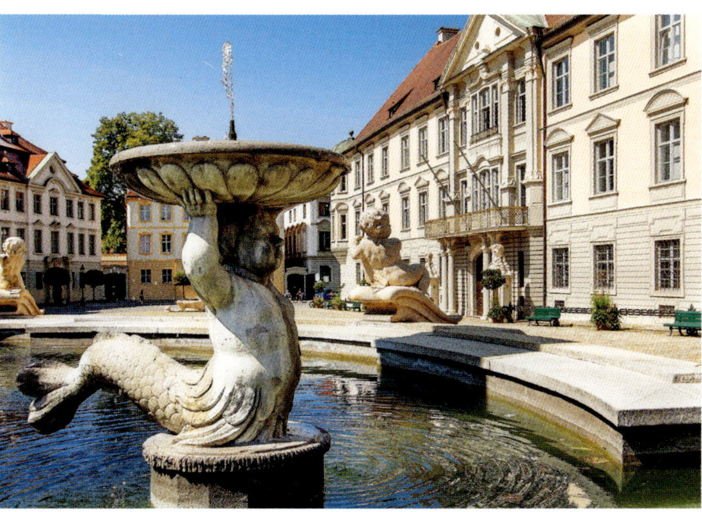

*Residenzplatz in Eichstätt*

Dann zieht die Stadt mit ihren zahlreichen Kirchtürmen an uns vorüber und nur noch das ***Wehr Aumühle*** trennt uns vom Etappenziel. Schnell ist es am linken Ufer umtragen und wir erreichen den großen *Zelt- und Wohnmobilstellplatz* der Stadt **Eichstätt**. Zur Übernachtung stehen sogar zwei Schlaffässer zur Verfügung.

*Eichstätt, die „Hauptstadt" des Altmühltals, empfängt seine Besucher mit malerischen, engen Gassen sowie unzähligen Kunst- und Architekturschätzen. Das zentrale Bauwerk ist der Eichstätter Dom, der als herausragendes Beispiel katholischer Kirchenbaukunst gilt und mit Stilelementen der unterschiedlichsten Epochen von der Romanik über die Gotik bis hin zum Barock aufwarten kann. Barock präsentiert sich auch die übrige Altstadt. Besonders auffällig wird dies am Residenzplatz aus dem 18. Jahrhundert, der sicherlich zu den prächtigsten Plätzen Deutschlands – wenn nicht sogar Europas zählt.*

Bei der Weiterfahrt am nächsten Morgen begleiten uns die bunt gekleideten Radler, die über den schönen Radweg am Ufer entlangflitzen, auf dem Weg aus Eichstätt heraus. Kurz hinter der Straßenbrücke von **Pfünz** überspannt die mittelalterliche ***Steinbogenbrücke*** die Altmühl. *Sie zählt zu den bedeutendsten historischen Steinbrücken Bayerns.* Dahinter lädt am linken Ufer ein Rastplatz zur Pause ein. Oberhalb des Ortes steht das rekonstruierte ***Römerkastell Vetoniana***, das für die Sicherung des nahen Limes verantwortlich war.

Vor der Straßenbrücke in **Inching** liegt am rechten Ufer der örtliche *Bootsrastplatz*. Wer ein günstiges Zimmer sucht, findet über die Brücke den Weg zum *Gasthof Fischerwirt* im Zentrum des kleinen Örtchens. *Die Kirche inmitten der alten Friedhofsanlage ist noch von Teilen der alten Wehrmauer umgeben und ihr Turm stammt gar aus dem 11. Jahrhundert.*

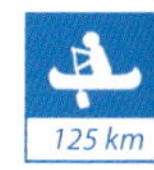


Das ***Wehr*** in **Walting** muss kurz am linken Ufer umtragen werden.

*Bevor es weitergeht werfen wir noch einen Blick in die Pfarrkirche St. Johannes mit dem Hochaltar aus dem 17. Jahrhundert und in die mittelalterliche Kapelle St. Leonhard mit ihrem schönen Deckengemälde und dem barocken Altar.*

Eine Möglichkeit zur Einkehr bei großen und günstigen Portionen gutbürgerlicher Küche, bietet das *Landgasthaus zur Mühle* etwa 200 Meter weiter am rechten Flussufer. Der Ausstieg findet sich gleich hinter der Brücke, die man dann hinüber zum Gasthaus quert, auf der linken Seite.

Der weiße Kirchturm über dem Ufer sowie der im Volksmund „Hungerturm" genannte ***Bergfried*** der ehemaligen ***Wasserburg Rieshofen***, auf einer kleinen Insel im Fluss gelegen, kündigen **Rieshofen** schon lange im Voraus an. Eine Bootstreppe findet sich am linken Ufer vor der Straßenbrücke.

*Als Sitz der Dienstmannenfamilie des Hochstifts Eichstätt um 1290 entstanden, dient die frei zugängliche Ruine heute den Kanufahrern als Rastplatz. Der Name „Hungerturm" geht auf eine historische Begebenheit zurück, die anschaulich die Ressentiments gegenüber Juden über die Jahrhunderte verdeutlicht: Wegen Hehlerei von gestohlenen silbernen Kirchenuntensilien soll sich der Töginger Jude Joseph verantworten. Das Eichstätter Halsgericht verurteilt ihn deswegen 1689 zum Tode. Zur Vollstreckung des grausamen Urteils, ließ man den angeblichen Hehler im Turm innerhalb von 42 Tagen qualvoll verhungern.*

Hinter Rieshofen erheben sich am Altmühlufer wieder einige schroffe Felsen und schon ist die Ausstiegsstelle links hinter der Straßenbrücke in **Pfalzpaint** erreicht. Hier wurde mit großen Natursteinblöcken ein *Rastplatz* (keine Übernachtung) geschaffen. Auf der südlichen Uferseite offeriert *Angelina's Altmühlrast* mit idyllischem Biergarten an der Wiese direkt zwischen dem kleinen Feuerwehrhäuschen und der Altmühl in der Sommersaison von Fr-So im kleinen Kiosk Getränke, Kaffee und Kuchen oder auch kleine Brotzeiten.

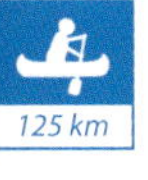


*Die Kirche St. Andreas bildete ehemals eine befestigte Einheit mit der Burg der Herren von Pfalzpaint, von der nur noch der Bergfried aus dem 13. Jahrhundert erhalten blieb. Überwiegend aus der Zeit des Barock stammt die teils wertvolle Innenausstattung, darunter eine Holzfigur aus dem frühen 16. Jahrhundert.*

Im nächsten Abschnitt begleitet die ***Gungoldinger Wacholderheide***, eines der ältesten Naturschutzgebiete Bayerns, das Altmühlufer. Etwa 200 Meter hinter der Straßenbrücke finden sich am linken Ufer der Ausstieg sowie der *Bootsrastplatz Gungolding*. Der nahe *Landgasthof „Zum Alten Wirt"* ist gemütlich und offeriert neben schmackhafter Hausmannskost auch freundliche Zimmer.

**Gungolding** ist idealer Ausgangspunkt für Wanderungen ins ***Arnsberger Schambachtal*** mit seinen Mühlen und zum bewaldeten Höhenkamm des Jura mit den Felsriffen ***Nonnenstein*** und ***Hexenfelsen*** südlich des Ortes oder zu Spaziergängen durch die Gungoldinger Heide im Norden. Hübsch anzuschauen ist

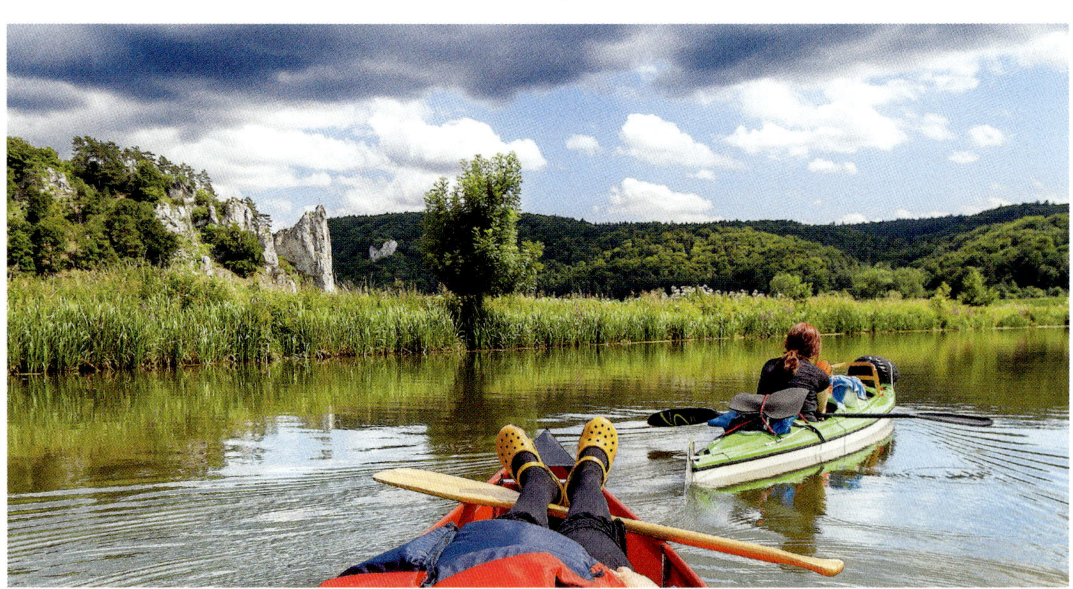

*Vorne im Kanu kann man auch mal faul sein, im Hintergrund der Burgsteinfelsen bei Dollnstein*

die außerhalb des Ortes auf einer Anhöhe stehende barocke ***Pfarrkirche Mariä Himmelfahrt***, zu der 14 Kreuzwegstationen mit Bildtafeln führen.

Hinter der nächsten Flussbiegung taucht am Horizont über dem Ufer ***Schloss Arnsberg*** auf, das in 120 Metern Höhe auf einem steilen Dolomitfelsen thront. Von der Ruine des einstigen Sommerschlosses der Eichstätter Bischöfe bietet sich ein famoser Ausblick über die Altmühl. *Das zweigeschossige Hauptgebäude der Vorburg wurde 1578 errichtet und 1972 als Hotel renoviert.* Der Bootsausstieg **Arnsberg** liegt direkt hinter der Straßenbrücke am rechten Ufer unterhalb der Burg.

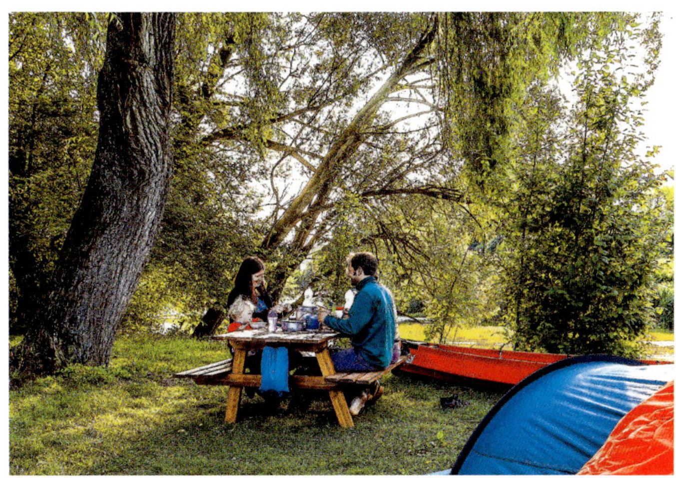

*Gemütliches Frühstück am Camping Kipfenberg*

Das Altmühltal gibt sich nun wieder recht spektakulär und wird zur Rechten vom Naturschutzgebiet ***Arnsberger Leite*** mit lichtem Wald und schroffen, wie Finger aus dem Wald ragenden Dolomitfelsen begrenzt. Durch die exponierte Lage des Hangs wachsen Pflanzen, die sonst hauptsächlich im Südosten Europas oder südlich der Alpen verbreitet sind.

Die nächste Möglichkeit zu einem Zwischenstopp bietet sich etwa 1,5 Kilometer hinter der Straßenbrücke Regelmannsbrunn am *Rastplatz* in **Böhming**. Die weiße ***Kirche St. Johannes der Täufer***, die ein Stück vor dem Dorf liegt, sticht schon von Weitem ins Auge. *Die erste von Bischof Otto von Eichstätt zwischen 1182 und 1189 geweihte Kirche wurde im 15. Jahrhundert durch einen Neubau ersetzt, von dem noch der Turm mit seinem charakteristischen Treppengiebel erhalten ist. Die Kirche steht innerhalb der Einfriedung eines Friedhofs auf Teilen eines ehemaligen römischen Kastells, das vermutlich unter dem römischen Kaiser Hadrian zur Sicherung des Altmühlübergangs des Limes bei Kipfenberg errichtet wurde. Das 95 x 78 Meter große Areal das dicht bebaut war, nahm bis zu 200 Legionäre auf. Das Kastell ist als Abschnitt des Obergermanisch-Rätischen Limes seit 2005 Teil des UNESCO-Welterbes.*

Im rund 200 Meter vom Rastplatz entfernten *Wirtshaus und Hotel Römer-Castell* können Paddler ihren Hunger mit Gerichten aus regionaler Küche stillen.

Nun sind es noch etwa zwei sehr einsame Kilometer bis zum nächsten Zwischenziel, dem Markt **Kipfenberg**, der schon lange vorher von der hoch über dem Ufer wachenden ***Burg Kipfenberg*** angekündigt wird und an dem schon Kelten, Römer, Alemannen und Bajuwaren nicht vorbeikamen ohne sich hier, zumindest zeitweise, niederzulassen.

Erster Vorposten des Städtchens ist der *Azur Camping*, ein kurzes Stück dahinter bietet am rechten Ufer vor der Straßenbrücke der *öffentliche Bootsanleger* die Möglichkeit zu einem Landgang. Nur wenige Schritte sind es zum historischen Marktplatz mit einer ganzen Reihe netter Gasthäuser. Hotels in Wassernähe gibt es allerdings nicht.

*Der Markt Kipfenberg entwickelte sich am Fuße der Burg aus dem späten 12. Jahrhundert mit romanischem Bergfried, spätgotischer Kapelle sowie Hexenturm (12. / 13. Jh.) und gotischem Zwingerturm und wurde erstmals im 13. Jh. in einer Urkunde erwähnt. 1301 verkauften die Ritter den gesamten Besitz samt dem Markt an die*

*Eichstätter Bischöfe und bis zur Säkularisation im Jahre 1803 verblieb die Burg in deren Besitz.*

*In der historischen Vorburg ist das Römer- und Bajuwarenmuseum mit dem Infopoint Limes untergebracht. Es informiert über den Aufbau und das Ende des heutigen Welterbe Limes und die Besiedlung Bayerns durch die Bajuwaren am Ende der Völkerwanderungszeit. Die Burg selbst befindet sich in Privatbesitz und kann nicht besichtigt werden.*

Spätestens ab der Straßenbrücke in **Grösdorf** ist das Brummen der näher ans Ufer rückenden A9 auch auf der Altmühl zu vernehmen. Malerisch am Hang erhebt sich am linken Ufer die ***Kirche St. Martin (15. Jh.)*** im Ort **Grösdorf**. *Über ihren Altären stehen alte wertvolle Figuren aus der Spätgotik. Das Deckenfresko mit dem Hl. St. Martin und dem Bettler ist hübsch anzuschauen.*

Zu Füßen des sanft ansteigenden Hangs liegt das ehemalige Fischerdorf **Ilbling** *(Bootsrastplatz, Landgasthof Häckl), das 1990 eine archäologische Sensation zu verzeichnen hatte, als man einen Germanenkrieger in römischen Diensten mit kostbaren Grabbeigaben fand.*

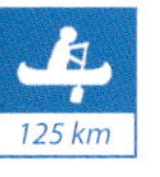


Vor der Straßenbrücke in **Kinding** wird die Altmühl sehr flach; die beste Durchfahrt bietet sich ganz am linken Ufer, wo auch der einfache *Bootsrastplatz (Sitzbänke, Dixi-Toilette, Feuerstelle, kein Frischwasser!)* zu finden ist. Von hier ist es nur ein Katzensprung zu den schönen Biergärten im Zentrum des Ortes, am Schnittpunkt der Täler von ***Anlauter***, ***Schwarzach*** und ***Altmühl***, der zu den ältesten Siedlungen der Region zählt. An den Berghang am Nordende des Dorfes duckt sich die sehr gut erhaltene ***Kirchenburg***. *In ihrem Zentrum liegt der innere Friedhof, der von einer Ringmauer mit drei Türmen geschützt wird. Südlich schließt sich der äußere Friedhof an, auf dem bei Angriffen sowohl das Vieh als auch anderes Hab und Gut sicher verwahrt wurde. Nach außen war die kompakte, spätmittelalterliche Wehranlage durch einen Wehrgang mit Schießscharten geschützt.*

Die Bootstreppe für eine Rast oder die Einkehr im *Landgasthof Wagner* in **Unteremmendorf** liegt am rechten Ufer vor der Straßenbrükke. Wer sich die Füße vertreten möchte, wirft einen Blick in die romanische ***Kirche St. Nikolaus*** *aus dem 12. Jahrhundert um die sich die Häuser des Ortes scharen und deren gedrungene*

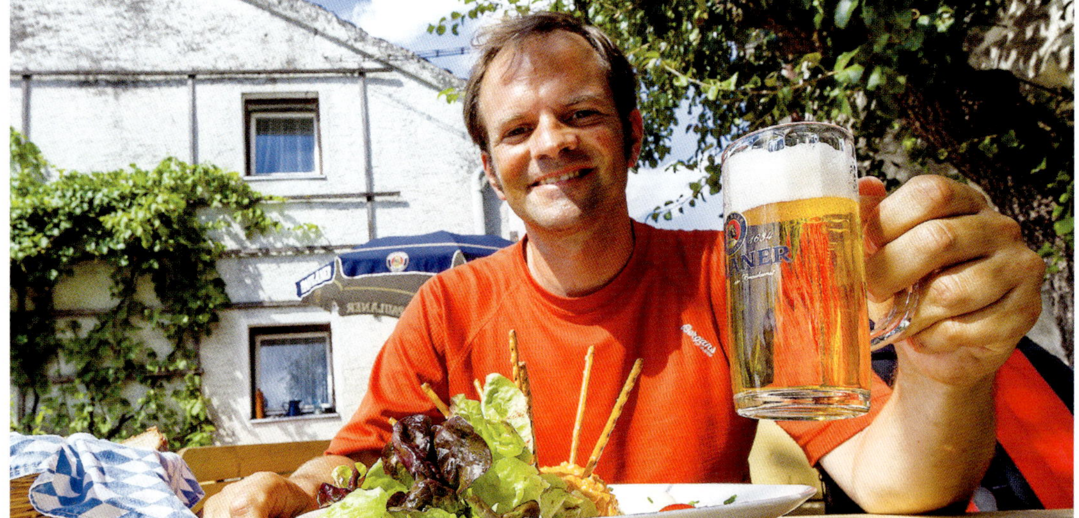

*Bayerische Brotzeit in einem Kindinger Biergarten*

*Wucht charakteristisch ist für viele Dorfkirchen im Altmühltal. Das Sakramentshäuschen, eine Arbeit aus der Renaissance um 1570, ist sehenswert.*

Linker Hand erstreckt sich der ***Pfraundorfer See***, ein frei zugänglicher großer Natur-Badesee. Er lädt ein zum Baden, Schwimmen, Rudern und Sonnenbaden – an mehr als zwei Kilometern Uferlinie. Am rechten Ufer dehnt sich der langgestreckte *Campingplatz* **Kratzmühle** aus, an dessen Ende sich ein weiteres ***Wehr*** in den Weg stellt. Der Ausstieg für die Portage ist am linken Altmühlufer.

Über die Wehrbrücke gelangt man zum ***Technikmuseum*** in der ***historischen Mühle****, mit technischen Geräten aus den Bereichen Landwirtschaft, Haushalt, Handwerk und Verkehr* sowie zum *Wirtshaus zur Kratzmühle* mit fränkischer und bayerischer Küche. Auf der Straße nach links am großen Parkplatz vorbei, lädt am Ufer des ***Pfraundorfer Sees*** das *Seerestaurant Kratzmühle* mit einer großen Terrasse am Ufer ein.

Die nächste Möglichkeit zur Einkehr *(Gasthaus Altmühlblick, tgl. ab 15 Uhr)* lässt nicht lange auf sich warten und ist an der Straßenbrücke erreicht, die **Badanhausen** am linken mit **Kirchanhausen** am rechten Ufer verbindet.

Sicheres Anzeichen für das nahe Beilngries ist ***Schloss Hirschberg*** – schon lange im Voraus zu erkennen. *Es wurde ab dem 11. Jh. auf einem Bergsporn hoch über Beilngries für die Grafen von Hirschberg erbaut. Als Graf Gebhard VII. 1305 kinderlos stirbt, erbt der Bischof von Eichstätt die mächtige Anlage, die zu den größten Burgen in der Altmühlregion zählt. Nach einem Blitzeinschlag in der ersten Hälfte des 17. Jahrhunderts brennt die Burg zum großen Teil aus. Im 18. Jh. lassen die Bischöfe auf den Ruinen der einstigen Burg eine Schlossanlage mit drei Flügeln errichten. Sie dient den Herren als Sommerfrische, von wo aus man sich auf die Jagd begibt und höfische Feste veranstaltet.* Heute wird die Anlage als Tagungs- und Bildungshaus der Diözese Eichstätt für Tagungen, Seminare und Fortbildungen genutzt.

Am südlichen Stadtrand von **Beilngries** bietet sich der *Naturama Camping* als Ausgangspunkt

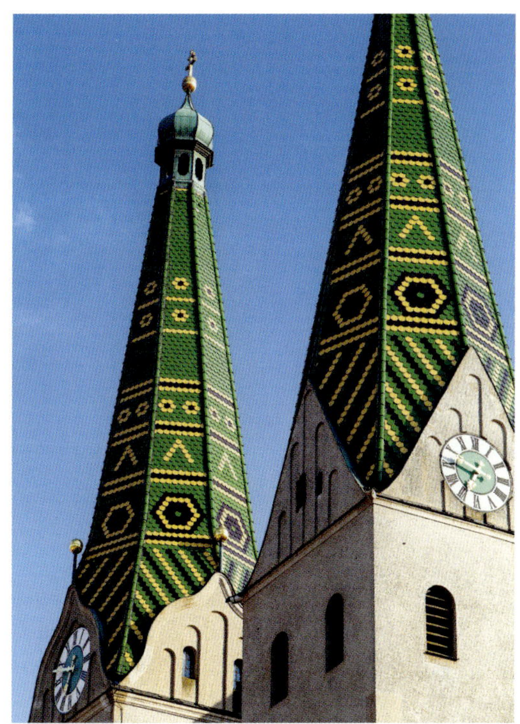

für eine ausgedehnte Stadtbesichtigung an.

Die *öffentliche Anlegestelle* für einen Spaziergang durch die Stadt befindet sich an der nächsten Straßenbrücke. *Charakteristisch für die Kleinstadt Beilngries sind die Türme als Überbleibsel der mittelalterlichen* ***Stadtmauer****. Sie wurden ab 1407 erbaut und von den einst zwölf Türmen sind noch neun erhalten. Den auffälligen Mittelpunkt bildet die* ***Stadtpfarrkirche St. Walburga*** *mit ihren zwei buntglasierten Turmhelmen. Gegenüber liegt das von Baumeister Gabriel de Gabrieli im Auftrag der Eichstätter Fürstbischöfe errichtete barocke* ***Rathaus****. Die* ***Frauenkirche*** *im Rokoko-Stil, etwas weiter nördlich, gilt als der bedeutendste Kirchenbau von Beilngries. Nur wenige Schritte entfernt präsentiert das Spielzeugmuseum im ehemaligen Franziskanerkloster eine Sammlung historischer Spielgeräte.*

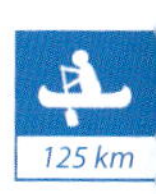


Hinter Beilngries werden die Ufer flacher. In **Kottingwörth** werden wir Paddler von dem gelben Doppelkirchturm der 1760 erbauten ***Wehrkirche St. Vitus*** begrüßt. *Zuweilen auch „Der kleine Dom im Altmühltal" genannt, ist sie*

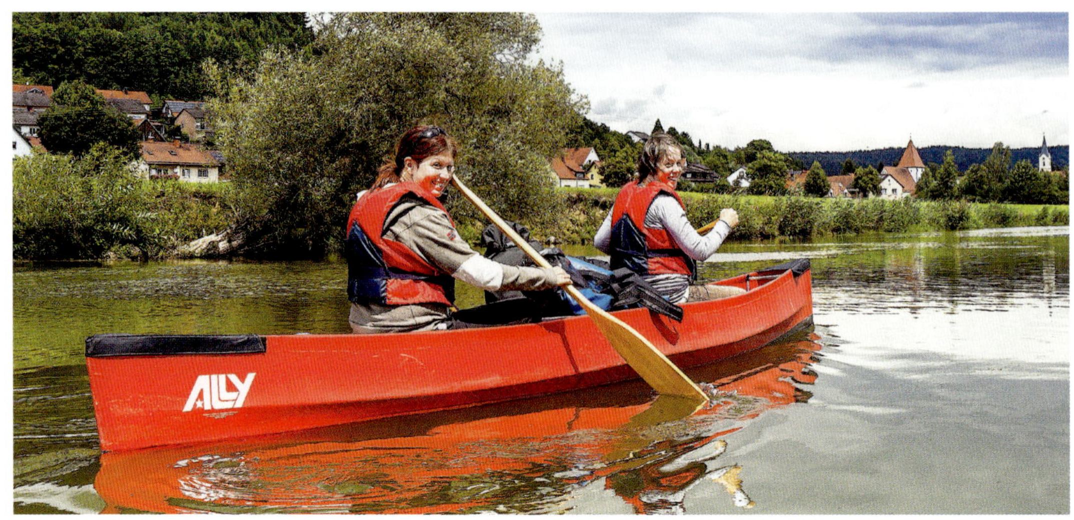


*Ziel in Sicht!*

*mit einem Zyklus mittelalterlicher Deckenfresken im Turmuntergeschoss, die wohl wichtigste Sehenswürdigkeit in der Region.* Die Möglichkeit zu einem Landgang zum schattigen Biergarten des *Wirtshauses „Zur Sonne"* bietet die *Anlegestelle* am rechten Ufer hinter der Straßenbrücke.

Als letztes Hindernis der Tour will wenig später das *Wehr* in **Kottingwörth** etwa 100 Meter am linken Ufer umtragen werden.

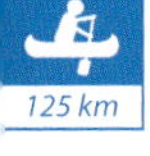


Am Ortsrand von **Grögling** lädt das urige Blockhaus am rechten Altmühlufer mit einem kleinen Biergarten zu einer deftigen Brotzeit mit regionalen Produkten. Jeden Mittwoch ist Brottag, dann werden kalte und warme Schmankerln auf frischem Holzofenbrot serviert.

Bis zum Endpunkt der Tour sind es noch gut 2 Kilometer und in einiger Entfernung rückt hinter dem linken Ufer der gelbe Kirchturm von **Töging** ins Blickfeld. Die beste Stelle zum Beenden der Tour bietet die große Uferwiese links hinter der Holzbrücke. Ein paar Hundert Meter in den Ort hinein gibt es eine Übernachtungsmöglichkeit im *Gasthof Schloßwirt*.

Wer die Tour mit einer komfortablen und günstigen Übernachtung in Wassernähe beenden möchte, trägt wenige Hundert Meter weiter am rechten Ufer das Kraftwerk um, biegt kurz darauf an der Einmündung der Altmühl in den ***Main-Donau-Kanal*** rechts ab und legt gleich rechts an den Steinstufen unterhalb des *Gasthofs Meier „Zu den 3 Heiligen"* an.

Das nahegelegene **Dietfurt a.d. Altmühl** bietet die richtige Kulisse für den stimmungsvollen Tourenausklang. *Ihren Titel als „7-Täler-Stadt" verdankt sie der Lage an einer Stelle, wo sich das Altmühltal breit öffnet und die Täler von Weißer Laber und Wissinger Laber, das Mühlbacher Tal, das Untere und Obere Altmühltal sowie das Ottmaringer und Böhmerbrunnen Tal sternenförmig zusammentreffen. Von den einst zehn Wehrtürmen der mittelalterlichen Stadtmauer haben sechs die Wirren der Zeit überstanden. Die wichtigsten Dietfurter Sehenswürdigkeiten lassen sich gut bei einem Stadtbummel entdecken. Besonders ins Auge fällt der „Chinesenbrunnen" von 1962 vor dem Rathaus. Der Spitzname „Bayrisch China" entwickelte sich nachdem der Bischof von Eichstätt einst seinen Kämmerer nach Dietfurt schickte, um die fälligen Steuern und Abgaben einzutreiben. Da sich die Dietfurter hinter der Stadtmauer verschanzten, musste der Kämmerer mit leerem Portemonnaie nach Eichstätt zurückkehren und berichtete: „Die Dietfurter verschanzen sich hinter der Stadtmauer wie die Chinesen!". Sehenswert ist auch das Altmühltaler Mühlenmuseum, mit der letzten laufenden Mühle im Altmühltal.*

# Die Wörnitz

*Unterwegs auf dem „Schlangenfluss"*

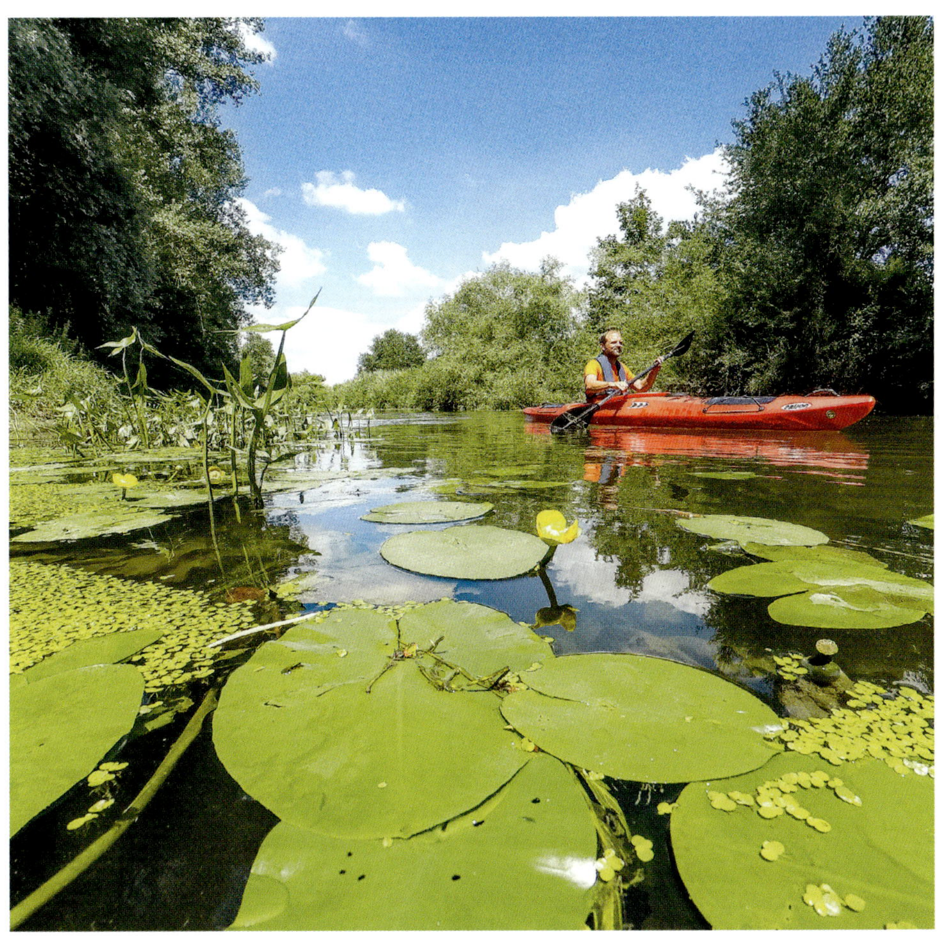

Tour 12

## Tour-Infos Wörnitz

| Aktivitäten | Natur | Kultur | Baden | Hindernisse |
|---|---|---|---|---|
| 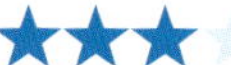 | 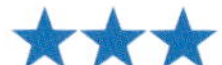 |  |  |  |

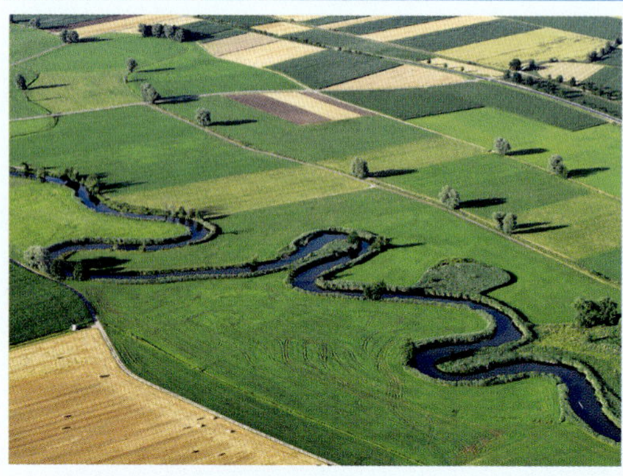

**Charakter der Tour**

Nicht allzu breit und nicht allzu tief, bietet die Wörnitz ab Oettingen hervorragende Rahmenbedingungen für eine gemütliche, familientaugliche Kanutour.

Mit gemächlicher Strömung schlängelt sie sich ohne paddeltechnische Schwierigkeiten durch das Ries, eine in Deutschland und Europa einmalige Landschaft, die vor 15 Millionen Jahren durch einen gigantischen Meteoriteneinschlag entstanden ist. Ihre vielen Windungen haben sich im Laufe der Jahrtausende aufgrund der niedrigen Fließgeschwindigkeit entwickelt – deshalb wird sie im Volksmund oft auch „Schlangenfluss" genannt.

Der Flusslauf wird von der Romantischen Straße begleitet und für die sehenswerten Städte und Städtchen entlang der Ufer sollte man in jedem Fall ausreichend Zeit mitbringen. Zu erwähnen wäre die altehrwürdige Fürstenstadt Oettingen mit seinem Residenzschloss, Harburg mit seiner gut erhaltenen mittelalterlichen Burganlage oder die bayerisch-schwäbische Donauperle Donauwörth an der Mündung der Wörnitz in die Donau.

**Länge & Dauer der Tour:** 47 km, 2 Tage **Schwierigkeit:** Leicht, sehr gut für Familien geeignet

**Umtragestellen:** Auf der vorgestellten Strecke müssen insgesamt **6 Wehre** (bzw. 7 bei der Fahrt bis zum Kanu-Club Donauwörth) umtragen werden.

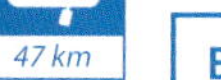


**Bootswagen:** Die Portagen sind nicht übermäßig lang, ein **Bootswagen** ist dennoch zu empfehlen.

**Etappenvorschlag 2-Tagestour:**
**1. Tag:** Oettingen – Harburg (29 km)
**2. Tag:** Harburg – Donauwörth (18 km)

**Tipps für Tagestouren:**
**1.** Harburg – Donauwörth (18 km )
**2.** Oettingen – Wörnitzostheim (17 km)
**3.** Wörnitzostheim – Harburg ( 12 km)

**Befahrungsregelungen:** keine. **Vorsicht** ist geboten bei **Hochwasser**, denn dann ist rechtzeitiges Anlanden zum Umtragen kaum noch möglich.

**Anreise:** A 6 bis Ausfahrt 55 *(Schwabach-West)* und auf der B 466 über Gunzenhausen nach **Oettingen**.

**Einsetzen & Parken:** Festplatz Schießwasen (Wohnmobilstellplatz) in **Oettingen** *(Schießwasen 16, 86732 Oettingen)*. Parken möglich, sonst Parkplatz Entengraben 500 Meter entfernt in Ortsmitte.

**Aussetzstelle:** Am Wörnitzwehr in **Donauwörth**, bzw. 200 Meter weiter beim Kanu-Club Donauwörth *(Am Wörnitzwehr 2, 86609 Donauwörth; in älteren Navis: An der Westspange)*.

**Zurück zum Pkw:** Mit dem Regionalexpress von **Donauwörth** Richtung Nürnberg Hbf. bis nach Otting-Weilheim oder Nördlingen und weiter mit dem Bus nach **Oettingen**. Gesamtfahrtzeit etwa 1 Std. 10 Min.

**Kartenmaterial & Literatur-Tipps:**

Bikeline Radtourenbuch **Romantische Straße**, 1:75.000, Esterbauer Verlag.
ADFC-Regionalkarte **Ferienland Donau-Ries / Geopark Ries,** 1:50.000, BVA BikeMedia.
Fahrrad-Tourenkarte **Romantische Straße Radweg**, 1:50.000, Kompass-Karten GmbH.
Merian aktiv **Romantische Straße** – 66 Ideen für die freie Zeit, *Brigitte von Imhof,* Merian Verlag.
**GeoWandern Geopark Ries – mit angrenzender Alb:** 35 Touren. Mit GPS-Tracks, Rother Verlag.
**Nationaler Geopark Ries:** Landschaft. Geschichte. Kultur. context verlag Augsburg.
**„Drohnenflug",** ein Donau-Ries-Krimi, *Günter Schäfer,* Books on Demand.

**Übernachtung in Wassernähe** (in Reihenfolge des Tourenverlaufs):

**Oettingen:**
***Hotel Goldene Gans***
Königsstraße 5
*(1.000 m zur Einsetzstelle)*
Tel. (09082) 2410
www.hotel-goldene-gans.de

***WoMo-Stellplatz***
am Wörnitzufer

**Holzkirchen:**
***Gasthaus zur Krone*** *(300 m)*
Dorfstraße 35
Tel. (09085) 454

**Ronheim:**
***FeWo & Pension Stumpf***
Ronheim 7 a
Tel. 0160-955 235 14
& (09080) 92 38 88
www.ferienwohnung-stumpf.de

***Gasthof „Zur gemütlichen Einkehr"***
Ronheim 13
Tel. (09080) 12 60

**Harburg (Schwaben):**
***Hotel Gasthof „Zum Goldenen Lamm"***
Marktplatz 15
Tel. (09080) 14 22
www.lamm-harburg.de

***Wohnmobilstellplatz***
am Wörnitzufer

**Wörnitzstein:**
***Landgasthof Schmidbaur***
Zollernweg 2
Tel. (0906) 70 62 20
www.hotel-schmidbaur.de

**Donauwörth:**
***Kanuclub Donauwörth***
*(zelten beim Bootshaus)*
Am Wörnitzwehr 2
Tel (0906) 226 05 (ab 16 Uhr)
www.kanuclub-donauwoerth.de

**Kanuvermieter:**
**Donauwörth:**
***Kanu-Laden Purtec***
*geöffnet 8-12, 14-18*
*auch Kanuanlieferung/*
*-abholung auf Anfrage*
Alte Augsburger Str. 12
Tel. (0906) 70 61 00

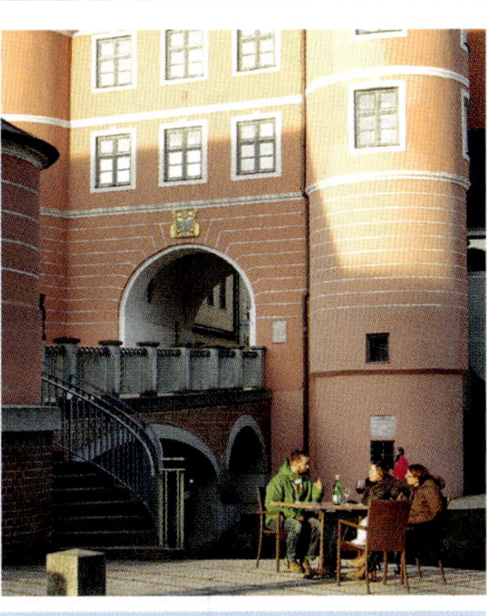

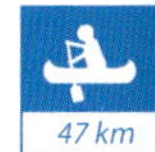


## Sehenswertes an der Wörnitz

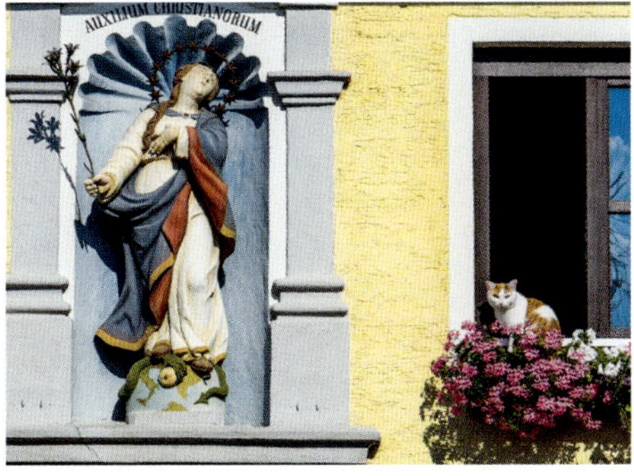


**Oettingen in Bayern:** Fürstliches *Residenzschloss* (1679-1687) mit prunkvollen Stuckaturen, *Hofgarten* mit *Rhododendrengarten* (www.oettingen-spielberg.de); ev. *Pfarrkirche St. Jakob* (14./15. Jh., Ende 17. Jh. barockisiert); kath. *Pfarrkirche St. Sebastian* mit neugotischem Altar und gotischem Pestbild (1470-1480); *Fachwerk-Rathaus; Infozentrum Geopark Ries* (*Mai-Sep Mo-Fr 8-17, Sa 10-13, Okt-Apr kürzer,* Schloßstr. 36, www.geopark-ries.de); *Heimatmuseum* (www.heimatmuseum-oettingen.de); *Orgelbaumuseum Steinmeyer* (www.orgelbaumuseum-steinmeyer.de); *Kakteenschaugarten* (Lange-Mauer-Str. 9); *Wildgehege* und *Wörnitz-Freibad* (www.oettingen.de); *St. Anna-Kapelle* in **Hainsfarth**.

**Munningen:** Die kath. *Pfarrkirche St. Peter und Paul* (18. Jh.) mit sehenswerten Altären (um 1695) aus der alten Klosterkirche in Neresheim wird flankiert vom *schiefen Kirchturm*, dem Wahrzeichen der Stadt.

**Wechingen:** Ev. *Filialkirche St. Veit* (1735); ev. *Pfarrkirche St. Moritz* (1738) im Markgrafenstil nach Plänen des wallersteinischen Baumeisters Johann Georg Conradi errichtet.

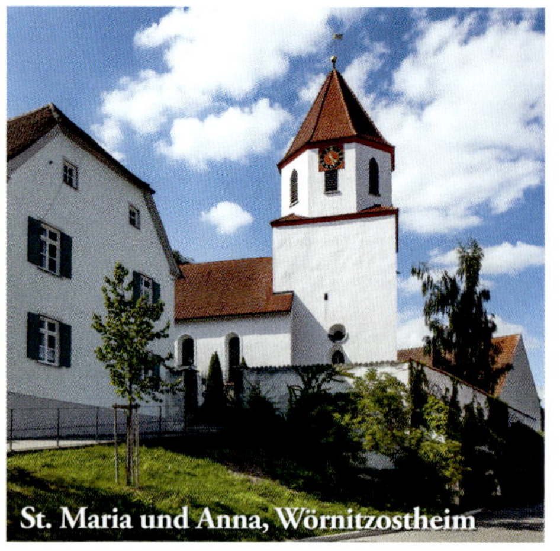
St. Maria und Anna, Wörnitzostheim

**Holzkirchen:** Ev. *Pfarrkirche St. Peter und Paul* (Unterbau des Turms aus dem 13. Jh.).

**Fessenheim:** Ev. *Pfarrkirche St. Stephan* mit umfangreichen *Wandmalereien* im Chorraum aus der Zeit um 1440; kath. *Christkönigkirche* (20. Jh.).

**Harburg (Schwaben):** *Burg* (ehem. staufische Reichsburg, www.burg-harburg.de); *Schlosskirche St. Michael* (um 1720 Barock umgestaltet); ev. *Pfarrkirche St. Barbara* (Anfang 15. Jh., Umbauten 1612 und 1744).

**Wörnitzstein:** Kath. *Pfarrkirche St. Martin* (1743); *Kalvarienbergkapelle St. Petrus* (1750); *Geotop Kalvarienberg.*

**Donauwörth:** *Altstadtinsel Ried* mit *Fischerbrunnen*, *Inselfest* mit *Fischerstechen* alle 2 Jahre im Juni/Juli *(nächstes Fest 2024,* www.fischerstecher.de*)*; *Rieder Tor* mit dem „Haus der Stadtgeschichte" (Heimatmuseum, *nur auf Anfrage geöffnet*); *Deutschordenshaus* (1774-1778); *Rathaus* und *Marienbrunnen*; stattliche *Bürgerhäuser* entlang der Reichsstraße; *Liebfrauenmünster / Stadtpfarrkirche* (dreischiffige Hallenkirche aus dem 15. Jh.); *Fuggerhaus* (heute Landratsamt) mit eindrucksvollem *Renaissancegiebel*; *Klosteranlage Heilig-Kreuz* (ehem. Benediktinerkloster aus dem 11. Jh.); *Käthe-Kruse-Puppenmuseum* im ehemaligen Kapuzinerkloster (*Mai-Sep Di-So 11-18, Okt-Apr Do-So 14-17,* Pflegstr. 21A); ***Heimatmuseum;*** www.donauwoerth.de

## Weitere Aktivitäten rund um die Wörnitz

**Radfahren:** Die ***Ferienregion Donau-Ries*** bietet ein gut ausgeschildertes Netz von über 1.000 Radwegkilometern, z.B. auf dem ***Wörnitzradweg*** von der Wörnitz-Quelle bis zur Mündung in die Donau; auf dem ***Radfernwanderweg Romantische Straße*** oder dem ***Radweg*** von Krater zu Krater im ***Geopark Ries***.

**Fahrradvermieter, auch e-Bikes:**
**Donauwörth:** ***Radverleih Donauwörth*** (nach Anmeldung), Stillbergweg 1, Tel. 0151-61 51 93 54, www.radverleih-don.de

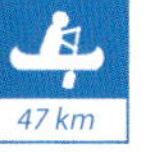


**Wandern:**
***Zahlreiche*** lokale ***Wanderwege*** erschließen die Ferienregion Donau-Ries „Schritt für Schritt".
***Verschiedene***, mit Infotafeln versehende, ***Geopark-Lehrpfade*** von ein bis 15 Kilometern Länge.
Besonders abwechslungsreich sind die Top-Wanderwege, wie z.B. der ***Bockrundweg*** *(9 km)* von Harburg auf den ***Bockberg*** (562 m) mit einmaligem Blick ins Wörnitztal und über die Riesebene.
Fernwanderer kommen auf dem ***Bayerisch-Schwäbischen Jakobsweg*** oder dem ***Frankenweg*** auf ihre Kosten.

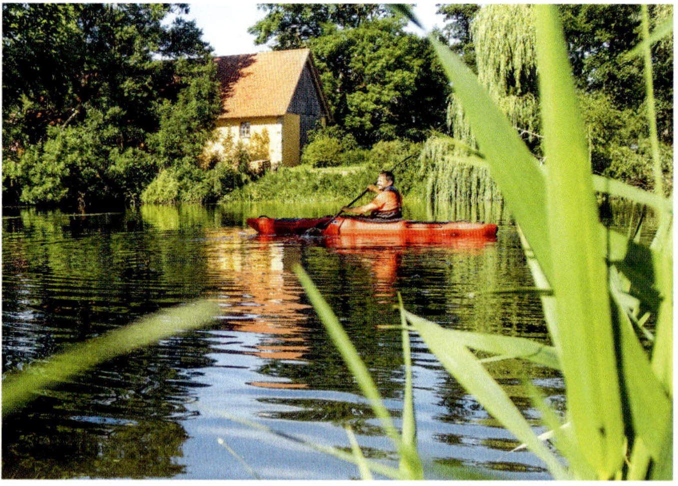

**Paddeln:** Schöne Paddelreviere in der näheren Umgebung sind ***Donau***, ***Altmühl*** und ***Lech***.
**Baden:** **Oettingen:** ***Flussfreibad „Wörnitz-Freibad"*** im schönen Altwasserarm der Wörnitz.

**Tourist-Infos:**
**Donauwörth:** ***Ferienland Donau-Ries***, Pflegstr. 2, Tel. (0906) 74 60 60, www.ferienland-donau-ries.de
**Oettingen i. Bay.:** ***Tourist-Info Oettingen***, Schloßstr. 36, Tel. (09082) 709 52, www.oettingen.de
**Harburg (Schwaben):** ***Stadt Harburg***, Schloßstr. 1, Tel. (09080) 969 90, www.stadt-harburg-schwaben.de

Infos zum ***Geopark Ries***: www.geopark-ries.de

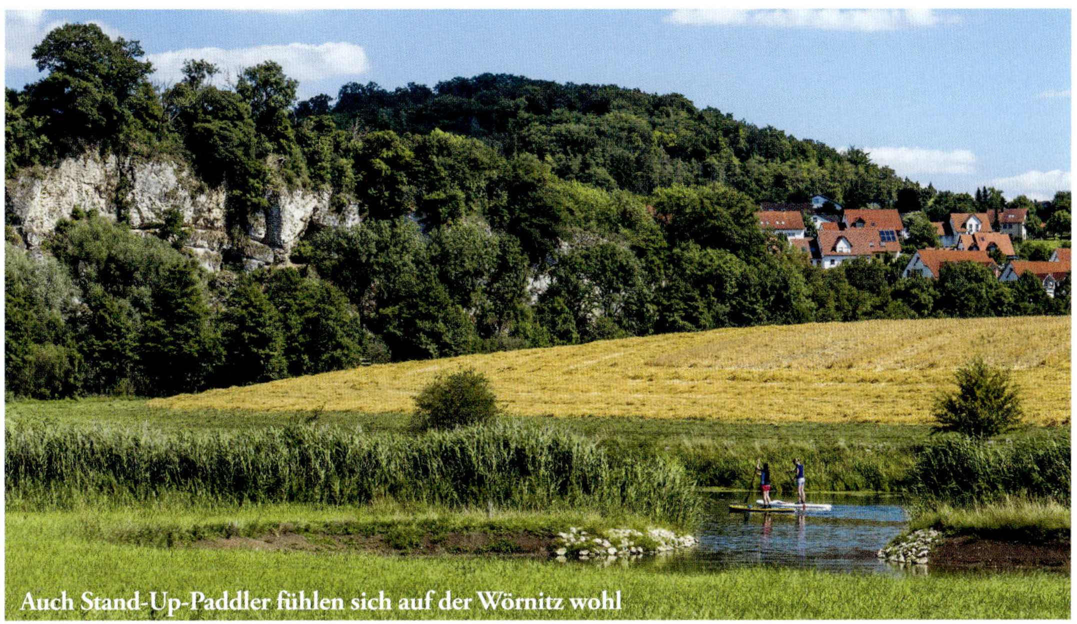
Auch Stand-Up-Paddler fühlen sich auf der Wörnitz wohl

# Die Wörnitz

Im Gegensatz zur benachbarten Altmühl trifft man auf der ***Wörnitz*** nur wenige Paddler. Das liegt aber in erster Linie am erbitterten Widerstand von Naturschutzverbänden, Jägern und Anglern, die sich vehement gegen die touristische Erschließung der Wörnitz stark machen und weniger an der fehlenden Eignung als Paddelfluss. Ganz im Gegenteil: Mit gemütlicher Fließgeschwindigkeit, herrlicher Natur und zahlreichen kulturellen Sehenswürdigkeiten in den hübschen Orten und Städtchen entlang der Ufer, bringt die Wörnitz alle Zutaten mit, die eine gelungene Kanutour braucht.

*Die gut 130 km lange kleine Schwester der Donau entspringt in Schillingsfürst auf der Frankenhöhe und fließt dann in zahlreichen Windungen durch ein flaches, weitläufiges Tal zwischen der Schwäbischen und Fränkischen Alb der Mündung in die Donau bei Donauwörth entgegen.*

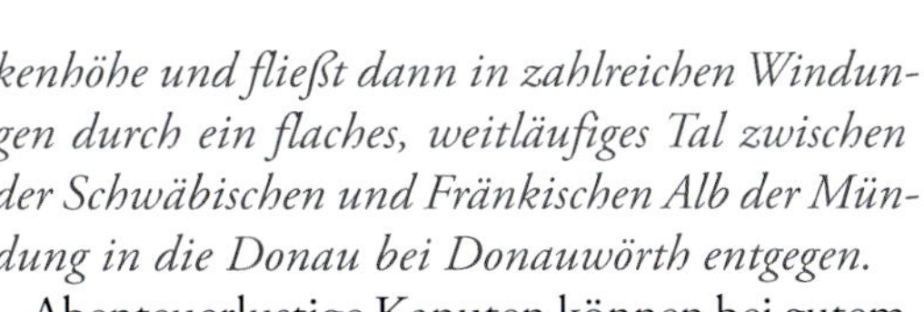

Abenteuerlustige Kanuten können bei gutem Wasserstand im Frühsommer ihre PE-Kajaks schon in **Dinkelsbühl** ins Wasser lassen. ***Aber Achtung: Auf der etwa 48 km langen Strecke von Dinkelsbühl bis Oettingen sind zahlreiche, bei hohem Wasserstand z. T. gefährliche Wehre zu umtragen!***

Der gemütliche, ganzjährig und mit allen Bootstypen problemlos als Zwei-Tagestour zu fahrende Flussabschnitt beginnt in **Oettingen i.Bay.**. Der staatlich anerkannte Erholungsort mit seinen 5.500 Einwohnern liegt im am nördlichen Rand des Rieskraters (***Nördlinger Ries***).

*Hier knallte es vor rund 15 Millionen Jahren gewaltig, als ein Mega-Gesteinsbrocken aus dem All mit einem Durchmesser von 700 Metern und einer Geschwindigkeit von über 70.000 km/h einschlug. Der Aufprall hatte laut Wissenschaftlern die verheerende Kraft von hundert Hiroshima-Bomben und es entstand ein in Deutschland und Europa einmaliger Meteoritenkrater mit einem Durchmesser von ca. 25 Kilometern. Der Kratersee ist inzwischen längst wieder verlandet, aber das gesamte Ries liegt etwa 150 Meter tiefer als die Umgebung und wird von einem Wall umgeben. Sogar die Apollo-Missionen der NASA machten hier vor der Mondlandung ihre ersten Kratererfahrungen und 2007 wurde das* ***Nördlinger Ries*** *zum ersten Nationalen Geopark Bayerns.*

Wer etwas Zeit mitbringt, sollte sich vor dem Ablegen unbedingt noch in der liebenswerten, ehemaligen Residenzstadt **Oettingen** mit seinen schmucken Barock- und Fachwerkfassaden rund um den Marktplatz umsehen. *Einen Besuch wert sind* ***Heimatmuseum*** *und das* ***Residenzschloss****, das Ende des 17. Jahrhunderts nach Plänen des württembergischen Baumeisters Matthias Weiß erbaut wurde. Im Rahmen einer Schlossführung lassen sich die ehemaligen Wohnräume der fürstlichen Familie und die Repräsentationsräume mit reich ornamentierten Kabinetten entdecken. Besonders eindrucksvoll sind im zweiten Stock der Große Saal mit prächtigem Stuck und die stattlichen Repräsentationsräume.*

Ein lohnendes Ausflugsziel, besonders für Familien mit Kindern, ist von Mai bis September das schöne *Wörnitz-Flussfreibad* an einem Altwasserwarm oberhalb des Einstiegs gelegen. Es ist eines der letzten Flussbäder Bayerns und lockt mit weitläufigen Anlagen samt Liegewiesen, Fußball-, Boule-, Indiaca- und Beachvolleyball-Feldern. Kinder freuen sich besonders über die Spielplätze und ein Planschbecken. Direkt nebenan auf der Insel gibt es noch ein *Damwildgehe* sowie eine *Minigolfanlage* und der *Kiosk* mit einem schönen *Biergarten* bietet Erfrischungen, kleine Imbisse und Kuchen an. Eine

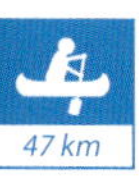


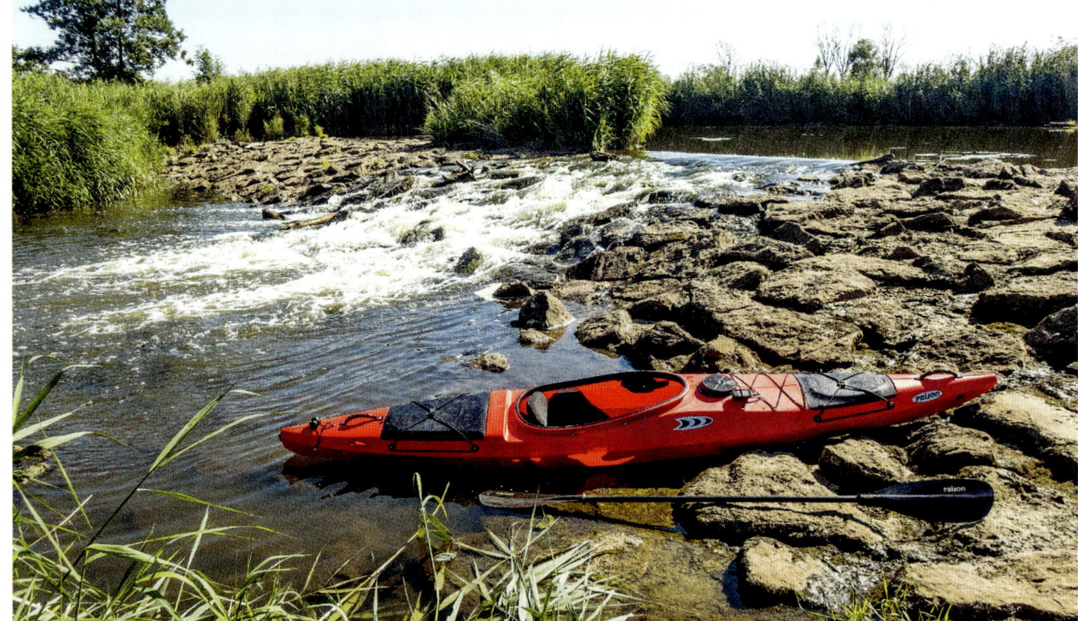

*Die Portagen an den Wehren sind schnell bewältigt, hier das Überlaufwehr vor der Ziegelmühle*

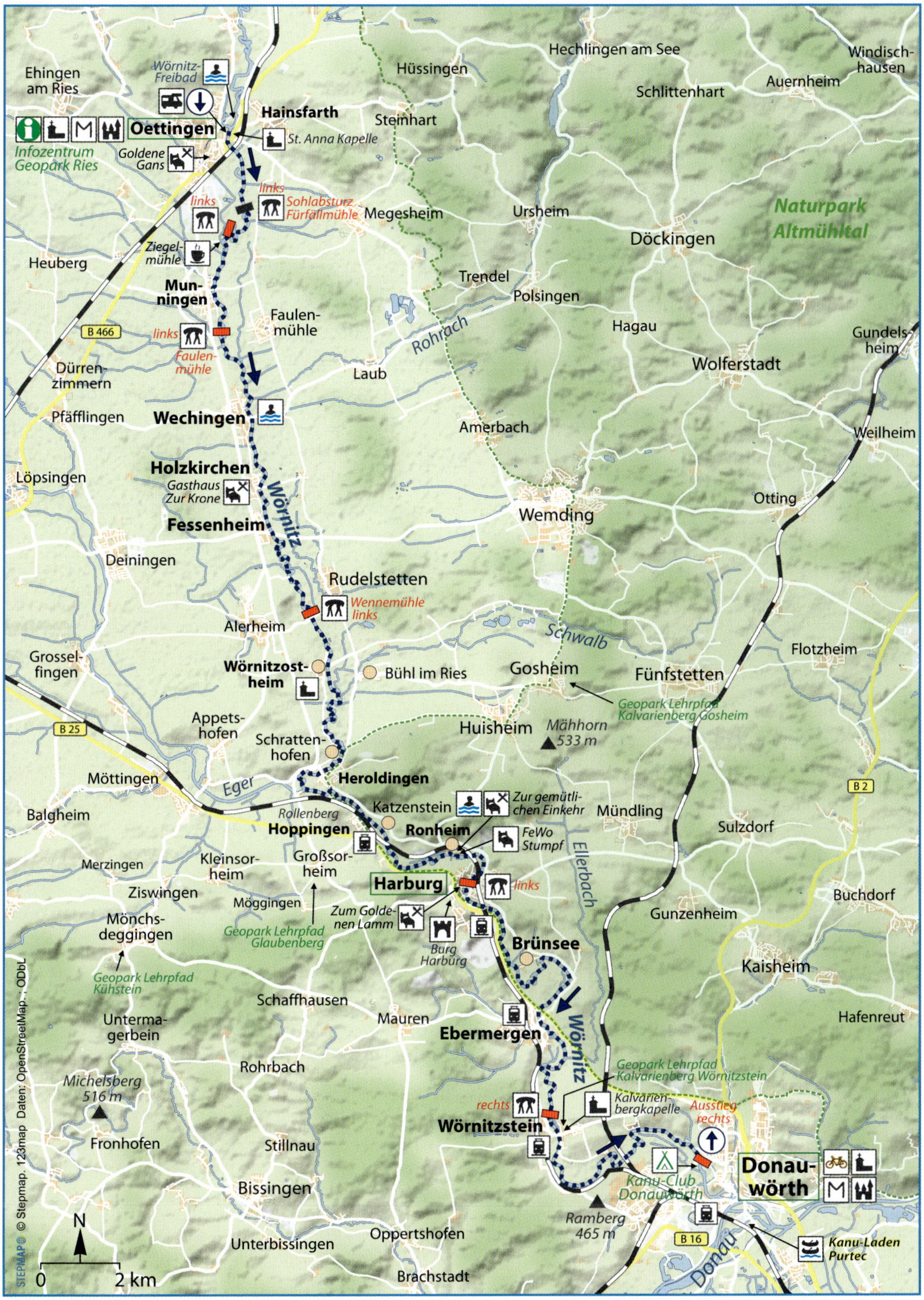

Ehingen am Ries
Wörnitz-Freibad
Hainsfarth
Oettingen
St. Anna Kapelle
Infozentrum Geopark Ries
Goldene Gans
Hüssingen
Steinhart
Hechlingen am See
Schlittenhart
Auernheim
Windischhausen
links
Sohlabsturz Fürfällmühle
links
Megesheim
Ursheim
Döckingen
Naturpark Altmühltal
Ziegelmühle
Heuberg
Munningen
Trendel
Polsingen
B 466
links
Faulenmühle
Faulenmühle
Rohrach
Hagau
Gundelsheim
Dürrenzimmern
Laub
Wolferstadt
Pfäfflingen
Wechingen
Amerbach
Weilheim
Löpsingen
Holzkirchen
Gasthaus Zur Krone
Fessenheim
Wörnitz
Wemding
Otting
Deiningen
Rudelstetten
Wennemühle links
Alerheim
Schwalb
Flotzheim
Grosselfingen
Wörnitzostheim
Bühl im Ries
Gosheim
Fünfstetten
Geopark Lehrpfad Kalvarienberg Gosheim
Appetshofen
Schrattenhofen
Huisheim
Mähhorn 533 m
B 25
Möttingen
Heroldingen
Eger
B 2
Katzenstein
Zur gemütlichen Einkehr
Balgheim
Rollenberg
Hoppingen
Ronheim
FeWo Stumpf
Mündling
Sulzdorf
Merzingen
Kleinsorheim
Großsorheim
Harburg
links
Ellerbach
Ziswingen
Möggingen
Zum Goldenen Lamm
Gunzenheim
Buchdorf
Mönchsdeggingen
Geopark Lehrpfad Glaubenberg
Burg Harburg
Brünsee
Kaisheim
Geopark Lehrpfad Kühstein
Schaffhausen
Mauren
Unteramagerbein
Ebermergen
Wörnitz
Hafenreut
Rohrbach
Geopark Lehrpfad Kalvarienberg Wörnitzstein
Michelsberg 516 m
rechts
Kalvarienbergkapelle
Ausstieg rechts
Wörnitzstein
Fronhofen
Stillnau
Donauwörth
Kanu-Club Donauwörth
Bissingen
Ramberg 465 m
N
B 16
Kanu-Laden Purtec
Unterbissingen
Oppertshofen
Donau
0 2 km
Brachstadt



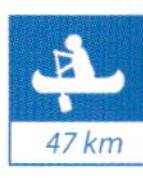

gute Einstiegsmöglichkeit für die Kanutour finden wir in **Oettingen** am schönen Wohnmobilstellplatz *(Achtung: auch Festplatz des Ortes, bei Veranstaltungen ist der Einstieg schwieriger)* direkt am Wörnitzufer, wo hinter dem Haus des Schützenvereins ein paar Treppenstufen hinab zum Wasser führen.

Auf den ersten zwei Kilometern ist der Flusslauf breit und führt nahezu strömungslos durch eine weitläufige Wiesenlandschaft gen Süden, bis ein Schild am rechten Ufer ***„Achtung: Sohlabsturz“*** warnt.

Das Hindernis ist am linken Ufer über die Wiese schnell umtragen und hinter der nächsten Kurve wartet schon das ***Überlaufwehr*** zur Ziegelmühle, das schnell links umgehoben ist.

Im weiteren Verlauf plätschert parallel zur Wörnitz der kleine Graben der denkmalgeschützten **Ziegelmühle** *(evtl. kleiner Biergarten, Imbiss)* und nachdem sich beide Wasserläufe wieder vereint haben, erblicken wir voraus bald den Kirchturm mit dem bunten Dach der ***Pfarrkirche St. Peter und Paul*** in **Munningen**. Auf dem Dach des Nachbarhauses hat es sich eine Storchenfamilie gemütlich gemacht.

Nachdem am südlichen Ortsrand das ***Wehr*** an der ***Faulenmühle*** auch links überwunden ist, bleibt der Flusslauf schmal und im Sommer erschwert die starke Verkrautung das Vorankommen. Die Fischwelt dagegen erfreut sich an der guten Wasserqualität und so sind die Petrijünger, die auf einen reichen Fang an Hecht, Zander, Waller, Karpfen, Schleie oder Aal hoffen, ständige Begleiter an den Ufern.

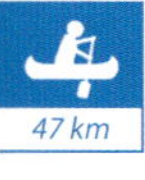


Hinter dem Fußballplatz des Sportvereins in **Wechingen** bietet der schöne *Sandstrand* eine gute Gelegenheit für den Landgang und Kinder freuen sich über die Wasserrutsche, die ihnen kurzweiliges Badevergnügen schenkt.

Auch zwei Kilometer weiter, am Sportplatz in **Holzkirchen**, gibt es die Möglichkeit anzulanden. Nächste Station ist **Fessenheim**, dessen Kirchturm sich hinter hohen Trauerweiden am rechten Ufer versteckt. Die dortige Straßenbrücke ist ein guter Startpunkt für Tagesfahrer, die nicht die gesamte Etappe von Oettingen nach Harburg paddeln möchten.

In starken Mäandern geht es auf das nächste ***Wehr*** an der ***Wennemühle*** zu. Zum Umtragen lege ich am linken Ufer an, denn gegenüber warnt am Privatgrundstück ein Schild vor dem wachsamen Hund. Der steile Einstieg ist nicht nach meinem Geschmack, dafür entschädigen auf dem weiteren Weg nach **Wörnitzostheim** die leichte Strömung und das schöne, bewaldete Ufer. An der dortigen Straßenbrücke finden Tagesfahrer rechtsufrig einen weiteren guten Startpunkt für den Weg nach Harburg.

Im weiteren Verlauf versperrt nun hohes Schilf den Blick in die Landschaft, bis die gelbe Kirche von **Heroldingen** am linken Ufer vorübergezogen ist.

Da wo der Fluss sich nach einer weiten Schleife nun wieder nach Osten wendet, mündet die von Westen kommende ***Eger*** in die Wörnitz. Bei Hoppingen reicht dann ein mit Wacholder bewachsener Höhenzug bis fast ans rechte Wörnitzufer. *Der **Rollenberg** liegt zwischen innerem und äußerem Kraterrand in der sogenannten Megablockzone und auf dem Gipfelplateau finden sich die Reste eines vorgeschichtlichen Ringwalles. Funde lassen vermuten, dass sich dort auch ein Brandopferplatz der Urnenfelderkultur aus der späten Bronzezeit befand, ähnlich den antiken Aschenaltären in Griechenland.*

Hinter der nächsten Straßenbrücke rauscht das Wasser tatsächlich über ein kleines ***„Sohlschwällchen“***, dann lasse ich den Bahnhof von **Hoppingen** rechts liegen. Unter einem flachen Eisensteg und der Eisenbahnbrücke geht es hindurch, bevor die Bundesstraße dicht ans rechte Ufer rückt. Luftlinie bin ich nun weniger als zwei Kilometer vom Etappenziel Harburg entfernt und bald ist hinter dem rechten Ufer die mittelalterliche Burganlage zu sehen.

Die Wörnitz hat aber keine Eile und schlägt erst einmal einen Haken über das Örtchen **Ronheim**, wo ein schöner *Badestrand* mit großem *Spielplatz* zu einem letzten Landgang einlädt. Für den Fall, dass die Energiereserven für den

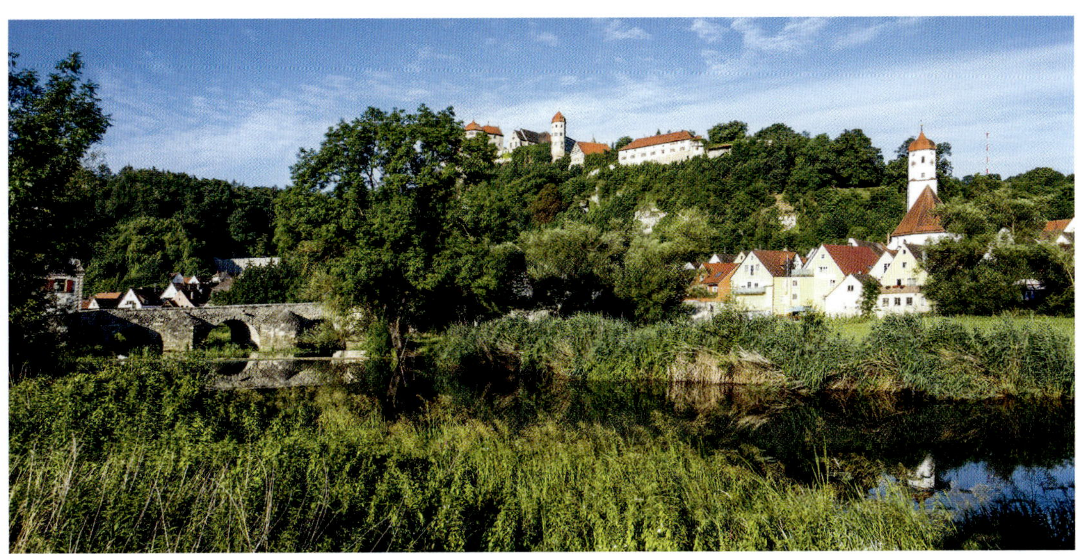

*Einen majestätischen Anblick bietet die einstige stauferzeitliche Reichsburg Harburg an der Romantischen Straße*

Schlussspurt aufgefüllt werden sollen, findet sich im Ort das *Gasthaus „Zur gemütlichen Einkehr"* mit günstigen Zimmern, bei dem eine gut bürgerliche Küche und Bauernbrotzeiten auf der Speisekarte stehen.

Im weiteren Verlauf zwingt eine steil aufragende Felsflanke die Wörnitz in eine Rechtskurve und vor der Bootsspitze taucht das romantische Städtchen **Harburg (Schwaben)** auf, das sich unterhalb der mittelalterlichen ***Burg*** zwischen die steil aufragenden Jurafelsen schmiegt.

In der folgenden Linkskehre hält man sich im linken Flussarm und paddelt auf den Etappenendpunkt zu, die imposante ***Steinbrücke***, die mit neun Bögen den Flusslauf überspannt. Das Bauwerk scheint für die im Sommer harmlos dahinfließende Wörnitz recht wuchtig, lässt aber erahnen, welche Kraft die regelmäßig auftretenden, gewaltigen Hochwasser entfalten können.

Direkt vor der Brücke rauscht die Wörnitz über ein ***Wehr*** und zum Umtragen hält man sich links. *Die Brücke führt an der Bruckmühle vorbei, hinüber zum schmucken Marktplatz (Hotel Zum Goldenen Lamm), auf dem sich die Straßen und Gässchen des Städtchens treffen. Hoch über den Dächern der Stadt thront die mittelalterliche* ***Burganlage Harburg*** *aus dem 11. und 12. Jahrhundert, die zu den größten, ältesten und am besten erhaltenen Burganlagen Süddeutschlands zählt. Ihr heutiges Aussehen entspricht im Wesentlichen dem Zustand des 18. Jahrhunderts. Hauptburg und Burgvogtei (heute Burgschenke) werden von einem Mauerring mit sechs Türmen umschlossen, der quadratische Bergfried stammt wohl noch aus dem 13. Jahrhundert. Das besondere Highlight ist aber die umfangreiche Kunstsammlung der Fürsten von Oettingen-Wallerstein mit Handschriften, Goldschmiedearbeiten, Skulpturensammlung, Gemälden sowie Bildteppichen und einer großen Musikaliensammlung.*

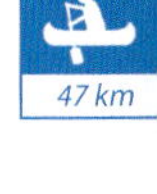


Am nächsten Morgen setze ich das Kajak am Kieselstrand hinter der steinernen Brücke wieder ins Wasser und nach dem Ablegen fällt mein Blick noch lange auf die Burg hinter mir, bis sie endgültig hinter einer Biegung verschwindet. Für eine Weile begleitet die Bundesstraße das Ufer, dann schlängelt sich die Wörnitz einsam durch Wiesen und Wald bis zur nächsten alten Steinbrücke in **Ebermergen**. Am rechten Ufer liegen die örtliche Kirche und das *Gasthaus „Zur Brücke"*, das allerdings erst abends öffnet.

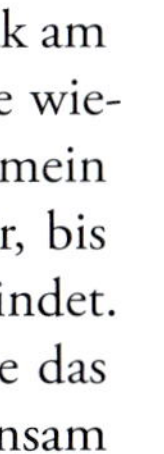

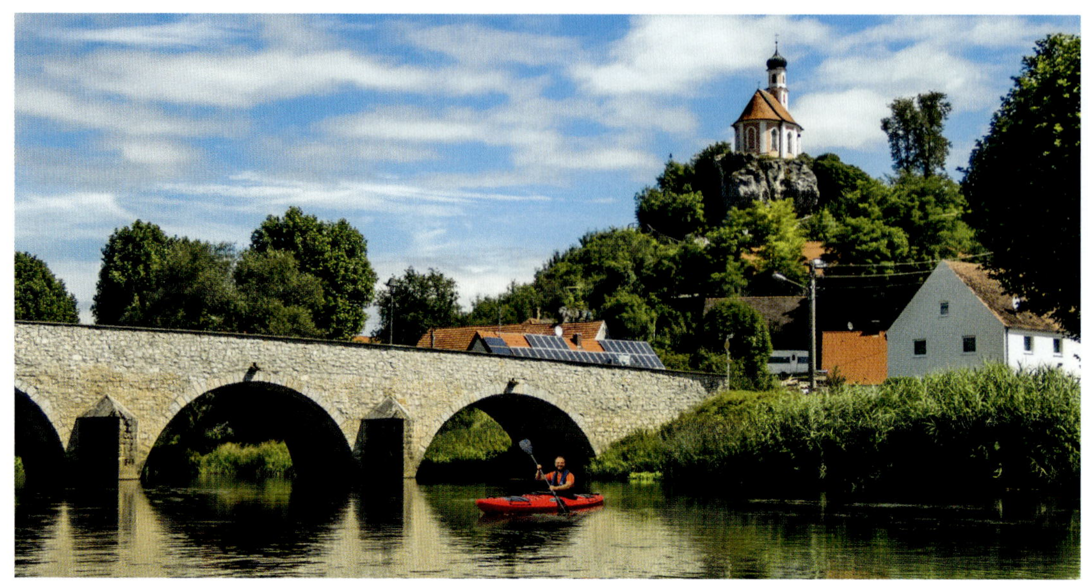

*Die 1750 errichtete Kalvarienbergkapelle steht auf einem hohen, bewaldeten Felsrücken über dem linken Wörnitzufer*

Die Wörnitz ist nun breit geworden und fließt mit weiten Schwüngen durch ein breites Tal. Am Horizont taucht schon die ***Kalvarienbergkapelle*** hoch über dem linken Ufer auf. Bis ich daran vorbeipaddeln kann, muss aber erst noch das ***Wehr*** in **Wörnitzstein** am rechten Ufer umtragen werden.

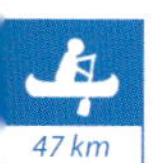


Die Ufer bleiben grün und in der folgenden Kurve, nach Passieren der Eisenbahnbrücke, ist ein erstes Mal die Silhouette von **Donauwörth** zu sehen. Sie verschwindet aber schnell wieder aus dem Blick, denn die Wörnitz scheint es nicht eilig zu haben auf die Donau treffen zu wollen und schlägt zunächst noch einen großen Bogen. Dann taucht die Stadtsilhouette aber wieder auf und etwa 80 Meter hinter der Straßenbrücke lenke ich die Bootspitze vor dem nächsten ***Wehr*** zur Eisentreppe am rechten Ufer. Hier geht meine abwechslungsreiche Zwei-Tagestour auf der Wörnitz zu Ende.

Auf dem Fußweg sind es nur etwa zwei Kilometer bis zum Bahnhof **Donauwörth**. Wer sich etwas Zeit für die Stadt nehmen möchte, kann das Wehr umtragen und findet wenige Meter weiter am rechten Ufer das *Vereinsgelände* des gastfreundlichen *Kanu-Clubs*.

*Der Name der Stadt, „Wörth“, bedeutet „Insel“ und erinnert an den Ursprung als Fischersiedlung auf der heutigen Altstadtinsel. Über die Brücke und durch das Rieder Tor, als einziges verbliebendes der einst vier Stadttore, erreicht man das Rathaus am Beginn der besonders prächtigen Reichsstraße. Sie führt vorbei an vielen stattlichen Bürgerhäusern mit prächtigen Giebeln bis zum Fuggerhaus am anderen Ende. Heute ist Donauwörth ein prosperierendes Regionalzentrum, das stolz auf die hier ansässige Produktion von Hubschrauberteilen ist. Ein ganz anderer Produktionszweig ist die Puppenfertigung, heute allerdings eher als Sammlerobjekt denn als Spielzeug. An die Anfänge erinnert das Käthe-Kruse-Puppen-Museum.*

# Die Donau

*Die Königin unter Europas Flüssen*

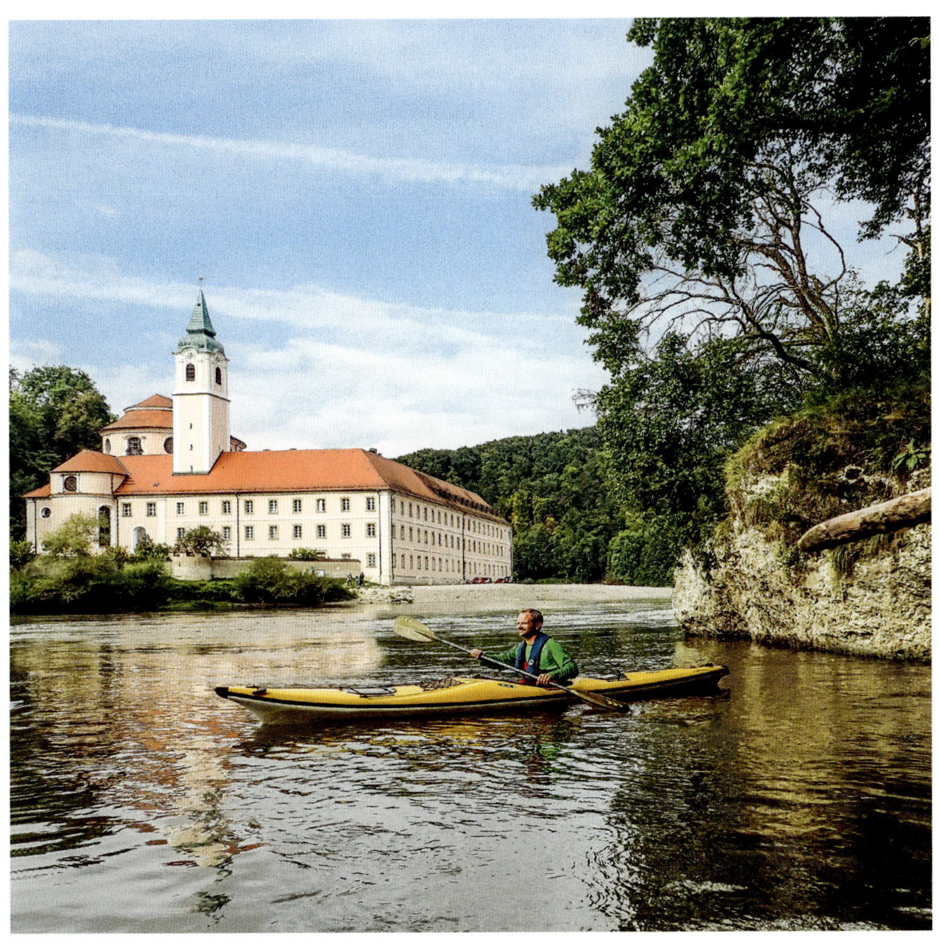

Tour 13

## Tour-Infos Donau

| Aktivitäten | Natur | Kultur | Baden | Hindernisse |
|---|---|---|---|---|
|  |  |  | 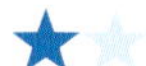 | 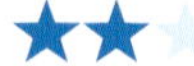 |

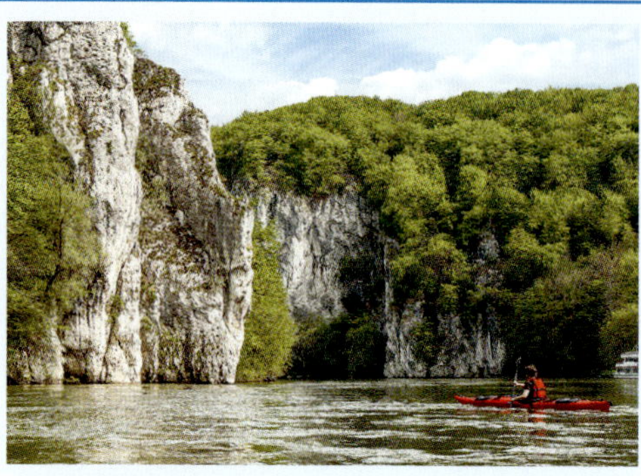

### Charakter der Tour

Die Donau ist nach der Wolga der zweitlängste Strom Europas und bietet auf ihrer gesamten Länge von fast 3.000 Kilometern sehr unterschiedliche Bedingungen für das Kanuwandern. Auch die vorgestellte Tour weist völlig unterschiedliche Charaktere auf.

Im ersten Abschnitt bis Vohburg wird die Donau mit großen Wehranlagen aufgestaut. In diesem Teil ist die Strömung verhältnismäßig gering, da der Rückstau des nächsten Wehres meist schon kurz nach dem vorhergehenden Wehr beginnt. Zwischen Vohburg und Kelheim liegt der bekannte Donaudurchbruch von Weltenburg und auf diesem Abschnitt darf die Donau ohne Hindernisse frei mit flotter Strömung fließen.

Die weitere Strecke bis Regensburg bleibt landschaftlich reizvoll, allerdings ist ab hier mit regem Schiffsverkehr zu rechnen. Auf dem über 50 Kilometer langen Teilstück zwischen Regensburg und Straubing müssen zwei große Stauseen überwunden werden und erst gegen Ende, nachdem bei Deggendorf die Isar in die Donau gemündet ist, geht es wieder etwas flotter zu.

**Aufgrund der abschnittsweise raschen Strömung und dem Schiffsverkehr mit bis zu einem Meter hohen Wellen, empfiehlt sich die Strecke weder für Anfänger noch für Familientouren.** Erfahrene Paddler mit guter Paddeltechnik und sicherer Bootsbeherrschung finden in der Donau einen spannenden Wanderfluss mit zahlreichen kulturellen Highlights inmitten einer herrlichen Natur.

**Länge & Dauer der Tour:** 288 km, 7 Tage **Schwierigkeit:** Mittel, im Donaudurchbruch je nach Wasserstand eher schwer, nicht für Familien oder Anfänger geeignet!

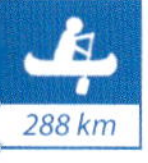


**Umtragestellen:** Auf der Strecke behindern insgesamt **10 Stauanlagen** den freien Lauf der Donau. Die ersten **fünf Wehre** bis einschließlich Vohburg sind mit einer ***SB-Schleuse*** ausgestattet. Die **Wehre** in ***Bad Abbach, Regensburg*** und ***Straubing*** können über eine ***Bootsgasse*** befahren werden. An den **Wehren** in ***Geisling*** und ***Passau*** sind ***Bootswagen*** für die Umtragung ***vorhanden***. Das Mitführen eines **Bootswagen** ist dennoch sehr zu empfehlen.

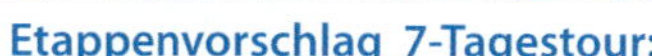

**Etappenvorschlag 7-Tagestour:**

**1. Tag:** Donauwörth – Neuburg (35 km)
**2. Tag:** Neuburg – Vohburg (35 km)
**3. Tag:** Vohburg – Saal (34 km)
**4. Tag:** Saal – Regensburg (27 km)
**5. Tag:** Regensburg – Straubing (54 km)
**6. Tag:** Straubing – Deggendorf (43 km)
**7. Tag:** Deggendorf – Passau (58 km)

**Tipps für Tagestouren:**

**1.** Eining – Kelheim (15 km)
**2.** Vohburg – Kelheim (28 km)
**3.** Bad Abbach – Regensburg (20 km)
**4.** Saal – Regensburg (27 km)
**5.** Vilshofen – Passau (25 km)

**Befahrungsregelungen:** Ab Kelheim ist die Donau **Bundeswasserstraße** und es gelten die **Vorschriften** der **Donau-Schifffahrts-Polizeiverordnung**. Es besteht eine **Kennzeichnungspflicht** (von außen lesbar) der Kanus mit mindestens 10 cm hohen lateinischen Buchstaben und arabischen Ziffern.

**Anreise:** A 7 bis *Ausfahrt Ulm-Günzburg* und weiter auf der B16 bis **Donauwörth**. Oder A 8 bis *Augsburg* und weiter auf der B 2 bis **Donauwörth** oder A 9 bis *Ingolstadt* und über die B 16 weiter bis **Donauwörth**.

**Donauwörth** ist als Eisenbahnknotenpunkt auch gut per Bahn zu erreichen, so bestehen u.a. Direktverbindungen von/nach München, Nürnberg, Stuttgart, Ulm sowie Regensburg.

**Einsetzen:** Kanu-Club **Donauwörth** *(Am Wörnitzwehr 2, 86609 Donauwörth; ältere Navis: An der Westspange).*

**Aussetzstelle:** Zeltplatz der Faltbootabteilung des TV **Passau** an der Ilz *(Halser Str. 34, 94034 Passau)*.

**Zurück zum Pkw:** Regelmäßige und gute Bahnverbindung mit EC / IC oder ICE zwischen **Passau** und **Donauwörth**, Fahrzeit je nach Verbindung 3-4 Stunden.

**Kartenmaterial & Literatur-Tipps:**

bikeline Radtourenbuch **Donau-Radweg, Teil 1:** Deutsche Donau – Von Donaueschingen bis Passau, mit topographischen Karten 1:50.000, Esterbauer Verlag.

**„Ein Mann, ein Board: Mit dem SUP die Donau runter“,** amüsanter Reisebericht über eine SUP-Reise der Superlative, *Timm Kruse,* Delius Klasing

**Heimat Donau: Natur und Kultur am Strom,** toller Bildband über den „niederbayerischen Amazonas“ zwischen Straubing und Vilshofen. Nur noch antiquarisch erhältlich, Buch- & Kunstverlag Oberpfalz.

**Baiern's Donau-Strom von Ulm bis Engelhardszell, mit Allem an den Ufern Desselben Vorkommenden Merkwürdigkeiten,** ein (historisches) Handbuch für Reisende auf der Donau, Forgotten Books.

**Regensburg am Schwarzen Meer:** 2.400 Kilometer auf der Donau, Reisebericht einer Faltbootreise auf der Donau. *Daniel Weißbrodt,* Engelsdorfer Verlag.

**Am blauen Fluss: Entlang der Donau vom Schwarzwald bis zum Schwarzen Meer,** abenteuerliche Fahrradtour von Baden-Württemberg bis Rumänien, *C. Rohrbach,* National Geographic Taschenbuch.

**Der Römische Limes in Bayern**, illustriertes Sachbuch, Geschichte und Schauplätze entlang des UNESCO-Welterbes. Mit ***Wanderführer*** von Wilburgstetten (Dinkelsbühl) bis Eining a.d. der Donau, Friedrich Pustet.

**„Donaugrab“** (Krimi aus Ingolstadt), *Lisa Graf-Riemann,* **„Donaugrund“**, *Sonja Silberhorn,* Emons Verlag.

**„Kreuzacker“,** ein Donaumoos-Krimi, *Valentina Binder,* Gerber Verlag.

**„Die Donau war nicht an allem schuld“,** Erzählungen, *Helga Sedlak,* TWENTYSIX Verlag.

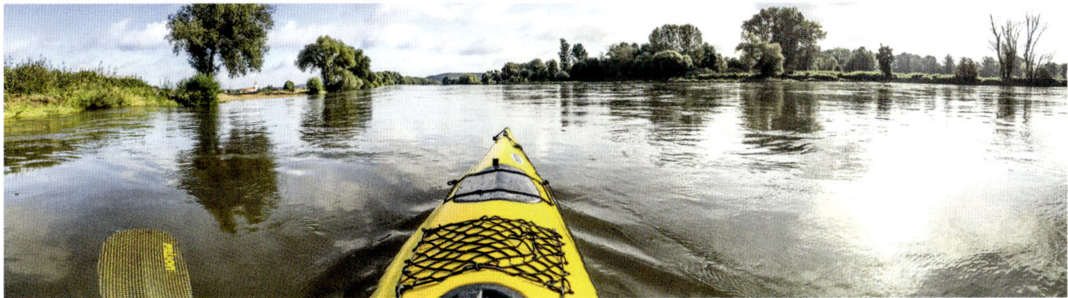

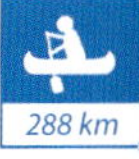


**Kanuvermieter & Veranstalter**

**Donauwörth:**
***Purtec Kanu-Laden***
Alte Augsburger Str. 12
Tel. (0906) 70 61 00

**Mariaort (bei Regensburg):**
***Paddelzeit*** *(mit Kiosk-Café)*
Naabstraße 2
Tel. 0170-268 24 88
www.paddelzeit.com

**Hinterzhof** (OT v. Laaber):
***Erlebnismax***
*(mobiler Vermieter für den Bereich Vohburg / Weltenburg / Regensburg)*
Riegelweg 4
Tel. (09498) 90 24 60
www.erlebnismax.de

**Lieblmühle** (OT von **Hauzenberg)**
13 km nordöstlich von **Passau**
***KKO Alpinsport – Kajakladen***
*(Selbstabholer und Transport)*
Lieblmühle 4
Tel. (08586) 94 74 42
www.kko-alpinsport.eu

**Übernachtung in Wassernähe** (in der Reihenfolge des Tourenverlaufs):

**Donauwörth:**
***Kanuclub Donauwörth***
*(zelten beim Bootshaus ab 16 Uhr)*
Am Wörnitzwehr 2
Tel. (0906) 226 05
www.kanuclub-donauwoerth.de

***Bed and Breakfast Donauwörth***
Schützenring 8
Tel. (0906) 705 78 71
oder 0151-613 230 17
www.bed-breakfast-donauwoerth.com

**Marxheim:**
Bruckwirtschaft
Flößerstr. 8
Tel. (09097) 92 04 35
www.bruckwirtschaft.de

**Neuburg a.d.Donau:**
***Campingplatz beim Ruderclub***
Oskar-Wittmann-Straße 5
Tel. (08431) 94 74
www.drcn.de

**Ingolstadt:**
***Faltbootclub Ingolstadt***
*DKV-Mitglieder auf Anfrage zelten*
Egerlandstr. 29
Tel. (0841) 692 30
www.faltbootclub-ingolstadt.de

**Vohburg:**
***Herberge am Donautor***
Donautorgasse 3
Tel. 0179-687 12 63

***Städtische Zeltwiese*** *(hinter der Agnes-Bernauer-Brücke (B 16a)*
nur 1-2 Nächte, kostenlos
Anmeldung im Tourismusbüro
Tel. (08457) 936 97 00

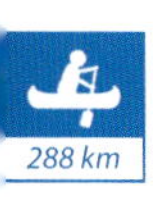


**Kelheim:**
***Pension zum Carlbauer***
Schlossbuckel 4
Tel. (09441) 503 80
www.pension-carlbauer.de

**Kelheim-Herrnsaal:**
***Camping am Bauernhof***
*(zelten, Bett und Strohlager)*
Herrnsaaler Ring 26
Tel. 0175-909 64 53
www.camping-bauernhof.de

**Kapfelberg** (93309 Kelheim):
***Campingplatz Dietz***
Bootsweg 3 (direkt am Yachthafen)
Tel. (09405) 53 35
www.kelheim.de

**Bad Abbach:**
***Gaststätte, Pension & Camping Donaulände***
Kanalstr. 22
Tel. (09405) 44 31
www.donaulände.de

***Hotel-Cafe Rathaus***
Kaiser-Karl-V.-Allee 6
Tel. (09405) 500 90 60
www.hotel-cafe-rathaus.de

**Oberndorf** (OT von Bad Abbach):
***Pension Schröppel***
Donaustr. 56
Tel. (09405) 95 78 08
www.pensionschroeppel.de

***Gästehaus Lodermeier***
Donaustr. 68
Tel. (09405) 94 15 83
www.gaestehaus-lodermeier.de

**Unteriräding-Pentling:**
***Gasthof Zur Walba***
Pentling 1, Tel. (09405) 21 02
www.walba.de

**Mariaort** (OT von Pettendorf):
***Gasthof Krieger***
Naabstr. 20, Tel. (0941) 810 80
www.gasthof-krieger.de

**Regensburg:**
***Azur Campingplatz***
*(auch Übernachtungen im „Baumhaus" und Campingfass)*
Weinweg 40
Tel. (0941) 27 00 25
www.azur-camping.de

***Regensburger Kanu-Club e.V.***
An der Schillerwiese 4
Anfragen per e-mail
www.regensburger-kanuclub.de

**Straubing:**
***Straubinger Kanu-Club***
Kagerser Hauptstr. 44
Tel. (09421) 125 22
www.straubinger-kanuclub.de

**Pfelling** (OT von Bogen):
***Pension Zum Donauufer***
Pfelling 23
Tel. (09422) 23 06
www.zumdonauufer.de

**Deggendorf:**
***Camping Donaustrandhaus***
Eginger Str. 42
Tel. (0991) 43 24

***Deggendorfer Ruderverein***
*(Voranmeldung, Übernachtung im Zelt oder Ruderhaus)*
Dieter-Görlitz-Platz 14
Tel. (0991) 297 91 80
www.deggendorferrv.de

**Niederalteich:**
***Pension Zum Glück***
Donaustr. 14, Tel. 0151-43 24 63 07
www.pension-zum-glueck.de

***Pension Habereder***
Uferstr. 13
Tel. (09901) 56 57
www.gerti-habereder.de

**Mülham** (OT v. Osterhofen):
***Mülhamer Keller*** *(Zeltwiese)*
Mühlham 18
Tel. (09932) 16 92
www.muehlhamer-keller.com

**Pleinting:**
***Gasthof Baumgartner***
Hauptstr. 32
Tel. (08549) 91 00 60
www.gasthof-baumgartner.de

**Vilshofen:**
***Wittelsbacher Zollhaus***
Donaugasse 10-12
Tel. (08541) 96 96 00
www.wittelsbacher-zollhaus.de

***Radler-Pension Sagerer*** *(Vilsufer)*,
Alte Fischergasse 4
Tel. (08541) 77 79
www.pension-sagerer.de

**Gaishofen** (OT von Windorf):
***Wirtshaus Fischerstüberl***
Fischerstr. 21
Tel. (08546) 624
www.hellers.info

**Passau:**
***Rotel Inn*** *(Kabinenhotel)*
Haissengasse 10
Tel. (0851) 951 60
www.rotel-inn.de

***Camping-Passau & Faltbootabteilung TV Passau***
Halser Str. 34 *(zelten, keine WoMo)*
Tel. (0851) 414 57
www.camping-passau.de

***DJH Jugendherberge Passau***
Oberhaus 125
Tel. (0851) 49 37 80
www.passau.jugendherberge.de

## Sehenswertes an der Donau

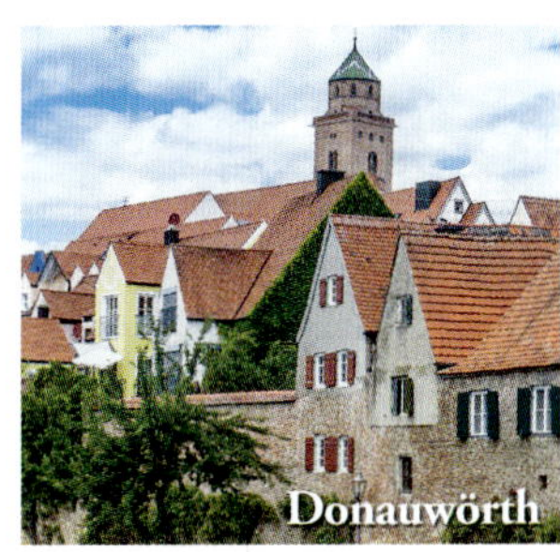


**Donauwörth:** *Altstadtinsel Ried* mit *Fischerbrunnen, Inselfest* mit *Fischerstechen* alle 2 Jahre im Juni/Juli *(wieder 2020)*; *Rieder Tor* mit dem „Haus der Stadtgeschichte" (Heimatmuseum, nur auf Anfrage geöffnet); *Deutschordenshaus* (1774-1778); *Rathaus* und *Marienbrunnen*; stattliche *Bürgerhäuser* entlang der Reichsstraße; *Liebfrauenmünster / Stadtpfarrkirche* (dreischiffige Hallenkirche aus dem 15. Jh.); *Fuggerhaus* (heute Landratsamt) mit eindrucksvollem *Renaissancegiebel*; *Klosteranlage Heilig-Kreuz* (ehem. Benediktinerkloster aus dem 11. Jh.); *Käthe-Kruse-Puppenmuseum* im ehem. Kapuzinerkloster (Pflegstr. 21A, Mai-Sep Di-So 11-18, Okt-Apr Do-So 14-17); *Färbertörle* (einer von ursprünglich 38 Stadtmauertürmen, heute Galerie); *Hintermeierhaus* (15. Jh., ehem. Fischerhaus, heute Heimatmuseum); www.donauwoerth.de

**Neuburg a.d. Donau:** *Ehem. Ursulinenkloster* mit *Klosterkirche St. Ursula* (um 1700); *Oberes Tor* (1530); frühbarocke *Pfarrkirche St. Peter* (1641-1646); *Stadtmuseum* im Adelspalais; *Provinzialbibliothek* (Frührokokobau von 1731/32); *Karlsplatz* mit stattlichen *Adels- & Bürgerhäusern* aus Renaissance und Barock sowie *Marienbrunnen* von 1729 und 1773; *Rathaus* (Renaissancebau von 1603-1609), im Erdgeschoss *Städtische Galerie; barocke Hofapotheke* (1713); *Hofkirche „Unserer Lieben Frauen"* (1607); *ehem. Jesuitengymnasium* (1713) mit Kongregationssaal; *Residenzschloss* (1530-1545 von Pfalzgraf Ottheinrich erbaut) mit *Schlosskapelle* und monumentalem Ostflügel mit zwei Rundtürmen; *Stadttheater* (Biedermeier-Emporentheater von 1868 im einstigen herzoglichen Getreidekasten); legendärer *Jazzclub Neuburg* (Spielstätte internationaler Stars).

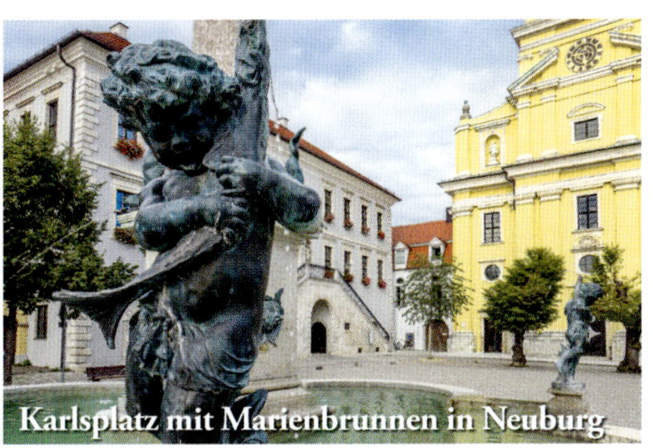


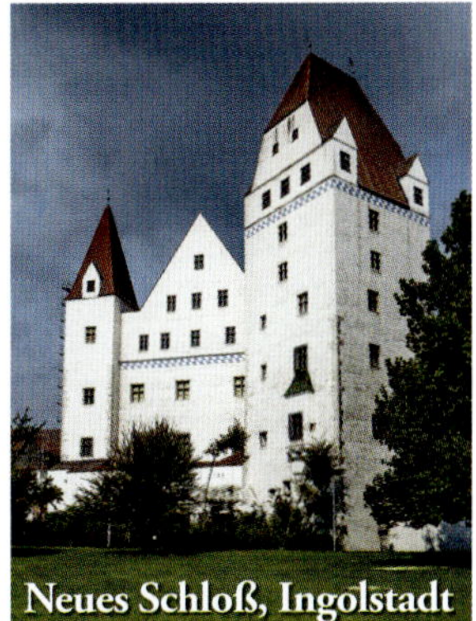


**Ingolstadt:** *Kreuztor*, gut erhaltenes westliches Stadttor aus dem 14. Jh.; barocke *Asamkirche Maria de Victoria* mit prachtvollem Innenraum; *spätbarocker Prachtbau Alte Anatomie* (1723) mit Deutschem *Medizinhistorischem Museum*; *Altes Rathaus* im Kern aus dem 14. Jh., 1882 im Stil der Neurenaissance umgestaltet; *Ickstatthaus* (Ludwigstraße 5) mit *Rokokofassade*; *gotisches Münster „Zur Schönen Unserer Lieben Frau"*; *gotische Franziskanerbasilika* mit wertvollen, ungewöhnlich gut erhaltenen Epitaphien; *„Herzogskasten"*, ehem. Herzogsschloss aus dem 13. Jh., im Mittelalter Burg und Residenz, später Kornspeicher und Stadtkasse; *Neues Schloss* (15. Jh.) mit Bayerischem *Armeemuseum* (historische Waffen, Rüstungen und Zinnfiguren); *Museum für Konkrete Kunst* in der Tränktorstraße; *Donaupavillon* an der Ingolstädter Staustufe (ursprünglich Pavillon EXPO2000, heute Informationszentrum Donau-Auen, www.donauauen.de).

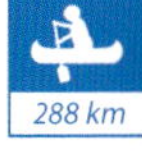


**Vohburg:** Drei *mittelalterliche Stadttore*: *Kleines Donautor* (1471), *Großes Donautor* (1470) & *Auertor* (15. Jh.); *Burgberg*, restaurierte *Burgmauer*, *Pfarrkirche St. Peter* (1820-1823) und ehemaliges *Pflegschloss* mit Mansardwalmdach (1721 erbaut, 1786 vergrößert); *Stadtplatz* mit zum Rathaus umgebauter *Andreaskirche* (13. Jh.).

**Neustadt a.d.Donau:** *Altstadtensemble* mit spätgotischem *Rathaus* (15. Jh.) und *Pfarrkirche St. Laurentius*.

**Kelheim:** *Kloster Weltenburg* am Eingang des Donaudurchbruchs, um 600 gegründet und somit älteste klösterliche Niederlassung in Bayern; *Archäologiepark Altmühltal* mit fünfzehn verschiedenen Standorten zwischen Dietfurt und Kelheim; *Archäologisches Museum* mit Funden aus der Kelheimer Region; *Befreiungshalle* (1842-1863) auf dem *Michelsberg*.

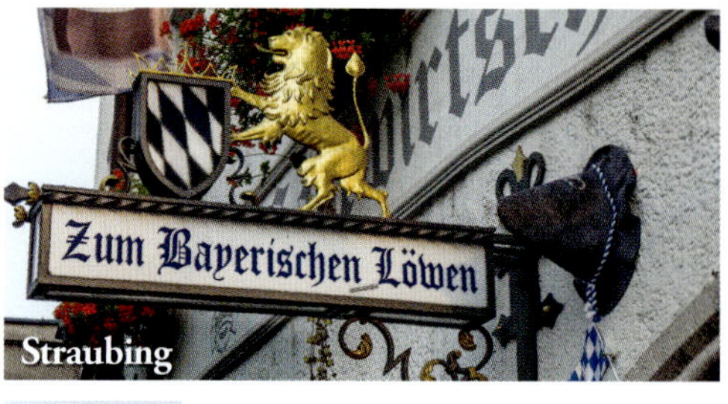

Straubing

**Bad Abbach:** *Schloßberg* mit *Pfarrkirche St. Nikolaus* und *Burgruine Abbach* („Heinrichsturm"), *Museum zur Entwicklungsgeschichte* (Kelten-, Römerzeit, Badewesen).

**Oberndorf:** *Spätromanische Kirche Mariä Himmelfahrt* (1250) mit frühgotischen Fresken.

**Mariaort:** *Wallfahrtskirche* mit Deckenfresko von Karl Stauder (1774-1776).

**Regensburg:** *Stadtrundgang* Seite 322.

**Straubing:** *Basilika St. Jakob* (Ende 14. Jh.) mit Moses-Fenster nach einem Entwurf Albrecht Dürers; romanische *Basilika St. Peter* mit *Totentanzkapelle*; 68 Meter hoher *mittelalterl. Stadtturm* mit Aussichtsplattform; *Rathaus* (1382); *Stadtplatz* mit *Brunnen* und *Dreifaltigkeitssäule*; *Stadtbefestigung* (Ende des 15. Jh.); *Gäubodenmuseum* mit Straubinger Römerschatz; *Gäubodenfest* (Volksfest) im August.

**Metten:** *Benediktinerabtei* (766 gegründet) mit *Abteikirche St. Michael*.

**Deggendorf:** *Altstadt* mit schöner Fußgängerzone; *Palais im Stadtpark*; *Pfarrkirche Mariä Himmelfahrt*; *Grabkirche St. Peter und Paul*; *Reste der Stadtmauer* mit dem *Wehrgang*; *Stadtmuseum* mit archäologischen Funden aus der Region von der Steinzeit bis zum frühen Mittelalter.

**Niederalteich:** *Benediktinerkloster* (741 gegründet) mit barocker *Pfarrkirche*; *Luftfahrtmuseum Gerhard Neumann Museum* (Entwicklung des deut. & europ. Flugzeugbaus von 1960 bis heute, www.f-104.de).

**Vilshofen:** *Historischer Stadtturm* (1647) mit Stadtgalerie; *Stadtpfarrkirche St. Johannes der Täufer*; *Abtei Schweiklberg* mit *Klosterladen* und *Schwarzafrika-Museum* (umfanreiche Sammlung von Kultgegenständen, Schmuck und Prunkwaffen aus Afrika von heimkehrenden Missionaren, Di-So 13-17, www.schweiklberg.de).

**Passau:** *Stadtrundgang* Seite 324.

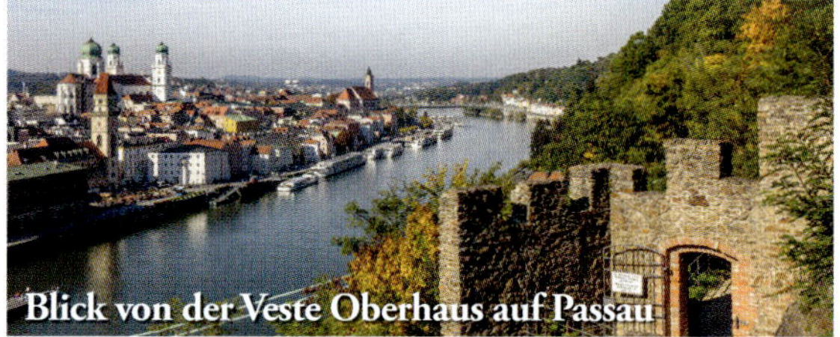
Blick von der Veste Oberhaus auf Passau

## Auskunft & Tourist-Infos

**Ulm:** ***Arbeitsgemeinschaft Deutsche Donau***, Neue Str. 45, Tel. (0731) 161 28 14, www.deutsche-donau.de

**Donauwörth:** ***Ferienland Donau-Ries***, Pflegstr. 2, Tel. (0906) 74 60 60, www.ferienland-donau-ries.de

**Kelheim:** ***Tourismusverband im Landkreis Kelheim***, Donaupark 13, Tel. (09441) 207 73 30, www.tourismus-landkreis-kelheim.de

**Regensburg:** ***Tourismusverband Ostbayern***, Im Gewerbepark D 04, Tel. (0941) 58 53 90, www.ostbayern-tourismus.de

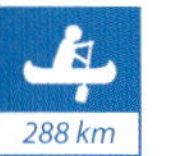


## Kartenanordnung für diese Tour

Karte 1 – Seite 203 | Karte 2 – Seite 207 | Karte 3 – Seite 213 | Karte 4 – Seite 217

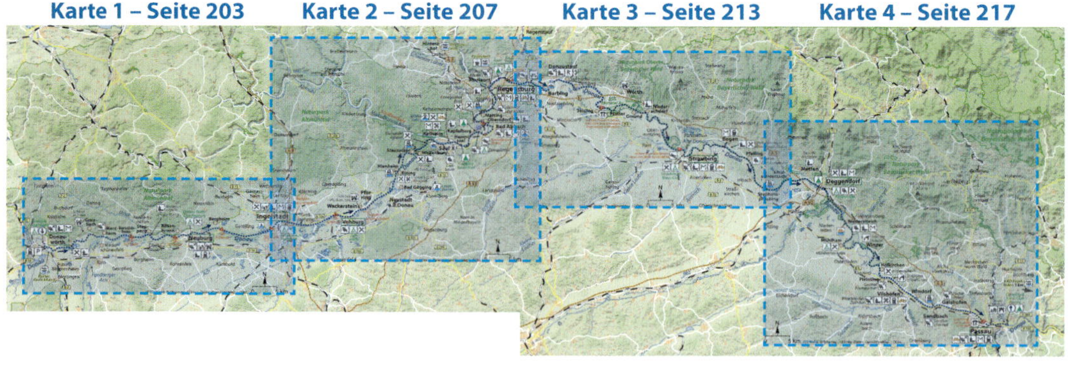

## Weitere Aktivitäten rund um die Donau

**Radfahren:**

Einer der beliebtesten ***Fernradwege*** ist der rund *2.800 Kilometer* lange, gut ausgebaute ***Donauradweg,*** *er begleitet den gesamten Flusslauf von der Quelle in Donaueschingen bis zur Mündung ins Schwarze Meer.*

***Deutscher Limes-Radweg,*** *800 km* entlang des Grenzwalls, römische Entdeckungen, www.limesstrasse.de

Ohne Steigungen & abseits vom Autoverkehr kann man auf ehemaligen Bahntrassen in Ostbayern radeln, z.B. ***Falkensteinradweg*** *(Regensburg – Falkenstein, ca. 39 km)*, dem ***Donau-Regen-Radweg*** *(Miltach am Regen – Bogen an der Donau, ca. 39 km)* oder dem ***Donau-Ilz-Radweg*** *(Niederalteich – Kalteneck / Hutthurm, ca. 55 km)*.

**Fahrradvermieter:**

**Kelheim:** ***2-Rad Jessen***, Schäfflerstr. 12, Tel. (09441) 50 48 50, www.my2rad.de
**Regensburg:** ***Rent a bike***, Bahnhofstr. 18, Tel. (0941) 599 81 94, www.fahrradverleih-regensburg.de
**Straubing:** ***Radhaus Lang***, Chamer Str. 36, Tel. (09421) 883 53, www.radhaus-lang.de
**Vilshofen:** ***Zweirad Würdinger*** *(auch E-Bike)*, Kapuzinerstr. 107, Tel. (08541) 91 07 10, www.wuerdinger.de
**Passau:** ***Fahrradladen Passau,*** Wittgasse 9, Tel. (0851) 7 22 26, www.fahrradladen-passau.de
***Fahrradklinik Passau*** *(auch E-Bike)*, Bräugasse 10, Tel. (0851) 3 34 11, www.fahrradklinik-passau.de
***Bikehaus Passau*** *(auch E-Bike)*, Bahnhofstr. 29, Tel. (0851) 966 25 70, www.bikehaus.de

**Wandern:**

Der ***Donau-Panoramaweg*** begleitet die Donau über *220 km von Neustadt a.d.Donau bis Passau* und bietet unterwegs zahlreiche eindrucksvolle Aussichten auf das Flusstal.

Ein weiterer ***Fernwanderweg*** in der Region ist der ***Jurasteig***. *Er führt in zwölf Etappen über 230 km als großer Rundwanderweg von Kelheim über Bad Abbach, Kallmünz, Habsberg, Deining, Dietfurt a.d. Altmühl bis nach Riedenburg und zurück nach Kelheim*.

Schöne ***Tagestouren*** bieten die als Rundwege angelegten ***Schlaufenwege des Jurasteigs*** im Landkreis Kelheim: ***Nr. 4 Donau-Schlaufe*** *(16 km, Kloster Weltenburg – Eining – Kloster Weltenburg)*, ***Nr. 7 Kaiser-Thermen-Schlaufe*** *(20 km, Rundtour um Bad Abbach)*, ***Nr. 13 Römer-Schlaufe*** *(14 km, Eining – Bad Gögging – Eining)*.

**Paddeln:**

Lohnend in der näheren Umgebung ist die ***Altmühl*** von Gunzenhausen nach Dietfurt *(ca. 120 km)* und weiter auf dem ***Main-Donau-Kanal bis Kelheim*** *(ca. 35 km)*.

***Donau Kanuwanderfahrt:*** Tour International Danubien (TID), www.tour-international-danubien.org

**Besichtigungen & Museen:**

**Ingolstadt:** ***Erlebniswelt Audi Forum Ingolstadt*** *(Werksführungen, Museum, Restaurant, Programmkino)*, Tel. 0800-283 44 44, www.audi.de/de/foren/de/audi-forum-ingolstadt.html

**Kelheim:** ***Brauereiführung im Weissen Bräuhaus***, älteste Weißbier-Brauerei Bayerns, Tel. (09441) 70 50, www.schneider-weisse.de

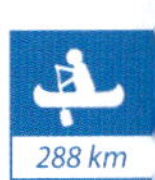


**Straubing:** ***Tiergarten Straubing***, im größten Zoo Ostbayerns leben rund 200 einheimische aber auch exotische Tiere inmitten einer schönen Parkanlage. Eine zusätzliche Attraktion ist das ***Donauaquarium***.

**Thermen & Schmwimmbäder mit Sauna:**

**Bad Gögging:** ***Limestherme***, Tel. (09445) 200 90, www.limes-therme.de
**Kelheim:** ***Erlebnisbad Keldorado***, Tel. (09441) 22 67, www.keldorado-kelheim.de
**Bad Abbach:** ***Kaiser-Therme,*** Tel. (09405) 951 70, www.kaiser-therme.de

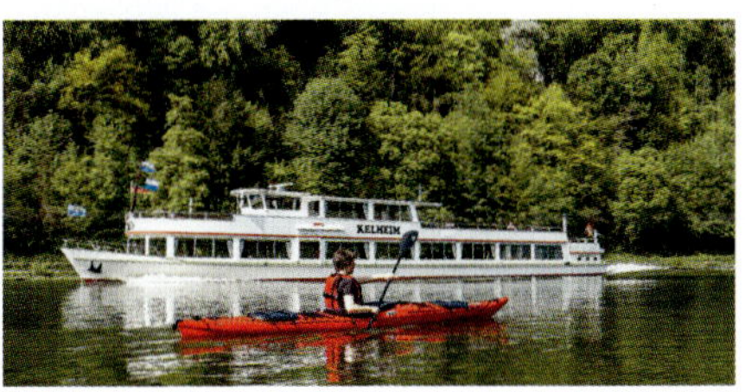

**Touristikroute für Autofahrer:**

Die ***Deutsche Limes-Straße*** führt auf etwa 700 Kilometern entlang des teils noch heute zu erkennenden Grenzwalls, vorbei an original römischen Relikten, Rekonstruktionen, Ausgrabungen und Nachbauten (www.limesstrasse.de).

**Schifffahrt:**

***Personenschifffahrt im Donau- und Altmühltal,***
Tel. (09441) 58 58, www.schiffahrt-kelheim.de

# Die Donau

Die Donau ist nach der Wolga der zweitgrößte und zweitlängste Fluss Europas und genießt unter Paddlern einen legendären Ruf. *Seit 1956 wird sie jährlich zum Schauplatz der „Tour International Danubien", kurz TID, der längsten Kanu-Wanderfahrt der Welt. Vom Start in Ingolstadt Ende Juni paddeln die Teilnehmer in 11 Wochen über 2.500 km bis zur Mündung ins Schwarze Meer im rumänischen Donaudelta.*

Da ich keine drei Monate Zeit habe, entscheide ich mich für die Strecke von Donauwörth nach Passau. Gespannt bin ich auf die Erlebnisse entlang der immerhin noch knapp 300 Kilometer langen Strecke, als ich beim gastfreundlichen *Kanuverein* in **Donauwörth** am Ufer der ***Wörnitz*** mein Zelt aufschlage.

Das erste Stück auf der ***Wörnitz*** am nächsten Morgen ist noch ruhig und ich passiere die hübsch anzuschauende ***Rieder Altstadtinsel.*** Hinter der nachfolgenden Straßenbrücke ist die schmale Landspitze an der ***Wörnitzmündung*** in die ***Donau*** erreicht und es wird schlagartig kabbelig. Mit kräftiger Strömung rauscht die Donau heran und trägt mich flott an der Kaimauer des ehemaligen Donauhafens vorbei. *Schon im 16. Jahrhundert verfügte die Stadt über einen ausgebauten Hafen, der sich im Lauf der Geschichte zum Endpunkt der Donau-Dampfschifffahrt entwickelte.*

Weiter geht's mit beachtlichem Tempo. Schon bald kehrt die Donau der Stadt den Rücken und fließt hinter der Brücke der Bundesstraße 2 als breiter Strom mit flachen grünen Ufern durch eine einsame Landschaft. Die ersten acht Donau-Kilometer vergehen wie im Fluge und nach der 2.500-Kilometertafel erhebt sich hoch oben hinter einem Donaualtarm, Teil des 58 Hektar großen ***Naturschutzgebietes Donaualtwasser bei*** **Leitheim**, die prächtige Fassade von ***Schloss Leitheim.*** *Von der ehemaligen Sommerresidenz der Äbte des nahegelegenen Klosters Kaisheim hat man sicherlich einen herrlichen Ausblick über die weite Donauebene.*

Nachdem der ***Lech*** sein Wasser an die Donau übergeben hat, erreiche ich **Marxheim**, wo ich hinter der Straßenbrücke eine gute Anlande-

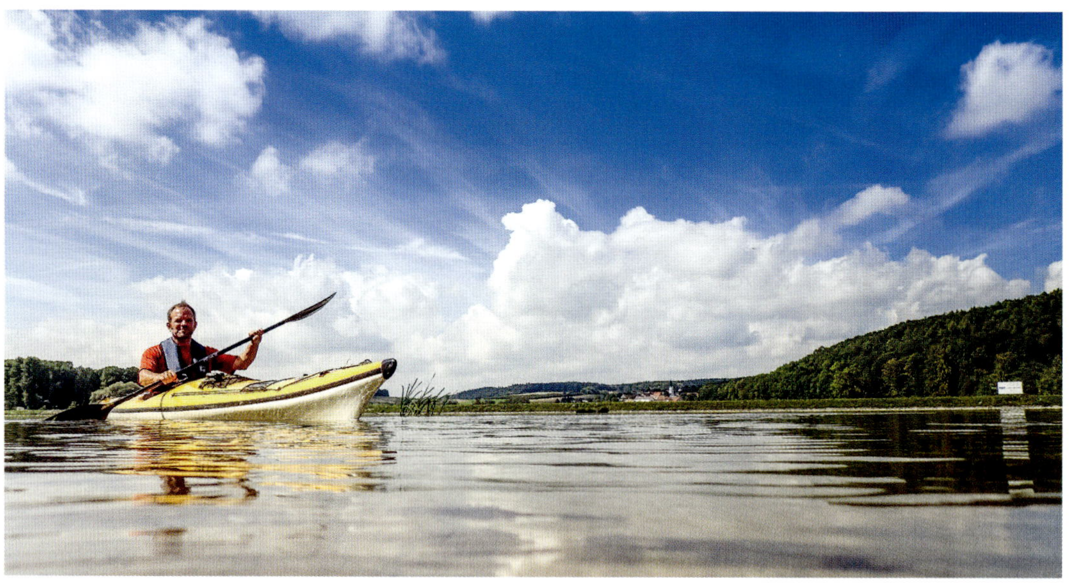

*Die Donau – Königin unter den Flüssen*

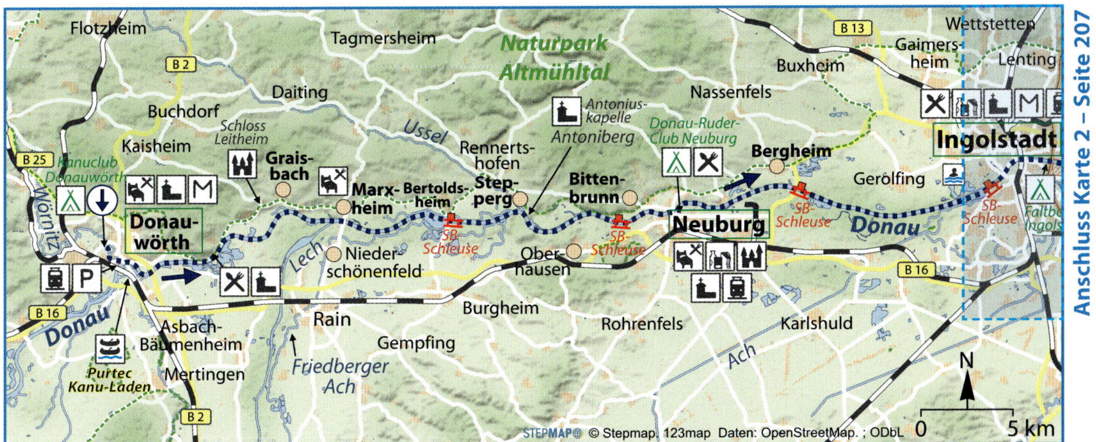


möglichkeit finde. Nur wenige Schritte entfernt lockt die *Bruckwirtschaft*, ein Wirtshaus mit jahrhundertelanger Tradition und einem schönen Biergarten sowie Gästezimmern.

Ab Marxheim macht sich dann der Rückstau der ***Staustufe*** **Bertoldsheim** bemerkbar, die sich am Ende des an Wasservögeln reichen Stausees in den Weg stellt. Sie ist, wie die folgenden Wehranlagen, mit einer ***Selbstbedienungsschleuse*** ausgestattet und wenn man mit mehreren Paddlern unterwegs ist, so dass einer aus der Gruppe das Bedienpult an Land betätigen kann, während die übrigen das leere Kanu ins Schlepptau nehmen, kann man sich die Portage sparen. Da ich solo unterwegs bin, ziehe ich den Bootswagen vor und steige zum Umtragen an den steilen Betontreppen vor der Schleuse aus.

***Bei Hochwasser sind die Schleusen grundsätzlich gesperrt und wenn Wasser über das Wehr läuft, ist äußerste Vorsicht angesagt; dann sollte man rechtzeitig vor der Staustufe anlegen. Eine Blinklichtanlage weist in diesen Fällen auf die Lebensgefahr hin.***

Unterhalb des Wehrs nimmt die Donau wieder etwas Fahrt auf und hinter **Stepperg**, an der Mündung der ***Ussel*** in die Donau, treten die bewaldeten Hänge näher an die Ufer heran. Zur Linken erhebt sich der ***Antoniberg***, ein steil aufragender Kalksteinhang, *mit Antonius- und Gruftkapelle, wo die im Jahre 1848 tödlich verunglückte bayerische Kurfürstin Marie Leopoldine beigesetzt ist. Ein uraltes Siedlungsgebiet liegt hier, darauf weisen jungsteinzeitliche Funde, eine Siedlung aus der Hügelgräberbronzezeit, römische Gutshöfe, eine Römerbrücke über die Donau (ca. 150 n. Chr.) und Funde aus der Römerzeit hin.*

Unter dem hoch aufragenden hellen Juravorsprung des ***Naturschutzgebietes Finkenstein***, mit dem historischen Fischerkreuz, geht es auf die ***Stauanlage*** **Bittenbrunn** zu. Am rechtsufrigen Ausstieg vor der ***SB-Schleuse*** bietet ein schöner *Rastplatz* die Möglichkeit sich die Beine zu vertreten und eine Pause einzulegen, bevor es nach Neuburg weitergeht.

*Vielleicht trifft man unterwegs auf eine „Zille", so bezeichnet man seit jeher die traditionellen Boote im deutschsprachigen Donauraum. Während man die zum Netzfischen verwendeten*

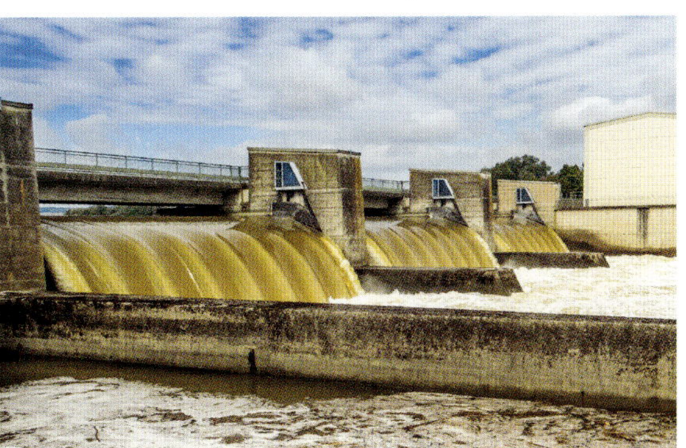

*Laufwasserkraftwerk Bertoldsheim*

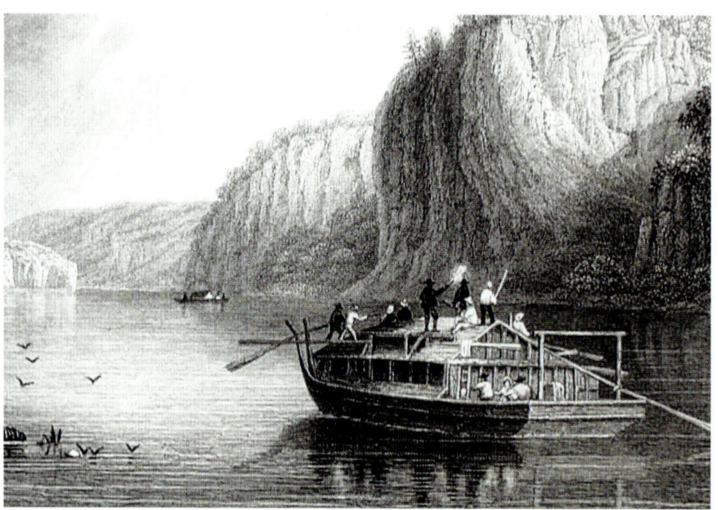

*Mit solchen Zillen war man um 1850 im Raum Kelheim auf der Donau unterwegs*

*kleineren und wendigeren Boote Fischerzillen nennt, heißen die zum Transport von Touristen zwischen Kelheim, dem Kloster Weltenburg und Neuburg gebräuchlichen Zillen heute Kahnfahrtzillen. Die Fischerzillen benutzte man auch zum Fischerstechen, eine alte Tradition, die bis ins 14. oder 15. Jahrhundert zurückreicht. Sie war eine mittelalterliche Kampfsportart von Fischer- und Schifferzünften, den ritterlichen Lanzenturnieren nachgebildet. Die Fronfischer der Haupt- und Residenzstadt Neuburg wurden damals von den Neuburger Pfalzgrafen verpflichtet, zur Attraktion bei Besuch auswärtiger Fürstlichkeiten, das Spektakel aufzuführen. Den Brauch nahm man heute wieder auf und so führen die „Fischergassler", die Zunft der Neuburger Fischerstecher, alljährlich im Mai das mit einem großen Straßenfest in der Fischergasse verbundene Fischerstechen in historischen Trachten durch.*

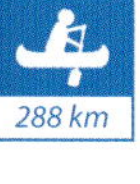


Schon lange im Voraus ist das prächtige ***Schloss*** der Stadt **Neuburg a.d. Donau** auf dem Jurafelssporn hoch über dem rechten Ufer zu sehen. Unter der folgenden Straßenbrücke teilt eine Insel den Flusslauf in zwei Arme. Hier halte ich mich rechts und lande am Prallhang der nächsten Flusskurve am Schwimmsteg des *Donau-Ruder-Club Neuburg* an.

*Das Stadtbild der alten Residenzstadt wurde überwiegend im 16. Jahrhundert vom Pfalzgrafen Ottheinrich geprägt. Er war es auch, der die mittelalterliche Burg zu einer prächtigen Schlossanlage der Renaissance umbauen ließ, heute Wahrzeichen der Stadt. Die Schlosskapelle mit ihren kunstvollen Fresken gilt als der älteste protestantische Kirchenbau in Bayern.*

Am nächsten Morgen trägt mich die flotte Strömung fast von alleine durch einen grünen Auwald gen Osten. Allerdings wird sie vor der ***Staustufe*** **Bergheim** (***SB-Schleuse)*** zusehends träger.

Erst dahinter geht es auf der vorübergehend schmalen Donau weiter, bis in der Ferne die rotweißen Schlote des Kraftwerks von Ingolstadt auftauchen. Vor der einstigen Herzogsresidenz und Landesfestung hat das Wehr den nächsten großen See aufgestaut. Segelboote flitzen über den Horizont, Graureiher stehen stoisch am Ufer und auf den aus dem Wasser ragenden Ästen trocknen Kormorane nach dem Tauchgang ihr Gefieder. Zur Linken verbirgt sich hinter einem schmalen Grüngürtel auf einer Fläche von 150 Hektar das attraktive ***Naherholungsgebiet Mitterschütt*** mit einem riesigen Baggersee. Spiel- und Beachvolleyballplätze wurden geschaffen, Schwimmstege und Holzplattformen laden zum Baden ein.

Vor mit ragt die Vogelinsel, ein höher gelegenes Überbleibsel des ***Festungswerks 130***, *der sogenannten Uferbatterie F, aus dem Wasser. Um 1860 errichtet, war sie Bestandteil der gewaltigen Landesfestung und das Gebäude, das bis zur Flutung des Ingolstädter Stausees 1971 hier gestanden hat, bot 225 Infanteristen und vier Geschützen Platz.*

Die ***SB-Schleuse*** bzw. ***Portage*** ist, wie gehabt, am rechten Ufer zu finden. Ein Bootswagen erleichtert zwar die Portage an den Wehren, am Höhenunterschied zwischen Wehr und Unterwasser ändert er allerdings nichts und so muss ich das Boot über eine steile Treppe wieder ins Wasser rutschen lassen.

Nordwestlich der Staustufe liegt der ***Donaupavillon***. *Er wurde ursprünglich für die EXPO 2000 in Hannover gebaut und präsentiert seit Frühjahr 2010 an den Wochenenden wechselnde Ausstellungen zu verschiedenen Themen rund um die Donau.*

Nun zieht zu beiden Seiten das **Ingolstädter** Stadtgebiet an mir vorüber. Von der mit rund 130.000 Einwohnern zweitgrößten Stadt Oberbayerns, bzw. der schönen Altstadt mit zahlreichen historischen Bauten inmitten der mittelalterlichen Befestigungsanlage, ist vom Wasser aus allerdings nicht viel zu sehen. Eine gute Möglichkeit für den Stadtbesuch bietet links die Uferpromenade zwischen der Konrad-Adenauerbrücke und dem nachfolgenden Fußgängersteg über die Donau.

*Am gegenüberliegenden Ufer dominiert die klassizistische **Festungsanlage** den Klenzepark. Sie wurde im 19. Jahrhundert nach Plänen des Hofarchitekten Leo von Klenze gebaut. Das **Reduit Tilly**, ein zentraler, halbrunder Bau, diente dem Schutz des Brückenkopfes und beherbergt heute eine Dauerausstellung zum Ersten Weltkrieg des Bayerischen Armeemuseums (eines der großen militärhistorischen Museen Europas). Eine weitere Dauerausstellung dieses Museums ist im „**Neuen Schloss**" der bayerischen Herzöge aus dem 15. Jahrhundert zu sehen, dessen wuchtige weiße Fassade sich hinter der erwähnten Fußgängerbrücke am linken Ufer erhebt. Die Innenräume zählen zu den schönsten Profanräumen der Gotik in Deutschland. Höhepunkt der vielfältigen Ingolstädter Museenlandschaft ist das „**Audi museum mobile**". Es bildet den Mittelpunkt des Audi Forums Ingolstadt und zeigt auf drei Etagen rund 60 Automobil- und 20 Motorrad-Oldtimer von Auto-Union, Horch, DKW und Wanderer.*

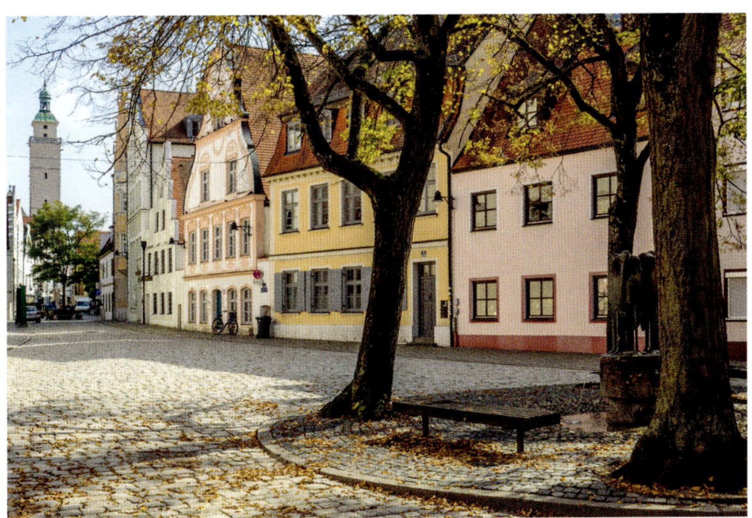

Historisches Ingolstadt

Wer sich länger Zeit für den Stadtbesuch nehmen möchte, findet nach Voranmeldung eine *Zeltmöglichkeit* beim *Faltbootclub Ingolstadt.* Die Anlegestelle zum Vereinsgelände liegt am Ende der Altstadt kurz vor der Autobahnbrükke am rechten Ufer und ist wegen eines Fahnenmastes mit DKV-Wimpel nicht zu verfehlen.

Ein kurzes Stück der Donau hinter der A 9 wird als Pionierübungsgelände genutzt. Die Ufer sind mit Treppen, Hafenanlagen und Rampen verbaut und bei Manövern ist mit gespannten Drahtseilen oder Schwimmbrükken zu rechnen. ***Das Betreten des rechten Ufers ist in diesem Abschnitt untersagt.***

Auch wenn sich unmittelbar an diesen Abschnitt das ***Landschaftsschutzgebiet Donauauen an der Kälberschütt*** anschließt, bleibt die Donau auf den nächsten Kilometern breit, eingedeicht und begradigt und die Strecke bis zur ***Staustufe*** in **Vohburg a.d Donau** ist recht zäh. ***Vor dem Kraftwerk warnt ein Schild vor der gefährlichen Querströmung*** und so halte

ich etwas Abstand vom Ufer, bleibe aber rechts, um vor der ***SB-Schleuse*** anzulegen und das Kajak auf dem Bootwagen festzuzurren. Glücklicherweise ist dieses Mal der Einstieg hinter dem Wehr intelligenter gelöst und über die parallel zum Ufer verlaufende Betonschrägen kann ich mit dem Bootswagen bequem bis zum Wasser rollen.

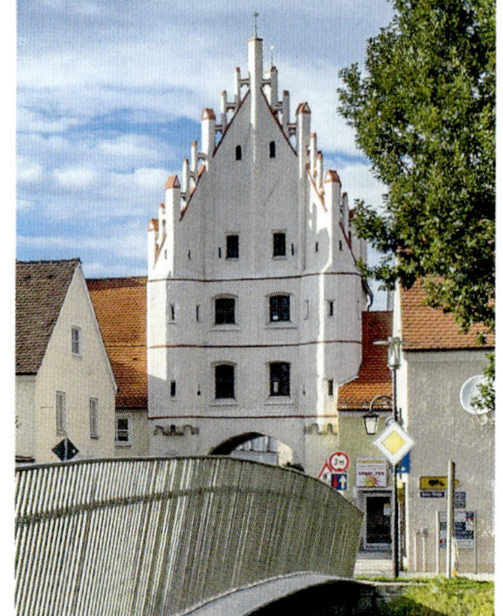

Schon mit Blick auf die *Agnes-Bernauer-Brücke (B 16A)* von **Vohburg** mündet von rechts die ***Paar***, ein lohnender Kleinfluss, dessen Gefälle das Land entlang seines Laufs zum Mühlenland machte und Paddlern eine spritzige Fahrt über Rampen und fahrbare Wehre beschert.

Gleich hinter der Vohburger Brücke liegt rechts die *städtische Zeltwiese* auf der Kanuten und Radfahrer kostenlos für eine Nacht das Zelt aufschlagen können (wer die Feuerstelle nutzen möchte, muss das vorher in der Stadtverwaltung anmelden: Tel. (08457) 92 92 35). Hinter dem Deich gibt es sogar einen Sanitärcontainer mit Toiletten und Duschen. Ein toller Service der Stadt, der gerne Schule machen darf! Direkt nebenan liegt die *Gelateria Bar San Marco*, auf deren schöner Terrasse über der Donau nicht nur Eis sondern auch Pizza serviert wird. Von hier sind es nur wenige Schritte in die hübsche Altstadt. *Das Stadtbild von Vohburg wird geprägt vom Burgberg, der schon in der Mittleren Bronzezeit bewohnt war, wie Scherbenfunde aus der Zeit um 1500 v. Chr. beweisen. Am östlichen Hang liegt das Pflegschloss, in dem schon Napoleon übernachtete. Von oben habe ich einen tollen Blick über die Dächer der Stadt und das weite Donautal. Gut zu erkennen ist auch das Kleine Donautor, ein dreigeschossiger gotischer Bau, der den Südeingang zum Marktplatz bildet und als Wahrzeichen der Stadt gilt.*

Sofort nach dem Ablegen am nächsten Morgen erfasst mich die flotte Strömung, vor mir liegt der schönste Abschnitt der bayerischen Donau, denn hier kann der Fluss frei fließen. Schnell ist ***Schloss Wakkerstein*** erreicht und damit der Beginn eines weiteren **Truppenübungsgebietes.** ***Die Ufer sind auf den nächsten zwei Kilometern wieder militärisches Sperrgebiet und erneut heißt es gegebenenfalls Achtung vor Spannseilen, Motorbooten und anderen Hindernissen im Wasser.*** Der Wasserübungsplatz endet bei Donaukilometer 2.438 hinter der Straßenbrücke von **Pförring**.

288 km

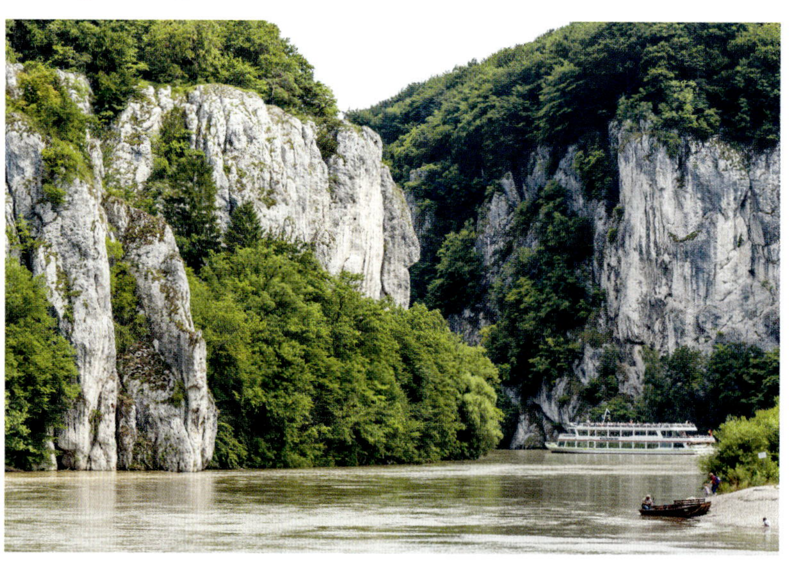

*Eine Zille wartet vor dem Kloster Weltenburg auf seine Fahrgäste*

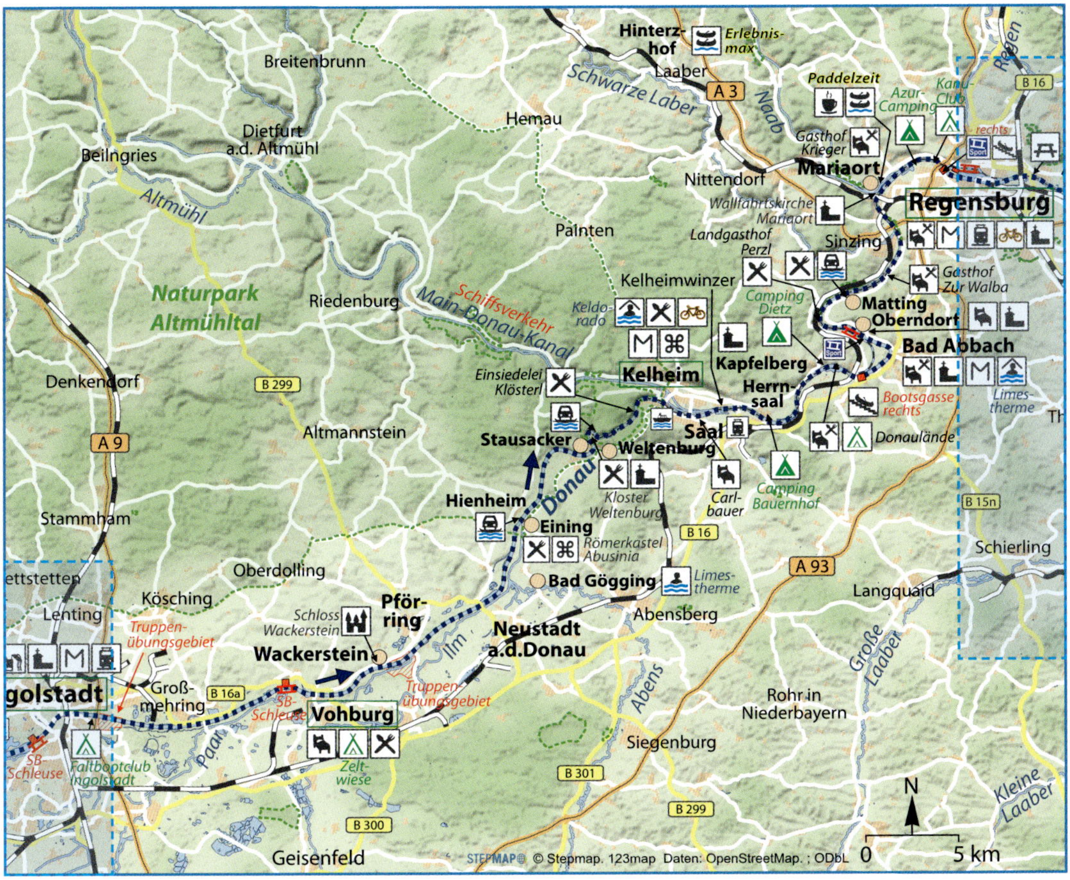

Nächste Wegmarke ist die Straßenbrücke der Bundesstraße 299. Rechter Hand, etwas abseits vom Fluss, liegt das Städtchen **Neustadt a.d.Donau** mit *sehenswertem spätgotischen Rathaus aus dem späten 15. Jahrhundert.*

Gut fünf Kilometer weiter erreiche ich an der Mündung der ***Abens*** in die Donau die ***Seilfähre*** zwischen **Hienheim** am linken und **Eining** am rechten Ufer. Hier laden ein schöner *Rastplatz* und der *Imbiss* am Fährhaus zur Pause ein.

*Schon 1270 wird die bis heute vorhandene Fähre erwähnt. Am südlichen Ortsrand, an der Straße nach Bad Gögging, liegen die Überreste des unter Kaiser Titus erbauten Römerkastells Abusina. Von hier an verlief der Limes dem Rhein entgegen und schützte nördlich der Donau die Grenze des Römischen Reiches gegen Überfälle der germanischen Stämme. Der Grenzwall diente nicht nur als Schutz vor Feinden, sondern auch der Kontrolle des Handels entlang und über die Grenzen hinweg. Die einzelnen Wachtürme wurden während einer ersten Ausbauphase durch Palisaden verbunden. Erst in der Mitte des 2. Jahrhunderts wurde der Schutzwall als Steinmauer ausgebaut.*

Nun ist es nicht mehr weit bis zur ***Weltenburger Enge***, in der sich die Donau in einer schmalen Schlucht den Weg durch die harte Kalktafel des Oberen Jura bahnt.

Erst passiere ich die ***Seilfähre*** zwischen **Stausacker** und **Weltenburg** und lege in der folgenden Rechtskurve am breiten Kiesstrand vor dem ***Kloster Weltenburg*** an, um mir das prächtige Deckengemälde der Gebrüder Asam in der barocken Kirche anzuschauen und danach im lauschigen Biergarten ein dunkles Klosterbräu zu probieren.

## Kloster Weltenburg

Der erste Klosterbau auf der Halbinsel am Donaudurchbruch erfolgte wohl um 600 n. Chr. Nach dunklen Jahrhunderten die von Plünderungen und Überschwemmungen geprägt waren, erlebte das Kloster im 18. Jahrhundert einen wirtschaftlichen Aufschwung. Der Prior Maurus Bächl wurde 1713 zum neuen Abt gewählt. Er ließ die alten Gebäude abreißen und von 1716 bis 1739 die heutige barocke Klosteranlage mit der eindrucksvollen Klosterkirche bauen.

Das Äußere der Kirche ist schlicht und einfach und lässt nicht den inneren Reichtum, ja nicht einmal die innere Raumgestaltung erahnen. Hinsichtlich Baustils und Ausschmückung steht die Kirche zwischen Barock und Rokoko; insbesondere weist die Vorhalle, die zuletzt fertiggestellt wurde, Rokokomotive auf. Im Ganzen betrachtet ist sie ein Werk des bayerischen Hochbarocks und ihr Inneres klar in drei Räume aufgegliedert: die Vorhalle, den Hauptraum und das Presbyterium. Im Hauptraum tragen acht Säulen aus Weltenburger Marmor die eingehängte, vorgewölbte Kuppelkonstruktion mit ihrem Scheitelausschnitt und zwölf Fenstern an der Außenwand der Kuppel. Sehenswert sind auch das Altarbild mit dem hl. Georg, das Deckenfresko von Egid Quirin Asam und die Brandenstein-Orgel.

Die über 1.400 Jahre alte Klostergeschichte erzählt das Besucherzentrum, in dem sich ein Nebenraum auch der Flora und Fauna des Donaudurchbruchs widmet. Berühmt ist Kloster Weltenburg vor allem für seine vermutlich älteste Klosterbrauerei der Welt, die um 1050 erstmals erwähnt wurde, und so findet man mitten in der barocken Klosteranlage einen der schönsten Biergärten Bayerns.

Scharenweise (mehr als 500.000 Besucher jährlich!) fallen die Touristen mit Ausflugsdampfern im Kloster ein und genießen unter mächtigen Kastanienbäumen das berühmte Weltenburger Klosterbier und heimische Spezialitäten. Auf die derben Holztische kommen z.B. Weltenburger Stierl, eine gesottene Mastochsenbrust mit feiner Meerrettichrahmsauce oder Saures Lüngerl mit Semmelknödel, angeblich die alte Leibspeise der Zillenkapitäne, die die traditionellen Flachbodenkähne über die Donau schippern.

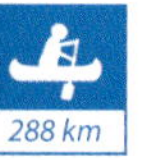


Zu tief ins Glas schauen sollte man im Schatten der Kastanien allerdings nicht, denn im ***Naturdenkmal Donaudurchbruch*** *(zelten verboten!)* erfordern auf den nächsten sechs Kilometern sowohl die rasante Strömung als auch die Ausflugsdampfer, die mitunter mächtige Wellenberge auftürmen, und die Zillenkähne die volle Aufmerksamkeit. Senkrecht bis zu 100 Meter aufsteigende Felswände mit phantasievollen Namen wie „Römerfelsen", „Eidechse" oder „Räuberfelsen" ziehen rasch an mir vorbei. Am linken Ufer ragt die ***„Lange Wand"*** auf, an der große Eisenringe angebracht sind, die die Kahnkapitäne früherer Zeiten nutzten, um ihre Boote mit Haken gegen die Strömung flussaufwärts zu ziehen.

Am Ende der Durchbruchstrecke liegt am linken Ufer das ***Klösterl.*** *Aus einer großen Felsgrotte errichtete an dieser Stelle 1450 Antonius von Siegenburg seine Einsiedelei und eine kleine Kapelle zu Ehren des heiligen Nikolaus. Das Dach der Kirche wird vom weit überhängenden Fels gebildet.* Heute lädt hier eine Wirtschaft mit Biergarten zur Rast ein.

Voraus thront nun die eindrucksvolle ***Befreiungshalle*** auf dem hochaufragenden ***Michelsberg*** als Wahrzeichen über der Stadt **Kelheim**. *Den Rundbau ließ König Ludwig I. von Bayern 1842 als Erinnerung an die Befreiungskriege gegen Napoleon durch den Münchener Baumeister Leo von Klenze in 21 Jahren errichten.* Trotz der großen Entfernungen lassen sich die riesigen Abmessungen des Bauwerks erahnen. *Schon das Eingangstor misst stolze sieben Meter. Die Rotunde ist 45 Meter hoch, zählt man die großzügige Treppe hinzu sogar 60 Meter. Der Innenraum ist mit vielfarbigem Marmor verkleidet und im Boden ein Marmormosaik eingelassen.* Ein Besuch lohnt nicht nur wegen der Halle an sich, sondern auch wegen des herrlichen Panoramablicks von der Außengalerie.

Die Befreiungshalle im Rücken warten an der Anlegestelle in **Kelheim** die Ausflugsdampfer auf Touristen. Gute Möglichkeiten für den Landgang bieten sich sowohl am linken wie auch am rechten Ufer. *In der Altstadt bestaune ich die gut erhaltenen Türme und Tore der Stadtbefestigung aus dem 13. und 14. Jahrhundert. Eine noch längere Reise zurück in der Zeit ermöglicht das Archäologische Museum. Hier wird anschaulich, dass die Region rund um den Donaudurchbruch und den Unterlauf der Altmühl zu den ältesten Siedlungsplätzen Europas gehört.*

Hinter der Europabrücke dümpelt die erste grüne Fahrwassertonne im Fluss. Von nun an ist die ***Donau Bundeswasserstraße*** und kurz darauf mündet von links der ***Main-Donau-Kanal***.

*Bereits im 8. Jahrhundert versuchte Karl der Große die Altmühl mit der dicht an der Wasserscheide verlaufenden Schwäbischen Rezat zu verbinden, einem Quellfluss der Rednitz in Mittelfranken. Weil die technischen Hürden für diese Zeit aber zu hoch lagen, wurde der Karlsgraben nie fertiggestellt. Erst König Ludwig I. von Bayern griff die Idee wieder auf und ließ von 1836 bis 1845 den Ludwig-Donau-Main-Kanal errichten. Wer die Reste der historischen Fossa Carolina in Graben bei Treuchtlingen einmal bestaunen will, kann dies im Rahmen einer Altmühl-Tour tun.*

*Im Jahre 1960 erfolgte dann in Bamberg der erste Spatenstich für den heutigen Main-Donau-Kanal, der die Lücke zwischen den natürlichen Wasserstraßen Rhein, Main und Donau schließt und die Nordsee bei Rotterdam mit dem Schwarzen Meer verbindet. In den 1970er und 1980er Jahren entbrannte ein heftiger Streit um die negativen Auswirkungen des Kanalbaus auf die Umwelt. Insbesondere der Ausbau des Altmühlunterlaufs auf einer Strecke von 34 Kilometern Länge war ein Streitthema.*

*1992 war es aber dann soweit und mit der Inbetriebnahme des letzten Teilstücks zwischen*

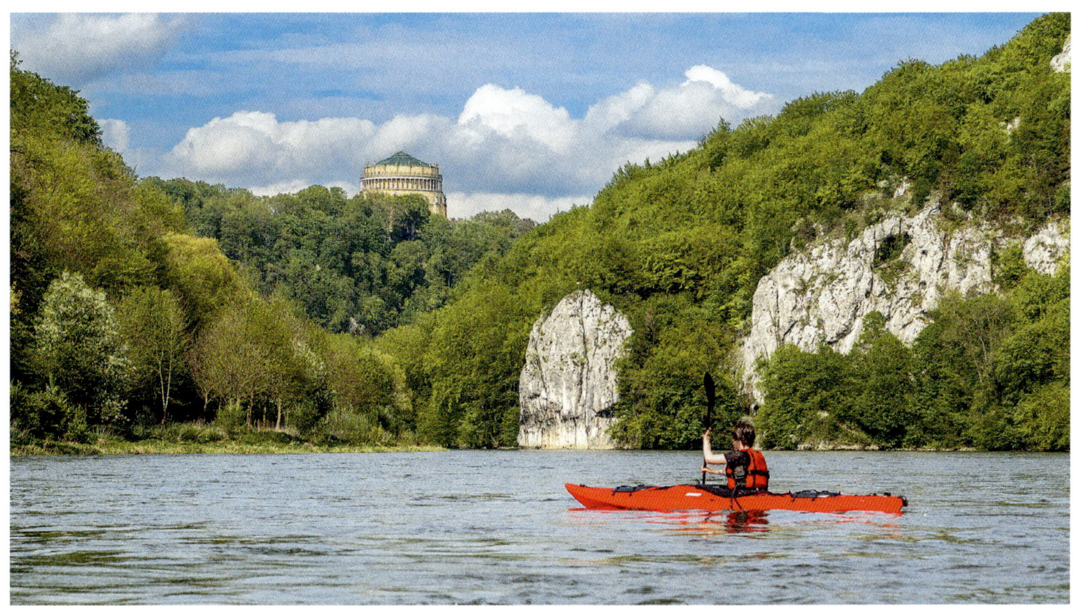

*Ein imposanter Anblick – die riesige Befreiungshalle auf dem Michelsberg*

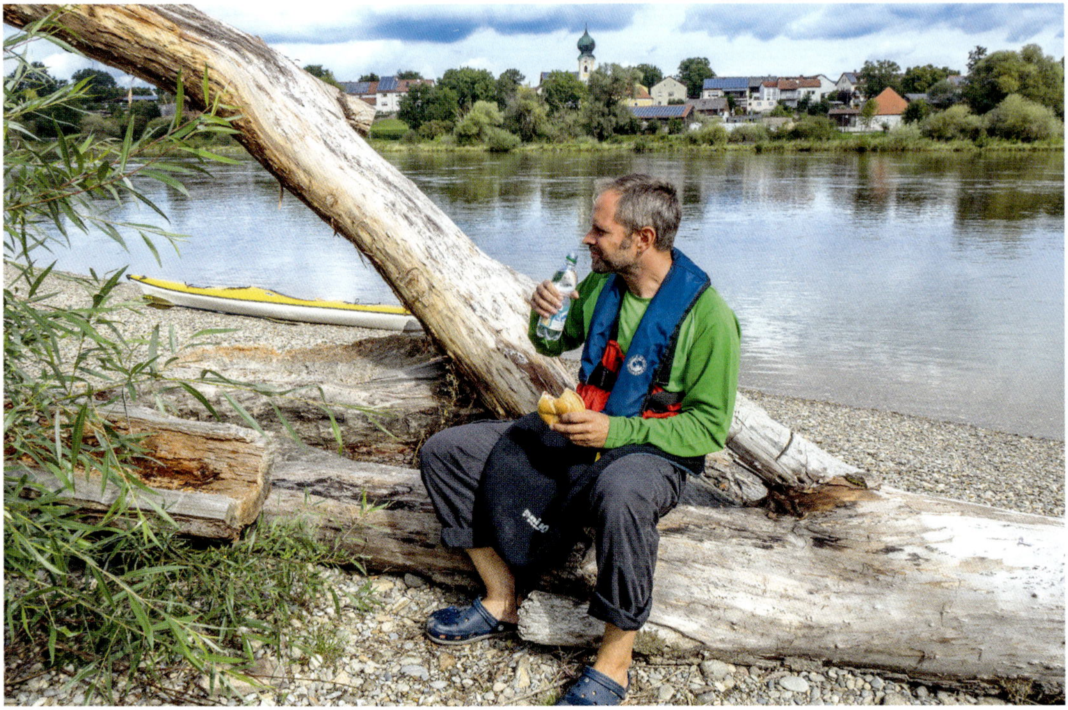

*Pause an einem kleinen Strand bei Saal a.d. Donau*

*Hilpoltstein und Berching wurde die 171 Kilometer lange Wasserstraße eröffnet, die den Main bei Bamberg mit der Donau bei Kelheim verbindet und den Höhenunterschied von insgesamt 243 Metern mit Hilfe von 16 Schleusen überwindet.* Das erwartete Frachtaufkommen wurde allerdings nie erreicht und heute hat sich der Kanal zu einem beliebten Touristenziel entwickelt und lockt Schwimmer, Wanderer, Radfahrer sowie Flusskreuzfahrer an.

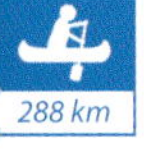


Vorbei am Ortsteil **Kelheimwinzer** und den Türmen und Kränen des ***Kelheimer Hafens*** sucht sich die Donau ihren Weg nach Osten.

Voraus rückt der Zwiebelturm der Kirche von **Saal a.d.Donau** in den Blick. Hinter den ersten Häusern bieten die Treppen am *Bootsausstieg* bei Donaukilometer 2.409 eine gute Möglichkeit für den Landgang und zum Aufschlagen des Zeltes auf dem gemütlichen *Camping am Bauernhof* in **Kelheim-Herrnsaal**.

Gut 600 Meter weiter könnte man am rechten Ufer an der alten Fähranlegerampe unter der Bundesstraße 16 die Tour auf dem frei fließenden Donauabschnitt beenden, denn der nur knapp 1,5 Kilometer entfernte *Bahnhof* von **Saal a.d Donau** liegt an der Bahnstrekke Regensburg-Ingolstadt und ermöglicht das unkomplizierte Nachholen des Autos.

Die Donau bleibt im weiteren Verlauf landschaftlich reizvoll und immer wieder beeindrukken hochaufragende Kalksteinufer. Die Strömung schläft allerdings zusehends ein. Weithin sichtbar über dem Tal ist die um 1600 errichtete katholische ***Pfarrkirche St. Maria Immaculata*** in **Kapfelberg**. Vor dem Yachthafen bietet der flussnahe *Campingplatz Dietz* eine gute Übernachtungsmöglichkeit, aber auch in der folgenden Kurve, bei Donaukilometer 2.403, findet sich oberhalb des *Bootsanlegestegs* in der *Gaststätte Donaulände* ein warmes Essen und wahlweise ein weiches Bett oder Platz fürs Zelt.

Etwa einen Kilometer weiter überspannt eine Eisenbahnbrücke die Donau. Das Joch ganz links führt zur ***Großschifffahrts***- und zur

***Sportbootschleuse*** im ***Kanal***, die mittleren beiden Durchfahrten sind gesperrt und so halte ich mich rechts und finde an der folgenden Straßenbrücke ganz ***am rechten Ufer*** die ***Bootsgasse*** *(bei Niedrigwasser außer Betrieb)* zur Überwindung der Staustufe.

Nach der rasanten Fahrt im engen Kanal liegt voraus **Bad Abbach** und der *Bootsanleger* am rechten Ufer eröffnet die Möglichkeit, dem *sehenswerten Kurort mit seinen Schwefelquellen und Mineral-Thermalwasser einen Besuch abzustatten (Limestherme). Wahrzeichen sind die weithin sichtbare neugotische Pfarrkirche und der Heinrichsturm als Überbleibsel der einst mächtigen Burg aus dem 13. Jahrhundert.*

Wieder im Boot, geht es unter der eindrucksvollen, an mächtigen Stahltrossen aufgehängten Fußgängerbrücke hindurch und vorbei erst an der Einmündung des Flussarms von der Sportboot- und dann dem Kanal der Großsschifffahrtschleuse. In der darauffolgenden Rechtskurve lädt am linken Ufer der *Landgasthof Perzl* zu einer Rast und dahinter bestimmt ein mächtiger, hochaufragender Steilhang das Ufer.

Die nächste Möglichkeit zum *Anlanden* und *Einkehren* im *„Zunftstüberl"* bietet sich vor der ***Donaufähre*** in **Matting**.

Ebenfalls sehr einladend und nur zweieinhalb Kilometer weiter, ist gegenüber vom Golfplatz der große Biergarten am *Gasthof „Zur Walba"*. Auf der Liegewiese laden Liegestühle zum Verweilen ein und die Speisekarte lockt mit zahlreichen Köstlichkeiten, deren Zutaten von Zulieferern aus der Region stammen.

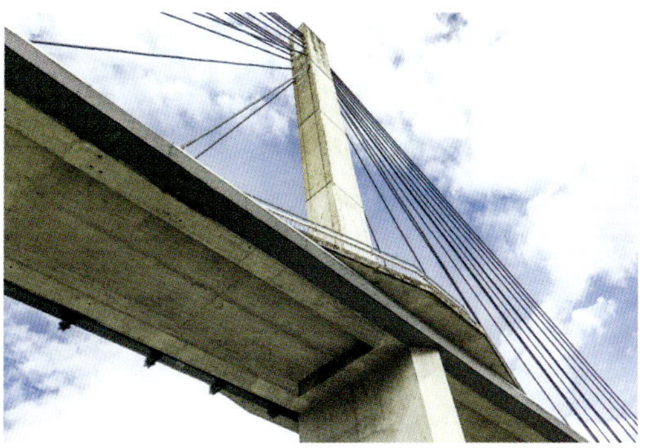

*Die mächtigen Stahltrosse der Fußgängerbrücke in Bad Abbach*

Nächste Station ist die Autobahnbrücke der A3, dahinter in der Kurve ist schon die Naabspitze mit der ***Wallfahrtskirche*** **Mariaort** an der Mündung der ***Naab*** in die Donau erreicht.

Auf dem weiteren Weg nach **Regensburg** leuchten am rechten Ufer mehrere kleine Sandstrände in der Sonne und böten die Möglichkeit zum Anladen, um auf dem *Azur Camping Regensburg* zu übernachten. Einfacher zu erreichen, da direkt hinter dem Deich gelegen, ist die *Zeltwiese* am Bootshaus des *Regensburger Kanu-Club* bei Donaukilometer 2.381,7.

*Archäologische Funde zeugen davon, dass der Regensburger Donaubogen schon während der Steinzeit besiedelt war und so ist Regensburg nicht nur die viergrößte Stadt des Freistaates, sondern auch eine der ältesten in der gesamten Republik.*

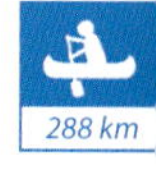


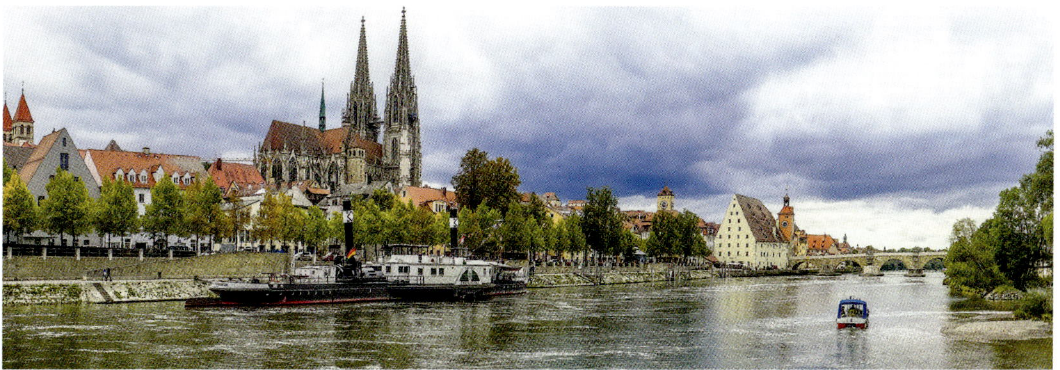

*Regensburg ist für sein gut erhaltenes mittelalterliches Zentrum bekannt*

Gleich hinter dem Anleger des Kanuvereins geht es unter der Autobahn A 93 hindurch und im Anschluss durch die ***Bootsgasse***, die ganz ***am rechten Ufer*** zu finden ist.

*Der Doppelturm des Doms St. Peter ragt hoch über die Dächer der Stadt und nach dem Eisernen Steg, der die Altstadt mit dem Unteren Wöhrd verbindet, ist die Steinerne Brücke erreicht, das zweite monumentale Wahrzeichen. Sie stammt aus der wirtschaftlichen Blütezeit der Stadt im 12. und 13. Jahrhundert, als der Fernhandel mit Paris, Venedig und Kiew einen enormen Wohlstand brachte. Heute gilt sie als die älteste funktionstüchtige Brücke Deutschlands und war nach dem Bau im 12. Jahrhundert für lange Zeit der einzige gemauerte Donauübergang zwischen Ulm und Wien.*

Die beste ***Durchfahrtsmöglichkeit*** unter der ***Steinernen Brücke*** bietet sich im ***zweiten Joch von rechts***. Anschließend sind ein paar kräftige Steuerschläge erforderlich, denn die starke Strömung zieht aufs rechte Ufer zu, wo der *Raddampfer Ruthof* und der *Schlepper Freudenau* am Kai vertäut liegen.

Nach den beiden historischen Donauschiffen des ***Donau-Schiffahrts-Museums*** passiere ich eine Reihe von Ausflugsdampfern und modernen Flusskreuzfahrtschiffen. Hinter der ***Wöhrdinsel*** vereinigen sich, gegenüber der Einmündung des ***Regens*** in die Donau, die beiden Donauarme wieder und die historischen Bauten am Ufer weichen dem Hafen und einem Industriegebiet.

Eine gute Möglichkeit zur Pause nach der rasanten Stadtdurchfahrt bietet die breite Ufertreppe im Regensburger Bezirk **Schwabelweis** hinter der Straßenbrücke, gegenüber der Einfahrt zum Regensburger Ölhafen. Schon eine Flusskurve weiter ist bei Donaukilometer 2.370 das rund 3.900 Einwohner zählende **Donaustauf** erreicht, das von der ***Wallfahrtskirche St. Salvador*** und der ***Burgruine*** überragt wird.

Der folgende Abschnitt wird dominiert von der ***Walhalla***, die zwischen den Ausläufern

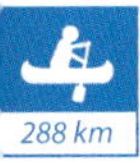

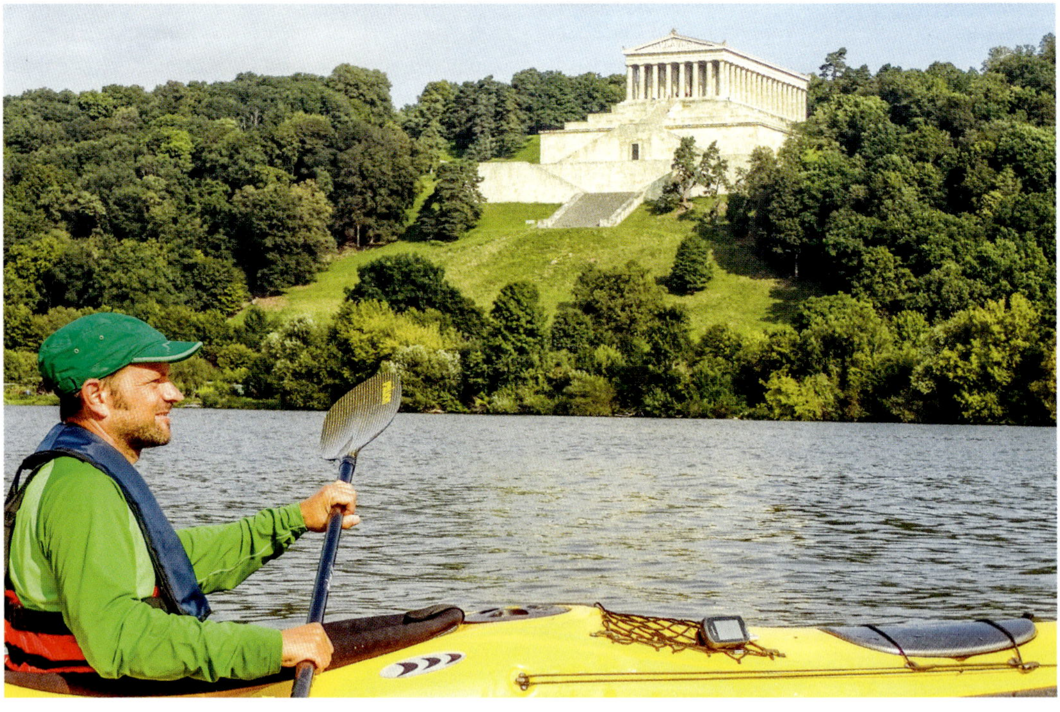

*In der Walhalla werden seit 1842 bedeutende Persönlichkeiten mit Marmorbüsten u. Gedenktafeln geehrt*

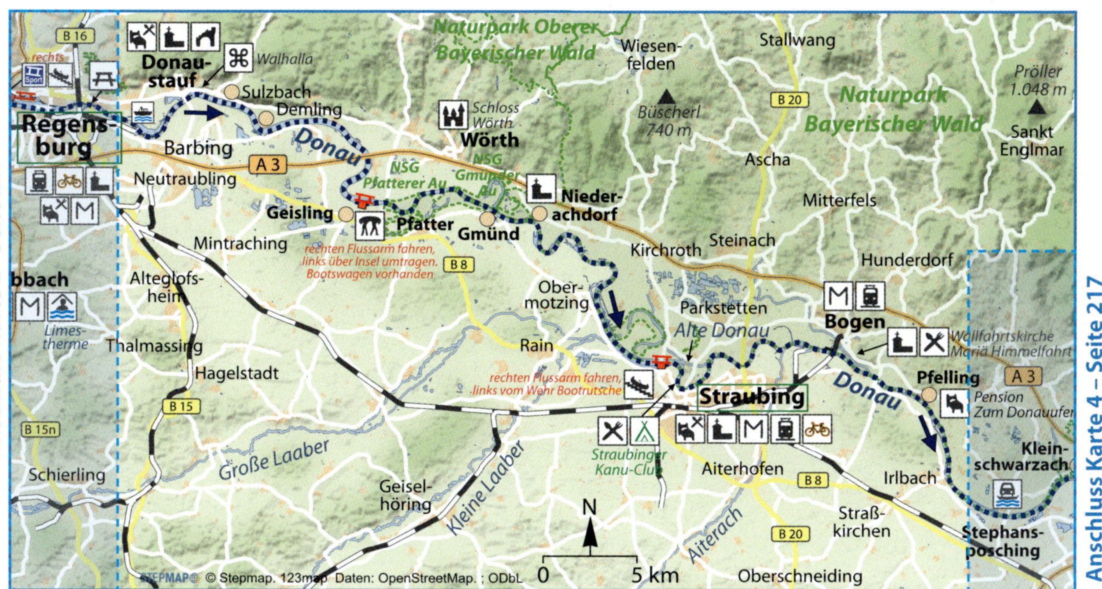


Anschluss Karte 2 – Seite 207

Anschluss Karte 4 – Seite 217

des Bayerischen Waldes über dem linken Ufer thront. *Der klassizistische Tempel, der dem Parthenon Tempel der Athener Akropolis nachempfunden ist, wurde auf Geheiß von König Ludwig I. von Bayern in den Jahren 1830-1842 errichtet, um nach dem Untergang des Heiligen Römischen Reiches Deutscher Nation eine gemeinsame, Identität stiftende Einrichtung zu schaffen, deren verbindendes Element die deutsche Sprache sein sollte. Die Sammlung mit Marmorbüsten und Gedenktafeln erinnert an bedeutende Künstler, Wissenschaftler und andere Persönlichkeiten wie Albrecht Dürer, Georg Friedrich Händel, Sophie Scholl oder Martin Luther.*

Obwohl die nächste Staustufe noch rund 14 Kilometer entfernt ist, ist praktisch keine Strömung mehr vorhanden. Etwas Paddelkondition und Durchhaltevermögen sind daher gefragt. Die Donau ist nun über 300 Meter breit und ihre Ufer sind eingedeicht. Nur hin und wieder ragen Häuserdächer oder Kirchturmspitzen der Ortschaften über den Damm.

Irgendwann ist der lange Stausee überwunden und vor der ***Staustufe* Geisling** lasse ich den ***abzweigenden Kanal*** zur Schleuse für die Großschifffahrt links liegen und paddel rechts an der Schleuseninsel vorbei zum mächtigen ***Wehr***, das weder über eine SB-Schleuse noch über eine Bootsgasse verfügt und 350 Meter am ***linken Ufer umtragen*** werden muss. Der Unterstand für die bereitgestellten ***Bootswagen*** befindet sich auf halber Strecke der Portage.

Zurück im Boot gibt sich die Donau dann wieder ganz als naturbelassener Fluss zu erkennen. Hier, im Bereich des ***Naturschutzgebietes Pfatterer Au*** das nahtlos übergeht in das ***Naturschutzgebiet Gmünder Au***, erstrecken sich Stromtalwiesen, Donau-Altwässer mit Verlandungsbereichen und eine reiche Auenvegetation. *Die Gegend ist Rast-, Brut- und Überwinterungsgebiet seltener Vogelarten wie dem Großen Brachvogel, der hier sein einziges Brutvorkommen im Landkreis Regensburg hat.*

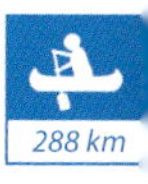


Zu beiden Seiten des Flusses finden sich schöne Buchten, teils sogar mit Kiesstränden. Von dort genieße ich den Blick auf das in einiger Entfernung hoch auf einem Höhenzug über den Dächern der Stadt **Wörth a.d. Donau** thronende ***Schloss***. *Das mächtige Bauwerk im Renaissancestil gleicht einer Festung und zählt zu den großen Schlössern in Ostbayern. Es war seit dem Hochmittelalter im Besitz der Regensburger Fürstbischöfe und diente über die Jahrhunderte als strategisch bedeutende Veste.*

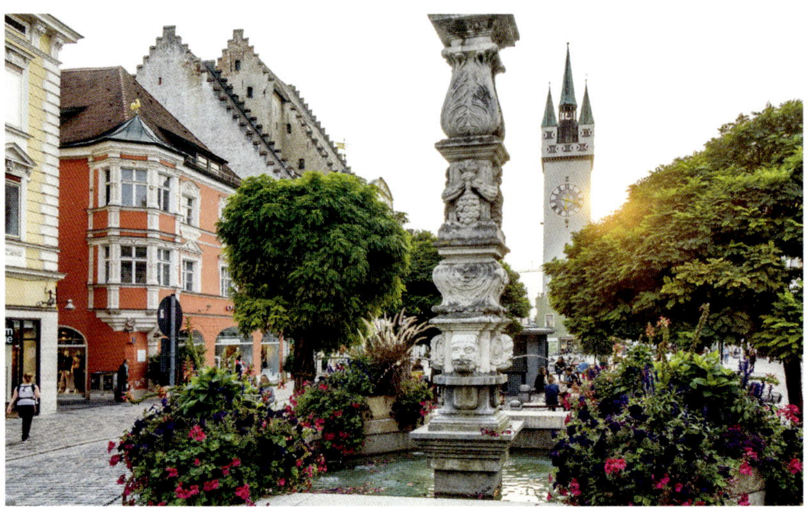

Straubing wird auch „das Tor zum Bayerischen Wald“ genannt

Auch die wuchtige ***Rokoko-Rundkirche*** hinter dem Deich im nahen **Niederachdorf** ist eine markante Wegmarke. *Den Ursprung der Wallfahrtskirche Hl. Blut machte eine spätgotische Kapelle, in der man eine Reliquie mit der Inschrift „Sanguis Christi“ – Blut Christi – fand. Durch eine imposante Kuppelrotunde 1703 erweitert, entwickelte sich eine rege Wallfahrt zu der in einer prächtigen Monstranz verwahrten Reliquie.* Einen guten Ausstieg mit kleinem **Rastplatz** finde ich an einer Betonrampe am rechten Ufer der folgenden Kurve.

Zum Ende der Tagesetappe fordert dann die ***Staustufe*** in **Straubing** ihren Tribut und die Armmuskulatur wird wieder stärker gefordert. Vorbei an der nach links abzweigenden Zufahrt zur Großschiffsschleuse erreiche ich die ***Bootsgasse*** links am ***Wehr***. Die rasante Fahrt entlässt mich auf der idyllischen, grünen Stadtschleife der Donau und vor der eindrucksvollen Stadtsilhouette mit ihren zahlreichen Türmen und Kirchen lege ich am Prallhang der nächsten Kurve beim *Straubinger Kanu-Club* an, dessen *Bootshaus* und *Zeltwiese* hinterm Deich liegt.

*Das Zentrum der schmucken Altstadt bildet der Stadtplatz, eine breite Marktstraße, der von prächtigen Fassaden in den unterschiedlichsten Baustilen von der Spätgotik über Barock und Klassizismus bis zur Moderne gesäumt wird. In seiner Mitte erhebt sich der achtstöckige, 68 Meter hohe Stadtturm aus dem 14. Jahrhundert und von der Plattform bietet sich ein toller Blick auf die mittelalterliche Stadtanlage Straubings. Bei guter Sicht kann man am Horizont sogar die Höhenzüge des Bayerischen Waldes erkennen.*

*Zwischen Stadtplatz und Donau erhebt sich die imposante Basilika St. Jakob aus dem 15. und 16. Jahrhundert. Sie gilt als eine der schönsten Hallenkirchen Ostbayerns und beherbergt kostbare Glasgemälde der Spätgotik, darunter auch das 7 mal 2,5 Meter große, von Albrecht Dürer geschaffene Moses-Fenster, das die Übergabe der Zehn Gebote durch Gottvater an Mose darstellt. Mit seinen über eine Million Besuchern ist das alljährlich im August für elf Tage stattfindende „Gäubodenvolksfest“, das zweitälteste und zweitgrößte Volksfest Bayerns.*

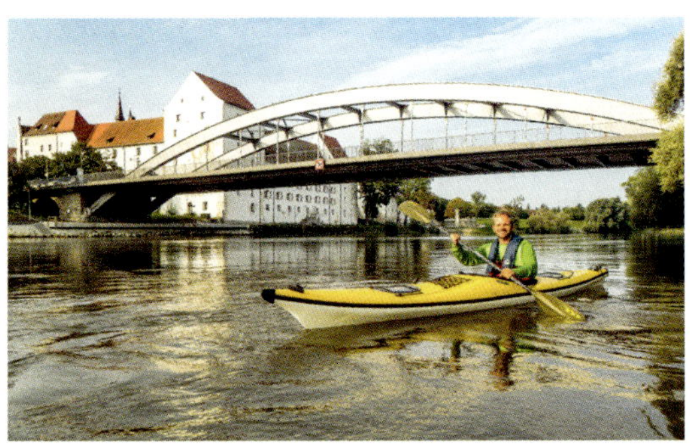

Am nächsten Morgen geht es unter der Brükke hindurch, vorbei an der Silhouette der Stadt. Bald erreiche ich den Zusammenfluss der Stadtschleife mit der ***Alten Donau***. Fortan schlängelt sich der Fluss in herrlichen Kurven durch eine einsame Landschaft und im Gegensatz zum

Vortag unterstützt mich die wieder deutliche Strömung beim Vorankommen.

Nach gut 11 Kilometern liegt linker Hand an einem Donaualtwasser die Stadt **Bogen**. Um dorthin zu gelangen, müsste man allerdings das Altwasser vom unteren Ende her etwa zwei Kilometer flussauf paddeln, da die Zufahrt vom oberen Ende her mit einem Damm abgesperrt ist. Östlich des Zentrums erhebt sich der rund 120 Meter über die Donau aufragende ***Bogenberg*** mit der ***Wallfahrtskirche Mariä Himmelfahrt****, die älteste Marienwallfahrtskirche Bayerns.*

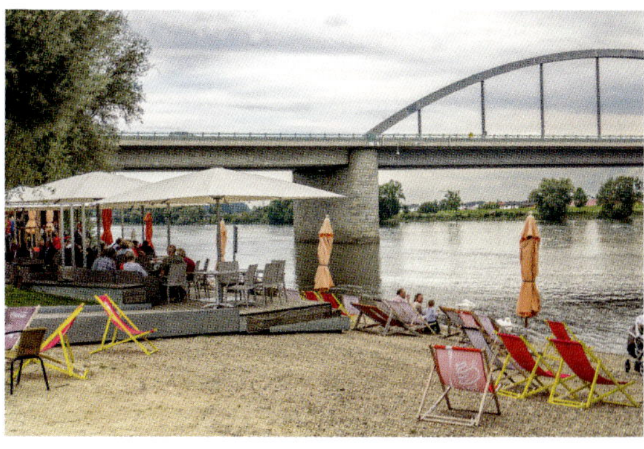

Ab der Autobahnbrücke der A 3 hinter **Kleinschwarzach** bei Donaukilometer 2.290 folgt am Ufer dann ein Motorbootverein auf den nächsten und auf dem Wasser ist einiges los: Jetskifahrer türmen hohe Wasserfontänen hinter sich auf und Wasserskifahrer rasen in wilden Schlangenlinien über den Fluss.

Kurz vor **Deggendorf** bietet der kleine *Camping am Donaustrandhaus* eine erste Möglichkeit zum Zelten. Nur wenige Meter weiter lockt der Donaustrand mit *Cocktailbar* und gemütlichen Liegestühlen. Ein kleines Stück weiter, 500 Meter hinter der Autobahnbrücke, lege ich am linken Ufer beim *Deggendorfer Ruderverein* an. Neben der Möglichkeit zum Zelten gibt es im Bootshaus auch einen Übernachtungsraum mit Doppelstock-Betten. Die großzügig ausgestattete Gästeküche offeriert Kaltgetränke aus dem Automaten und die riesige Dachterrasse einen weiten Panoramablick auf die Donau. Ebenfalls eine schöne Aussicht hat man von der Terrasse der *Pizzeria Laurin*, die eine Etage tiefer im Bootshaus untergebracht ist.

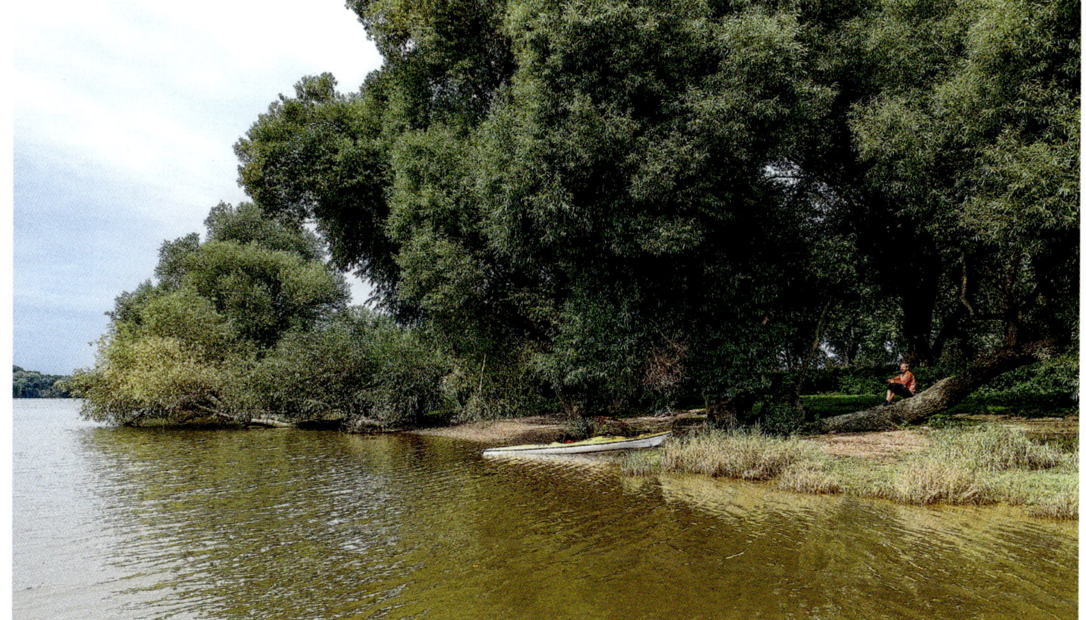

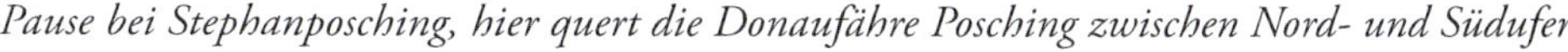

*Pause bei Stephanposching, hier quert die Donaufähre Posching zwischen Nord- und Südufer*

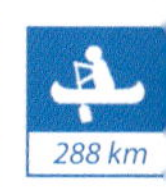

*Das mehr als 1.000 Jahre alte Deggendorf wurde als hochmittelalterliche Planstadt Mitte des 13. Jahrhunderts von den Wittelsbachern angelegt. Den Stadtmarkt in der Altstadt dominiert das spätgotische Rathaus von 1380 mit seinem imposanten Turm. Mehr über die Geschichte der Region erfährt man im Deggendorfer Stadtmuseum mit über 10.000 Exponaten. Etwas außerhalb der Altstadt liegt Deggendorfs Wahrzeichen, die Stadtpfarrkirche Mariä Himmelfahrt mit einem kostbaren zwölf Meter hohen marmornen Baldachin-Hochaltar. Er wurde vom Hofbildhauer Matthias Seybold ursprünglich für den Eichstätter Dom geschaffen, kam dann aber 1891 nach Deggendorf.*

Bei der Weiterfahrt ziehen die Kräne und Silos des Deggendorfer Hafens am linken Ufer vorüber und unter der Autobahnbrücke der A 3 hindurch kehre ich Deggendorf den Rücken. Kurz darauf mündet von rechts die ***Isar*** und das zusätzliche Wasser versetzt der Donau noch einmal einen ordentlichen Schub. Vorbei am Anleger der *Fuß- und Radfähre „Altaha“* von **Niederalteich,** erreiche ich die idyllische ***Mühlhamer Schleife***, an deren Beginn direkt am Ufer der *Mühlhamer Keller* zur Einkehr mit kalten und warmen bayerischen Schmankerln einlädt. Besonders schön ist der gemütliche Biergarten unter den uralten, Schatten spendenden Kastanien. Wer keine Lust zur Weiterfahrt hat, baut sein Zelt auf der Wiese nebenan auf.

Hinter der folgenden Straßenbrücke fällt der Blick auf die ***Ruine*** der ***Höhenburg*** **Winzer**. Mit Blick auf den gleichnamigen Ort geht es links ab in einen schönen ***Donau-Altarm***, das 64 Hektar große ***Naturschutzgebiet Winzerer Letten***. *Es hat überregionale Bedeutung als Lebensraum für seltene Pflanzenarten und in den flächigen Verlandungszonen sowie den angrenzenden Auwiesen kommen bayernweit in ihrem Bestand gefährdete Vogelarten wie Blaukehlchen, Beutelmeise oder Kiebitz vor.*

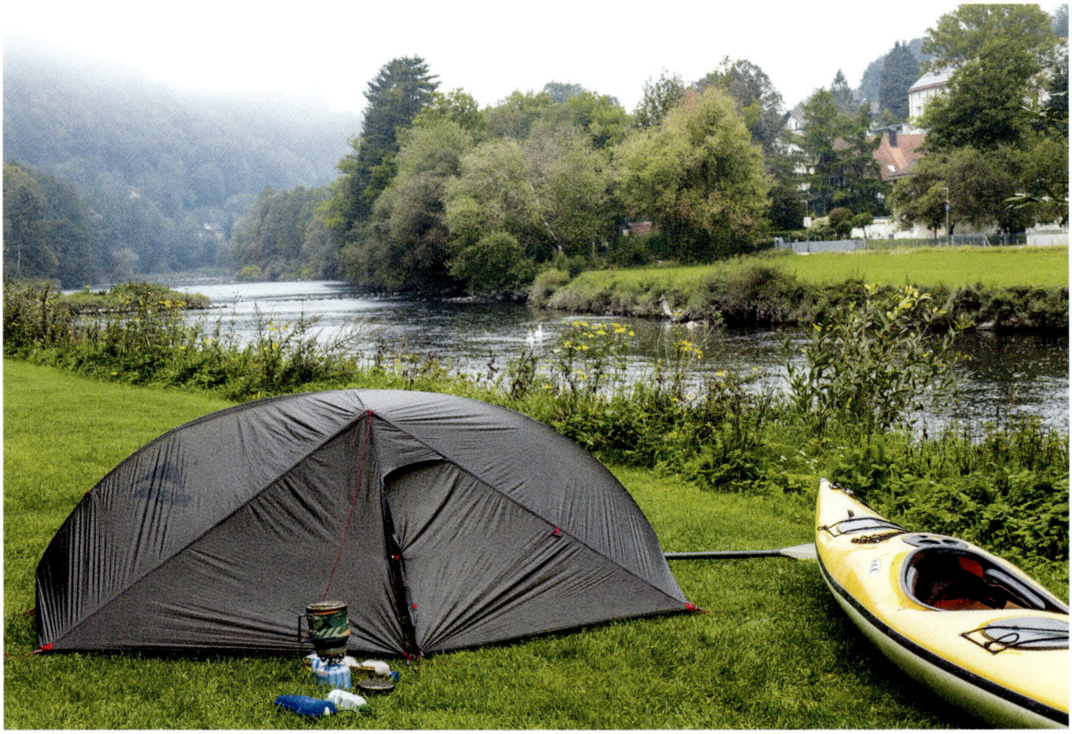

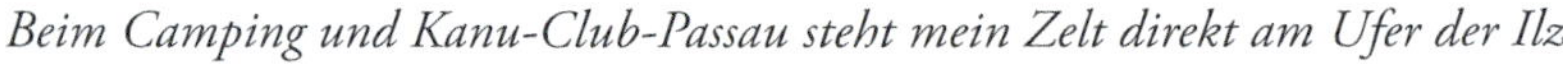

*Beim Camping und Kanu-Club-Passau steht mein Zelt direkt am Ufer der Ilz*

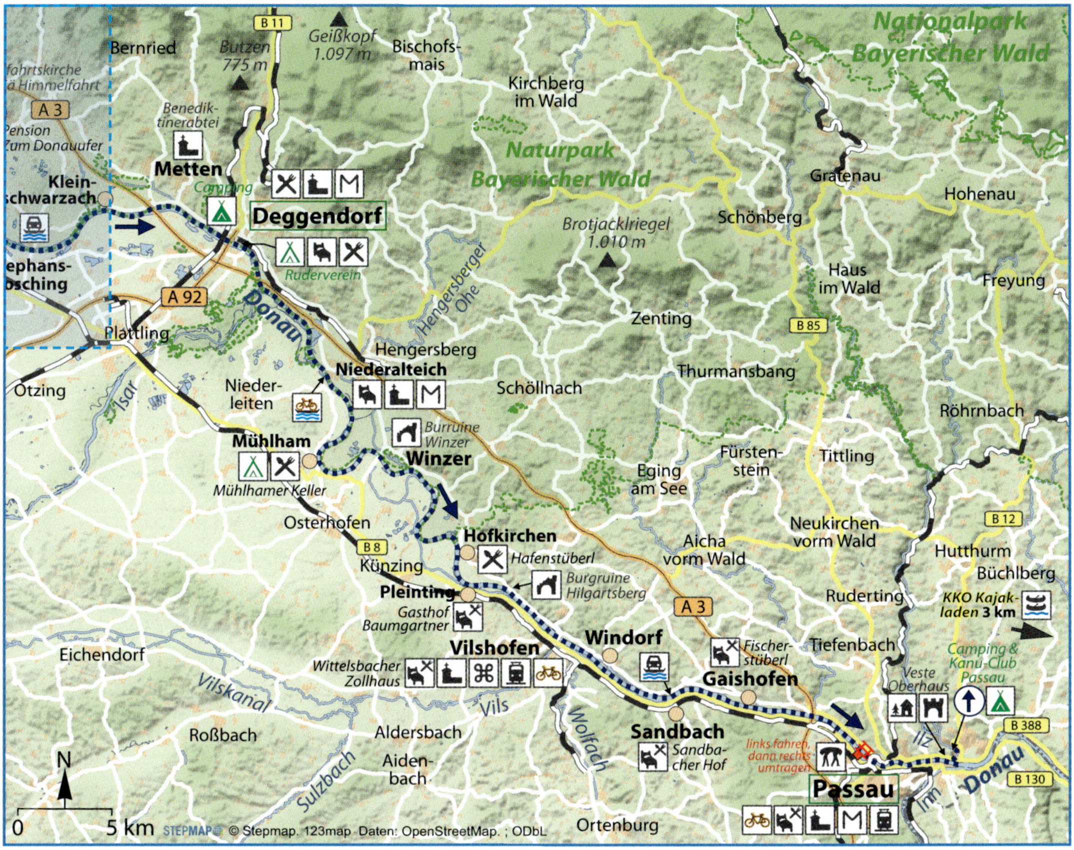

Die nächste ufernahe Einkehrmöglichkeit, das *Hafenstüberl* am Motorboothafen von **Hofkirchen**, lässt dann gut 13 Kilometer auf sich warten. Gegenüber ragen die Schlote des Kraftwerks von **Pleinting** in den Himmel und hinter der nächsten Biegung ist der eigentliche Ort erreicht. Wer die bisherigen Einkehrmöglichkeiten ungenutzt verstreichen hat lassen, gelangt vom Donaustrand durch eine Straßenunterführung hindurch zum *Gasthof „Baumgartner"* mit einem reizvollen historischen Biergarten im Innenhof.

*Zu Beginn des 19. Jahrhunderts schwärmt der Naturforscher Joseph August Schultes in seinem „Handbuch für Reisende auf der Donau" von der einzigartigen Schönheit des „niederbayerischen Amazonas" zwischen Straubing und Vilshofen, einem wirklichen Juwel von europäischem Rang, wo der große Strom auf einem 69 Kilometer langen Flussabschnitt weitgehend unbeeinträchtigt fließen darf.*

Ein Genuss ist das Paddeln auf diesen tollen Landschaftsabschnitten wie der Isarmündung, dem Engtal und der Insellandschaft im Bereich von Vilshofen. *Zum Glück gelang es zahlreichen Streitern des „Donauwiderstands" mit ihrem Engagement über viele Jahre die Zerstörung dieses Flussabschnitts durch Staustufen zu verhindern.*

Voraus thront auf dem Hang über dem linken Ufer die ***Burgruine Hilgartsberg***. *Im Mittelalter lebten hier die berüchtigten Hilkersberger und Puchberger Raubritter, die ihren Lebensunterhalt mit Schiffsraub bestritten und dazu auch einen unterirdischen Gang zwischen Burg und Donauufer angelegt hatten.*

Etwa vier Kilometer weiter ist **Vilshofen** erreicht. Das kleine Städtchen bezeichnet sich gerne – in Anspielung auf Passau – als die

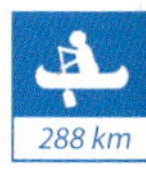

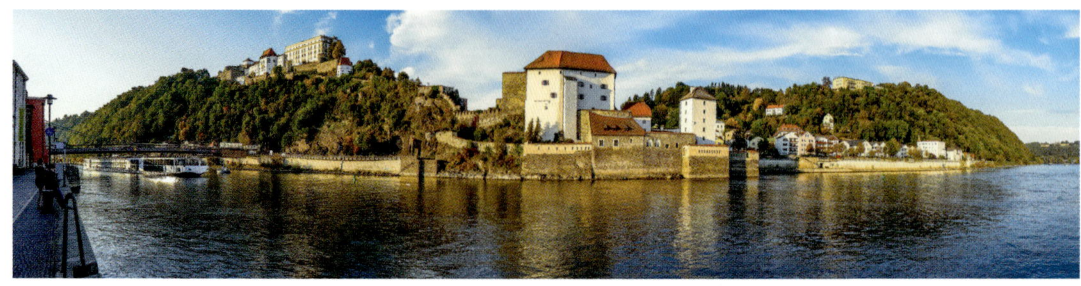

*Die Veste Oberhaus, gegründet im Jahre 1219, war die meiste Zeit Burg und Residenz des fürstlichen Bischofs vom Hochstift Passau*

„kleine" Dreiflüssestadt, denn hier münden ***Vils*** und ***Wolfach*** in die Donau. Eine gute Anlegestelle findet sich an der Treppe der blumengeschmückten Uferpromenade mit dem Anleger der Ausflugsschiffe oder ein Stück weiter am kleinen Strand an der Landspitze der ***Vilsmündung***. Am gegenüberliegenden Ufer befindet sich der kleine ***Flugplatz Passau-Vilshofen***.

*Viel alte Bausubstanz gibt es im Ortskern von* ***Vilshofen*** *leider nicht zu sehen, da viele mittelalterliche Gebäude dem großen Stadtbrand von 1794 zum Opfer fielen. Eines der wenigen historischen Gebäude das die Feuersbrunst überstand, ist der Mitte des 17. Jahrhunderts erbaute Stadtturm.*

Vorbei an den Anlegern des Marktes **Windorf**, das durch ein Donau-Altwasser und einen vorgelagerten Landstreifen von der Donau getrennt ist, komme ich zur *Donaufähre* bei **Sandbach**. Oberhalb des Fähranlegers liegt der *„Sandbacher Hof"*, direkt neben dem örtlichen Friedhof. Dort können sich „hungrige" Paddler an einem fragwürdigen „Deal" beteiligen: Wer das Riesenschnitzel (Gewicht ca. 2,2 kg) mit Salat und Pommes in 60 Minuten alleine schafft, kassiert 100 Euro Prämie. Wer danach nicht mehr weiterfahren kann, bezieht eben eines der, hoffentlich, verfügbaren Zimmer.

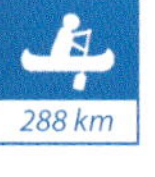


Jetzt nähere ich mich der letzten Staustufe der Tour und es ist wieder ordentlich Paddeln angesagt. Eine gute Möglichkeit um sich für die verbleibenden Kilometer bis Passau zu stärken, bieten in **Gaishofen** hinter Donaukilometer 2.238 das *„Fischerstüberl" (auch Zimmer)* und direkt nebenan das *„Donau Stüberl"*.

Die Donau läuft nun wie mit dem Lineal gezogen auf die Autobahnbrücke der A3 zu und auf Höhe des Hafens fordert ein Schild die ***Sportboote zum Linksfahren*** auf. Vorsichtig paddel ich bis zur Einfahrt der ***Sportbootschleuse***, wo man das Kanu am rechten Ufer gut über die Rampe ausbooten kann. Für die Portage ***stehen*** abermals komfortable, luftbereifte ***Bootswagen bereit***.

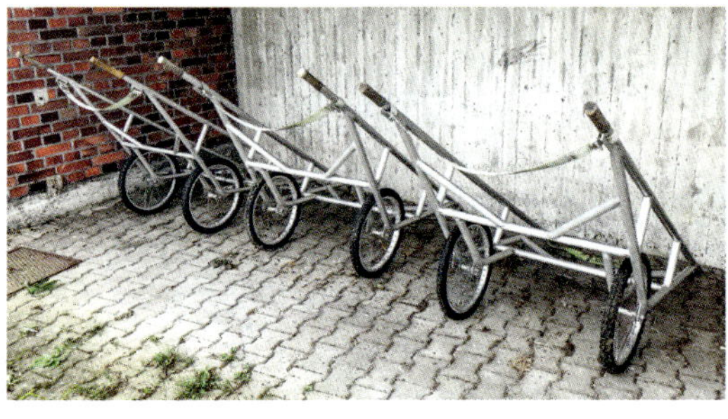

Im Unterwasser beginnt die von der flotten Strömung unterstützte Stadtdurchfahrt von **Passau**. Eine erste Möglichkeit für das Tourende bietet die breite Ufertreppe am *„Rotel Inn"*, einem günstigen Kabinenhotel in Nähe des Bahnhofs. Danach geht es direkt an der Altstadtinsel vorbei und es gilt stets die Ausflugsdampfer und Flusskreuzfahrtschiffe im Blick zu behalten, vor allem, wenn diese von der Kaimauer ablegen. Unterhalb der ***Veste Oberhaus***, gegenüber der ***Innmündung***, liegt am linken Ufer die Einmündung der ***Ilz***. Diese etwa einen Kilometer flussauf ist der schöne *Camping* und *Kanu-Club Passau* zu finden, der sich als Ausgangspunkt für einen Stadtrundgang (siehe Seite 324) anbietet.

# Der Inn

Flusswanderung an der Grenze zu Österreich

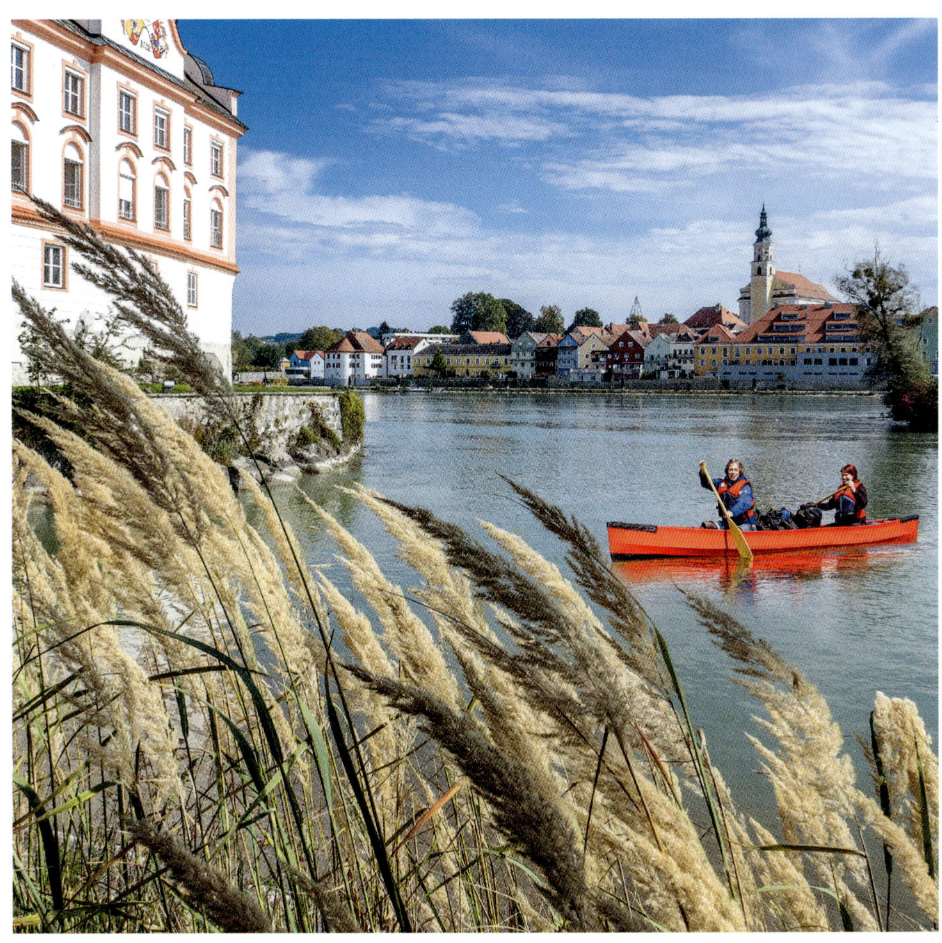

Tour 14

## Tour-Infos Inn

| Aktivitäten | Natur | Kultur | Baden | Hindernisse |
|---|---|---|---|---|
|  | 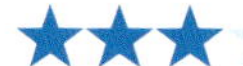 |  | | 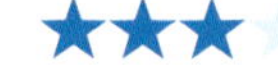 |

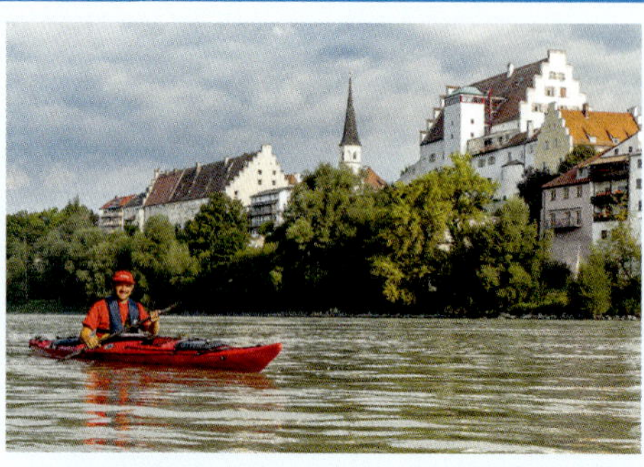

### Charakter der Tour

Auf der beschriebenen Strecke zwischen Rosenheim, der „Perle des Inntals" und Passau, dem „bayerischen Venedig", dominiert die Natur! Die sehenswerten Städte entlang eines der wasserreichsten Flüsse der Nordalpen verdanken ihren Reichtum vor allem dem Salzhandel.

Im letzten Stück der Tour, im Bereich der Vorntaler Enge, durchbricht der Inn die harten Gesteinsschichten des Böhmischen Massivs – ein Naturdenkmal mit seltenen Pflanzen und Vögeln.

Allerdings ist der Inn auch durch mehrere große Stauanlagen gezähmt, aber die dazwischenliegenden Flussabschnitte sind ohne größere wassertechnische Schwierigkeiten zu befahren. Lediglich zwischen Jettenbach und Neuötting darf der Inn frei in seinem natürlichen Flussbett fließen. Je nach Wasserstand entwickeln sich in diesem Abschnitt die Sohlrampen zu Wildwasser bis zum Schwierigkeitsgrad III. Aufgrund der Strömungsgeschwindigkeit und dem eisigen Gletscherwasser in diesem breiten und tiefen Fluss versteht sich das Tragen einer Schwimmweste von selbst.

**Länge & Dauer der Tour:** 195 km, 5 Tage
**Schwierigkeit:** Mittel, lange Portagen und wenig Übernachtungsmöglichkeiten direkt am Wasser

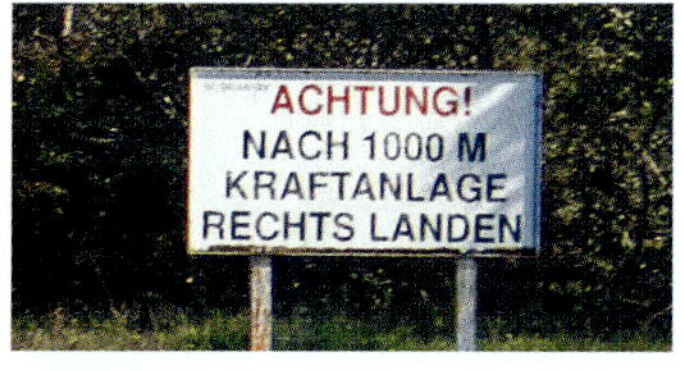


**Umtragestellen:** Insgesamt müssen **13 große Stauanlagen** umtragen werden. Ein-und Ausstieg sind jeweils weithin sichtbar ausgeschildert und mit Anlegerampen und Treppen ausgestattet.

Die Portagen sind sehr lang und ein guter **Bootswagen** gehört unbedingt mit an Bord, denn nur bei den Portagen am österreichischen Ufer stehen Bootswagen zur Verfügung.

**Etappenvorschlag 5-Tagestour:**

**1. Tag:** Rosenheim – Wasserburg (32 km)
**2. Tag:** Wasserburg – Kraiburg (38 km)
**3. Tag:** Kraiburg – Marktl (44 km)
**4. Tag:** Marktl – Obernberg (30 km)
**5. Tag:** Obernberg – Passau (50 km)

**Tipp für Kanu-Tagestour:**

**1.** Jettenbach – Neuötting (36 km)

**Befahrungsregelungen:** Für das **Naturschutzgebiet „Vogelfreistätte Salzachmündung"** von der Mündung des Türkenbaches bis zur Staustufe Simbach ***(Inn-Km 73 bis 61,1)*** besteht ein **ganzjähriges Uferbetretungsverbot**. Im **Naturschutzgebiet Unterer Inn** von der Mündung der Mattig bis zur Staustufe Egglfing / Obernberg *(Inn-km 56 bis 35,3)* besteht **vom 01.05. bis 31.08. Uferbetretungsverbot**.

**Pegel:** Der empfohlene **Mindestpegel Kraiburg** (Tel. 01804-370 03 74 24) für die Befahrung der frei fließenden Strecke von Jettenbach bis Töging beträgt 110 cm. Auf dem restlichen Abschnitt garantieren die zahlreichen Staustufen ganzjährig eine ausreichende Wasserführung.

**Anreise:** **Rosenheim** liegt verkehrsgünstig an den Autobahnen A 8 München – Salzburg sowie A 93 Rosenheim / Inntal – Brenner. Von Norden erreicht man Rosenheim über die B 15 Landshut – Rosenheim. **Rosenheim** liegt am Kreuzungspunkt der Bahnstrecken München – Salzburg & München – Innsbruck und ist durch überregionale und regionale Verbindungen (ICE, EC, IC, RB) sehr gut per Bahn zu erreichen.

**Einsetzen & Parken:** Am Bootshaus des Kajak-Klub **Rosenheim** *(Eichenweg 40, 83022 Rosenheim, Zufahrt über Lindenweg)*. Alternativ am Inn-Museum *(Innlände / Floßweg)*. Parken in der Umgebung.

**Aussetzstelle:** Zeltplatz der Faltbootabteilung des TV **Passau** an der Ilz *(Halser Str. 34, 94034 Passau)*.

**Zurück zum Pkw:** Regelmäßige Zugverbindung von **Passau** über Mühldorf (Inn) zurück nach **Rosenheim**. Fahrzeit gut drei Stunden.

**Kartenmaterial & Literatur-Tipps:**
**Inn-Radweg Teil 2: Von Innsbruck nach Passau,** bikeline-Tourenbuch mit Karten 1:50.000, Esterbauer.
**PADDELLAND Österreich,** die 40 schönsten Kanutouren in Österreich, *A. Zaunhuber,* Th. Kettler Verlag.
**Lieblingsplätze Am Inn,** Ausflugsziele, Schlemmen, Freizeitspaß, inkl. e-book, Gmeiner-Verlag.
**„Inngeschichten. Vom Leben am Fluss",** spannendes Reiselesebuch mit Interviews und Porträts entlang der kompletten 517 Kilometer von der Quelle bis zur Mündung, *Markus Feichter,* Löwenzahn Verlag.
**„Annas Schwester - Das Mädchen vom Inn",** Historischer Roman - Das schicksalhafte Leben zweier altbayerischer Bauernfamilien am Inn im ausgehenden 19. Jh., *Walter Lassauer,* als Buch oder e-book.

**Übernachtung in Wassernähe** (in der Reihenfolge des Tourenverlaufs):
**Die Übernachtungsstellen liegen in Deutschland (D) und Österreich (A). Auf Tel.-Vorwahl achten!**

**Gänsberg** (OT v. Wasserburg): (D)
***Fischerstüberl Attel***
Elend 1
Tel. (08071) 25 98
www.fischerstueberlattel.de

**Kraiburg am Inn:** (D)
***Gasthaus Unterbräu***
*(Gasthaus und Frühstückspension)*
Bahnhofstraße 12
Tel. (08638) 78 07

**Waldkraiburg:** (D)
***Brunnhuberhof***
*(sehr schöne FeWos auch für Kurzaufenthalt, Kajaks für Gäste)*
Pürten 55 *(450 m v. Wasser)*
Tel. (08638) 886 90 76
www.brunnhuberhof.de

**Mühldorf a.Inn:** (D)
***Barth's Bed & Breakfast***
Innstr. 55
Tel. (08631) 940 07 30
www.barthsbedandbreakfast.de

***Hotel Mühldorf*** (D)
Stadtplatz 85
Tel. (08631) 40 88
www.muehldorf-hotel.de

***Jugendherberge*** (D)
Friedrich-Ludwig-Jahn-Str. 19
Tel. (08631) 73 70
www.jugendherberge.de/247

**Marktl:** (D)
***Campingplatz am Marktler Badesee***
Queng 3 *(1.000 m vom Wasser)*
Tel. (08678) 17 86
www.campingplatz-marktl.de

***Garni Hotel Alber*** (D)
Karl-Beck-Str. 9
Tel. (08678) 749 50 60
www.garni-hotel-alber.de

**Ranshofen:** (A)
***Gasthaus Putscher***
*(Fremdenzimmer & Camping)*
Scheuhub 2
Tel. +43 (0)7722 221 54
mobil +43 (0)664 523 47 62
www.gasthaus-putscher.at

**Ufer:** (A)
***Salzingerhof***
Ufer 1
Tel. +43 (0)7758 31 14
www.salzingerhof.at

**Obernberg:** (A)
***Panorama Campingplatz***
Salzburgerstr. 28
Tel. +43 (0)7758 300 24

**Suben:** (A)
***Gasthof Pension Labmayer***
Suben 19
Tel. +43 (0)7711 28 20
www.gasthof-labmayer.at

**Badhöring** (OT v. St. Florian): (A)
***Frühstückspension Diesenberger***
Badhöring 3
Tel. +43 (0)7712 68 45
www.diesenberger.at

**Wernstein:** (A)
***Landhotel Mariensäule***
Innstraße 17
Tel. +43 (0)7713 660 80
www.mariensaeule.at

**Passau:** (D)
***Camping & Zeltplatz des TV Passau***
Halser Str. 34, Tel. (0851) 414 57
www.camping-passau.de

***DJH Jugendherberge Passau***
Oberhaus 125, Tel. (0851) 49 37 80
www.passau.jugendherberge.de

Es gibt entlang des Inns viele schöne, abgeschiedene Zeltmöglichkeiten direkt am Fluss. Campingplätze oder Pensionen bzw. Gasthäuser sind dagegen rar. Die hier angegebenen Übernachtungsmöglichkeiten liegen bis zu 1.500 Meter vom Fluss entfernt, ein guter **Bootswagen** ist daher auch hierfür unerlässlich.

**Kanuvermieter & Veranstalter** (D & A – auf Telefonvorwahl achten!)

**Rosenheim:** D
***Prijon Sportshop***
Innlände 6
Tel. (08031) 21 94 44
www.prijon-shop.de

**Wasserburg a.Inn:** D
***River Riding***
*mobiler Vermieter (Einsetzstelle: Parkplatz „Am Gries")*
Tel. 01577-349 35 66
www.river-riding.de

**Braunau am Inn:** A
***Sport / Kanu Aumayr***
Gießereistr. 8
Tel. +43 (0)7722 816 00
www.kanuaumayr.at

**Neuhaus a.Inn:** D
***Dschungelcamp Neuhaus***
Auggenthal *(an der Rottmündung)*
Tel. (08503) 80 10
oder 0151-24 05 76 36
www.sport-eder.de

**Lieblmühle** (OT von **Hauzenberg):**
13 km nordöstlich von **Passau** D
***KKO Alpinsport – Kajakladen***
*(Selbstabholer und Transport)*
Lieblmühle 4
Tel. (08586) 94 74 42
www.kko-alpinsport.eu

## Sehenswertes am Inn

**Rosenheim:** *Reizvolle Altstadt;* spätgot. *Stadtpfarrkirche St. Nikolaus* mit 65 Meter hohem Turm; *Inn-Museum* im denkmalgeschützten ehemaligen *Bruckbaustadel* (wasserbau- & schifffahrttechnische Sammlung, *Apr-Okt Sa+So 10-16); Städtisches Museum* im historischen *Mittertor* zur Geschichte der Region (*Di-Sa 10-17,* www.museum.rosenheim.de); *Lokschuppen* (wechselnde Ausstellungen); *Holztechnisches Museum* im *denkmalgeschützten „Ellmaierhaus"* (Geschichte der Holzbe- & Verarbeitung, *Di-Sa 10-17); Heilig-Geist-Kirche* (1149); *Klepper-Faltbootmuseum (Mi-Fr 13-18, Sa 10-14); Mangfallpark* (ehem. Landesgartenschaugelände).

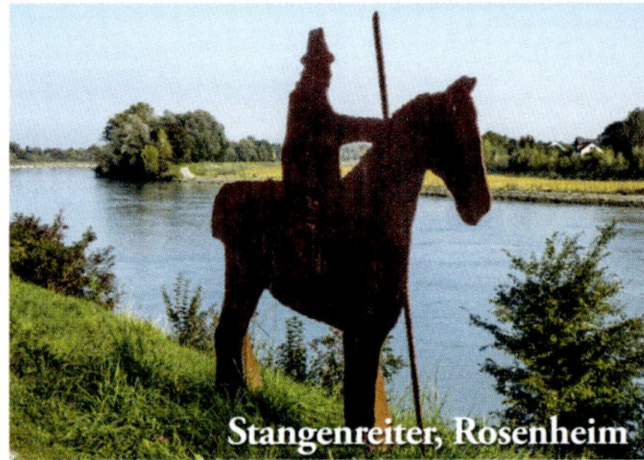
Stangenreiter, Rosenheim

**Wasserburg a.Inn:** Vollständig erhaltene *mittelalterliche Altstadt; Schloss* (1531-1537), das zurückgeht auf eine alte Wasserburg, die schon 1085 erwähnt und 1415 verstärkt wurde; *Burgkapelle St. Ägidien* (15. Jh.); *Pfarrkirche St. Jakob* (15. Jh.); gotische *Frauenkirche* (Innenraum 1753 im Rokoko-Stil umgestaltet) mit 65 Meter hohem *Stadtturm; spätgotisches Rathaus* (1457-59); *Kernhaus* (Patrizierhaus mit schöner Rokoko-Fassade); *Museum Wasserburg* in der Herrengasse 15 (*Di-So 13-16,* Ausstellungen zu Stadtgeschichte, Handwerk & Gewerbe sowie bäuerlicher Wohnkultur, www.wasserburg.de).

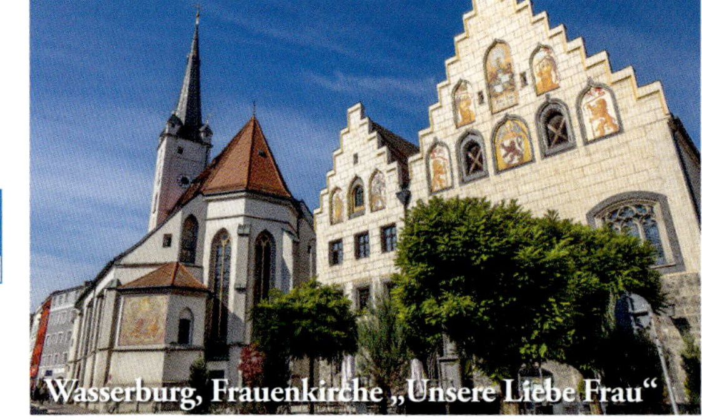
Wasserburg, Frauenkirche „Unsere Liebe Frau"

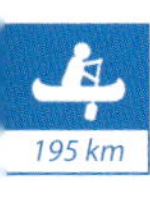
195 km

**Gars:** *Kloster* mit Pfarr- und *Klosterkirche Mariä Himmelfahrt und St. Radegundis* (Ende 17. Jh.).

**Au a.Inn:** *Ehem. Augustinerkloster,* heute *Franziskanerinnenkloster; Schloss Stampfl* (teilweise erhaltene Burg, erbaut nach 1123).

**Kraiburg:** *Altes Städtchen* mit engen Gassen und großzügigem *Marktplatz* mit markantem *Brunnen.*

**Pürten:** Um 1400 erbaute *Wallfahrtskirche Mariä Himmelfahrt.*

**Mühldorf a.Inn:** *Rathaus* mit Sitzungssaal im Stil der Renaissance und *Hexenkammer* (unverändert seit dem letzten Hexenprozeß im Jahre 1750); *Frauenkirche* (1815); *Stadtpfarrkirche St. Nikolaus* mit Stilmix aus Romanik, Gotik, Barock und Rokoko, prächtiger Rokoko-Innenraum; *Geschichtszentrum und Museum* (*Do-Fr 14-17, So 13-17,* Tuchmacherstr. 7, www.museum-muehldorf.de) im *Lodron-Haus* (15. Jh, diente als Speicherhaus); *Jagd-Musseum* (skurriles Anti-Jäger-Museum mit Kuriositäten, *Mi 14-18,* Stadtplatz 82).

**Altötting:** Bedeutendster *Wallfahrtsort* Bayerns mit *Gnadenkapelle, Stiftskirche* und weiteren eindrucksvollen Bauten rund um den *Kapellplatz, Haus Papst Benedikt XVI.* (Neue Schatzkammer und Wallfahrtsmuseum, www.gnadenort-altoetting.de).

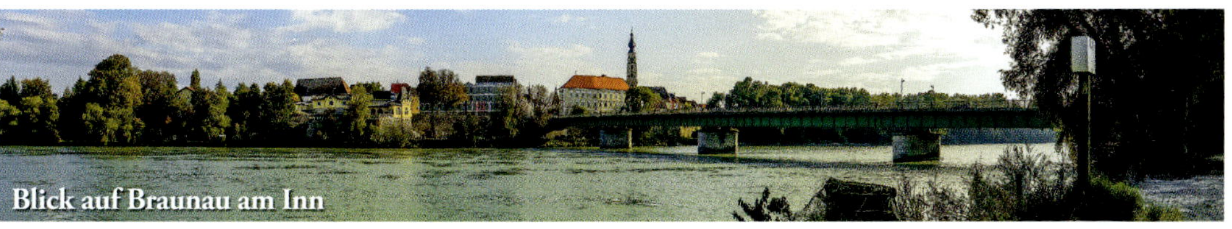
Blick auf Braunau am Inn

**Marktl a.Inn:** *Heimatmuseum* am Marktplatz mit Ausstellung zu Handwerk und Landwirtschaft; *ehemaliges Mauthaus* von 1709 und *Geburtshaus Papst Benedikt XVI.*; bronzene *Benediktsäule* mit Zitaten von Papst Benedikt XVI. und des Hl. Benedikt; *Honiglehrpfad* mit Wissenswertem zur Imkerei und Bienenzucht.

**Braunau am Inn:** Historischer *Stadtkern* und *Stadtplatz* mit gotischen Giebeln (14. / 15. Jh.), *Fischbrunnen*, *Stadtturm* und *Rathaus*; *Stadttorturm*; *Bezirksmuseum Herzogsburg* (Heimatmuseum & Glockengießerei mit Ausstellung zu Volkskunst, Geschichte & Handwerk); spätgot. *Pfarrkirche St. Stephan*; www.braunau.at

**Neuhaus a.Inn:** *Wasserschloss* Neuhaus mit *5 Türmen* (14. Jh.).

**Schärding:** *Pfarrkirche St. Georg* mit gotischem Chor und Langhaus um 1725; *Stadtplatz mit „Silberzeile"* (farbenfrohe Fassaden an der Nordseite).

**Vornbach:** *Benediktinerabtei Mariä Himmelfahrt* (barocker Kirchenbau von 1637, 1803 in Schloss umgewandelt).

**Passau:** *Stadtrundgang* Seite 324.

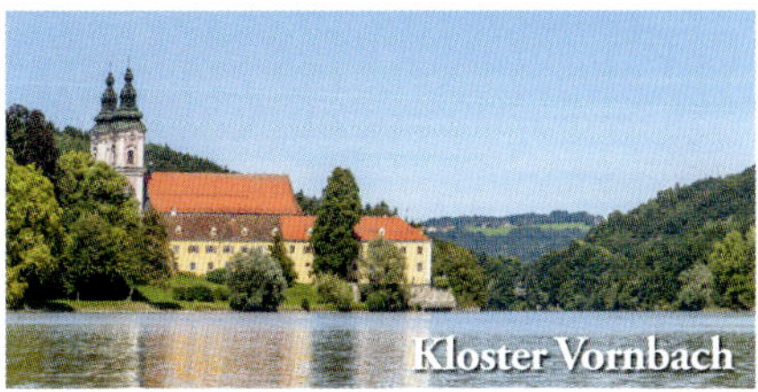
Kloster Vornbach

### Auskunft & Tourist-Infos

**Wasserburg:** ***Gäste-Info,*** Marienplatz 2, Tel. +49 (0)8071 105 22, www.wasserburg.de
**Altötting:** ***Tourismus Inn-Salzach***, Bahnhofstr. 34, Tel. +49 (0)8671 50 24 44, www.inn-salzach.com
**Braunau am Inn:** ***Tourismusverband***, Stadtplatz 2, Tel. +43 (0)7722 626 44, www.braunau-simbach.info
**Schärding:** ***Tourismusverband***, Innbruckstraße 29, Tel. +43 (0)7712 430 00, www.schaerding.at
**Passau:** ***Tourist-Info***, Rathausplatz 2, Tel. +49 (0)851 39 66 10, www.passau.de

## Weitere Aktivitäten rund um den Inn

### Radfahren:

Der ***Inn-Radweg*** begleitet den Fluss auf *rund 310 km von Innsbruck in Tirol bis zur Donau-Mündung in Passau*.

**Fahrradvermieter,** alle auch e-Bikes:

**Rosenheim:** ***Radl Kerscher,*** Nikolaistr. 12, Tel. (08031) 129 66, www.fahrradshop-rosenheim.de
**Passau:** ***Fahrradklinik Passau**,* Bräugasse 10, Tel. (0851) 3 34 11, www.fahrradklinik-passau.de
***Rent a bike Passau*** *(auch Sa+So)*, Bahnhofstr. 18, Tel. (0851) 966 25 70 und 0151-12 83 42 24, www.fahrradverleih-bahnhof-passau.de

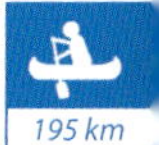


### Wandern:

Im ***Europareservat Unterer Inn*** führt ein dichtes Wegenetz kilometerweit über Dämme und durch Auwälder. Am Rande des Reservats in Ering verläuft ein ***Naturlehrpfad***. Von Biologen des Infozentrums geleitete Führungen *(Apr-Okt, So 10 Uhr)* in diesem Gebiet.

***„Bayerisch-Oberösterreichisches Infozentrum Europareservat Unterer Inn"***, Innwerkstr. 15, 94140 **Ering**, Tel. (08573) 13 60, *Apr-Okt Mo-Sa 10-12+14-17, So 13-17*, www.naturium-am-inn.eu).

Schöne ***Wanderwege im NSG Vornbacher Enge***.

**Paddeln:** Auf der ***Ilz*** von Schrottenbaummühle bis Passau (ca. 25 km).

**Klettern:** ***Inntal- Klettergarten*** in der ***Vornbacher Enge*** (ca. 6 km von Passau).

### Therme, Schwimmbad mit Sauna:

**Wasserburg:** ***Sport- und Freizeitzentrum Badria***, Tel. (08071) 92 02 10, www.badria.de
**Bad Füssing:** ***Europa Therme***, Tel. (08531) 944 70, www.europatherme.de

# Der Inn

Der Inn ist einer der mächtigsten Alpenflüsse. Sein türkisfarbenes Wasser hat, wenn es in Bayern ankommt, schon eine rund 300 Kilometer lange Reise von der Quelle am Malojapass im Schweizer Engadin durch die Alpen hinter sich. Einen guten Einstieg in **Rosenheim** finde ich beim *Kajak-Klub Rosenheim*, alternativ kann man die Fahrt auch an der Innlände beim *Innmuseum* beginnen. Gleich um die Ecke bietet der *Prijon-Shop* am Firmensitz des Kajakherstellers *Prijon* nicht nur die Möglichkeit ein Boot zu mieten, sondern auch eine gute Gelegenheit um fehlende Ausrüstung zu ergänzen.

*Vor dem Tourenstart ist ein Besuch der schönen Altstadt zu empfehlen. Viel Wissenswertes über den Inn, der schon zur Römerzeit als Wasserstraße diente, erfährt man im Inn-Museum. Die Ausstellung erzählt anschaulich von den Inn-Plätten mit denen Getreide, Wein, Gewürze, Mühlsteine, Kalk, Zement und vieles mehr befördert wurde und spannt den Bogen vom langen Kampf des Menschen gegen die Hochwässer des wilden Alpenflusses bis zum Wasserbau in der heutigen Zeit.*

Nach dem Ablegen grüßen vom Freigelände des Museums auf dem Deich die Silhouetten eines historischen Schiffszugs mit Kähnen und Reitern nahezu in Originalgröße. So richtig in Fahrt kommt der Inn aber noch nicht, denn bald macht sich der Rückstau der ***Staustufe*** am ***Kraftwerk Feldkirchen*** bemerkbar, das man bei Inn-Kilometer 173,5 ***rechts umtragen*** muss. Wie an allen Wehren auf dem Inn ist der ***Ausstieg*** durch ein ***weithin sichtbares Schild*** nicht zu verfehlen.

Gut acht Kilometer weiter bietet der *Gasthof „Fischerstüberl“* in der ***Attelmündung*** in den Inn die Möglichkeit zur Einkehr und Übernachtung. Auf der Anhöhe darüber erhebt sich das ehemalige ***Benediktinerkloster* Attel,** *das erstmals 807 erwähnt wurde. Sehenswert ist die markante Kirche Sankt Michael, die zu Beginn des 18. Jahrhunderts nach dem Vorbild der Münchner Sankt Michaelskirche entworfen wurde.*

Der Inn fließt nun durch ein enges Tal und durchbricht mehrere Endmoränen. Nach dem ***rechtsufrigen Landtransport*** an der nächsten ***Staustufe*** erreiche ich **Wasserburg a.Inn**.

*Mit seiner landschaftlichen Lage bietet es eine Besonderheit: Die Altstadt liegt auf einer vom Inn fast vollständig umflossenen Halbinsel, die nur über eine, an einen Flaschenhals erinnernde schmale Landzunge zu erreichen ist. Vom gegenüberliegenden, bis zu 70 Meter hohen Steilufer, der sogenannten Innleiten, überblickt man die ganze Altstadt mit ihrer bis ins Mittelalter zurückreichenden Bausubstanz. Die Häuser drängen sich auf der schmalen Halbinsel im Innbogen dicht an dicht. Salzhandel und der Umschlag von Waren aus dem Balkan, Österreich und Italien brachten der Bevölkerung*

**Kartenanordnung für diese Tour**

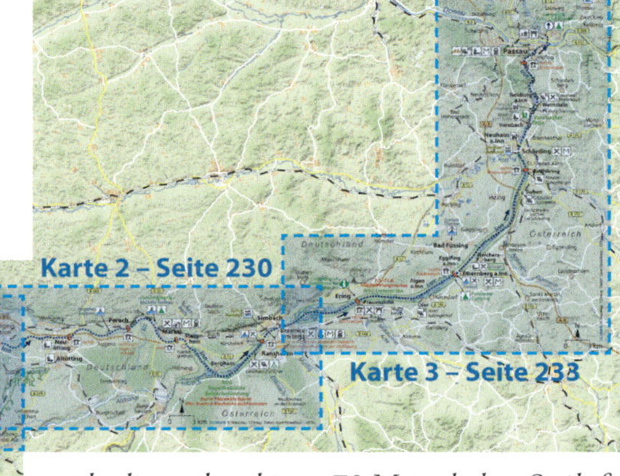

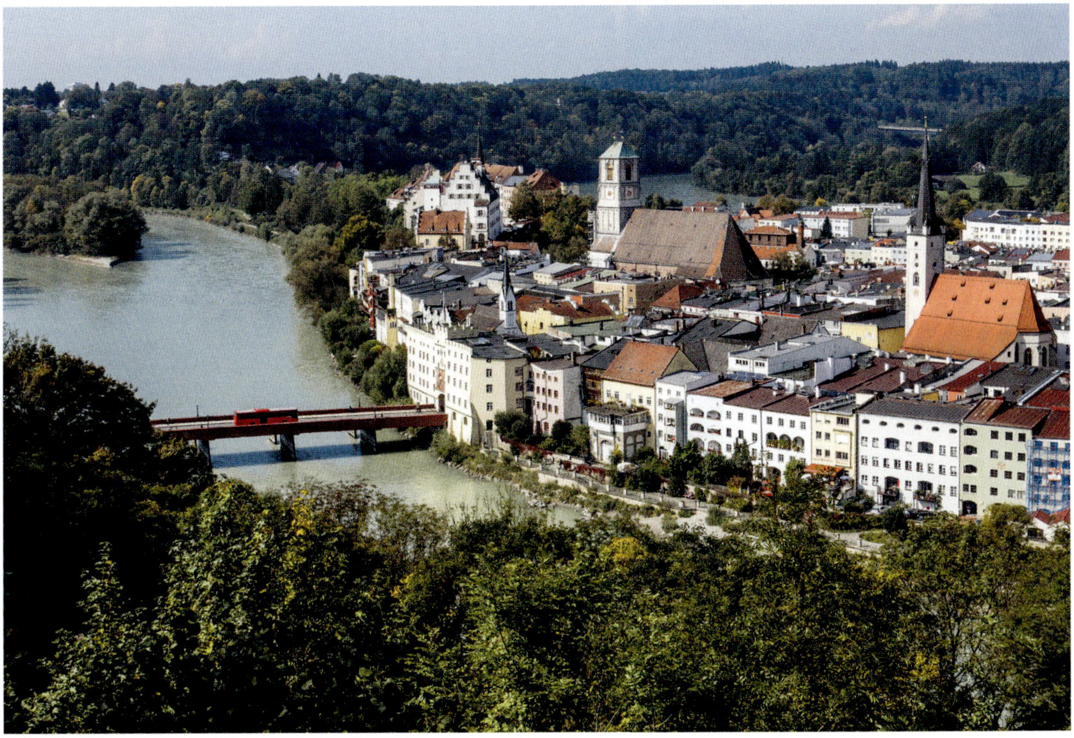

*Die Altstadt von Wasserburg a.Inn liegt auf einer schmalen Landzunge*

*Wohlstand, der seinen Ausdruck in den repräsentativen Bauten findet.*

Unter der Straßenbrücke mit dem Brucktor von 1738 hindurch schiebt mich das grautrübe Gletscherwasser des Inns, der jetzt wohl um die 150 Meter breit ist, durch die Innschleife zur nächsten Brücke. Hier wird es einsam und die Natur übernimmt das Kommando. Links und rechts ragen bewaldete Steilufer auf und ich hänge für gut eine Stunde meinen Gedanken nach, bis mir das ***Laufwasserkraftwerk*** in **Teufelsbruck** den Weg versperrt. Leider ist, wie an den meisten Wehren, die Portage am Zaun des Werksgeländes entlang sehr lang. Ohne vernünftigen Bootswagen im Gepäck würde die Tour zur Tortur werden!

*Wie schon der Name vermuten lässt, ranken sich um den Ort mehrere Sagen: Vor nicht langer Zeit war der Inn noch ein wilder Gebirgsfluss. Das Fahren auf ihm war gefährlich und die Innschiffer mussten um ihr Leben gegen die Fluten kämpfen. Wenn einer ins Wasser gefallen war, durfte ihm niemand helfen. Er wurde zum Flussopfer, um den damals reißenden Fluss zu besänftigen. Eine andere erzählt: Der Teufel wollte einst den Inn überqueren, fand aber an dem schmalen Ufer nicht genug Platz zum Anlauf für den Sprung. Also warf er Steine in den Fluss, um so leichter auf die andere Seite zu gelangen. An der Stelle, wo damals der Teufel den Inn übersprungen hat, wurde ein Kraftwerk errichtet. Die Leute gaben dem oberhalb entstandenen Dorf und dem Kraftwerk den Namen „Teufelsbruck".*

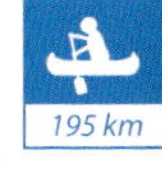


Kurz hinter Teufelsbruck unterfahre ich eine Eisenbahnbrücke zwischen den beiden sie tragenden Pfeilern. Die Strömung legt wieder kräftig zu und bringt mich rasch die sieben Kilometer bis nach **Gars**. Nachdem die mächtigen Doppeltürme der ***Pfarrkirche des Redemptoristenklosters*** am linken Ufer vorbeigezogen sind, zwingt mich hinter einer weiteren Innschleife die ***Staustufe Gars*** zum nächsten Landgang.

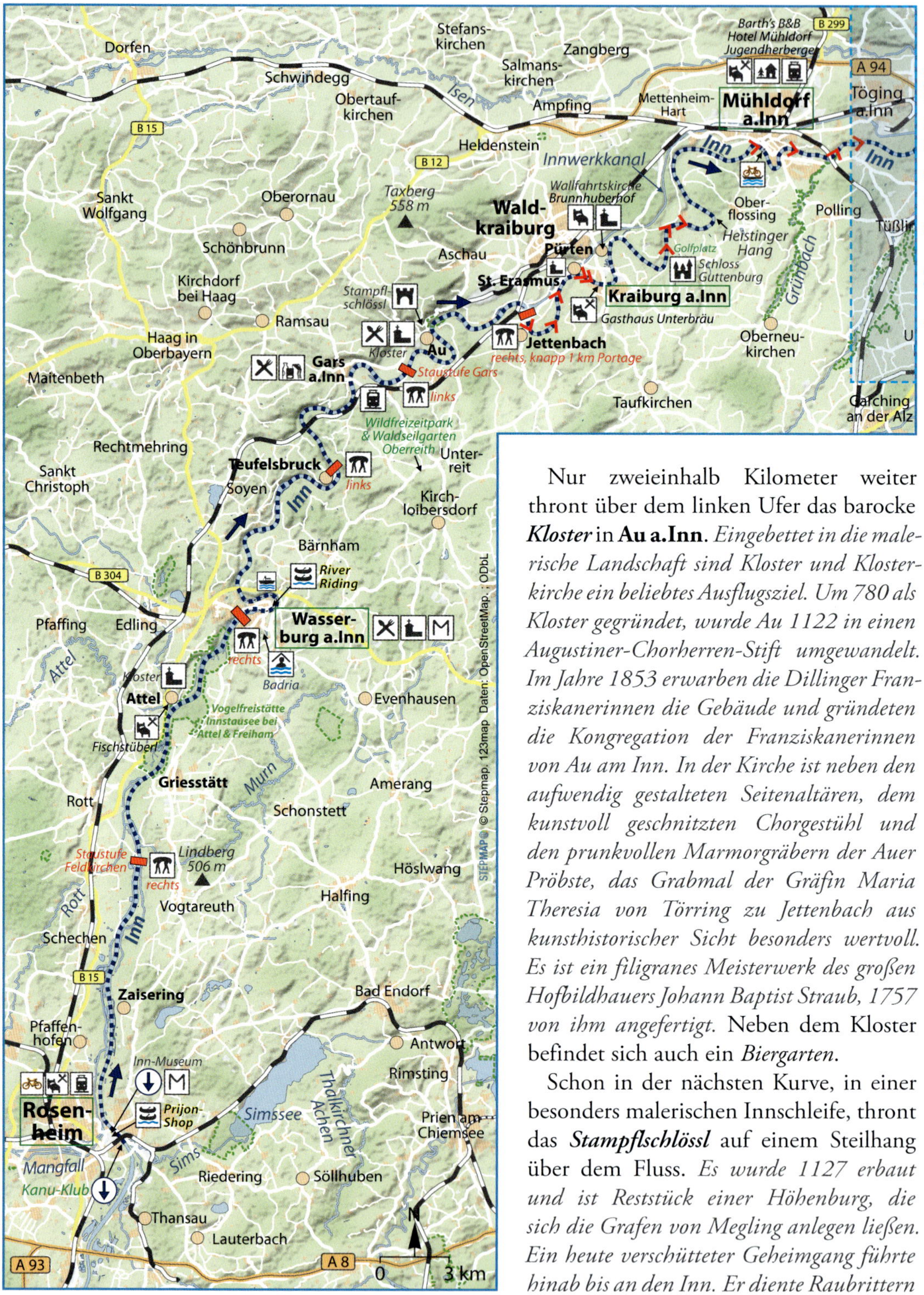

Nur zweieinhalb Kilometer weiter thront über dem linken Ufer das barocke ***Kloster*** in **Au a.Inn**. *Eingebettet in die malerische Landschaft sind Kloster und Klosterkirche ein beliebtes Ausflugsziel. Um 780 als Kloster gegründet, wurde Au 1122 in einen Augustiner-Chorherren-Stift umgewandelt. Im Jahre 1853 erwarben die Dillinger Franziskanerinnen die Gebäude und gründeten die Kongregation der Franziskanerinnen von Au am Inn. In der Kirche ist neben den aufwendig gestalteten Seitenaltären, dem kunstvoll geschnitzten Chorgestühl und den prunkvollen Marmorgräbern der Auer Pröbste, das Grabmal der Gräfin Maria Theresia von Törring zu Jettenbach aus kunsthistorischer Sicht besonders wertvoll. Es ist ein filigranes Meisterwerk des großen Hofbildhauers Johann Baptist Straub, 1757 von ihm angefertigt.* Neben dem Kloster befindet sich auch ein *Biergarten*.

Schon in der nächsten Kurve, in einer besonders malerischen Innschleife, thront das ***Stampflschlössl*** auf einem Steilhang über dem Fluss. *Es wurde 1127 erbaut und ist Reststück einer Höhenburg, die sich die Grafen von Megling anlegen ließen. Ein heute verschütteter Geheimgang führte hinab bis an den Inn. Er diente Raubrittern* *als Rückzugsmöglichkeit, denn mit über den Fluss gespannten Ketten hinderten sie Frachtschiffe an der Weiterfahrt und plünderten sie aus. Vor allem für die Salzschifffahrt war der Inn damals von größter Bedeutung.*

Bei Inn-Kilometer 128 ist das ***Wehr* Jettenbach** erreicht. Der Ausstieg liegt am ***rechten Ufer*** hinter der Eisenbahnbrücke und die Portage ist fast einen Kilometer lang.

Die Plackerei wird aber belohnt, denn vor mir liegt nun der ungezähmte Inn. Gleich zu Beginn zeigt er mir sein verändertes Gesicht und rauscht über eine erste, harmlose ***Sohlschwelle***. Flache Kiesbänke wechseln sich mit steilen Kliffs ab und überall entdecke ich idyllische ***Rastplätze***. Die flotte Strömung trägt mich, garniert mit ein paar kleinen ***Sohlrampen***, fast von ganz alleine davon. Nur steuern muss ich selbst.

In der Kurve hinter der Kirche von **St. Erasmus** mit ihrer gelb leuchtenden Fassade wartet die erste etwas ***größere Stufe***, die aber bei normalem Wasserstand kein Problem darstellen sollte.

In **Kraiburg a.Inn**, knapp 40 km nach dem Start in Wasserburg, bietet sich eine Übernachtungsmöglichkeit im *Gasthaus Unterbräu* (ca. 500 m entfernt vom Wasser). Dazu setzt man am besten am Pegel vor der Straßenbrücke aus und folgt der Bahnhofstraße vorbei an der Kirche zum Gasthaus.

Rund einen Kilometer hinter der letzten Straßenbrücke von Kraiburg besteht am linken Ufer die Möglichkeit anzulanden, um in 400 Metern auf einem Feldweg zu einer sehr

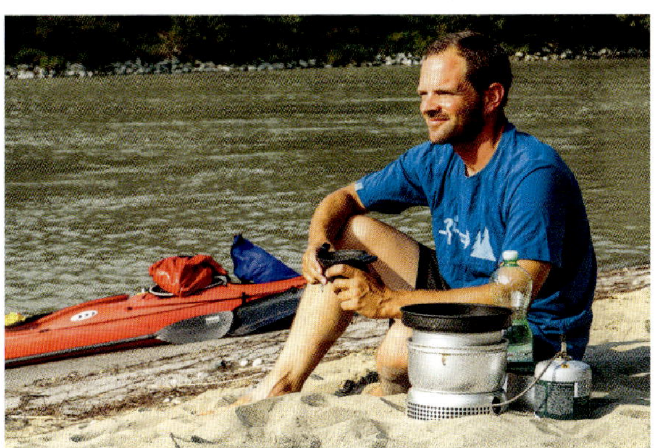

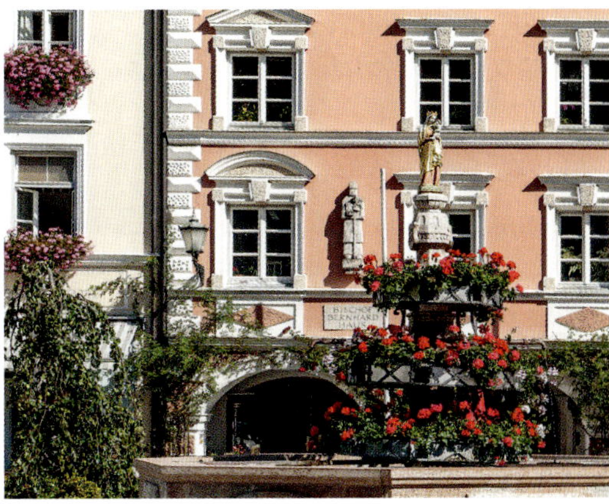

*Kraiburg prägen die für das Inn-Salzach-Gebiet typischen historischen Gebäude*

stilvollen Übernachtungsmöglichkeit zu gelangen, dem *Brunnhuberhof* im **Waldkraiburg**er Ortsteil **Pürten**. Gegen einen kleinen Aufpreis zwar möglich, ist aber ein Kurzaufenthalt in dem liebevoll restaurierten alten Bauernhof fast zu schade. Nachhaltigkeit in der Landwirtschaft und aktiv sein an und um den Hof ist hier das Motto.

*Vis à vis liegt die um 1400 erbaute Wallfahrtskirche Mariä Himmelfahrt mit einer prachtvollen Ausstattung. Jahrhundertelang war sie Ziel einer bedeutenden Marienwallfahrt mit einem in Europa einzigartigen Wallfahrtskult: Ein heilkräftiges Buch, das Evangeliar der seligen Alta von Pürten, einer französischen Königstochter, wurde nach ihrem Tode der Kirche vermacht. Liehen sich kranke Menschen die kostbare Bibel aus, gesundeten sie.*

Der Inn bleibt spritzig und abwechslungsreich. Nach einer starken Linkskurve liegt rechts, inmitten eines riesigen Golfplatzes, das in Privatbesitz befindliche ***Schloss Guttenburg***, *ein Barock-Schloss mit über 1.000-jähriger Geschichte.*

Ein Zimmer hatte ich mir nirgendwo reserviert und ein Campingplatz ist weit und breit nicht in Sicht. So mache ich es mir nach Durchfahren von drei hintereinander liegenden ***Sohlschwellen*** an einem ausreichend großen Sandstrand für die Nacht gemütlich.

Bei der Weiterfahrt am nächsten Tag erwarten mich gleich ***drei recht hohe Stufen***, die mir wegen des niedrigen Wasserstandes Probleme bereiten eine „materialschonende" Durchfahrt zu finden.

In einer engen und langen Linkskurve, in deren Bereich sich einige sehr schöne und weite Sandbänke befinden, wacht der ***Heistinger Hang*** über dem rechten Ufer. Ständig arbeitet der Inn an diesem hohen, steilen Prallhang und trägt beständig weiter Sand ab. Der Inn bleibt weiterhin sportlich und immer wieder rauscht das Wasser über die ein oder andere kleine, manchmal auch etwas größere Stufe oder Sohlrampe.

Eine hörbar befahrene Straße am linken Ufer kündigt dann **Mühldorf a.Inn** an. Nach zwei weiteren ***Sohlschwellen*** im Scheitelpunkt der Kurve quert die letzte seilgebundene ***Innfähre „Josef III.***" bei Inn-Kilometer 105,6. *Der Nachbau der aus zwei übereinander verleimten Dreischichtplatten aus Lärchenholz gebauten Fähre, bringt seit 1872 seine Gäste über den Fluss.*

In der engen Linkskehre dahinter zerrt und schiebt eine merkwürdige Querströmung am Boot und das Wasser ist recht kabbelig.

An der folgenden Straßenbrücke böte sich eine gute Möglichkeit um der Stadt, die reich an Sehenswürdigkeiten ist, einen Besuch abzustatten. *Das Zentrum prägt ein historischer Kern mit Bauwerken im Inn-Salzach-Stil. Er bezeichnet einen typischen Baustil von Altstädten in der Region von Inn und Salzach. Dabei bilden mehrere Häuser durch Scheinfassaden vor dem eigentlichen Dach ein geschlossenes Ensemble. Am nördlichen Rand einer Innschleife gelegen, war Mühldorf bis 1802 eine Enklave des Fürsterzbistums Salzburg in Bayern und diente vor allem im Mittelalter als wichtiger Handelsplatz.*

Etwa 300 Meter hinter der Straßenbrücke rauscht der Inn noch einmal über eine ordentliche ***Stufe***. Kurz hinter der nächsten Eisenbahnbrücke mündet rechts der ***Grünbach***, etwa auf gleicher Höhe rauscht das Wasser abermals über eine ***Stufe***. Für einen langen Moment genieße ich das schöne Tal dann in ruhigem Wasser,

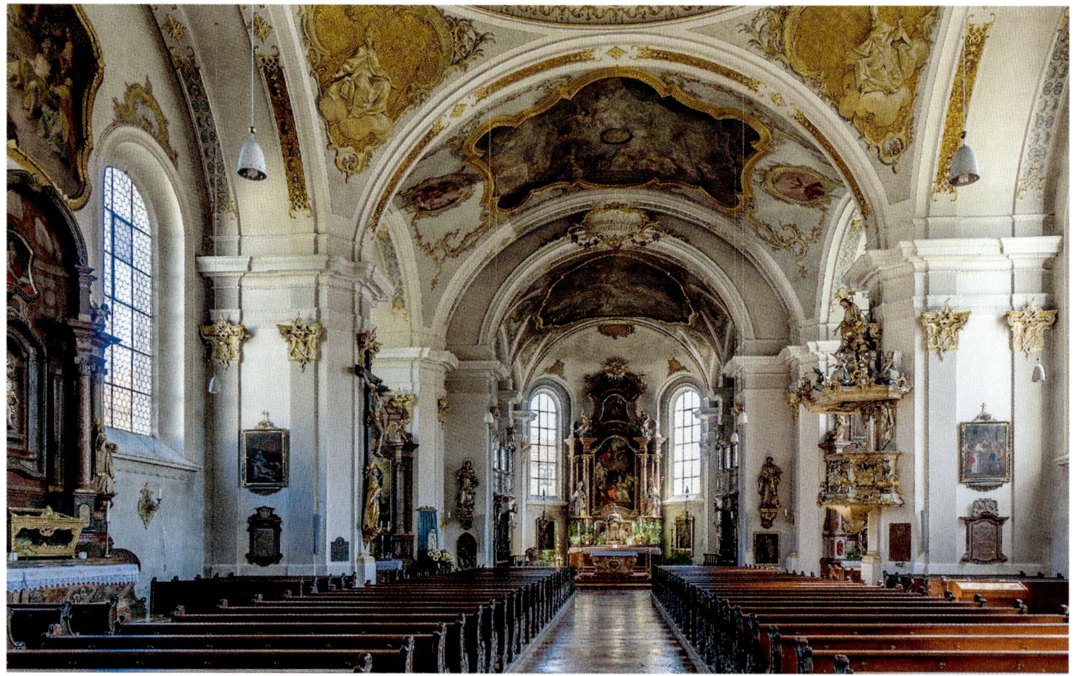

*In der Pfarrkirche St. Nikolaus in Mühldorf sind gleich mehrere Baustile zu bewundern*

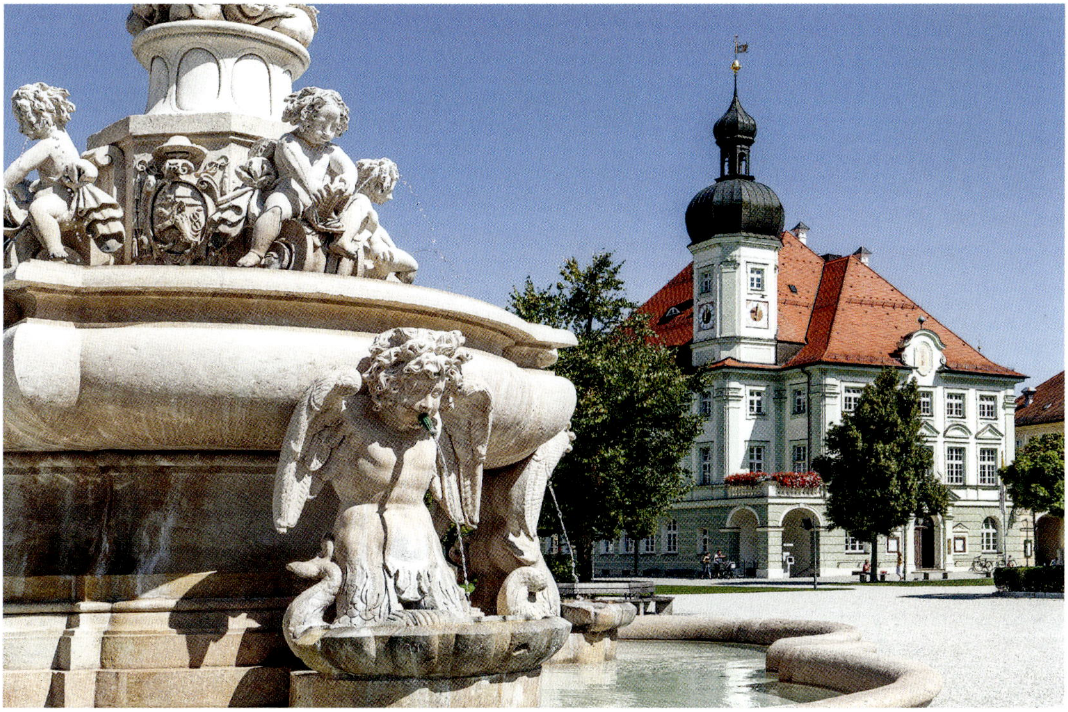

*Altötting ist einer der meistbesuchtesten Wallfahrtsstätten in Europa*

bevor eine letzte ***Sohlrampe*** den Beginn der Staustrecke vor dem nächsten Wehr markiert. Bis zur Portage ist es aber noch ein weiter Weg. Von links gibt der Werkskanal das in Jettenbach entzogene Wasser an den Inn zurück und die Brücke der Bundesstraße 299 in **Neuötting** ist schon kilometerweit voraus zu sehen.

Zwischen der darauffolgenden Brücke und dem ***Wehr*** lege ich rechts an der Treppe an.

*Von der Brücke aus kann man über die Bahnhofstraße, vorbei an mehreren Restaurants und Gasthöfen, über den Alten Stadtberg durchs Landshuter Tor gut zur Stadtmitte* ***Neuöttings*** *laufen. Das Wahrzeichen der Stadt, die Pfarrkirche St. Nikolaus, eine große dreischiffige Hallenkirche der Spätgotik mit einem 78 Meter hohen Turm, wurde 1410 erbaut und ist schon von Weitem sichtbar. Besonders hübsch anzusehen sind auch die Häuser im Inn-Salzach-Stil am historischen Stadtplatz an der Ludwigstraße.*

*Das zwei Kilometer entfernte, auch mit dem Bus erreichbare,* ***Altötting*** *ist der älteste und bedeutendste Wallfahrtsort Bayerns. Nachdem sich hier diverse Wunder begeben haben sollen, wurde der Ort schon 1489 zum Ziel vieler Wallfahrten. Heute pilgern Jahr für Jahr etwa eine Million Menschen, vorwiegend aus dem süddeutschen Raum, nach Altötting, und zwar hauptsächlich am Dienstag nach Christi Himmelfahrt sowie am Pfingstsamstag. Im Sommer tauchen fast allabendlich Prozessionen den Ort in ein Meer aus Lichterkerzen. Ziel der Pilgerzüge ist die Gnadenkapelle, die auf eine Taufkapelle aus dem 8. Jahrhundert zurückgeht, mit dem Gnadenbild „Unserer lieben Frau von Altötting", einer Schwarzen Madonna von 1330. Zahllose Devotionaliengeschäfte zeugen auch von der wirtschaftlichen Bedeutung des Brauchs.*

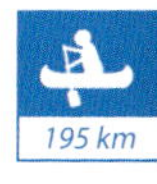


Ich mache mich nun an die lange und lästige ***Portage***. Vom Damm schiebe ich den Bootswagen am Kraftwerkszaun entlang bis zur Straße, dort nach links und am Ende des Werksgeländes geht es links auf dem Trimm-Dich-Pfad zurück zum Inn.

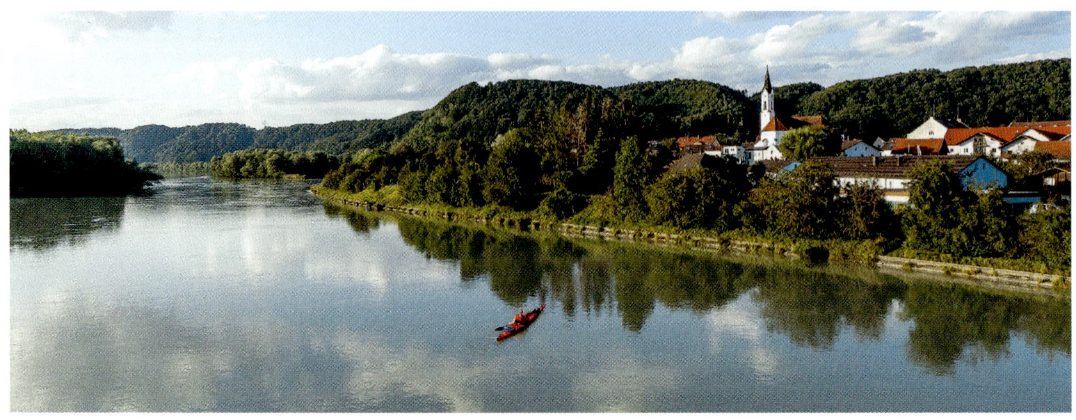

*Marktl – Geburtsort von Papst Benedikt XVI.*

Sieben hindernisfreie Kilometer bis zum ***Kraftwerk* Perach** liegen vor mir, vorbei am links hinter dem Uferdamm liegenden sauberen ***Peracher Badesee*** mit seinem *Seekiosk*, der im Sommer oft zahlreiche Badegäste anlockt. Am ***Kraftwerk*** ist die Portage ausnahmsweise schnell erledigt: Ich setze am ***rechten Ufer*** aus und muss das Kajak nur etwa 200 Meter über den Weg ***zum Altarm umtragen.***

Von rechts mündet die den Chiemsee entwässernde ***Alz***. Voraus, über dem linken Ufer, erheben sich die hellen Konglomeratwände der ***„Dachlwand"***. Hier tritt die Bahnlinie direkt ans Ufer. Dahinter liegt der ***Marktler Badesee*** mit dem *Campingplatz*, allerdings gibt es keine direkte Zufahrt zum See. So paddel ich auf Höhe der Insel, bei Inn-Kilometer 78, nach links in den ***Altarm*** und setze bei der Infotafel am Wanderweg am rechten Ufer aus. Der etwa 1.000 Meter lange Weg zum *Camping* ist eine ziemliche Plackerei *(vom Wanderweg steil zur Straße hoch und dann an dieser entlang dem Wegweiser „Zu den Badeplätzen" folgen)*, wird durch den netten Empfang und den kleinen, aber feinen Campingplatz auf dem Bauernhof wirklich wettgemacht. Besonders für Familien mit Kindern ist der Platz sehr zu empfehlen.

In der Abendsonne sind die Strapazen schnell vergessen und ich mache noch einen Spaziergang ins Zentrum von **Marktl a. Inn** zum *Geburtshaus und der bronzefarbenen Papstsäule von Papst Benedikt XVI.*

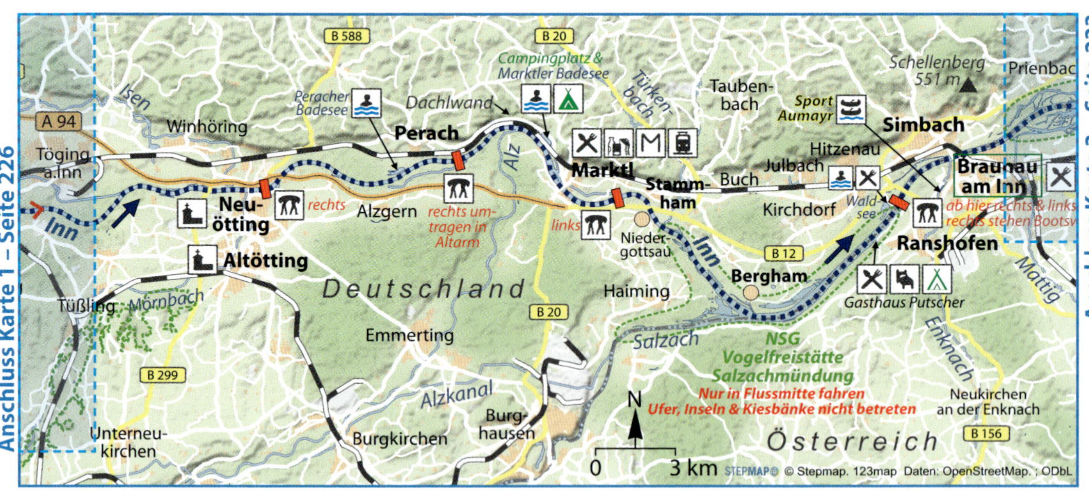

Zurück auf dem Inn erreiche ich anderntags, knapp zwei Kilometer nach Unterfahren der Straßenbrücke von Marktl mit seiner Nepomuk-Statue, die ***Staustufe* Stammham**, die ich am linken Ufer umtrage. Bald markieren die nachfolgende Straßenbrücke und die Mündung des ***Türkenbachs*** den Beginn des ***Naturschutzgebietes „Vogelfreistätte Salzachmündung“***, das zum ***Europareservat Unterer Inn*** gehört.

*Es erstreckt sich grenzüberschreitend 55 Flusskilometer von der Salzachmündung bei der Ortschaft Haiming flussabwärts bis zur Mündung der Rott bei Neuhaus / Schärding und besteht aus Wasserflächen, Schlickbänken, ausgedehnten Schilfufern und mit Weiden bewachsenen Inseln. In diesem etwa 5500 Hektar großen Natur- und Vogelschutzgebiet gibt es noch unberührte Auwälder und eine artenreiche Vogelwelt. Auch seltenen Pflanzen und Tieren, wie zum Beispiel dem Biber, kann man hier begegnen. Vor allem heimische Pflanzen wie die Gewöhnliche Wolfsmilch, der blaue Wiesen-Salbei oder die elegante Königskerze, aber auch seltene Orchideenarten finden hier den geeigneten Lebensraum.* ***Um die Natur nicht zu stören, dürfen Paddler nur mittig fahren und die Inseln und Kiesbänke nicht betreten.***

Bald öffnet sich am rechten Ufer die breite ***Salzachmündung***. Bis Passau ist der Inn nun Grenzfluss zwischen Deutschland und Österreich.

*Auf österreichischer Seite stehen stabile Bootswagen zur Verfügung*

Das Wehr am ***Kraftwerk* Simbach-Braunau** kann, wie alle folgenden Staustufen, ***an beiden Ufern umtragen werden***, da aber nur die österreichischen Kraftwerkbetreiber ***Bootswagen bereitstellen*** *(in den kleinen Hütten am Aus- und Wiedereinstieg)*, lege ich am rechten Ufer an. Mit dem massiven Bootswagen mit großer Bereifung ist die etwa einen Kilometer lange Portage ein Kinderspiel.

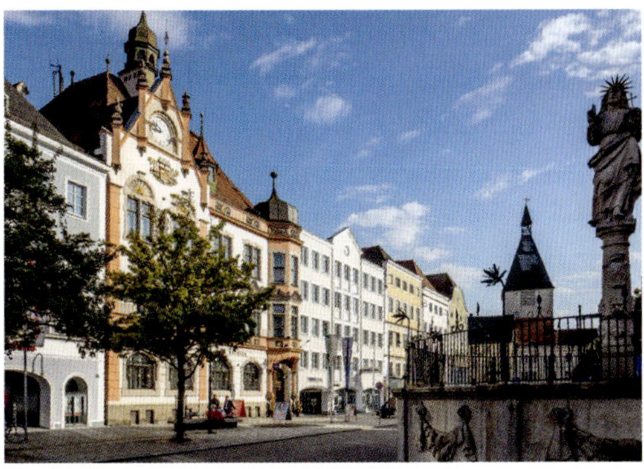

Um den hübschen Stadtplatz von **Braunau** zu besichtigen, finde ich kurz vor der Straßenbrücke zwischen Simbach und Braunau, an der Einmündung der ***Enknach***, einen guten Anlegeplatz.

*Der malerische mittelalterliche Stadtkern ist geprägt von der Stadtpfarrkirche St. Stephan, sie besitzt mit dem 87 Meter hohen Turm einen der höchsten Kirchtürme Österreichs. Etwas Besonderes ist die historische Badestube Vorderbad (Di-So 10-17), eine der wenigen gut erhaltenen mittelalterlichen Badeanlagen Europas.*

Entlang ausgedehnter Wasserflächen, durchsetzt mit Schlickbänken, paddel ich durch das ***Naturschutzgebiet Unterer Inn*** dem ***Wehr*** des ***Kraftwerks Ering / Frauenstein*** entgegen. An der Rampe hinter der Treppe lege ich am rechten Ufer an und kann dann dem gemütlichen *Biergarten* an der *Burgschänke* nicht widerstehen.

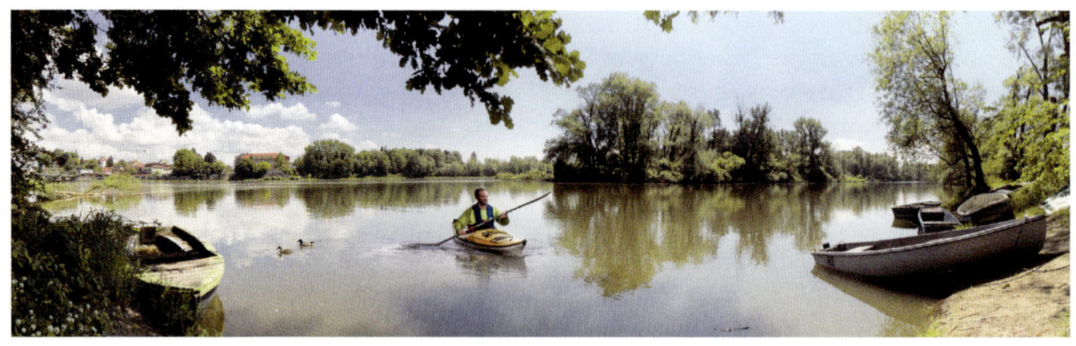

*Gegenüber von Schärding mündet die Rott in den Inn*

Über die Innbrücke schlendernd, sind es zu Fuß nur 500 Meter Richtung **Ering** zum *Bayerisch-Österreichischen Infozentrum Europareservat Unterer Inn (Apr-Okt Mo-Sa 10-12+14-17, So 13-17).*

*Neben der Dauerausstellung begeistert der Verein zur Förderung des Europareservats mit tollen Aktivitäten und bietet interessante Vorträge und Veranstaltungen wie Vogelstimmen- oder Zugvögel-Exkursionen und Auwald-Wanderungen.*

Der Inn ist nun wieder etwas schmaler geworden, nimmt bei Inn-Kilometer 44,5 die ***Mühlheimer Ache*** auf, bevor er sich vor dem ***Wehr*** **Egglfing-Obernberg** seeartig aufstaut. Zwischen den vielen kleinen Inseln schwirrt, pfeift und ziept es und gebannt schaue ich in die herrliche Landschaft. Wasservögel soweit das Auge schaut. Eine Trauerseeschwalbe stürzt sich auf einen Fisch, vom Ufer beäugt mich kritisch ein Silberreiher und in luftiger Höhe kreist ein Seeadler.

Kurz vor dem ***Wehr***, ich traue meinen Augen kaum, stehen sogar ein paar Flamingos im Wasser. Die Tiere, die bis zu 60 Jahre alt werden können, sind Global Player und kommen eigentlich fast überall auf der Welt vor. Überall da, wo es ihnen gefällt. Warum also auch nicht am Inn?

Der *Panorama-Camping* von **Obernberg** liegt laut Karte nah am rechten Innufer und es sind tatsächlich vom ***Wehr*** nur wenige Hundert Meter Entfernung. Leider nur Luftlinie, denn der Campingplatz liegt hoch oben auf einem Bergrücken und der Zugang ist nur über einen Umweg an der stark befahrenen Straße zu erreichen. So geht mir zum Abend hin fast die Puste aus, als ich den Bootswagen steil bergan schiebe. Erst hinter der Brücke bei der Tankstelle kann ich dem regen Verkehr den Rücken kehren.

*Der Obernberger Marktplatz zählt zu den schönsten Marktplätzen Österreichs und begeistert mit farbenfrohen Rokoko-Stuckfassaden des Schiffsmeister-, Apotheker- und Wörndlehauses aus der Hand des bayerischen Künstlers Johann Baptist Modler. Überhaupt ist das „tausendjährige Juwel am Inn“ ein toller Ausgangspunkt für Wanderungen und Vogelbeobachtungen am Innstausee und im Europareservat.*

Gut erholt starte ich am nächsten Morgen zur letzten Tagesetappe auf dem Inn. Vom Campingplatz laufe ich mit Kanuwagen den Weg zurück, vorbei an der neben dem *Freibad* gelegenen *Gaststätte „Badwirt“* mit ihrem schattigen Biergarten, dann auf einem steilen Waldweg, der mich zum Einstieg hinter dem Wehr bringt.

Gut zweieinhalb Kilometer nach der Straßenbrücke zwischen Egglfing und Obernberg gibt es auf österreichischer Seite noch einmal einen tollen Ausflugstipp *(es ist nicht ganz leicht den vom Wasser aus einzigen Weg hinauf durch den Auwald zu finden). Seit über 900 Jahren gilt das* ***Stift*** **Reichersberg**, *auf einem Hügel über dem Inntal gelegen, als Ort der Ruhe und Einkehr. Gründe für den Spaziergang hinauf auf den Berg gibt es viele – egal ob man einfach die Ruhe in dem barocken Kloster genießen will oder die Besichti-*

*gung der zahlreichen Sehenswürdigkeiten mit gutem Essen und einem edlen Tropfen Wein im Stiftsrestaurant verbinden möchte. Sogar Übernachtungen sind möglich.*

Bald darauf zeigt sich der Inn erstmals wenig idyllisch, denn kurz hinter der Mündung des ***Antiesen*** tritt die Autobahn direkt ans Ufer und ist für die nächsten fünf Kilometer mein lauter Begleiter.

Hinter der Autobahnbrücke liegt am rechten Ufer das ***ehemalige Augustiner-Chorherrenstift***, das heute als Gefängnis genutzt wird. Unmittelbar dahinter geht es in den kleinen Hafen von **Suben** und von diesem unter der Straßenbrücke hindurch in eine kleine Bucht. Hier liegt gleich rechts der *Gasthof Labmayer*, mit uriger Gaststube und hellen Zimmern.

Am ***Wehr*** in **Schärding**, nach vier weiteren Kilometern, gibt es wie gehabt die komfortablen ***Bootswagen am rechten***, dem österreichischen ***Ufer***.

Im Anschluss an die etwa ***einen Kilometer lange Portage*** ist voraus schon die Straßenbrücke zwischen **Neuhaus a.Inn** und **Schärding** zu sehen, die ich knapp 30 Minuten später erreiche. *Eine Sehenswürdigkeit für sich ist das Stadtbild des rechtsufrigen **Schärdings** mit Bürgerhäusern aus dem 16. bis 19. Jahrhundert. Insbesondere die spätbarocke Silberzeile am Oberen Stadtplatz, umgeben von einer weitgehend erhaltenen Stadtmauer mit mehreren mittelalterlichen Stadttoren. Der Ort in seinem geschlossenen, farbenfrohen Architekturbild ist ein typischer Vertreter des Inn-Salzach-Stils.*

Gegenüber von Schärding liegt in **Neuhaus a.Inn** ***Schloss Neuhaus****, das zu Beginn des 14. Jahrhunderts von den bayerischen Herzögen zum Schutz der Innbrücke auf einem Felsen als fünftürmiges Wasserschloss errichtet und 1750 im Stil des Rokoko umgebaut wurde. Heute ist hier eine Schule untergebracht.*

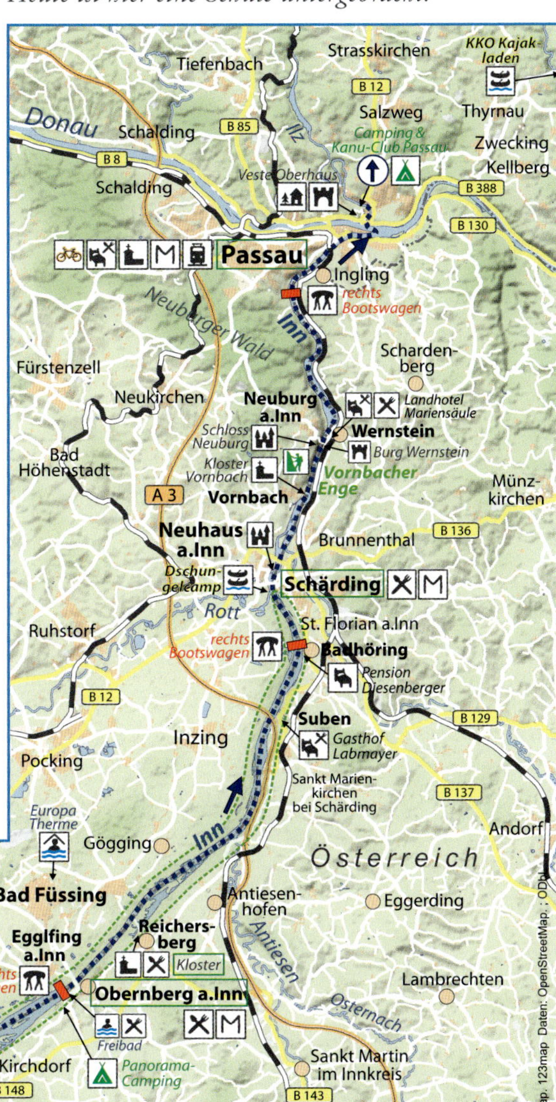

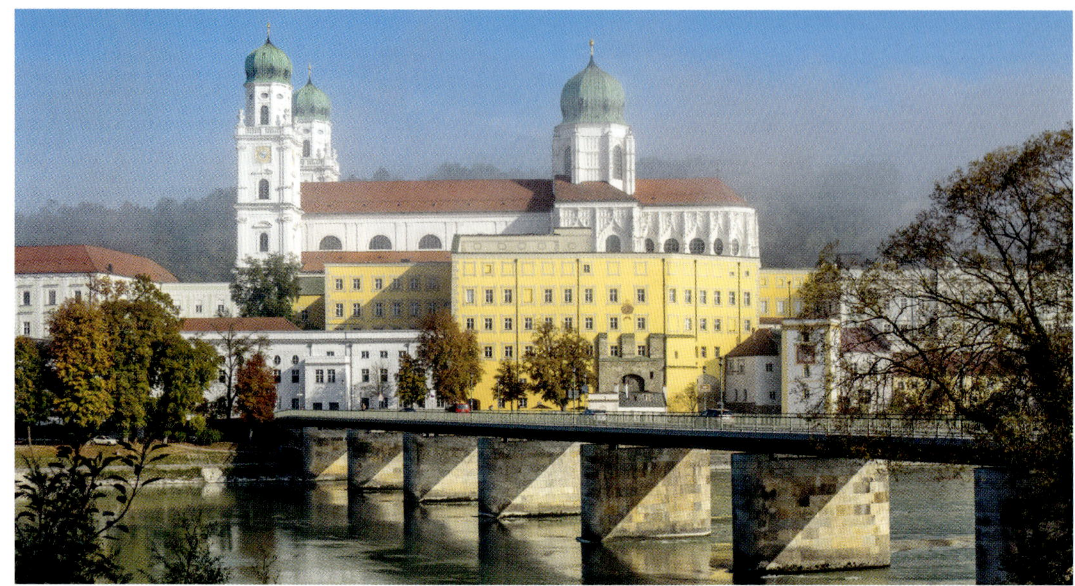

Unter der stark befahrenen Straßenbrücke der Bundesstraße hindurch passiere ich eine Insel im Fluss, dahinter leuchtet in der Ferne die gelbe Fassade mit den weißen Türme des 800 Jahre alten ***Kloster Vornbachs.*** Wenige Kilometer vor der Einmündung in die Donau, wo sich der Fluss durch die Enge zwischen den aufragenden Felsen zwängen muss, liegt *die ehemalige Benediktinerabtei. Sie gehört zu den Klöstern und Stiften, die ab dem 10. Jahrhundert von den Landesherren entlang des Inns errichtet wurden. Geblieben ist nach der Säkularisierung die prachtvolle Kirche Maria Himmelfahrt, deren romanischen Ursprünge man hinter der barocken Fassade nicht gleich erkennt.*

Hinter **Vornbach** scheint es, als wolle der Inn den etwas trostlosen Etappenbeginn wettmachen. Vor mir liegt nun die malerische ***Vornbacher Enge*** im ***Neuburger Wald.*** Von besonderem landschaftlichen Reiz ist das ***Erholungsgebiet „Neuburger Wald"*** mit dem ***Landschaftsschutzgebiet „Innenge".*** Besonders fasziniert mich die ***mittelalterliche Schlossanlage*** hoch oben am Steilufer des Inns. Die ***Neuburg****, Süddeutschlands einziges fünftürmiges Schloss, wurde im 11. Jahrhundert erbaut und war einst Sitz der Grafschaft Neuburg.*

Der ***Mariensteg***, eine Hängeseilbrücke mit einer Länge von 145 Metern, die den Inn auf einer maximalen Höhe von acht Metern überspannt und mit Stahltrossen abgespannt ist, wird nur von einem 30 Meter hohen nadelförmigen Pfeiler gehalten. Sie verbindet **Neuburg a.Inn** mit dem alten Schifferort **Wernstein**, wo nebenan von ***Mariensäule*** und ***Burg Wernstein*** *(privat)* mehrere *Gaststätten* zur Rast einladen.

Der Inn begeistert auch auf seinen letzten Metern mit idyllisch bewaldeten Ufern und bald umtrage ich das letzte ***Wehr*** der Tour auf der ***rechten Seite.*** Danach geht alles erstaunlich schnell. Mit rascher Strömung trägt der Inn mich nach **Passau**. Eine Brücke nach der anderen lasse ich hinter mir und staune über die vielfältige Turmlandschaft, die mir die Passauer Altstadt bietet. Hinter dem Schaiblingsturm trifft der Inn auf die Donau. ***Hier heißt es nicht nur aufgepasst auf die rege Strömung, sondern vor allem auf die zahlreichen Ausflugsdampfer und riesigen Flusskreuzfahrtschiffe.***

Mit Blick auf die ***Veste Oberhaus*** paddel ich schräg links über die ***Donau*** zur Mündung der ***Ilz*** unter der Brücke. Rund 300 Meter ***Ilz*** flussauf liegt der *Camping und Zeltplatz des TV Passau*, wo eine ereignisreiche Fahrt zu Ende geht.

# Die Salzach

Von den Alpen zum Inn

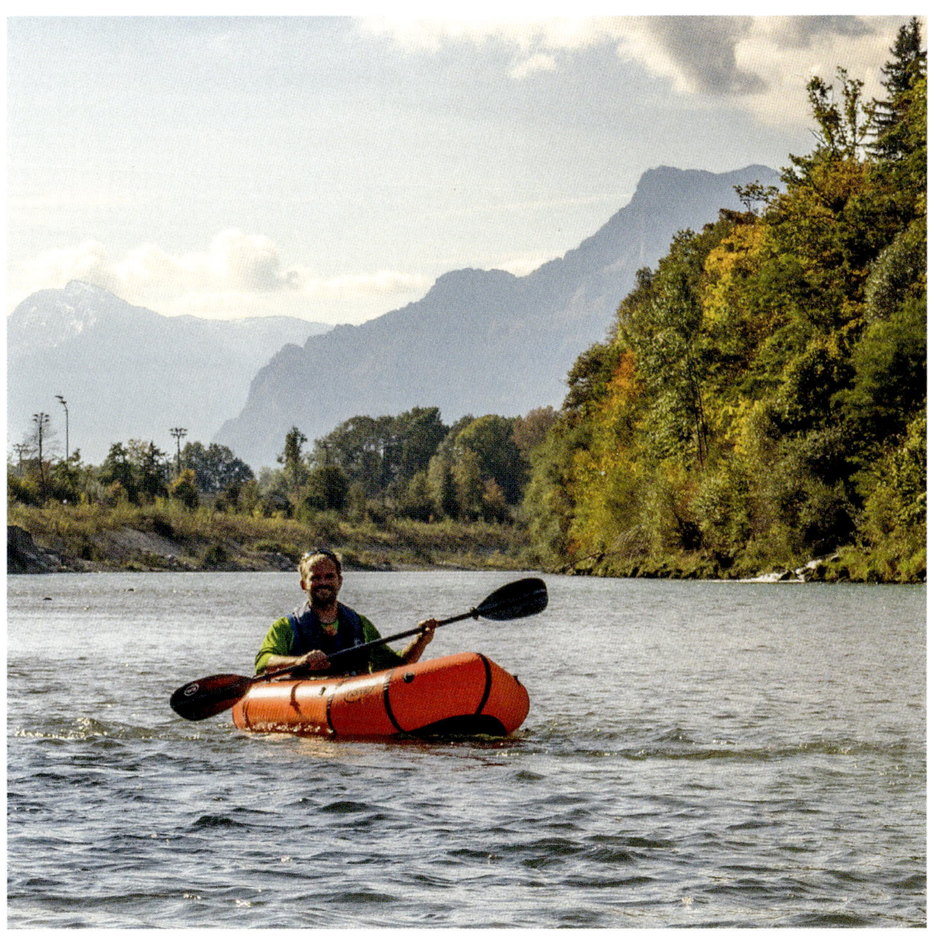

Tour 15

## Tour-Infos Salzach

| Aktivitäten | Natur | Kultur | Baden | Hindernisse |
|---|---|---|---|---|
| 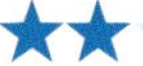 |  |  | | 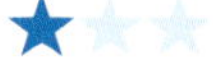 |

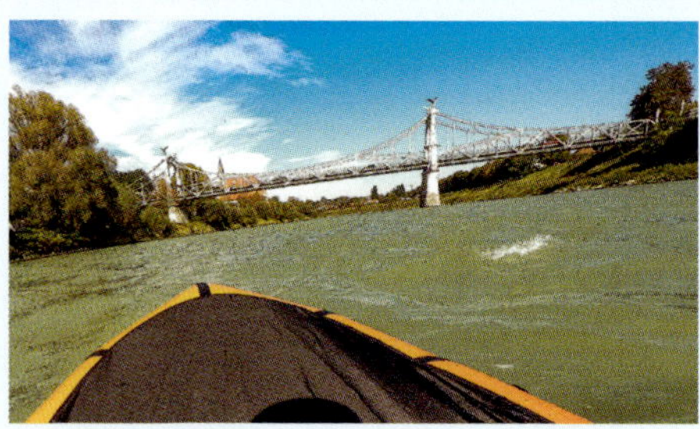

**Charakter der Tour**

Während der Salzach-Oberlauf in Österreich Wildwasser der unterschiedlichen Schwierigkeitsgrade zu bieten hat, präsentiert sich die Salzach unterhalb von Salzburg als zwar schnell fließender, ansonsten aber unproblematischer Wanderfluss der Voralpen.

Auf 60 Kilometern bis zur Mündung in den Inn markiert die Salzach die Grenze zwischen Deutschland und Österreich. Das hat zwar dazu geführt, dass der Flusslauf über weite Strecken recht stark begradigt wurde, dennoch präsentiert sich die Landschaft entlang der Ufer äußerst reizvoll und kein Wehr behindert die freie Fahrt. Das spart zeitraubende Portagen und dank der rasanten Strömung sind auch die verhältnismäßig langen Etappen gut zu bewältigen.

So bleibt neben der Paddelei ausreichend Zeit für die ausgiebige Besichtigung der schönen Salzachstädte Laufen, Tittmoning und Burghausen.

Größere fahrtechnische Schwierigkeiten sind zwar nicht zu erwarten, neben dem Tragen einer Schwimmweste (was ja ohnehin und nicht nur auf der Salzach zum Standard gehört) sollte man stets sehr aufmerksam fahren, denn im Fall einer Kenterung ist es weit bis zum rettenden Ufer und das milchig-graue Gletscherwasser ist eiskalt. Schnelle Hilfe darf man entlang der einsamen Auengebiete nicht erwarten.

**Länge & Dauer der Tour:** 66 km, 2 Tage **Schwierigkeit:** Mittel, nur für geübte Paddler zu empfehlen

**Umtragestellen:** Die aufgelassene **Sohlschwelle** hinter **Laufen** kann über den mittigen Durchlass befahren werden. Für die Umtragung sind vor und nach dem Hindernis am linken Ufer Rampen zum Ein- / Aussetzen vorhanden. **Die Gefahrenstelle ist durch große Hinweisschilder kenntlich gemacht.**

**Etappenvorschlag 2-Tagestour:**
**1. Tag:** Freilassing – Tittmoning (32 km)
**2. Tag:** Tittmoning – Simbach (34 km)

**Tipps für eine Tagestour:**
**1.** Tittmoning – Überackern (30 km)

**Befahrungsregelungen:** Für das ***Naturschutzgebiet „Vogelfreistätte Salzachmündung“*** besteht ***auf Salzach*** und ***Inn*** (bis Staustufe Simbach) ein ganzjähriges ***Insel-, Kiesbänke- und Uferbetretungsverbot***.

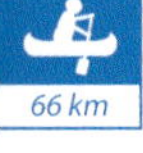


**Anreise:** A 8 München – Salzburg bis *Ausfahrt Bad Reichenhall* und weiter auf der B 20 nach **Freilassing**.

**Einsetzen & Parken:** Schräge Betonrampe hinter der Saalachbrücke der B 304 *(Salzburger Straße)* am **Grenzübergang Freilassing / Salzburg**. Aus Freilassing kommend unmittelbar vor der Brücke links auf den Uferweg abbiegen. Parkmöglichkeiten finden sich am österreichischen Ufer z.B: *Franz-Sauer-Straße*.

***Aussetzstelle:*** Beim Einsatz eines zweiten Pkw eignet sich das deutsche Ufer an der Staustufe **Simbach** gut, um die Tour zu beenden *(Am Kirchdorfer Waldsee 1, 84375 Kirchdorf am Inn)*.
Alternatives Tourenende auf österreichischer Seite in **Braunau a.Inn** an der Mündung der Enknach in den Inn rechts vor der Straßenbrücke (ca. 15 Minuten Fußweg zum Bahnhof Braunau).

**Zurück zum Pkw:** Von **Braunau a. Inn** ohne Umstieg in 80 Min. mit dem RE nach **Freilassing.**

**Kartenmaterial & Literatur-Tipps:**

Bikeline Radtourenbuch: **Tauern-Radweg. Entlang der Flüsse Salzach, Saalach und Inn,** Fahrradführer mit topografischen Karten 1:50 000, Esterbauer Verlag.

**PADDELLAND Österreich,** die 40 schönsten Kanutouren in Österreich, *A. Zaunhuber,* Th. Kettler Verlag.

**Berchtesgadener & Chiemgauer Wanderberge:** 50 Touren zwischen Inn und Salzach, Bergverlag Rother.

Lieblingsplätze zum Entdecken: **Wunderbare Wasserorte im Chiemgau,** Gmeiner Verlag.

**„Der Onkel Franz – oder die Typologie des Innviertlers",** *Klaus Ranzenberger,* Pustet Verlag.

**„Schönen Gruß von der Schwarzen Frau: Drews blickt nicht durch",** Krimi aus Burghausen | **„Blues über der Burg",** Ein Bayern-Krimi, *beide Jürgen Renz,* tredition und e-book.

**„Die Tote aus Salzburg",** Kriminalroman, *Mathias Klammer,* Emons Verlag.

**Übernachtung in Wassernähe** (in der Reihenfolge des Tourenverlaufs, **Telefonvorwahl beachten!**):

**Laufen:** (D)
*Gasthof Greimel*
Rottmayrstr. 2
Tel. (08682) 371
www.gasthof-greimel.de

**Raitenhaslach** (OT v. Burghausen): (D)
*Klostergasthof Raitenhaslach*
Raitenhaslach 9 (300 m v. Wasser)
Tel. (08677) 96 50
www.klostergasthof.com

**Tiefenau** (OT v. Burghausen): (D)
*Gasthaus Tiefenau*
Tiefenau 26
Tel. (08677) 46 55
(Zelten auf Anfrage evtl. möglich)

**Burghausen:** (D)
*Jugendherberge*
Kapuzinergasse 235
Tel. (08677) 881 79 10
www.jugendherberge.de/209

*Salzburger Hof* (D)
In den Grüben 190
Tel. (08677) 91 10 00
www.salzburgerhof-burghausen.de

**Ranshofen** (A)
(OT v. Braunau am Inn):
*Gasthaus & Camping Putscher*
Scheuhub 2
Tel. +43 (0)7722 221 54
www.gasthaus-putscher.at

**Kanuvermieter & Veranstalter**

**Braunau am Inn:** (A)
*Sport / Kanu Aumayr*
Gießereistr. 8 *(Di-Fr 9-18)*
Tel. +43 (0)7722 816 00
www.kanuaumayr.at

**Veranstalter für Gruppen**

**Firmensitz München Perlach:** (D)
*Die Waldmeister*
*Start in Tittmoning, manchmal Raitenhaslach*
mail@diewaldmeister-muenchen.de
www.diewaldmeister-muenchen.de

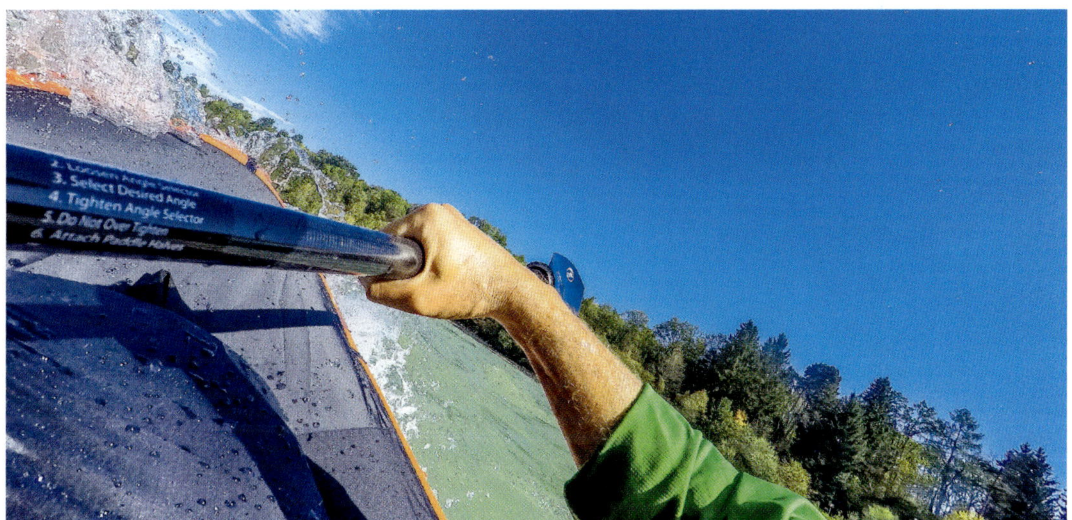


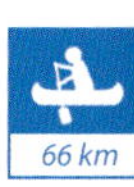

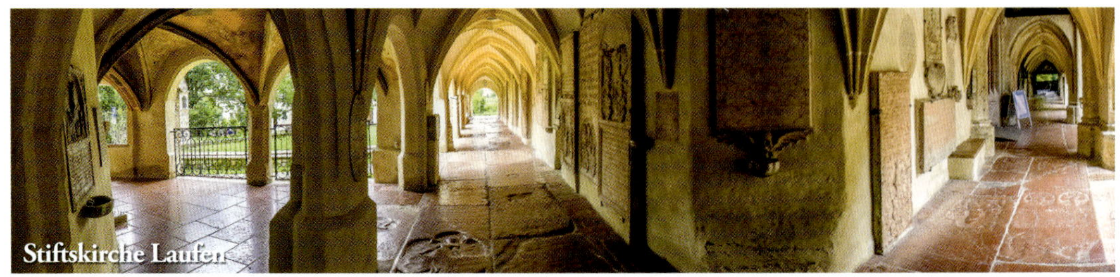
Stiftskirche Laufen

## Sehenswertes an der Salzach

**Freilassing:** Kath. *Pfarrkirche St. Rupert* (1926, schlichtes, imposantes Langhaus mit offenem Dachstuhl und schönen Wandmalereien); *Stadtmuseum* im alten Feuerwehrhaus (1927); *Eisenbahnmuseum Lokwelt* im denkmalgeschützten Rundlokschuppen (www.lokwelt.freilassing.de).

**Salzburg:** *Barock- und Mozartstadt* (UNESCO Weltkulturerbe) in unmittelbarer Nachbarschaft (ca. 7 km von Freilassing entfernt); *Altstadt* mit Altem Markt; *Barockmuseum*; *Festspielhaus*; *Friedhof St. Peter; Getreidegasse*; *Haus der Natur*; *Mozarts Wohnhaus*; *Museum der Moderne* am Mönchsberg; *Residenz*; *Schloss Mirabell*; *Schloss Leopoldskron;* www.salzburg.info

**Laufen:** *Denkmalgeschützte Altstadt* im Inn-Salzach Stil; *Pfarr-* und *Stiftskirche Laufen* (älteste gotische Hallenkirche Süddeutschlands, spätgot. Südportal, Laubengang); *historische Grenzbrücke* Laufen – Oberndorf (kunstvolle Verzierungen der Jugendstil-Eisenkonstruktion).

**Oberndorf:** *Stille-Nacht-Kapelle* & *Museum zur Geschichte des Weihnachtsliedes „Stille Nacht, heilige Nacht"* im ehemaligen Pfarrhaus (*Do-So 10-18, Jul-Aug tgl. 10-18,* www.stillenacht-oberndorf.com).

**Tittmoning:** *Historische Altstadt; Burg* (12.-13. Jh.) mit *Heimathaus Rupertiwinkel* und *Gerbereimuseum* (*Mai-Sep Mi-So 13-17, Führung Mi-So 14 Uhr,* www.tittmoning.de).

**Raitenhaslach:** *Zisterzienserkloster* mit über 800 Jahre alter *Klosterkirche (*barocker Kirchenraum mit Rokoko-Ausstattung).

**Marienberg:** *Wallfahrtskirche* (auch „Perle des Salzachtales" genannt).

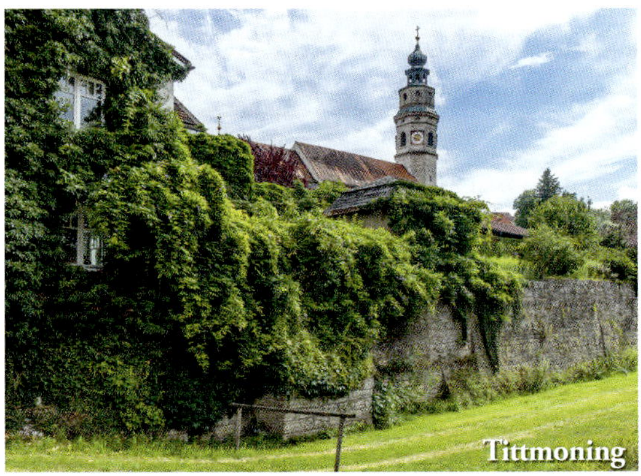
Tittmoning

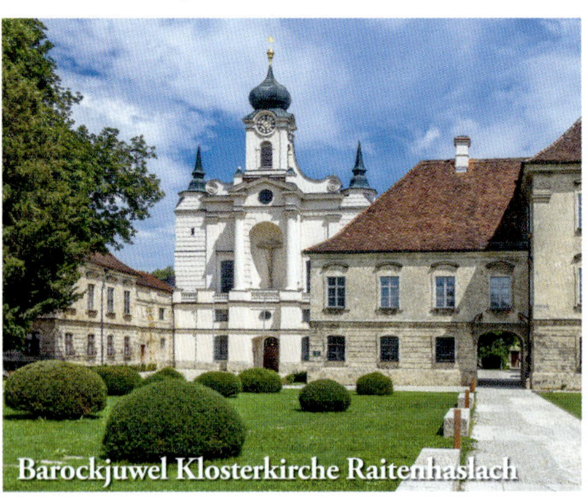
Barockjuwel Klosterkirche Raitenhaslach

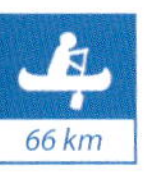


**Burghausen:** Mit 1.051 Meter Länge *weltlängste Burganlage* mit mehreren *Museen* (*tgl. 9-18,* Haus der Fotografie, Staatliche Gemäldegalerie, Stadtmuseum, Foltermuseum, historisches Burgfest *(Juli),* www.burg-burghausen.de); kath. *Pfarrkirche St. Jakob; älteste noch betriebene Hammerschmiede* Europas; *Schutzengelkirche* (1731-1746); *Internationale Jazzwoche Burghausen* (*März,* www.b-jazz.com).

**Braunau am Inn:** Historischer *Stadtkern*; *Stadtplatz* mit gotischen Giebeln (14./15. Jh.), *Fischbrunnen*, *Stadtturm*; *Rathaus*; *Stadttorturm*; *Bezirksmuseum Herzogsburg* (Heimatmuseum, Glockengießerei, Ausstellung zu Volkskunst, Geschichte & Handwerk); spätgot. *Pfarrkirche St. Stephan*; www.braunau-simbach.info

## Weitere Aktivitäten rund um die Salzach

### Radfahren:

Teilabschnitt *(ca. 76 km)* des insgesamt 310 km langen ***Tauernradwegs*** von Salzburg bis nach Braunau.

Auf dem ***Salzhandelsweg*** *(ca. 122 km)* von Hallein zur Salzachmündung.

**Fahrradvermieter, auch e-Bikes:**

**Burghausen: *radlMetzgerei***, Kanzelmüllerstr. 94, Tel. (08677) 918 96 11, www.radlmetzgerei.de

### Wandern:

***Auenlehrpfad*** bei **Tittmoning** (ca. 3 km).

***Naturlehrpfad*** entlang des alten ***Treidelwegs*** bei **Burghausen** (ca. 7 km).

In 7 Tagesetappen auf dem ***St. Rupert Pilgerweg*** von **Altötting** durch den ***Rupertiwinkel***, über **Traunstein** und den alten ***Soleleitungsweg*** nach **Bad Reichenhall** und weiter bis **Salzburg** zum Grab des hl. Rupert.

### Schifffahrt:

***Plättenfahrten*** (ehemalige Salzkähne) von **Tittmoning** oder **Raitenhaslach** nach **Burghausen** *(Buchung über die Tourist-Info Burghausen, Öffentliche Fahrten: Mai-Mitte Okt So 14 Uhr,* www.visit-burghausen.com).

**Auskunft & Tourist-Infos**

**Berchtesgaden: *Berchtesgadener Land***, Maximilianstr. 9, Tel. (08652) 65 65 05, www.berchtesgaden.de

**Tittmoning: *Tourist-Info***, Stadtplatz 1, Tel. (08683) 70 07 10, www.tittmoning.de

**Altötting: *Tourismusverband Inn-Salzach***, Tel. (08671) 50 24 44, Bahnhofstr. 34, www.inn-salzach.com

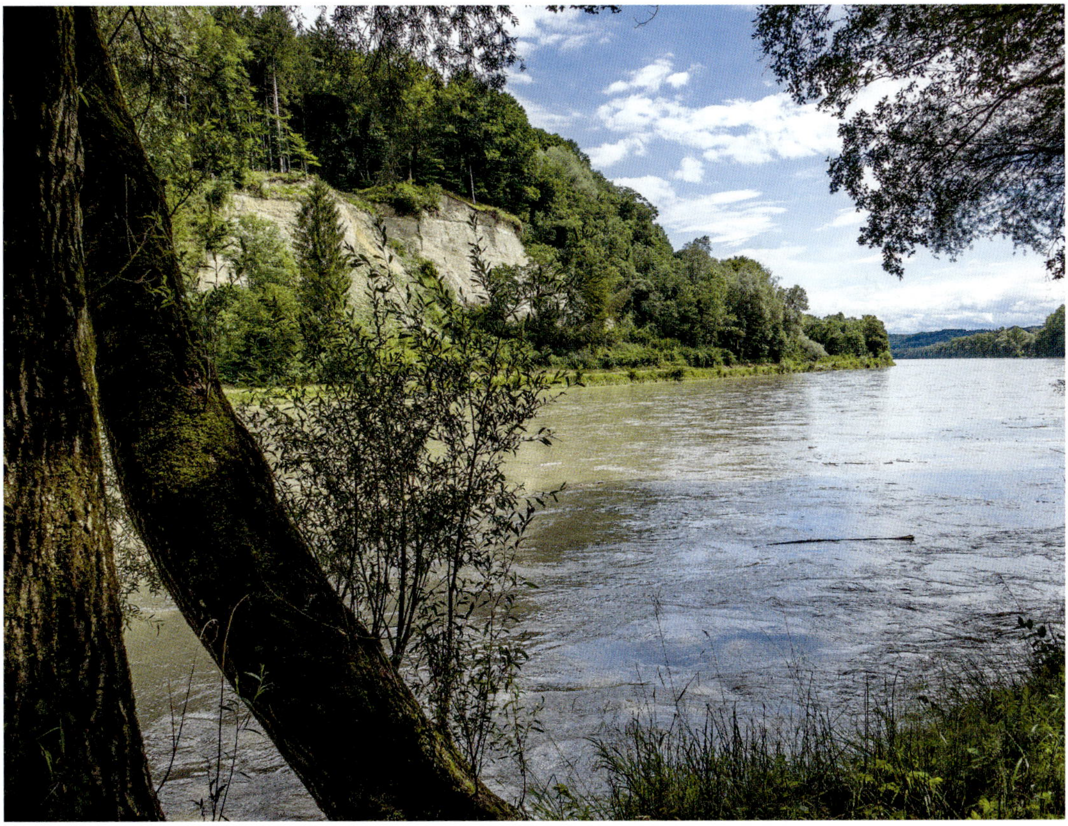

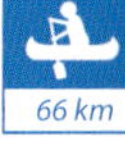

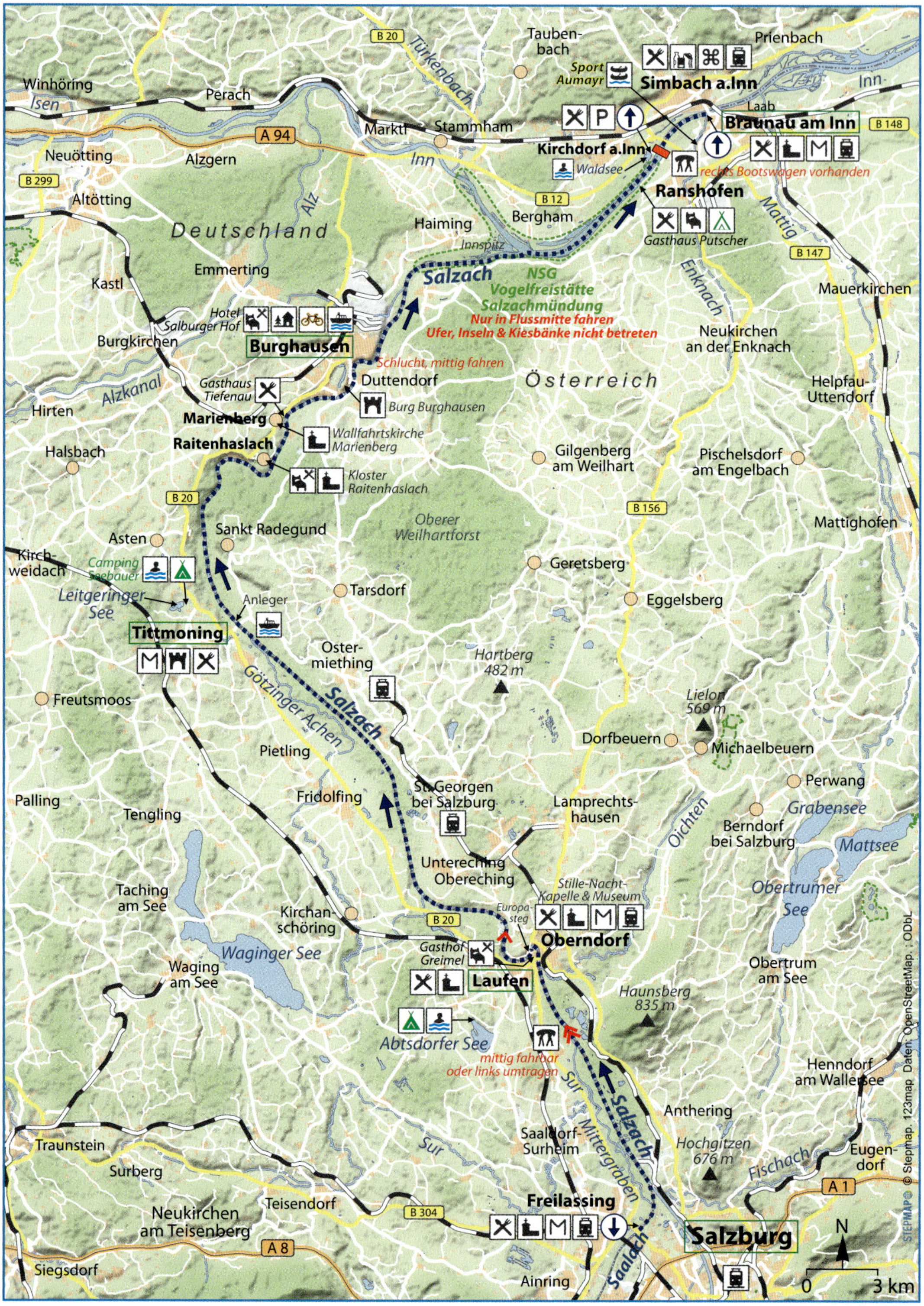

Simbach a.Inn
Sport Aumayr
Braunau am Inn
rechts Bootswagen vorhanden
Kirchdorf a.Inn
Waldsee
Ranshofen
Gasthaus Putscher
Salzach
NSG
Vogelfreistätte
Salzachmündung
Nur in Flussmitte fahren
Ufer, Inseln & Kiesbänke nicht betreten
Hotel Salburger Hof
Burghausen
Schlucht, mittig fahren
Gasthaus Tiefenau
Burg Burghausen
Marienberg
Wallfahrtskirche Marienberg
Raitenhaslach
Kloster Raitenhaslach
Deutschland
Österreich
Camping Seebauer
Leitgeringer See
Tittmoning
Anleger
Oberer Weilhartforst
Hartberg 482 m
Lielon 569 m
Stille-Nacht-Kapelle & Museum
Europasteg
Oberndorf
Gasthof Greimel
Laufen
Abtsdorfer See
mittig fahrbar oder links umtragen
Haunsberg 835 m
Hochgitzen 676 m
Freilassing
Salzburg
Saalach
Mittergraben
Sur
Götzinger Achen
Waginger See
Obertrumer See
Mattsee
Grabensee
0 3 km
N
STEPMAP © Stepmap, 123map Daten: OpenStreetMap, ODbL

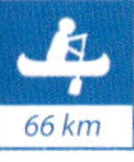
66 km

# Die Salzach

Die Salzach entspringt in einer Höhe von 2.300 Meter in den Kitzbüheler Alpen, den höchsten Gipfeln Österreichs und ist mit ihren 226 Kilometern bis zur Mündung in den Inn bei Marktl, dem Geburtsort von Papst Benedikt XVI., der längste Nebenfluss des Inns. Unterhalb von Salzburg beginnt die rund 60 Kilometer lange Strecke. Auch wenn die Salzach als Grenzfluss zwischen Deutschland und Österreich hier stark begradigt wurde, ist die hindernisfreie Fahrt auf dem flott dahinströmenden Voralpenfluss äußerst reizvoll und da die gesamte Strecke bis Burghausen in den kommenden Jahren renaturiert werden soll, wird die Tour weiter an Attraktivität gewinnen.

Der übliche Startpunkt für die Fahrt zum Inn ist nicht die Salzach selbst, sondern die Grenzbrücke zwischen **Freilassing** und **Salzburg** über die ***Saalach***, etwa 2,5 km oberhalb deren Mündung in die ***Salzach***.

Gleich nach dem Ablegen geht es, ohne dass ich viel dafür tun muss, in flotter Fahrt durch das breite Kiesbett und schnell ist die ***Salzach*** erreicht. Diese bildet fortan die Grenze zwischen dem Freistaat Bayern und der Bundesrepublik Österreich und fließt durch das ***Auengebiet*** des breiten ***Gletscherbeckens Salzburg-Freilassinger-Becken***. Die Ufer sind grün und einsam, zurück fällt der Blick auf die imposanten Alpengipfel.

Hinter der von links mündenden ***Sur*** warnen weithin sichtbar Schilder vor der folgenden ***Sohlschwelle***, die ***mittig*** eine ***freie Durchfahrtsmöglichkeit*** bietet. Vor dem Hindernis ist ein Drahtseil über den Fluss gespannt, das mit Schifffahrtszeichen die genaue Lage der Bootsgasse in der Flussmitte kennzeichnet. Bei der Anfahrt sollte man sich in der Tendenz aber links halten, denn in der Bootsgasse zieht die Strömung stark nach rechts und ohne Gegensteuern

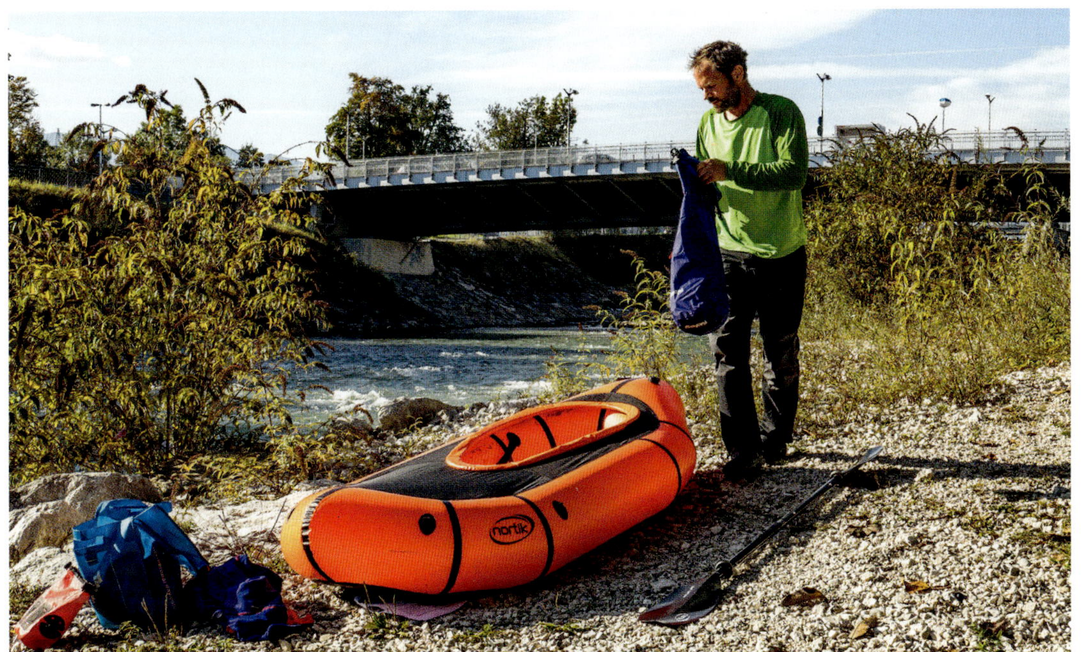

*Am Einstieg ist das Packraft schnell startklar*

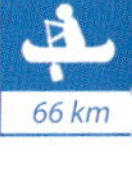

landet man schnell im schwereren Wasser. Bei Bedarf kann die Sohlschwelle am linken Ufer leicht umtragen werden und wer das Hindernis noch nicht kennt, sollte hier zunächst anlegen, um sich erst selbst ein Bild zu machen und zu entscheiden, ob getragen oder gepaddelt wird.

*Ihren Namen verdankt die Salzach, wie auch die Stadt Salzburg, dem florierenden Salzhandel im 18. Jahrhundert, als die Salzschiffer das Weiße Gold vom österreichischen Salzkammergut über Salzach und Inn nach Passau transportierten und somit den Städtchen entlang der Ufer einigen Wohlstand bescherten.* Ein erstes imposantes Zeugnis dafür ist die Stadt **Laufen**. Sie wurde zusammen mit dem sogenannten Rupertiwinkel 1816 von Salzburg getrennt und Bayern zugeschlagen. *Dort überspannt die sehenswerte historische Stahlbrücke, die 1902-1903 unter Prinzregent Luitpold von Bayern und Kaiser Franz Josef von Österreich erbaut wurde*, den Fluss und verbindet **Laufen** mit dem österreichischen **Oberndorf**.

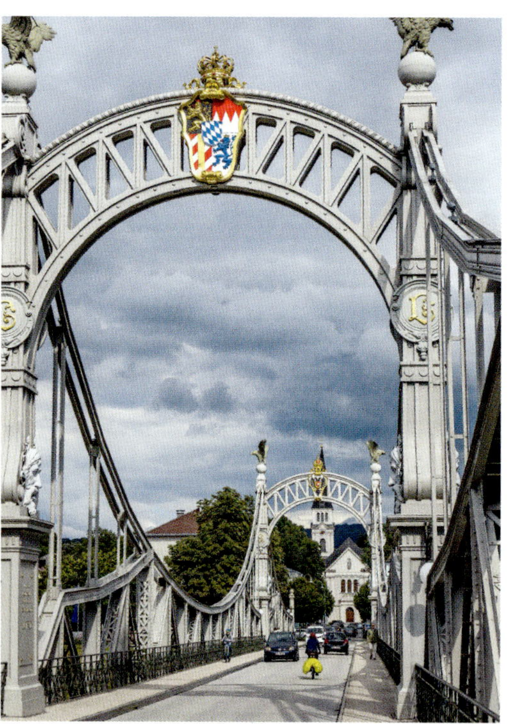

*Historische Salzachbrücke Laufen – Oberndorf*

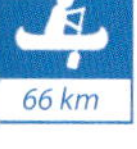


Direkt hinter der Brücke prägt der mächtige gotische Hallenbau der ***Stiftskirche Mariä Himmelfahrt*** aus der Mitte des 14. Jahrhundert mit einem nicht weniger beeindruckenden Satteldach das Ufer. **Oberndorf** am jenseitigen Ufer *ist bekannt für die „Uraufführung" des bekannten Weihnachtsliedes „Stille Nacht, heilige Nacht", das am Heiligabend 1818 hier in der Kirche St. Nikolai zum ersten Mal erklungen ist.*

Um am österreichischen Ufer an Land zu gehen, legt man am besten gleich hinter der Brücke an, eine günstige Ein- bzw. Ausstiegstelle findet sich auf deutscher Seite an der Kiesbank auf der Innenseite der imposanten Salzachschleife, die die Inselzunge, auf der sich die Altstadt mit ihren prächtigen Häusern im Inn-Salzach-Stil erhebt, umfließt.

*Die einstigen Stromschnellen die die Salzschiffer zum Entladen ihrer Kähne zwang – unterhalb von Laufen wurde die Fracht dann auf größere Schiffe verteilt – sind verschwunden.*

Etwas Aufmerksamkeit ist aber am ***Europasteg*** angebracht, der Fußgänger von Laufen nach Oberndorf bringt. Die gefährlichen, ***unter Wasser liegenden Holzpfähle*** der alten Brücke wurden im Hauptstromzug vom Wasserwirtschaftsamt Traunstein entfernt, sodass die Durchfahrt hier gefahrlos möglich sein sollte. In Ufernähe mussten die Pfähle auf Betreiben des Denkmalschutzes aber stehen bleiben und können bei niedrigem bis mittlerem Wasserstand zum gefährlichen Hindernis für Kanufahrer werden.

Vorbei am Pegel geht es aus der Stadt heraus und bis Tittmoning gibt es nun zwar noch die ein oder andere Kiesbank an der man eine Pause einlegen kann, aber keine geeignete Ausstiegsstelle mehr. Nachdem die Kläranlage Oberndorf am Ufer vorbeigezogen ist, überrascht mich eine sehr kabellige ***Schwallstrecke*** mit hohen Wellen. Sie ist zwar nicht wirklich problematisch, man sollte nur daran denken, die Spritzdecke geschlossen zu halten. Nun treten die Hänge an den Ufern zurück und die Salzach erreicht das ***Tittmoninger Becken***, in dem die Ufer von weiten Auengebieten gesäumt werden.

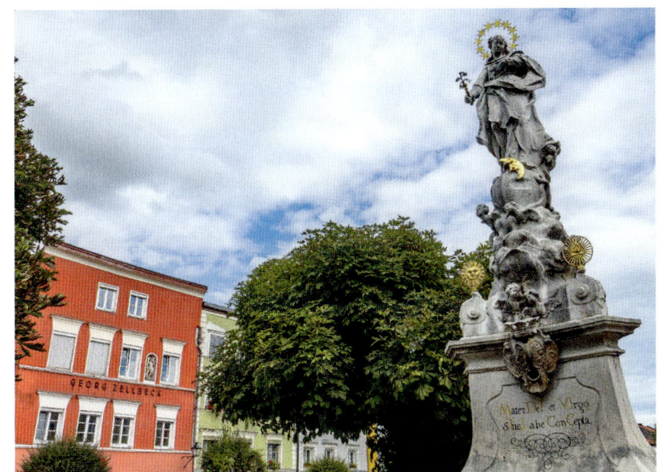


Das Salzachstädtchen **Tittmoning** ist vom Wasser aus nicht zu sehen, aber die Straßenbrücke bietet einen nicht zu übersehenden Orientierungspunkt. Hier starten die ***Plättenfahrten***, wie die alten Salzkähne auch genannt werden, nach Burghausen und aufgrund des starken Stromzugs und der groben Steinbefestigung ist das Ufer auf deutscher Seite weniger gut zum Anlegen geeignet. Eine bessere Stelle für den Landgang finde ich ein Stück unterhalb der Brücke gegenüber am österreichischen Ufer.

*In Tittmoning wurde schon im 13. Jahrhundert Salz umgeschlagen. Später wurde es zur nördlichen Grenzfestung um den Herrschaftsbereich der Salzburger Erzbischöfe zu sichern und ein Besuch des heute 6.000 Einwohner zählenden Kleinstädtchens ist jedem Salzachpaddler sehr zu empfehlen. Durch das alte Stadttor trete ich auf den imposanten, rund 350 Meter langen Stadtplatz mit Brunnen, Skulpturen und den mit Stuck verzierten Erkern, die den Inn-Salzach-Stil so unverwechselbar machen. Eine weitere Sehenswürdigkeit ist die fürsterzbischöfliche Burganlage aus dem 13. Jahrhundert, deren Außenanlagen frei zugänglich sind. Zusätzlich beherbergen die Burggemäuer das Heimathaus des Rupertiwinkels und das Gerbereimuseum. Das Heimatmuseum präsentiert in 23 historischen Schauräumen, deren Böden und Decken noch original aus dem 17. Jahrhundert stammen, umfangreiche Sammlungen von Volkskunst, Handwerks- und Landwirtschaftsgeräten. Das interaktive Gerbereimuseum bringt dem Besucher durch Ausprobieren, Anfassen und eigene Experimente anschaulich das traditionsreiche Gewerbe der Gerber näher, denn auch die Lederindustrie war in der Stadt einst bedeutend.*

Etwa drei Kilometer von der Altstadt entfernt in Richtung Burghausen, bietet der familiäre *Campingplatz Seebauer* am ***Leitgeringer See*** eine gute Möglichkeit, um das Zelt unmittelbar an einem idyllischen Naturbadesee aufzuschlagen, was aber wegen der Entfernung kaum infrage kommt. Es sei denn, man hat hier ein Fahrrad deponiert und holt den Pkw am Ende der Tagesetappe nach, um damit zum Campingplatz zu gelangen.

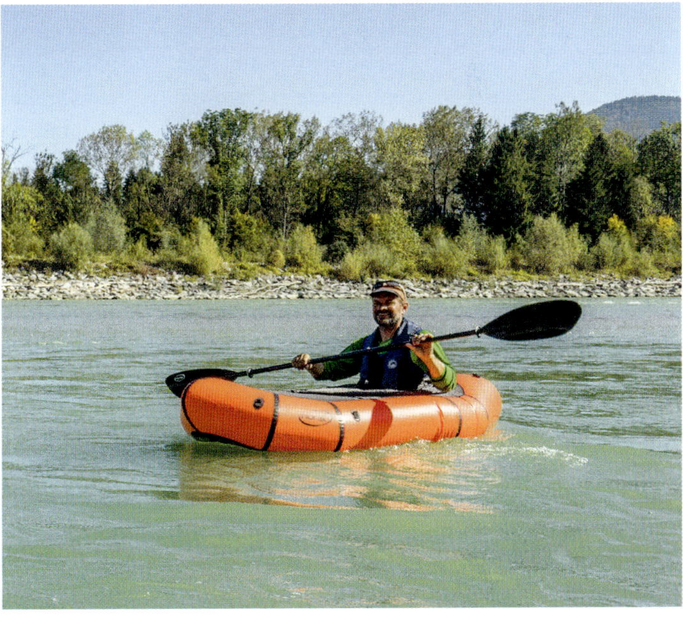

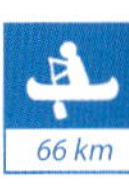

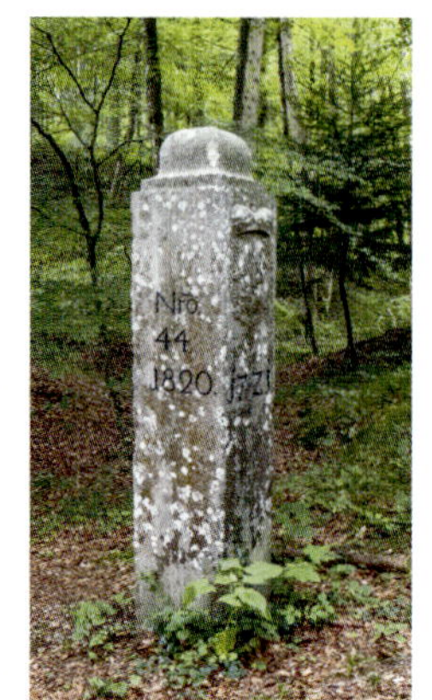


Bei der Weiterfahrt erwartet mich hinter Tittmoning ein landschaftlich sehr schönes Waldtal. Hier versteckt sich etwa 50 Meter hinter der 21,4-km-Tafel am linken Ufer ein Kleinod im Wald: Ein ***historischer Grenzstein*** zwischen Salzburg und Bayern von 1721.

Nicht zu übersehen ist dagegen bald darauf auf dem Hochufer das ehemalige ***Zisterzienser-Kloster* Raitenhaslach** mit seiner prachtvoll ausgeschmückten Kirche. *Die romanische Pfeilerbasilika aus dem 12. Jahrhundert wurde Ende des 17. Jahrhunderts barock umgestaltet und erhielt dann von 1735-1743 einen Rokoko-Umbau mit prächtigen Deckenfresken, die Szenen aus dem Leben des hl. Bernhard von Clairvaux zeigen.* Zur Besichtigung lege ich an der Treppe bei Flusskilometer 16,8 am linken Ufer an und finde einige Meter salzachabwärts einen steil den Hang hinaufführenden Pfad zum Kloster. Nach dem Aufstieg und dem Rundgang schmeckt die Brotzeit im Garten des schönen *Klostergasthofs* besonders gut.

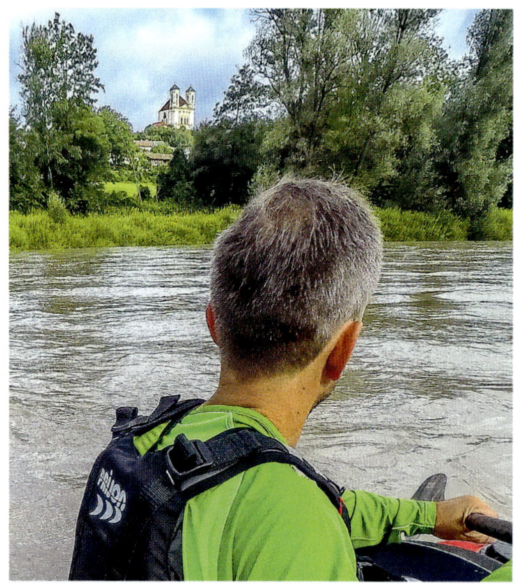

*Die Wallfahrtskirche Marienberg thront am Ufer*

Zurück im Kajak lässt die nächste Sehenswürdigkeit nicht lange auf sich warten und bald thront die barocke ***Wallfahrtskirche* Marienberg** aus der Mitte des 18. Jahrhunderts über dem linken Ufer. Eine gute Möglichkeit für einen kurzen Spaziergang dorthin bietet sich von der Steintreppe am *Gasthaus Tiefenau* am linken Ufer. *Auf dem Fußweg links vom Gasthaus folgt man der Moosbrunner Straße nach links bis zur Pulvermühlstraße. In diese biegt man nach rechts ein, überquert die Bundesstraße 20 und gelangt auf einem steilen Fußweg zur Kirche.* Nach dem etwa 40-minütigen Hin- und Rückweg kann man sich im paddlerfreundlichen *Gasthaus Tiefenau* bei deftiger Küche oder selbstgebackenem Kuchen stärken.

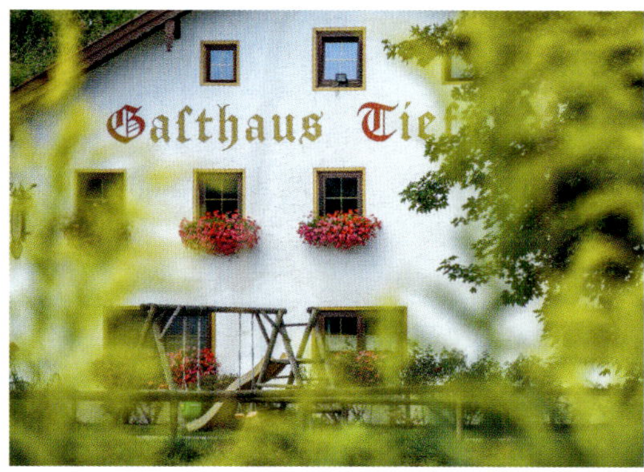


Anschließend ist es nicht mehr weit bis **Burghausen**, das sich schon lange im Voraus durch die alles überragende und weltlängste Burganlage ankündigt. *Hoch über der Altstadt, die zeitweise Regierungssitz der Wittelsbacher war, thront die mächtige Burg mit einer Längsausdehnung von über einem Kilometer. Die wirtschaftliche Blüte begann im 14. Jahrhundert, als Kaiser Ludwig der Bayer der Stadt das Privileg zum Salzumladen zusagte. Zeuge dieser Zeit ist die bis heute erhaltene mittelalterliche Altstadt mit einem prächtigen Stadtplatz. Hauptattraktion ist aber ohne Zweifel die sechsteilige Burg mit innerem Burghof und fünf Vorhöfen, die wehrhaft auf dem auf drei Seiten steil abfallenden Bergsporn errichtet wurde. In den Räumen der Hauptburg*

66 km

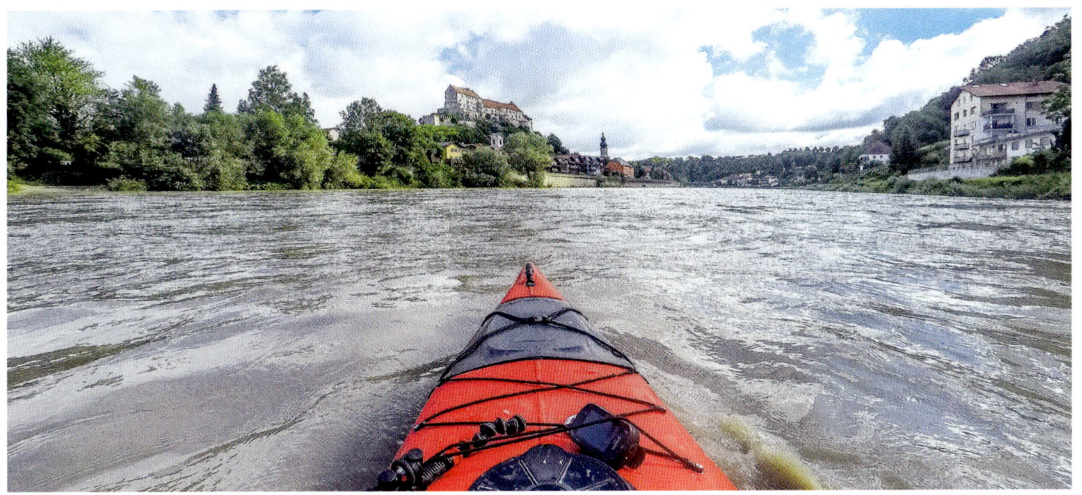

*Burghausen mit seiner sechsteiligen und weltlängsten Burg ist schon von weitem gut auszumachen*

*aus dem 13. Jahrhundert zeigt eine Zweigstelle der Bayerischen Staatsgemäldesammlung Tafelbilder aus der Spätgotik. Ferner gibt es am Eingang zur Burg ein Fotomuseum, das sich der Entwicklung der Fotografie widmet, über eine umfangreiche Apparatesammlung verfügt und zeitgenössische Fotografien präsentiert sowie ein Heimatmuseum im inneren Burghof.*

Eine gute Anlegestelle für den Stadtbesuch finde ich hinter der zweiten Brücke, wo man an einer Rampe beim Kurfürst-Maximilian-Gymnasium am linken Ufer das Kajak gut an Land ziehen kann.

Auch wenn **Burghausen** oft als Endpunkt der Salzachfahrt gewählt wird, ist die verbleibende Strecke durchaus reizvoll, denn hinter Burghausen hat sich die Salzach durch eine etwa zwei Kilometer lange, imposante ***Konglomeratschlucht*** mit steil aufragenden Felswänden gegraben. Die Durchfahrt ist fahrtechnisch

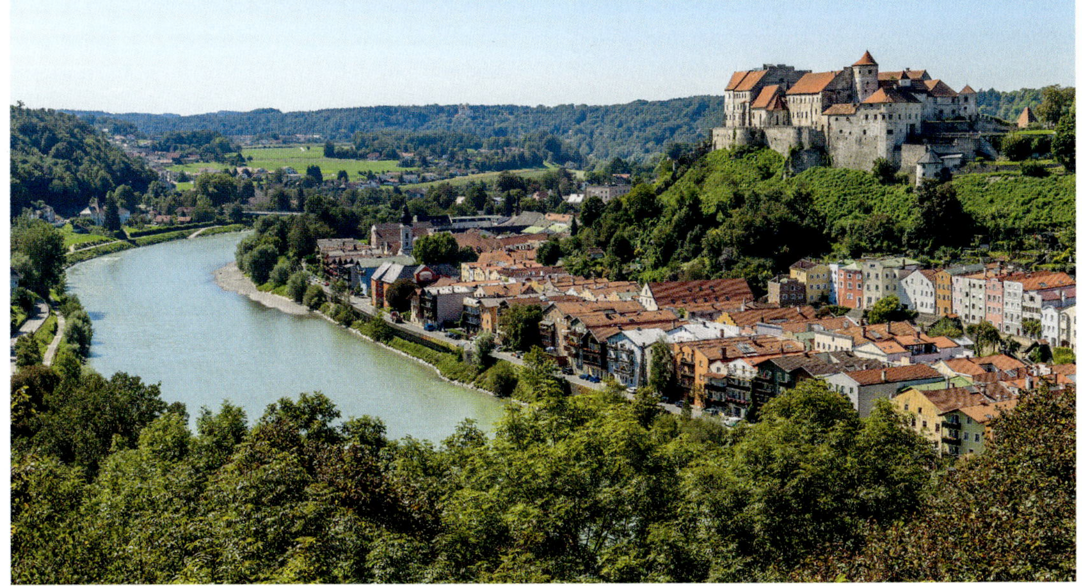

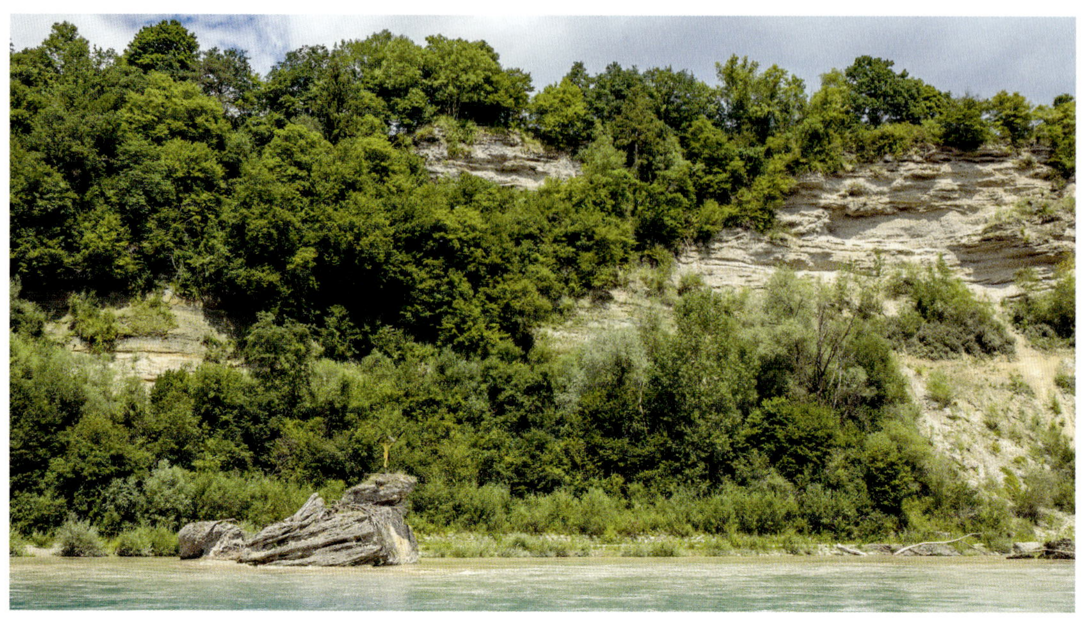

*Flussmittig lässt sich die Schlucht hinter Burghausen gut passieren*

unproblematisch, nur die Uferbereiche direkt unter den Konglomeratwänden sollte man aufgrund von ***Steinschlag- und Felsrutschgefahr*** meiden. In den zahlreichen Höhlen des an Waschbeton erinnernden Nagelfluh nisten viele Vögel. Am Ende der Schluchtstrecke wartet eine ***Felsbarriere*** im Fluss, an der je nach Wasserstand mehr oder weniger große Wellen und Verwirbelungen auftreten; auf der linken Flussseite kommt man aber eigentlich immer gut und ohne Probleme durch.

Nächster Wegposten sind die Anlagen des Stammwerkes der Wacker-Chemie hoch oben auf dem linken Ufer. *Es ist mit ca. 10.000 Beschäftigten Bayerns größter Chemiestandort und bildet mit weiteren Firmen wie OMV oder Linde AG das „Bayerische Chemiedreieck", das der Region zwischen Inn und Salzach zur heutigen Prosperität verhilft.*

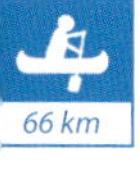


Die Salzach fließt breit und ruhig dahin und die nachlassende Strömung ist dem Rückstau des Inn-Kraftwerkes bei Simbach geschuldet.

Vor mir liegt jetzt das ***Naturschutzgebiet „Vogelfreistätte Salzachmündung"*** mit unberührten Auwäldern. Der ***„Innspitz"***, wie der Zusammenfluss von ***Inn*** und ***Salzach*** genannt wird, bietet mit seinen Wasserflächen, Schlickbänken und Inseln für die zahlreichen Zug- und Wasservögel ideale Lebensräume.

***Sowohl die Befahrung der Altwasserarme und des Uferbereiches, als auch das Betreten der Ufer und Kiesbänke ist verboten.***

Hier mündet die ***Salzach*** bei km 68,5 in den Inn auf dem ich nun weiter bis zur ***Staustufe Simbach*** paddel. Auf diesen letzten rund sieben Inn-Kilometern muss ich gefühlt mehr paddeln als auf der gesamten Salzachtour, denn Strömung ist nun absolute Fehlanzeige. An der mächtigen ***Staufstufe*** bieten sowohl das deutsche Ufer mit **Kirchdorf a.Inn** *(Waldsee)*, wie auch das österreichische Ufer mit **Ranshofen** eine gute Möglichkeit die Tour zu beenden.

Alternativ kann man das ***Wehr*** auch umtragen, vorzugsweise am österreichischen Ufer weil dort ein Bootswagen bereitsteht, und die Fahrt bis **Braunau am Inn** fortsetzen. Eine gute Ausstiegstelle findet sich dort an der ***Enknachmündung***. Nur wenige Schritte sind es dann in die gotische Altstadt und bis zum Bahnhof, von wo es zurück nach Freilassing geht.

# Chiemsee West & Alz

*Vom Chiemsee nach Altenmarkt*

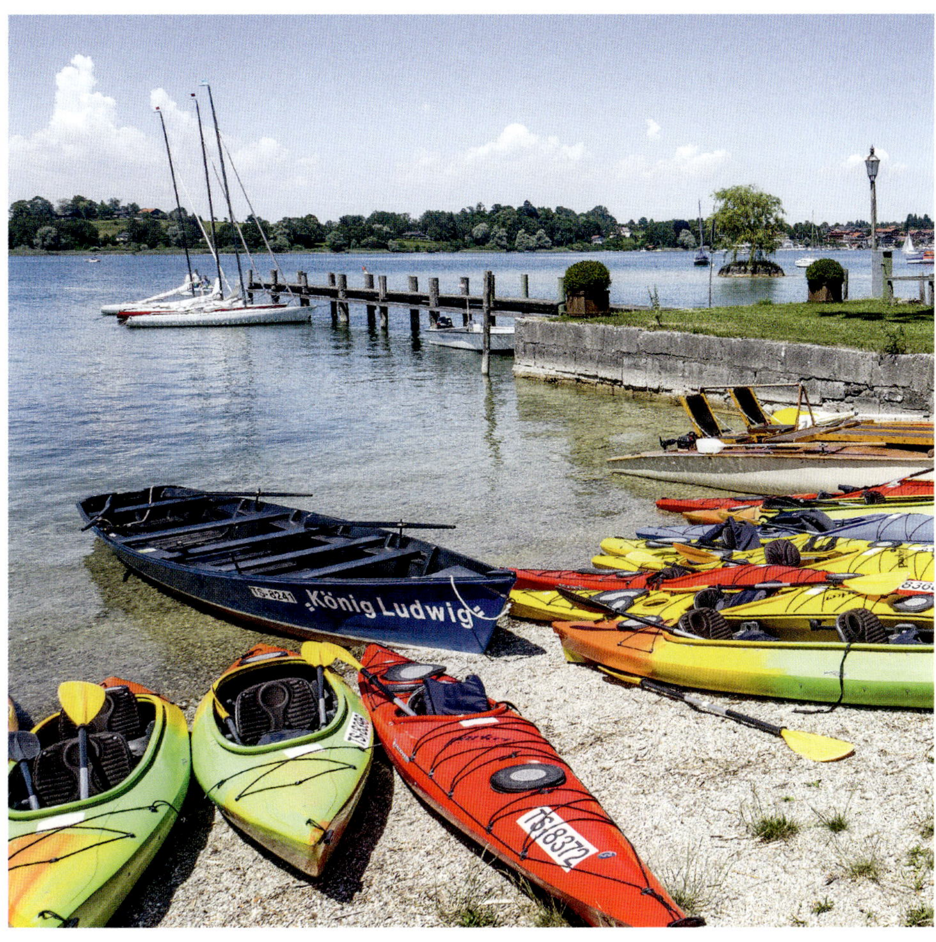


Tour 16

## Tour-Infos Chiemsee & Alz

Aktivitäten
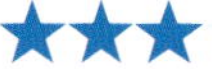

Natur

Kultur

Baden

Hindernisse

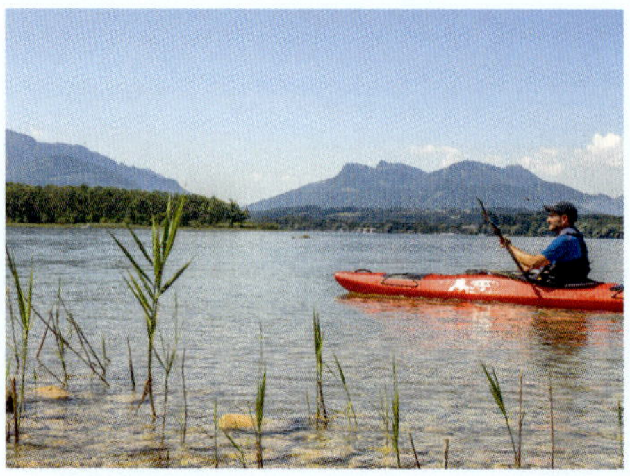

### Charakter der Tour

Das „Bayerische Meer", wie der **Chiemsee** oft genannt wird, ist mit 14 Kilometern Länge, zehn Kilometern Breite und einer Fläche von über 80 Quadratkilometern der größte See Bayerns. Er begeistert aber nicht nur wegen seiner Größe und seiner wildromantischen Ufer, sondern vor allem durch die herrliche Lage am Fuß der Alpen. Wie bei allen großen Gewässern ist der Schwierigkeitsgrad einer Paddeltour stark wetterabhängig und bei Wind oder Gewitter heißt es aufgepasst, denn schnell entwickeln sich meterhohe Wellen.

Rund um den Chiemsee sind zwölf **Sturmwarnleuchten** aufgestellt, die bei aufziehendem Sturm eingeschaltet werden. Aber schon bei schlechtem Wetter und nicht erst bei Sturmwarnung gilt: **Nur in Ufernähe und nie ohne Schwimmweste paddeln!**

Bei Seebruck fließt die **Alz** aus dem Chiemsee und ist bis Altenmarkt ein herrlicher Wanderfluss, zuerst in einer offenen Wiesenlandschaft, ab Truchtlaching in einem Moränendurchbruchsgebiet. Im zweiten Teil ist die Strömung etwas lebhafter, einige kleinere Schwälle sorgen für spritzige Einlagen und es ist mit dem ein oder anderen Baumhindernis zu rechnen. Die Strecke ist daher nicht unbedingt für eine allererste Kanutour zu empfehlen.

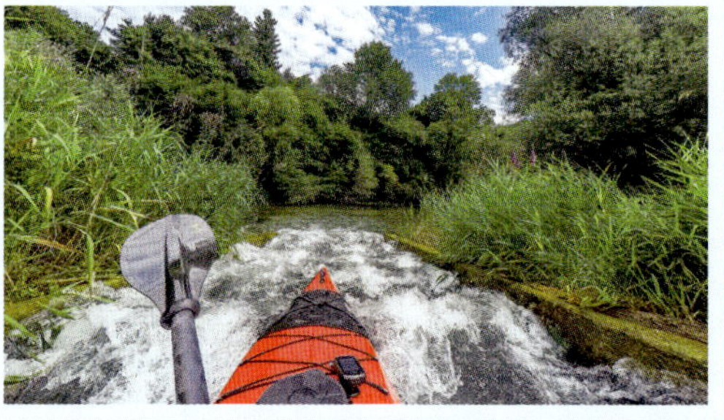

**Länge & Dauer der Tour:** 28 & 17 km, 2 Tagestouren
**Schwierigkeit:** Leicht bis mittel, Vorsicht bei Sturm auf dem Chiemsee!

**Umtragestellen:** Die Alz ist mit **zwei Wehren** verbaut. Das erste Wehr in Truchtlaching kann über eine ***Bootsrutsche*** befahren werden, das zweite Wehr in Höllthal muss kurz ***umtragen*** werden.

**Etappenvorschlag 2-Tagestour:**

**1. Tag:** Auf dem Chiemsee von Seebruck über Frauen- & Herreninsel nach Prien und zurück (28 km) (komplette Umrundung des Chiemsees 60 km)

**2. Tag:** Auf der Alz von Seebruck nach Altenmarkt (17 km)

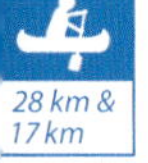


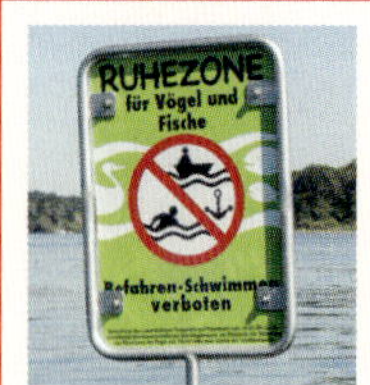


**Befahrungsregelungen**

**Chiemsee:** Entlang der Schilfufer von Herren- und Fraueninsel sind Schutzzonen ausgewiesen, die nicht befahren werden dürfen.

Die **Befahrung** der **Alz** ist vom **1.1. bis 30.6. verboten.** Befahrung nur 1.7.-31.12.!

Die **Ischler Schlinge** (linker Alzarm von km 58,3 - km 57,3) **darf ganzjährig nicht befahren** werden.

**Anreise:** Autobahn A8 München – Salzburg, *Ausfahrt 109-Grabenstätt*, dann Richtung Traunreut / Chieming und auf der Landstraße weiter nach **Seebruck**.

**Einsetzen & Parken:** Am Strand vor dem Campingplatz in **Seebruck** *(Ecke Traunsteiner Straße / Trostberger Straße)*. Die Tour auf der Alz kann man auf dem Parkplatz nach dem Seeabfluss bei der Minigolfanlage starten *(Haushoferstraße, 83358 Seeon-Seebruck)*. Beide Parkplätze in Seebruck sind gebührenpflichtig.

**Aussetzstelle Alz:** Parkplatz vor dem Wehr des Elektrizitätswerkes Laufenau in **Altenmarkt an der Alz / Thalham** *(Zufahrt über B 304 Wasserburger Straße und Seeoner Straße)*.

**Zurück zum Pkw:** Am besten mit Rad oder zweitem Pkw. Mit dem Bus umständlich und zeitaufwändig, da eine Fahrt über Traunstein erforderlich ist *(keine direkte Busverbindung zwischen Altenmarkt und Seebruck)*.

**Kartenmaterial & Literatur-Tipps:**

**ADFC-Regionalkarte Chiemgau**, Maßstab: 1:75.000, BVA Bielefelder Verlag.

Reise Know-How Reiseführer: **„Chiemgau“ | „Oberbayern“.**

Reiseführer im Michael Müller Verlag: **„Oberbayerische Seen“ | „Oberbayern: Bayerns Süden“.**

**Chiemsee: Berge und Seen zwischen Rosenheim und Salzburg.** 55 Touren, Rother Wanderführer.

**Mit Kindern im Chiemgau:** 42 Wander- & Entdeckertouren zwischen Bergen & See, Naturzeit Reiseverlag.

**Auf den Spuren des Inn-Chiemsee-Gletschers,** 14 Gelände-Exkursionen, die meist als Fahrradrundwege angelegt sind, *Robert Darga, Johann Franz Wierer,* Pfeil Verlag.

**Glücksorte am Chiemsee,** Fahr hin und werd glücklich, *Andrea und Harald Hesse,* Droste Verlag.

Oberbayern Krimis im Emons Verlag: **„Der Teufel vom Chiemsee“ | „Tod am Chiemsee“ | „Mord auf Frauenchiemsee“ | „Chiemsee-Verschwörung“ | „Der Pate vom Chiemsee“ u.v.m.**

**„Chiemsee Blues, Hattinger und die kalte Hand“,** *Thomas Bogenberger,* Pendragon Verlag.

**„Gschicht'n vom bayerischen Meer“,** *Heinz von Wilk,* Chiemgauer Verlagshaus.

**„Weitlings Sommerfrische“** (Roman), *Sten Nadolny,* Piper Verlag.

**Übernachtung in Wassernähe** (in der Reihenfolge des Tourenverlaufs):

**Arlaching (OT v. Chieming):**
***Campingplatz Kupferschmiede***
Trostberger Str. 4
Tel. (08667) 446
www.camping-kupferschmiede.de

**Seeon-Seebruck:**
***SeeHotel Wassermann***
Ludwig-Thoma-Str. 1
Tel. (08667) 87 10
www.chiemsee-hotel-wassermann.de

**Gstadt:**
***Landgasthof Schalchenhof***
Schalchen 1 (250 m v. Wasser)
Tel. (08054) 230
www.schalchenhof.de

**Fraueninsel:**
***Hotel-Restaurant Inselwirt***
(hochpreisig)
Frauenchiemsee 43 A
Tel. (08054) 630
www.inselwirt.de

**Prien:**
***Panoramacamping Harras***
Harrasser Str. 135
Tel. (08051) 90 46 13
www.camping-harras.de

**Truchtlaching:**
***Gasthaus zum Neuwirt***
Seeoner Str. 3
Tel. (08667) 288

***Ferienhof „Beim Appertinger“***
Apperting 2
Tel. (08667) 954
www.beim-appertinger.de

**Höllthal:**
Höllthal-Mühle
(FeWo auf dem Bauernhof)
Höllthal 1
Tel. (08621) 74 93
www.chiemsee-urlaub.com

**Altenmarkt:**
Angermühle Landgasthof
Angermühle 1
Tel. (08621) 984 70
www.angermuehle-landgasthof.de

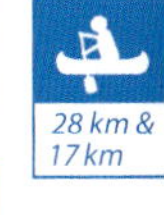
28 km & 17 km

**Kanu- & Sup-Vermieter**

**Gstadt am Chiemsee:**
***Chiemsee-Surfcenter Gstadt***
Am Strandbad Hofanger *(ab Mai)*
Tel. 0171-546 07 55
www.chiemsee-surfcenter.de

**Seebruck & Bernau-Felden:**
***Kajakverleih Kaufmann***
*Seebruck (Alz) nur 1.7.-30.9. und nur bis Truchtlaching*
Tel. (08051) 77 77
www.chiemsee-kaufmann.de

**Übersee am Chiemsee:**
***Parker Outdoor***
Julius-Exter-Promenade 23
Tel. 0176-20 59 96 50 und
Tel. (0642) 595 56 50
www.parkeroutdoor.com

## Sehenswertes am Chiemsee & an der Alz

**Seeon:** *Klosteranlage Seeon* mit Kreuzgang, *Klosterkirche* und *Abtskapelle St. Nikolaus.*

**Seebruck:** *Römermuseum Bedaium* mit Funden aus der Gegend (Tel. (08667) 75 03, Di-Sa 10-12 + 14-16, www.roemermuseum-bedaium.byseum.de); *Archäologischer Rundweg* (ca. 23 km, Wanderung od. Radtour).

**Gollenshausen:** *Pfarrkirche St. Simon und Judas* (1313).

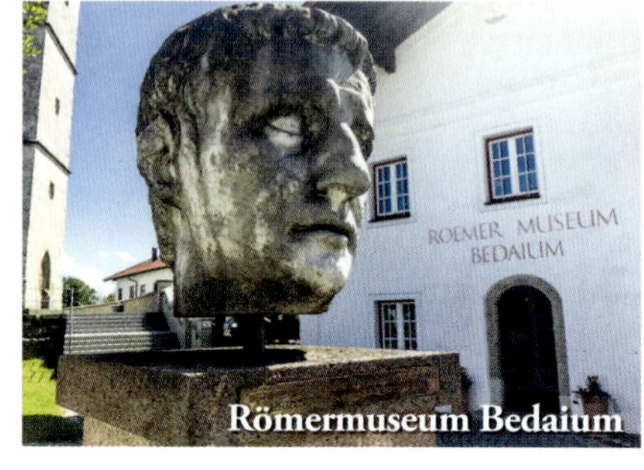

Römermuseum Bedaium

**Gstadt:** Romanische *Filialkirche St. Petrus* (9. / 15.Jh.).

**Herrenchiemsee:** *Neues Schloss Herrenchiemsee* (1878-1885); *Schlossgarten* mit Wasserspielen; *König-Ludwig-II-Museum; Augustiner-Chorherrenstift* (Altes Schloss, 1642-1731) mit *Museum* und *Gemäldegalerien*; *Pfarrkirche St. Maria* (17. Jh.) mit *barocker Orgel* von 1668; www.herrenchiemsee.de

**Frauenchiemsee:** Benediktinerinnen-Abtei Kloster *Frauenwörth* (11. Jh.) mit freistehendem *Glockenturm* (12. Jh.) und *karolingischer Torhalle* (eines der ältesten erhaltenen Gebäude Bayerns); *1.000 Jahre alte Linden* im Inselzentrum; *Insel-Töpferei* seit 1609 (www.inseltoepferei.de).

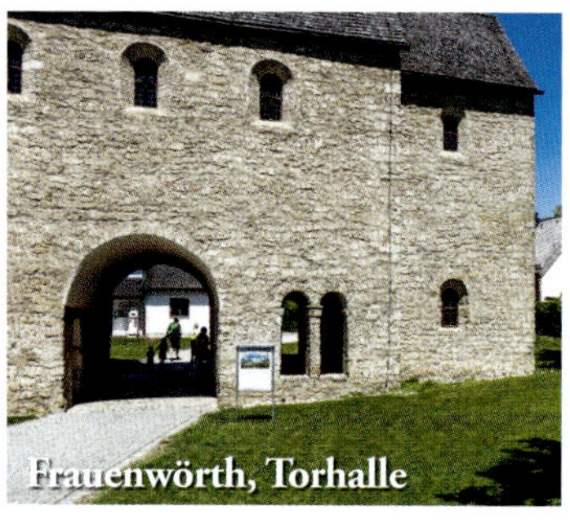
Frauenwörth, Torhalle

**Prien:** *Rokoko-Pfarrkirche Mariä Himmelfahrt* (1732-1739) mit monumentalem *Deckengemälde*; *Heimatmuseum* im historischen Handwerkerhaus Mayerpaul-Hof (1837) mit 24 Räumen, *Bauerngarten* und *„Historische Galerie der Chiemseemaler"* (Apr-Okt, Di-So 14-17, www.kultur-prien.de); *Chiemseebahn* von 1878 (www.chiemsee-schifffahrt.de).

**Truchtlaching:** *Gotische Pfarrkirche Johannes der Täufer* (1435, 1956 nach Westen erweitert).

**Altenmarkt an der Alz:** *Augustiner-Chorherrenstift Baumburg* mit barocker *Kirche Sankt Margaretha* (1745-1756 über den romanischen Überresten einer Vorgängerkirche errichtet).

## Weitere Aktivitäten rund um den Chiemsee & die Alz

**Radfahren:**

Rundtour auf dem ***Chiemsee-Uferweg*** (ca. 60 km) wechselnd über Panoramawege und wenig befahrene Straßen. Bei Bedarf kann die Tour verkürzt und Teilabschnitte mit dem Bus/Schiff zurückgelegt werden.

***Rundtour*** von **Prien *zur Kampenwand*** und über **Bernau** zurück (ca. 35 km).

In den ***Chiemgauer Alpen*** zahlreiche schöne Mountainbiketouren.

**Fahrradvermieter,** alle auch e-Bikes:

***Chiemsee Kaufmann***: **Seebruck:** Haushoferstr. 1, **Prien a. Chiemsee:** Osternacher Str. 120, **Chieming:** Bei den Bädern 1, **Bernau-Felden:** Rasthausstr. 23, alle Tel. (08051) 77 77, www.chiemsee-kaufmann.de

**Prien: *Fahrradhaus Prien***, Hallwanger Str. 22, Tel. (08051) 59 34, www.fahrradhaus-prien.de
***Cube Store (nur e-Bikes)***, Lujo-Brentano-Str. 1-3, Tel. (08051) 963 57 73, www.cube-store-chiemsee.de

**Seebruck: *Bikes and More,*** Am Seefeld 4, Tel. (08667) 87 68 55, www.bikes-and-more.net

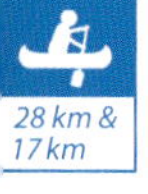
28 km & 17 km

Tipp: Der Bus ***Chiemseeringlinie*** mit Fahrrad-Anhänger shuttelt von Mai-Okt Radfahrer bequem zum Ausgangs- oder Zielpunkt. Auf den ***Chiemsee-Schiffen*** kostet ein Fahrrad nur 4 Euro Aufpreis.

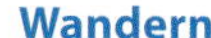

**Wandern:**

Markierte ***Wanderwege*** in den ***Chiemgauer Alpen*** von Alm zu Alm.

***Rund um Herrenchiemsee,*** Inselrundweg mit tollen See- & Bergblicken, 9 km, 3:30 Std.

**Prien: *Rundweg durchs „Harrasser Moor"*** mit traumhaften Blicken auf die ***Kampenwand*** (10 km, 2:50 Std.)

**Ab Seeon: *See- & Moorrundweg*** (ca. 9 km), im ***NSG Seeoner Seenplatte*** (ca. 6,5 km), zur ***Alzschleife*** (ca. 12,5 km).

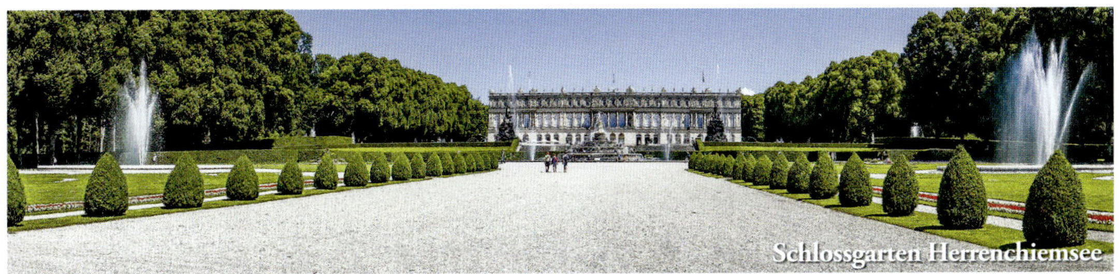
Schlossgarten Herrenchiemsee

**Wassersport:** Rund um den Chiemsee gibt es diverse Surf- und Segelschulen sowie Bootsvermieter, die vom SUP- oder Surfbrett bis zur Yacht alles im Angebot haben. Der Münchner Veranstalter „***Die Waldmeister***" bieten Kanutouren für Gruppen auf der Alz an (www.dieWaldmeister-muenchen.de).

**Rafting auf der Tiroler Achen:**
**Schleching** (südlich vom Chiemsee): ***Sport Lukas,*** Hauptstr. 3, Tel. +49 (0)8649 243, www.sportlukas.de

**Klettersteige:** Schöne Klettersteige in den ***Chiemgauer*** und ***Berchtesgadener Alpen*** in den unterschiedlichsten Schwierigkeitsgraden.

***Kletterwald Prien*** (Hochseilgarten), Harrasser Str. 39, Tel. (08071) 103 51 50, www.kletterwald-prien.de

**Schwimmbad mit Sauna:**
***Erlebnisbad Prienavera*** in Prien, tgl. 10-21, Tel. (08051) 60 95 70, www.prienavera.de

**Angeln:** Bei Vorlage eines Angelscheins kann man am Chiemsee einen Fischerei-Erlaubnisschein erwerben. **Brachse, Aal, Hecht, Wels, Seesaibling, Seeforelle, Barsch, Zander, Renke** können gefangen werden.

**Angelkarten: Seebruck**, Tel. (08667) 71 39; **Chieming**, Tel. (08664) 444; **Frauenchiemsee**, Tel. (08054) 603; **Gstadt**, Tel. (08054) 442; **Prien**, Tel. (08051) 690 50; **Truchtlaching**, Tel. (08667) 288.

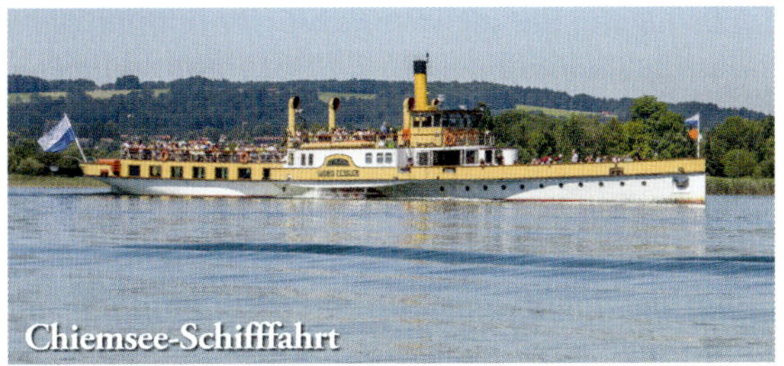
Chiemsee-Schifffahrt

**Fahrgastschifffahrt:** Ganzjährig verkehrt die ***Chiemsee-Schifffahrt*** mit Linienschiffen auf verschiedenen Strecken: ***Pendelverkehr*** *(Inseltour West)* von **Prien** über die **Inseln** nach **Gstadt** und zurück. „***Große Chiemseetour***" von **Prien** über die **Inseln** und **Seebruck** nach **Chieming.** Von **Übersee-Feldwies** zur **Frauen-** und **Herreninsel**.
***Chiemsee-Schifffahrt,*** Seestr. 108, Prien,
Tel. (08051) 60 90, www.chiemsee-schifffahrt.de

**Bergbahnen südlich vom Chiemsee:**
***Bergener Hochfelln-Seilbahnen*** in **Bergen**, Tel. (08662) 85 11, www.hochfellnseilbahn.de
***Hochplattenbahn*** in **Marquartstein**, Tel. (08641) 69 95 59 od. 7216, www.hochplattenbahn.de
***Kampenwandbahn*** in **Aschau**, Tel. (08052) 44 11, www.kampenwand.de
***Hochriesbahn Samerberg*** in **Samerberg-Grainbach**, Tel. (08032) 975 50, www.hochriesbahn.de

**Auskunft & Tourist-Infos**
**Bernau:** ***Chiemsee-Alpenland Tourismus,*** Felden 10, Tel. (08051) 96 55 50, www.chiemsee-alpenland.de
***Tourist-Info*** **Gstadt am Chiemsee**, Seeplatz 5, Tel. (08054) 442, www.gstadt.de
***Tourist-Info*** **Prien**, Alte Rathausstraße 11, Tel. (08051) 690 50, www.tourismus.prien.de
***Tourist-Info*** **Seebruck**, Römerstr. 10, Tel. (08667) 71 39, www.seeon-seebruck.de/tourist-info
**Links:** www.chiemgau-tourismus.de www.chiemsee-inseln.de www.private-gastgeber.de

**Busfahrpläne:** ***Regionalverkehr Oberbayern***, Tel. (089) 55 16 40, www.dbregiobus-bayern.de

**Wasserwacht: Prien,** Tel. (08051) 23 54; **Seebruck,** Tel. (08667) 222; **Truchtlaching,** Tel. (08667) 14 99.

**Wind- und Wetteransage** (Mär-Nov): Tel. (08667) 80 92 93.

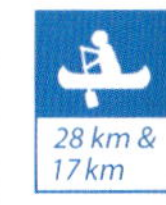
28 km & 17 km

# Chiemsee, das Westufer

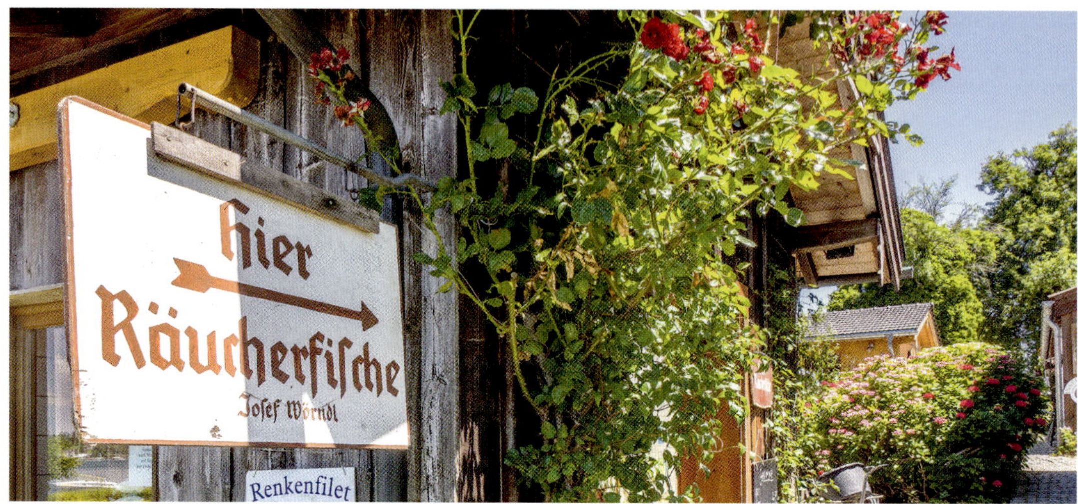


*Räucherfisch in allen Variationen ist die Spezialitätt der Fischer auf Frauenchiemsee*

Als Basislager für die Tour auf dem Chiemsee und der sich anschließenden Alz, habe ich mir **Seebruck** am Nordufer ausgesucht.

Schon bei der Anreise mit dem Auto kann das Panorama begeistern: Hinter den Hügeln des Alpenvorlands erheben sich die dunstigen Gipfel der deutschen und österreichischen Alpen. Die eiszeitlichen Gletscher formten im Chiemgau viele Becken, in denen nach der Eiszeit stimmungsvolle Seen entstanden – so auch der Chiemsee. Er ist nach dem Bodensee und der Müritz der drittgrößte See Deutschlands. Die Naturbeobachtungsstationen rund um den See bieten hervorragende Möglichkeiten mit Hilfe von Fernrohren und Schautafeln Spannendes über die Tier- und Pflanzenwelt zu erfahren.

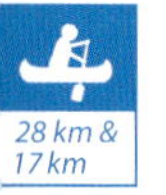


Vom *Campingplatz und Gasthaus „Kupferschmiede"* gelangt man durch einen Fußgängertunnel unter der Straße hindurch zum steinigen Strand.

Meine Tagesrundtour führt in südwestliche Richtung. Vorbei am Abfluss der ***Alz*** aus dem Chiemsee, sehe ich rechts von mir die Segelboote im kleinen geschützten Hafen von **Seebruck** in der leichten Brise schaukeln.

Am rechten Ufer passiere ich erst den *Camping Lambach*, dann den Anlegesteg des *Hotel-Landgasthofs Lambach* mit seiner großen *Badewiese*. *Die Geschichte der ehemaligen Posthalterei reicht zurück bis ins Jahr 1648. König Ludwig II. machte hier gerne Rast und Napoleon plante die Schlacht von Tittmoning.* Heute offerieren die Betreiber in dem von denkmalgeschützten Lüftlmalereien verzierten Gebäude Wellness-Urlaub und bayerische Küche.

Vorbei an **Gollenshausen** erreiche ich nach etwa acht Paddelkilometern **Gstadt am Chiemsee**. Neben dem Anleger der Chiemsee-Schiffe liegt ein außergewöhnliches Refugium mit herrlichem Panoramablick zur Fraueninsel und den dahinter aufragenden Alpen – der ***„Naturpark Hofanger"***. Der Natur-Erlebnis-Park mit Rosen- und Kräutergarten, „Kunst am Weg", Obstanger, Blumenwiese, Tierskulpturen und -gehege will alle Sinne ansprechen. Das *Strandbad* mit *Kiosk* sowie das pavillonartige *Restaurant* sorgen fürs leibliche Wohl.

*Gstadt bot schon 1168 den ersten „Touristen", damals noch Pilger, Gelegenheit zur kurzen Überfahrt auf die Fraueninsel.*

Etwas mehr als 600 Meter sind es nun von hier über die offene Wasserfläche des Chiemsees nach **Frauenchiemsee**, insbesondere von den Einheimischen fast immer Fraueninsel genannt. Die 15,5 Hektar große und autofreie Insel ist ganzjährig von Gstadt oder Prien auch mit dem Linienschiff zu erreichen.

Am Westufer finde ich neben dem Anleger der Chiemsee-Ausflugsschiffe eine gute Möglichkeit zum Anlanden auf dem 300-Einwohner-Eiland und schlendere durch das kleine Fischerdorf mit den schönen blumengeschmückten Vorgärten. Spezialität der Fischer von Frauenchiemsee ist der geräucherte Fisch in allen Variationen, der in den zahlreichen Biergärten auf den Tisch kommt.

*Dominiert wird die Insel von der altehrwürdigen Klosteranlage. Bereits im 8. Jahrhundert gründete Herzog Tassilo III. die Benediktinerabtei und nach Zerstörung durch die Ungarneinfälle erlebte sie zwischen dem 11. und 15. Jahrhundert eine Blütezeit. In der Klosterkirche bestaune ich Fresken aus romanischer Zeit und den nordwestlich der Kirche aus dem 12. Jahrhundert stammenden Glockenturm. Er ist, ebenso wie der älteste Hochbau Süddeutschlands, die karolingische Torhalle, ein Wahrzeichen des Chiemgaus. Nördlich der Klosterkirche liegen auf dem Inselfriedhof viele Künstler und Gelehrte begraben.*

Zurück im Boot, paddel ich vorbei an der unbewohnten ***Krautinsel.*** Hier grasen nur

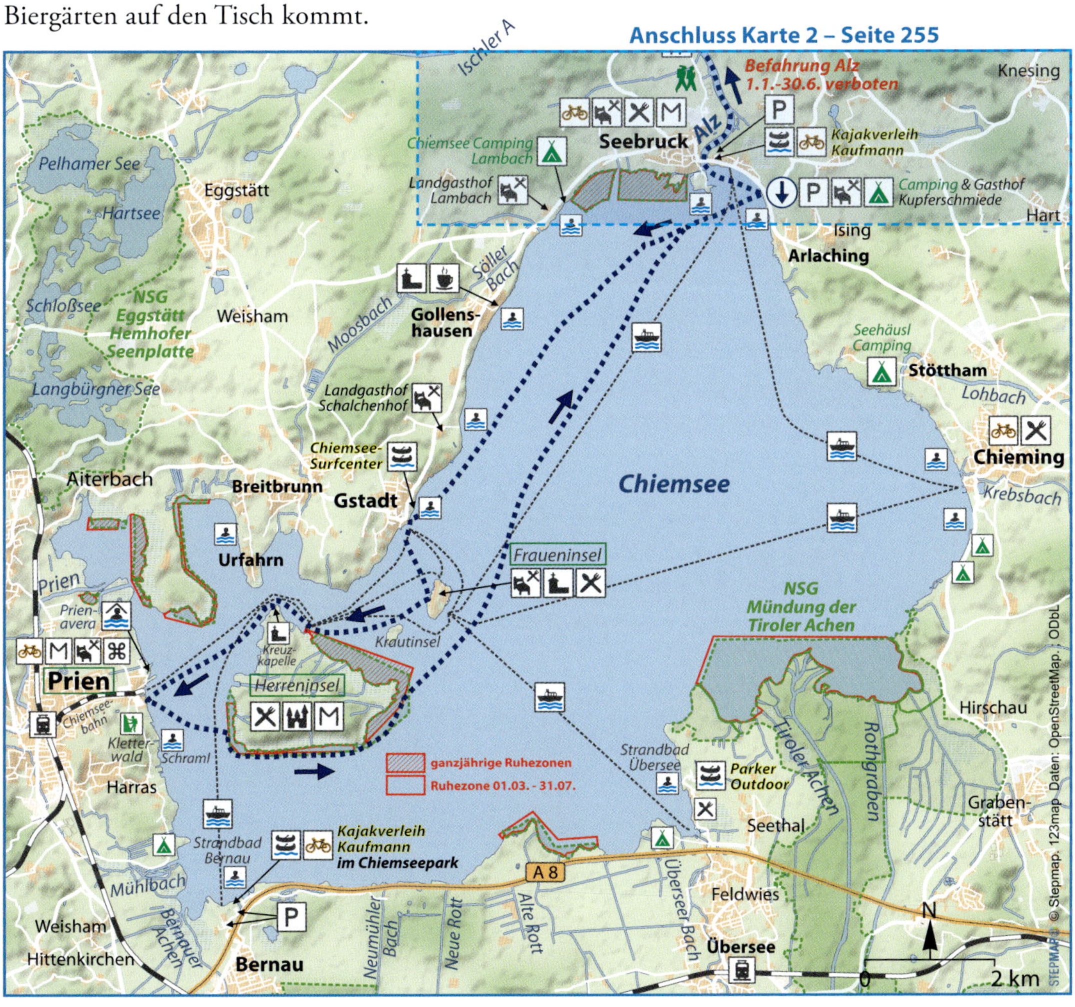

Anschluss Karte 2 – Seite 255

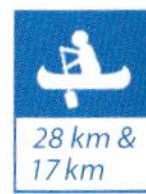

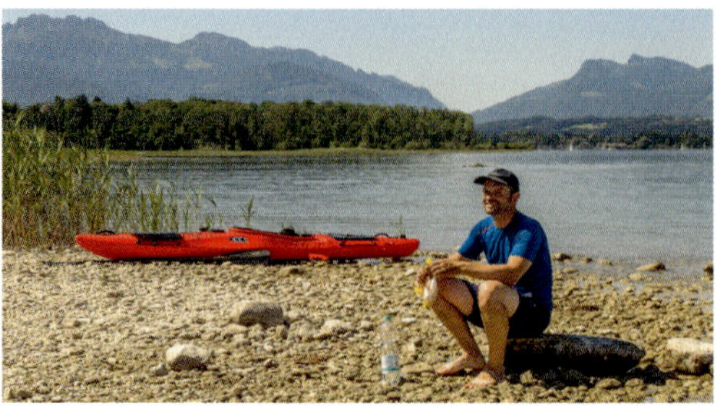

ein paar Kühe und wer Ruhe vor dem „Trubel" auf den beiden Hauptinseln sucht, ist sicherlich goldrichtig. *Ihren Namen erhielt die Insel, weil die Nonnen der Fraueninsel im Mittelalter dort ihre Gemüse- und Kräutergärten bewirtschafteten.*

Ich nehme Kurs auf den Nordwestzipfel der **Herreninsel**, der mit Abstand größten der drei Chiemsee-Inseln, und ziehe bei der ***Kreuzkapelle***, wo einige Stege aus dem Grün hervorragen, mein Kanu ans Ufer. Ein Anlegen an der Insel, von der Schlossverwaltung eigentlich nicht erlaubt, wird an dieser Stelle bei Einzelpaddlern jedoch geduldet.

*Mit ihren zwei Schlössern – dem in einem Landschaftspark liegendem Alten Schloss sowie dem Neuen Schloss des „Märchenkönigs" Ludwig II, dem Schloss in Versailles nachempfunden – ist sie noch bekannter als ihre kleine Schwester. Das Prunkschloss, auf der nur von wenigen Personen ganzjährig bewohnten Insel, wurde 1880 erbaut und ist mit dem Wasserspiel der Brunnen im Garten hübsch anzuschauen. Historisch bedeutsamer sind jedoch die Gebäude des ehemaligen Augustiner Chorherrenstiftes, dem Alten Schloss – 1948 tagte dort der Verfassungskonvent zur Ausarbeitung des Grundgesetzes für die Bundesrepublik Deutschland.*

Nach dem Inselspaziergang und einer Kaffeepause auf der schönen Panoramaterrasse der *Schlosswirtschaft* mit weitem Blick über den Chiemsee, klettere ich zurück ins Kajak. Vorbei an den tief eingeschnittenen Buchten nördlich der ***Herreninsel*** geht es, auf das gegenüberliegende **Prien** zuhaltend, zum Festland. Oberbayern wie im Bilderbuch – ist der erste Gedanke, der mir beim Anblick der hübschen, freskenverzierten Häuserfassaden vor der Kulisse der Alpengipfel in den Sinn kommt. Dazu passt dann ein Besuch des ***Heimatmuseums*** mit *Exponaten zur Chiemseefischerei, Handwerks- und religiöser Volkskunst sowie Chiemgauer Trachten.*

Nach dem umfangreichen Besichtigungsprogramm des Tages ist es spät geworden. Zum Glück sind die Wetterbedingungen ideal und der See liegt spiegelglatt vor mir. So trete ich die etwa 10 Kilometer lange Rückfahrt südlich an den Inseln vorbei nach **Seebruck** an.

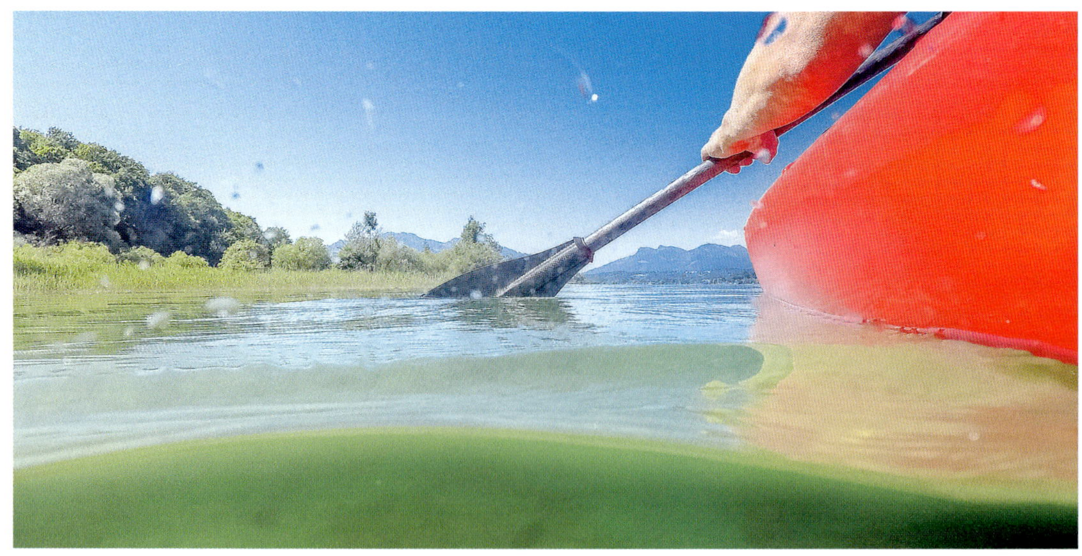

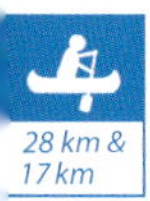

# Die Alz

Ausreichend Zeit für Besichtigungen habe ich heute auf meiner verhältnismäßig kurzen Tagesetappe auf der ***Alz***. Daher besuche ich zunächst das ***Römermuseum Bedaium*** in **Seebruck**, *das mit vielen Fundstücken wie Münzen, Glas, Keramik und Schmuckstücken an die römische Siedlung Bedaium aus dem Jahre 50 n. Chr. erinnert. Im Freigelände ist ein Teilstück der Ummauerung des spätantiken Kastells freigelegt.*

Dann geht es, die Brücke über die Alz hinter mir lassend, auf den ruhigen Fluss. Gemächlich windet er sich durch eine einsame, sanft gewellte Landschaft. Das Wasser ist so klar, dass ich bis auf den Grund schauen kann. Beim Blick zurück blitzen immer wieder die Gipfel der ***Chiemgauer Alpen*** hinter dem Schilfgürtel auf. In einer ausgeprägten Rechtskurve liegt links der *Karlshof*, ein familiärer Ferienhof in herrlich ruhiger Lage mit eigenem Badestrand an der Alz.

Plötzlich teilt sich der Fluss und Schilder leiten mich in den ***rechten Flussarm***, denn die ***Befahrung der Ischlinger Schlinge ist ganzjährig verboten.***

Bald taucht voraus über der gleißenden Wasseroberfläche die Silhouette des Pfarrdorfs **Truchtlaching** im Gegenlicht auf. *Große Hügelgräber zeugen von der frühen Besiedlung Truchtlachings; es waren die Kelten, die sich um 500 v. Chr. hier niederließen. Später beeinflussten die Römer den Ort, bevor die Lehensritter von Truchtlaching das Sagen hatten.*

Eine gute Möglichkeit für die Erkundung des Ortes mit seiner hübschen Kirche bietet linksufrig der Anleger vor der Straßenbrücke. Das kleine *Café* im *„Ladl"* an der Straße und der *Biergarten* des *Kiosks* am *Flussfreibad* locken zur Rast, am gegenüberliegenden Ufer lädt das *Gasthaus Neuwirt* zu Tisch, das sich mit seinen leckeren

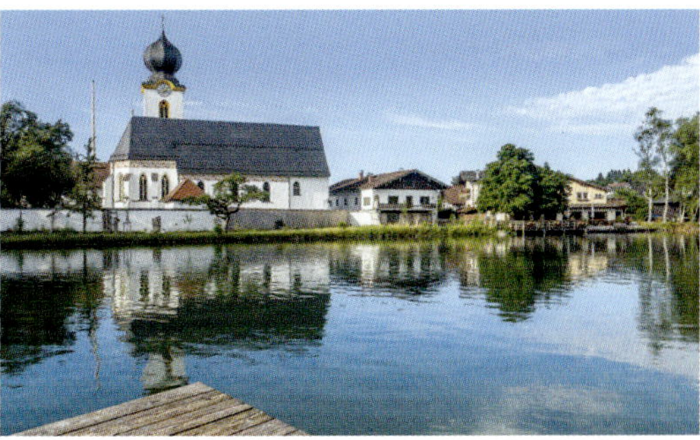

*Kirche St. Johannes der Täufer in Truchtlaching*

Forellen einen Namen gemacht hat. Wenige Schritte weiter gibt es im Ort auch einen kleinen *Supermarkt* und *Bäcker*.

Hinter der Brücke halte ich mich zunächst rechts, um den regen Badebetrieb im Freibad am linken Ufer nicht zu stören und erreiche etwa 400 Meter weiter das ***Wehr***, das über eine ***Bootsrutsche*** gut befahren werden kann. Die Einfahrt findet sich ***links der Insel*** zwischen den gut sichtbaren Holzpfosten.

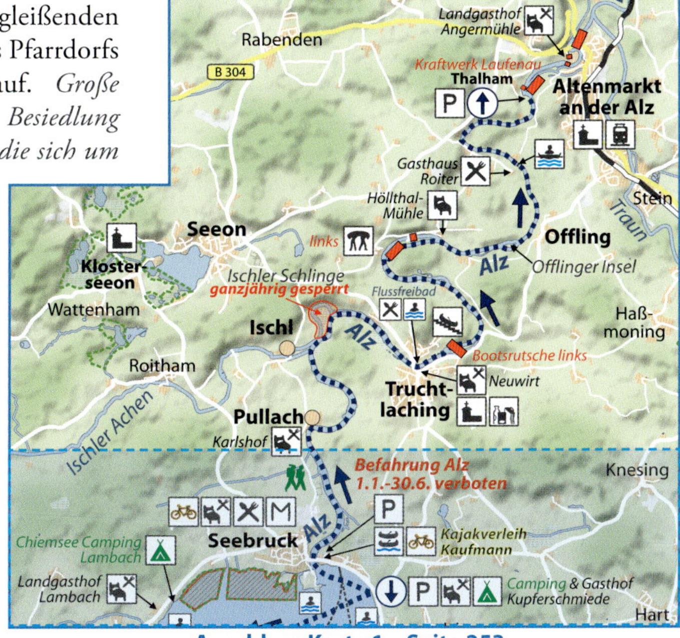


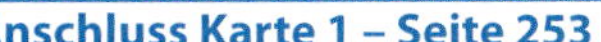
**Anschluss Karte 1 – Seite 253**

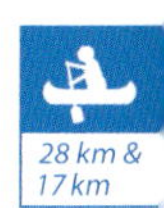

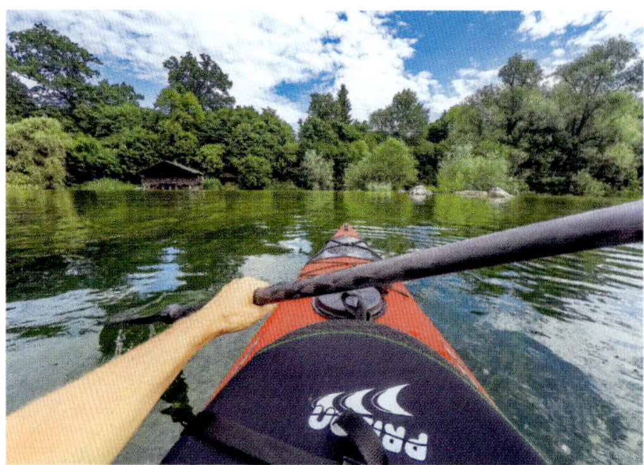

Hinter dem Wehr ist die Strömung zunächst flott, aber nicht reißend und das Flussbett breit genug, so dass ich den weit in den Fluss ragenden Ästen gut ausweichen kann, denn die Alz ändert nun ihren Charakter. Die Alpenkulisse ist aus dem Blickfeld verschwunden und statt Wiesen säumt Wald die Flussufer. Enten sind mit ihrer Gefiederpflege beschäftigt, irgendwo klopft ein Specht und vom Ufer beäugt mich misstrauisch ein nervöser Graureiher. Es ist erstaunlich einsam. Ich bin überrascht, dass außer mir keine Boote unterwegs sind, obwohl der Chiemsee touristisch so gut erschlossen ist. An Sommerwochenenden allerdings ist der Fluss öfter überlaufen!

In einer markanten Rechtskurve warnt ein Schild am Ufer ***„Achtung Wehr, hier übersetzen“***. Ich lege rechts, direkt daneben an und ziehe das Kajak kurz ins Unterwasser des ***Wehrs Höllthal***. Ein Hinweisschild warnt davor, die Gefahren des nun folgenden Flussabschnitts zu unterschätzen, auf denen es wohl schon mehrere schwere Unfälle gegeben hat.

Ohne den Moralapostel spielen zu wollen, verwundert das nicht, wenn man sieht, mit welchem Leichtsinn so mancher Freizeitkapitän unterwegs ist. „Gepaddelt“ wird dabei mit allem was schwimmt, egal ob Plastik-Badeboot, Autoreifen oder Luftmatratze und gerne auch mit einem Kasten Bier im Schlepptau. Ernsthafte Paddler jedenfalls sollten auf dem verbleibenden Abschnitt bis Altenmarkt paddeltechnisch nicht überfordert sein.

Die flotte Strömung trägt mich, vorbei an der ***Höllthal-Mühle***, einem weiteren kinderfreundlichen Ferien-Bauernhof, hin zur ***Offlinger Insel***, wo Richtungspfeile den richtigen Weg anzeigen. Bei Niedrigwasser kommt es allerdings zur ein oder anderen Grundberührung.

Nachdem sich alle Wasserarme wieder vereinigt haben, wird der Wasserstand besser und bald passiere ich eine ***Seilfähre,*** die traditionsreiche Alzfähre, an der ein Schild auf das 100 Meter hinter den Uferbäumen liegende *Gasthaus Roiter* hinweist. Seit Generationen ist es ein beliebtes Ausflugsziel an der Alz. Unter Schatten spendenden Obstbäumen werden die Gäste mit kalten und warmen Brotzeiten regionaler Bio-Produkte verköstigt.

Fast zu schnell kommt das Tourende – ein weißes Haus thront hoch über dem linken Ufer, schon markiert in der folgenden Linkskurve ein Schild den Ausstieg am linken Ufer vor dem ***Wehr*** in **Altenmarkt an der Alz**. Die starke Verbauung verhindert eine Fahrt durch das Stadtgebiet von Altenmarkt.

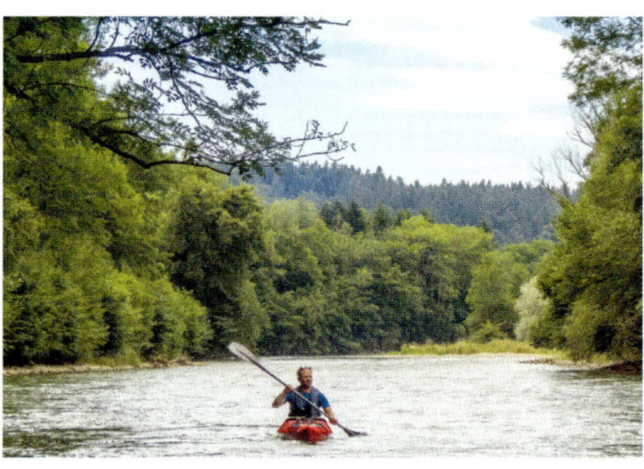

Eine Weiterfahrt auf der Alz bis zur Mündung in den Inn ist erst unterhalb der Altenmarker Wasserfälle möglich. Die Strecke führt durch schöne Voralpenlandschaft und hat dank einiger renaturierter Abschnitte durchaus ihre Reize. Allerdings reicht der Wasserstand in der Regel nur im Frühjahr für eine Befahrung aus und unterwegs warten einige paddeltechnische Herausforderungen, sodass diese Tour nur etwas für erfahrene Kanuten ist.

# Die Mittlere Isar

*Durch verträumte Auen nördlich von München*

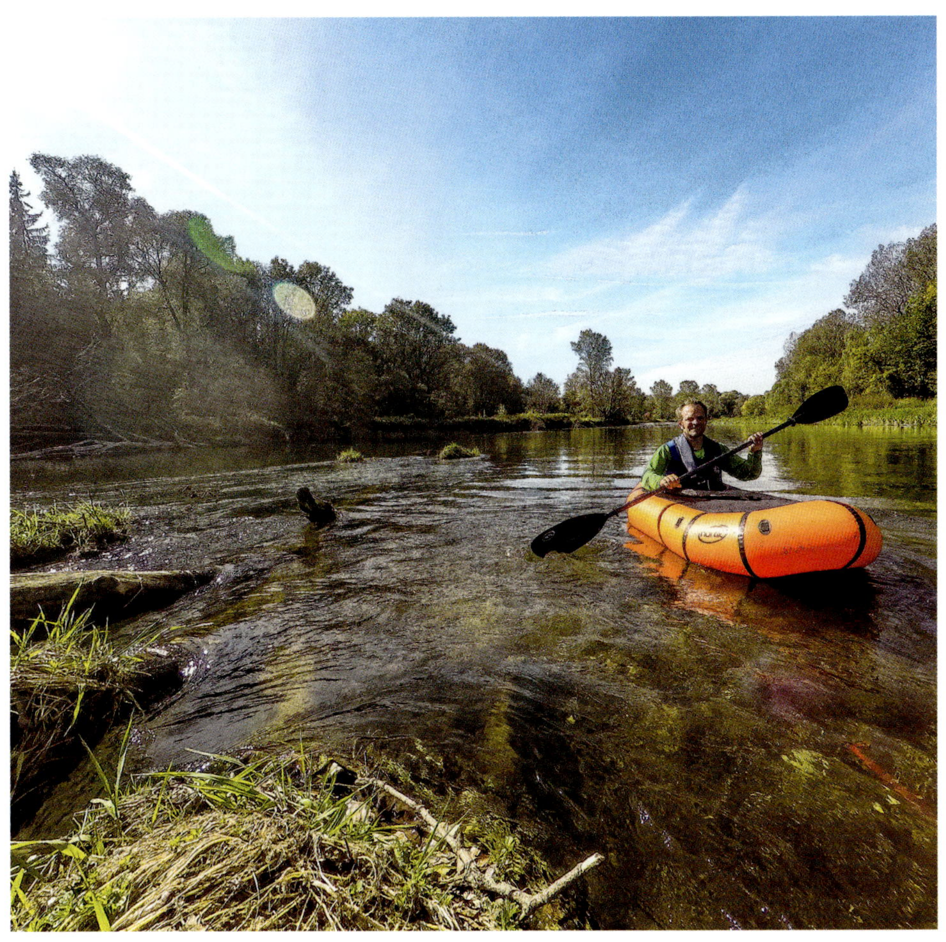

*Tour* 17

## Tour-Infos Mittlere Isar

| Aktivitäten | Natur | Kultur | Baden | Hindernisse |
|---|---|---|---|---|
|  |  |  |  | |

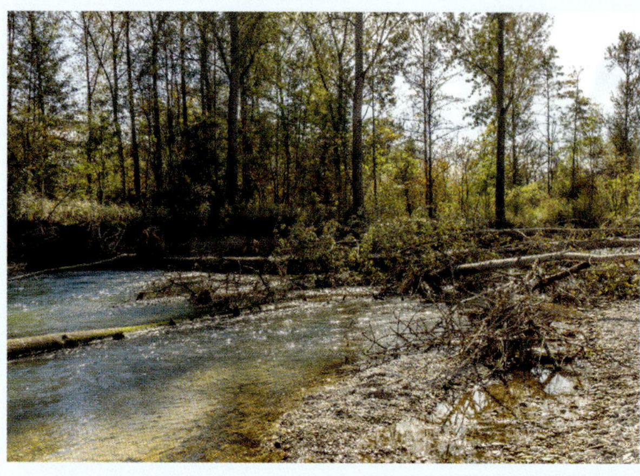

**Charakter der Tour**

Noch vor nicht allzu langer Zeit war die Mittlere Isar zwischen München und Landshut ein weißer Fleck auf der Paddlerlandkarte. Das hat sich geändert, seitdem die Bayernwerke auf massiven öffentlichen Druck wieder mehr Wasser einspeisen und der Flusslauf umfangreich renaturiert wurde. Nun darf die Isar wieder etwas mehr Wildfluss sein und sich ihr Flussbett selbst suchen.

Die Ufer werden von schönen Auenwäldern gesäumt, die Lebensraum für eine reiche Vogelwelt bieten. Flotte Strömung und enge Kurven mit spritzigen Kiesbanküberläufen versprechen eine abwechslungsreiche Tagestour.

Dabei ist der Abschnitt zwischen Freising und Moosburg bislang noch weitgehend unentdeckt und längst nicht so stark überlaufen,wie die Obere Isar südlich von München.

**Länge & Dauer der Tour:** 18 km, Tagestour **Schwierigkeit:** Mittel, für Anfänger eher nicht geeignet

**Umtragestellen:** Auf dem vorgestellten Abschnitt darf die Isar frei fließen.

Auf der gesamten Strecke, aber vor allem im letzten Stück vor Moosburg, ist mit **Baumhindernissen** zu rechnen, die eventuell umtragen werden müssen.

**Etappenvorschlag Tagestour:**
**1. Tag:** Freising – Moosburg (18 km)

**Tipps für Tagestouren:**
**1.** Oberhummel – Gasthaus Fischerhans *(geschl.)* (17 km)
**2.** Freising – Gasthaus Fischerhans *(geschlossen)* (29 km)

**Befahrungsregelungen:** Für den Streckenabschnitt sind keine Einschränkungen bekannt.

**Pegel:** Für Befahrung mit K1 (Einer-Kajak) **Pegel Freising** mindestens **50 cm**, optimal sind 60 bis 70 cm, dann ist die Wassertiefe überall ausreichend, aber die Isar mäandert noch durch die Kiesbänke.

**Pegeltelefon Freising:** Tel. 01804 - 370 03 73 25

**Anreise:** Autobahn A 92 München – Deggendorf bis zur Ausfahrt 7 *(Freising-Mitte)* nach **Freising**. **Freising** ist ebenfalls hervorragend mit der ***S-Bahn*** aus München zu erreichen *(Endstation der S1)*.

**Einsetzen & Parken:** In **Freising** rechtsufrige Kiesbank an der ***Korbiniansbrücke*** *(Erdinger Straße, 85356 Freising)*; das Auto kann man nach dem Abladen der Boote gut am gegenüberliegenden Ufer auf dem großen ***Parkplatz an der Luitpoldstraße*** zurücklassen.

**Aussetzstelle:** Am rechten Ufer direkt hinter der Straßenbrücke in **Moosburg**.

**Zurück zum Pkw:** Stündlich mit der Regionalbahn in gut zehn Minuten von **Moosburg** nach **Freising**.

## Kartenmaterial & Literatur-Tipps:

**Kanu-Info Isar und Nebenflüsse,** sehr ausführliche und mit viel Sinn fürs Detail zusammengestellte Kanukarten für Isar und Loisach, **zu bestellen unter** www.kanu-info-isar.de

Bikeline **Isar-Radweg,** Radführer für den Isar-Radweg mit Karten 1:75.000, Esterbauer.

**„Am grünen Fluss: Isar – Abenteuer und Natur pur",** Reisebeschreibung einer kombinierten Wander-, Boots- und Radtour entlang der Isar von der Quelle bis zur Mündung, *C. Rohrbach,* National Geographic.

**Die Isar: Wildfluss in der Kulturlandschaft,** umfangreiches Sachbuch zu allen relevanten Themen wie Flößerei, Kraftwerke, Speicherseen, Hochwasserdynamik, Flora und Fauna der Isarauen sowie Porträts der Städte und Gemeinden entlang des Flusslaufes, *Christian Magerl & Detlev Rabe,* Kiebitz Buch.

**Entlang der Isar. Band 2.** München – Deggendorf, Ausflüge auf den Spuren der Flößer. Allitera Verlag.

**Kunst-Reiseführer Oberbayern,** *Lydia L. Dewiel,* DuMont Verlag.

## Übernachtung in Wassernähe (in der Reihenfolge des Tourenverlaufs):

**Moosburg:**
***Gasthof „Zur Länd"***
Lände 1
Tel. (08761) 23 84
www.zur-laend.de

*Entlang der Strecke keine Zeltmöglichkeiten, nächste Campingmöglichkeiten direkt am Isarufer erst in Landshut (20 km vom Ausstieg).*

**Landshut:**
***Kanu- / Kajak-Abteilung des ETSV09 Landshut***
Gutenbergweg 33
Tel. 0163-441 59 72
www.etsv09landshut.de

***Campingplatz Landshut Mitterwöhr***
Breslauer Str. 122
Tel. 0160-114 05 47
www.city-camping-landshut.de

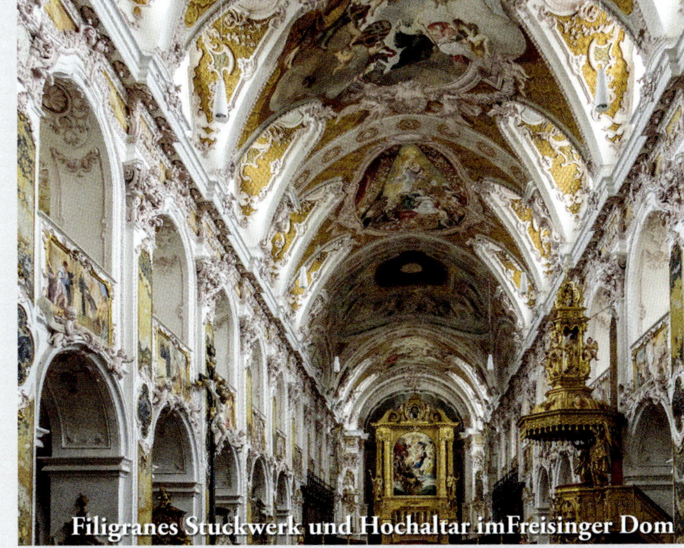
Filigranes Stuckwerk und Hochaltar imFreisinger Dom

## Kanuvermieter & Veranstalter:

**München-Perlach** *(40 km vom Einstieg):*
***Die Waldmeister***
mail@diewaldmeister-muenchen.de
www.diewaldmeister-muenchen.de

**Freising:**
***Kanu Freising***
Henkelstr. 20
Tel. 0176-69 48 95 66
www.kanu-freising.de

**Freising (OT Lerchenfeld):**
***Paddelspass (Shuttle-Service)***
Murstr. 15 a
Tel. 01575-196 02 55
www.paddelspass.de

## Tourist-Infos:

**Freising:** ***Tourist-Info Freising,*** Rindermarkt 20, Tel. (08161) 544 41 11, tourismus.freising.de
**Moosburg:** ***Fremdenverkehrsamt,*** Stadtplatz 13, Tel. (08761) 68 40, www.moosburg.de

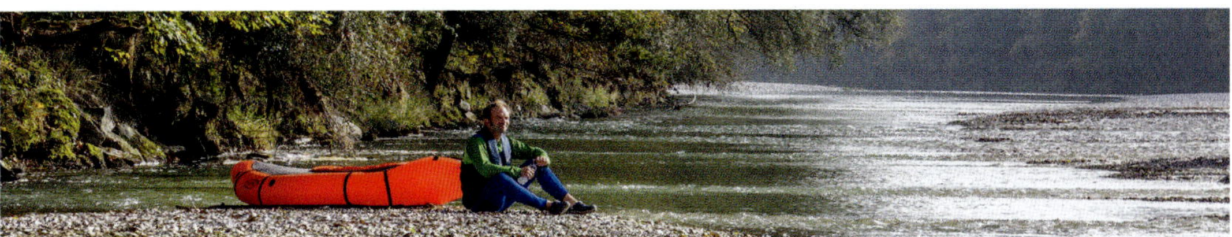

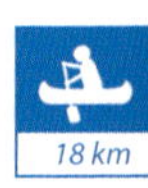

## Sehenswertes an der Mittleren Isar

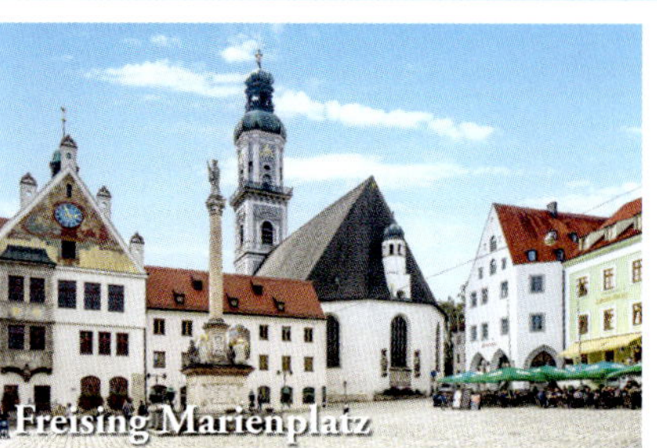
Freising Marienplatz

**Freising:** *Mariendom* auf dem Domberg mit dem *Dombergmuseum*, eines der größten kirchlichen Museen der Welt; Historische *Altstadt* mit *Marienplatz*; spätgotische *Stadtpfarrkirche St. Georg*; *Brauereimuseum „Zum Ursprung des Bieres"* und *Brauereiführung* der Bayerischen Staatsbrauerei Weihenstephan (*Mo-Mi 10, Di auch 13.30*, www.weihenstephaner.de); Europäisches *Künstlerhaus „Schafhof"* (*Di-Sa 14-19, So 10-19*, zeitgenössische Kunst, www.schafhof-kuenstlerhaus.de).

**Moosburg:** *Kastulusmünster* mit *Schnitz-Hochaltar* des Landshuter Bildhauers Hans Leinberger im spätgotischen Chor; *Johanniskirche* (neugotische Umgestaltung Ende des 19. Jh.); *Heimatmuseum* in der ehemaligen Klosterschule; *Waldlehrpfad*, www.moosburg.de

## Weitere Aktivitäten rund um die Mittlere Isar

**Radfahren:** ***Mehrtagestour*** auf dem 290 km langen ***Isar-Radweg*** vom Isarursprung bei Scharnitz bis zur Mündung in die Donau bei Deggendorf.

***Rad- und Wanderweg „Kultur & Natur"*** zu den Sehenswürdigkeiten der Stadt **Freising**.

**Fahrradvermieter:**
**Freising:** ***Radl Ruhland*** (Mi Ruhetag), Vöttinger Str. 17, Tel. (08161) 14 58 78, www.radl-ruhland.de/rent

**Wandern:** Markierter ***Rundwanderweg*** (Markierung grüner Ring, ca. 6 km) vom Bahnhof **Freising** über Domberg und Weihenstephaner Berg.

***Walderlebnispfad*** (ca. 2 km), 23 Stationen im ***Freisinger Forst***, Start / Ziel an der *Gaststätte „Plantage"*.

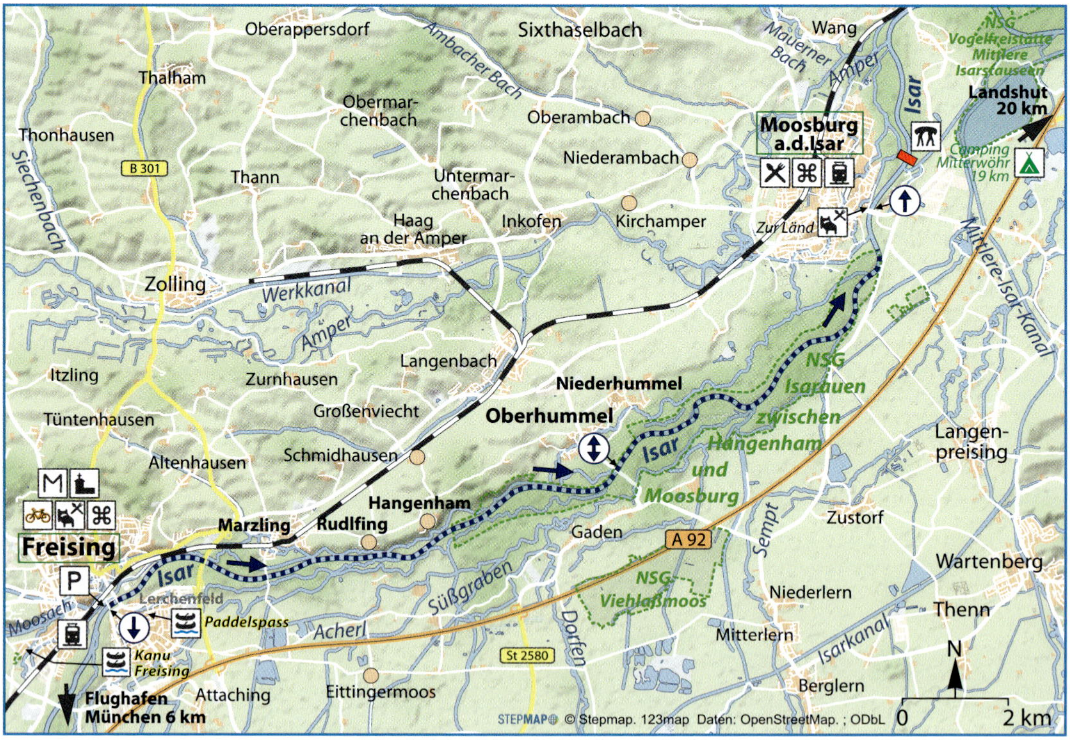

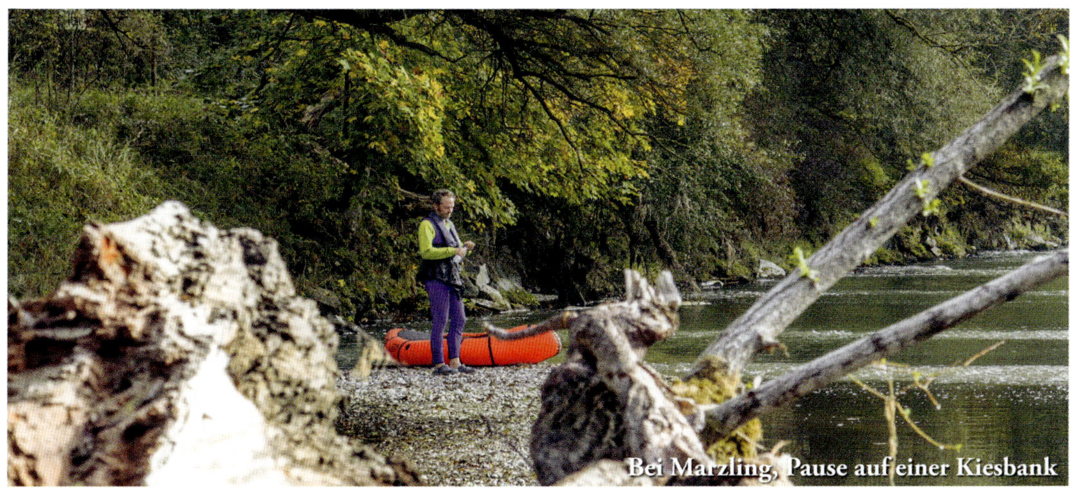
Bei Marzling, Pause auf einer Kiesbank

# Die Mittlere Isar

*Das altehrwürdige* **Freising** *war vom 8. bis zum 18. Jahrhundert Sitz eines Bistums (heute Erzbistum München und Freising). Hoch über dem linken Isarufer erhebt sich der* **Domberg** *mit der zwischen 1159 und 1205 erbauten zweitürmigen romanischen* ***Backstein-Basilika****. Die barokke Innenausstattung aus der ersten Hälfte des 18. Jahrhunderts stammt von den Brüdern Asam. Am ältesten ist die Krypta aus dem 12. Jahrhundert mit dem Reliquienschrein des hl. Korbinian. Der zweite bedeutende Sakralbau südwestlich des Freisinger Stadtzentrums ist das ehemalige* ***Benediktinerkloster Weihenstephan****. Das von 1671-1705 errichtete Gebäude beherbergt die älteste noch in Betrieb befindliche Brauerei der Welt und neben der Möglichkeit zur Brauereibesichtigung gibt es selbstverständlich auch einen Biergarten. In den 1920er Jahren wurde im Weihenstephaner Braustübl übrigens eine echt bayerische Spezialität „erfunden". Wirtin Katharina Eisenreich kam auf die Idee die überzähligen Camembert-Laibchen mit Gewürz und Zwiebeln zu vermengen und mit Bier zu verfeinern. Dieses Gericht servierte sie ihren Gästen zum Schafkopfen, Bayerns beliebtestem Kartenspiel. Heute darf der „Obatzter" in keinem bayerischen Biergarten fehlen.*

Für eine deftige bayerische Brotzzeit ist es allerdings noch etwas früh und so mache ich unter den neugierigen Blicken einiger Fußgänger auf der Kiesbank unter der *Korbiniansbrücke* mein Packraft startklar. Gleich nach dem Ablegen erfasst mich eine flotte Strömung und trägt mich aus der Stadt heraus. Aus den schönen Auwäldern entlang der Ufer begleitet mich ein vielstimmiger Vogelgesang. Der Pegel Freising steht bei 50 Zentimetern, somit reicht der Wasserstand für eine Befahrung gerade so aus, denn an den Kiesbanküberläufen wird das Wasser sehr knapp. Stets muss ich ganz genau hinschauen, wo die richtige Fahrlinie liegt und das Wasser tief genug ist, um nicht aufzusetzen.

Trotzdem habe ich schnell meinen Rhythmus gefunden und paddel allein auf weiter Flur von Kurve zu Kurve.

Schwer vorzustellen, dass die Isar hier noch vor nicht allzu langer Zeit kanalisiert, schnurgerade und oft nur als Restwasserrinnsal vor sich hinfloss. Inzwischen ist ein Deich mehrere Hundert Meter zurückverlegt worden und die Isar ist zwischen Freising und Moosburg wieder sich selbst überlassen. Dabei hat das Wasser ganze Arbeit geleistet.

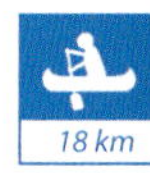

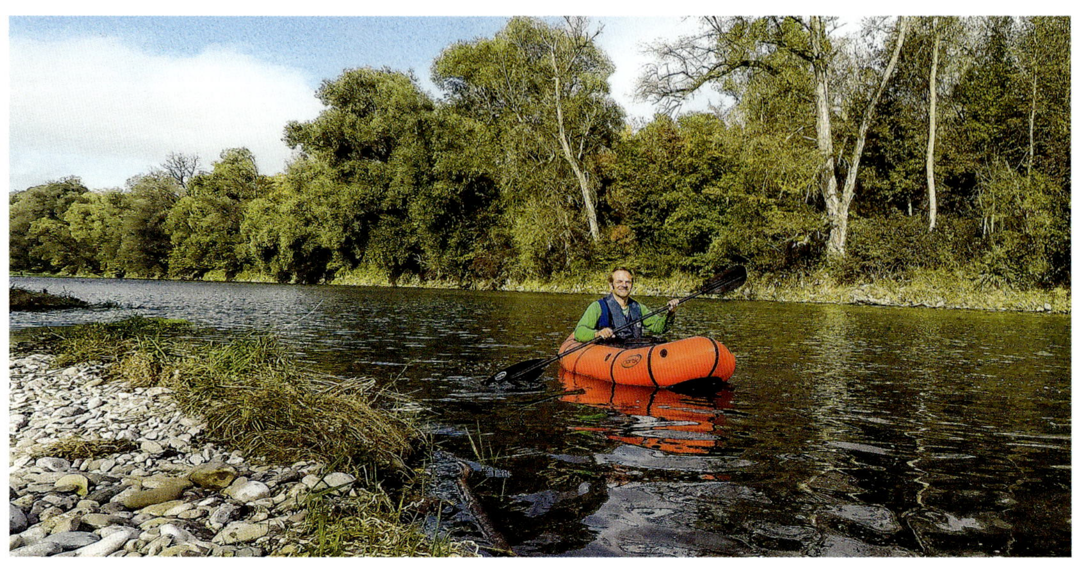

*Es ist wenig los auf der Mittleren Isar*

Die zahlreichen isartypischen Kiesbänke und windungsreichen Flussmäander, die an den Prallufern auch mal einen kräftigen Steuerschlag erfordern, lassen es auf der kurzweiligen Fahrt nie langweilig werden. An den Ufern stehen Weißpappeln, Grauerlen, Silber- und Purpurweiden. Mönchsgrasmücken schwirren umher und kleine Singvögel aus der Familie der Grassänger oder der Laubsänger Zilpzalp haben sich wieder angesiedelt. Gänse und Kormorane überfliegen in großer Zahl das Gebiet und sogar der Biber ist hier wieder heimisch geworden.

Auch wenn der Münchner Flughafen und die Autobahn A92 nicht wirklich weit weg sind, ist es grün und nahezu still. Auch die Kiesbänke sind praktisch menschenleer. Das wird an einem sonnigen Nachmittag am Wochenende sicherlich anders aussehen, trotzdem ist es kein Vergleich zum Trubel auf der Oberen Isar südlich von München.

Zum Tourenende hin legt sich die Isar noch einmal richtig ins Zeug und fließt kurz vor Moosburg durch eine herrliche Wildfluss-Landschaft. Dabei fächert sich der Flusslauf in mehrere Wasserarme auf, welche die ausgedehnten Kiesbänke umspülen. Dahinter hat das Hochwasser am Prallhang reichlich Baumleichen zurückgelassen. Hier ist äußerste Vorsicht und Umsicht gefragt, um die Hindernisse zu umfahren bzw. damit im Notfall ausreichend Zeit bleibt, um rechtzeitig zum Umtragen anzulanden. Denn gerne zieht die Strömung direkt unter die querliegenden Stämme. Wohl dem, der die Seilfähre beherrscht!

Fast zu schnell ist dann das Ende meiner Tagestour erreicht und ich lege direkt am rechten Ufer hinter der Straßenbrücke in **Moosburg a.d.Isar** an. Eine Weiterfahrt auf der Isar bis Landshut (ca. 20 km) ist möglich.

Mein Packraft packe ich an Ort und Stelle zusammen, schultere es mit meinem Gepäck und mache mich auf den etwa 30-minütigen Fußweg zum *Bahnhof*, der mich durch die beschauliche *Moosburger Altstadt mit schmukken Gassen und altehrwürdigen Bürgerhäusern führt. Die Silhouette der Stadt wird von den weithin sichtbaren Kirchtürmen von St. Kastulus und St. Johannes dominiert. Das Kastulusmünster beherbergt mehrere herausragende Kunstwerke des bedeutenden Landshuter Bildhauers Hans Leinberger. Sein imposanter, hochaufragender Schnitzaltar gilt als Meisterwerk der süddeutschen Spätgotik. Das Heimatmuseum ist in der alten Klosterschule am Kastulusplatz untergebracht.*

# Die Obere Isar

*Expressfluss nach München*

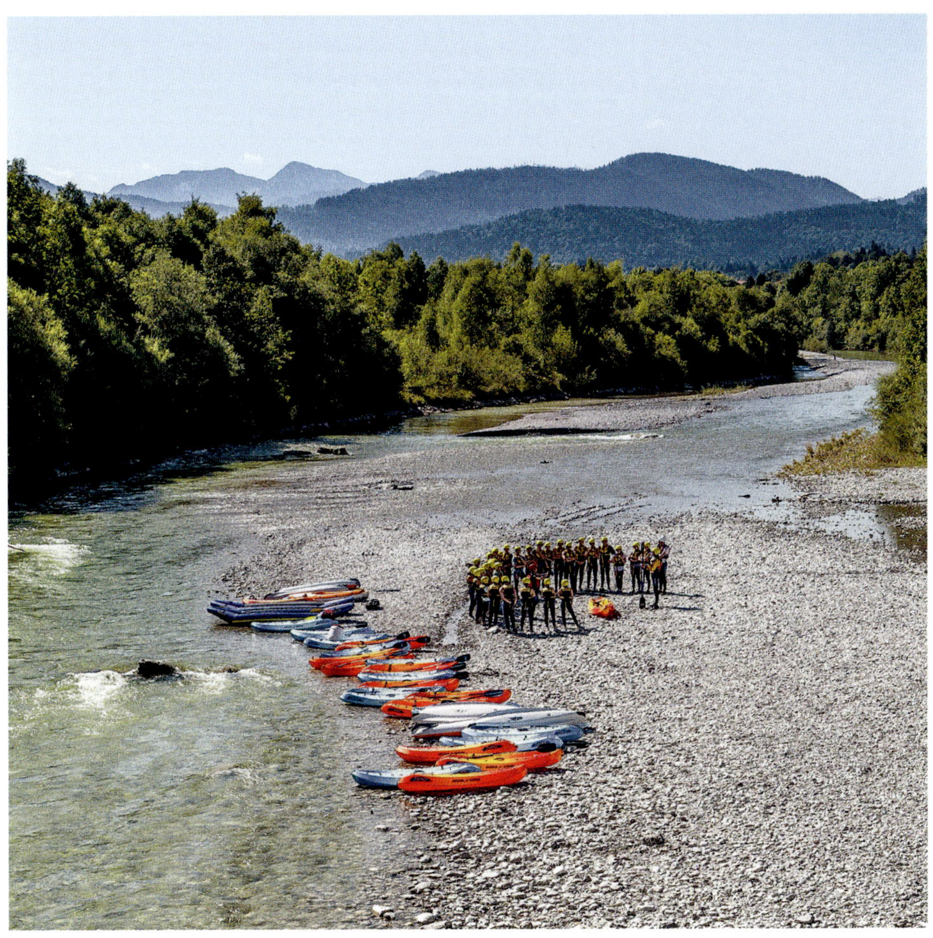

Tour 18

## Tour-Infos Obere Isar

| Aktivitäten | Natur | Kultur | Baden | Hindernisse |
|---|---|---|---|---|
| 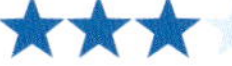 |  |  | |  |

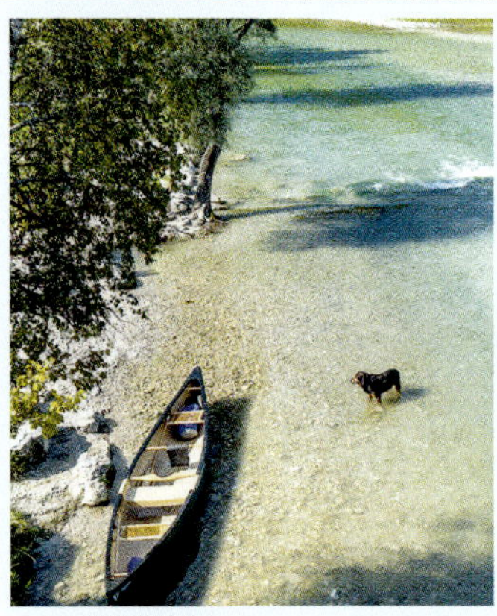

### Charakter der Tour

Die Isar führt von der Quelle im Karwendelgebirge als rasanter Gebirgsfluss bis zur Landeshauptstadt München und weiter über Freising, Moosburg, Landshut, Dingolfing, Landau und Plattling bis zur Mündung in die Donau bei Deggendorf.

Auf dem vorgestellten Abschnitt von Lenggries bis München präsentiert sich die Isar in weiten Abschnitten als unverbauter Wildfluss. Die Alpengipfel im Rücken und eine herrliche Auenlandschaft entlang der Ufer, gepaart mit sportlicher Herausforderung, machen die Isar zur idealen Wochenendfahrt für routinierte Paddler.

Im naturnahen Oberlauf fließt sie mit hoher Geschwindigkeit durch ein breites Flussbett mit vielen Kiesbanküberläufen. Das Wasser ist sauber, aber eiskalt und ***Schwimmwesten*** daher ***Pflicht***! Für die Befahrung des ***Katarakts*** hinter Lenggries (WW III) wird außerdem ein ***Schutzhelm*** benötigt.

Besonderes ursprünglich sind die Naturschutzgebiete Ascholdinger Au und Pupplinger Au bei Wolfratshausen – hier heißt es aufgepasst auf umgestürzte Bäume und querliegendes Schwemmholz! Es ist jederzeit mit Hindernissen im Fluss zu rechnen, das gilt insbesondere nach starken Regenfällen und bei Hochwasser. Oft kommt es zu gefährlichen Rettungsaktionen die auch die ehrenamtlichen Hilfskräfte in Gefahr bringen.

**Länge & Dauer der Tour:** 60 km, 2 Tage **Schwierigkeit:** Schwer, nur für Geübte

**Umtragestellen:** Fahrbarer **Katarakt Isarburg** hinter Lenggries, (WW III-IV, leicht zu umtragen) und **vier Wehre**, die leicht umtragen werden können.

### Etappenvorschlag 2-Tagestour:

**1. Tag:** Lenggries – Einöd (25 km)
**2. Tag:** Einöd – München-Thalkirchen (35 km)

### Tipps für Tagestouren:

1. Tagestour auf dem Sylvensteinstausee (Umrundung 15 km)
2. Sylvensteinsee – Arzbach (16 km)
3. Lenggries – Bad Tölz (10 km)
4. Bad Tölz – Schäftlarn (29 km)

**Befahrungsregelungen: Aufgrund des hohen Aufkommens an (Bade-)Booten im Sommer gelten für die Isar inzwischen leider strenge Befahrensregelungen.**

Der Abschnitt **bis Bad Tölz** darf **nur vom 1. Juni bis 15. Oktober** befahren werden.

Der Abschnitt **Bad Tölz – Schäftlarn** darf nur **vom 1. Juni bis 31. Dezember** befahren werden.

Die **Durchfahrt** durch die **Münchener Innenstadt** von der Thalkirchner Brücke bis zum Oberföhringer Wehr ist aus Sicherheitsgründen **verboten.**

Im **Landkreis Bad Tölz-Wolfratshausen** gilt zudem ein **Betretungsverbot der Kiesinseln und Vogelschutzinseln** sowie **zahlreiche weitere Einschränkungen.** Nährere Informationen zur „Bootfahrverordnung" unter www.lra-toelz.de/wildfluss-isar-wichtige-informationen

**Pegel:** Die Wassermenge der Isar hängt nur sehr indirekt vom Niederschlag ab und wird in erster Linie durch die Wasserabgabe vom Sylvensteinstausee bestimmt. Sie wird in der Regel so bemessen, dass die Isar den ganzen Sommer über befahren werden kann. Bei Hochwasser sind Fahrverbote durch die zuständigen Landratsämter möglich. Für die Befahrung des Abschnitts von Höllriegelskreuth bis München ist ein **Mindestpegel** München **von 90 cm** erforderlich. Sollte der Wasserstand nicht ausreichen, muss man auf den Isarwerkkanal ausweichen.

**Pegeltelefon, Sprachansage:** **Lenggries:** Tel. 01804 - 370 03 73 19, **Bad Tölz:** Tel. 01804 - 370 03 73 21, **Puppling:** Tel. 01804 - 370 03 73 22, **München:** Tel. 01804 - 370 03 73 24 **Mobil:** RiverApp

**Internet:** www.hnd.bayern.de und www.kanu-bayern.de/Umwelt/Gewaesser-Info/Pegel-Info/Pegel-Liste

**Anreise:** A 8 München – Salzburg, *Ausfahrt Holzkirchen,* über Bad Tölz nach **Lenggries**.

**Einsetzen & Parken:** Vor der Isarbrücke in **Lenggries** am linken Ufer *(Wegscheider Str.)*. Parken i. d. Nähe.

**Aussetzstelle:** Am Campinglatz in **München-Thalkirchen** *(Zentralländstraße 49)*.

**Zurück zum Pkw:** Mit der Bayerischen Regiobahn BRB von **München Hbf** nach **Lenggries** (verkehrt im Stundentakt, Fahrzeit 1 h, www.brb.de).

**Kartenmaterial & Literatur-Tipps:**

**KANU KOMPAKT Isar & Loisach,** Kanutourenführer mit Wasserwanderkarten, Thomas Kettler Verlag.

**Kanu-Info Isar und Nebenflüsse,** sehr ausführliche und mit viel Sinn fürs Detail zusammengestellte Kanukarten für Isar und Loisach, zu bestellen unter www.kanu-info-isar.de

**Bikeline Isar- Radweg,** Radführer für den Isar-Radweg mit Karten, 1:75.000, Esterbauer.

**Entlang der Isar. Band 1.** Scharnitz – München-Thalkirchen, Ausflüge a. d. Spuren der Flößer. Allitera Verlag.

**Spannende Wanderungen im Münchner Umland,** Entdeckungstouren zwischen Isar und Lech, 12 familiengerechte Wandertouren. MünchenVerlag.

**Am grünen Fluss: Isar – Abenteuer und Natur pur,** Reisebeschreibung einer kombinierten Wander-, Boots- und Radtour entlang der Isar von der Quelle bis zur Mündung. *C. Rohrbach,* National Geographic.

**Die Isar: Wildfluss in der Kulturlandschaft,** umfangreiches Sachbuch zu allen relevanten Themen wie Flößerei, Kraftwerke, Speicherseen, Hochwasserdynamik, Flora und Fauna den Isarauen sowie Porträts der Städte und Gemeinden entlang des Flusses, *Christian Magerl und Detlev Rabe,* Kiebitz Buch.

**Isarwinkel Bad Tölz – Lenggries – Kochel,** Tourenführer mit 59 Wanderungen, Bergverlag Rother.

**„Hundszeiten",** Laura Gottbergs fünfter Fall, *Felicitas Mayal,* Rowohlt Taschenbuch.

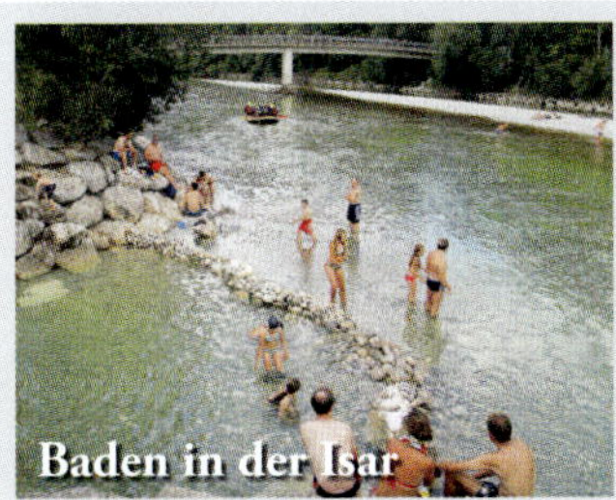

Baden in der Isar

**Übernachtung in Wassernähe** (in der Reihenfolge des Tourenverlaufs):

**Lenggries:**
***Alpengasthof „Lenggrieser Hof"***
Münchner Str. 3
Tel. (08042) 505 60
www.lenggrieser-hof.de

***Jugendherberge Lenggries***
Jugendherbergstr. 10
Tel. (08042) 24 24
www.jugendherberge.de/239

**Bad Tölz:**
***Schwingshackl Esskultur***
An der Isarlust 1
Tel. (08041) 60 30
www.schwingshackl-esskultur.de

***Jugendherberge Bad Tölz***
Am Sportpark 4
Tel. (08041) 79 31 80
www.jugendherberge.de/715

**Einöd / Dietramszell:**
***Zeltwiese Familie Beham***
*(evtl. nur für Dauercamper)*
Einöd 9, Tel. (08027) 386

**Puppling** (bei Wolfratshausen):
***Gasthaus Aujäger***
Austr. 4
Tel. (08171) 785 56
www.aujaeger-puppling.de

**München:**
***Camping München-Thalkirchen***
Zentralländstr. 49
Tel. (089) 723 17 07
www.campingplatz-thalkirchen.de

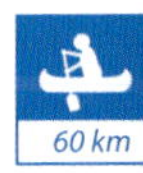

**Kanuvermieter & Veranstalter:**
Angeboten werden fast ausschließlich Schlauchcanadier / Rafts oder SUPs sowie geführte Touren.

**Lenggries:**
***Montevia***
Bergbahnstr. 1
Tel. (08042) 97 24 00
www.montevia.de

***Snow & Raft***
Marktstraße 4
Tel. (08042) 962 09 25
oder 0179 - 216 03 89
www.snow-and-raft.de

**Bad Tölz:**
***Action & Funtours***
*Treffpunkt am Bus-/PKW/ WoMo-Parkplatz P4 in der Königsdorfer Straße*
Tel. (089) 850 59 04
www.action-funtours.de

**Peißenberg:**
*55 km westl. von Lenggries, Boot abholen und Einsetzstelle selber wählen*
***Kajak-Hütte***
Zur alten Berghalde 3
Tel. (08803) 46 70
www.kajak-huette.de

**München Perlach:**
***Die Waldmeister***
Sandgrubenweg 101
www.diewaldmeister-muenchen.de

**Mobile Vermieter:**
***Doktor Boot***
Tel. 0162 - 644 85 56
www.doktor-boot.biz

***Sport Piraten***
Tel. (089) 78 70 76 55
www.sport-piraten.de

**Tourist-Infos:**
**Lenggries,** Rathausplatz 2, Tel. (08042) 500 88 00, www.lenggries.de
**Bad Tölz,** Max-Höfler-Platz, Tel. (08041) 786 70, www.bad-toelz.de
**Wolfratshausen,** Marienplatz 1, Tel. (08171) 21 40, www.tourismus.wolfratshausen.de
**München,** Marienplatz 8 und am Hauptbahnhof, Tel. (089) 23 39 65 00, www.muenchen.de

## Sehenswertes an der Oberen Isar

**Lenggries:** *Pfarrkirche St. Jakob* (18. Jh.); *Heimatmuseum* am Rathausplatz mit sieben Ausstellungsbereichen zu Kultur, Flößerei und Natur des Isarwinkels; freistehender *Kalkofen* (vom 14. Jh. bis Mitte 20. Jh. wurde im Isarwinkel Kalk gebrannt); *Schloss Hohenburg* (1712-1718) mit Bäumen des einstigen Barockgartens; kleiner *Kräuter-Erlebnispfad* mit Küchen-, Wild- und Heilkräutern; *Tiermuseum* mit etwa 1.200 ausgestopften Vögeln und ca. 300 Säugetieren aus dem europäischen Raum; *Kalvarienberg* (1694) mit zwei Kapellen. www.lenggries.de

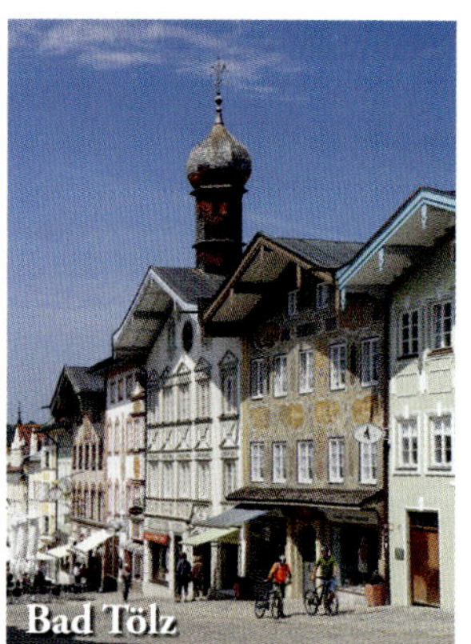
Bad Tölz

**Bad Tölz:** *Thomas-Mann-Haus* (prachtvolle Villa, die von 1909-1917 dem Schriftsteller gehörte); *Leonhardikapelle* (1718); *Dreifaltigkeitskirche* (1733-1735); spätgotische, *dreischiffige Stadtpfarrkirche* (1466); *Kurhaus* (1914); *Marktstraße* mit bunten *Giebelfronten* aus dem 18. Jh.; *Tölzer Stadtmuseum* im ehemaligen Rathaus mit Ausstellungen zur Tölzer Geschichte und Heimatkunde (www.bad-toelz.de); *Bulle von Tölz Museum* (für Liebhaber der Serie, *Mo-Sa 10-18, So 11-18,* www.dasbullevontoelzmuseum.de).

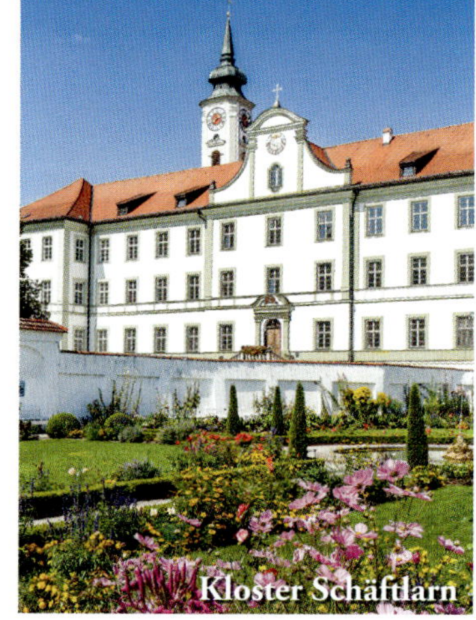
Kloster Schäftlarn

**Wolfratshausen:** Barockisierte *Pfarrkirche „St. Andreas“* (1484); *Altstadt* mit hübschen *Bürgerhäusern*; *dreigeschossiges Rathaus* mit *Neurenaissancegiebel*; *Heimatmuseum* mit Exponaten aus der 1.000-jährigen Geschichte des Ortes (museum.wolfratshausen.de); *Japanischer Garten* (Geschenk der Patenstadt Iruma); *Naherholungsgebiet Pupplinger Au* am Zusammenfluss von Isar und Loisach.

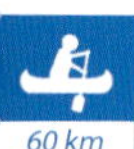


**Schäftlarn:** *Benediktinerkloster* (1707) mit *Klosterkirche St.-Dionysius* im Stil des Rokoko (18. Jh.) und *Prälatengarten*.

**München:** *Stadtrundgang* Seite 320.

## Weitere Aktivitäten rund um die Obere Isar

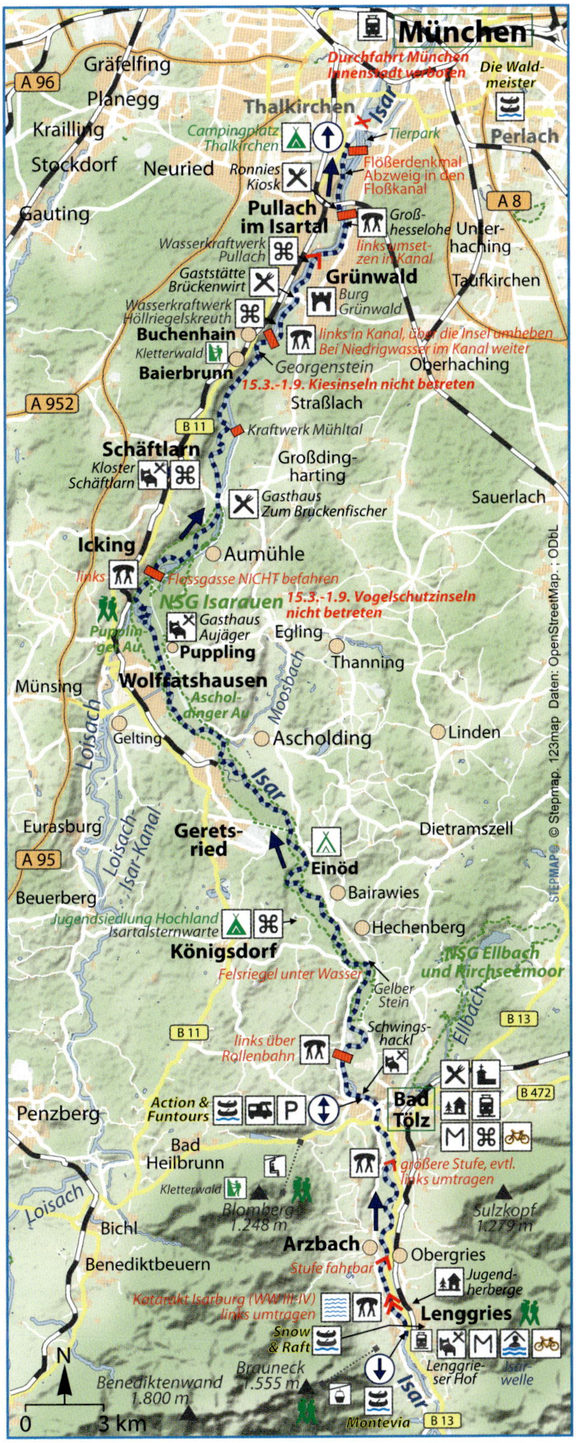

### Radfahren:

***Mehrtagestouren*** auf den ***Fernradwegen Isar-Radweg*** *(ca. 324 km)*, ***Via Bavarica Tyrolensis*** *(225 km von München bis ins Inntal)* und ***Bodensee-Königssee-Radweg*** *(418 Kilometer von Lindau am Bodensee zum Königssee im Berchtesgardener Land)*.

***Mountainbiketouren*** für jeden Anspruch rund um **Lenggries** und **Bad Tölz**.

**Fahrradvermieter** (z.T. auch e-Bikes):

**Lenggries:**
***Sport Sepp,*** Isarring 11, Tel. (08042) 25 89, www.sport-sepp.de

**Bad Tölz:** ***Bike Boutique,*** Vichyplatz 1, Tel. (08041) 749 54, www.bikeboutique-toelz.de

**Wolfratshausen:**
***Oswald***, Bahnhofstr. 10, Tel. (08171) 184 15, www.oswald-bikes.de/verleih

### Wandern:

***Natur-Erlebnis-Pfad Isar*** *(3 km)* mit Infotafeln zur Isar in **Lenggries** isaraufwärts.

***Markierte Wanderwege*** rund um **Bad Tölz** und **Lenggries** in den ***„Münchener Hausbergen" Brauneck*** & ***Blomberg***.

Nur wenig weiter locken ***Benediktenwand***, ***Herzogstand*** und die Gipfel des nahen ***Karwendelgebirges***.

**Klettern:** ***Kletterwald Blomberg*** auf 1.200 Meter neben dem ***Blomberghaus***, toller Ausblick ins Isartal, www.kletterwald-blomberg.de

**Floßfahrten ab Wolfratshausen:** Verschiedene Anbieter: Tel. (08171) 21 42 06, www.tourismus.wolfratshausen.de/buchung-u-kontakt

**Wintersport:** Dichtes ***Langlaufnetz*** im ***Tölzer Land*** mit knapp 300 km gespurten Loipen für jeden Anspruch.

**Schwimmbad:** ***Erlebnisbad Isarwelle*** in **Lenggries**, Tel. (08042) 50 95 96, www.lenggries.de

**Gleitschirmfliegen:** Vom besten Flugberg im Isartal – dem „Brauneck" (z.B. Tandemflug).

### Bergbahnen:

***Brauneck-Bergbahn*** in **Lenggries**, Tel. (08042) 50 39 40, www.brauneck-bergbahn.de

***Blomergbahn*** mit ***Sommerrodelbahn*** und ***Kletterwald*** in **Bad Tölz-Wackersberg,** Tel. (08041) 37 26, www.blombergbahn.com

# Die Obere Isar

Was für ein Anblick! Die Wellen glitzern im Gegenlicht. Gelbleuchtende Helme und blaue Neoprenanzüge haben sich vor knallbunten Schlauch-Canadiern zu einer Besprechung auf der gleißend weißen Kiesbank versammelt. Dunkelgrau heben sich in der Ferne die Alpengipfel vor strahlend blauem Himmel ab.

Der Ortsname **Lenggries**, der sich vom „langen Gries", den ausgedehnten Kiesbänken im Flussbett der Isar, ableiten lässt, macht seinem Namen alle Ehre.

Schon am Startpunkt gibt sich die Isar eindrucksvoll und gleich einen Kilometer nach dem Ablegen wartet die schwerste Stelle der gesamten Tour. Der ***Katarakt Isarburg*** ist, je nach Wasserstand, Wildwasser im Schwierigkeitsgrad III bis IV. Ein paar Unerschrockene stürzen sich an Seilen gesichert in die Fluten, ein Profi-Paddler mit kompletter Wildwasserausrüstung steuert sein kurzes Boot gekonnt durch die Wellen. Ich ziehe es vor, das Treiben von Land aus zu beobachten und ziehe mein Kajak über die Kiesbank am linken Ufer.

Im Kanu gibt sich die Isar gleich als rasanter Wanderfluss, der in einem breiten Kiesschotterbett in schönen Kurven durch die Landschaft mäandert. Immer wieder rauscht das Gletscherwasser über ***Kiesbanküberläufe*** und ***kleine Stufen***, sodass ich ständig auf der Hut sein muss, die richtige Fahrtlinie zu finden.

*Die Isar hat eine jahrhundertealte Tradition als Handelsweg, auf dem Waren aus dem Bereich der Alpen und aus Italien mit Hilfe von Flößen zur Donau transportiert wurden. Die mittelalterlichen Gründungen der Städte München und Landshut steigerten den Bedarf an Holz und bescherten der Flößerei einen Aufschwung. Ab dem 17. Jahrhundert wurden auch Waren wie Gewürze, Südfrüchte, Baumwolle und Seide vom Venezianischen Markt in Mittenwald über die*

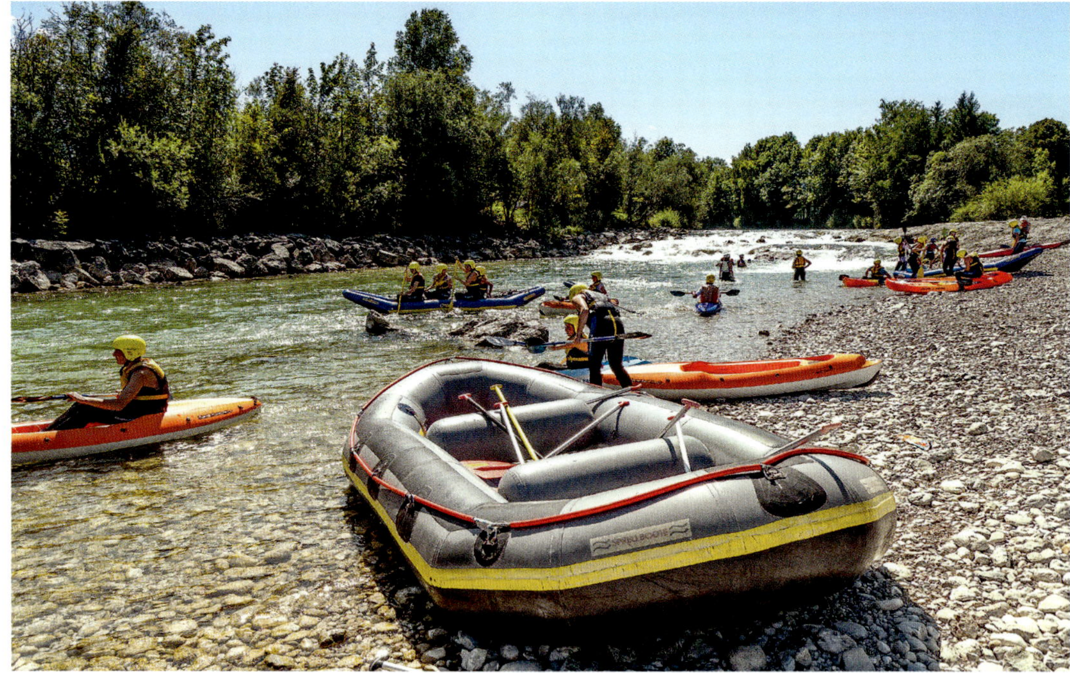

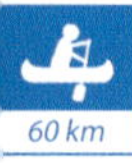


*So sieht es an einem sonnigen Wochenende an der Oberen Isar am Einstieg am Katarakt Isarburg aus*

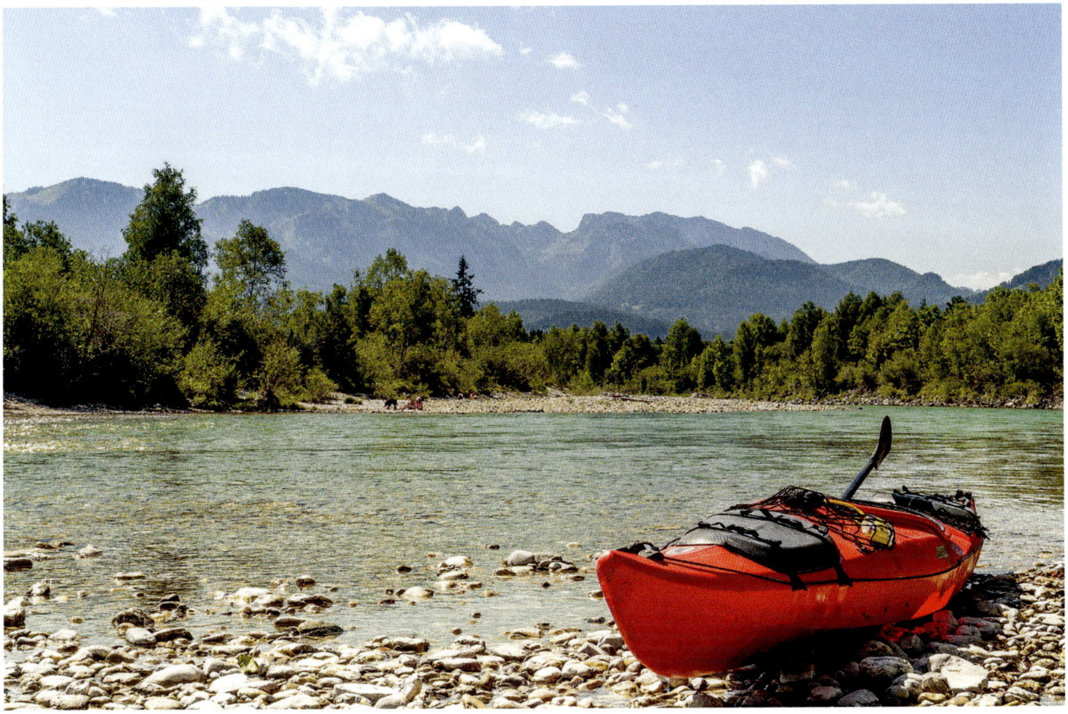

*Vor mir der glitzernde Fluss, in der Ferne die Alpengipfel vor blauem Himmel – was will man mehr?*

*Isar bis nach Wien und Budapest transportiert. Auf dem Höhepunkt der Flößerei im 19. Jahrhundert landeten in München über 8.000 Flöße an.*

Vorbei an **Arzbach** nähere ich mich **Bad Tölz.** Etwa zwei Kilometer vor dem Etappenziel beschleunigt eine ***größere Stufe*** am Prallhang einer engen Rechtskurve meinen Puls, bei Bedarf lässt sich die Stelle aber auch einfach am linken Ufer über die Kiesbank umtragen.

Unterhalb des ***Kalvarienbergs*** mit der ***Leonhardikapelle*** finde ich in **Bad Tölz** hinter der zweiten Brücke eine gute Anlegemöglichkeit am linken Ufer. Über die Brücke gelange ich direkt in die *Marktstraße*, die von vielen als „schönster Festsaal des Oberlandes" bezeichnet wird. *Die im alpenländischen Stil gestalteten Giebelfronten und die typischen oberbayerischen Lüftlmalereien sind wirklich hübsch anzuschauen.*

Zurück im Kajak verlasse ich, vorbei am beliebten *Wohnmobil-Stellplatz* und dem rechts vor der Fußgängerbrücke liegenden *Landhotel „Altes Fährhaus" (seit Dez 2018 mit Gourmetrestaurant)*, das Stadtgebiet von Bad Tölz. Nun muss ich bis zum ***Tölzer Wehr*** das erste Mal auf der Isar richtig paddeln, um voranzukommen.

Am Wehr *(das Wehr nicht befahren! Es hat hier schon tödliche Unfälle gegeben)* erleichtert eine ***Rollenbahn*** am Fischumlauf das Umsetzen ins Unterwasser.

Anschließend geht es, wie gewohnt, mit flotter Strömung von Kurve zu Kurve durch das frische Isarwasser. Am besten fährt es sich meist ganz außen am Prallhang. Dort sind die Wellen zwar am höchsten, dafür bin ich aber auch sicher, dass das Wasser tief genug ist und ich mit meinem Kanu nicht aufsetze.

*Nahe der Isarquelle ist der Anteil der Feinstsedimente, wie in Schnee oder Gletschereis, sehr gering, was das Wasser bläulich erscheinen lässt. Mit Zunahme der aufgelösten Mineralstoffe, im Falle der Isar häufig Kalkgesteine, verwandelt sich die Färbung allmählich ins Grünliche.*

Hinter dem Tölzer Kraftwerk bleiben die Ufer zunächst flach und schöne Mischwälder

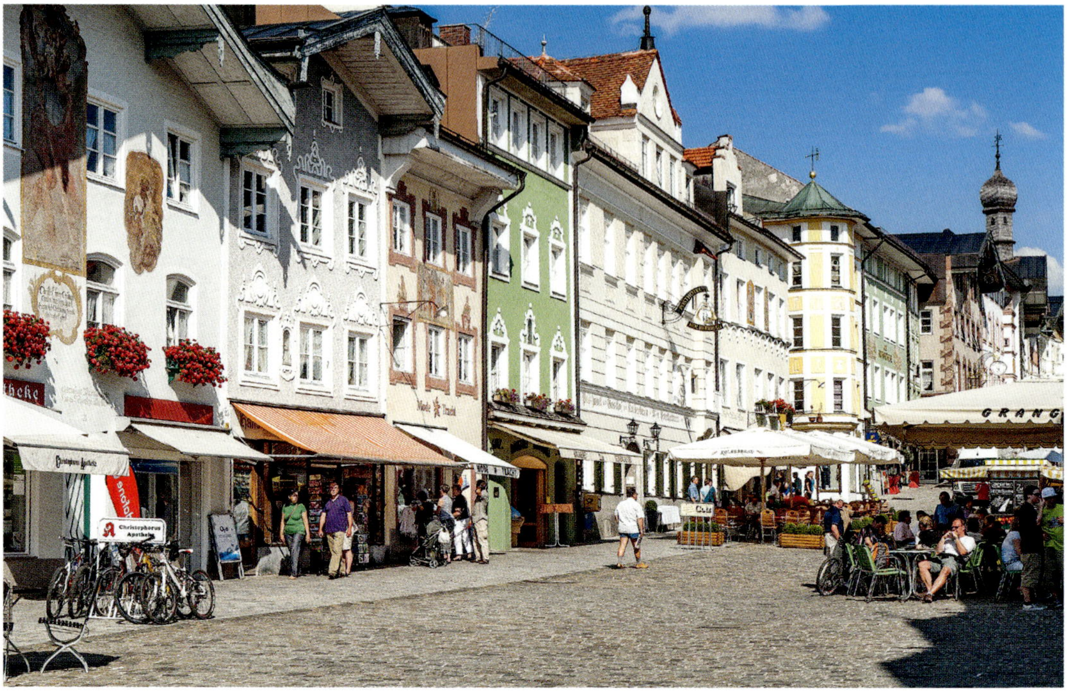

*Schöne Giebelhäuser in der Fußgängerzone in Bad Tölz*

säumen die Flussufer. Gute vier Kilometer weiter zwingt der markante, steil aufragende ***Sandsteinfelsen „Gelber Stein“*** den Fluss in eine 90-Grad-Linkskurve. **Achtung:** ***Unter Wasser, schräg zur Flussmitte hin, liegt ein Felsriegel, so dass ich mein Kajak auf der linken Seite in die Innenkurve steuere.***

Viele Schlauchboote sind auf dem Wasser unterwegs und auf ausgedehnten Kiesstränden flattern Sonnenschirme im lauen Sommerwind. Ehe ich mich versehe ist der Anleger des Campings in **Einöd** erreicht. Der Platz wird von Dauercampern bevölkert, Paddler fanden bislang im Bereich des Einstiegs aber eine einfache *Zeltmöglichkeit - evtl. nicht mehr möglich (Anmeldung beim ehem. Landgasthof Beham).*

Unterhalb von Einöd zeigt sich die Isar bis zur Tattenkofener Brücke bei **Geretsried** erst einmal von ihrer ruhigen Seite. Dann, mit Beginn der ***Ascholdinger Au***, wird die Isar besonders wild. Die folgenden Kilometer sind der schönste, aber auch paddeltechnisch anspruchsvollste Teil der Isarfahrt. In engen Kurven und mit reißender Strömung sucht sich der Fluss in mehreren Verzweigungen seinen Weg und immer wieder versperren umgestürzte Bäume oder Schwemmholzbarieren den Weg. Das Labyrinth aus Stromschnellen, Büschen, Nebenarmen und Inseln verändert sich mit jedem Hochwasser und es ist äußerste Vorsicht angesagt.

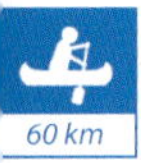


*Entlang der Isar wurden zahlreiche Natur-, Landschafts- sowie für einzelne Kiesbänke auch Vogelschutzgebiete ausgewiesen, beispielsweise das Naturschutzgebiet Ascholdinger Au oder Pupplinger Au, ein Auwald nördlich von Wolfratshausen. Die Auwaldbestände setzen sich in erster Linie aus Kiefern, Weißerlen, Fichten und Weiden zusammen. Dort selten geworden sind die Fluss-Seeschwalbe und der Flussuferläufer. Ihre Nester liegen gut getarnt inmitten des Gerölls der Kiesbänke und werden von Erholungssuchenden, die trotz Verbots die Kiesflächen in ausgewiesenen Vogelschutzgebieten betreten, meist nicht wahrgenommen und dadurch zerstört.*

Durch den Auwald der ***Pupplinger Au*** paddel ich nun an **Wolfratshausen** vorbei, vom Wasser aus bekommt man die Stadt aber nicht zu Gesicht. Von links rauscht der ***Loisach-Isar-Kanal*** über eine Stufe in die Isar. Direkt hinter der Straßenbrücke von Wolfratshausen liegt am linken Ufer die *Floßlende (Floßstartplatz)* für die organisierten Floßfahrten gen München. *Seit einigen Jahrzehnten erlebt die Flößerei eine Renaissance – jährlich fahren in den Sommermonaten bis zu 50.000 Touristen auf großen, bis zu 20 Tonnen schweren Flößen von Wolfratshausen über eine Strecke von 25 Kilometern bis zum Floßkanal in München-Thalkirchen. Die Wehre der Kraftwerke werden dabei durch Schleusenrutschen überwunden. Die Rutsche im Mühltal südlich von Kloster Schäftlarn überwindet auf einer Länge von 360 Metern rund 18 Höhenmeter und gilt damit als die längste Floßgasse Europas. Nach Ankunft am Zielort werden die Flöße in ihre einzelnen Bestandteile zerlegt, mit Lkw's flussaufwärts gebracht und dort für die nächste Fahrt wieder zusammengesetzt.*

Gegenüber vom Floßstartplatz liegt am rechten Ufer der *Kanueinstieg* und ein 300 Meter langer, holpriger Pfad führt durch den Wald zum *Gasthaus Aujäger*, der neben bayerischen Köstlichkeiten im schönen Biergarten auch Gästezimmer zur Übernachtung bietet.

Durch ein stark verzweigtes Flussbett, flankiert von dichtem Auwald und reizvollen Kiesbänken, fahre ich auf den Mündungsbereich von Isar und Loisach zu und erreiche gut einen Kilometer weiter das historische ***Wehr*** in **Icking**, eines der ältesten Kraftwerksanlagen Bayerns.

Da die Floßgasse nicht befahren werden darf, lege ich zum Umtragen links vom Wehr an. Hinter dem Wehr ist die Isar breit, schnurgerade und die Ufer werden von herrlichem Wald gesäumt. Vom benachbarten ***Floßkanal*** dringt fröhliches Kreischen und Blasmusik an mein Ohr und schon erreiche ich die Schäftlarner Brücke mit dem beliebten *Gasthaus „Zum Bruckenfischer"*.

Von hier ist es nur ein kurzer Spaziergang hinauf zum ***Kloster Schäftlarn***. *Im Jahre 762*

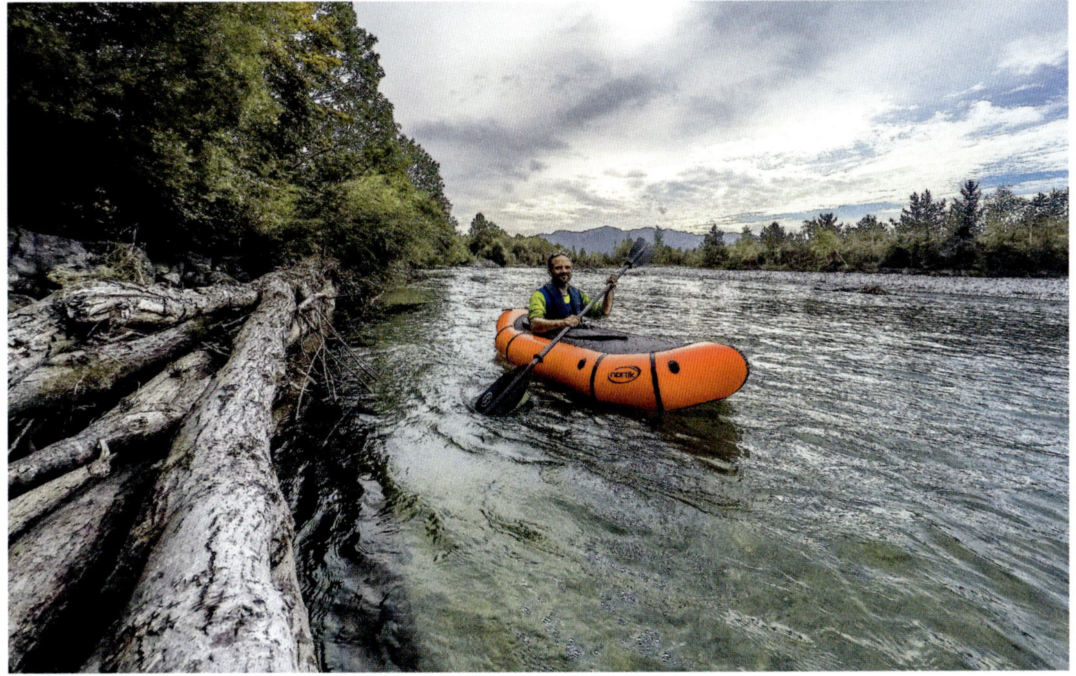

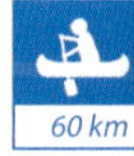


*Außerhalb der Saison hat man den Fluss auch mal für sich allein*

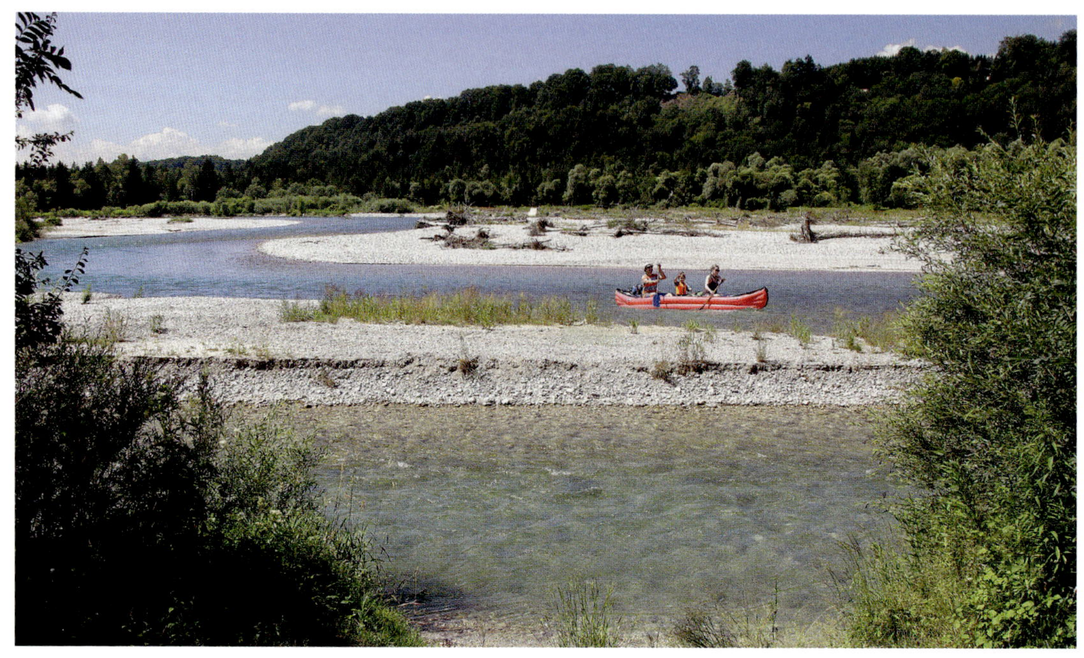

*Nur in wenigen Abschnitten hat die Isar ihren ursprünglichen Wildflusscharakter behalten; hier in der Pupplinger Au*

*als Benediktinerkloster gegründet, gehört es zu den bayerischen Urklöstern und blickt auf eine lange Geschichte zurück. Nach den Wirren der Ungarnkriege im 10. Jahrhundert ging es unter und erfuhr eine Wiederbegründung als Benediktinerkloster 1866 durch König Ludwig I. mit dem Auftrag, „dass die Ordensmitglieder sich der Seelsorge wie der Erziehung und Bildung der Jugend widmen sollen". Heute betreiben die Mönche ein Privatgymnasium mit Tagesheim und Internat, Forstwirtschaft, eine Schnapsbrennerei sowie eine Imkerei. Die erzeugten Produkte werden in einem Klosterladen angeboten. Mit den Schäftlarner Konzerten in einer der schönsten Rokokirchen Bayerns, finden seit über 40 Jahren eindrucksvolle Musikabende mit renommierten Solisten statt. Wer sich noch nicht beim „Bruckenfischer" gestärkt hat, kann dies nun im Biergarten des „Klosterbraustübl" nachholen, bevor die Fahrt fortgesetzt wird.*

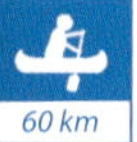


München ist nah und immer mehr Ausflügler und sonnenhungrige Nackedeis bevölkern die Kiesbänke entlang der Ufer. Die Isar wird wieder idyllisch und nur Reste der ehemaligen Flussbefestigung erinnern an die Zeit, als der Fluss in ein Korsett gezwängt wurde.

*Sozusagen als Münchens Hausbach trieb die Isar im Mittelalter zahlreiche Wassermühlen an. Um einen gleichmäßigen Wasserstand zu erreichen und die Gefahren durch Hochwasser abzuschwächen, wurde in München das Wasser in kleinere Kanäle abgeleitet. Die so entstandenen Stadtbäche dienten der Wasserversorgung. Bei einem Hochwasser stürzte 1813 eine Brücke ein und riss über 100 Schaulustige in den Tod. Nun begann man den Fluss zu kanalisieren, damit dieser sich weiter in das Flussbett eingrub und so die Gefahr von Überschwemmungen vermindern sollte. Mit der vor längerer Zeit begonnenen Renaturierung soll der Fluss wieder einen Teil des ursprünglichen Wildfluss-Charakters bekommen.*

*So erhöht sich nicht nur der Freizeitwert für die Münchner, auch die Lebensbedingungen für Tiere und Pflanzen werden verbessert. Zudem bringt die Renaturierungsmaßnahme nun wirklich eine Verbesserung des Hochwasserschutzes.*

Nach der Vereinigung von Isar und Kanal passiere ich den schroff aus dem Wasser aufragenden ***Nagelfluh-Felsen „Georgenstein"***, der auf der Spitze von einer St. Georgsfigur gekrönt wird. Hier kann man gut schwimmen und rasten. Kurz darauf zieht am linken Hochufer der ***Klettergarten Baierbrunn*** in **Buchenhain** vorbei. Er zählt zu den Top 100 der bayerischen Geotope und besteht aus einem Aufschluss der eiszeitlichen Schotter am Rand des Isartals. Anschließend erreiche ich das ***Wehr*** **Baierbrunn**, wo ich durch das offene Schütz nach links in den Kanal einfahre.

Direkt dahinter steuere ich (Achtung: Querströmung vom Wehr!) das rechte Ufer an und trage über die Insel in die Isar um.

**Achtung:** Bei extremem Niedrigwasser (Pegel München < 90 cm) sollte man dagegen im ***Isarwerkkanal*** weiterpaddeln und muss dann allerdings zusätzlich die Wehre an den Kraftwerken Höllriegelskreuth und Pullach umtragen.

Die Isar geht nun – im wahrsten Sinne des Wortes – auf die „Zielgerade" zur ***Burg Grünwald***, *einer spätmittelalterlichen Höhenburg, die vom 13. bis zum 17. Jahrhundert als Jagdschloss der Wittelsbacher und im 18. und 19. Jahrhundert als Adelsgefängnis und Pulvermagazin diente. Im Ostflügel der Anlage werden jährlich wechselnde Sonderausstellungen gezeigt. Im großen Burgturm ist die Geschichte der Burg dokumentiert. Von seiner obersten Plattform genießt man einen herrlichen Rundblick auf München, das Isartal und die Kette der Alpen.* Um sie zu besichtigen, legt man am besten hinter der Grünwalder Brücke rechts an.

Eine stillvolle Einkehr vor der Weiterfahrt gen München bietet dem Paddler die traditionsreiche *Gaststätte „Brückenwirt"*, die man beim Gang zurück über die Grünwalder Brücke erreicht. Er ist einer der größten Biergärten im Großraum München – im Sommer sitzen hier bis zu 350 Gäste im Schatten der Kastanien.

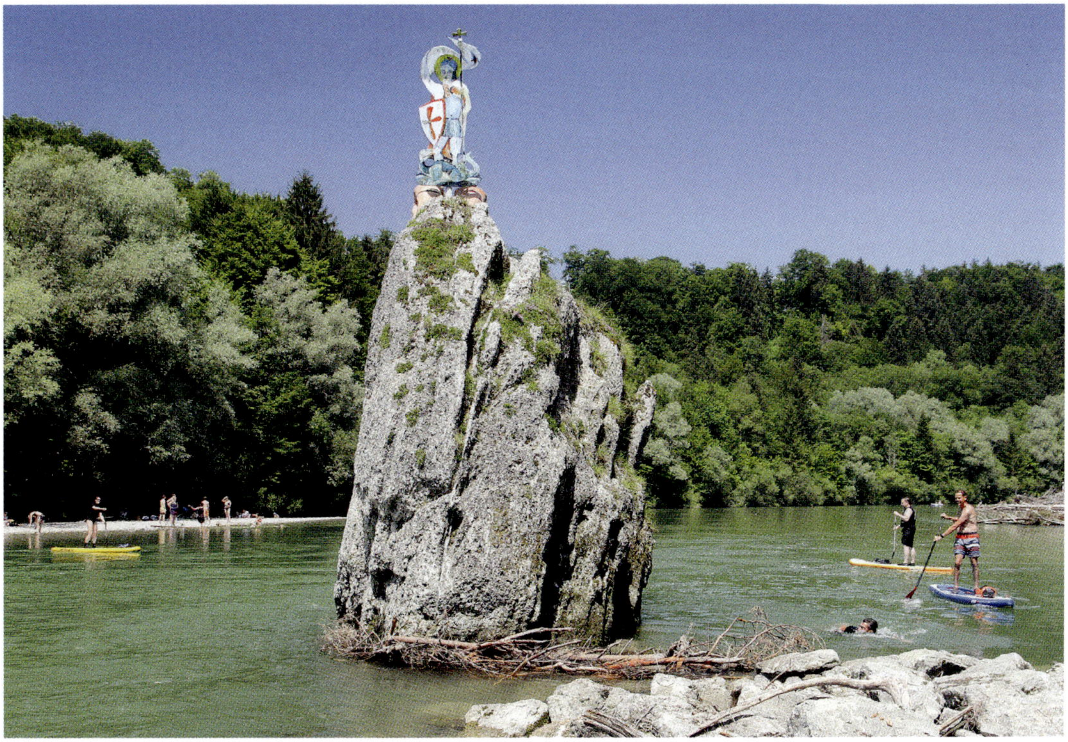

*Früher war der „Georgenstein" der Schrecken der Flößer, heute wird hier gebadet und gerastet*

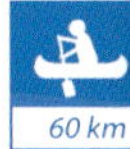

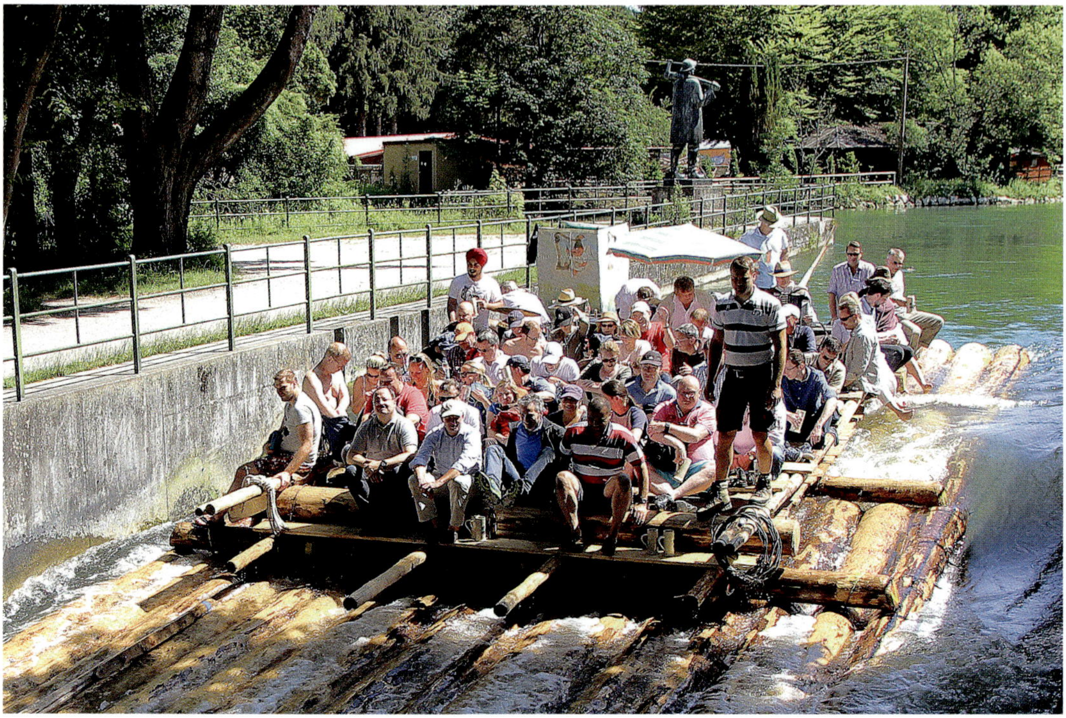

*Für viele ist die Fahrt mit dem Floß über die Wasserrutschen (Floßgasse) eine Riesengaudi*

Nachdem die etwas größere ***Sohlschwelle*** bei **Pullach** überwunden ist, erreiche ich das ***Wehr Großhesselohe.*** Etwa 200 Meter vor dem Wehr lande ich links an und setze über den Damm in den ***Kanal*** um. Der Umstieg ist ausgeschildert und die Portage wird durch Treppen und Rollen erleichtert.

Im ***Isarwerkkanal*** setze ich die Fahrt durch das offene Schütz an der Wehranlage fort und direkt vor der Eisenbahnbrücke lädt am linken Ufer der von so vielen geliebte *„Ronnie's Kiosk"* mit einem kleinen Biergarten zu einer letzten Rast.

Knapp einen Kilometer weiter, hinter einer weiteren Brücke, ist das ***Flößerdenkmal*** erreicht. Hier steuere ich das Kajak nach links in die Floßlände und mit guter Strömung und ordentlich Wellen geht es über mehrere Stufen und Floßgassen, die von den Münchener Kanuten und Surfern gerne zum Üben genutzt werden, zum *Campingplatz* in **München-Thalkirchen**, wo ich an der Liegewiese vor der nächsten Brücke meine Tour beende. Die Durchfahrt durch das Stadtgebiet ist verboten. Mit der S-Bahn 27 ist es von der *Haltestelle Siemensstraße* ein Katzensprung in die Münchener Innenstadt, wo ich am Hauptbahnhof einen kleinen historischen Rundgang durch Bayerns Landeshauptstadt unternehme.

**Stadtrundgang München** siehe Seite 320.

# Die Loisach

*Erst zügig, dann beschaulich*

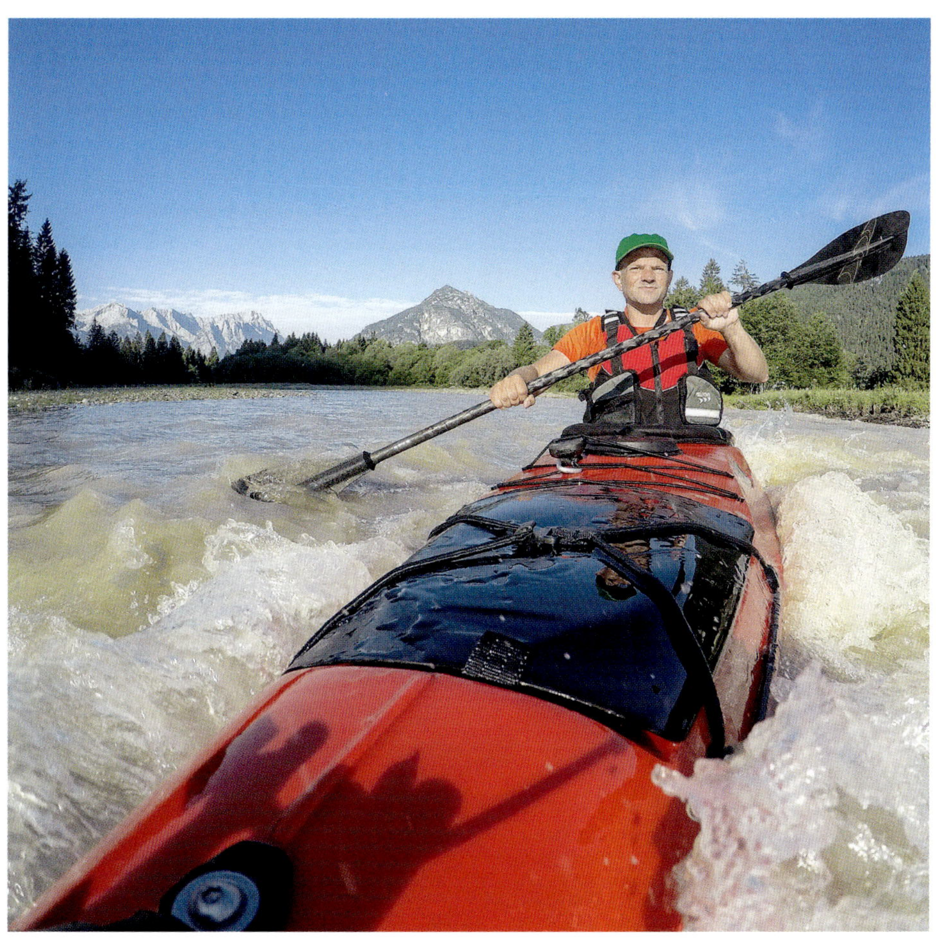

*Tour* 19

## Tour-Infos Loisach

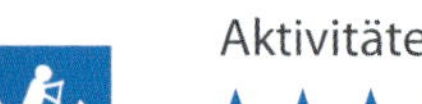

| Aktivitäten | Natur | Kultur | Baden | Hindernisse |
|---|---|---|---|---|

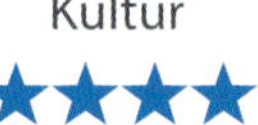
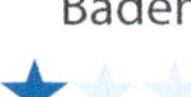
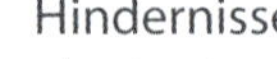

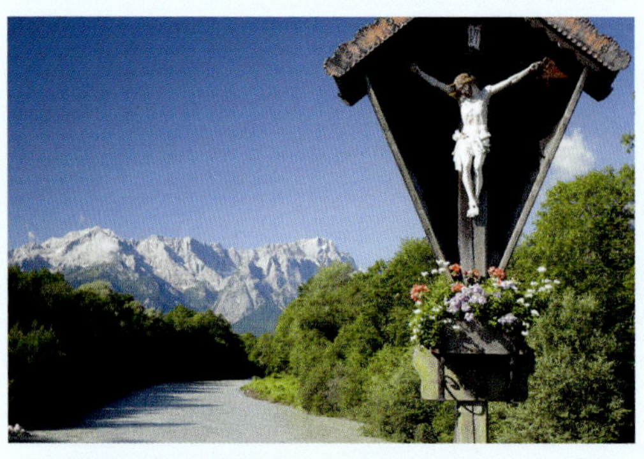

**Charakter der Tour**

Bei Erwähnung der Loisachschlucht oberhalb von Garmisch-Partenkirchen bekommen gestandene Wildwasserpaddler leuchtende Augen und denken an schweres, verblocktes Wildwasser.

Ab Farchant wird die Loisach auch für geübte Wanderpaddler interessant. Mit den Gipfeln des Wettersteingebirges im Rücken prescht ihr eiskaltes Wasser, vorbei an steilen Uferböschungen, gen Norden.

Ab Eschenlohe wird die Strömung ruhiger und die Loisach erreicht den während der Würmeiszeit vom Isar-Loisach-Gletscher ausgehobelten Kochelsee. Über zwei fahrbare Stufen verlässt die Loisach den Kochelsee und ohne weitere Schwierigkeiten geht es, auch für Anfänger geeignet, durch eine flache Moorlandschaft.

**Länge & Dauer der Tour:** 76 km, 4 Tage

**Schwierigkeit:** Abschnitt von Farchant bis Kochelsee eher schwierig und nur für Geübte, danach einfach

**Umtragestellen:** Zwischen Farchant und Wolfratshausen gibt es **mehrere Stufen**, die man je nach Wasserstand und Können ***befahren oder umtragen*** kann und **fünf Wehre**, die auf jeden Fall auf dem Landweg umgetragen werden müssen.

Für die ca. 400 Meter lange **Portage Schönmühl** ist ein **Bootswagen** sehr zu empfehlen.

**Etappenvorschlag 4-Tagestour:**

**1. Tag:** Farchant – Eschenlohe (10 km)

**2. Tag:** Eschenlohe – Schlehdorf (22 km)

**3. Tag:** Schlehdorf – Brücke bei Nantesbusch (22 km)

**4. Tag:** Brücke Nantesbusch – Wolfratshausen (22 km)

**Tipps für Tagestouren:**

**1.** Farchant – Großweil (27 km)

**2.** Schönmühl – Wolfratshausen (26 km)

**Befahrungsregelungen - Uferbetretungsverbot**

Vom 20.03. bis 15.07 darf auf dem Loisachabschnitt von der Brücke in Kochel bis zur Brücke der B 472 zwischen Sindelsdorf und Bichl **das Ufer** außerhalb der Wanderwege **nicht betreten werden**.

**Anreise**

Autobahn A 95 München – Garmisch-Partenkirchen bis Ende, dann Bundesstraße B 2 nach **Farchant**.

**Einsetzen & Parken:** Am ***Parkplatz*** in der *Loisachstraße* hinter der Brücke über die Loisach in **Farchant**.

**Aussetzen:** In der *Badstraße* beim ***Campingplatz*** in **Wolfratshausen**.

**Zurück zum Pkw:**

Von **Wolfratshausen** mit der S 7 nach München Hbf. Dort per Bahn nach **Farchant**. (ca. 2:20 Std.).

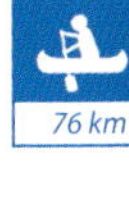


**Kartenmaterial & Literatur-Tipps:**

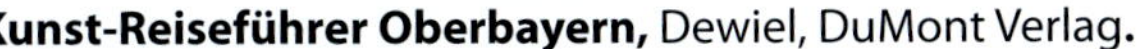

**KANU KOMPAKT Isar & Loisach,** detaillierter Flussführer mit topografischen Wasserwanderkarten, *A. Zaunhuber,* **SUP-GUIDE Bayerisches Alpenvorland,** *Anja & Andy Klotz,* beide Th. Kettler Verlag.

**Kanu-Info Isar und Nebenflüsse,** sehr ausführliche und mit viel Sinn fürs Detail zusammengestellte Kanukarten für Isar und Loisach, **zu bestellen unter** www.kanu-info-isar.de

**Kunst-Reiseführer Oberbayern,** Dewiel, DuMont Verlag.

**Entlang der Loisach,** (auf den Spuren der alten Flößerorte), *Gabriele Rüth,* buch&media.

**Jakobsweg Isar - Loisach - Leutascher Ache - Inn,** 141 km Weitwanderführer, Conrad Stein Verlag.

**Streifzüge durchs Werdenfelser Land: Von Wintersport und Königsmord,** Lieblingsplätze, Gmeiner.

**„Tod in Garmisch",** Krimi um einen Toten in der Partnachklamm, *Martin Schüller,* Emons Verlag.

**Übernachtung in Wassernähe** (in der Reihenfolge des Tourenverlaufs):

**Eschenlohe:**
*Gasthof Zur Brücke*
Loisachstr. 1
Tel. (08824) 210
www.zur-bruecke-eschenlohe.de

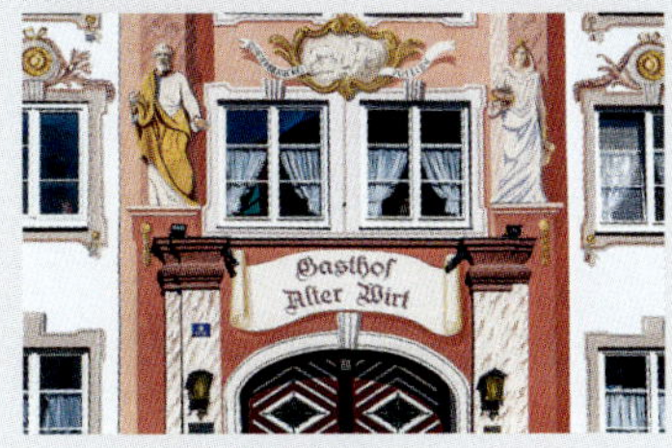


**Kochelsee Südostufer:**
*Camping Kesselberg*
Altjoch 2 ½
Tel. (08851) 464
www.campingplatz-kesselberg.de

*Camping Renken*
Mittenwalderstr. 106
Tel. (08851) 61 55 05
www.campingplatz-renken.de

*Seehotel Grauer Bär*
Mittenwalderstr. 82-86
Tel. (08851) 925 00
www.grauer-baer.de

**Wolfratshausen:**
*Campinglatz*
Badstr. 2
Tel. (08171) 787 95
www.campingbayern.de

*Hotel Landhaus*
Sauerlacherstr. 10
Tel. (08171) 21 65 70
www.landhauscafe.com

*Gasthof Humplbräu*
Obermarkt 2
Tel. (08171) 48 32 90
www.humplbraeu.de

**Kanuvermieter:**

**Garmisch-Partenk.:**
*Wildwasser Werdenfels*
*(auch geführte Touren)*
Alpspitzstr. 16
Tel. (08821) 14 96
www.ww-gap.com

**Kochel am See:**
*Montevia*
Alte Straße 27
*auch Touren, weitere Startstelle in* **Achrain**
Tel. (08042) 97 24 00
www.montevia.de

**Shop & Vermieter** *(Boot abholen & Einsetzstelle wählen):*

**Murnau a. Staffelsee:**
*25 km nördl. von Garmisch*
*OberlandSports*
Petersgasse 3
Tel. 0172-469 67 26
www.oberland-sports.de

**Peißenberg:**
*46 km nördl. von Garmisch*
*Kajak-Hütte*
Zur alten Berghalde 3
Tel. (08803) 46 70
www.kajak-huette.de

**Mobiler Vermieter:**
*Wilderness Watertours*
*(auch gef. Touren)*
Tel. 0162-629 55 30
www.watertours.de

**Wasserwacht:** Kochelsee, Tel. (08851) 192 22.

**Tourist-Infos:**

**Farchant:** Am Gern 1, Tel. (08821) 96 16 96, www.farchant.de

**Kochel am See:** Bahnhofstr. 23, Tel. (08851) 338, www.kochel.de

**Garmisch-Partenkirchen:** Richard-Strauss-Platz 2, Tel. (08821) 18 07 00, www.gapa.de

**Wolfratshausen:** Marienplatz 1, Tel. (08171) 21 42 06, www.tourismus.wolfratshausen.de

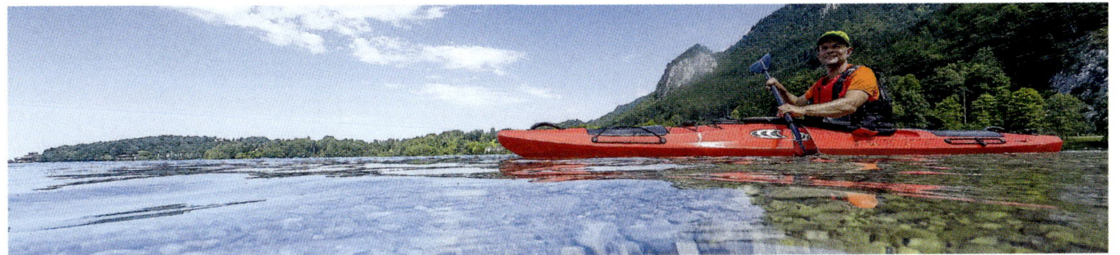

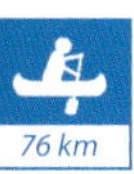


## Sehenswertes an der Loisach

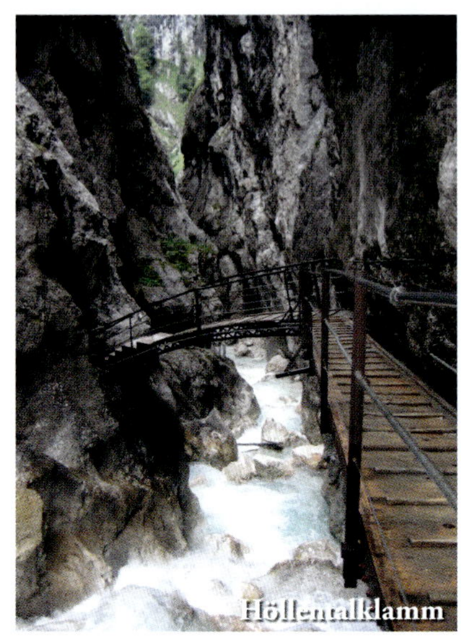
Höllentalklamm

**Garmisch-Partenkirchen:** *Pfarrkirche St. Martin* am Marienplatz mit eindrucksvollen Fresken; *Alte Kirche Garmisch* mit der 7 Meter hohen Darstellung des Hl. Christophorus (1330), hochbarockem *Hochaltar* und *Chorfenstern* mit gotischen Glasmalereien aus der Zeit um 1400; *Pfarrkirche Maria Himmelfahrt* (1871); *Wallfahrtskirche St. Anton* mit spektaklulärem Antonius-Fresko; *Werdenfelser Heimatmuseum* im ehem. Kaufmannshaus (www.werdenfels-museum.de); *Michael-Ende-Kurpark* mit *Barfußpfad*; *Zugspitze* (2.962 m) mit Panorama-Gondelbahn; 62 Meter hohe *Olympia-Skisprungschanze* (2007); *Olympia-Bobbahn* (bereits 1909 angelegt, heute denkmalgeschützt) von 1936 am Rießersee; *Burgruine Werdenfels* (um 1219) mit 4 Kilometer langem *Burglehrpfad*; *Partnachklamm* mit Wasserfällen, Stromschnellen und Gumpen, 1912 zum Naturdenkmal erklärt; *Höllentalklamm*, schöner Aufstieg durch die Klamm, die sich streckenweise zwischen hohen Felswänden hindurchzwängt.

**Farchant:** Idyllische *Bauernhäuser*; *Kuhfluchtwasserfälle* (drei Stufen mit einer Fallhöhe von insgesamt 270 Meter).

Walchenseekraftwerk

**Eschenlohe:** *Pfarrkirche St. Clemens* mit *Nepomuk-Statue* und *Deckengemälde* von Jakob Zeiller.

**Ohlstadt:** *Kaulbach-Villa* (Heimatmuseum, www.ohlstadt.de); *Pumuckl-Museum* in der 900 Jahre alten *Bartlmä-Mühle* (www.pumuckl-museum.de).

**Murnau am Staffelsee:** *Münter-Haus* (Museum zu Kandinsky und Gabriele Münter, www.murnau.de); *Schlossmuseum* im *Schloss Murnau* (13. Jh.) (www.schlossmuseum-murnau.de); *neugotisches Rathaus*; *Griesbräu* (traditionsreiches Wirtshaus, eigene Brauerei).

**Großweil:** *Freilichtmuseum Glenleiten* mit rund 60 Original-Gebäuden aus Oberbayern, www.glentleiten.de

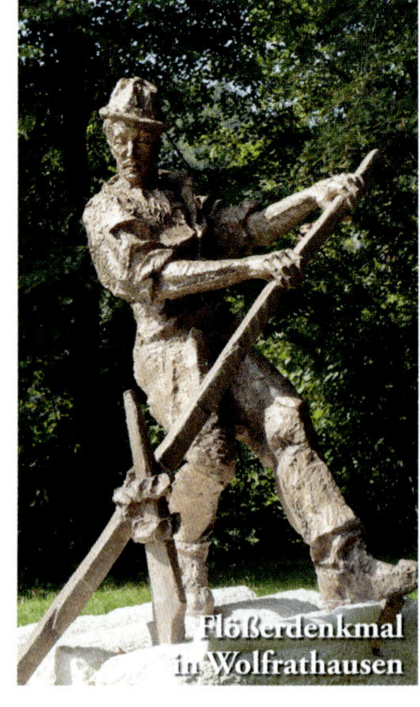
Flößerdenkmal in Wolfrathausen

**Kochel am See:** *Franz Marc Museum* (Kunst des 20. Jh., www.franz-marc-museum.de); *Erlebniskraftwerk Walchensee* (www.walchenseekraftwerk.de).

**Benediktbeuern:** Barockes *Benediktinerkloster* (ab 1669 von Georg Asam und Johann Baptist Zimmermann erbaut) mit *Fraunhofer Glashütte* (Museum), *Kloster-Bräustüberl, Kloster-Café und -Laden*, www.kloster-benediktbeuern.de

**Beuerberg:** Katholische *Pfarrkirche St. Peter und Paul* (ehem. Augustiner-Chorherren-Stiftskirche, ab 1626 Umbau der romanischen Basilika zur barocken Wandpfeileranlage).

**Wolfratshausen:** Barockisierte *Pfarrkirche „St. Andreas“* (1484); *Altstadt* mit hübschen *Bürgerhäusern*; *dreigeschossiges Rathaus* mit *Neurenaissancegiebel*; *Heimatmuseum* mit Exponaten aus der 1.000-jährigen Geschichte des Ortes, museum.wolfratshausen.de; *Japanischer Garten* (Geschenk der Patenstadt Iruma); Naherholungsgebiet *Pupplinger Au* am Zusammenfluss von Loisach und Isar.

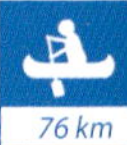


## Weitere Aktivitäten rund um die Loisach

**Radfahren:**

***Mountainbiketouren*** rund um die Zugspitze.

***Tagestouren*** ab **Kochel***:* Kochel am See – Kloster Benediktbeuern – Kochel am See *(15 km)*; Rundfahrt im ***Loisach-Kochelseemoor*** *(22 km)*; Kochel – Walchensee – Jachenau *(26 km Mountainbike-Rundtour)*.

**Fahrradvermieter (meist auch e-Bikes):**
**Garmisch-Partenk.:** ***Bikecenter,*** Mittenwalder Str. 3a, Tel. (08821) 781 83 90, www.bikeverleih.de
**Farchant:** ***Sportzentrum Föhrenheide***, Frickenstr. 33, Tel. (08821) 65 53
**Kochel am See:** ***Heinritzi,*** Bahnhofstr. 8, Tel. (08851) 471, www.heinritzi-fahrrad.de
**Wolfratshausen:** ***Oswald***, Bahnhofstr. 10, Tel. (08171) 184 15, www.oswald-bikes.de/verleih

**Wandern:**

***Bergtouren*** ab **Farchant***:* ***Kellerleitensteig*** – vom Pflegersee nach St. Martin am Grasberg (1.030 m); zur ***Enning-Alm (***1.544 m); zur ***Gießenbachalm*** (1.300 m); zum ***Brünstlkopf*** (1.815 m); zur ***Notkarspitze*** (1.888 m); zum ***Schafkopf*** (1.380 m); zur ***Esterbergalm*** (1.265 m); zum ***Hohen Fricken*** (1.940 m); zum ***Wank*** (1.780 m); zur ***Weilheimer Hütte*** (1.955 m) und ***Krottenkopf*** (2.086 m).

***Wanderwege*** bei **Farchant***:* ***Kramerplateauweg***; zu den ***Reschbergwiesen***; über Burgrain nach Garmisch; ***Philosophenweg*** nach Partenkirchen; ***Loisachufer-Rundweg***; zu den ***Kuhfluchtwasserfällen***.

***Bergwanderwege*** ab **Kochel***:* zum ***Jochberg*** (1.567 m), zum ***Rabenkopf*** (1.559 m); zum ***Herzogstand*** (wahlweise bergauf oder -ab mit Seilbahn, 1.731 m) und ***Heimgarten*** (1.790 m).

***Wanderwege*** bei **Kochel***:* Rundweg ***Lainbachwasserfälle / Vogellehrpfad*** *(ca. 1 Std.)*; ***Rundweg Loisachmoos*** *(ca. 2 Std.)*; ***Kochelseerundweg*** *(ca. 2-3 Std.)*.

**Paddeln:**

Auf der ***Isar*** von Lenggries nach München (siehe KANU KOMPAKT Isar & Loisach, Thomas Kettler Verlag).

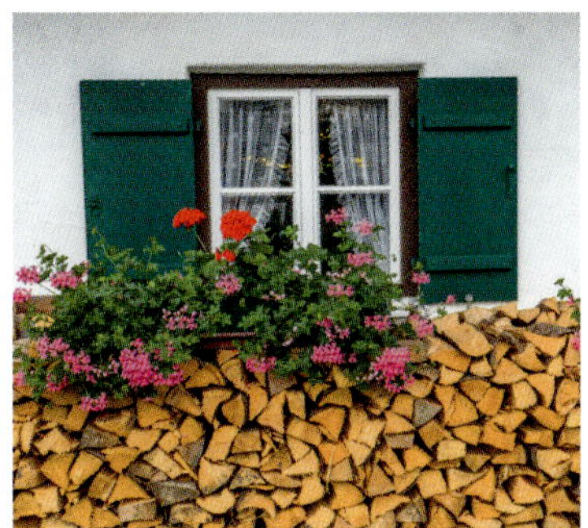

**Klettern:**

***Kletterwald Garmisch-Partenkirchen*** oberhalb der Talstation Wankbahn auf sechs unterschiedlich schweren Parcours mit ca. 80 Kletterelementen (Mär-Okt 10-18, Tel. 0170-634 96 88, www.kletterwald-gap.de).

**Wintersport:**

**Farchant** und **Garmisch-Partenkirchen** sind ideale Basislager für diverse Winteraktivitäten wie ***Winterwandern, Langlauf, Abfahrtski, Schlittenfahren, Eislaufen*** und ***Eisstockschießen***.

**Schwimmbad mit Sauna:**

**Kochel am See:** ***Kristall Therme Trimini,*** Seeweg 2, Mai-Sep tgl. 9-21, Okt-Apr Di-So 10-21, **Tel. (08851) 53 00**, www.kristall-trimini.de

**Bergbahnen:**

In **Garmisch-Partenkirchen:** ***Wankbahn, Kreuzeck- und Alpspitzbahn*** und am **Eibsee:** ***Seilbahn-Zugspitze*** sowie ***Zahnradbahn Bayer. Zugspitzbahn***, Tel. (08821) 79 70, www.zugspitze.de
***Herzogstandbahn*** am **Walchensee**, Tel. (08858) 236, www.herzogstandbahn.de

**Museen:**

**Kochel am See:** ***Franz Marc Museum***, Mittenwalder Str. 50, Tel. (08851) 92 48 80, www.franz-marc-museum.de
***Infozentrum Walchenseekraftwerk,*** Altjoch 21, Tel. (08851) 772 25, www.walchenseekraftwerk.de

**Großweil:** ***Freilichtmuseum Glentleiten***, An der Glentleiten 4, Tel. (08851) 185 10, www.glentleiten.de

**Gleitschirmflug:** **Kochel am See**: *Aerogen Gleitschirmschule*, Tel. (08851) 61 46 14, www.aerogen.onlinehome.de; ***Tandem - Gleitschirmschule***, Tel. (08851) 882, www.tandemschule.de

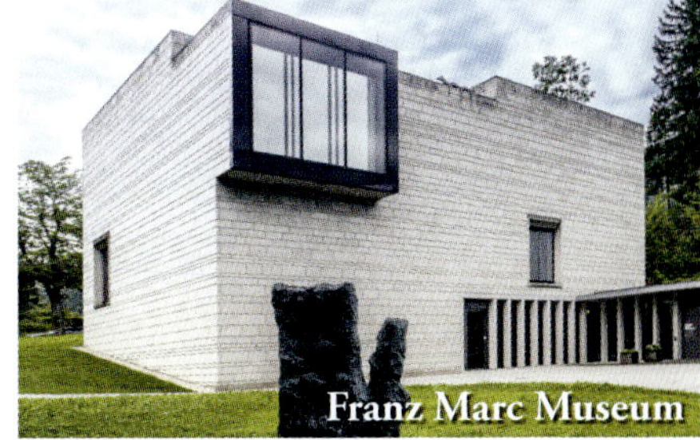
Franz Marc Museum

# Die Loisach

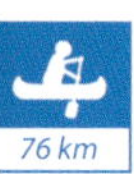


Nordöstlich von **Garmisch**, im Vorort **Farchant**, finde ich am Parkplatz in der Loisachstraße hinter der Straßenbrücke über die Loisach eine gute Einstiegsstelle.

Sofort nach dem Ablegen erfasst mich die rasante Strömung und erfordert meine ganze Aufmerksamkeit. Trotzdem werfe ich einen Blick zurück über die Schulter auf das imposante ***Wettersteingebirge.***

Viel Zeit um den Ausblick zu genießen bleibt allerdings nicht, denn die Loisach trägt mich flott gen Nordosten. Grobe, zum teil bewachsene Kiesbänke ziehen sich entlang der Ufer und es gibt kaum geeignete Anlandemöglichkleiten. Eine erste Möglichkeit zur Pause bietet der Rastplatz an der Einmündung des ***Gießenbachs*** am linken Ufer hinter **Oberau.** Doch Obacht, er ist erst im letzten Moment zu entdecken und wer nicht aufpasst, rauscht am Kehrwasser vorbei.

*Einst diente die Loisach den Oberauer Flößern, die vor allem Gipsstein und Holz nach München und Wien brachten, als Verkehrsweg. Der Verkauf von Gips zur Verwendung im Mauerwerksbau brachte dem Ort vom Ende des 18. bis Mitte des 19. Jahrhunderts eine Zeit des Wohlstands und zu der Zeit wurden im Ort vom Gießenbach an die zwölf Gipsmühlen angetrieben.*

Die Bundesstraße 2 verläuft nun dicht am linken Loisach-Ufer. *Im Jahre 1936 wurde sie anlässlich der Olympiade in Garmisch als „Olympiastraße" ausgebaut und ihre beiden Straßentunnel südwestlich des Ortes dienten im Zweiten Weltkrieg im Rahmen der sogenannten „U-Verlagerung" (Untertage-Verlagerung) als bombensichere Rüstungsproduktionsstätten für Flugzeugteile der damaligen Messerschmitt AG.*

Vor und hinter der Brücke in **Eschenlohe** bieten mehrere Gasthäuser die Möglichkeit zur Einkehr. Die beste Ausstiegsstelle liegt an der rechtsufrigen Rampe etwa 250 Meter hinter der markanten Brücke an der Einmündung der ***Eschenlaine***, denn direkt vor und hinter der Brücke sind die Ufer steil und zum Hochwasserschutz mit groben Findlingen befestigt. Direkt am Wasser lässt der *Gasthof „Zur Brükke"* mit eigener Metzgerei neben einem weichen

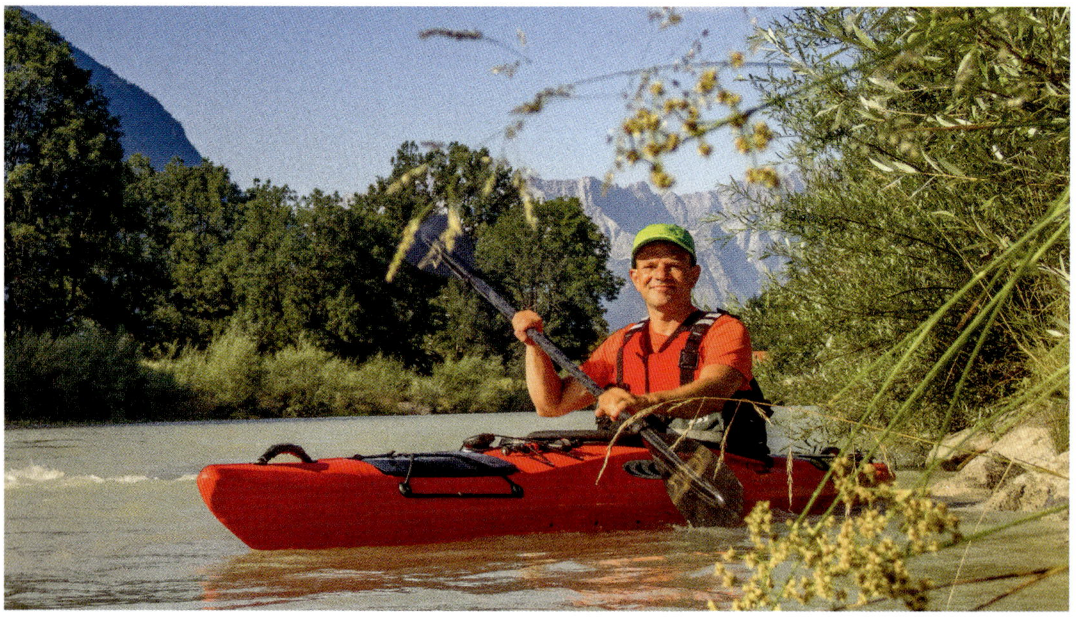

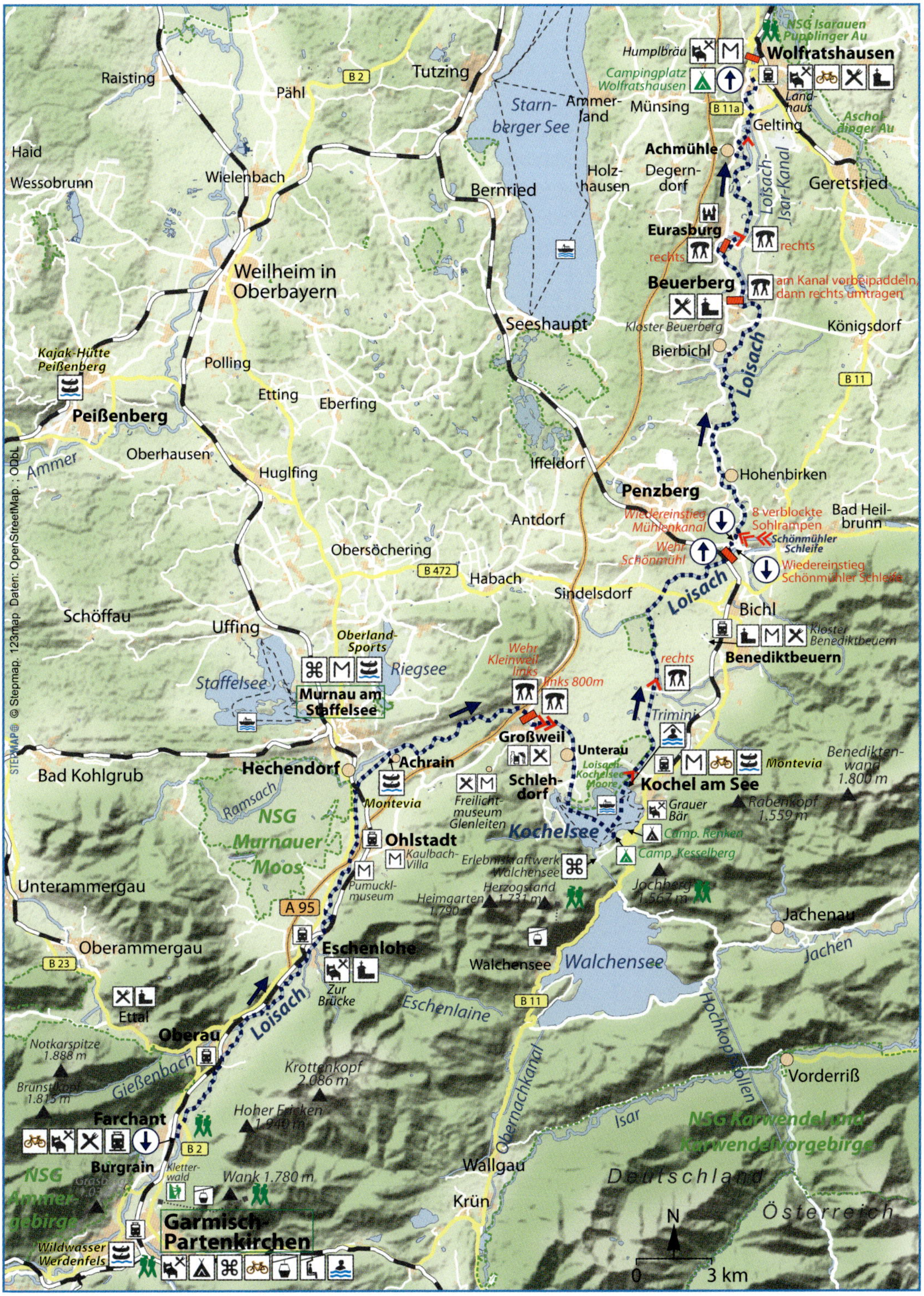

NSG Isarauen Pupplinger Au
Humplbräu
Wolfratshausen
Campingplatz Wolfratshausen
Land-haus
Raisting
Tutzing
Pähl
B 2
Starn-berger See
Ammer-land
Münsing
B 11a
Gelting
Aschol-dinger Au
Haid
Wessobrunn
Wielenbach
Achmühle
Holz-hausen
Degern-dorf
Loisach-Isar-Kanal
Bernried
Geretsried
Eurasburg
rechts
Weilheim in Oberbayern
Beuerberg
am Kanal vorbeipaddeln, dann rechts umtragen
Seeshaupt
Kloster Beuerberg
Königsdorf
Kajak-Hütte Peißenberg
Polling
Bierbichl
Loisach
B 11
Etting
Eberfing
Peißenberg
Oberhausen
Ammer
Huglfing
Iffeldorf
Hohenbirken
Penzberg
Antdorf
Wiedereinstieg Mühlenkanal
8 verblockte Sohlrampen
Schönmühler Schleife
Bad Heil-brunn
Obersöchering
Wehr Schönmühl
Wiedereinstieg Schönmühler Schleife
B 472
Habach
Sindelsdorf
Schöffau
Uffing
Bichl
Kloster Benediktbeuern
Benediktbeuern
Oberland-Sports
Riegsee
Wehr Kleinweil links
links 800m
Staffelsee
Murnau am Staffelsee
Trimini
Großweil
Unterau
Benedikten-wand 1.800 m
Achrain
Montevia
Bad Kohlgrub
Hechendorf
Schleh-dorf
Loisach-Kochelsee-Moore
Kochel am See
Grauer Bär
Rabenkopf 1.559 m
Ramsach
NSG Murnauer Moos
Freilicht-museum Glentleiten
Ohlstadt
Kaulbach-Villa
Kochelsee
Camp. Renken
Camp. Kesselberg
Erlebniskraftwerk Walchensee
Unterammergau
Pumuckl-museum
Heimgarten 1.790 m
Herzogstand 1.731 m
Jochberg 1.567 m
Jachenau
A 95
Oberammergau
Eschenlohe
Walchensee
Jachen
B 23
Zur Brücke
Ettal
Eschenlaine
B 11
Oberau
Notkarspitze 1.888 m
Brunstkopf 1.815 m
Gießenbach
Krottenkopf 2.086 m
Hochkopfstollen
Vorderriß
Obernachkanal
Farchant
Hoher Fricken 1.940 m
Isar
NSG Karwendel und Karwendelvorgebirge
B 2
Burgrain
Kletter-wald
Wallgau
NSG Ammer-gebirge
Wank 1.780 m
Deutschland
Krün
Österreich
Garmisch-Partenkirchen
Wildwasser Werdenfels
N
0
3 km
STEPMAP © Stepmap, 123map Daten: OpenStreetMap, ODbL

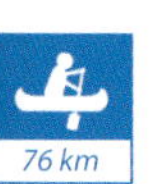


Bett auch auf deftige Hausmannskost hoffen. *Sehenswert im Ortszentrum ist die St. Clemens Kirche aus der zweiten Hälfte des 18. Jahrhunderts mit einem beeindruckenden Deckengemälde über dem Hochaltar.*

Nun beruhigt sich die Loisach und trägt mich ohne weitere Schwierigkeiten auf einer idyllischen Strecke, an der sich Steilufer und bewaldete Ufer abwechseln, gen Norden von den Bergen weg. Nachdem die Eisenbahnbrücke ein zweites Mal passiert ist, knickt die Loisach nach Nordosten ab und vor der Straßenbrücke zwischen **Murnau** und **Achrain** liegt am rechten Ufer der Anleger des *Kanuvermieters Bavariaraft*.

Auf den folgenden sieben Kilometern begeistert die Loisach mit einer naturbelassenen Fließstrecke. Je nach Wasserstand bieten mehrere Kiesbänke die Möglichkeit sich die Beine zu vertreten.

Hinter der Brücke der Autobahn 95 bei **Kleinweil** rauscht das Wasser über ein erstes, ***unfahrbares Wehr***. Ich lege links davor am Steg an und bin froh einen Bootswagen dabeizuhaben. So ist die gut 200 Meter lange Portage schnell bewältigt. Ich brauche den Bootswagen gar nicht erst in der Gepäckluke zu verstauen, denn bereits nach wenigen Paddelschlägen versperrt mir das nächste ***Hindernis, zwei weitere Sohlrampen*** den Weg. Ich setze gleich links hinter der Straßenbrücke zwischen **Kleinweil** und **Großweil** aus und umtrage auf der Straße am Deich knapp einen Kilometer auf dem Radweg die beiden in kurzem Abstand aufeinanderfolgenden ***Sohlrampen***.

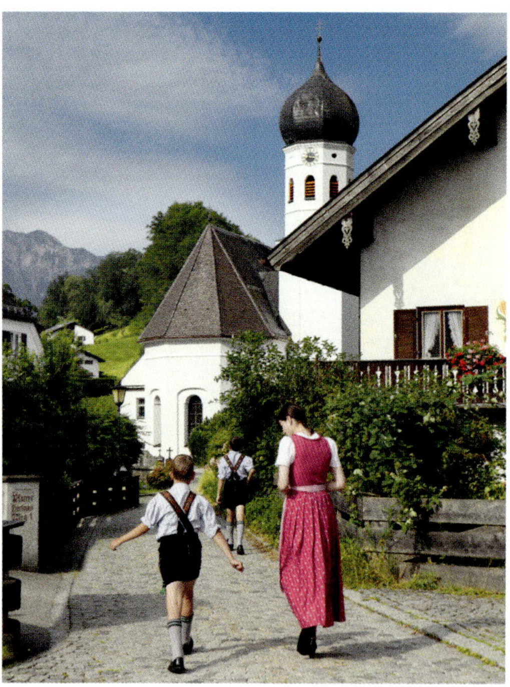

*Die Kirche in Kochel – auch ein Motiv Kandinskys*

Wer etwas Zeit übrig hat, kann sein Kanu am Fluss liegen lassen und über die Brücke nach **Großweil** gehen. Hier bietet der kleine *Dorfladen* die Möglichkeit, den Proviant aufzustocken oder man könnte im *Alpengasthof* einkehren oder übernachten. Nur eineineinhalb Kilometer sind es hinauf zum ***Freilichtmuseum Glenleiten***. *In einem abwechslungsreichen Rundgang über das weitläufige Museumsgelände inmitten von Wald, Weideflächen und historischen Gärten veranschaulichen rund 60 Gebäude mit vollständiger Einrichtung – Bauernhöfe, Mühlen, Almgebäude und Werkstätten – wie das ländliche Leben, Wohnen und Wirtschaften vergangener Jahrhunderte war.* Nur 500 Meter weiter lockt die ***Kreut-Alm*** mit Kaiserschmarrn und grandioser Aussicht aufs Loisachtal.

Auf der verbleibenden Strecke bis zum ***Kochelsee*** wurde die Loisach begradigt. Am Ufer gibt es noch ein weiteres Warnschild vor einer ***Sohlschwelle***, von der aber bei gutem Wasserstand kaum etwas zu spüren ist. Bei **Schlehdorf** markiert am rechten Ufer ein Kiesbagger, der den Kochelsee vor dem Geschiebe der Loisach schützt, die Mündung in den Kochelsee. Voraus leitet die mächtige Bergflanke des ***Herzogstands*** (1.731 m) mit den Rohrleitungen des Walchensee-Kraftwerks den richtigen Weg. *Dabei dient der höher gelegene Walchensee als Speicher- und der Kochelsee als Ausgleichsbecken.*

Während der südliche Bereich des ***Kochelsees*** von Bergen umgeben ist, liegt der nördliche Teil schon im flachen Voralpenland und wird von den ***Loisach-Kochelsee-Mooren*** begrenzt.

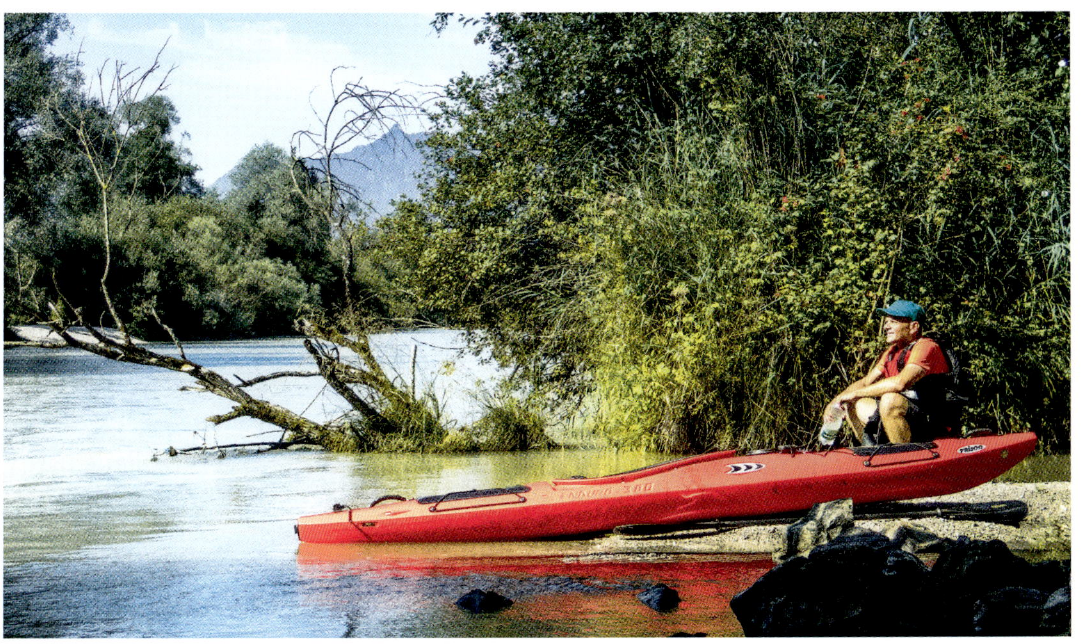

Immer wieder laden Kiesbänke zur Rast ein

Am Südostufer des Kochelsees bieten die beiden *Campingplätze „Kesselberg"* und *„Renken"* eine gute Möglichkeit, um die erste Etappe zu beenden und das Zelt aufzuschlagen. Die Auswahl fällt nicht leicht, denn beide liegen direkt am Ufer und beide bieten einen *Biergarten* und eine *Badestelle*, wobei der Badestrand des Campingplatz Kesselberg etwas größer ausfällt.

Von den Campingplätzen sind gleich zwei Attraktionen gut zu Fuß zu erreichen. Das ***Walchensee-Kraftwerk*** zählt zu den größten Wasserkraftwerken der Welt und kann tagsüber besichtigt werden (Eintritt frei). *Das moderne Besucherzentrum vermittelt viele Informationen rund um die Stromerzeugung.*

Ebenfalls nur einen kurzen Spaziergang entfernt Richtung **Kochel am See** liegt das ***Franz Marc Museum***, dessen Bedeutung weit über Bayern hinausreicht. *Der Maler Franz Marc, der lange Zeit Kochel am See zu seiner Wahlheimat machte, war neben Wassily Kandinsky Mitbegründer der Redaktionsgemeinschaft „Der Blaue Reiter". Er gilt als einer der bedeutendsten Maler des Expressionismus in Deutschland. Zusätzlich zu den Kunstbeständen des Franz Marc Museums wird eine beachtenswerte Sammlung moderner Kunst aus dem 20. Jahrhunderts gezeigt. Neben Künstlern des „Blauen Reiters" sind auch wichtige Werke der „Brücke"-Expressionisten vertreten.*

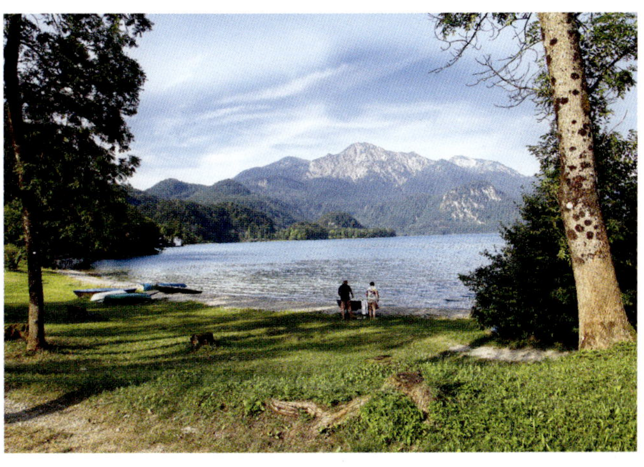

Schöne Badestelle unterhalb des Franz Marc Museums

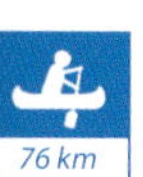


Im angeschlossenen *Restaurant „Zum Blauen Reiter"* genießt man auf der Seeterrasse über dem Seeufer nicht nur den Blick auf das Bergpanorama mit Herzogstand und Fahrenbergkopf, sondern auch leckere regionale Küche.

Wer ein Hotelbett der Isomatte vorzieht, findet am Ostufer mit dem *Seehotel „Grauer Bär"* das einzige direkt am Wasser gelegene Hotel. Übernachtungsgäste können in der großzügigen Wellnesslandschaft entspannen. Die anspruchsvolle Küche offeriert Saiblinge und Renken frisch aus dem See, auch Vegetarier finden eine gute Auswahl an pfiffigen Gerichten, die eine willkommene Abwechslung zu den allgegenwärtigen Kässpatzen und Obatzda bieten.

Dichter Nebel liegt am nächsten Morgen über dem Wasser, als ich vom Campingplatz am Ufer entlang in den nördlichen Zipfel des Kochelsees paddel. Eine gute Anlandestelle für den Besuch des Ortszentrums von **Kochel am See** oder den Beginn bzw. das Ende einer Tagesfahrt findet sich hinter dem *Trimini-Bad (Parkplätze in der Trimini-Straße)*.

Kurz hinter dem Freizeitbad ist der ***Ausfluss der Loisach*** aus dem Kochelsee erreicht. Hier lenke ich das Boot in den linken Flussarm. Das Rauschen der kräftigen ***Sohlschwelle*** ist weithin zu hören. Die Stelle ist etwas verblockt, mittig aber gut zu befahren und ließe sich bei Bedarf am rechten Ufer umtragen.

Mit mäßiger Strömung schiebt mich der breite Fluss an hohen Ufern vorbei, die Loisach fließt nun durch das einsame ***Loisach-Kochelsee-Moor*** *(Uferbetretungsverbot bis zur Straßenbrücke Sindelsdorf-Bichl)*. Beim Blick über die Schulter bezaubert das schöne Alpenpanorama. Birken spiegeln sich im Wasser und aus dem Nebel dringt gedämpftes Kuhglockengeläut über den Fluss.

Kurz hinter einer Fußgängerbrücke warnt ein Schild vor der nächsten ***Stufe***. Wegen der fast immer kräftigen Walzenbildung sollte es unbedingt am rechten Ufer umtragen werden.

Nun ist die Loisach ersteinmal hindernisfrei und ich gleite durch eine stille, ja wirklich einsame Moorlandschaft. Zu beiden Seiten der Loisach befindet sich im Umkreis von knapp

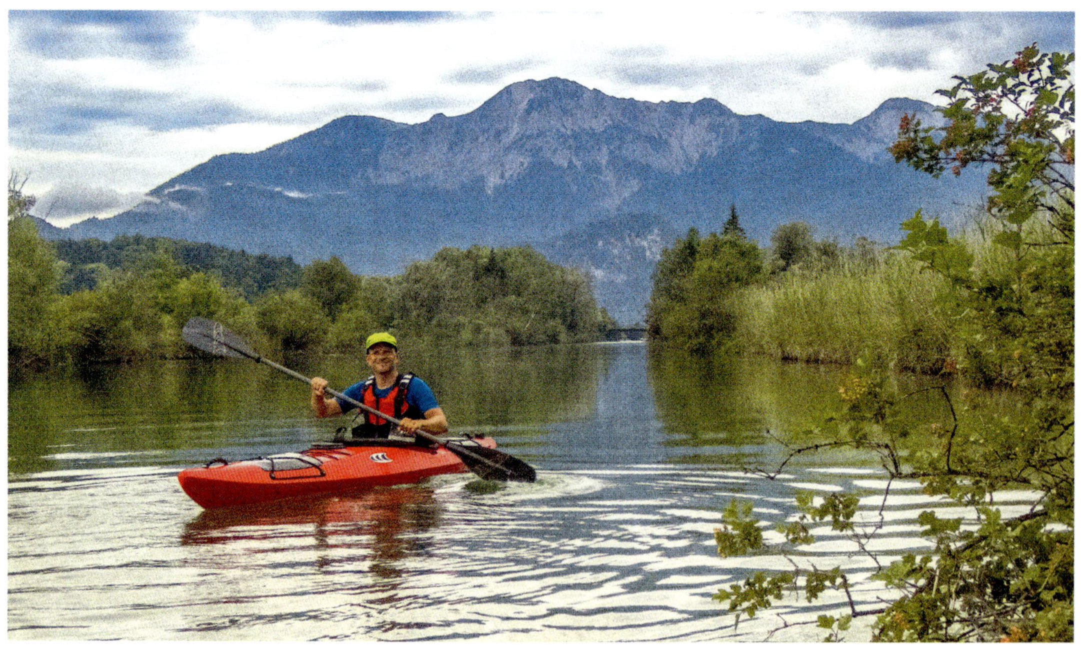

*Loisach nach Ausfluss aus dem Kochelsee*

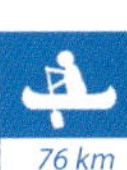


zweieinhalb Kilometern keine menschliche Ansiedlung. *Zwischen Kochelsee und Penzberg bilden die Loisach-Kochelsee-Moore eine wertvolle Moorlandschaft, die in der Würmeiszeit vor mehr als 15.000 Jahren entstand. Die ausgedehnten Nieder- und Hochmoorflächen umfassen 3.600 Hektar. Nicht nur wegen der Größe zählen diese Moore zu den bedeutendsten Moorgebieten Süddeutschlands, sondern auch wegen ihrer artenreichen Flora und Fauna. Insgesamt brüten oder rasten hier über 200 Vogelarten. Viele vom Aussterben bedrohte oder in Bayern stark gefährdete Reptilien, Amphibien und Insekten haben in dieser alten Kulturlandschaft eine Heimat gefunden, so die Kreuzotter und viele seltene Libellenarten.*

In der Ferne ist rechts der Ort **Benediktbeuern** zu sehen. Etwas weit – nämlich rund zweieinhalb Kilometer Fußmarsch – ist es bis zum gleichnamigen ***Kloster***. *Ein Besuch des ältesten Klosters in Oberbayern lohnt allemal, nicht nur wegen der Leckereien aus der Klosterküche des „Bräustüberl". Karl der Große überbrachte dem dritten Abt Elilant die große Reliquie vom rechten Arm des Hl. Benedikt, der den Namen der Abtei Buron in Benediktbeuern änderte. In der Klosterbibliothek fand man 1803 die Carmina Burana, eine Sammlung von Vagantenliedern aus dem 13. Jahrhundert, die von Carl Orff 1937 so meisterhaft zu einem Chorwerk verarbeitet wurden.*

Etwa 11 Kilometer nach Verlassen des Kochelsees, gabelt sich der Wasserlauf. Ich halte mich links und steuere nach 100 Metern das linke Ufer an, um das ***Wehr*** in **Schönmühl** zu umtragen. Die Portage ist sehr lang, verläuft aber auf guten Wegen: auf dem Schotterweg schiebe ich den Bootswagen bis zur Straße am Sägewerk und dort nach rechts weiter und vorbei am ehemaligen *Gasthaus Schönmühl. Das urige Gasthaus diente auch als Filmkulisse 1994 für den Film „Hölleisengretl" mit dem österreichischen Sänger Hubert von Goisern sowie 2018 im Film von Josef Bierbichlers „Zwei Herren im Anzug".*

Kurz hinter dem Gasthaus an der kleinen Kapelle steht die Entscheidung an, wie es weitergeht. Bei gutem Wasserstand können Geübte

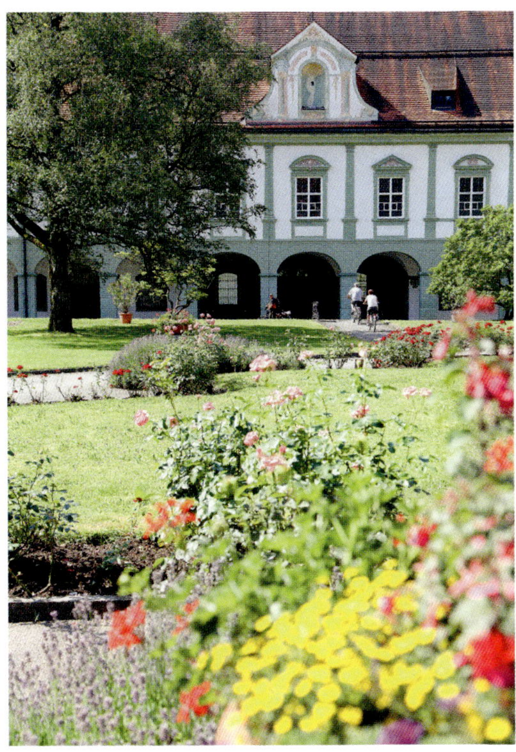

*Auf jeden Fall einen Besuch wert – Kloster Benediktbeuern*

ihre Kajaks am Ende des eingezäunten Bereichs direkt wieder in die Loisach einsetzen, um die landschaftlich reizvolle ***Schönmühler Schleife*** zu befahren. Die Strecke der Tour verlängert sich so um drei Kilometer und bei wenig Wasser ergeben sich einige flache Stelle. Zusätzlich warten am Ende gleich ***acht stark verblockte Sohlrampen*** auf einer Strecke von 300 Metern, die je nach Wasserstand und Können umtragen werden müssen.

Ich schiebe jedoch meinen Bootswagen hinter der Kapelle bergan auf den Hügel bis zur Straße ***(ACHTUNG: unübersichtlicher Autoverkehr)***. Jenseits der Straße geht es schräg nach rechts wieder hinunter zur Einsetzstelle am ***Mühlenkanal*** unterhalb des Elektrizitätswerks. Der ***Mühlenkanal*** mündet alsbald unterhalb der zuvor erwähnten Sohlrampenstrecke wieder in die Loisach, wo am gegenüberliegenden Ufer ein großer *Kiesstrand* zur Rast einlädt.

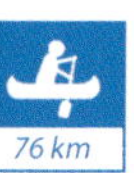

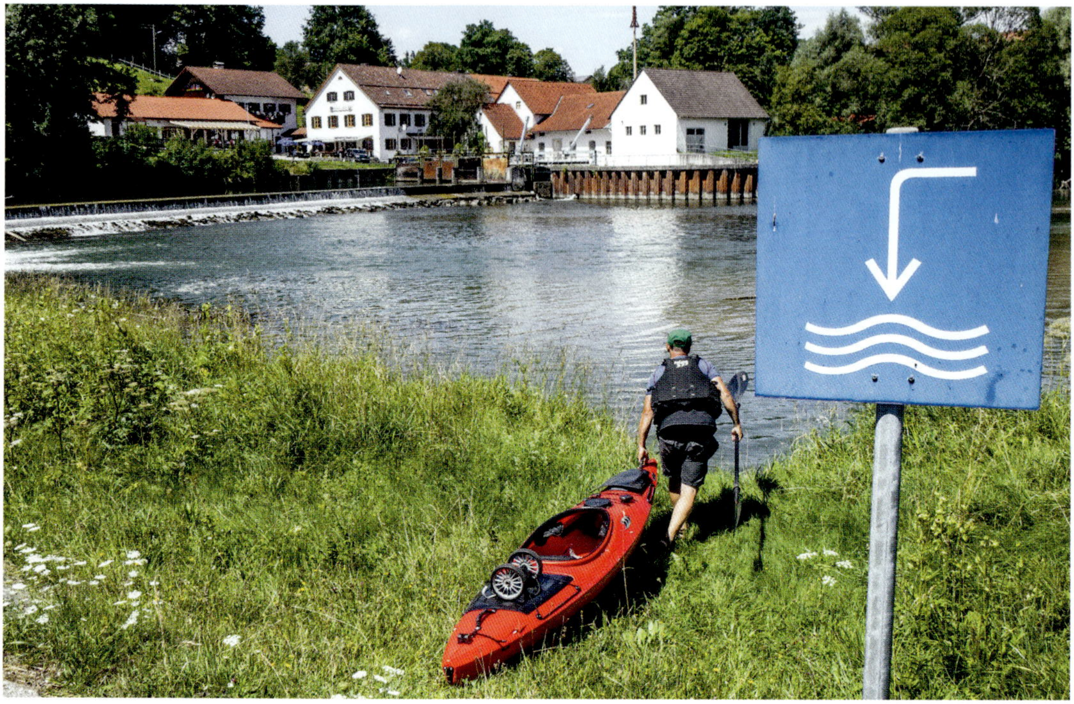

*Einstieg nach der Portage am Wehr in Beuerberg*

Es folgen mehrere Brücken, besonders auffällig ist die Straßenbrücke etwa fünf Kilometer hinter Schönmühl. Hier erinnert in der folgenden Kurve ein Brückenpfeiler mitten im Fluss an die ehemalige Bahnlinie zwischen Wolfratshausen und Bichl.

Etwa fünf Kilometer weiter taucht über dem linken Ufer das ***Kloster Beuerberg*** auf und nach einer ausladenden Flussschleife erreiche ich eine Gabelung. Nach rechts zweigt der Loisach-Isar-Kanal ab, der das vom Walchensee-Kraftwerk zusätzlich eingebrachte Isar- und Rißbachwasser in die Isar ableitet. Ich halte mich jedoch an der Gabelung links und lege gleich am rechten Ufer an, um das ***Wehr* Beuerberg** kurz über die Insel zu umtragen.

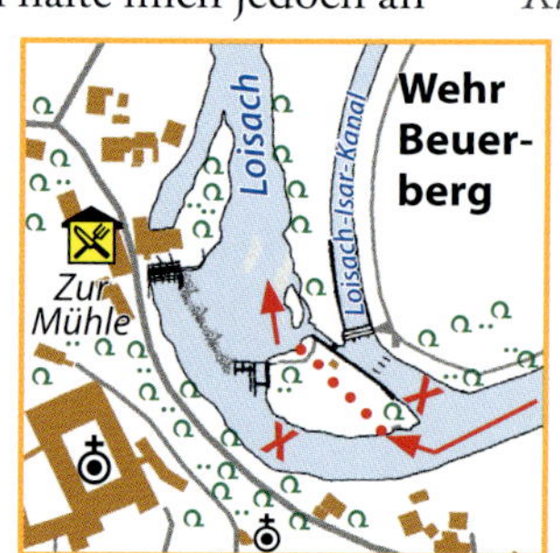


Hinter dem Wehr liegt am gegenüberliegenden Ufer das *Gasthaus „Zur Mühle"*, von dessen Terrasse und den hellen Pensionszimmern man einen schönen Blick auf die Loisach hat. Spezialität des Hauses ist Lamm aus eigener Zucht und Schlachtung. Allerdings ist das Gasthaus vom Wasser aus nur schwer zu erreichen, denn zunächst verhindern die steile Böschung und eingezäunte Privatgrundstrücke das Anlanden. Nur ein paar Schritte sind es zum ***Kloster Beuerberg**, dem Kloster der Augustiner Chorherren aus dem Jahre 1121. Weil es kaum dienende Brüder aufwies, mussten alle Arbeiten von den Beuerberger Hörigen und Dienstboten des Klosters verrichtet werden, so dass die Geschichte des Klosters und die des schon 200 Jahre älteren Dorfes eng miteinander verbunden war.*

Über meine Bugspitze blitzt schon mal das ***Schloss*** in **Eurasburg** über den Baumwipfeln, verschwindet aber sofort wieder aus dem Blickfeld. *Das Schloss, anstelle der 1626 abgerissenen Iringsburg im Stil der Spätrenaissance erbaut, brannte 1976 samt der wertvollen Inneneinrichtung aus und beher-*

*bergt heute ausschließlich Eigentumswohnungen. Geboren auf Schloss Eurasburg wurde 1845 der bekannte Bergsteiger Hermann von Barth, der im Alleingang die noch weitgehend unerschlossenen Berchtesgardener Alpen erkundete und als „Erschließer des Karwendels“ bekannt wurde. In dem 1874 veröffentlichten Buch „Aus den Nördlichen Kalkalpen“, dokumentierte er seine Erfahrungen und Touren. Das Werk gilt heute als Klassiker der Alpinliteratur.*

Am ***Wehr*** in **Eurasburg** darf die Floßgasse wegen der starken Walze am Ende nicht befahren werden. Daher steige ich an der Holztreppe am rechten Ufer aus. Dahinter lockern ein paar kleine Schwälle die Tour etwas auf und endlich gibt es an den Ufern auch wieder ein paar schöne Pausenplätzchen. Die Loisach nimmt erneut etwas Fahrt auf und etwa einen Kilometer hinter dem Eurasburger Wehr schließe ich vor einer etwa 50 Zentimeter hohen ***Sohlschwelle*** die Spritzdecke. Das Hindernis sollte nur von erfahrenen Paddlern und nur nach vorheriger Besichtigung befahren werden. Anfänger mit Tourenbooten sollten in jedem Fall rechts durch den Wald umtragen.

An einer ***Steinbuhne*** die von rechts in den Flusslauf ragt teilt sich die Loisach und ich steuere die Bootsspitze nach links in den schmalen und idyllischen Loisacharm. Die richtige Entscheidung, wie sich nach zwei Kilometern herausstellt, wo der rechte Arm über eine deutlich höhere und ruppigere Stufe zurückkommt. Direkt hinter dem Zusammentreffen der beiden Loisacharme bietet sich in dem links abgehenden Altarm am Ufer eine letzte schöne Pausenmöglichkeit, bevor es nach **Wolfratshausen** geht.

Den Ortsanfang markiert zunächst die blaue Fußgängerbrücke im Ortsteil Gelting. Hinter der Straßenbrücke der Bundesstraße 11a folgt

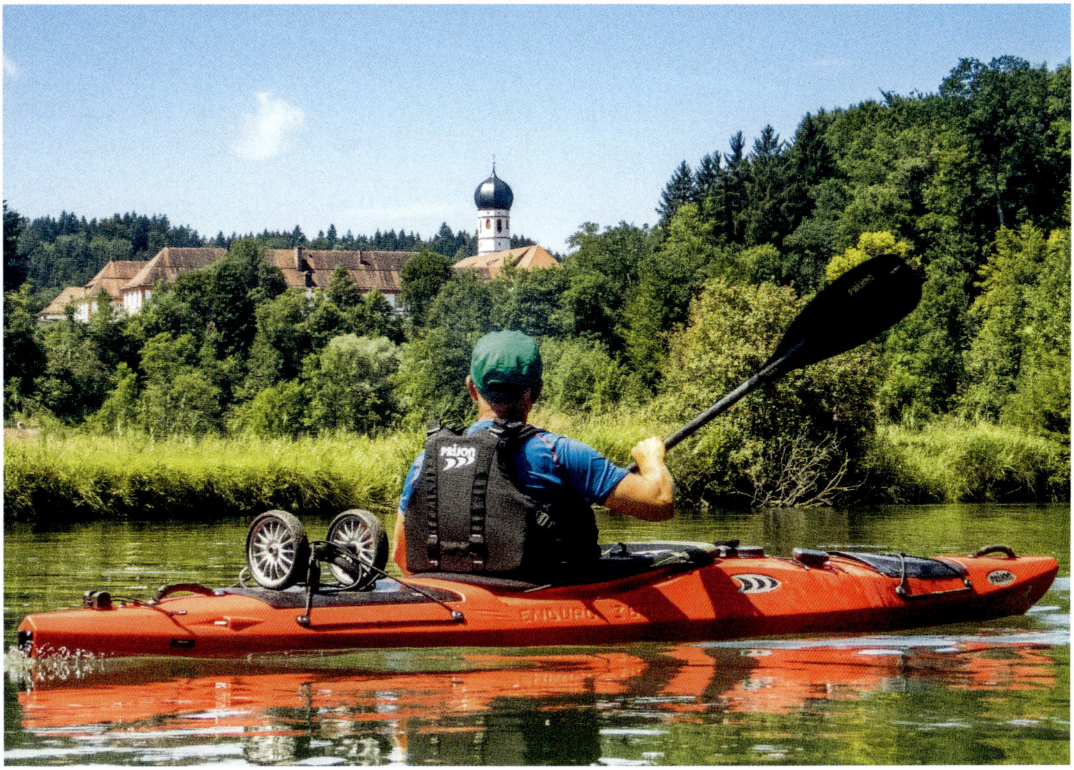

*Kloster Beuerberg*

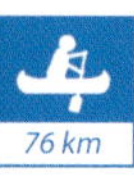

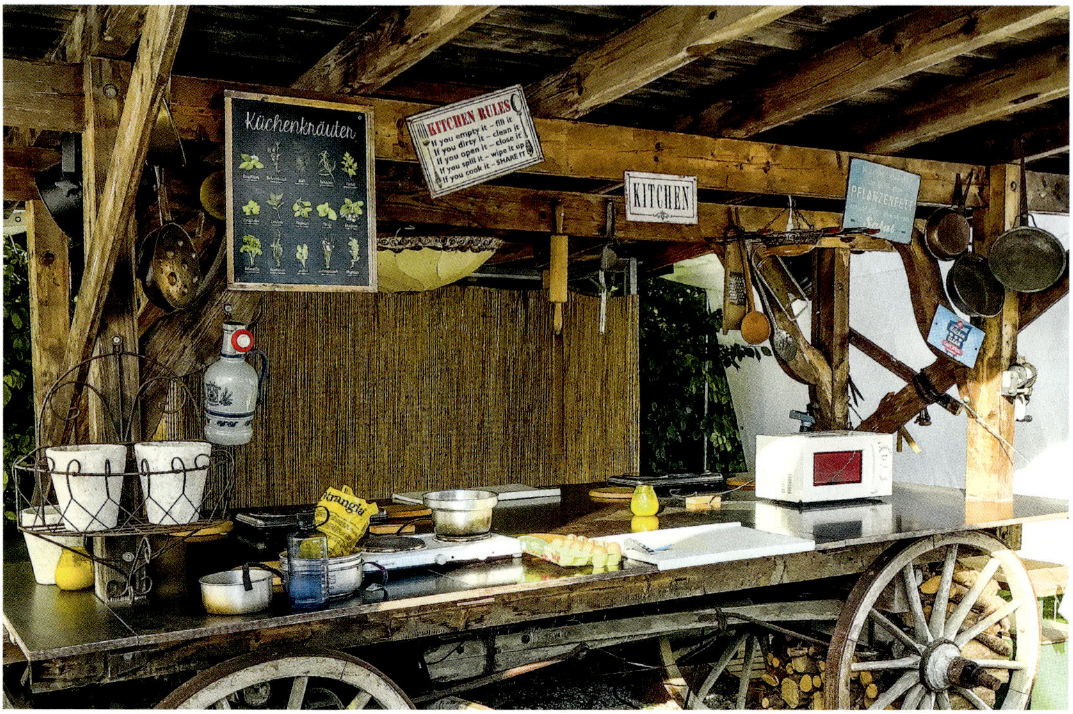

*„Camper-Kitchen" auf dem Campingplatz Wolfratshausen*

ein Gewerbegebiet und bald sind die ersten Häuser erreicht. Da sich die Fußgängerbrücke Walsersteg aufgrund des extrem steilen Uferhangs eher weniger gut für den Ausstieg eignet, paddel ich noch eine Flussbiegung weiter und finde vor der Straßenbrücke hinüber in die Altstadt am linken Ufer eine Steintreppe, an der sich die Tour gut beenden lässt. Oben liegt ein gebührenpflichtiger Parkplatz.

Über die Barbezieuxstraße erreicht man die Badstraße, in der nach 200 Metern der sympathische *Campingplatz (kleiner Platz, vorab reservieren)* mit kleinem *Badeweiher* zu finden ist.

Die Altstadt der 1.000-jährigen Flößerstadt **Wolfratshausen** ist von hier aus in wenigen Minuten Fußweg erreicht. *Das **Heimatmuseum** mit zahlreichen Exponaten zur Flößerei, die Baudenkmäler „Buckhaus" und „Beim Oberfärber" mit reicher Fassadenmalerei sowie das sehenswerte Rathaus und die Pfarrkirche St. Andreas und nicht zuletzt der 1619 erstmals urkundlich erwähnte Gasthof Humplbräu laden zu einem Stadtbummel.*

Auch der ***Auwald „Pupplinger Au"*** und die ***Isarauen*** des interessanten ***Naturschutzgebietes*** im Bereich der Isar- / Loisachmündung ist nahe und einen Spaziergang wert.

# Ammersee & Amper

Zugspitzblick und Ampermoos

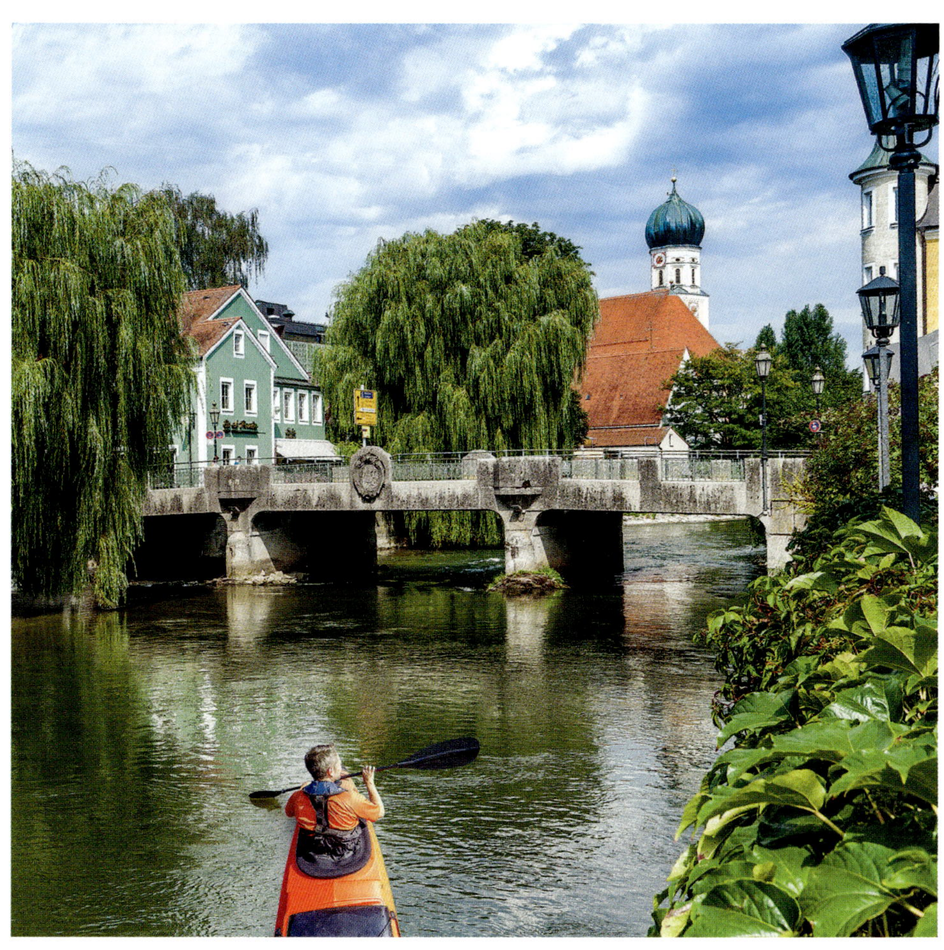

Tour 20

## Tour-Infos Ammersee & Amper

| Aktivitäten | Natur | Kultur | Baden | Hindernisse |
|---|---|---|---|---|
| 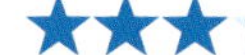 |  |  |  | 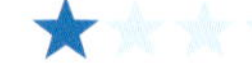 |

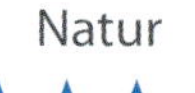
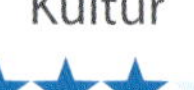

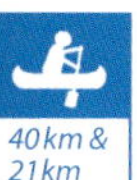
40 km & 21 km

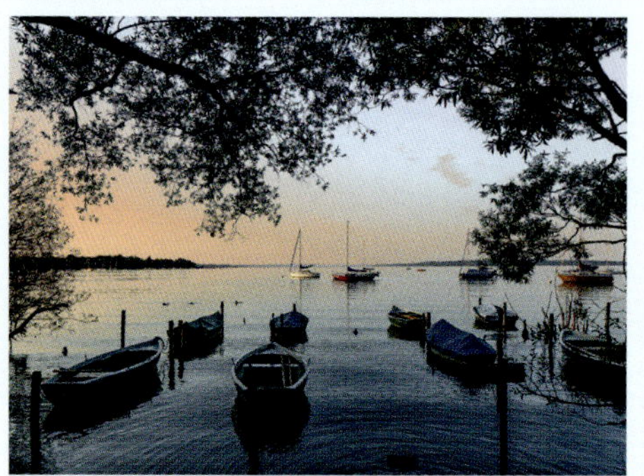

### Charakter der Tour

Der Ammersee ist aus einem Zungenbecken entstanden, den ein Eiszeitgletscher ausgehobelt hat. Er ist etwa 15 Kilometer lang, fünf Kilometer breit und bis zu 81 Meter tief. Mit seinem schönen Alpenpanorama ist er ein tolles Kanurevier und im Gegensatz zum benachbarten Starnberger See sind seine Ufer nicht ausschließlich in privater Hand, so dass genügend öffentliche Strände zum Anlanden und Plantschen zu finden sind.

Bei Stegen am nördlichen Ende des Ammersees fließt die Amper aus dem Ammersee ab und windet sich als gemütlicher Wanderfluss in schönen Schleifen erst durchs Ampermoos, eines der größten noch bestehenden Flußtal-Niedermoore Deutschlands, dann durch die sanfte Hügellandschaft des Naturschutzgebietes Amperauen mit seinem eindrucksvollen Moränendurchbruchsgebiet. Bemerkenswert sind hier das große Ringelnatter-Vorkommen und zahlreiche Biberpopulationen.

**Dauer & Länge der Tour:** 3 Tage; 40 km für die Umrundung des Ammersees; ca. 21 km auf der Amper
**Schwierigkeit:** Einfach, gute Bade- und Einkehrmöglichkeiten

**Umtragestellen:** **Zwei** größere **Sohlrampen**, die man je nach Können befährt oder umträgt; das **Kraftwerk** in **Schöngeising** muss auf jeden Fall umtragen werden.

**Etappenvorschlag 3-Tagestour:**

1. **Tag:** Auf dem ***Ammersee*** von Inning über Herrsching nach Dießen (15-20 km).
2. **Tag:** Auf dem ***Ammersee*** von Dießen über Utting nach Inning (15-20 km).
3. **Tag:** Auf der Amper vom Ammersee nach Fürstenfeldbruck (21 km).

**Tipps für Tagestouren:**

1. Auf dem ***Ammersee*** von Herrsching nach Utting und zurück (15 km).
2. Auf der ***Amper*** von Stegen nach Fürstenfeldbruck (18 km).

**Befahrungsregelungen:** Die ausgewiesenen ***Sperrzonen (NSG) am Nord- und Südufer*** des Ammersees dürfen **nicht** befahren werden.
Für die ***Naturschutzgebiete Ampermoos*** von Stegen bis Grafrath und die ***Amperauen*** von Schöngeising bis Fürstenfeldbruck besteht ein uneingeschränktes **Befahrungsverbot im Zeitraum vom 1.3-15.7.**

### Anreise

A 96 München – Lindau, *Ausfahrt Inning am Ammersee*, weiter nach **Stegen**.

**Einsetzen und Parken:** Für die ***Ammerseeumrundung*** kann das Kajak an jedem der Ammersee-Zeltplätze oder an einem der zahlreiche Strandbäder eingesetzt werden.

Die beste Einstiegstelle für die ***Ampertour*** ist unter der ***Brücke der Autobahn 96*** in **Stegen** *(Navi: Landsberger Str. 81, 82266 Inning am Ammersee)*; großer kostenpflichtiger Parkplatz, Zugang zum Amperufer über den schmalen Weg vorbei am Kiosk und der Minigolfanlage).

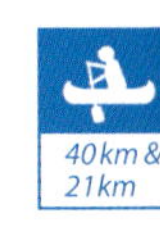


**Aussetzstelle:** Vor der Brücke am Schwimmbad in **Fürstenfeldbruck** *(Klosterstr. 4, 82256 Fürstenfeldbruck)*.

**Zurück zum Pkw:** Mit der S-Bahn (S 4) von **Fürstenfeldbruck** nach Grafrath und weiter mit dem Bus zu allen größeren Orten entlang der Ufer des **Ammersees**. Die Orte Utting und Dießen am Westufer sind auch gut per Bahn zu erreichen.

**Kartenmaterial & Literatur-Tipps:**

Bikeline Radtourenbuch **Fluss-Radwege Oberbayern,** Ammer-Amper-Radweg, Amper-Altmühl-Radweg, Ilmtal-Radweg, Paartal-Tour, Mangfall-Radweg und Panoramaweg Isar-Inn, 600 km mit topographischen Karten 1:50.000, Esterbauer Verlag.

Reiseführer **Oberbayerische Seen - individuell reisen**, *Thomas Schröder,* Michael Müller Verlag.

**Das Fünf-Seen-Land,** prächtiger Luftbildband mit faszinierenden Aus- und Einblicken zu Starnberger See, Ammersee, Wörthsee, Pilsensee, Weßlinger See und Umgebung, *Bodenbender / Werneck,* terra magica.

Lieblingsplätze im Gmeiner-Verlag: **„Fünfseenland"** I **„So schmeckt Oberbayern"**.

**Glücksorte im Fünfseenland:** Fahr hin und werd glücklich, Droste Verlag.

**111 Orte im Fünfseenland, die man gesehen haben muss,** *Jochen Reiss,* emons Verlag.

**Unterwegs im Blauen Land:** 25 Kulturwanderungen im Fünfseenland und Pfaffenwinke. SZ Edition.

**„Bürgermeister Hirsch geht baden",** (Krimi), *Thea Fischer,* Aufbau Taschenbuch.

**„Tod am Ammersee"** und **„Rache am Ammersee",** Oberbayern Krimis, *Inga Persson,* emons Verlag.

**„Der Hexer und die Henkerstochter",** (historischer Roman), *Oliver Pötzsch,* Ullstein.

**Übernachtung in Wassernähe** (in der Reihenfolge des Tourenverlaufs):

**Inning-Buch:**
*Campingplatz Baumann*
In der Senke 2
Tel. (08143) 427
www.campingplatz-baumann.de

**Dießen:**
*Campingplatz St. Alban*
Seeweg-Süd 85
Tel. (08807) 73 05
www.camping-ammersee.de

*Strandhotel Dießen*
Jahnstr. 10
Tel. (08807) 922 20
www.strandhotel-diessen.de

**Utting:**
*Campingplatz Utting*
Im Freizeitgelände 5
Tel. (08806) 72 45
www.ammersee-campingplatz.de

**Schondorf:**
*Pension Schwarz*
Seestr. 11
Tel. (08192) 215
www.schwarz-ammersee.de

**Grafrath OT Unteralting:**
*Ferien-Apartment Ampersteg*
Schmid-Wirt-Weg 3
Tel. (08144) 14 05
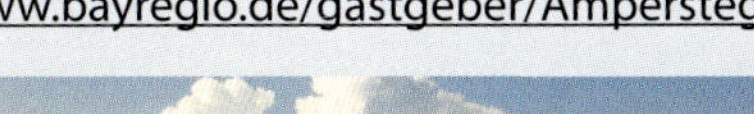
www.bayregio.de/gastgeber/Ampersteg

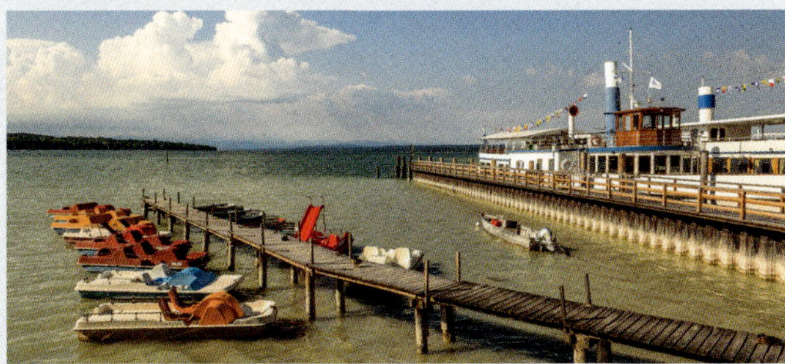

**Fürstenfeldbruck:**
*Wohnmobilstellplatz „AmperOase"*
Klosterstraße 4

*Fürstenfelder Hotel*
Mühlanger 5
Tel. (08141) 888 755 00
www.fuerstenfelder.com

**Kanuvermieter** (auch Touren)**:**
*Wilderness Watertours* in Starnberg
Tel. 0162-629 55 30 *(mobiler Vermieter)*
www.watertours.de

**München Perlach:** *Die Waldmeister*
www.diewaldmeister-muenchen.de

**Kaufering:**
*(25 km westlich von Stegen)*
*Kanu-Trekking Grabscheid*
Brückenring 17
Tel. (08191) 652 88
www.kanu-trekking.de

**Peißenberg:**
*(21 km südlich v. Ammersee)*
*Kajak-Hütte*
Zur Alten Bergehalde 3
Tel. (08803) 46 70
www.kajak-huette.de

**Tourist-Infos:**

**Landsberg am Lech:** ***Tourismusverband Ammersee-Lech***, Schulgasse 290 1/2, Tel. (08191) 970 03 77, www.ammerseelech.de

**Herrsching:** ***Starnberger Fünfseenland,*** Bahnhofsplatz 3, Tel. (08151) 90 60 40, www.sta5.de

**Fürstenfeldbruck:** ***Fremdenverkehrsamt***, Tel. (08141) 281 33 34, www.fuerstenfeldbruck.de

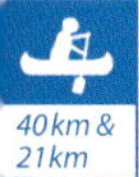

40 km & 21 km

## Sehenswertes an Ammersee & Amper

**Dießen:** Barockes *Marienmünster* (1732-1739); *Bauhaus-Pavillons* der Arbeitsgemeinschaft Dießener Kunst mit Werken von 30 Künstlern (www.diessener-kunst.de); *Carl-Orff Museum* zu Leben und Werk des Komponisten (www.orff.de/institutionen/carl-orff-museum); *„Dießener Fischerstechen"* Mitte August.

**Herrsching:** *Kurparkschlössl* (einstige Villa des Kunstmalers Ludwig Scheuermann); ursprünglich spätgotische, später barockisierte *Martinskirche* auf einem Hügel am östlichen Ortsrand mit gutem *Ausblick* über Dorf und Ammersee. *Wallfahrtsort Kloster Andechs* (Kloster, Kirche, Klosterbrauerei mit Biergarten, www.andechs.de).

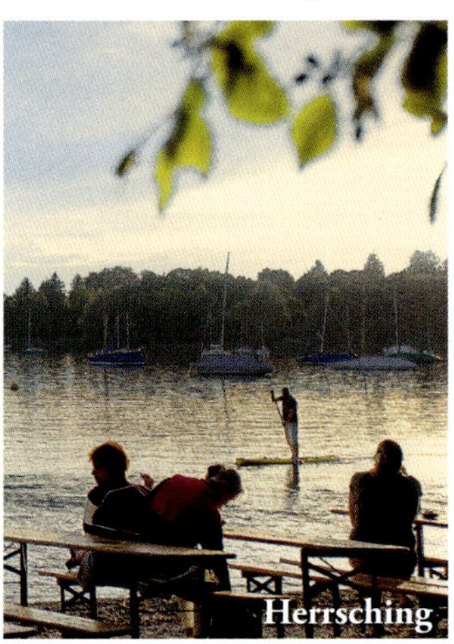

Herrsching

**Holzhausen:** *Künstlerhaus Gasteiger* (Museum und idyllischer Bauerngarten, www.schloesser.bayern.de).

**Grafrath:** *Wallfahrtskirche St. Rasso* (barocker Saalbau, Mitte des 18. Jh. im Rokoko-Stil umgestaltet).

**Fürstenfeldbruck:** Ehem. *Zisterzienser-Kloster* (1266) mit spätbarocker *Klosterkirche Mariä Himmelfahrt* und *Museum Fürstenfeldbruck* (Ausstellungen zur regionalen Kultur & Geschichte, *Di-Sa 13-17, So 11-17*, www.museumffb.de); *Pfarrkirche St. Magdalena* (17. Jh.); *Wallfahrtskirche St. Leonhard* (gotischer Zentralbau); *Altes Rathaus* (1866-1868); *Mahnmal* zur Erinnerung an den Todesmarsch von KZ-Häftlingen.

## Weitere Aktivitäten rund um Ammersee & Amper

**Radfahren:** Der 201 Kilometer lange ***Ammer-Amper-Radweg*** führt von den Ammerquellen südlich von **Oberammergau** bis zur Ampermündung in die Isar bei **Moosburg**.

**Fahrradvermieter:**

**Dießen:** ***Sportec Bernhard***, Bahnhofstr. 6, Tel. (08807) 94 04 02

**Herrsching:** ***Call a Bike Pop-up-Station*** an der S-Bahn-Station Herrsching (S 8), 6. Jun-3. Okt 2022 *(auch an den S-Bahn-Stationen Seefeld-Hechendorf und Steinebach)*, www.callabike.de/de/sommerangebot

**Fürstenfeldbruck:** ***AmperRad*** (Di-Sa, auch e-Bikes) Ledererstr. 2, Tel. (08141) 315 17 60, www.amperrad.de

***Zweirad Fischbeck*** Schöngeisinger Str. 76, Tel. (08141) 34 95 54, www.zweirad-fischbeck.de

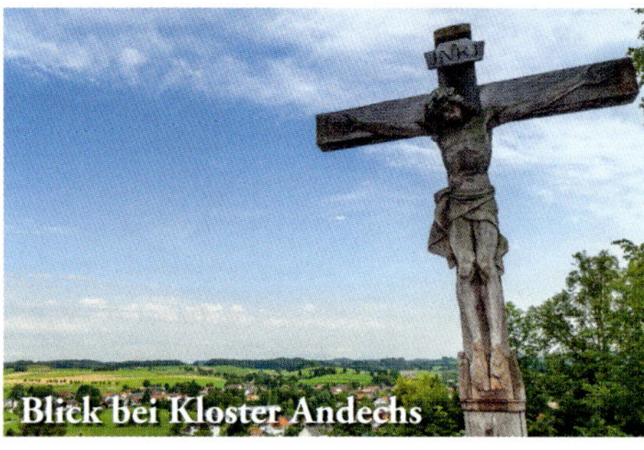

Blick bei Kloster Andechs

**Wandern:**

***Rundtour*** auf dem 35 Kilometer langen ***Ammerseehöhenweg*** (Schondorf – Achselschwang – St. Alban – Riederau – Holzhausen – Utting – Schondorf).

14 km langer, markierter ***Rundwanderweg „Schondorfer Runde"*** (Schondorf – Utting – Schondorf).

Von Herrsching durchs ***Kienbachtal*** zum ***Kloster Andechs.***

***Münchner Jakobsweg*** von München über Schäftlarn, Andechs, am Ammerseeufer entlang über Eching nach Schondorf und weiter über Dießen, Wessobrunn, Steingaden, Kempten bis nach Bregenz.

**Paddeln:**
Zwei spritzige Tagestouren für Fortgeschrittene auf der ***Ammer*** von Peißenberg nach Weilheim und die ***Litzauer Schleife*** des Lechs zwischen Lechbruck und Schongau.
Weitere schöne Seen in der näheren Umgebung sind ***Starnberger See*** und ***Staffelsee***.

**Wassersport:**
Der Ammersee eignet sich nicht nur zum Paddeln, sondern für Wassersport jeder Art. SUP-Vermieter, Surf- und Segelschulen finden sich in allen Orten rund um den Ammersee.

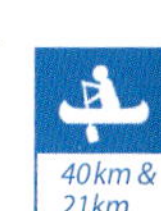


**Schwimmbad mit Sauna:**
**Fürstenfeldbruck:** ***AmperOase***, Klosterstraße 7, Tel. (08141) 312 80, www.amperoase.de

**Angelkarten:**
**Dießen**: Tel. (08807) 84 95; **Schondorf**: Tel. (08192) 219; **Utting**: Tel. (08806) 76 61 oder 77 04.

**Sonstiges:**
***Hochseilgarten Ammersee*** in **Utting**, Tel. (08806) 923 49 20, www.hochseilgarten-ammersee.de
***Schiffstouren auf dem Ammersee,*** Tel. (08143) 940 21, www.bayerische-seenschifffahrt.de

# *Ammersee & Amper*

Vom Campingplatz in **Buch**, einem Ortsteil von **Inning**, am nordöstlichen Ufer des *Ammersees*, nehme ich Kurs in südliche Richtung. Immer das Ufer zur Linken genieße ich das herrliche Alpenpanorama, das sich über den gesamten Horizont erstreckt. Leider ist das Ufer nicht überall frei zugänglich und öffentliche Strände wechseln sich mit Privatgrundstücken ab.

Auf dem See herrscht reger Segelbootverkehr und nach acht Kilometern erreiche ich die Bucht mit dem *Badestrand* von **Herrsching**. Badegäste lieben die Strandbäder um den Ammersee mit seinem klaren und sehr sauberen Wasser, das meist schon im Juni über 20 Grad warm wird. Surfbretter werden über die Straße geschleppt, auf der Straße versuchen Fahrer durch Hupen den Stau aufzulösen und ich entfliehe dem Trubel und werfe erstmal einen Blick auf die ***Scheuermann-Villa***.

*Der Maler erwarb 1888 das Areal des heutigen Kurparks und ließ ein Jahr später nach seinen Entwürfen ein Schlösschen am Seeufer errichten, wo er jeden Sommer mit seinen Freunden Künstlerfeste feierte. Die Villa, im Volksmund auch Kurparkschlössl genannt, weist Anklänge an einen italienischen Adelspalast auf.*

Nach einem erfrischenden Bad im See führt mich ein knapp einstündiger Spaziergang durch das idyllische ***Kienbachtal*** (s. Seite 319) hinauf zum **Kloster Andechs**, wo ich die Vogelperspektive auf den Ammersee bei einem dunklen Andechser Weißbier genieße (s. Seite 296).

Später erkunde ich den südlichen Ammersee und paddel am Ostufer im Herrschinger Ortsteil **Wartaweil** an der ***Villa Habersack*** vorbei. *Berta Habersack, Witwe des königlich bayerischen Generals Ferdinand Habersack, baute mit ihrem Mann 1899 ein schönes Anwesen, inmitten eines herrlichen Naturparks am Ost-Ufer des Sees. Aus Freude an diesem baum- und vogelreichen Grundstück, das auch botanische Seltenheiten aufweist, stellte sie ihr Heim bereits 1947 dem Bund Naturschutz für Kurse und Lehrgänge zur Verfügung. Der mehr als vier Hektar große eingezäunte Parkgrund bietet mit über 20 Gehölzarten und jahrhundertealtem Buchen- und Eichenmischwald einen idealen Ort für Naturerfahrung und Lernen.*

Auf Höhe von **Aidenried** quere ich die vor mir liegende Bucht und paddel, am Einmündungsbereich von ***Ammer*** und ***Alter Ammer*** vorbei, auf **Dießen** zu.

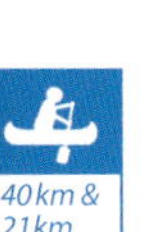


*Das Ammersee-Südufer ist ein international bedeutsames Rastgebiet für durchziehende und überwinternde Wasservögel und für uns Paddler tabu. Als „Vogelfreistätte Ammersee Südufer" hat Bayern die ausgedehnten Schilfflächen ausgewiesen. Hier leben heute noch gefährdete Vogelarten wie Beutelmeise und der Purpurreiher.*

**Dießen**, ein durch die Jahrhunderte gewachsener Ort im ***Pfaffenwinkel***, empfängt den Besucher mit einer ganzen Reihe gut erhaltener Gebäude des 18. Jahrhunderts, der Zeit des Rokoko. *Die bedeutendste Sehenswürdigkeit des Ortes ist die berühmte Klosterpfarrkirche „Mariä Himmelfahrt", die inzwischen zum Marien-Münster erhoben wurde. Der eindrucksvolle Bau hat eine bemerkenswerte Ausstattung: einen von François de Cuvilliés entworfenen Hochaltar, Deckengemälde von Johann Georg Bergmüller, Stukkaturen der Gebrüder Feichtmayr, eine Kanzel von Johann Baptist Straub, Altargemälde der Venezianer Tiepolo und Pittoni sowie eine Petrusstatue des Erasmus Grasser.*

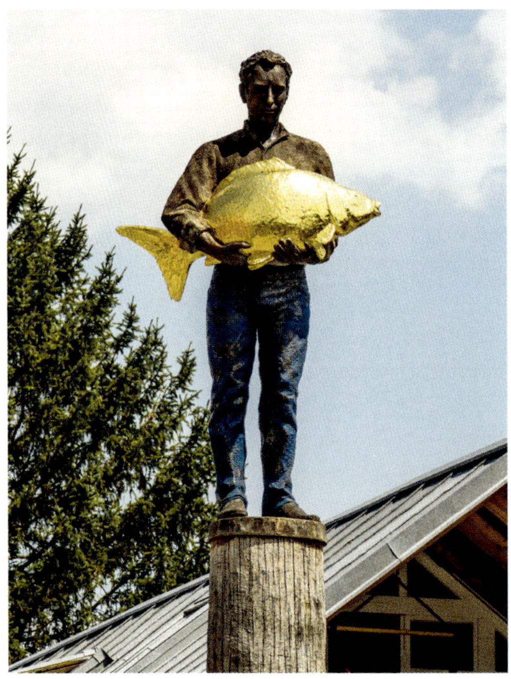

*Skulptur „Der Mann mit dem goldenen Fisch" von Mathias Rodach am Untermüllerplatz in Dießen*

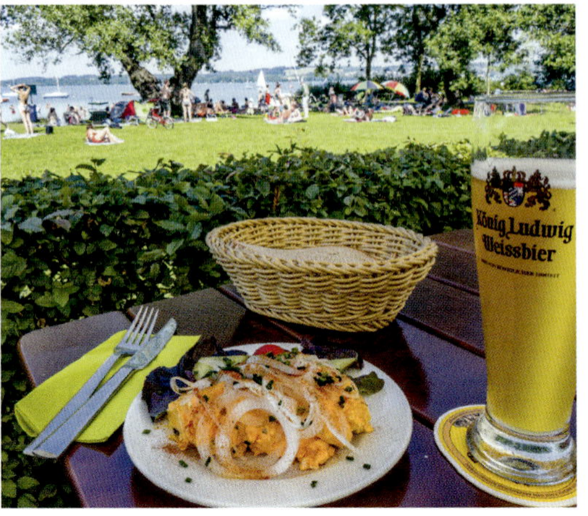


Knapp zwei Kilometer nördlich der Schiffsanlegestelle in Dießen leitet mich die ***Wallfahrtskirche von* St. Alban** zum etwa 500 Meter weiter nördlich gelegenen *Campingplatz*. Beim Anblick des Restaurants nebenan, mit Holzofenpizzen, Fisch- und Balkangerichten, muss ich nicht lange überlegen und der Campingkocher bleibt kalt. Von der großen Terrasse am Ufer beobachte ich bei einem Glas Rotwein, wie die untergehende Sonne den See rot färbt.

Der neue Tag beginnt mit einem Bad im klaren Ammersee und Frühstück mit Seeblick. Beim Paddeln leitet mich das westliche Seeufer sicher nach Norden und nach etwa sieben Kilometern erreiche ich die Schiffsanlegestelle in **Utting**.

*Sehenswert in dem kleinen Dorf ist vor allem das Carl-Orff-Museum. Es wurde 1991 zum sechsundneunzigsten Geburtstag des Komponisten eröffnet und widmet sich in drei Räumen seinem Leben und Werk. Als Kind hat Carl Orff oft Ferien im Haus seiner Großeltern in Unteralting bei Grafrath an der Amper verbracht und ab 1955 lebte er im Dießener Ortsteil Sankt Georgen.*

Bei der Weiterfahrt gen Norden bietet, kurz vor dem *Uttinger Campingplatz*, das *Jugenstil-Restaurant „Alte Villa"* eine stilvolle Art des Genusses und der Gaumenfreude. Von der Terrasse hat man einen tollen Blick auf den Ammersee.

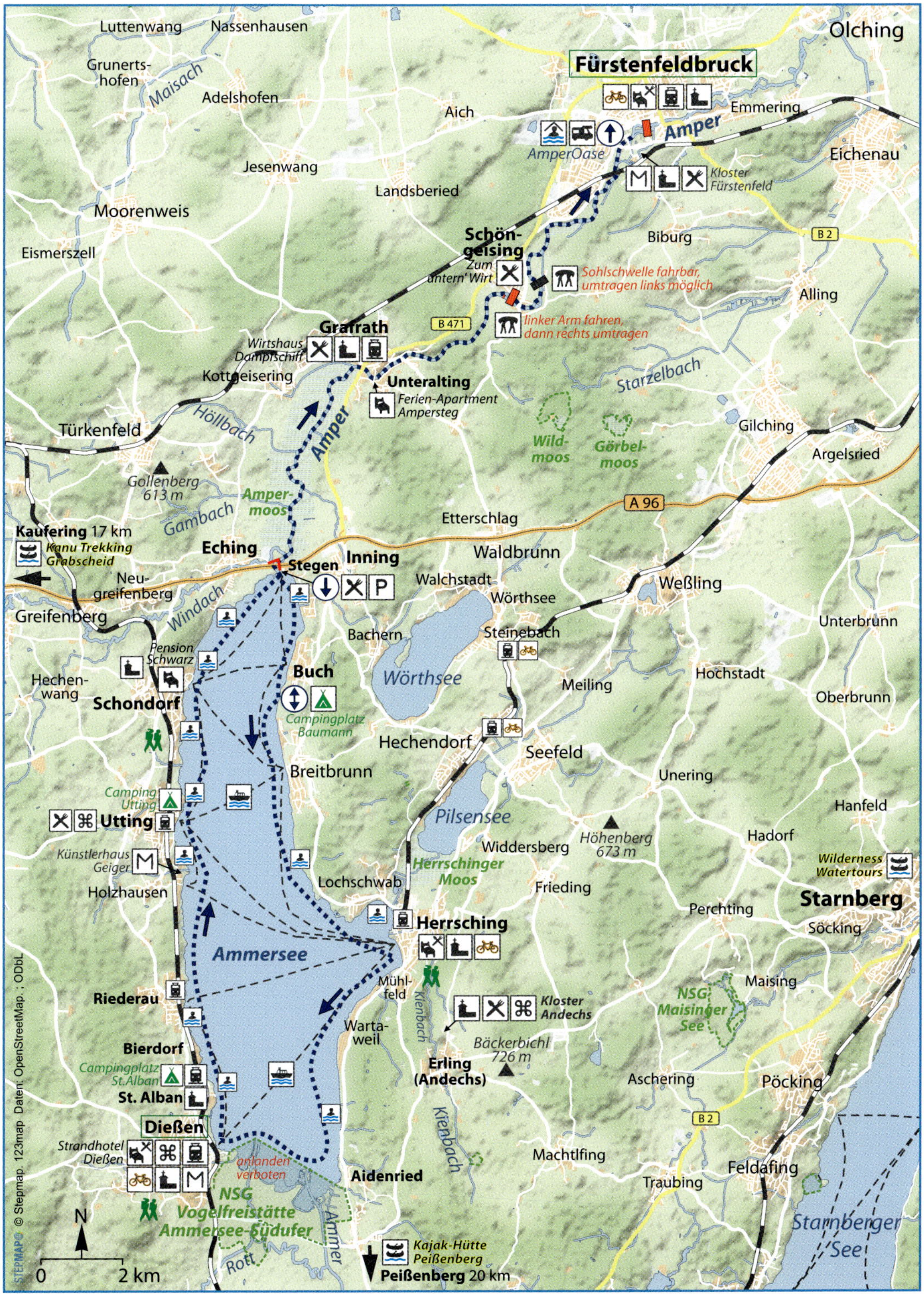

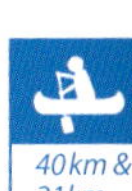


Luttenwang
Nassenhausen
Olching
Grunerts-hofen
Maisach
Adelshofen
Fürstenfeldbruck
Emmering
Aich
Amper
AmperOase
Eichenau
Jesenwang
Kloster Fürstenfeld
Landsberied
Moorenweis
Biburg
B 2
Eismerszell
Schön-geising
Zum 'untern' Wirt
Sohlschwelle fahrbar, umtragen links möglich
Alling
B 471
linker Arm fahren, dann rechts umtragen
Grafrath
Wirtshaus Dampfschiff
Kottgeisering
Unteralting
Ferien-Apartment Ampersteg
Starzelbach
Türkenfeld
Höllbach
Amper
Wild-moos
Görbel-moos
Gilching
Argelsried
Gollenberg 613 m
Amper-moos
A 96
Gambach
Etterschlag
Kaufering 17 km
Kanu Trekking Grabscheid
Eching
Stegen
Inning
Waldbrunn
Neu-greifenberg
Walchstadt
Weßling
Wörthsee
Greifenberg
Windach
Bachern
Steinebach
Unterbrunn
Pension Schwarz
Buch
Hechen-wang
Wörthsee
Meiling
Hochstadt
Schondorf
Oberbrunn
Campingplatz Baumann
Hechendorf
Seefeld
Breitbrunn
Unering
Camping Utting
Pilsensee
Hanfeld
Utting
Widdersberg
Höhenberg 673 m
Hadorf
Künstlerhaus Geiger
Herrschinger Moos
Wilderness Watertours
Holzhausen
Lochschwab
Frieding
Perchting
Starnberg
Herrsching
Söcking
Ammersee
Mühl-feld
Riederau
Kienbach
Kloster Andechs
Maising
NSG Maisinger See
Warta-weil
Bierdorf
Bäckerbichl 726 m
Campingplatz St.Alban
Erling (Andechs)
Aschering
Pöcking
St. Alban
B 2
Dießen
Strandhotel Dießen
anlanden verboten
Kienbach
Machtlfing
Aidenried
Feldafing
Traubing
NSG Vogelfreistätte Ammersee-Südufer
Ammer
Starnberger See
Rott
Kajak-Hütte Peißenberg
Peißenberg 20 km
N
0 2 km

Zwischen den am Ufer dümpelnden Segelbooten hindurch führt mein Weg nach **Schondorf**.

*Die ehemalige Pfarrkirche „St. Anna", auf dem Berg im Norden des Ortes, ist schon von Weitem gut zu sehen. Auf der Empore der Kirche steht eine historische Zugorgel aus dem 18. Jahrhundert und um die Kirche herum erstreckt sich ein Friedhof mit einigen sehr alten Grabsteinen.*

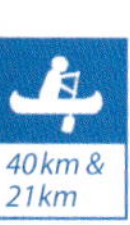


Zurück im Inninger Ortsteil **Buch** werde ich von der Campingplatzbetreiberin mit großem Hallo empfangen.

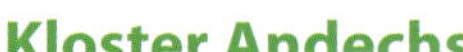

## Kloster Andechs

Südlich von Herrsching thront hoch über dem Ostufer des Ammersees das Benediktinerkloster Andechs. Ziel der Wallfahrer ist die um 1755 im Rokokostil ausgestaltete Klosterkirche mit einem Gnadenbild der Muttergottes aus der Zeit um 1500 im Hochaltar und weiteren Reliquien wie den „Heiligen Drei Hostien", dem Brautkleid der heiligen Elisabeth von Thüringen, dem sogenannten Siegeskreuz Karls des Großen und einem Fragment der Dornenkrone Christi.

Den meisten Zulauf hat aber wohl der Biergarten des „Bräustüberl" neben der Kirche, in dem das Bier der Klosterbrauerei ausgeschenkt und deftige bayerische Spezialitäten serviert werden. Das Andechser Bier ist weit über die Grenzen Bayerns hinaus bekannt. Seit Jahrhunderten wird die Brautradition von den Benediktinermönchen gepflegt und weiterentwickelt. Ab 1972 wurde der ursprüngliche Brauort an den Fuß des Klosterbergs verlegt, wo heute Jahr für Jahr um die 100.000 Hektoliter Gerstensaft gebraut werden.

1974 entstand zunächst ein moderner Fass- und Flaschenkeller, 1983 wurde das neue Sudhaus, mit Gär- und Lagerkeller errichtet. Rund eine Million Maß, etwa fünf Prozent der jährlich produzierten Biermenge der insgesamt sechs Andechser Biersorten, werden im Bräustüberl und im Klostergasthof auf dem Klosterberg selbst ausgeschenkt.

Siehe auch **„Wanderung zum Kloster Andechs"** auf Seite 319. **Info:** www.andechs.de

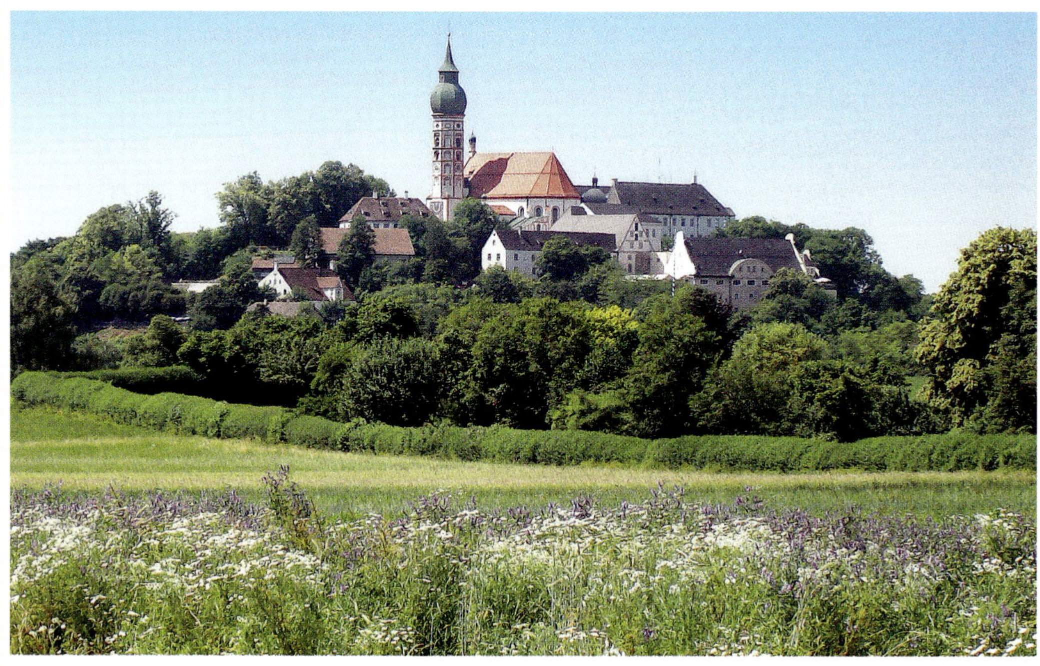

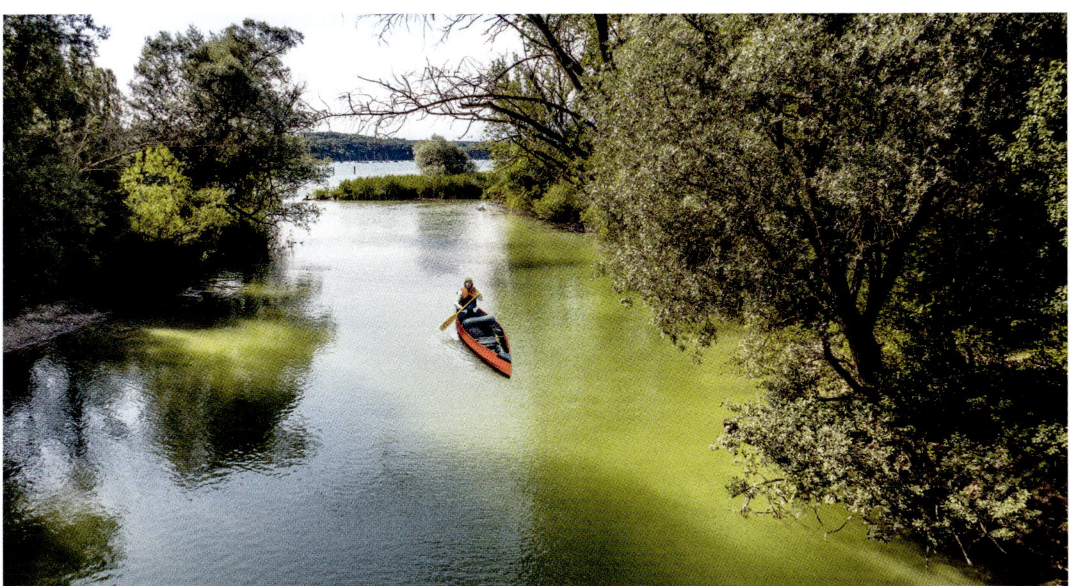

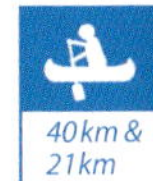


*Kaum hat die Amper den Ammersee verlassen, kann mir der Wind nichts mehr anhaben*

## Die Amper

Am dritten Morgen zeigt sich der Ammersee von einer ganz neuen Seite. Kräftiger Westwind treibt weiße Gischtkronen vor sich her, als ich mein Kajak am Strand des Campingplatzes startklar mache. Surfer flitzen am Horizont entlang, ein Kiter macht einen weiten Satz als ihn der Wind erfasst und die Segelboote, die in der Bucht vor Anker liegen, schaukeln in den Wellen mächtig auf und ab.

Ich prüfe den Sitz von Schwimmweste und Spritzdecke und lege ab. Weit auf den Ammersee hinausfahren würde ich bei diesem Wetter nicht, aber mein Ziel ist das nahe Stegen am nördlichsten Zipfel, wo die Amper den Ammersee verlässt. Ich halte mich dicht ans Ufer und erreiche nach etwa zwei Kilometern Bootsanleger und Werft in **Stegen**.

Links vom Bootsanleger in **Stegen** liegt der Amperabfluss, an dem der Fluss über eine erste kleine Stufe rauscht. Eine zweite, etwas höhere Stufe, die ich mit geschlossener Spritzdecke aber ebenfalls gut befahren kann, liegt etwa 150 Meter hinter der hohen Brücke der A96.

Nun liegen etwa sieben herrlich einsame Kilometer bis **Grafrath** vor mir. Die Strömung ist recht flott und die hohen, mit Schilf bestandenen Ufer schirmen den Wind ab. In weiten Schleifen windet sich die Amper dann durch das ***„Ampermoos“***, *mit 550 Hektar eines der größten Flusstal-Niedermoor-Komplexe, die sich in Südbayern erhalten haben. Es ist ein herausragendes Brut- und Überwinterungsgebiet für bedrohte Vogelarten wie Bekassine, Wiesenpieper, Braunkehlchen, Kornweihe und sogar das größte deutsche Brutgebiet für Kiebitze.*

*Trotz aller Idylle – dem „Ampermoos“ droht in höchstem Maß die Gefahr des Austrocknens. Der Grund liegt darin, dass die Amper zu stark künstlich eingetieft und nicht mehr in der Lage ist, den nötigen hydrostatischen Gegendruck aufzubauen, um das Grundwasser zu halten.*

Schon von Weitem wird **Grafrath** durch die schöne ***Wallfahrtskirche St. Rasso*** angekündigt. *Sie ist eine der bedeutendsten Barock- / Rokokirchen Süddeutschlands und wurde 1688 an derselben Stelle errichtet, an der der bayerische*

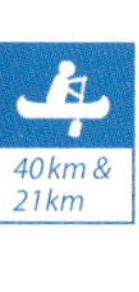


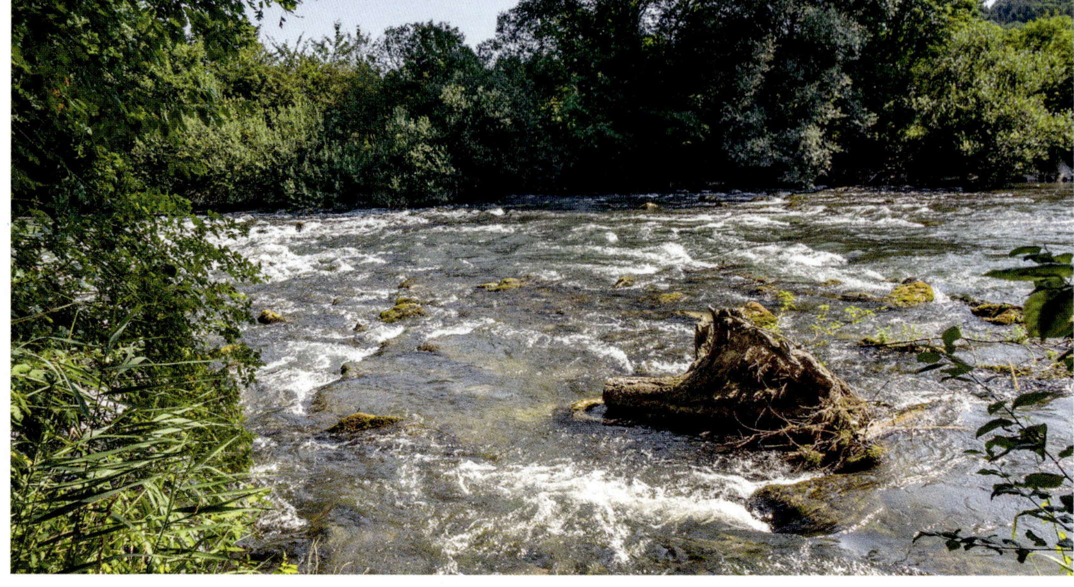

*Sohlschwelle hinter Schöngeising*

*Volksheilige Rasso wahrscheinlich um 940 eine Kirche und ein Kloster bauen ließ und auch begraben wurde.* Eine erste gute Rastmöglichkeit bietet das *Wirtshaus „Dampfschiff"* am linken Ufer vor der Straßenbrücke in Grafrath.

*Der Name des Gasthauses ist, wie die kurz danach am rechten Ufer zu sehenden Reste des ehemaligen Anlegers, eine Erinnerung an die Vergangenheit. Von 1880 bis 1939 verkehrte zwischen Grafrath und Ammersee der Ausflugsdampfer „Marie Therese", im Volksmund liebevoll „Mooskuh" genannt.*

Ich unterfahre in einer Linkskurve die überdachte, hölzerne Fußgängerbrücke; die Vorgärten der Häuser reichen bis an die Ufer. Bald teilt sich die Amper. Im linken Arm liegt eine Mühle und ich steuere die Bootsspitze nach rechts. Nach der Vereinigung der beiden Wasserarme überspannt eine Straßenbrükke die Amper, die nun mit guter Geschwindigkeit ein eindrucksvolles Moränendurchbruchgebiet durchfließt.

*Die hölzerne Fußgängerbrücke bei Grafrath*

Steile Ufer mit märchenhaftem, moosüberwuchertem Buchenwald ragen links und rechts auf. Am rechten Ufer liegt, versteckt im Wald auf einem Geländesporn, die ***Sunderburg***, *eine ehemalige Turmhügelburg aus der Bronzezeit, um die sich zahlreiche Sagen ranken und die bis ins Hochmittelalter genutzt wurde. Von der Burganlage sind jedoch keine Mauerreste mehr erhalten.*

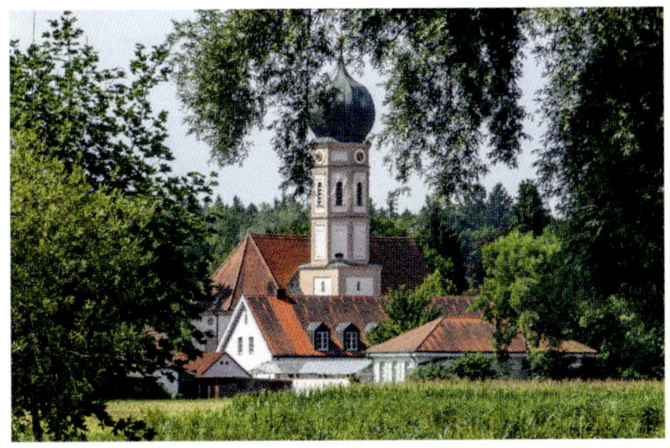

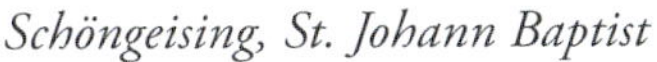

*Schöngeising, St. Johann Baptist*

*Ganz in der Nähe liegen, eingebettet in eine Mulde mit bizarrem Wurzelwerk, die keltischen Opfersteine Schöngeising. Einer von beiden weist zwei deutliche Vertiefungen auf, die als Blutrinnen gedeutet werden. Was hier wohl passiert ist?*

Erstaunt bin ich, wie ruhig es auf der Amper zugeht. Obwohl sie der grüne Vorgarten Münchens ist, sind nur wenige Leute unterwegs. Andere Kanuten treffe ich an diesem Wochentag im August überhaupt nicht, lediglich zwei „Gummibootkapitäne" winken mir freudig zu, als ich an ihnen vorbeipaddel.

Nach knapp drei Kilometern ist es mit der Idylle vorerst vorbei. Die Ufer sind mit Steinen eingefasst und voraus liegt das ***Wehr*** von **Schöngeising**. An der Gabelung vor dem ersten ***Wehr*** halte ich mich links und paddel am Wehr vorbei in den Werkskanal. Am Ende steige ich rechts vor dem Elektrizitätswerk aus und trage das Boot knapp 200 Meter am Kraftwerksgelände vorbei. *Es ist eines der ersten Wasserkraftwerke Deutschlands und wurde 1891 von Oskar von Miller erbaut, dem Begründer des Deutschen Museums in München.*

Am Zusammenfluss der beiden Arme liegt links der Anleger von **Schöngeising** und die beliebte *Badewiese*. Dahinter ragt der Zwiebelturm der Dorfkirche in den Himmel und ein Schild lädt zur Rast im *Biergarten „Zum untern' Wirt"* ein. Allerdings hat er regulär nur bei schönem Wetter von Mittwoch bis Sonntag geöffnet.

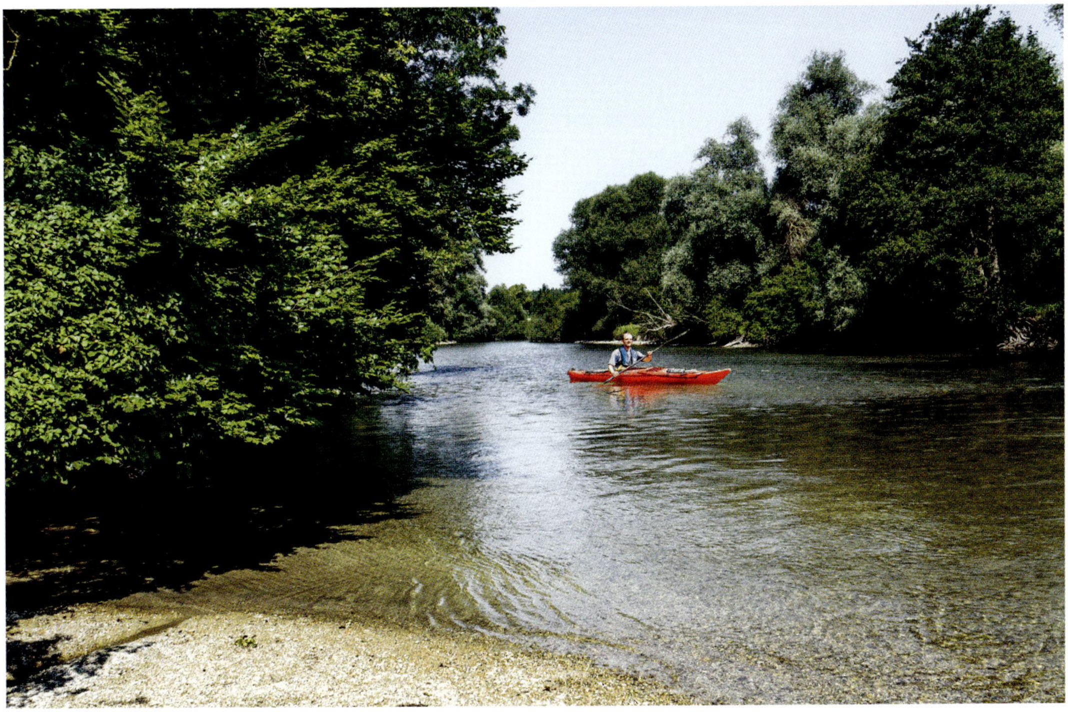

*Immer wieder herrlich einsam . . . außerdem finden sich schöne Bade- und Rastplätze*

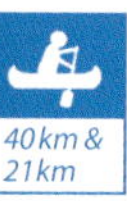

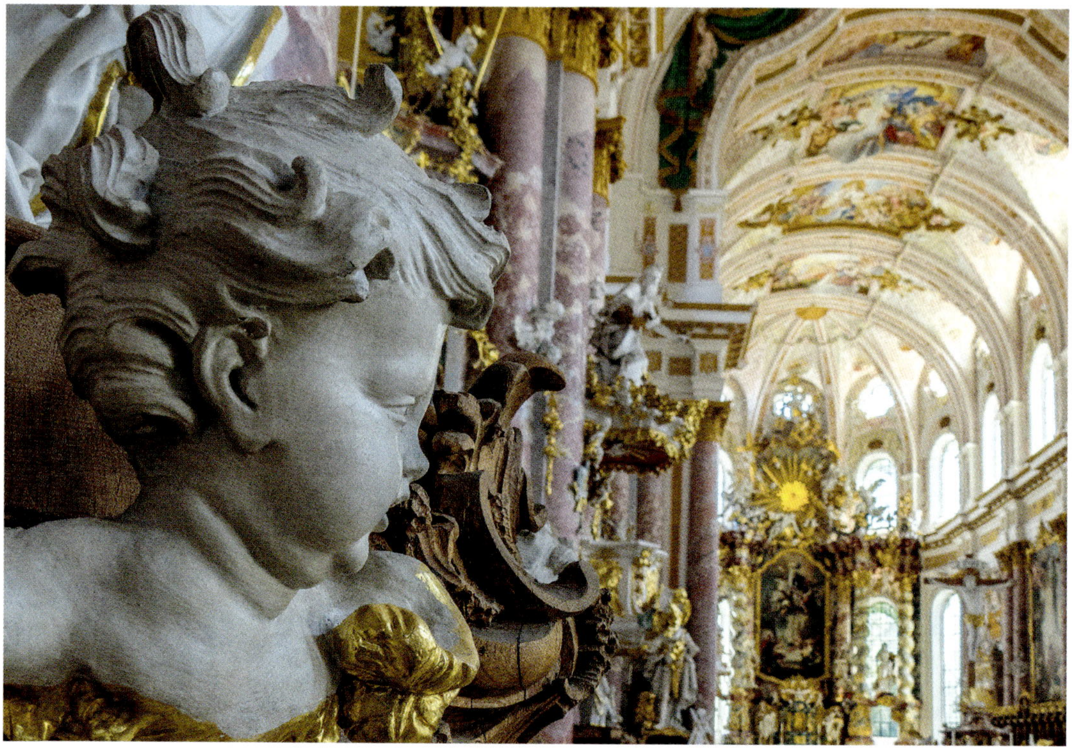

*Spätbarocke Klosterkirche St. Maria, Kloster Fürstenfeld*

Nachdem sich die Amper noch einmal in zwei fahrbare Arme geteilt hat, warnt ein Schild vor einer gefährlichen ***Sohlschwelle***. Ich lege links davor an, inspiziere das Hindernis vom Ufer aus und entschließe mich dann, die Befahrung zu wagen. Ein Umtragen am linken Ufer wäre aber auch problemlos möglich.

Auf den letzten Kilometern zeigt sich die Amper noch mal von ihrer grünen Seite. Die Strömung schläft langsam ein und hinter der Eisenbahnbrücke beginnt der Stausee vor dem Wehr in **Fürstenfeldbruck**. Ich halte geradewegs auf die nächste Straßenbrücke zu, die beim Näherkommen immer niedriger zu werden scheint. Letztlich passe ich aber gut darunter durch und lege vor der nächsten Brücke am Schwimmsteg an, wo auf dem Parkplatz am *Schwimmbad AmperOase* schon das vor dem Tourenstart hier abgestellte Auto wartet.

Nicht versäumen sollte man noch den Besuch von ***Kloster Fürstenfeld***. *Bereits 1258 gründete der bayerische Herzog Ludwig II. ein Kloster im Ampertal, die heutigen Klosterbauten stammen allerdings aus der Zeit um 1700. Schmuckstück ist die barocke Klosterkirche Maria Himmelfahrt, 1713-1766 nach Entwürfen von Baumeister Giovanni Antonio Viscardi mit italienischen, französischen und bayerischen Stilelementen errichtet.*

Nebenan bietet sich das *Wirtshaus Klosterstüberl* zum Tourenausklang an und verwöhnt den Gaumen mit guter bayerischer Küche, die man entweder in der gemütlichen Gaststube oder im Biergarten unter schattigen Kastanien mit Blick auf die Klosterkirche vis-à-vis genießen kann.

# Die Iller

Spritziger Kanuspaß im Allgäu

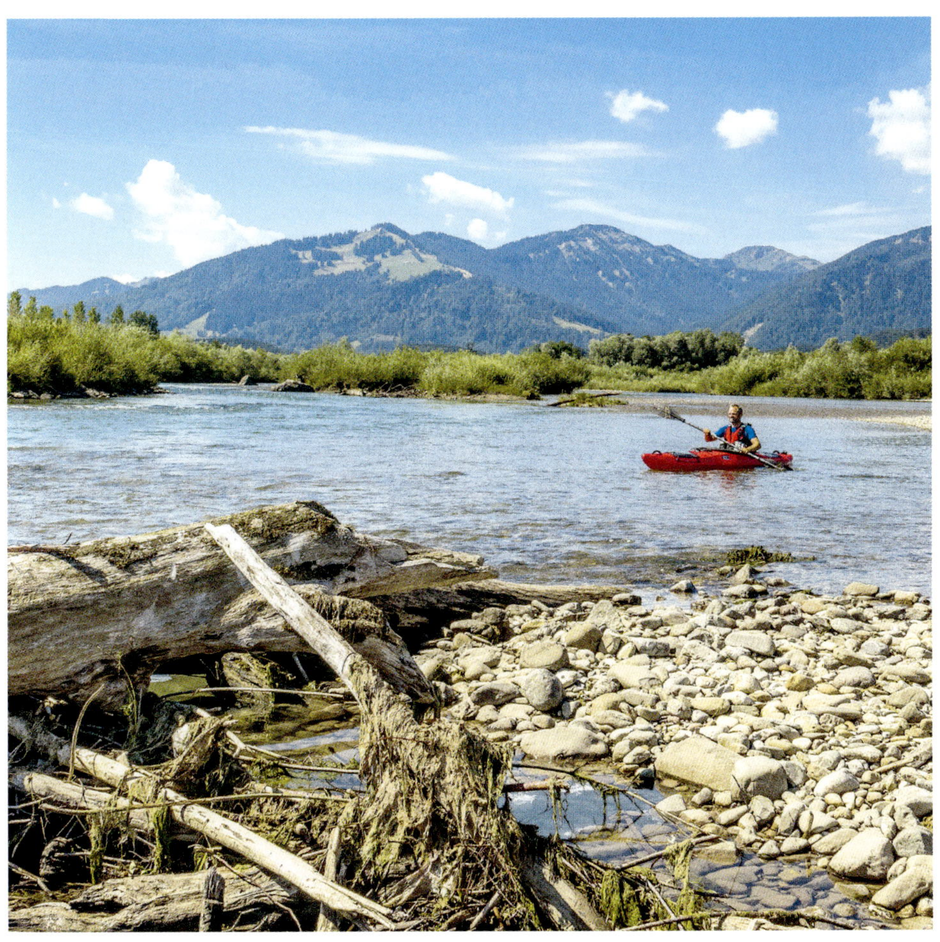

Tour 21

## Tour-Infos Iller

| Aktivitäten | Natur | Kultur | Baden | Hindernisse |
|---|---|---|---|---|
| ★★★★ | ★★★★ | ★★☆☆ | ★☆☆☆ | ★☆☆☆ |

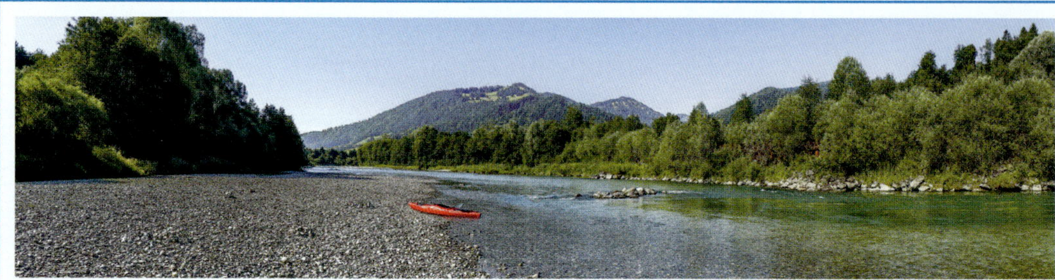

**Charakter der Tour**

Ab Sonthofen präsentiert sich die Iller als landschaftlich reizvoller Wanderfluss des Alpenvorlandes. Sein sauberes, grünlich-schimmerndes und eiskaltes Wasser eilt zwischen bewaldeten Hügeln vor einer majestätischen Alpenkulisse durch ein ursprüngliches Flussbett. Den sportlichen Paddler erwarten auf dieser Etappe kleine, spritzige Schwälle und eine flotte Strömung. Immer wieder finden sich schöne Kiesbänke, die zu einer Rast genutzt werden können.

Der Schwierigkeitsgrad hängt stark vom Wasserstand ab. Bei Hochwasser im Frühjahr sowie nach starken Regenfällen, bleibt eine Befahrung erfahrenen Wildwasserkanuten vorbehalten. Die beste Zeit für eine problemlose Befahrung ist von Mitte Juni bis zum Herbst (Mindestpegel Sonthofen: 75 cm).

**Länge & Dauer der Tour:** 24 km, Tagestour **Schwierigkeit:** Mittel, bei hohem Wasserstand nur für Geübte

**Umtragestellen:** Das **Wehr** in **Martinszell** ist **unfahrbar** und muss in jedem Fall umtragen werden. Der Ausstieg ist gut markiert. Die beiden **Sohlschwellen** hinter **Immenstadt** und **Häusern** sind je nach Könnens- und Wasserstand befahrbar, können von Anfängern aber auch leicht umtragen werden.

**Etappenvorschlag:**
**Tagestour:** Marienbrücke Sonthofen – Brücke A 980 bei Durach (24 km)
**Alternativ kürzere Tour:** Immenstadt – Rottachmündung bei Martinszell (17 km)

**Bitte beachten:** Die **Zollbrücke in Immenstadt** (Flusskilometer 129,5) wird von Herbst 2021 bis vorraussichtlich zum Frühjahr 2023 komplett erneuert. Während der Bauarbeiten wird dieser Streckenabschnitt zeitweise nicht zu fahren sein.

**Anreise:** A 7 Richtung Füssen bis zum *Autobahndreieck Allgäuer Kreuz*, hier auf die A 980 Richtung Lindau bis zur *Abfahrt Waltenhofen*, weiter auf der Bundesstraße 19 nach **Sonthofen**.

**Einsetzen & Parken:** **Marienbrücke** in **Bihlerdorf** *(Illerstraße, 87544 Blaichach)*. Parken hinter der Brücke neben der Illerstraße oder am Sportplatz hinter dem Hochwasserschutzdamm.

**Aussetzstelle:** Unter der Straßenbrücke der A 980 kurz vor dem Ort **Hegge**. Zufahrt: A 980 *Ausfahrt 2 (Durach)* und kurz weiter auf der Straße Richtung Durach, aber gleich ca. 300 m nördlich der Autobahn links ab auf den Feldweg, der in einer Rechtskurve parallel zur Autobahn und unter der Autobahn hindurchführt; dann vor dem Zaun des Industriegeländes scharf rechts runter zum Ufer, der letzte Abschnitt ist stark zugewachsen und nicht für Busse / Wohnmobile geeignet (GPS N 47° 40.907′ E 10° 19.258′).

**Zurück zum Pkw:** Mit Bus & Bahn *(Bus ab Seebach Seebad, Sulzberg)* über Kempten und Sonthofen mit 3 x umsteigen nach **Bihlerdorf**, ca. 1:40 h.
Alternativ bietet sich der ***Iller-Radweg*** an oder vor dem Start einen ***zweiten Pkw*** zum Ausstieg bringen.

**Kartenmaterial & Literatur-Tipps:**
**Bikeline Radtourenbuch „Radrunde Allgäu"** sowie **„Iller-Radweg"**, beide1:50.000, Esterbauer Verlag.
**111 Orte im Allgäu, die man gesehen haben muss,** *Cornelia Ziegler,* Emons Verlag.
**Glücksorte im Allgäu:** Fahr hin und werd glücklich, Droste Verlag.
DuMont Eskapaden: **52 kleine & große Eskapaden im Allgäu:** Ab nach draußen!
**Reiseführer Allgäu – individuell reisen,** *R. Raymond-Braun,* Michael Müller Verlag.
**Allgäu mit Kindern:** 47 Wander- & Entdeckertouren für Familien, *S. Holtkamp,* Naturzeit Reiseverlag.
**Allgäu mit Kindern:** Die 300 schönsten Ausflüge & Adressen (Freizeitführer mit Kindern), Peter Meyer Verlag.
**Erlebniswandern mit Kindern: Allgäu,** 30 Touren mit GPS-Tracks & vielen Freizeittipps, Bergverlag Rother.
**„Milchgeld: Kluftingers erster Fall",** , *Volker Klüpfel & Michael Kobr,* Piper Verlag.

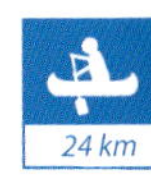


**Übernachtung in Wassernähe** (in der Reihenfolge des Tourenverlaufs):

**Sonthofen:**
***IllerCamping***
Sinwagstr. 2
Tel. (08321) 23 50
www.illercamping.de

**Bihlerdorf** (OT von **Blaichach**):
***Gasthof Zum Schiff***
*(einfache, phantasievoll eingerichtete Zimmer zum fairen Preis)*
Illerstraße 26, Tel. (08321) 67 44 80
www.zumschiff.com

***Outdoorzentrum Allgäu***
(Einzel-, Doppel- & Mehrbettzimmer)
An der Marienbrücke 2
Tel. (08321) 67 57 57
www.raftingzentrum.de

**Immenstadt-Bühl:**
***Alpsee Camping***
Seestr. 25
Tel. (08323) 77 26
www.alpsee-camping.de

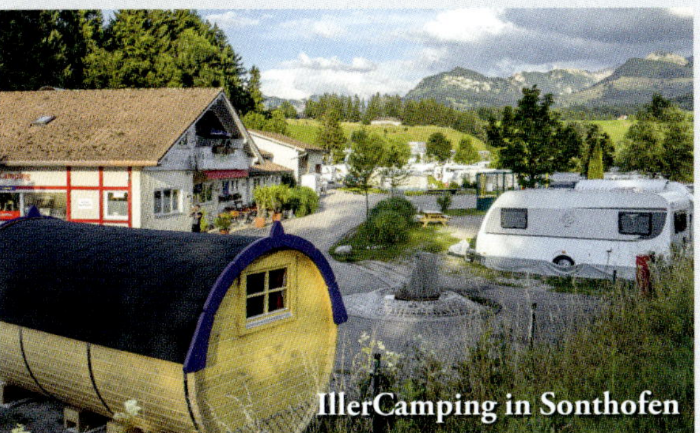
IllerCamping in Sonthofen

**Kanuvermieter & Veranstalter:**

**Bihlerdorf** (OT von **Blaichach**):
***Outdoorzentrum Allgäu***
*(WW-Kurse, Sit-on-Tops, Rafting)*
An der Marienbrücke 2
Tel. (08321) 67 57 57
www.raftingzentrum.de

***MAP-Erlebnis***
*(Canyoning, Rafting, SUPs)*
Illerstraße 26
Tel. 0176-70 07 77 77
www.map-erlebnis.de

**Burgberg:**
***Spirits of Nature***
*(Schlauchcanadier und Rafts)*
Moosweg 2
Tel. (08321) 61 94 65
www.spirits-of-nature.de

**Immenstadt-Rauhenzell:**
***SUP-Center Allgäu***
*(Kurse & Vermietung)*
Am Kreuzbach 3
Tel. (08323) 968 22 27
www.sup-allgaeu.de

**Tourist-Infos:**

**Kempten:**
***Tourist-Info Allgäu,*** Allgäuer Str. 1
Tel. (0831) 575 37 30
www.allgaeu.de

***Kempten Tourismus***
Rathausplatz 24
Tel. (0831) 960 95 50
www.kempten-tourismus.de

**Sonthofen:**
***Tourist-Info***
Rathausplatz 1
Tel. (08321) 61 52 91
www.sonthofen.de

## Sehenswertes an der Iller

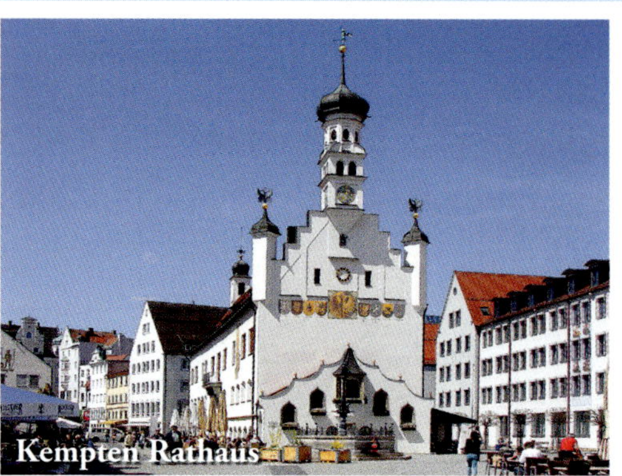
Kempten Rathaus

**Sonthofen:** *Heimathaus* (umfangreiche Sammlung zur Ortsgeschichte, *Di-Do, Sa+So 15-18*) in einem denkmalgeschützten Bauernhaus aus dem 18. Jh.; *Museum der Schirme* (*Mo-Sa 9.30-12, Mo-Fr 14.30-17*).

**Immenstadt:** *Historisches Stadtzentrum* mit *Marienplatz, Rathaus* und *Königsegger Schloss* (gräfl. Renaissancebau, heute Restaurant mit Alpenküche und hist. Mobiliar); neubarocke *Stadtpfarrkirche St. Nikolaus*; große *Viehscheid* nach dem *Almabtrieb* im Herbst auf dem Viehmarktplatz; *Museum Hofmühle* (regionales Schwerpunktmuseum für das obere Allgäu, *Mi-So 14-17*, An der Aach 14, www.museum-hofmuehle.de).

**Großer Alpsee (Immenstadt, OT Bühl):** *Naturparkzentrum Nagelfluhkette* (Erlebnisausstellung, Naturpark- & Tourist-Info, Café, Verkauf regionaler Produkte, *Apr-Okt tgl. 10-18, Nov-Mär 10-16*, Seestr. 10, Tel. (08323) 99 88 77, nagelfluhkette.info/infozentrum

**Diepolz (nördlich vom Großen Alpsee):** *Allgäuer Bergbauernmuseum* (nebenan Bergkäserei), *Apr-Okt tgl. 10-18*, Diepolz 44, www.bergbauernmuseum.de

Der Große Alpsee

**Kempten:** *Hist. Rathaus* (15. Jh.); *St. Lorenz-Basilika* (erster großer Kirchenneubau nach dem Dreißigjährigen Krieg); Prunkräume in der barocken *Residenz* (17. Jh.); *Allgäu-Museum* im *Kornhaus* (um 1700), einem der monumentalsten profanen Barockbauten im Allgäu (*Di-So 10-16*, www.museen-kempten.de); *Kempten-Museum* im *Zumsteinhaus* (*Di-So 10-18*, kempten-museum.de); *Allgäuer Burgenmuseum* auf der *Burghalde* (*Sa+So 10-16*, www.allgaeuer-burgenmuseum.de); *Alpin-Museum* im *Marstall* (Geschichte der Alpen als Lebensraum, *Di-So 10-16*; ***Archäologischer Park Cambodunum*** *(Mär-Nov Di-So 10-17, Führungen So 11)*; ***Kunsthalle*** (Ausstellungsraum für zeitgenössische Kunst); www.kempten-tourismus.de

## Weitere Aktivitäten rund um die Iller

### Radfahren:

***Zahlreiche Tourenmöglichkeiten*** – vom flachen ***Flussradweg*** (z.B. gemütliche ***Rundtour*** von Sonthofen entlang der Iller und um den Großen Alpsee, *ca. 50 km / 70 Hm*) bis zur anspruchsvollen ***MTB-Tour*** (z.B. Rundtour mit herrlichen Ausblicken über den Großen Alpsee auf die Allgäuer Bergwelt, *ca. 68 km / 1.360 Hm*).

***Mehrtägige Radtouren*** auf ***Iller-Radweg*** *(150 km)*, ***Allgäu-Radweg*** *(156 km)* oder der ***Radrunde Allgäu*** *(„Die Runde in die schönsten Ecken", insgesamt 450 km)*.

**Fahrradvermieter:**

**Sonthofen:** ***Radl-Bahnhof*** mit kostenlosen ***Leihfahrrädern*** am Rathausplatz, Registrierung und Pfandhinterlegung in der ***Tourist-Info*** (Rathausplatz 1, Mo, Mi-Fr 8-12, Mo-Mi 13.30-17, Do 8-13).

***Radsport Schaich***, Bogenstr. 2, Tel. (08321) 78 74 43, www.radsport-schaich.de

***Radcenter Hermann***, Eichendorffstr. 1, Tel. (08321) 869 58, www.radcenter-hermann.de

***BPI-Bikeschool,*** Blumenstr. 13, Tel. 0177-526 58 19, www.bpi-bikeschool.de

**Immenstadt:** ***Myrtens Zweiradladen*** (auch e-Bikes), Bahnhofstr. 5, Tel. (08323) 955 85 21, www.myrtens-zweiradladen.de

**Kempten:** ***Jufa Familienresort*,** Stadtbadstr, 5, Tel. (0831) 52 38 40 80, www.jufahotels.com

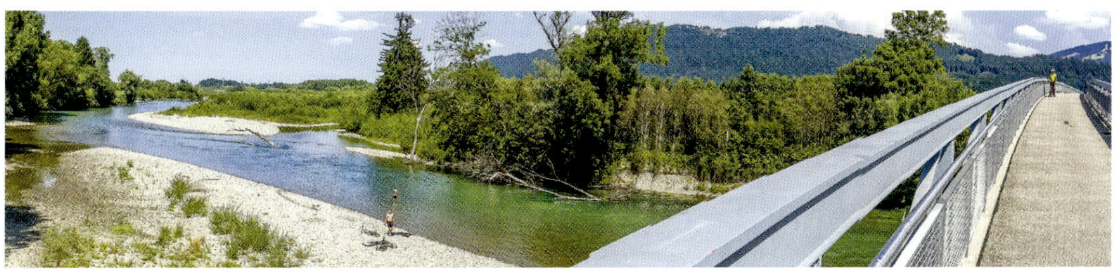

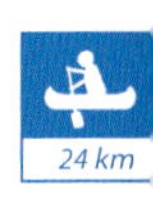


**Wandern:**
Beliebte Wanderziele in der Umgebung von Sonthofen sind der ***Erlebnisweg Alpenstadt*** *(mehrere Varianten vom 2 km kurzen Stadtrundgang bis zur ausgedehnten 15 km-Rundtour)*, ***Hinanger Wasserfall*** südlich von Sonthofen, die ***Starzachklamm*** *(gebührenpflichtig)* in **Winkel** und der Berg ***Grünten***.

Bei **Immenstadt** ermöglicht die Fahrt mit der ***Mittagbahn***, der längsten Doppelsesselbahn Bayerns (2,3 km), eine einfache ***Bergwanderung*** auf den ***Mittagberg*** (1.452 m), www.mittagbahn.de

**Paddeln und SUP:**
Schöne Paddel- und SUP-Reviere in der näheren Umgebung sind der ***Forggensee*** und der ***Bodensee***.

**Baden:**
***Freibad Am Kleinen Alpsee*** (im See oder im beheizten Becken), ***Strandbad Hauser*** am Ostufer des ***Großen Alpsees*** (öffentlicher Badeplatz).

**Wasserski- & Wakeboardpark:** auf dem ***Inselsee Allgäu*** (www.inselsee-allgaeu.de).

**Schwimmbäder mit Sauna:**
***Freizeitbad Wonnemar*** in **Sonthofen**, Tel. (08321) 78 09 70, www.wonnemar.de/sonthofen
***Freizeitbad CamboMare*** in **Kempten**, Tel. (0831) 58 12 10, www.cambomare.de

**Sonstiges:**
***Erzgruben Erlebniswelt*** am **Grünten** (Museumsdorf mit Besucherbergwerk, www.erzgruben.de).

***Alpsee Bergwelt* Immenstadt*: Hochseilgarten Kletterwald Bärenfalle*** (www.kletterwald-baerenfalle.de) und ***Sommerrodelbahn***, Einkehr in Berghütte (www.alpsee-bergwelt.de).

***Skifahren, Snowboarden, Rodeln, Winter***- und ***Schneeschuhwandern*** im Winter.

***Canyoning*** in der ***Starzachklamm*** bei **Sonthofen** oder im ***Ostertal*** bei **Gunzesried**.

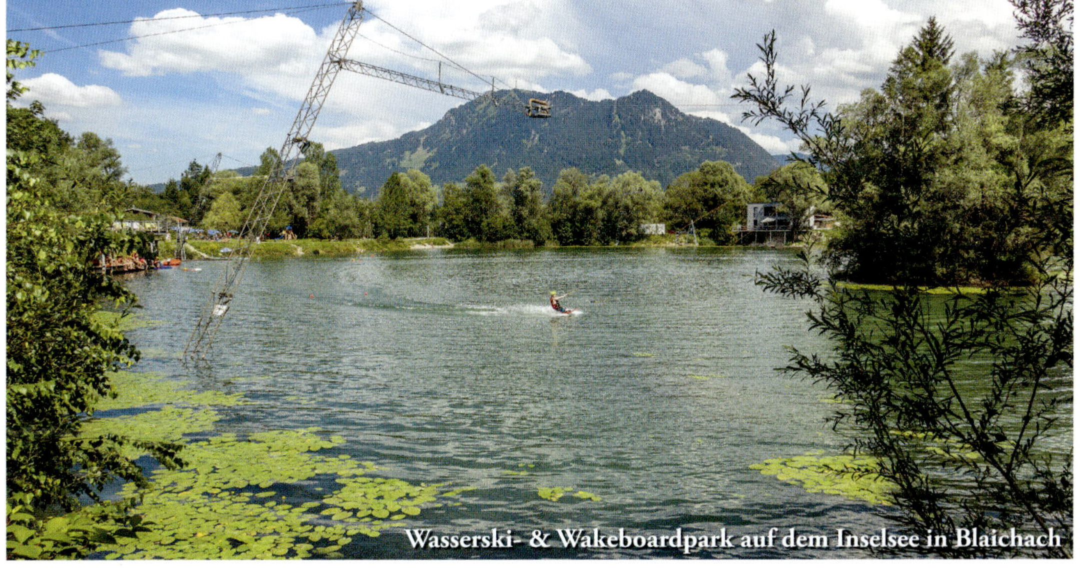
Wasserski- & Wakeboardpark auf dem Inselsee in Blaichach

# Die Iller



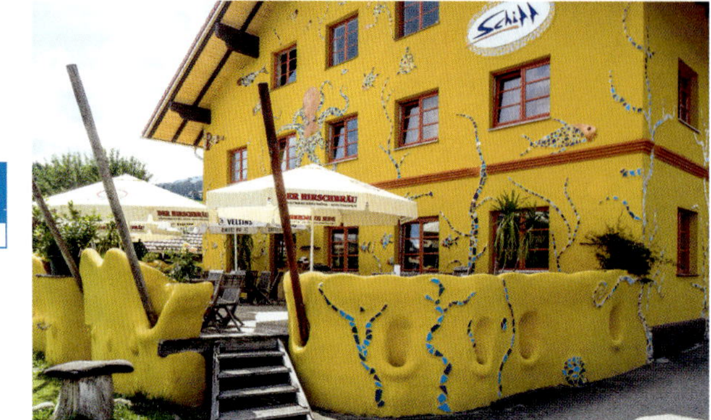


*Phantasievoll eingerichtete, preiswerte Zimmer gibt es im Gasthof Zum Schiff in Bihlerdorf*

Die Iller entwässert zwar das gesamte Ostallgäu, entsteht aber erst durch das Zusammentreffen der Quellflüsse Breitach, Stillach und Trettach am Illerursprung bei Oberstdorf, von wo aus sie ihren Weg nach Norden antritt, um nach knapp 150 Kilometern in Ulm in die Donau zu münden.

Erfahrene Kanuten können ihre Wildwasserkajaks schon in Fischen ins Wasser lassen. Ein guter Einstieg mit großem Parkplatz findet sich an der Straßenbrücke nach Au *(Eissportstadium, Illerstr. 10, 87538 Fischen im Allgäu)*.

Auf dem ersten Abschnitt ist die Landschaft noch etwas spektakulärer. Dafür warten mit einer Stufe samt Walze und zahlreichen schönen Spielstellen, an denen auch erfahrene Paddler ihren Spaß haben, auf diesen zusätzlichen acht Iller-Kilometern bis Sonthofen einige Herausforderungen, die eine ausgefeilte Paddeltechnik erfordern.

Der Standard-Einstieg für Wanderpaddler und Familien-Raftingtouren ist daher die Kiesbank hinter der *Marienbrücke* in **Bihlerdorf**, einem Ortsteil der Gemeinde **Blaichach** am nördlichen Rand von Sonthofen. Das Auto kann man nach dem Abladen der Kanus entweder hinter der Brücke neben der Illerstraße oder am Sportplatz hinter dem Hochwasserschutzdamm abstellen.

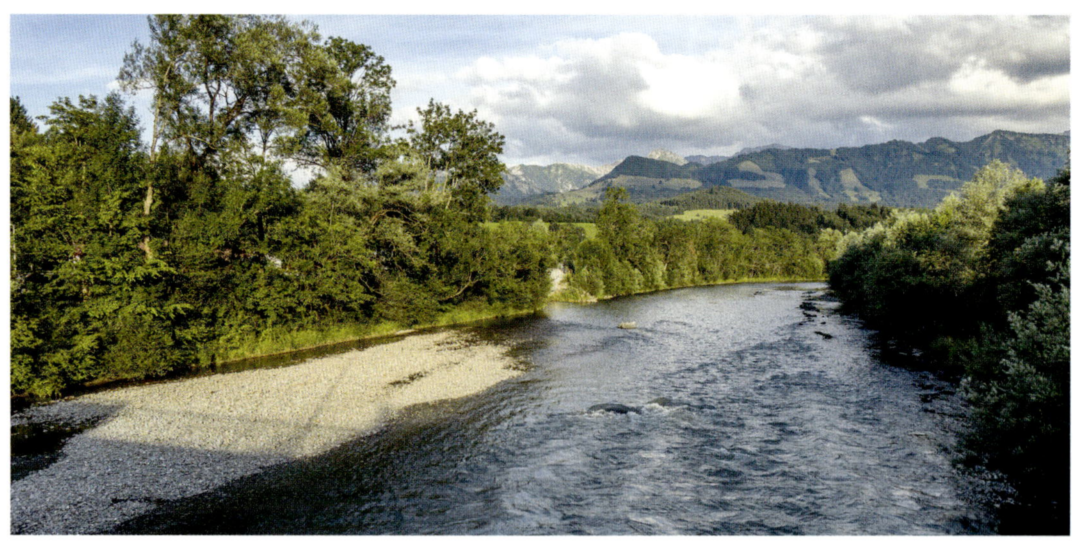

*Mit ihrem sauberen, grünlich-schimmernden Wasser eilt die Iller zwischen bewaldeten Hügeln durch ein ursprüngliches Flussbett*

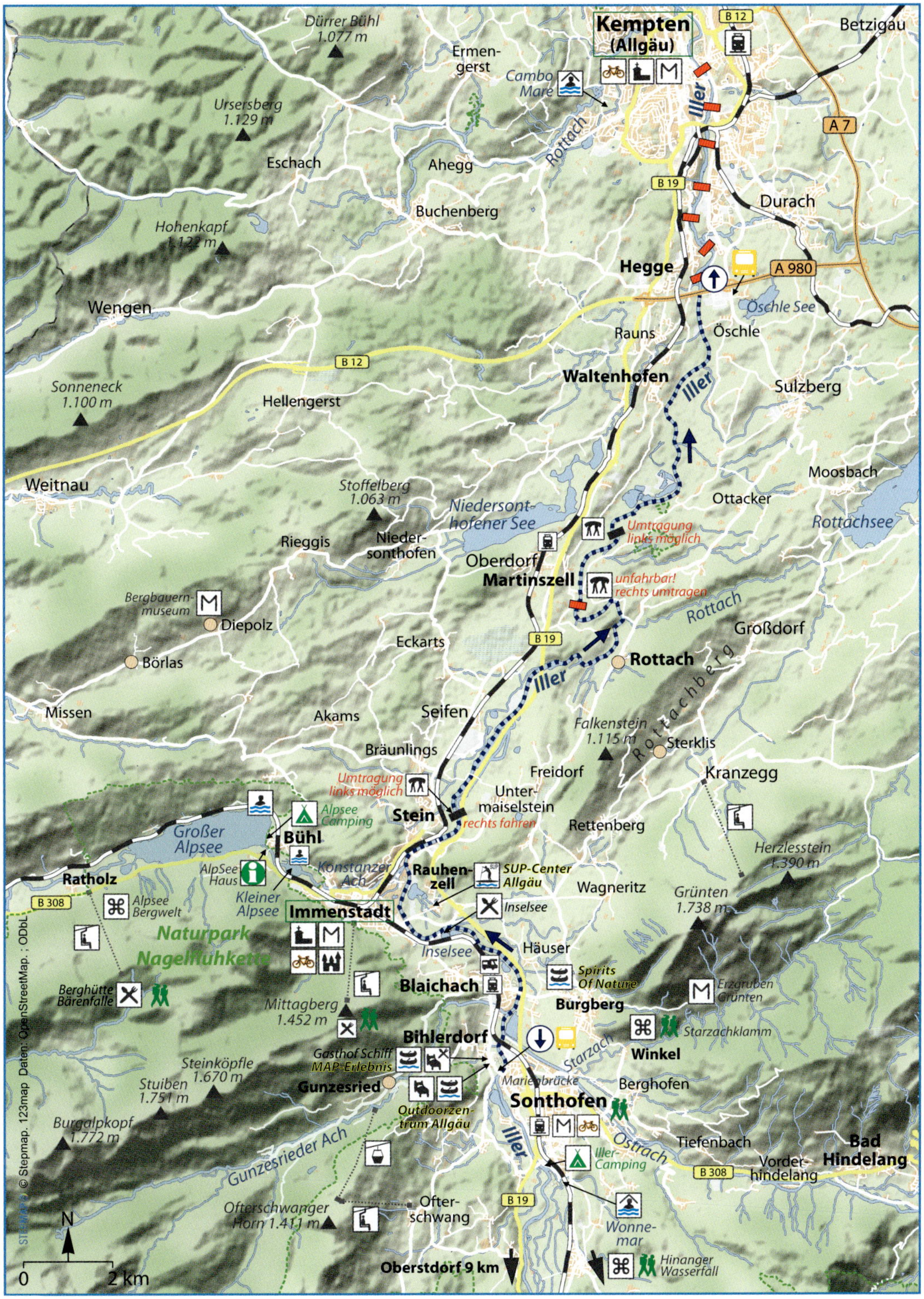

24 km

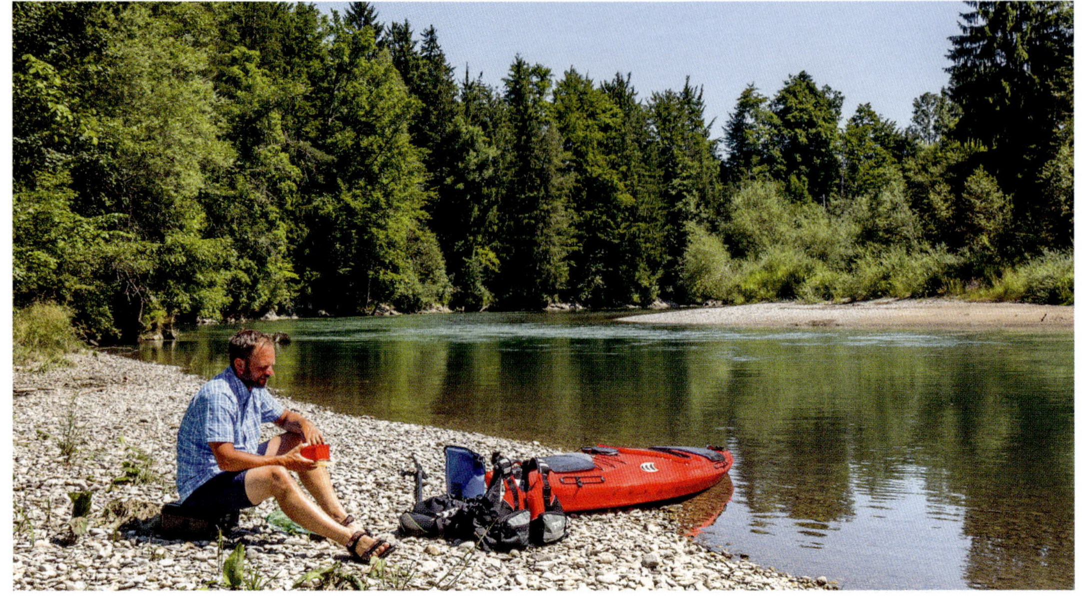

24 km

Der Luftkurort **Sonthofen** liegt auf einer Landzunge zwischen den Flüssen Iller und Ostrach und wird von einem majestätischen Gebirgspanorama umrahmt und präsentiert sich als regionales Zentrum für Handel, Handwerk und Gewerbe. Der Tourismus spielt eher eine Nebenrolle. Die Kreisstadt besitzt eine recht attraktive Fußgängerzone, historische Bausubstanz sucht man aber vergebens, denn Deutschlands südlichste Stadt wurde im Zweiten Weltkrieg durch Bombenangriffe stark zerstört.

Mit den Oberstdorfer Bergen im Rücken trägt mich die flotte Strömung der Iller erst vorbei an der von rechts mündenden ***Ostrach*** und kurze Zeit später an der auf der gegenüberliegenden Seite mündenden ***Gunzesrieder Ach*** zur Straßenbrücke in **Blaichach**. In der nächsten Kurve versteckt sich hinter dem linken Ufer der Inselsee mit *Wasserski- und Wakeboard-Lift*, auch ein *Café* gibt es.

Obwohl die Bundesstraße 19 nie fern ist und auch so manche Fabrik in direkter Nachbarschaft zur Iller steht, zeigt sich der Flusslauf recht naturnah. Die Fahrt ist in jedem Fall sehr reizvoll. Das türkisblaue Wasser, selbst im Hochsommer eiskalt, strömt unterschiedlich schnell. Kleine, spritzige *Schwälle* sorgen für Abwechslung und stets muss ich die Augen offen halten, um die Kräuselungen auf der Wasseroberfläche richtig zu „lesen" um etwaige Untiefen rechtzeitig im Voraus zu erkennen. Auch ist immer wieder kurzfristig zu entscheiden, welches die beste Fahrtlinie ist. Hin und wieder ist ein beherzter Steuerschlag erforderlich, um einen großen Findling oder einen Baumstumpf zu umfahren.

Langweilig wird es also nicht und auch die Kulisse stimmt. Auf dem ersten Abschnitt bis Immenstadt ist am rechten Ufer der ***Grünten*** mein steter Begleiter. *Der „Wächter des Allgäus" ist mit seinen 1.738 Metern zwar nicht der höchste Berg der Allgäuer Alpen, aber weit über das Voralpenland sichtbar. So lockte er schon früh die Bergwanderer an und 1852 eröffnete Carl Hirnbein mit dem Grüntenhaus das erste Touristenhotel der Region, das bis heute noch immer ein beliebtes Berggasthaus ist. Der „Käsebaron" Carl Hirnbein brachte 1840 die Weichkäserei ins Allgäu und legte damit den Grundstein für die Milchwirtschaft, die dem damals verarmten Allgäu einen wirtschaftlichen Aufschwung bescherte.*

Bei **Immenstadt** laden mehrere breite Kiesstrände dazu ein, das Kajak für eine ausgedehnte Pause an Land zu ziehen. Geprägt wird das ehemalige Residenzstädtchen mit seiner sehenswerten historischen Altstadt samt Stadtschloss, künstlerisch gestalteten Brunnen und eindrucksvollen Plätzen vom Gegensatz zwischen ländlicher Idylle und Industrialisierung.

*Bis ins 19. Jahrhundert bestimmten Salz und Flachs die Wirtschaft der ältesten Stadt im Oberallgäu. Das Salz wurde auf dem Transportweg von den Salinen in Hall bei Innsbruck zum Bodensee in Immenstadt zwischengelagert und gehandelt. Ein weiteres wirtschaftliches Standbein war der Flachsanbau, der von den Leinenwebern zu Textilien gewoben wurde.*

*Mit der Industrialisierung entwickelte sich die Landwirtschaft zur Grünlandwirtschaft mit Milcherzeugung und die Textilindustrie erlebte eine kurze Blütezeit, verlor aber schon Ende des 20. Jahrhunderts wieder an Bedeutung. Geblieben ist der Maschinenbau und auch der Tourismus spielt heute eine wichtige Rolle.*

Am Ortsende von Immenstadt übergibt die *Konstanzer Ach* ihr Wasser an die Iller und wenig später warnt ein Schild an der Brücke der Bundesstraße vor der in 450 Metern folgenden *Sohlrampe*. Die leichteste und breiteste Durchfahrt findet sich rechts. Vor einer Befahrung sollte das Hindernis aber unbedingt selbst in Augenschein genommen werden. Ein Umtragen ist am linken Ufer möglich und der Ausstieg ist beschildert. Die mit dem Bootswagen schnell gemeisterte, aber relativ lange Portage führt über einen guten Weg.

Nach Passieren der imposanten Radfahrer- und Fußgängerbrücke in **Seifen**, paddelt man auf einem breiten, renaturierten Flussabschnitt mit mehreren schönen Kiesbänken. Hinter der Brücke der Bundesstraße 19 beginnt der schönste Abschnitt der gesamten Strecke. Wie eine Urlandschaft mutet die s-förmige Illerschleife mit ihren Steilufern an, die sich um die Ausläufer der Rottachberge bis Martinszell zieht.

Fast am Ende der Illerschleife mündet, unscheinbar, von rechts die *Rottach* und die Strömung schläft nahezu vollständig ein. Sicheres Anzeichen für das unfahrbare *Wehr* in **Martinszell**, das am rechten Ufer über die Wiese umtragen werden muss.

Direkt hinter dem Wehr ist es auf den nächsten 100 Metern sehr seicht und ich treidel das Kajak bis hinter die letzte Steinbarriere.

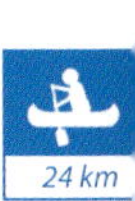


Ab der Straßenbrücke **Martinszell** fließt die Iller entlang eines langgezogenen Moränenrückens, hinter dem sich die *Niedersonthofener Seenlandschaft* versteckt. Im weiteren Verlauf gibt es nicht mehr so viele Kiesbänke und auch wenn der Flusslauf jetzt recht breit dahinfließt, bleibt die restliche Strecke landschaftlich reizvoll. Eine letzte spritzige Einlage wartet am Naturwehr etwa 1,5 Kilometer hinter Martinszell. Bei Bedarf kann es am linken Ufer auf dem Uferdamm durch den Wald auch ohne großen Aufwand einfach umtragen werden.

Der verbleibende Abschnitt weist keinerlei Schwierigkeiten mehr auf und vor dem *Wehr* des ersten Elektrizitätswerks in **Kempten** beende ich meine kurzweilige Tagestour am Ausstieg unter der Autobahnbrücke am rechten Ufer.

Eine Stadtdurchfahrt mit dem Kajak durch **Kempten**, mit rund 65.000 Einwohnern größte Stadt des Allgäus, ist aufgrund der starken Verbauung *(acht unfahrbare Wehre auf den nächsten acht Kilometern)* nicht möglich. Eine schöne Strecke unterhalb Kemptens ist jene bis Maria Steinach mit dem landschaftlich reizvollen Illerdurchbruch bei Kalden.

*Das Stadtbild der Allgäu-Metropole wird geprägt durch das jahrhundertelange Neben- und Gegeneinander der ehemaligen Reichsstadt und der Fürstabtei Kempten. Eine Zeitreise in die spannende Vergangenheit ermöglichen die Multivisionsshow in der unterirdischen Erasmuskapelle am St.-Mang-Platz, die Prunkräume der Residenz oder der Archäologische Park Cambodunum, wie das Ausgrabungsgelände und Museum der ehemaligen Römerstadt auf dem Gebiet der heutigen Stadt Kempten heißt.*

# Stadtrundgänge & eine Wanderung

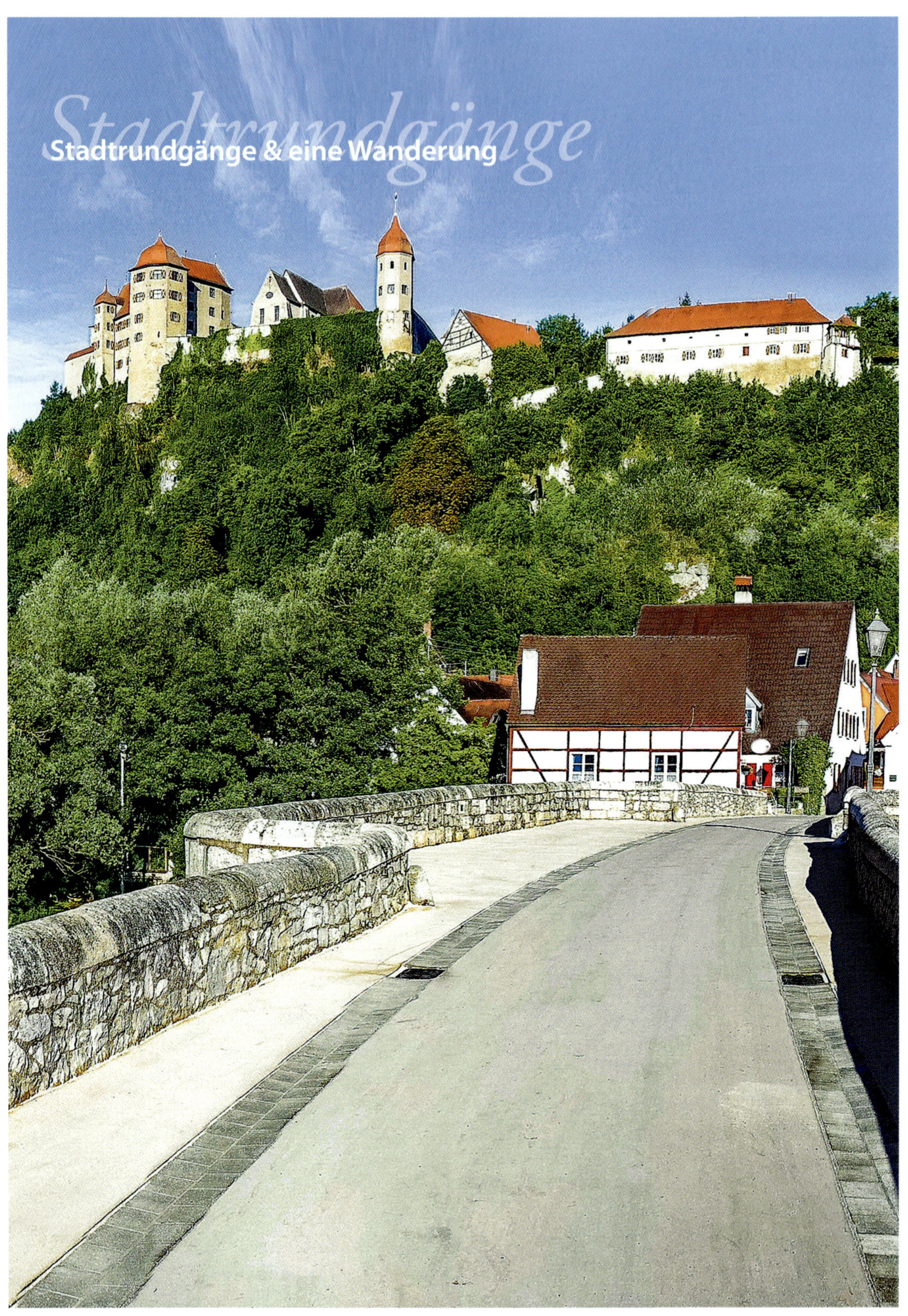

## Stadtrundgang Bamberg

Die Altstadt von Bamberg in der Talaue von Regnitz und Main-Donau-Kanal blieb weitgehend vom Zweiten Weltkrieg verschont und lockt den Besucher heute mit zahlreichen historischen Bauwerken, die vom bekannten Bamberger Dom überragt werden.

Wir starten unseren Rundgang durch das UNESCO Weltkulturerbe am ***Hotel Brudermühle*** am Ufer des ***Linken Regnitzarms***. Geleitet vom Rauschen des nahen Regnitzwehres laufen wir über den ***Geyerswörthsteg*** mit gutem Blick auf das ***Alte Rathaus (1)***. *Mitten in der Regnitz gelegen, markiert es die Grenze zwischen der Bamberger Bürger- und Bischofsstadt. Im Kern handelt es sich um ein gotisches Gebäude von 1463, das außen von 1744 bis 1756 barock umgestaltet wurde. Der Fachwerkbau Rottmeisterhaus wurde 1688 vor das Gebäude gesetzt. Im Inneren zeigt eine Ausstellung Fayencen und Porzellan aus dem 18. Jahrhundert.*

Auf dem gegenüberliegenden Regnitzufer empfängt uns das ***Wasserschloss Geyerswörth (2),*** *1585 als fürstbischöfliches Stadtschloss errichtet,* beherbergt es heute die ***Tourist-Info***. Wir laufen links an Schloss Geyerswörth vorbei, an dessen Rückseite uns die schmale Fußgängerbrücke ***Brucknersteg*** über den alten ***Ludwig-Donau-Main-Kanal*** auf die ***Habergasse*** bringt.

Jenseits der ***Lange Straße*** gelangen wir auf den langgestreckten ***„Grüner Markt“.*** *Er ist Fußgängerzone und bildet den vom Barock geprägten Mittelpunkt der zwischen Regnitz und Main-Donau-Kanal gelegenen Bürgerstadt von Bamberg.* Vorbei an der eindrucksvollen ***Pfarrkirche St. Martin (3)*** mit einem *Hochalter von Giovanni Batista Brenno* kommen wir auf den ***Maximiliansplatz***, wo im einstigen Priesterseminar das ***Neue Rathaus (4)*** untergebracht ist. Auf der südwestlichen Seite des großen Platzes, gegenüber vom Rathaus, geht es nach links und am Ende erst ein paar Schritte nach links und gleich wieder rechts, vorbei am ***Naturkunde-Museum (5)*** *(Apr-Sep 9-17, Okt-Mär 10-16, Mo geschl., www.naturkundemuseum-bamberg.de), das im ehemaligen Jesuitenkolleg untergebracht ist.*

Auf dem ***Heumarkt*** finden wir die ***Bronzeskulptur „Liegende mit Frucht“*** *des kolumbianischen Künstlers Fernando Botero, die 1998 von der Stadt Bamberg als erste Plastik des Skulpturenweges angekauft wurde.* Entlang dem Holzmarkt halten wir uns am Ende links und gelangen über den ***Hinteren Graben*** zurück in Richtung Regnitz. An der Rückseite der Häuser von ***Klein Venedig (6)*** laufen wir auf der Straße ***Fischerei*** nach links. Den besten Ausblick auf die hübsch anzusehenden ehemaligen Fischerhäuschen, die zum Volksfest „Sandkerwa“ im August die passende Kulisse für das berühmte Fischerstechen bieten, hat man aber vom gegenüberliegenden Regnitzufer.

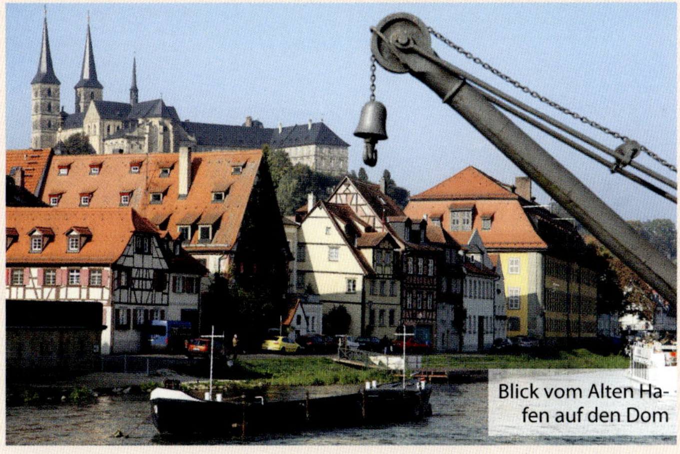
Blick vom Alten Hafen auf den Dom

***Am Kranen,*** *dem alten Hafen von Bamberg, zeigen die zwei historischen Verladekräne und das Ausflugsschiff „Stadt Bamberg“ die wirtschaftliche Bedeutung der Regnitz für die Stadt.* Auf der Brücke wechseln wir, vorbei am

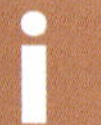

**Denkmal der Kaiserin Kunigunde,** auf die andere Seite der Regnitz in die Bischofsstadt. *Über tausend Jahre ist es her, dass Herzog Heinrich II. von Bayern sich mit der Luxemburger Gräfin Kunigunde vermählte und den deutschen Kaiserthron bestieg. Sie gründeten in Bamberg ein neues Bistum und legten damit den Grundstein des Bamberger Doms.*

Wir folgen der ***Dominikanerstraße*** vorbei am ***„Schlenkerla",*** *dem historischen Brauereiausschank, der 1405 erstmals urkundlich erwähnt wurde und für sein Rauchbier bekannt ist,* und erklimmen die Treppenstufen am ***Katzenberg*** hinauf zum ***Domplatz (7)***.

Hoch über dem Westufer des ***Linken Regnitzarms*** erhebt sich der ***Bamberger Dom (8)*** mit seinen vier, jeweils 81 Meter hohen Türmen. *Die Westtürme hatten die frühgotischen Kirchen der französischen Champagne zum Vorbild. Die ursprünglich niedrigeren Osttürme wurden im 18. Jahrhundert durch Rautenhelme auf die Höhe der Westtürme aufgestockt. Die beiden Vorgängerbauten brannten nieder und wurden ab 1211 durch den heutigen Dom ersetzt, der zu den prächtigsten Bauten des Mittelalters zählt und die Baukunst am Übergang von der späten Romanik in die frühe Gotik widerspiegelt. Bekannt ist der Dom für die im Jahre 1235 geschaffene Skulptur des Bamberger Reiters, die am linken Chorpfeiler des Ostchores zu finden ist.*

Mit dem Dom im Rücken laufen wir auf dem ***Domplatz*** halb rechts weiter unterhalb der ***Neuen Residenz (9)***, *die als Sitz der Bamberger Fürstbischöfe errichtet und ab 1803 als königliche Residenz genutzt wurde. Am 6. Oktober 1806 unterzeichnete Napoleon hier seine Kriegserklärung an Preußen. Neben dem Gesellschaftszimmer in dem Napoleon unterschrieb, sind über 40 weitere Prunkräume zu besichtigen sowie die Staatsgalerie mit altdeutschen, flämischen, fränkischen und barocken Gemälden.*

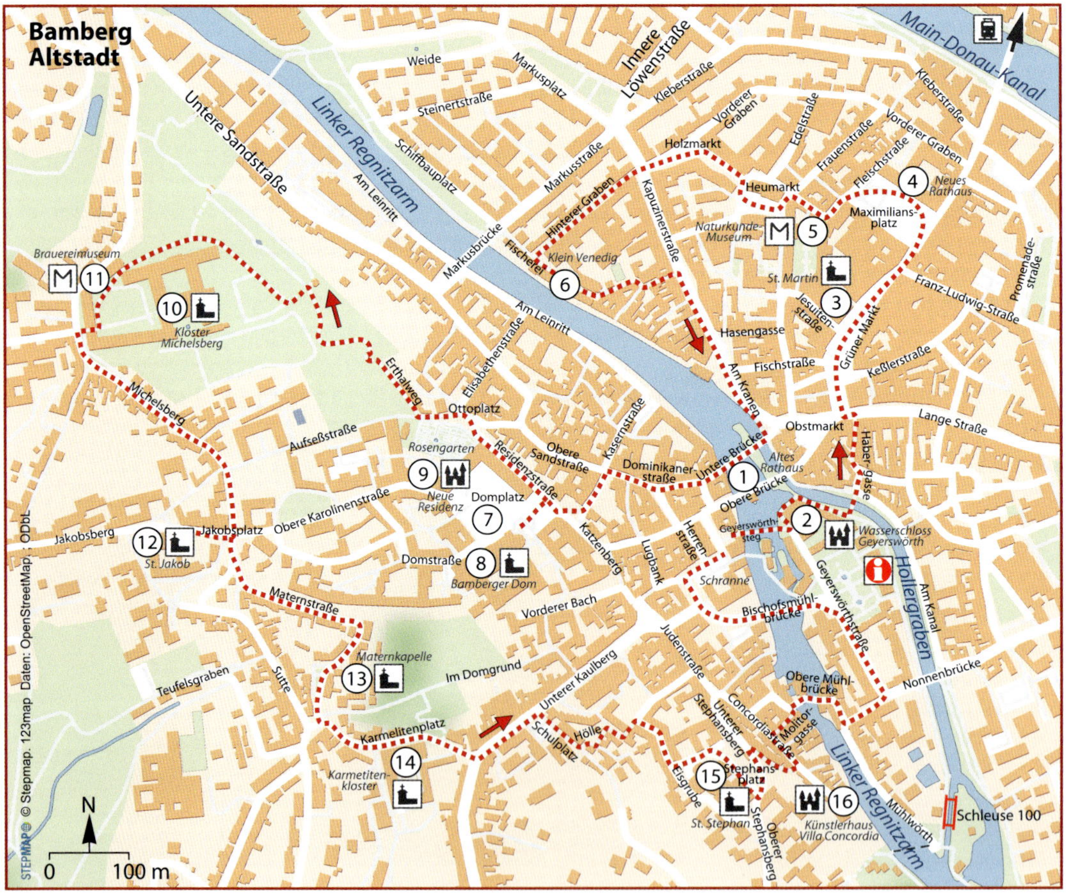

**Bamberg Altstadt**

STEPMAP © Stepmap. 123map Daten: OpenStreetMap: ODbL

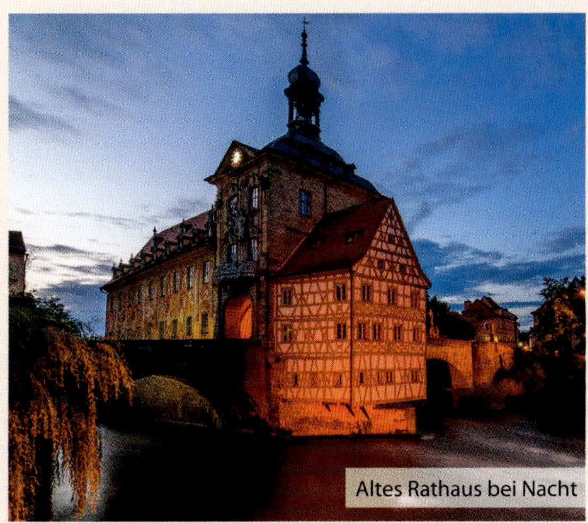
Altes Rathaus bei Nacht

Nun geht es auf der ***Residenzstraße*** zunächst leicht bergab bis zum ***Ottoplatz*** in einer Rechtskurve. Hier folgen wir dem Schild ***„Zum Michelsberg"*** unterhalb der Mauer links bergan. Nach wenigen Metern auf der ***Aufseßstraße*** biegen wir rechts durch die Pforte und schlendern auf dem schönen Spazierweg auf den ***Michelsberg***.

Oben erwartet uns ***Kloster Michelsberg (10)*** mit *der vom 12.-15. Jahrhundert erbauten St. Michaelskirche.* Wir genießen den tollen Blick über Altstadt und Dom und laufen rechts um das Kloster herum, vorbei am schönen Terrassencafé. Im Innenhof finden wir das ***Fränkische Brauereimuseum (11)*** *(Apr-Okt Mi-Fr 13-17, Sa+So 11-17, www.brauereimuseum.de)*.

Über die gleichnamige Straße ***Michelsberg*** geht es nach links bergab, bis von links die ***Aufseßstraße*** mündet. Weiter geradeaus führt uns die ***Michelsberger Straße*** leicht hinauf zum ***Jakobsplatz*** *mit der einzigen, fast vollständig romanischen Kirche Bambergs, der* ***Jakobskirche (12)****. Die Barockfassade wurde der Säulenbasilika (11. / 12. Jh.) 1771 vorgeblendet.*

Wir folgen dem Wegweiser ***„Jakobusweg Forchheim – Nürnberg"*** schräg nach links auf die ***Maternstraße***. Nachdem diese einen rechten Winkel beschrieben hat, versteckt sich zwischen den Wohnhäusern die kleine ***Maternkapelle (13)***. Anschließend laufen wir halb links bergan zum schlichten gotischen Turm des ***Karmelitenklosters (14)*** und links daran vorbei. *Die Anlage wurde im 12. Jahrhundert gegründet und hinter der Eingangsfassade neben dem Klosterladen (einer der schönsten Klosterläden Deutschlands) verströmt der spätromanische Kreuzgang aus dem 13. Jahrhundert mittelalterliche Frömmigkeit.*

An der T-Kreuzung wenden wir uns auf dem ***Unterer Kaulberg*** nach links und kurz darauf nach rechts in die Gasse ***Schulplatz***. Vorbei an der Kaulbergschule gelangen wir durch das Sträßchen ***Hölle***, biegen dort nach rechts in die ***Eisgrube*** und gelangen zur ***Kirche „St. Stephan" (15)***. *Von Papst Benedikt VIII. wurde sie im Jahre 1020 geweiht und ist seit 1807 evangelische Hauptkirche.* Über den ***Stephansplatz*** sowie die Straßen ***Oberer*** und ***Unterer Stephansberg*** kommen wir zur ***Concordiastraße***, in die wir links einschwenken. Rechts durch die ***Molitorgasse*** gelangen wir zur Brücke ***Obere Mühlbrücke*** und überschreiten die Regnitz. Rechterhand haben wir einen schönen Blick auf die Regnitz und am gegenüberliegenden Ufer auf das ***Wasserschloss Villa Concordia (16)***, *heute Sitz des Internationalen Künstlerhauses.*

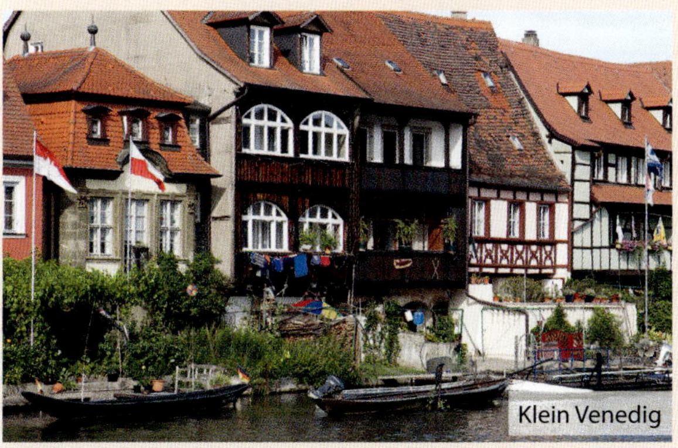
Klein Venedig

Wir biegen an der Kreuzung jedoch nach links und laufen gleich darauf wieder links auf die ***Geyerswörthstraße***. Vor der Tourist-Info biegen wir auf die ***Bischofsmühlbrücke*** und kommen zurück zum Ausgangspunkt an der ***Schranne***.

Lohnend sind überdies das internationale **Straßen- und Varietéfestival „Bamberg zaubert"** im **Juli** sowie das große **Volksfest „Sandkerwa" mit dem traditionellen Fischerstechen** im **August**.

 ***Tourist-Info,*** Geyerswörthstr. 5, Tel. (0951) 297 62 00, www.bamberg.info

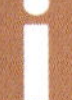

## Stadtrundgang Würzburg

Wir starten unseren Stadtrundgang durch die Stadt Tilman Riemenschneiders und Balthasar Neumanns an der **Alten Mainbrücke (1)** mit ihren charakteristischen **zwölf Heiligenfiguren.** *Aus Sandstein geschlagen, sind die bis zu 4,5 Meter hohen Apostel, Bischöfe und Namensheilige auf halbrunden Podesten hoch über dem Main postiert. Während die Brücke bereits 1133 fertiggestellt war, kamen die Figuren erst um 1730 hinzu.*

Linksmainisch erhebt sich über steil abfallenden Weinhängen der **Schlossberg** mit der imposanten Festung **Marienberg**. Wie Logen muten die den Berg umschließenden und mit Reben bestandenen Terrassen an. Ihnen zu Füßen erstreckt sich nach Osten, mit Dom und Neumünster als Kern der einst geistlichen Stadt, ein Gewirr von Straßen und Gassen. **Am Rathaus (2)** vorbei, mit dem barocken **Vierröhrenbrunnen (1765)** davor, gelangen wir in die Altstadt. *Mit seinem romanischen Turm ist der ehemalige Besitz eines Burggrafen seit 1316 Rathaus. Die auf die Wand des Gebäudes gemalte Linde soll an die Gerichtslinde erinnern, unter der Schöffen und Richter die öffentlichen Prozesse zu führen hatten.*

Die breite ***Domstraße*** führt uns geradewegs auf den **Dom St. Kilian zu (3).** *Die viertgrößte romanische Kirche Deutschlands wurde ab 1040 von Bischof Bruno, einem Vetter Kaiser Konrads II., errichtet. Die schlichten Westtürme sind im Stil der Romanik, die Osttürme im Stil der frühen Gotik erbaut. An diese lehnte Balthasar Neumann 1749 eine barocke Sakristei. Der Kircheninnenraum ist in reichstem Hochbarock stuckiert. Sehenswert sind das bronzene Taufbecken von 1279, die Krypta, der gotische Kreuzgang und die Grablege der Domherren.*

Nur durch den ***Kiliansplatz*** vom Dom getrennt, ragt der mächtige Kuppelbau der **Neumünsterkirche (4)** mit seiner aufwändigen Barockfassade empor. *Als romanische Basilika des 11. Jh. errichtet, stammen der Turm aus dem 13. Jh. und die barocke Schaufassade von 1710. Sehenswert ist die in einer Nische aufgestellte Madonna Tilman Riemenschneiders von 1493. Wo sich die Krypta befindet, sollen der Überlieferung nach die irischen Missionare Frankens enthauptet und unter einem Pferdestall verscharrt worden sein.*

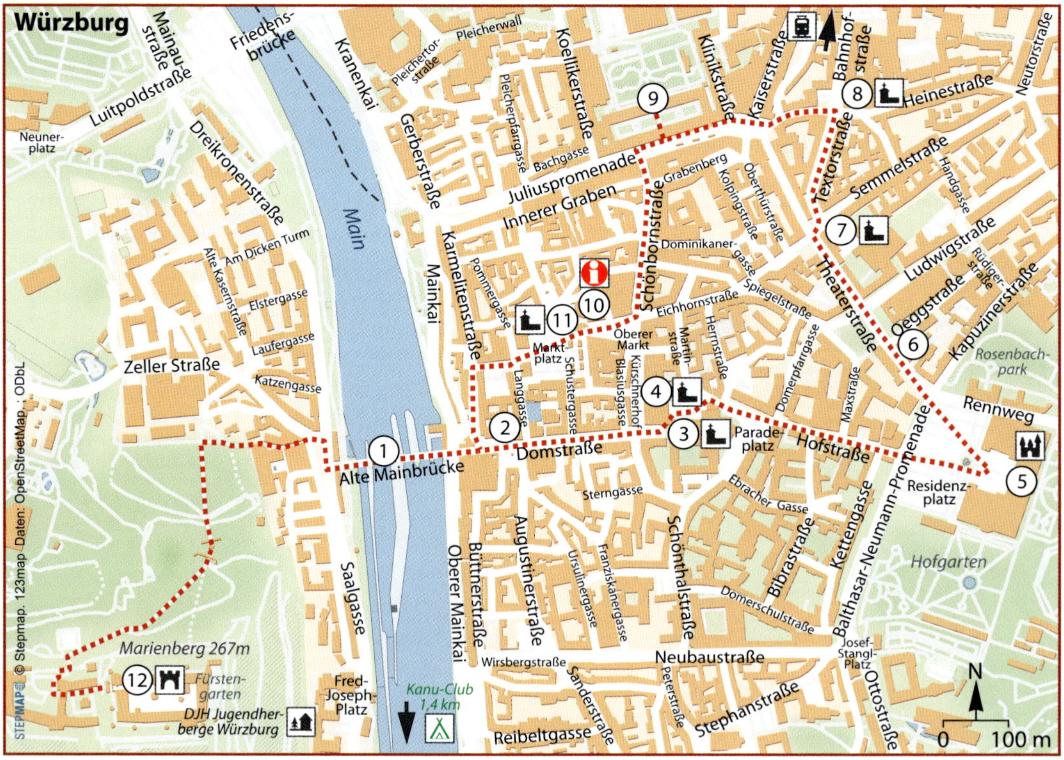

**Würzburg**

Im danebenliegenden ***Lusamgärtlein*** befindet sich das ***Grabdenkmal*** des in der Stadt verstorbenen Dichters ***Walther von der Vogelweide.***

Vom ***Kiliansplatz*** führt die ***Hofstraße*** geradewegs auf die ***Residenz (5)*** zu. *Als Hauptwerk des süddeutschen Barocks und eines der bedeutendsten Schlösser Europas ist sie von der UNESCO zum Weltkulturerbe erklärt worden. Von 1720 bis 1744 wurde sie nach Plänen Balthasar Neumanns gebaut. Trotz schwerer Zerstörungen der gesamten Anlage im Zweiten Weltkrieg, blieb das großartige Treppenhaus mit seinem freitragenden Gewölbe und den einmaligen Deckengemälden mit den Allegorien der vier Kontinente von Giovanni Tiepolo unversehrt. Gartensaal, Weißer Saal, Kaisersaal und die Paradezimmer, ausgestattet mit reichstem Rokoko und illusionistischen Übergängen von Fresken zu Stuck, sind ebenfalls sehr sehenswert.*

Nach einem Besuch der angeschlossenen ***Hofkirche*** von Balthasar Neumann mit Gemälden von Tiepolo (Engelsturz, Himmelfahrt Mariens) schlendern wir noch durch den im französichen Stil angelegten ***Hofgarten***.

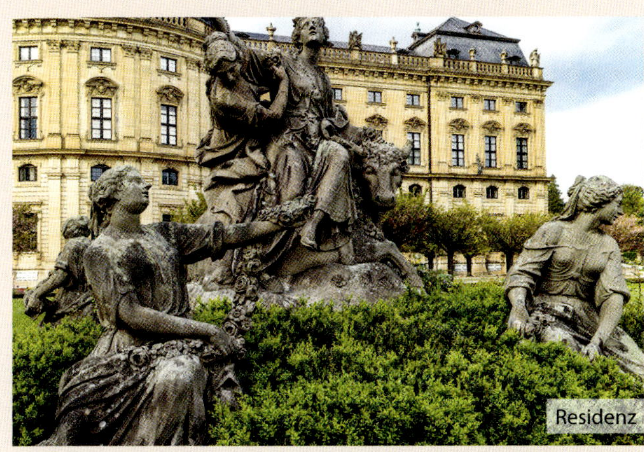
Residenz

In nordwestliche Richtung schließt sich die ***Theaterstraße*** an, die uns vorbei am ***Roten Bau (6),*** *einem Familienpalais des frühen 18. Jh.*, zum ***Bürgerspital zum Hl. Geist (7)*** führt, einer *gotischen Kirche mit wertvollen Plastiken. Sehenswert ist auch der malerische Innenhof mit Arkadenbau von 1717.* Ein Schlenker über die ***Semmel-*** und ***Textorstraße*** bringt uns zum ***Stift Haug (8),*** dem bedeutendsten Werk des italienischen Architekten Petrini. *Mit seiner hohen Doppelturmfassade und der mächtigen Kuppel ist die Kirche der erste große Kirchenbau der Barockzeit in Franken.* Rund 200 Meter weiter westlich erreichen wir das ***Juliusspital (9),*** *eine schlossartige Barockanlage von Fürstbischof Julius Echter. Der „steinerne Stiftungsbrief" im Durchgang zum Garten berichtet, dass neben Alten und Kranken auch Waise und Pilger aufgenommen wurden. Beeindruckend ist vor allem der von Petrini geschaffene Nordflügel – der Fürstenbau. Unter ihm liegt der riesige Weinkeller des Juliusspital-Weingutes, das über 165 Hektar Weinberge in und um Würzburg verfügt.*

Über die ***Schönbornstraße*** geht es nach rechts zum ***Marktplatz*** der Stadt. Hier bewundern wir die üppige Stuckfassade des einstigen ***Gasthauses Falkenhaus (10)*** aus dem Jahre 1751, das nach Kriegszerstörung mit Hilfe von Fotos wieder originalgetreu aufgebaut wurde. In ihm befindet sich heute die ***Tourist-Info.*** Nebenan erhebt sich die ***Marienkapelle (11),*** die einzige gotische Kirche der Stadt. *Im Jahre 1377 wurde mit ihrem Bau begonnen, der Turmbau erst um 1480 vollendet. Sehenswert: zahlreiche Grabmäler fränkischer Ritter und Bürger, Kostbarkeiten wie Riemenschneiders Epitaph sowie Tafeln eines spätgotischen Altars. Am Marktportal erinnert eine Eisentafel an die Grabstätte des 1753 hier bestatteten Balthasar Neumann.*

Schnell haben wir über die ***Alte Mainbrücke*** das gegenüberliegende Mainufer erreicht und steigen nun über die Tellsteige zur ***Festung Marienberg (12)*** mit ihren interessanten Museen hinauf. Ein grandioser Blick über Main und Stadt belohnt uns. *Um 1200 wurde die Burg gegründet und war von 1253 bis 1719 Sitz der Fürstbischöfe. In der Marienkirche, der ältesten Kirche Frankens, ruhen unter 20 Grabplatten die sterblichen Überreste von 20 Bischöfen. Nach 1600 wurde die Festung zum Renaissanceschloss umgebaut. Aus dieser Zeit stammt der reizvolle Tempel, der über dem 104 Meter tiefen Brunnen errichtet wurde. Nach der Eroberung durch Gustav Adolf von Schweden im Jahre 1631 wurde sie zur Barockfestung ausgebaut.*

Unbedingt sehenswert sind die weltberühmten Plastiken Tilman Riemenschneiders im ***Mainfränkischen Museum*** sowie das ***Fürstenbaumuseum*** mit Sammlungen zur Würzburger Stadtgeschichte.

 **Tourist-Info im Falkenhaus,** Marktplatz 9, Tel. (0931) 37 23 98, www.wuerzburg.de

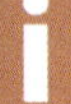

## Stadtrundgang Nürnberg

Ausgangspunkt dieses Stadtrundgangs ist der ***Bahnhof*** am südöstlichen Rand der Altstadt. Durch die Unterführung erreichen wir das ***Königstor.*** Neben dem wuchtigen Turm gegenüber der ***Tourist-Info*** ist im ehemaligen Waffenhof der ***Handwerkerhof (1)*** untergebracht. In den neu erbauten Fachwerkhäusern haben sich viele Kunsthandwerker niedergelassen und bieten ihre Ware feil *(So geschlossen).*

Auf der ***Königstraße*** laufen wir vorbei an der ***Klarakirche*** und ***Mauthalle,*** *1502 als Korn- und Salzspeicher erbaut und später Waag- und Zollamt*, bis zum eindrucksvollen ***Lorenzer Platz (2).*** Er wird dominiert von Nürnbergs größter Kirche, der doppeltürmigen ***St. Lorenz Kirche*** aus dem 13. bis 15. Jahrhundert. *Von außen beeindruckt das reichhaltig verzierte Westportal. Die riesige, neun Meter im Durchmesser große Fensterrose wirkt von innen besonders schön.* Weitere sehenswerte Bauwerke am

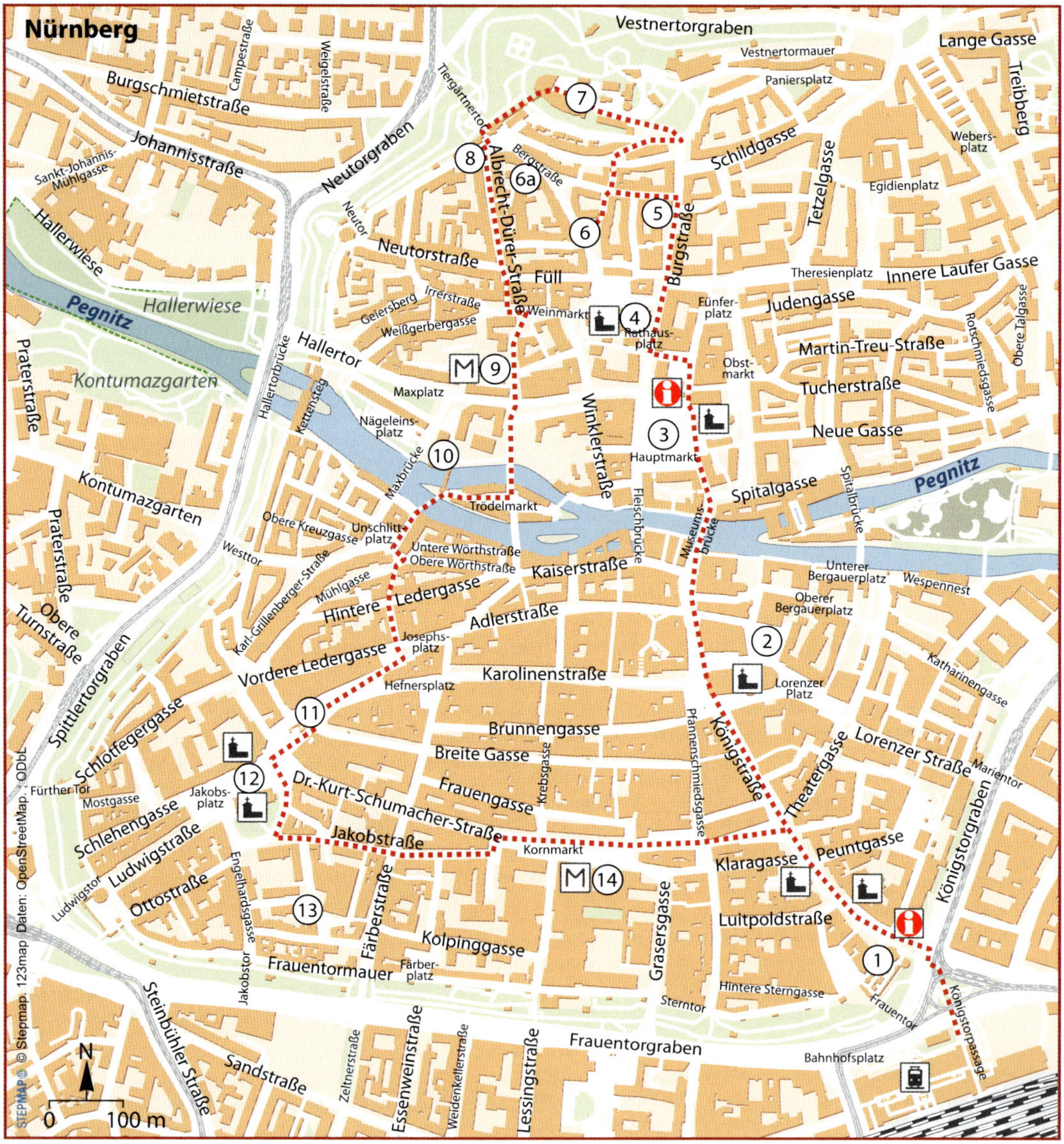

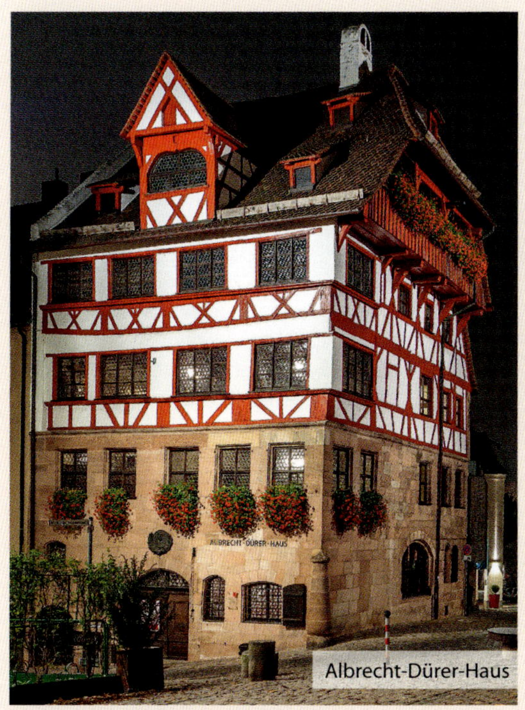

Albrecht-Dürer-Haus

Lorenzer Platz sind das **Nassauer Haus,** *ein gut erhaltenes mittelalterliches Turmhaus* und der **Tugendbrunnen,** *der die Grundlagen der Nürnberger Stadtverfassung illustriert.*

Wir laufen weiter geradeaus leicht bergab und überqueren die Pegnitz auf der ***Museumsbrücke.*** Vorbei an der ***Skulptur „Das Narrenschiff"*** von Jürgen Weber und über die ***Plobenhofstraße*** kommen wir zum **Hauptmarkt (3),** auf dem in der Vorweihnachtszeit die Buden des berühmten Christkindlmarkt aufgebaut werden.

Rechts steht die gotische **Frauenkirche** aus dem 14. Jahrhundert, am nördlichen Ende ist im Erdgeschoss des **Neuen Rathauses** eine weitere **Tourist-Info** untergebracht. Schräg davor erhebt sich der **Schöne Brunnen,** *eine 1903 angefertigte Kopie aus Muschelkalk in farbenfroher Bemalung. Das Original des Bauwerks, das der Spitze eines Kathedralenturms nachempfunden ist, entstand um 1385 und befindet sich im Germanischen Nationalmuseum.*

In nördliche Richtung schließt sich der ***Rathausplatz*** an. Gegenüber der prunkvollen Fassade des **historischen Rathauses** ragen die Doppeltürme von **St. Sebald (4)** auf, *die ab 1225 als doppelchörige spätromanische Pfeilerbasilika mit Langhaus, Querhaus und Zweiturmfassade errichtet wurde. Im Inneren präsentiert St. Sebald eine Reihe originaler Kunstwerke wie das Sebaldusgrab, das als bedeutendster Erzguss der deutschen Renaissance gilt, das Glasgemälde des Ostchors und die Madonna im Strahlenkranz (um 1430) sowie die Kreuzigungsgruppe (1520) von Veit Stoß.* In den Kellergewölben unter dem Rathaus können die **Lochgefängnisse** als Zeugen der mittelalterlichen Rechtssprechung besichtigt werden. *Sie dienten ab dem 14. Jahrhundert als eine Art Untersuchungsgefängnis, in der die Häftlinge bis zur Urteilsvollstreckung untergebracht wurden.*

Die ***Burgstraße*** führt uns nach ein paar Schritten zum **Fembohaus (5)** aus dem *späten 16. Jahrhundert. In dem gut erhaltenen Patrizierhaus mit Volutengiebel, der von einer Fortuna-Figur gekrönt wird, ist das* **Stadtmuseum** *untergebracht, das eine multimediale Zeitreise ins alte Nürnberg möglich macht.*

Ein Abstecher führt zum **Albrecht-Dürer-Denkmal,** wo sich der Zugang zu den **Historischen Felsengängen (6)** befindet. *Die Gewölbe dienten ursprünglich der Lagerung von Bier, im Zweiten Weltkrieg wurden sie auch als Schutz bei Luftangriffen genutzt. Tickets zu geführten Touren gibt es ca. 100 Meter bergauf in der* ***Hausbrauerei Altstadthof (6 a).***

Über die kleine Gasse ***Untere Schmiedegasse*** geht es hinauf zur **Burg (7),** die sich als Doppelburg *(Kaiser- & Burggrafenburg)* majestätisch über die Altstadt erhebt. *Sie war im Mittelalter eine der bedeutendsten Kaiserpfalzen und zwischen 1050 und 1571 residierte dort jeder deutsche König und Kaiser mindestens einmal. Zu besichtigen sind Palas (Hauptgebäude), Doppelkapelle, Tiefer Brunnen und Sinwellturm.*

Westlich der Burg am ***Tiergärtnertor*** liegt das **Albrecht-Dürer-Haus (8).** *Der Meister wohnte hier von 1509 bis zu seinem Tode 1528. Zu sehen gibt es zwei Wohnräume und eine Küche, die im Stil der Zeit eingerichtet sind und Kopien von Gemälden.*

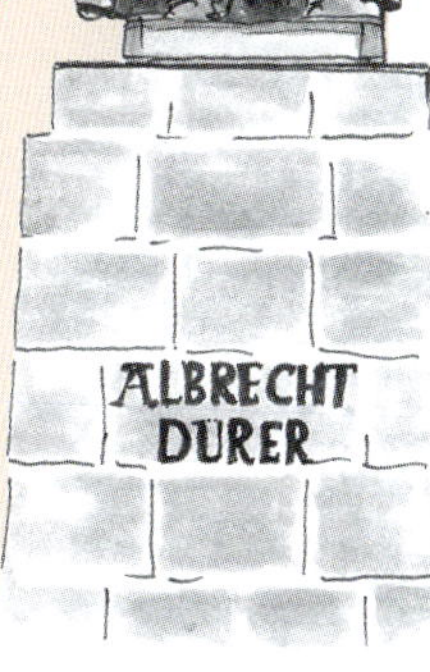

i

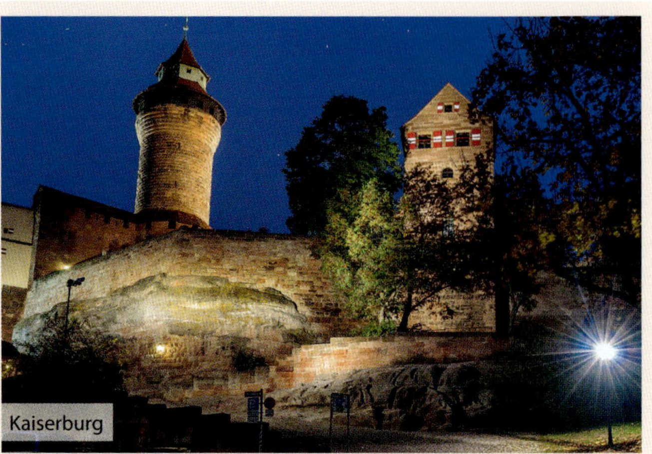
Kaiserburg

*Eine Multivisionsschau informiert über Leben und Werk Dürers.*

Auf der ***Albrecht-Dürer-Straße*** laufen wir nun wieder bergab in Richtung Pegnitz und steigen über ein paar Treppenstufen zum ***Weinmarkt*** hinab. In der ***Karlstraße*** zeigt rechter Hand das ***Spielzeugmuseum (9)*** *Zinnfiguren, Dampfmaschinen, Puppen, Blechspielzeug und Modelleisenbahnen aus verschiedenen Epochen und Kulturkreisen.*

Wir laufen weiter geradeaus, überqueren den ersten Pegnitzarm und wenden uns auf dem ***Trödelmarkt*** auf der ***Pegnitzinsel*** nach rechts. Auf der westlichen Spitze der Insel steht das ***Henkerhaus*** und auf dem überdachten ***Henkersteg*** überqueren wir den zweiten Pegnitzarm. Ein paar Schritte nach rechts öffnen den Blick zurück auf den ***Weinstadl (10)*** am gegenüberliegenden Ufer. *Dieses hübsch anzusehende Fachwerkhaus wurde Mitte des 15. Jahrhunderts als Siechenhaus für Leprakranke gebaut.*

Wir gehen über den ***Unschlittplatz***, überqueren die ***Obere Wörthstraße*** und laufen auf der engen ***Hutergasse*** leicht bergauf. In der Fußgängerzone wenden wir uns nach rechts, wo wir vor dem ***Weißen Turm*** *(um 1250)* das ***Ehekarussel (11)*** finden. *Der 1984 von Bildhauer Jürgen Weber geschaffene Brunnen ist die plastische Umsetzung des Gedichts „Das bittersüße eheliche Leben" in dem Meistersinger Hans Sachs über Freud und Leid der Ehe philosophiert.*

Dahinter erstreckt sich der ***Jakobsplatz (12)*** mit der monumentalen ***St. Elisabethkirche*** aus dem 18. Jahrhundert auf der rechten Seite und der schlichteren ***St. Jakobkirche*** aus dem 14. Jahrhundert. Zwischen den beiden Kirchen geht es über den Platz in Richtung des wehrhaften Turms der Stadtmauer.

Am Ende des Jakobsplatzes biegen wir vor der Feuerwache 3 nach links in die ***Jakobstraße***. In einer Stichstraße liegt rechter Hand die ***Historische Bratwurstküche „Zum Gulden Stern" (13),*** *die älteste und wie viele meinen, beste Bratwurstküche Nürnbergs.* Wir erreichen nun den ***Kornmarkt*** mit zahlreichen modernen Funktionsbauten. Hinter dem Gewerkschaftshaus liegt das ***Germanische Museum (14),*** *seines Zeichens die größte kunst- und kulturgeschichtliche Sammlung der deutschsprachigen Länder, das vor- und frühgeschichtliche Zeugnisse sowie Kunst- und Gebrauchsgegenstände vom Mittelalter bis zur Neuzeit zeigt.*

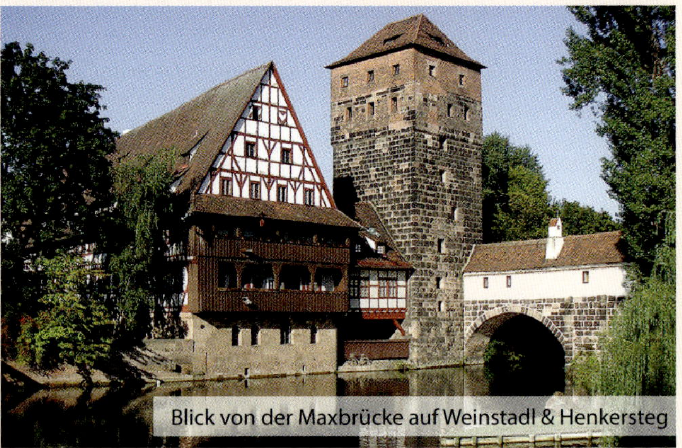
Blick von der Maxbrücke auf Weinstadl & Henkersteg

Durch die Fußgängerzone gelangen wir an der ***Mauthalle*** wieder auf die ***Königstraße*** und wenden uns nach rechts, um zurück zum Ausgangspunkt am Bahnhof zu gelangen.

**Feste:** Ostermarkt auch „Häferlesmarkt" (ältester Nürnberger Markt) meist im April, Fränkisches Bierfest im Juni, Nürnberger Altstadtfest mit Herbstmarkt im September, Christkindlesmarkt im Dezember.

 **Tourist-Infos,** Königstr. 93 und Hauptmarkt 18, Tel. (0911) 233 60, www.tourismus.nuernberg.de

## Wanderung Kloster Andechs

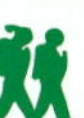

**Strecke:** *Von Herrsching am Ammersee durch das Kienbachtal zum Kloster Andechs und zurück.*
**Schwierigkeit & Dauer:** *Leichte Wanderung mit geringer Steigung (ca. 190 Hm), 8 km, ca. 3 h.*

*Die etwa 8 Kilometer lange Wanderung (hin und zurück) ist leicht und eine ideale Familientour. Vom Ufer wegführend geht es über die Seestraße geradeaus in die Weinhartstraße. An deren Ende links in die Schönbichlstraße. Nach ca. 200 Metern rechts in die Andechsstraße und von da nach rechts in die Kientalstraße. Diese führt noch einige Minuten an den letzten Häusern vorbei, dann geht es in den Wald, den man auf dem Hauptweg durchquert.*

*Der Wald ist ein richtiger Urwald, mit knorrigen Bäumen und riesigen Baumwurzeln die sich um Felsen schlingen. Der kleine Kienbach ist auf der zweiten Hälfte der Wanderung an einigen Stellen leicht zugänglich. Nachdem man zwei Brücken überquert hat und an einem steilen Bergabbruch vorbeigekommen ist, geht es kurz vor einem kleinen Haus scharf links hoch. Auf den Wegweiser achten! Am Ende führen zwei längere Treppen direkt zur Klosterkirche. Nach der Besichtigung/Einkehr geht es auf gleichem Weg wieder zurück. Wer nicht zurück laufen möchte – zwischen Kloster Andechs und Herrsching besteht auch eine Busverbindung!*

*Die religiöse Geschichte von Andechs geht zurück ins 10. Jahrhundert, als Graf Rasso Reliquien aus dem Heiligen Land mitbrachte. Im Jahre 1128 fand dann die erste Wallfahrt zu den Reliquien von Andechs statt. Rund 80 Jahre später gerieten die Grafen von Andechs in Verdacht, an der Ermordung von Philipp II. von Schwaben beteiligt gewesen zu sein, weshalb Burg Andechs zerstört wurde. Um das Jahr 1270 begann man mit dem Wiederaufbau der Kirche. Den Reliquienschatz, der allerdings von den letzten Andechsern vergraben wurde, entdeckte man erst 1388 in einem Versteck unter dem Altar der Kapelle wieder und brachte ihn zunächst nach München in die herzogliche Hofkapelle.*

*Im Jahre 1392 gründete man ein Kloster zur Betreuung der Wallfahrt und in den darauffolgenden Jahren kamen die Reliquien nach und nach zurück nach Andechs. Infolge eines Blitzschlages wurden am 3. Mai 1669 fast das gesamte Kloster und die Kirche durch Feuer zerstört. Der Wiederaufbau begann sofort und war bis 1675 abgeschlossen. Aus dieser Zeit stammt auch der bekannte Kirchturm. Abt Bernhard Schütz ließ 1755 der Abteikirche die heutige Rokoko-Ausstattung geben. Mit einem Gnadenbild der thronenden Muttergottes aus der Zeit um 1500 im Hochaltar und weiteren Reliquien, wie den „Heiligen Drei Hostien", dem Brautkleid der heiligen Elisabeth von Thüringen, dem sogenannten Siegeskreuz Karls des Großen und einem Fragment der Dornenkrone Christi ist Kloster Andechs jedes Jahr Ziel Tausender Besucher. In der Zeit des Zweiten Weltkriegs wurden in Andechs wertvolle Kulturgüter gelagert. Seit 1971 ist das Kloster Familienbegräbnisstätte der Wittelsbacher und in einer Seitenkapelle der Andechser Wallfahrtskirche befindet sich die Begräbnisstätte von Carl Orff.*

*Den meisten Zulauf hat der Biergarten des „Bräustüberl" neben der Kirche, in dem das Bier der Klosterbrauerei ausgeschenkt und bayerische Spezialitäten serviert werden. An Wochenenden herrscht reger Ausflugsverkehr und es kann schwierig werden, auf der Sonnenterrasse des Klostergasthofes, der etwas nobleren und hochpreisigeren Lokalität des Klosters, einen freien Tisch zu ergattern.*

*Das Andechser Bier ist weit über die Grenzen Bayerns hinaus bekannt. Seit Jahrhunderten wird die Brautradition von den Benediktinermönchen gepflegt und weiterentwickelt. Jahr für Jahr werden um die 100.000 Hektoliter Gerstensaft gebraut. Fünf Prozent der jährlich produzierten Biermenge, also rund eine Million Maß, der insgesamt sechs Andechser Biersorten werden im Bräustüberl und im Klostergasthof auf dem Klosterberg selbst ausgeschenkt.*

*Text: Thomas Kettler*

## Stadtrundgang München

Vom **Hauptbahnhof** gelange ich schnell zum östlich gelegenen ***Karlsplatz (1)***, dem im Münchner Volksmund „Stachus" genannten Platz. *Er ist benannt nach Kurfürst Karl Theodor (1724-1799). Dieser ließ die Festungswerke vor dem Neuhauser Tor niederlegen, das Tor renovieren und im Halbrund Häuser anbauen, die heute noch das Gesicht des Platzes prägen.*

Durch die ***Neuhauser Straße*** gelangt man in der Verlängerung in die ***Kaufingerstraße,*** Deutschlands bestbesuchte und teuerste Einkaufsstraße. An der Ecke zur links abzweigenden ***Ettstraße*** lohnt unbedingt der Blick in die sehr sehenswerte ***Kirche St. Michael (2),*** *ein bedeutendes Bauwerk der Renaissance und größte Renaissancekirche nördlich der Alpen. Als Grablege des Hauses Wittelsbach konzipiert, war sie auch geistliches Zentrum der Gegenreformation in Bayern.* Schräg gegenüber steht man dann vor den großen Tierplastiken eines Bronzekeilers und eines Welses. Sie weisen auf die hochragende Fassade der ***ehemaligen Augustinerkirche*** hin. Die gotische Basilika in der Fußgängerzone ist nun die Heimstätte eines der schönsten Museen Deutschlands, dem ***Deutschen Jagd- und Fischereimuseum (3).***

Links geht es über die ***Liebfrauenstraße*** zur ***Frauenkirche (4),*** dem unangefochtenen Wahrzeichen der Stadt. *Mit ihren zwei markanten Türmen ist sie die Kathedralkirche des Erzbischofs von München und Freising. Der dreischiffige spätgotische Backsteinbau mit umlaufendem Kapellenkranz ist 109 Meter lang, 40 Meter breit und 37 Meter hoch. Der Südturm kann bestiegen werden und bietet einen einmaligen Blick auf München und die nahen Alpen. Die im ausgehenden 15. Jahrhundert erbaute Kirche hat rund 20.000 Stehplätze, was erstaunlich ist, angesichts der damals nur 13.000 Einwohner zählenden Stadt.*

*Das Wahrzeichen Münchens – Die Frauenkirche*

Über die ***Sporerstraße*** und die rechts abgehende ***Weinstraße*** gelangt man zum ***Marienplatz (5)*** mit der ***Mariensäule.*** *Auf einer Ost-West-Achse zwischen Isartor und Karlstor gelegen, bildet sie den geografischen Mittelpunkt der Stadt. Hier verlief die Salzstraße von Salzburg über Landsberg, während auf der Nord-Süd-Achse die Waren aus Italien durch das Sendlinger Tor in die Stadt gelangten. Das* ***Neue Rathaus,*** *Sitz des Oberbürgermeisters, des Stadtrates und Hauptsitz der Stadtverwaltung, wurde von 1867 bis 1909 von Georg von Hauberrisser im neugotischen Stil erbaut. Davor steht der* ***Fischbrunnen,*** *an dem bis zum Zweiten Weltkrieg am Rosenmontag die Metzger-Lehrlinge freigesprochen wurden. Am Aschermittwoch wäscht der Oberbürgermeister seit 1426 traditionell seine leere Geldbörse im Wasser des Brunnens. Der von armen Leuten ausgeübte alte Brauch wollte deutlich machen, dass das Portemonnaie leer und die Dienstherrschaft aufgefordert sei, wieder etwas hineinzutun.* Das weiter rechts liegende ***Alte Rathaus (6),*** bis 1874 Sitz des Stadtrates, dient als Repräsentationsgebäude der Stadtverwaltung und beherbergt im Turm das ***Spielzeugmuseum***.

Von hier gelangen wir zum ***Petersplatz*** mit der ***St. Peter Kirche (7),*** *der ältesten Kirche der Altstadt, deren erster Bau noch aus der Romanik stammte. Heute steht dort ein gotischer Neubau, der im Inneren barockisiert wurde.* Über die Straße ***Viktualienmarkt*** gelangen wir zum gleichnamigen ***Viktualienmarkt (8),*** einem Markt für Lebensmittel, früher Viktualien genannt. Er findet täglich statt und besteht zum Großteil aus festen Ständen, die jedes Gourmetherz höher schlagen lassen. Die warmen Leberkäs-Semmeln von einem der zahlreichen Stände sind fast schon Pflicht.

Über den Viktualienmarkt geht es nach links in die ***Frauenstraße***, die direkt zum ***Isartor (9)*** führt. Es ist das östliche Stadttor der historischen Altstadt und beherbergt das ***Valentin-Karlstadt-Musäum.*** *Das kleine „Musäum" im Isarturm ist zwar längst kein Geheimtipp mehr, aber ein absolut liebenswertes Juwel in der nicht gerade museumsarmen Landeshauptstadt. Die Ausstellung präsentiert mit Fotos, humoristischen Dokumenten sowie Video- und Hörstationen den feinsinnigen Humor des Münchener Komikerpaares Karl Valentin (1882-1948) und Liesl Karlstadt (1892-1960). Im obersten Stockwerk unter dem Dach lockt ein Café mit einer Einrichtung aus der Zeit um die Jahrhundertwende.*

Vom Isartor geht es zurück Richtung Innenstadt und gleich rechts hinein über die ***Marienstraße*** in die ***Bräuhausstraße*** direkt zum ***Hofbräuhaus (10)*** am Platzl. *Vom bayerischen Herzog Wilhelm V. im Jahre 1589 in Auftrag gegeben, war der weltberühmte Münchner Bierpalast lange Zeit Sitz der dazugehörigen Brauerei Hofbräu.* Nach knapp 100 Metern geht es nach rechts über die ***Sparkassenstraße*** in die ***Maximilianstraße***. Vorbei am ***Nationaltheater*** führt der Weg nach rechts über die ***Residenzstraße*** zur ***Residenz (11)***. *Sie war das Münchner Stadtschloss und die Residenz der bayerischen Herzöge, Kurfürsten und Könige. Der weitläufige Palast ist das größte Innenstadtschloss Deutschlands und mit mehr als hundert Schauräumen eines der bedeutendsten Raumkunstmuseen Europas.* Den dahinterliegenden ***Hofgarten (12)*** *ließ Maximilian I., Kurfürst von Bayern, 1613-1617 als Renaissancegarten im italienischen Stil anlegen.*

Durch die ***Residenzstraße*** und dann stur geradeaus gelangt man wieder auf den ***Marienplatz***, über den man zwischen der St. Peter Kirche und dem Marienplatz City-Center über den ***Rindermarkt*** zum ***Löwenturm*** gelangt. Der ***Rindermarkt (13)*** *ist einer der ältesten Straßenzüge Münchens, der den Marienplatz im Norden mit dem Sendlinger Tor verband. Ursprünglich wurde dieser Straßenzug als Viehmarktplatz genutzt. Der Löwenturm an der südöstlichen Seite des Rindermarktes ist ein Wasserturm aus dem 15. Jahrhundert.* Vom Rindermarkt geht es über die ***Rosenstraße*** zurück zum Marienplatz und dort links über die ***Kaufingerstraße*** zurück zum Hauptbahnhof.

**Museen:** Pinakotheken, Tel. (089) 23 80 52 84, www.pinakothek.de; Deutsches Museum, Tel. (089) 217 93 33, www.deutsches-museum.de; Lenbachhaus, Tel. (089) 23 39 69 33, www.lenbachhaus.de; Kunsthalle München, Tel. (089) 22 44 12, www.kunsthalle-muc.de; Stadtmuseum, www.muenchner-stadtmuseum.de; Jüdisches Museum, Tel. (089) 23 39 60 96; Valentin-Karlstadt-Musäum, Tel. (089) 22 32 66, www.valentin-musaeum.de u.v.m.

**Tourist-Infos,** am Hauptbahnhof und Marienplatz 8, Tel. (089) 23 39 65 00, www.muenchen.de

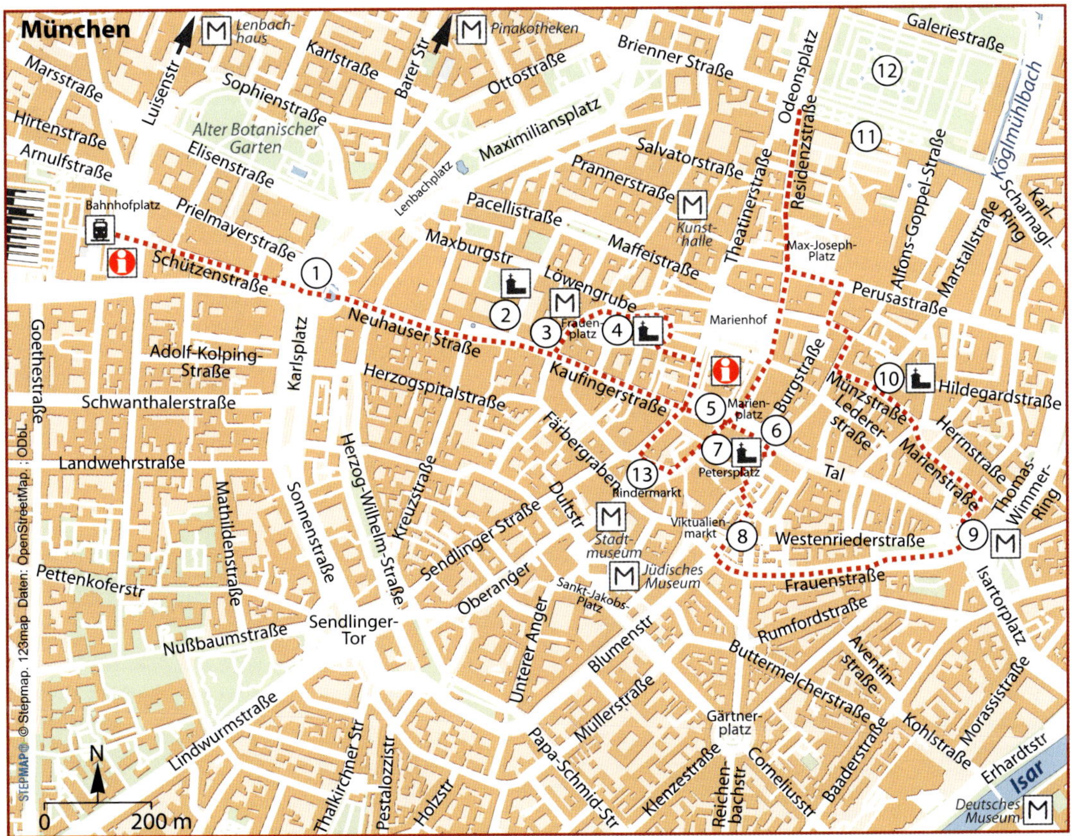

## Stadtrundgang Regensburg

Wir beginnen unseren Stadtrundgang an der alten ***Steinernen Brücke (1)***, die zusammen mit dem Dom das Wahrzeichen der Stadt bildet. *Von 1135-1146 errichtet, ist sie die älteste ausschließlich aus Stein erbaute Brücke Deutschlands und ein wahres Meisterwerk mittelalterlicher Baukunst. In ursprünglich 16 Bögen, von denen heute noch 15 zu sehen sind, überspannt sie mit einer Länge von 330 Metern die Donau.*

Mit Blick Richtung Altstadt und Dom wenden wir uns am Brückenkopf nach links und laufen an der ***Historischen Wurstküche „Wurstkuchl"*** vorbei, die als ältestes Lokal Regensburgs gilt. Es fällt nicht schwer sich vorzustellen, dass sich hier schon die Arbeiter während des Brückenbaus verpflegten und noch heute werden Bratwurst und traditionelle Gerichte serviert.

Wir folgen dem Donauufer, wo die „Freudenau", die das ***Donau-Schifffahrtsmuseum (2)*** beherbergt, vor Anker liegt. Schräg gegenüber biegen wir vor dem Haus Thundorferstr. 7 ins ***Hackengässchen***. Am Ende wenden wir uns nach rechts. Die Straße ***Unter den Schwibbögen*** bringt uns zur römischen ***Porta Praetoria (3)***, die man 1884 entdeckte. *Sie wurde 179 n. Chr. als Nordtor des 40 Jahre zuvor angelegten römischen Militärlagers gebaut und ist neben der Porta Nigra in Trier der einzige römische Hochbau und das älteste Stadttor Deutschlands.*

Vor der grünen Fassade der ***Adler-Apotheke*** biegen wir nach links und erreichen den ***Domplatz (4)***, mit dem beeindruckenden gotischen ***Dom St. Peter.*** *Als Vorbild für die dreischiffige Basilika mit den 105*

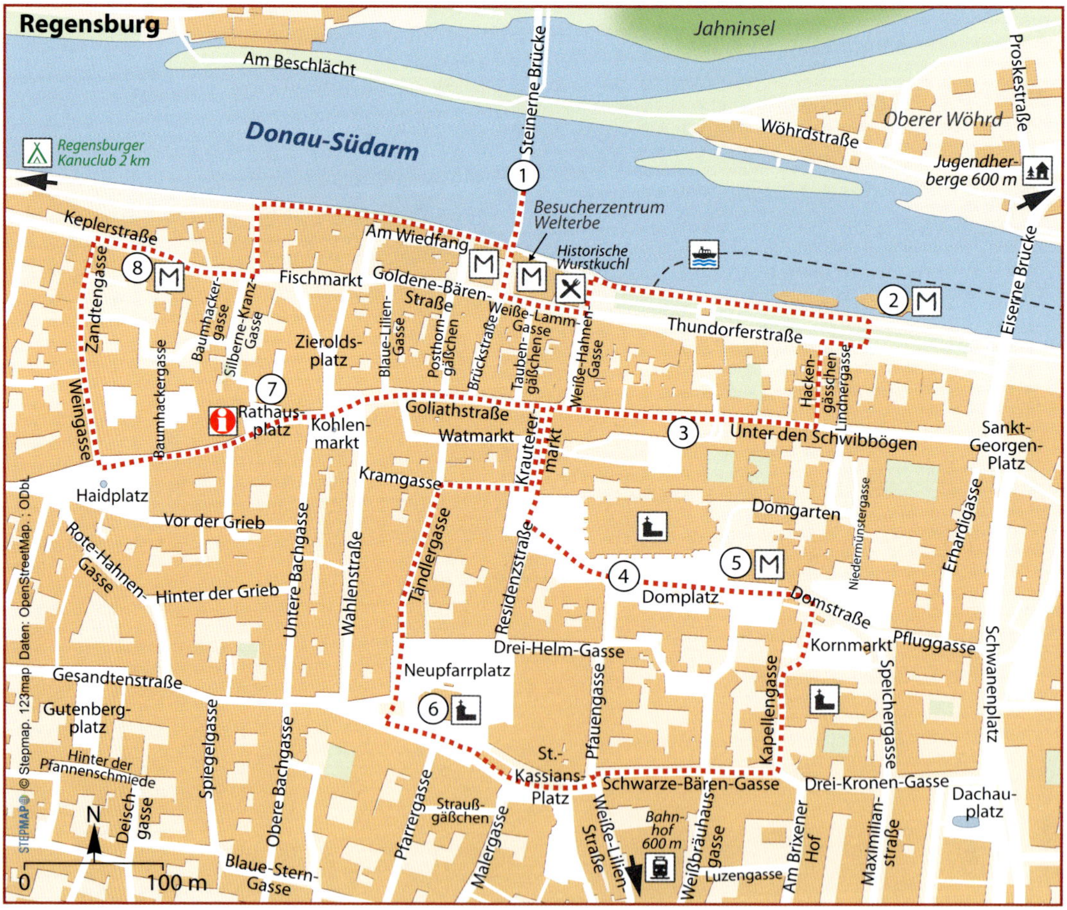

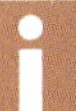

*Meter hohen Türmen dienten die französischen Kathedralen. Der Bau des monumentalen Werks aus Kalk- und Sandstein begann im 13. Jahrhundert und zog sich über mehrere Jahrhunderte hin. Nach der Barockisierung im 17. und 18. Jahrhundert folgte Mitte des 19. Jahrhunderts die erneute Umgestaltung im gotischen Stil. Glanzpunkt im Inneren sind die farbenprächtigen Glasgemälde aus dem 14. und 15. Jahrhundert, der silberne Hochaltar und die fünf Seitenaltäre mit reichem Figurenschmuck.*

Nun laufen wir rechts am Dom vorbei bis zum ***Diözesanmuseum St. Ulrich (5),*** *in der christliche Kunst vom 11. bis zum 21. Jahrhundert den Kontrast in der Interpretation von religiösen Motiven zwischen mittelalterlichen und zeitgenössischen Künstlern aufzeigt.* Rechts daran vorbei bringt uns der Torbogen des ***Alten Römerturm*** auf den ***Kornmarkt***.

Uns nach rechts wendend, finden wir die ***Alte Kapelle*** in der ***Kapellengasse***. Diese bringt uns durch einen schmalen Durchgang auf die ***Schwarze-Bären-Gasse.*** Wir schlendern vorbei an exquisiten Boutiquen und Juwelieren in der Fußgängerzone zum ***Neupfarrplatz*** mit der ***Neupfarrkirche (6).*** *Mit ihrem mintgrünen Turm wurde sie anstelle der schon 1519 zerstörten Synagoge errichtet.*

Hinter der Kirche, die eindrucksvoll den Übergang von der Gotik zur Renaissance darstellt, biegen wir nach rechts in die ***Tändlergasse***, eine enge Gasse mit vielen kleinen Läden. An ihrem Ende laufen wir rechts auf die ***Kramgasse*** und kommen gegenüber des Domportals zurück auf den ***Kräutermarkt***. Wir wenden uns nach links und laufen an der zweiten Möglichkeit (hinter der bereits bekannten Adler-Apotheke) nach links auf die ***Goliathstraße***. Sie ist benannt nach dem ***Goliathhaus,*** einem der *ältesten Patrizierhäuser Regensburgs. Die vollständig erhaltene Fassadenmalerei zeigt den Riesen Goliath im Kampf mit David und stammt aus dem Jahre 1530.*

Nächster architektonischer Glanzpunkt ist das ***Alte Rathaus (7).*** *Am ältesten ist der mittlere Teil mit dem Rathausturm aus dem 13. Jahrhundert. Mitte des 14. Jahrhunderts erfolgte der westliche Anbau, 1408 wurde die Vorhalle mit dem gotischen Portal davorgesetzt.*

Vorbei an der ***Tourist-Info*** kommen wir zum ***Haidplatz***, wo wir hinter dem ***Thon-Dittmer-Palais,*** *ursprünglich zwei Patrizierhäuser aus dem 14. Jahrhundert*, nach rechts auf der ***Weingasse*** in Richtung Donau laufen. Auf der ***Keplerstraße*** wenden wir uns nach rechts und stehen nach wenigen Schritten vor dem sandfarbenen ***Kepler-Gedächtnishaus mit Museum (8).*** *Das Sterbehaus des Astronomen (1571-1630) zeigt Originalinstrumente und eine zeitgenössische Einrichtung.*

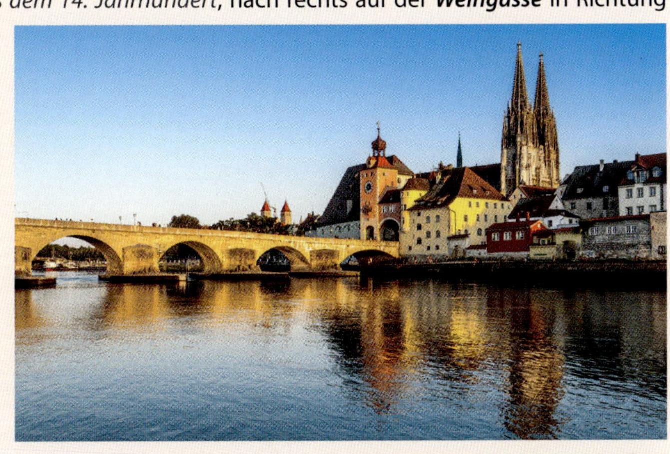

Vor der ***Bushaltestelle „Fischmarkt“*** biegen wir links hinunter zum Donauufer und gelangen zurück zum Ausgangspunkt des Stadtrundgangs an der Steinernen Brücke.

 **Tourist-Info,** Altes Rathaus, Rathausplatz 4, Tel. (0941) 507 44 10, www.tourismus.regensburg.de

**Info-Point Welterbezentrum,** Weiße-Lamm-Gasse 1, www.regensburg.de/welterbe/besucherzentrum

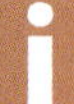

## Stadtrundgang Passau

Die altehrwürdige Bischofsstadt Passau liegt überschaubar auf einer Landzunge zwischen Donau und Inn. Wir beginnen den Stadtrundgang direkt am ***Camping & Zeltplatz des TV Passau.***

Auf der ***Halser Straße*** laufen wir ilzabwärts und am Ende rechts über Kopfsteinpflaster-Serpentinen hinauf zur ***Veste Oberhaus (1).*** *Die 1219 errichtete Burg der Passauer Fürstbischöfe beherbergt ein kulturgeschichtliches Museum mit Ausstellungen zu Leben, Handel und Handwerk im Mittelalter sowie die Neue Galerie der Stadt.* Über den ehemaligen ***Wehrgang*** *(nur während der Museumszeiten geöffnet)* oder den ***Ludwigsteig*** steigen wir in 10-15 Minuten hinunter zum Donauufer. Unten entlassen uns die Treppenstufen direkt an der ***Luitpoldbrücke,*** die das linke Donauufer mit der Passauer Altstadt verbindet.

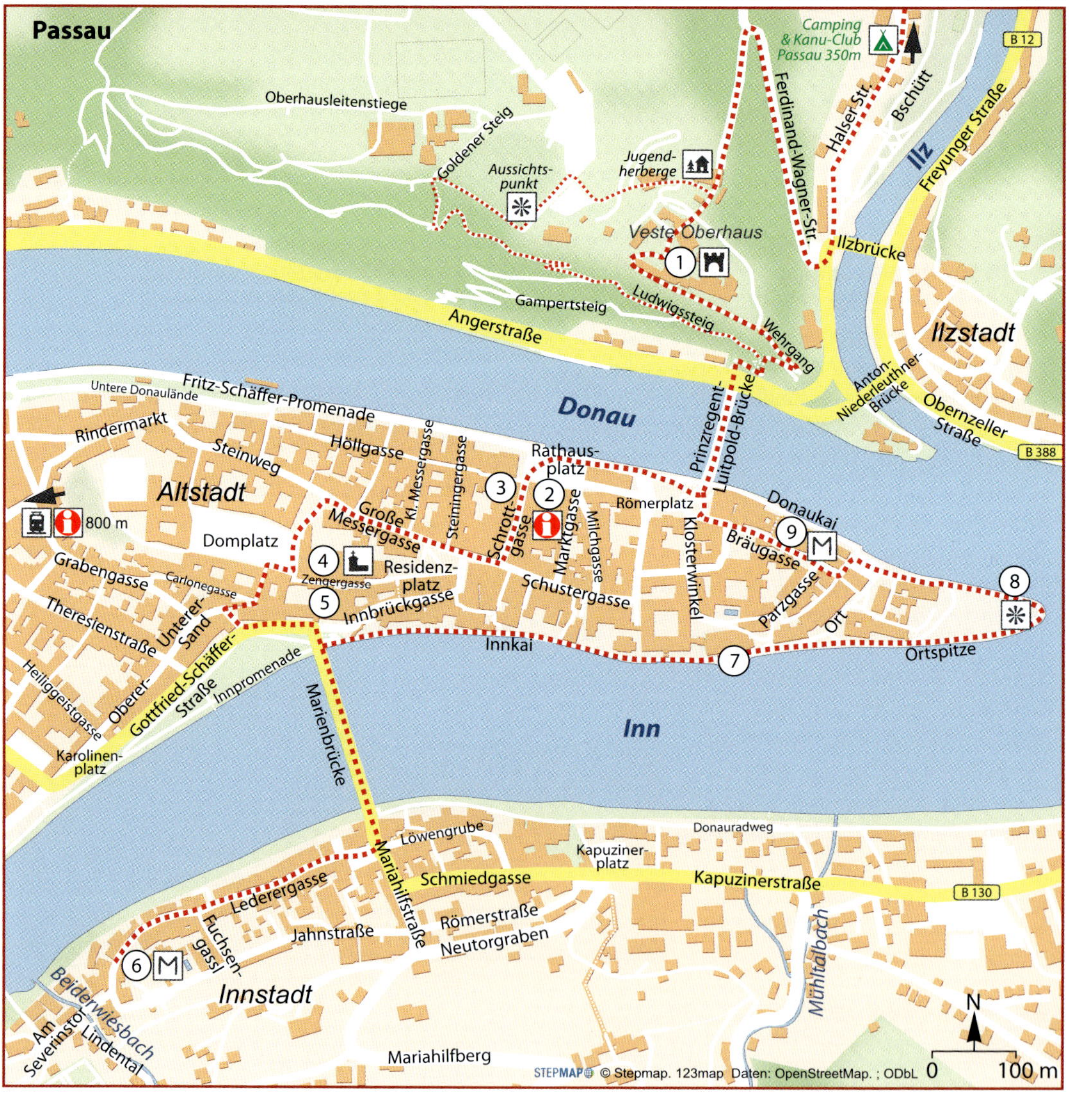

Am gegenüberliegenden Ufer laufen wir an den Anlegern der Kreuzfahrtschiffe nach rechts zum ***Rathaus (2),*** das von einem 68 Meter hohen Turm überragt wird. *Der im venezianischen Stil erbaute Saalbau stammt aus dem Jahre 1405.* Den Eingang zum sehenswerten ***Rathaussaal*** *(Apr-Okt tgl. 10-16)* mit imposanten Kolossalgemälden auf Wänden und Decken finden wir um die Ecke in der ***Schrottgasse***.

Auf dem ***Rathausplatz,*** *der von etwa 1000 bis 1842 als Fischmarkt diente*, lädt das ***Brauhaus*** zum Verweilen ein. Direkt neben dem Rathaus zeigt das ***Glasmuseum (3)*** Meisterwerke bayerischer, böhmischer und österreichischer Glaskunst. Vorbei an der ***Rathausecke,*** *auf der Hochwassermarken einen Eindruck von der Höhe der Wasserstände der Donau geben,* laufen wir die ***Schrottgasse*** hoch und wenden uns am Ende nach rechts zum ***Residenzplatz*** mit ***Wittelsbacherbrunnen*** und Patrizierhäusern. Besonders beeindruckend an der ***Neuen Bischöflichen Residenz*** *aus dem 18. Jahrhundert ist die Fassade im Stil des Wiener Klassizismus*. Im Saalbau, der Neue und Alte Residenz verbindet, finden wir das ***Domschatz- und Diözesan-Museum.***

Veste Oberhaus

Wir laufen auf der ***Großen Messergasse*** unter dem ***Diözesanbogen*** hindurch und anschließend schräg nach links bergan zum gewaltigen Portal des ***Doms (4).*** *Der Dom St. Stephan besteht aus dem spätgotischen, von einer Kuppel gekrönten Ostbau (1407-1530), dem barocken Langhaus (1668-1678) und zwei mächtigen Türmen. Im Inneren begeistern schöne Stuckaturen und Fresken und die größte Domorgel der Welt, 1928 gebaut und aus fünf Orgelwerken bestehend.*

Mit dem Rücken zum Dom wenden wir uns nach links und steigen über die schmale Gasse und Treppenstufen hinab zum am Innufer gelegenen ***Stadttheater (5)*** im ***Fürstbischöflichen Opernhaus.*** Auf der ***Brücke*** überqueren wir den Inn und laufen nach rechts durch die ***Lederergasse*** zum ***Römermuseum (6).*** *Das Freigelände zeigt die Fundamente eines 1974 entdeckten spätrömischen Kastells aus dem 3. Jahrhundert n. Chr. Im angegliederten Museum sind archäologische Funde aus ganz Ostbayern ausgestellt.*

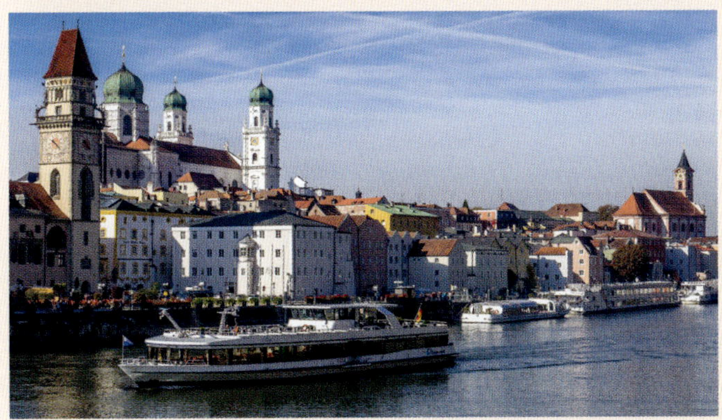

Anschließend queren wir wieder den Inn und wenden uns auf der Altstadtseite auf der ***Innpromenade*** nach rechts, passieren den ***Schaiblingsturm (7),*** *ein Überbleibsel der mittelalterlichen Stadtbefestigung* und stehen bald am ***Dreiflusseck (8)*** von Donau, Inn und Ilz. Wir folgen dem ***Donauufer***, an dem die Kreuzfahrtschiffe vor Anker liegen, biegen vor dem Altstadthotel nach links und wenden uns auf der ***Bräugasse*** nach rechts. In einem schönen Altstadthaus präsentiert das ***Museum Moderne Kunst (9)*** Kunstwerke des 20. Jahrhunderts.

Die ***Bräugasse*** führt uns zurück zur ***Luitpoldbrücke***, wo wir entweder weiter geradeaus in einem der Lokale auf dem Rathausplatz den Stadtrundgang ausklingen lassen oder uns nach rechts wenden und durch einen Tunnel am gegenüberliegenden Donauufer zurück zur Halser Straße kommen, die uns wieder zum Zeltplatz bringt.

**Museen:** Veste Oberhaus, Tel. (0851) 39 68 00, *Mär-Nov, Mo-Fr 9-17, Sa,So & Fei 10-18,* www.oberhausmuseum.de
Römermuseum Kastell Boiotro, Tel. (0851) 347 69, *Mär-15. Nov, Di-So 10-16,* www.museen-in-passau.de
Museum Moderner Kunst, Tel. (0851) 38 38 79-0, *Di-So 10-18,* www.mmk-passau.de
Glasmuseum, Tel. (0851) 350 71, *tgl. 9-17,* www.glasmuseum.de
Domschatz- & Diözesanmuseum, Tel. (0851) 393 33 31, *Mai-Okt werktags 10-16,* www.bistum-passau.de

**Tourist-Infos,** Bahnhofstraße 28 und Rathausplatz 2, Tel. (0851) 39 66 10, www.passau.de

## Wichtige Adressen für Paddler

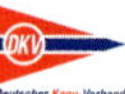

Der **Deutsche Kanuverband (DKV)** bietet Hilfe und Beratung bei allen Fragen rund ums Paddeln, nennt Kanuanbieter, gibt Infos zu Flusssperrungen, bietet Ausbildungskurse an und ermöglicht das Treffen mit Gleichgesinnten. Außerdem können Wanderpaddler in den zahlreichen DKV-Kanustationen entlang der Gewässer preisgünstig übernachten, kurz: eine Mitgliedschaft lohnt sich!

***DKV-Bundesgeschäftsstelle***, Bertaallee 8, 47055 Duisburg, Tel. (0203) 99 75 90, www.kanu.de

***Bayerischer Kanu-Verband***, Postfach 50 01 20, 80971 München, Tel. (089) 15 98 46 06, www.kanu-bayern.de

Beim **Bundesverband Kanu (BVKanu)** erhalten Sie Adressen von Kanu-Vermietern, die Mitglied im BVKanu sind. Diese garantieren Qualität, qualifizierte und geschulte Mitarbeiter, Sicherheit und fachkundige Einweisung sowie einen Einsatz für den Naturschutz im Kanutourismuss. Zusätzlich haben viele BVKanu-Mitglieder das Qualitätssiegel QMW Kanu WASSER TOURISMUS DEUTSCHLAND für besonders gute Qualität & Sicherheit.

***Bundesverband Kanu***, Gunther-Plüschow-Str. 8, 50829 Köln, Tel. (0221) 59 57 10, www.bvkanu.de

### Informationen im Internet

***Wettervorhersagen*** und ***Niederschlagsradar***: www.wetter.com

***Pegelstände*** (***Hochwassernachrichtendienst***) für Bayern: www.hnd.bayern.de

### Gewässersperrungen & aktuelle Meldungen:

www.kanu-bayern.de/Umwelt/Gewaesser-Info/Gewaessermeldungen

### Wichtige Tourismusverbände im Bayern

***Bayern Tourismus Marketing***, Arabellastr. 17, 81925 München, Tel. (089) 212 39 70, www.bayern.by

***Tourismusverband Franken***, Pretzfelder Straße 15, 90461 Nürnberg, Tel. (0911) 94 15 10, www.frankentourismus.de

***Tourismusverband Allgäu / Bayerisch-Schwaben***, Schießgrabenstr. 14, 86150 Augsburg, Tel. (0821) 450 40 10, www.bayerisch-schwaben.de www.allgaeu.info

***Tourismusverband Ostbayern***, Im Gewerbepark D 04, 93059 Regensburg, Tel. (0941) 58 53 90, www.ostbayern-tourismus.de

***Tourismus Oberbayern***, Prinzregentenstr. 89, 81675 München, Tel. (089) 63 89 58 79, www.oberbayern.de

## Buchtipps fürs Paddeln und zum Draußen unterwegs sein

**„Kanu Handbuch: Der Praxisratgeber für Anfänger und Fortgeschrittene“**, *R. Höh,* Reise Know-How

**„Stechpaddel Fahrschule“, „Wildwasserfahren“, „KanuSpiele“**, alle drei Thomas Kettler Verlag

**„Solo im Kanu“**, *Falk Bruder,* **„Kanuwandern“**, *Kerstin und Eike Becker,* beide Conrad Stein Verlag

**„Der Kajak: Das Lehrbuch für den Kanusport“**, *Jürgen Gerlach,* Delius Klasing

**„Outdoor-Praxis: Ausrüstung, Verhalten, Gefahren, Survival“**, *Rainer Höh,* Reise Know-How Verlag

**„GPS: Grundlagen Tourenplanung Navigation“**, *Michael Hennemann,* Conrad Stein Verlag

**„Die 50 schönsten Kanutouren in Bayern“**, *Alfons Zaunhuber,* DKV-Verlag

**„DKV-Gewässerführer für Nord-Bayern“ und „DKV-Gewässerführer für Süd-Bayern“**, beide DKV-Verlag

**„SUP-GUIDE Bayerisches Alpenvorland“** *(A. & A. Klotz)*, **„KANU KOMPASS Nördliche Alpenseen“** *(B. Nehrhoff)*, **„PADDELLAND Österreich“**, *(A. Zaunhuber)*, **„PADDELLAND Schweiz“**, alle Thomas Kettler Verlag

### Zeitschriften

Aktuelle Gewässerhinweise, Boot-Tests sowie aktuelle Termine aus der Paddlerszene bieten die beiden Zeitschriften **KajakMagazin** (www.wir-leben-outdoor.de) und **KanuMagazin** (www.kanumagazin.de).

## Über den Autor

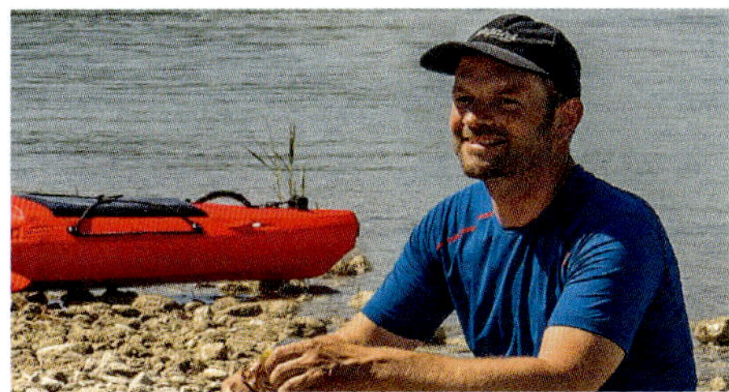

***Michael Hennemann***

ist ausgebildeter fototechnischer Assistent und begeisterter Reisender und Kanusportler.

Als Autor und Fotograf ist er seit vielen Jahren auf Reise-, Outdoor- und vor allem Kanuthemen spezialisiert.

Mehr über seine Arbeit finden Sie im Internet unter: www.michael-hennemann.de

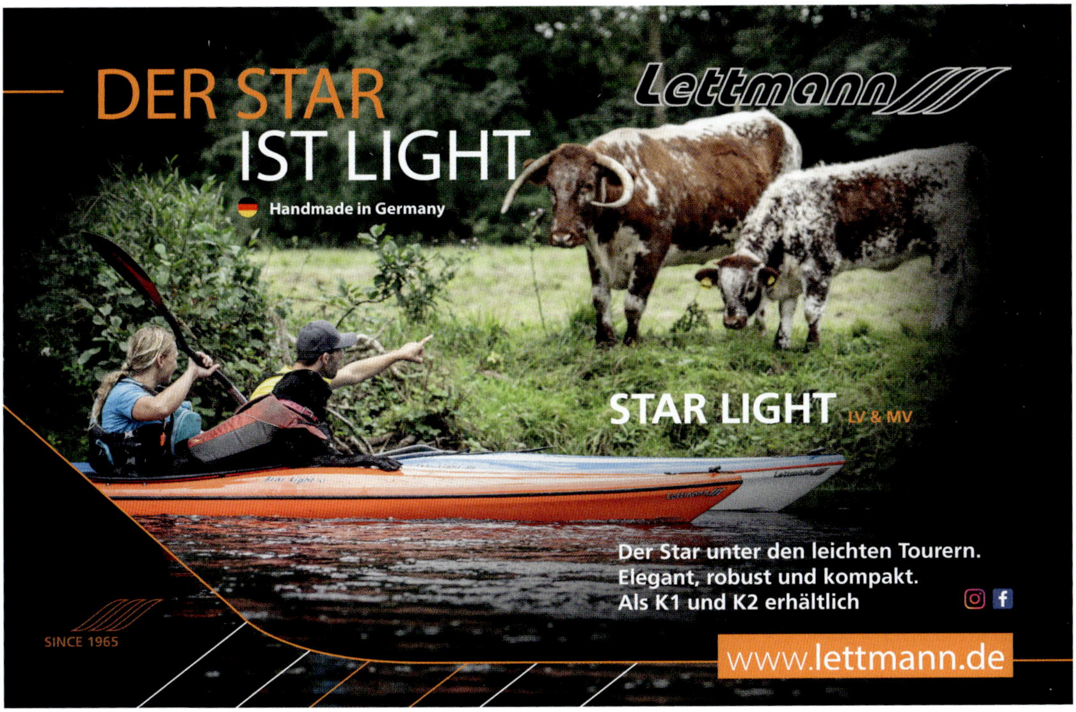

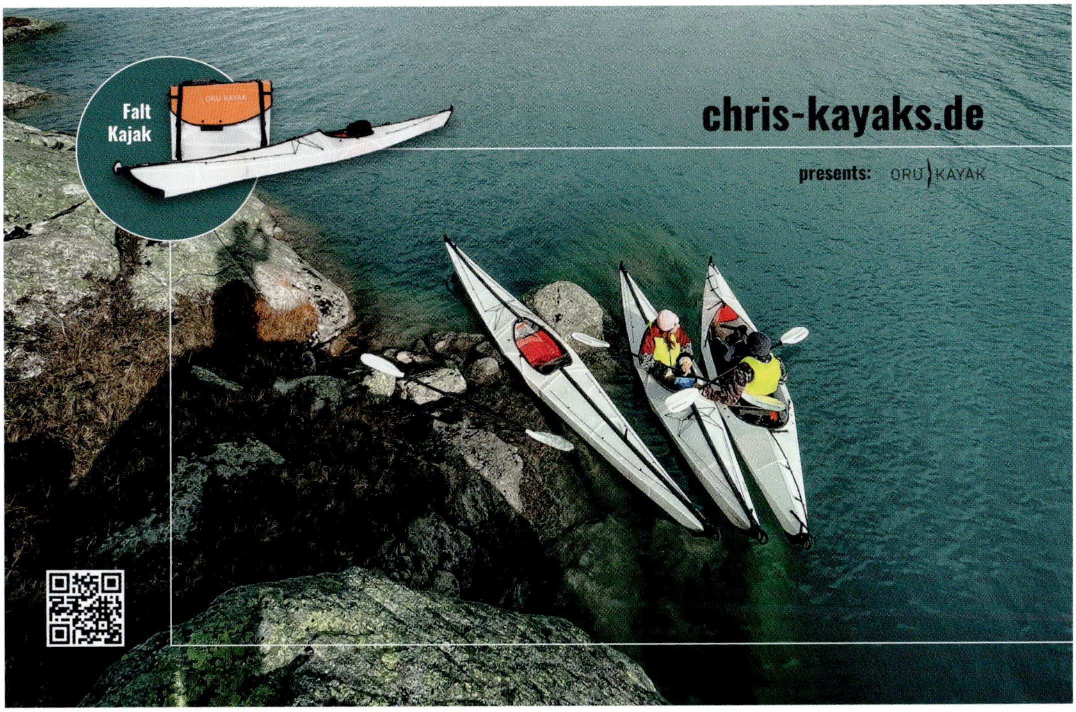

## Binnenschifffahrtszeichen

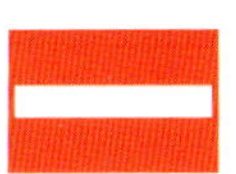

Durchfahrt verboten

Gesperrte Wasserfläche

Begegnungs- und Überholverbot

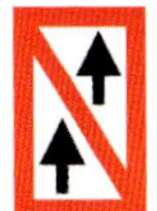

Überholverbot allgemein

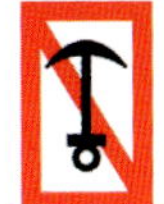

Ankerverbot

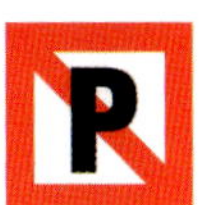


Stillliegeverbot

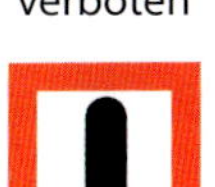
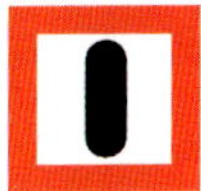

Vorsicht

Festmachverbot

Wellenschlag vermeiden

Fahrverbot für Fahrzeuge mit Motor

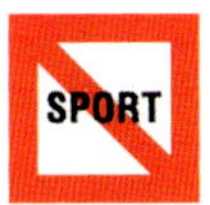


Fahrverbot für Sportboote*

Fahrverbot für Fahrzeuge ohne Motor oder Segel

Geschwindigkeit nicht überschreiten

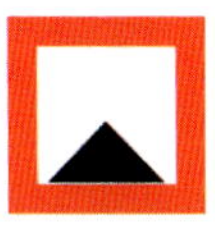

Begrenzte Fahrwassertiefe

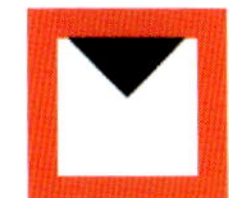

Begrenzte Höhe über Wasserspiegel

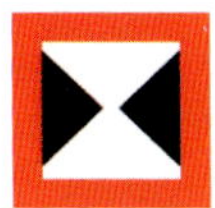

Begrenzte Breite

Fahrwassereinengung rechtes Ufer

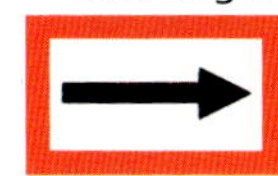

Gebotene Fahrtrichtung

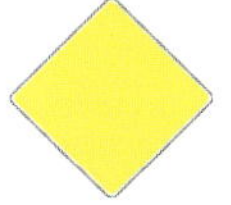

Empfohlene Durchfahrt

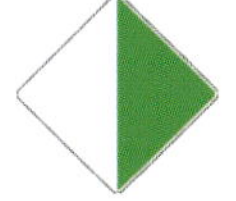

Empfohlene Durchfahrt zwischen 2 Schildern

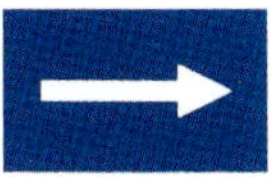

Fahrtrichtungsempfehlung

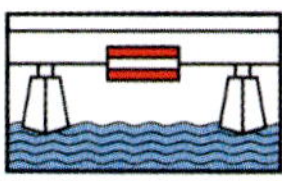

Durchfahrt unter Brücke verboten

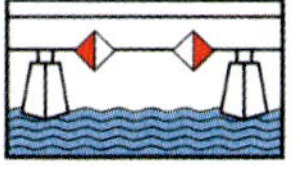

Durchfahrt nur zwischen Schildern

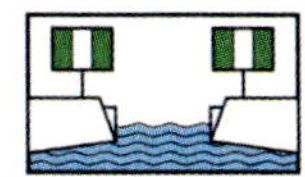

Wehr Durchfahrt frei

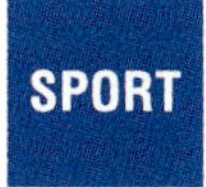


Fahrerlaubnis Sportboote (z.B. Schleuse)

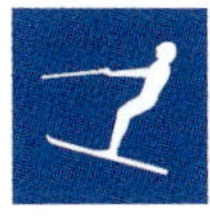

Wasserskistrecke

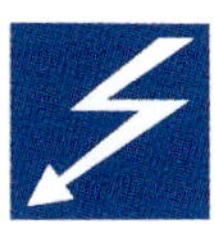

Hochspannungsleitung kreuzt

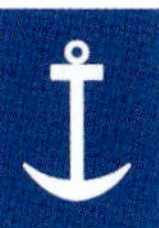

Ankererlaubnis

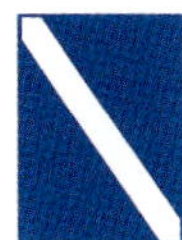

Ende von Einschränkungen

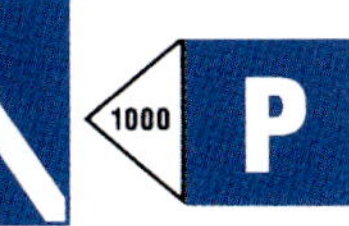


Erlaubnis zum Stillliegen auf 1.000 m

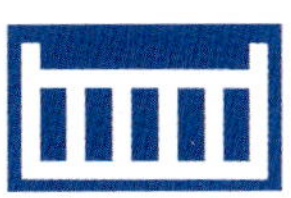

Hinweis auf ein Wehr

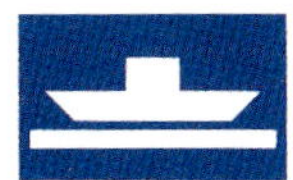

nicht frei fahrende Fähre (z.B. Seilfähre)

**Nach europäischem Recht sind Kanus, Kajaks, Surfbretter, Flöße und andere nur im Uferbereich eingesetzte Wasserfahrzeuge KEINE Sportboote!*

## Wichtige Schallsignale in der Binnenschifffahrt

|  |  |
|---|---|
| — | Achtung |
| • | ich richte meinen Kurs nach Steuerbord |
| • • | ich richte meinen Kurs nach Backbord |
| • • • | meine Maschine geht rückwärts |
| • • • • | ich bin manövrierunfähig |
| • • • • • • | Gefahr eines Zusammenstoßes *(mehr als fünf kurze Töne)* |
| — • | ich wende über Steuerbord |
| — • • | ich wende über Backbord |
| — — — | ich will überqueren |
| — — — — — | Notsignal *(wiederholt lange Töne)* |

• *kurzer Signalton* — *langer Signalton* *Steuerbord (rechts, grün)* *Backbord (links, rot)*

# Tourenübersicht

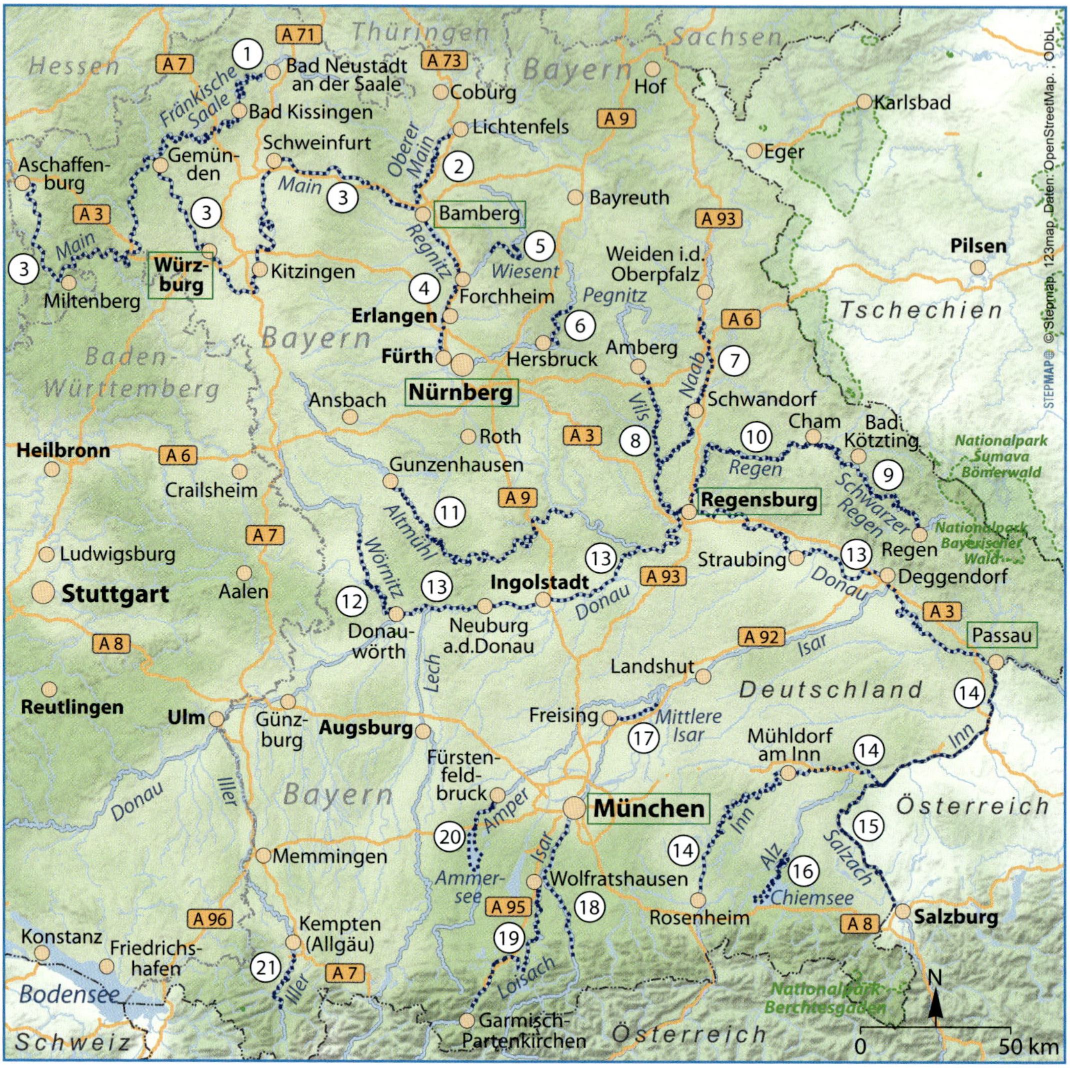